에듀윌과 함께 시작하면,
당신도 합격할 수 있습니다!

대학 졸업을 앞두고 취업을 위해 바쁜 시간을 쪼개서
한국사능력검정시험을 준비하는 취준생

어렸을 때부터 꿈꾸었던 교사나 공무원이 되기 위해
한국사능력검정시험을 준비하는 수험생

부끄럽지 않은 대한민국 국민이 되기 위해 어린아이와 함께
한국사능력검정시험을 준비하는 학부모

누구나 합격할 수 있습니다.
해내겠다는 '열정' 하나면 충분합니다.

마지막 페이지를 덮으면,

에듀윌과 함께
한국사능력검정시험 합격이 시작됩니다.

124만 권 판매 돌파!
36개월 베스트셀러 1위 교재

최신 기출 경향을 완벽 분석한 교재로 가장 빠른 합격!
합격의 차이를 직접 경험해 보세요

2주끝장

판서와 싱크 100% 강의로
2주만에 합격(심화/기본)

한권끝장

첫 한능검 응시생을 위한
확실한 개념완성 기본서(심화/기본)

시대별 N제 기출문제집

반복 학습+약점 공략을 위한
시대·주제별 기출문제집(심화)

회차별 기출1000제

합격 필수 분량
회차별 최다 기출 제공(심화)
(24년 11월 출간 예정)

1주끝장

최빈출 50개 주제로
1주만에 초단기 합격 완성(심화)

초등 한국사

비주얼씽킹을 통해
재미있게 배우는 한국사(기본)

한국사능력검정시험 기출모의고사 문제지

시험이 시작되기 전까지 문제지를 넘기지 마시오.

○ 자신이 선택한 종류의 문제지인지 확인하시오.
○ 답안지에 성명과 수험번호를 쓰고, 수험번호와 답은 컴퓨터용 사인펜으로 표시란에 정확히 표시 하십시오.
○ 시험 시간은 70분입니다.

※ 응시자 유의사항을 수험표에서 다시 한번 확인하시기 바랍니다.

기본 제3회 한국사능력검정시험 기출모의고사

1. (가) 시대의 생활 모습으로 옳은 것은? [1점]

저희 모둠은 (가) 시대의 대표적 문화유산인 고인돌과 민무늬 토기를 소재로 우표를 제작하였습니다.

① 우경이 널리 보급되었다.
② 비파형 동검을 제작하였다.
③ 철제 농기구를 사용하였다.
④ 주로 동굴과 막집에서 거주하였다.

3. (가) 나라에 대한 탐구 활동으로 가장 적절한 것은? [3점]

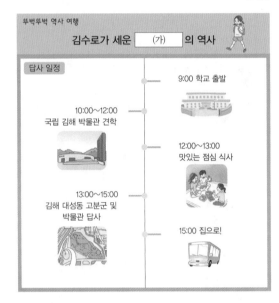

① 사비로 천도한 이유를 파악한다.
② 우산국을 복속한 과정을 살펴본다.
③ 청해진을 설치한 목적을 조사한다.
④ 구지가가 나오는 건국 신화를 분석한다.

2. (가)에 들어갈 내용으로 옳은 것은? [2점]

마지막 힌트는 무엇일까?

① 소도라고 불리는 신성 지역이 있었다.
② 읍락 간의 경계를 중시한 책화가 있었다.
③ 범금 8조를 통해 사회 질서를 유지하였다.
④ 여러 가(加)들이 별도로 사출도를 주관하였다.

4. 밑줄 그은 '왕'의 업적으로 옳은 것은? [2점]

이것은 충청남도 공주에 있는 백제 왕의 무덤으로, 중국 남조의 영향을 받아 벽돌로 만들어졌습니다. 출토된 묘지석을 통해 무덤의 주인을 알 수 있습니다.

〈왕릉 내부〉

① 역사서인 서기를 편찬하였다.
② 김씨의 왕위 세습을 확립하였다.
③ 동진으로부터 불교를 수용하였다.
④ 지방의 22담로에 왕족을 파견하였다.

5. (가)에 들어갈 문화유산으로 옳은 것은? [2점]

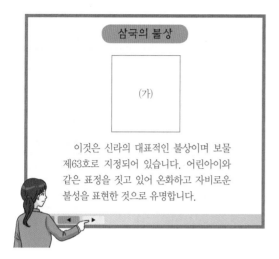

삼국의 불상

(가)

이것은 신라의 대표적인 불상이며 보물 제63호로 지정되어 있습니다. 어린아이와 같은 표정을 짓고 있어 온화하고 자비로운 불성을 표현한 것으로 유명합니다.

①

②

③

④

6. (가) 제도에 대한 설명으로 옳은 것은? [2점]

설계두는 신라 귀족 가문의 자손이다. 일찍이 가까운 친구 4명과 함께 모여 술을 마시면서 각자 자신의 뜻을 말하였다. 설계두가 이르길, "신라에서는 사람을 등용하는 데 (가) 을/를 따져서 진실로 그 족속이 아니면 비록 큰 재주와 뛰어난 공이 있더라도 [그 한도를] 넘을 수가 없다. 나는 원컨대, 중국으로 가서 세상에서 보기 드문 지략을 떨쳐서 특별한 공을 세우고 싶다. 그리고 영광스러운 관직에 올라 고관대작의 옷을 갖추어 입고 천자의 곁에 출입하면 만족하겠다."라고 하였다.

① 원성왕이 인재 등용 제도로 제정하였다.
② 후주 출신인 쌍기의 건의로 실시되었다.
③ 권문세족에 대한 견제를 목적으로 시행되었다.
④ 집과 수레의 크기 등 일상생활까지 규제하였다.

7. 다음 대화가 있었던 시기를 연표에서 옳게 고른 것은? [3점]

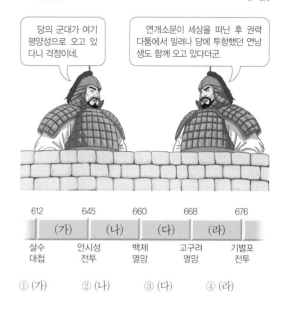

당의 군대가 여기 평양성으로 오고 있다니 걱정이네.

연개소문이 세상을 떠난 후 권력 다툼에서 밀려나 당에 투항했던 연남생도 함께 오고 있다더군.

612	645	660	668	676
(가)	(나)	(다)	(라)	
살수 대첩	안시성 전투	백제 멸망	고구려 멸망	기벌포 전투

① (가)　　② (나)　　③ (다)　　④ (라)

8. 밑줄 그은 '유적'으로 옳은 것은? [2점]

제주도 방문을 환영합니다. 우리 비행기에서는 선사 시대부터 현대까지 제주의 다양한 역사 유적을 가상으로 체험해 볼 수 있습니다. 지금부터 역사 여행을 떠나 볼까요?

①

참성단

②

다산 초당

③

항파두리성

④

부석사 무량수전

9. 다음 자료를 활용한 탐구 주제로 가장 적절한 것은?
[2점]

> ○ 유인원, 김법민 등이 육군과 수군을 거느리고 백강 어귀에서 왜의 군사를 상대로 네 번 싸워서 모두 이기고 그들의 배 4백 척을 불살랐다.
>
> ○ 사찬 시득이 수군을 거느리고 소부리주 기벌포에서 설인귀가 이끄는 군대와 싸웠다. 처음에는 패하였지만 다시 나아가 스물 두 번의 전투에서 승리하였다.

① 백제의 평양성 공격
② 신라의 삼국 통일 과정
③ 수의 고구려 침략 배경
④ 고구려의 남진 정책 추진

10. (가) 국가에 대한 설명으로 옳은 것은?
[2점]

> ○ ___(가)___ 의 세자 대광현이 무리 수만을 거느리고 투항하자, 성과 이름을 하사하여 왕계라 하고 종실의 족보에 넣었다.
> ― 『고려사』 ―
>
> ○ 거란 동경의 장군 대연림이 대부승 고길덕을 보내 나라를 세웠음을 알리고 아울러 원조를 요구하였다. 대연림은 ___(가)___ 의 시조 대조영의 7대손으로 거란을 배반하여 국호를 흥요, 연호를 천흥이라 하였다.
> ― 『고려사』 ―

① 교육 기관으로 성균관을 설립하였다.
② 국방력 강화를 위해 5군영을 설치하였다.
③ 특수 행정 구역인 향, 부곡, 소를 두었다.
④ 5경 15부 62주의 지방 행정 제도를 갖추었다.

11. (가) 시기에 볼 수 있는 모습으로 옳은 것은? [3점]

① 감은사 창건을 명하는 왕
② 성균관에서 공부하는 학생
③ 청해진에서 훈련을 받는 병사
④ 벽란도에서 교역을 하는 송 상인

12. (가)에 들어갈 교육 기관으로 옳은 것은? [1점]

> [고구려] 사람들은 배우기를 좋아하여 가난한 마을이나 미천한 집안에 이르기까지 서로 힘써 배우므로, 길거리마다 큰지막한 집을 짓고 ___(가)___ (이)라고 부른다. 결혼하지 않은 자제들을 이곳에 머물게 하여 글을 읽고 활쏘기를 익히게 한다.
> ― 『신당서』 ―

① 경당 ② 서원 ③ 향교 ④ 국자감

13. 밑줄 그은 '나'에 대한 설명으로 옳은 것은? [2점]

① 전국을 8도로 나누었다.
② 천리장성을 축조하였다.
③ 화통도감을 설치하였다.
④ 사심관 제도를 시행하였다.

14. (가) 국가의 침입에 대한 고려의 대응으로 옳은 것은? [2점]

최우가 강화 천도를 주장하고 자기 집 재물도 강화도로 보냈다는군.

또한 백성들에게는 (가) 의 공격에 대비하기 위해 속히 개경을 떠나라는 명령을 내렸다네.

① 동북 9성을 축조하였다.
② 화통도감을 설치하였다.
③ 초조대장경을 조판하였다.
④ 처인성에서 적장 살리타를 사살하였다.

15. 밑줄 그은 '왕'의 업적으로 옳은 것은? [2점]

이 그림은 고려 제31대 왕과 왕비의 초상화야.

이 왕은 정동행성 이문소를 폐지하는 등 원의 간섭을 물리치기 위해 많은 노력을 했어.

① 교정도감을 설치하였다.
② 천리장성을 축조하였다.
③ 쓰시마섬을 정벌하였다.
④ 쌍성총관부를 공격하였다.

16. (가) 인물에 대한 설명으로 옳은 것은? [2점]

이곳은 순천 송광사입니다. 보조국사라고 알려진 (가) 은/는 권수정혜결사문을 지은 후 이곳에서 수선사 결사를 조직하였습니다.

① 돈오점수를 강조하였다.
② 화엄일승법계도를 남겼다.
③ 유불 일치설을 주장하였다.
④ 해동 천태종을 창시하였다.

17. (가)에 해당하는 문화유산으로 옳은 것은? [1점]

이달의 뮤지컬

등불처럼 불꽃처럼

청주 흥덕사에서 간행된 금속 활자본인 (가) 을 프랑스 국립 도서관에서 발견하여 알린 그녀!
조선 왕실의 행사를 기록한 외규장각 의궤의 국내 반환을 위해 애쓴 그녀!
박병선 박사의 꿈과 열정이 춤과 노래로 펼쳐집니다.

• 일시: 2020년 ○○월 ○○일 오후 7시
• 장소: ◇◇ 문화 센터 대강당

①
신증동국여지승람

②
직지심체요절

③
왕오천축국전

④
무구정광대다라니경

18. 밑줄 그은 '왕'의 재위 기간에 있었던 사실로 옳은 것은? [3점]

> 남쪽 지방에서 적도들이 벌 떼처럼 일어났다. 그중 심한 것은 운문에 웅거한 김사미와 초전에 자리 잡은 효심인데, 이들은 유랑하는 무리들을 불러 모아 각 고을을 노략질하였다. 왕이 이를 근심하여 대장군 전존걸을 파견해 장군 이지순 …… 등을 이끌고 가서 토벌하게 하였다.
> ─ 『고려사』 ─

① 최승로가 지방관 파견을 건의하였다.
② 이자겸이 금의 사대 요구를 받아들였다.
③ 김윤후가 처인성에서 몽골군을 물리쳤다.
④ 최충헌이 봉사 10조의 개혁안을 제시하였다.

19. (가)에 들어갈 내용으로 옳은 것은? [1점]

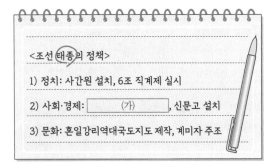

> <조선 태종의 정책>
> 1) 정치: 사간원 설치, 6조 직계제 실시
> 2) 사회·경제: _____(가)_____, 신문고 설치
> 3) 문화: 혼일강리역대국도지도 제작, 계미자 주조

① 호패법 실시
② 경국대전 반포
③ 동의보감 간행
④ 상평통보 발행

20. (가) 전쟁 중에 있었던 사실로 옳은 것은? [2점]

> 『징비록』이란 무엇인가? ___(가)___ 당시의 일을 기록한 것이다. 이때의 화는 참혹하였다. 수십 일 만에 삼도(三都)*를 잃고 임금께서 수도를 떠나 피란하였다. 그럼에도 오늘날까지 우리나라가 남아 있게 된 것은 하늘이 도운 까닭이다. 그리고 나라를 생각하는 백성들의 마음이 그치지 않았고, 우리나라를 돕기 위해 명의 군대가 여러 차례 출동하였기 때문이다.
> *삼도: 한성, 개성, 평양

① 이종무가 쓰시마섬을 토벌하였다.
② 정문부가 의병을 모아 왜군을 격퇴하였다.
③ 배중손이 삼별초를 이끌고 몽골군과 싸웠다.
④ 최영이 군대를 지휘하여 홍건적을 물리쳤다.

21. (가) 왕의 재위 기간에 있었던 사실로 옳은 것은? [3점]

> ___(가)___ 은/는 이곳 덕수궁 석어당에 인목 대비를 유폐하였습니다. 이 사건은 서인 세력이 인조반정을 일으키는 명분이 되기도 하였습니다.

① 과전법이 시행되었다.
② 탕평비가 건립되었다.
③ 장용영이 설치되었다.
④ 동의보감이 편찬되었다.

22. 다음 대화에서 공통으로 다루고 있는 군사 조직으로 옳은 것은? [1점]

> 조선 선조 때 처음 설치된 군사 조직이야.
> 척계광의 기효신서를 참고하여 포수, 살수, 사수의 삼수병으로 편제되었지.
> 대부분 급료를 지급 받는 직업 군인으로 구성되어 상비군의 성격을 띠고 있었어.

① 금위영   ② 별기군
③ 장용영   ④ 훈련도감

23. (가)에 들어갈 세시 풍속으로 옳은 것은? [1점]

우리나라의 큰 명절인 음력 8월 15일 (가) 을/를 맞이하여 특별한 요리를 준비하셨다고요?

네, 이 명절에는 햅쌀로 송편을 빚어 차례를 지내고 성묘하잖아요. 오늘은 송편을 맛있게 만드는 비법을 알려 드릴게요.

오늘의 요리

① 단오
② 추석
③ 한식
④ 정월 대보름

24. (가) 제도에 대한 설명으로 옳은 것은? [2점]

이 그림은 (가) 의 시행을 관장한 선혜청을 그린 것입니다. (가) 은/는 토지 결수를 기준으로 공납을 부과하여 특산물 대신 쌀, 베, 동전 등으로 납부하게 한 제도입니다.

① 방납의 폐단을 해결하고자 실시하였다.
② 1결당 쌀 4~6두로 납부액을 고정하였다.
③ 비옥도에 따라 토지를 6등급으로 나누었다.
④ 부족한 재정을 보충하기 위해 결작을 부과하였다.

25. (가)에 들어갈 내용으로 옳은 것은? [2점]

조선 후기의 거상

책문 후시에서 대청 무역에 종사했어요. (가)

왜관을 통해 일본에 인삼을 수출했어요.

의주 / 만상 / 개성 / 송상 / 내상 / 동래 / 동 해 / 황 해

① 황국 중앙 총상회 설립을 주도했어요.
② 선혜청의 대동미 징수 업무를 담당했어요.
③ 전국 각지에 송방이라는 지점을 설치했어요.
④ 개항장 10리 이내에서만 상거래를 할 수 있었어요.

26. (가)에 들어갈 인물로 옳은 것은? [2점]

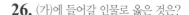

이 작품은 (가) 이/가 북경에 갔을 때 우정을 나눈 청의 화가 나빙이 선물한 것입니다. (가) 은/는 4차례나 연행길에 올라 청의 지식인들과 교유하였고, 청의 제도와 문물을 소개한 북학의를 저술하였습니다.

① 이익
② 김정희
③ 박제가
④ 유성룡

27. 밑줄 그은 '왕'의 업적으로 옳은 것은? [2점]

이것은 조선 제21대 왕의 어진입니다. 조선에서 가장 오래 재위한 그는 탕평책으로 정국을 안정시키려고 노력했습니다.

① 균역법을 실시하였다.
② 농사직설을 편찬하였다.
③ 신해통공을 시행하였다.
④ 백두산정계비를 세웠다.

28. 다음 가상 뉴스에서 보도하고 있는 사건이 일어난 시기를 연표에서 옳게 고른 것은? [3점]

내수사 및 각 궁방, 중앙 관서의 노비안을 소각하여 공노비 6만여 명을 양민으로 삼으라는 전하의 명이 있었습니다.

[속보] 공노비 혁파 결정

1623	1674	1746	1800	1862
(가)	(나)	(다)	(라)	
인조 반정	숙종 즉위	속대전 반포	순조 즉위	임술 농민 봉기

① (가)　　② (나)　　③ (다)　　④ (라)

29. (가)에 해당하는 문화유산으로 옳은 것은? [2점]

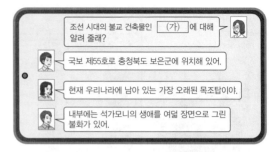

조선 시대의 불교 건축물인 (가) 에 대해 알려 줄래?

국보 제55호로 충청북도 보은군에 위치해 있어.

현재 우리나라에 남아 있는 가장 오래된 목조탑이야.

내부에는 석가모니의 생애를 여덟 장면으로 그린 불화가 있어.

①
법주사 팔상전

②
화엄사 각황전

③
무량사 극락전

④
마곡사 대웅보전

30. (가) 인물의 작품으로 옳은 것은? [1점]

주제: 조선 후기 풍속화

조선 후기 풍속 화가에 대해 말해 보자.

단원 김홍도는 서민들의 일상생활 모습을 많이 그렸어.

혜원 (가) 은/는 양반들의 풍류와 남녀 간의 애정을 소재로 삼기도 했지.

31. 밑줄 그은 '봉기' 이후 정부의 대책으로 옳은 것은? [2점]

□□시립극단 뮤지컬

타오르는 횃불

- 일시: 2020년 ○○월 ○○일 오후 6시
- 장소: △△문화센터 대강당

■ 주요 출연진
- 유계춘 역 / □□□
- 백낙신 역 / △△△
- 박규수 역 / ○○○

■ 줄거리
탐관오리가 판치던 세도 정치 시기, 진주 지역에서는 백낙신의 수탈이 극에 달한다. 참다못한 농민들은 몰락 양반 유계춘을 중심으로 봉기를 일으키는데 ……

① 흑창을 두었다.
② 신해통공을 실시하였다.
③ 삼정이정청을 설치하였다.
④ 전민변정도감을 운영하였다.

32. (가)에 들어갈 인물로 옳은 것은? [2점]

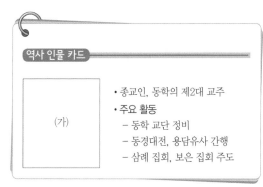

역사 인물 카드

(가)

- 종교인, 동학의 제2대 교주
- 주요 활동
  - 동학 교단 정비
  - 동경대전, 용담유사 간행
  - 삼례 집회, 보은 집회 주도

① 나철
② 박은식
③ 최시형
④ 한용운

33. 밑줄 그은 '거사'로 옳은 것은? [1점]

나는 개화 정책을 강력하게 추진하기 위해 1884년 이곳 우정총국의 개국 축하연을 이용해서 거사를 감행하였습니다. 이후 새로운 정부를 구성하였으나 청군의 개입으로 3일 만에 실패로 끝이 났습니다.

증강 현실 역사 여행

① 갑신정변
② 을미사변
③ 임오군란
④ 아관 파천

34. 밑줄 그은 '이 섬'으로 옳은 것은? [1점]

우리나라의 가장 동쪽에 위치한 이 섬의 모형이야. 이곳에 대해 알고 있니?

물론이지. 숙종 때 안용복이 일본에 가서 울릉도와 이 섬이 우리 영토임을 확실하게 밝혔지.

① 독도
② 진도
③ 거문도
④ 제주도

35. 밑줄 그은 '개혁'의 내용으로 옳은 것은?　　[2점]

> 군국기무처는 오늘 과거제 폐지를 의결하였습니다. 이 기구는 출범 이후 조혼 금지, 과부 재가 허용 등의 개혁을 추진해 왔습니다.

군국기무처, 과거제 폐지 의결

① 신분제를 폐지하였다.
② 단발령을 시행하였다.
③ 당백전을 발행하였다.
④ 원수부를 설치하였다.

36. 밑줄 그은 '그'에 해당하는 인물로 옳은 것은?
　　[2점]

> 서울역에 가면 바쁜 발걸음을 잠시 멈추고 주변을 둘러보세요.

> 100년 전 이곳에서 신임 총독 사이토에게 폭탄을 던진 이가 있었습니다. 당시 그의 나이는 65세였습니다.

> 2019년 9월 2일은 청년보다 빛났던 노(老) 독립운동가의 의거 100주년이 되는 날입니다.

1/3　　2/3　　3/3

① 안중근　② 나석주　③ 강우규　④ 이봉창

37. (가)에 들어갈 내용으로 옳은 것은?　　[2점]

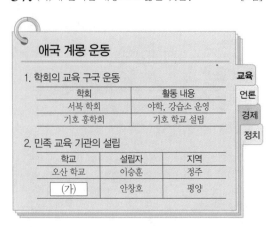

애국 계몽 운동

1. 학회의 교육 구국 운동

학회	활동 내용
서북 학회	야학, 강습소 운영
기호 흥학회	기호 학교 설립

2. 민족 교육 기관의 설립

학교	설립자	지역
오산 학교	이승훈	정주
(가)	안창호	평양

교육
언론
경제
정치

① 대성 학교　　　② 이화 학당
③ 배재 학당　　　④ 육영 공원

38. (가)에 들어갈 민족 운동으로 가장 적절한 것은?
　　[2점]

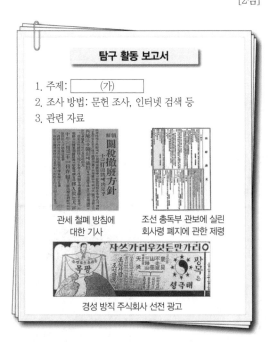

탐구 활동 보고서

1. 주제: (가)
2. 조사 방법: 문헌 조사, 인터넷 검색 등
3. 관련 자료

관세 철폐 방침에 대한 기사

조선 총독부 관보에 실린 회사령 폐지에 관한 제령

경성 방직 주식회사 선전 광고

① 형평 운동
② 조선학 운동
③ 국채 보상 운동
④ 물산 장려 운동

39. 밑줄 그은 '시기'에 볼 수 있는 모습으로 가장 적절한 것은? [2점]

□□신문

제△△호   2020년 ○○월 ○○일

헌병, 군사 경찰로 명칭 변경

군대 내 경찰 직무를 수행해 오던 헌병이 군사 경찰이라는 새 이름을 달았다. 헌병은 일본식 표현으로, 국권 피탈 이후에는 일제가 헌병 경찰 제도를 실시하던 시기가 있었다. 따라서 이번 명칭 변경은 우리 사회에 남아 있던 일제의 잔재를 청산한다는 측면에서 중요한 역사적 의미가 있다.

① 제복을 입고 칼을 찬 교사
② 브나로드 운동에 참여하는 학생
③ 조선책략 유포에 반발하는 유생
④ 치안 유지법 위반으로 구속된 독립운동가

40. 다음 가상 뉴스의 (가)에 들어갈 단체로 옳은 것은? [2점]

이상재 선생의 장례가 사회장으로 거행되었습니다. 선생은 '일제의 기회주의를 부인함' 등을 강령으로 내세운 (가) 의 초대 회장으로 민족 유일당 운동에 앞장섰습니다. 마지막까지 민족 운동에 헌신하였던 선생의 죽음을 많은 사람이 애도하였습니다.

이상재 선생 사회장 거행

① 보안회   ② 신간회
③ 진단 학회   ④ 조선 형평사

41. 교사의 질문에 대한 답변으로 옳은 것은? [3점]

일제는 만주 사변을 일으키고 지도에 표시된 것과 같이 자신들의 꼭두각시 정권인 만주국을 세웠습니다. 이 지역에서 독립운동을 펼치던 세력은 당시 일제의 만주 침략에 어떻게 대응하였을까요?

■ 만주국의 영역

① 신간회를 결성하였습니다.
② 국민대표 회의를 소집하였습니다.
③ 신흥 무관 학교를 설립하였습니다.
④ 한·중 연합 작전을 전개하였습니다.

42. 밑줄 그은 '이 부대'에 대한 설명으로 옳은 것은? [3점]

이것은 중국 타이항산에 있는 윤세주, 진광화의 옛 무덤입니다. 두 사람은 이 부대의 화북 지대 소속으로 중국군과 연합하여 항일 운동을 전개하였으며, 일본의 대대적인 공격에 맞선 타이항산 반소탕전에서 큰 공을 세웠습니다.

① 지청천이 총사령관이었다.
② 서울 진공 작전을 전개하였다.
③ 쌍성보 전투에서 크게 승리하였다.
④ 우한에서 김원봉 등이 조직하였다.

43. 다음 자료의 사회 운동에 대한 설명으로 옳은 것은? [2점]

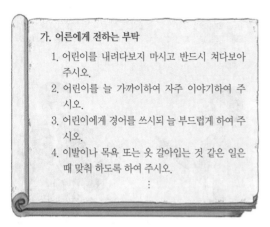

> **가. 어른에게 전하는 부탁**
>
> 1. 어린이를 내려다보지 마시고 반드시 쳐다보아 주시오.
> 2. 어린이를 늘 가까이하여 자주 이야기하여 주시오.
> 3. 어린이에게 경어를 쓰시되 늘 부드럽게 하여 주시오.
> 4. 이발이나 목욕 또는 옷 갈아입는 것 같은 일은 때 맞춰 하도록 하여 주시오.

① 방정환 등이 주도하였다.
② 민립 대학 설립을 목표로 하였다.
③ 대한 자강회를 중심으로 전개되었다.
④ 조선 사람 조선 것이라는 구호를 내세웠다.

44. (가)에 들어갈 인물로 옳은 것은? [1점]

① 안창호　② 이육사　③ 한용운　④ 윤봉길

45. 다음 상황이 나타난 시기에 볼 수 있는 모습으로 옳은 것은? [2점]

① 대동법 시행에 반대하는 지주
② 신사 참배를 강요당하는 청년
③ 암태도 소작 쟁의에 참여하는 농민
④ 박문국에서 한성순보를 발간하는 관리

46. 다음 자료가 발행된 시기를 연표에서 옳게 고른 것은? [2점]

① (가)　② (나)　③ (다)　④ (라)

47. 다음 상황이 일어난 배경으로 가장 적절한 것은?
[2점]

지금 사람들이 무엇을 하고 있는 것이오?

신탁 통치 결정에 반대하는 집회를 열고 있는 중입니다.

① 평양에서 남북 협상이 열렸다.
② 반민족 행위 처벌법이 제정되었다.
③ 유엔의 감시 아래 총선거가 실시되었다.
④ 모스크바에서 3국 외상 회의가 개최되었다.

48. (가) 정부 시기에 있었던 사실로 옳은 것은? [3점]

사진으로 보는 (가) 정부

삼청 교육대 운영 | 국풍 81 개최 | 교복 자율화 시행

① 야간 통행금지가 해제되었다.
② 베트남 전쟁에 국군이 파병되었다.
③ 한·미 상호 방위 조약이 체결되었다.
④ 제1차 경제 개발 5개년 계획이 실시되었다.

49. 다음 대화가 이루어진 시기를 연표에서 옳게 고른 것은? [3점]

어제 김영삼 정부가 발표한 금융 실명제 전격 실시에 대해 어떻게 생각하십니까?

모든 금융 거래를 당사자 실명으로 하게 한 이번 조치는 경제의 투명성을 높이는 계기가 될 것으로 기대됩니다.

1962	1973	1988	1997	2010
(가)	(나)	(다)	(라)	
제1차 경제 개발 5개년 계획 실시	제1차 석유 파동	서울 올림픽 개최	IMF 구제 금융 요청	서울 G20 정상 회의 개최

① (가)　　② (나)　　③ (다)　　④ (라)

50. (가) 민주화 운동에 대한 설명으로 옳은 것은?
[2점]

〈수행 평가 보고서〉

(가) 의 현장

△반 △번 이름: ○○○

사적지명	설명	당시 모습	오늘날 모습
전남 대학교 정문	시위가 처음 시작된 곳		
무등 경기장 정문	운전기사 차량 시위 출발지		
금남로	계엄군이 시민을 향해 집단 발포한 곳		

① 진상 규명을 위한 특별법이 제정되었다.
② 박종철 고문치사 사건을 계기로 일어났다.
③ 이승만 대통령이 하야하는 결과를 가져왔다.
④ 호헌 철폐와 독재 타도 등의 구호를 내세웠다.

기본 제2회 한국사능력검정시험 기출모의고사

1. (가) 시대에 처음 제작된 유물로 옳은 것은? [1점]

선사 문화 축제
농경과 정착 생활이 시작된 (가) 시대로 떠나요!

• 일시: 2020년 ○○월 ○○일~○○일
• 주최: △△ 문화 재단

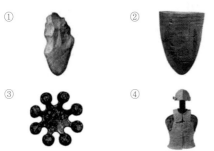

2. 다음 대화에 해당하는 나라에 대한 설명으로 옳은 것은? [2점]

흉년이 계속되어 신지께서 걱정을 많이 하신다고 합니다.

천군께서 조만간 하늘에 제사를 지내신다니 기다려 보세.

① 신성 지역인 소도가 있었다.
② 서옥제라는 혼인 풍습이 있었다.
③ 읍락 간의 경계를 중시한 책화가 있었다.
④ 여러 가(加)들이 별도로 사출도를 다스렸다.

3. 밑줄 그은 '이 나라'에 대한 설명으로 옳은 것은? [2점]

호암사에는 정사암이 있다. 이 나라에서 장차 재상을 의논할 때에 뽑을 만한 사람 서너 명의 이름을 써서 상자에 넣고 봉하여 바위 위에 두었다가, 얼마 후에 열어 보아 이름 위에 도장이 찍힌 자국이 있는 사람을 재상으로 삼았기 때문에 정사암이라고 하였다.

－『삼국유사』－

① 22담로를 두었다.
② 국학을 설립하였다.
③ 진대법을 실시하였다.
④ 골품제라는 신분제가 있었다.

4. (가)에 들어갈 내용으로 옳은 것은? [1점]

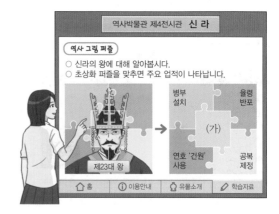

① 평양 천도
② 금관가야 병합
③ 독서삼품과 실시
④ 황룡사 9층 목탑 건립

5. (가)~(라)에 대한 탐구 활동으로 적절한 것을 〈보기〉에서 고른 것은? [2점]

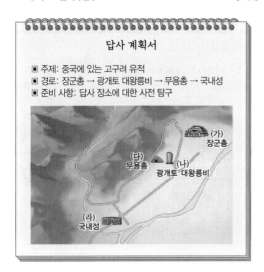

답사 계획서

■ 주제: 중국에 있는 고구려 유적
■ 경로: 장군총 → 광개토 대왕릉비 → 무용총 → 국내성
■ 준비 사항: 답사 장소에 대한 사전 탐구

─── 〈보기〉 ───
ㄱ. (가) – 벽돌무덤의 양식을 조사한다.
ㄴ. (나) – 신라에 침입한 왜를 격퇴한 내용을 찾아본다.
ㄷ. (다) – 고분 벽화에 나타난 당시의 생활상을 알아본다.
ㄹ. (라) – 성왕이 새로운 수도로 선정한 이유를 확인한다.

① ㄱ, ㄴ   ② ㄱ, ㄷ   ③ ㄴ, ㄷ   ④ ㄷ, ㄹ

6. (가) 국가에 대한 설명으로 옳은 것은? [3점]

① 진대법을 시행하였다.
② 상수리 제도를 두었다.
③ 지방에 22담로를 설치하였다.
④ 골품제라는 신분 제도가 있었다.

7. 밑줄 그은 '선왕'에 대한 설명으로 옳은 것은? [2점]

선왕(先王)께서는 백성의 참상을 불쌍히 여겨 …… 바다 건너 당의 조정에 들어가서 군사를 요청하셨다. …… 백제는 평정하셨지만 고구려는 미처 멸망시키지 못하셨다. 선왕의 평정하시려던 뜻을 과인이 이어받아 마침내 이루게 되었다.
– 『삼국사기』 –

① 사비로 천도하였다.
② 우산국을 정벌하였다.
③ 진골 출신으로 왕위에 올랐다.
④ 화랑도를 국가적인 조직으로 개편하였다.

8. 다음 대화에 나타난 사건이 일어난 시기를 연표에서 옳게 고른 것은? [3점]

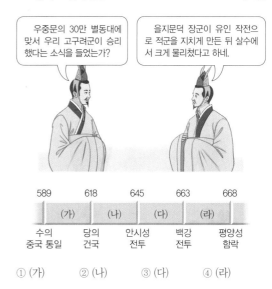

우중문의 30만 별동대에 맞서서 우리 고구려군이 승리했다는 소식을 들었는가?

을지문덕 장군이 유인 작전으로 적군을 지치게 만든 뒤 살수에서 크게 물리쳤다고 하네.

589		618		645		663		668
	(가)		(나)		(다)		(라)	
수의 중국 통일		당의 건국		안시성 전투		백강 전투		평양성 함락

① (가)   ② (나)   ③ (다)   ④ (라)

9. 다음 사신을 파견한 국가의 대외 교류에 대한 설명으로 옳은 것은? [2점]

조공길에 오르는 사신이 되어 상경성을 떠나려니 어깨가 무겁구나.

우리나라 사신을 위한 숙소가 있다니 거기서 묵어야지. 당의 수도 장안까지 가려면 푹 쉬어야 해.

① 개시와 후시를 통해 무역을 하였다.
② 일본도를 경유하여 일본과 교역하였다.
③ 청해진을 설치하여 해상 무역을 전개하였다.
④ 벽란도를 통해 아라비아 상인들과 교역하였다.

10. (가)에 들어갈 내용으로 적절하지 <u>않은</u> 것은? [2점]

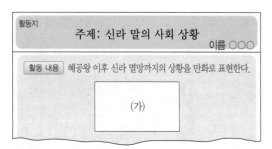

활동지

주제: 신라 말의 사회 상황

이름 ○○○

활동 내용 | 혜공왕 이후 신라 멸망까지의 상황을 만화로 표현한다.

(가)

① 나라 이름을 후백제로 하겠노라.

② 김흠돌의 난을 속히 진압하라.

③ 원종과 애노의 봉기에 동참하세.

④ 요즘에는 호족이 후원하는 선종이 유행한다네.

11. (가) 왕의 업적으로 옳은 것은? [2점]

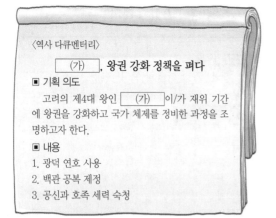

〈역사 다큐멘터리〉

(가) , 왕권 강화 정책을 펴다

■ 기획 의도

　고려의 제4대 왕인 (가) 이/가 재위 기간에 왕권을 강화하고 국가 체제를 정비한 과정을 조명하고자 한다.

■ 내용

1. 광덕 연호 사용
2. 백관 공복 제정
3. 공신과 호족 세력 숙청

① 만권당을 설립하였다.
② 전시과를 제정하였다.
③ 노비안검법을 실시하였다.
④ 전민변정도감을 설치하였다.

12. (가)에 들어갈 정치 기구로 옳은 것은? [1점]

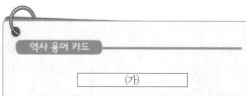

역사 용어 카드

(가)

　고려의 회의 기구로 중서문하성과 중추원의 고위 관료들이 모여 주로 국방과 군사 문제를 다루었다. 후에 그 기능과 역할이 확대되어 국정 전반의 중요 사항을 논의하였다. 충렬왕 때에 이르러 그 명칭이 도평의사사로 바뀌었다.

① 삼사　　　　　　② 비변사
③ 상서성　　　　　④ 도병마사

13. 다음 답사가 이루어진 지역을 지도에서 옳게 찾은 것은? [1점]

■ 우리 고장 문화유산 답사 안내 ■

　우리 문화원에서는 문화유산을 통해 우리 고장의 역사를 알아보는 답사를 마련하였습니다. 학생 여러분의 많은 참여 바랍니다.

• 일자: 2019년 ○○월 ○○일
• 답사 일정

시간	장소	유적 안내
10:30~12:00	홍릉	고려 시대 몽골의 침입을 피해 옮긴 도읍에서 생을 마감한 고종의 능
14:00~15:30	외규장각	조선 시대 왕실의 서적을 보관하기 위해 정조가 설치한 서고
16:00~17:30	용흥궁	조선 시대 철종이 왕위에 오르기 전까지 살던 곳

• 주최: □□문화원

① (가)　　② (나)　　③ (다)　　④ (라)

14. 다음 자료에 해당하는 인물의 활동으로 옳은 것은?
[2점]

위인 메달 시리즈 제○○호 출시

앞면에는 표준 영정과 함께 별무반을 이끌고 여진을 정벌한 업적을, 뒷면에는 경기도 파주시에 있는 사당 '여충사'를 새겼습니다.

① 4군 6진을 개척하였다.
② 강동 6주를 획득하였다.
③ 동북 9성을 축조하였다.
④ 쓰시마섬을 토벌하였다.

15. 밑줄 그은 '이 책'에 대한 설명으로 옳은 것은?
[2점]

오늘 소개해 주실 책은 무엇인가요?

이 책은 고려 시대에 김부식 등이 왕명을 받아 편찬한 역사서입니다. 현존하는 우리나라 역사서 중 가장 오래전에 편찬되었습니다.

① 기전체 형식으로 서술되었다.
② 신라와 발해를 남북국이라 칭하였다.
③ 사초와 시정기를 바탕으로 제작되었다.
④ 단군의 고조선 건국 이야기가 수록되었다.

16. (가)에 들어갈 문화유산으로 옳은 것은?
[2점]

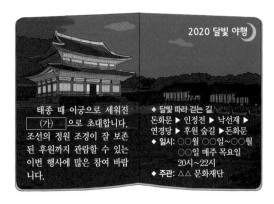

2020 달빛 야행

태종 때 이궁으로 세워진 (가) 으로 초대합니다. 조선의 정원 조경이 잘 보존된 후원까지 관람할 수 있는 이번 행사에 많은 참여 바랍니다.

◆ 달빛 따라 걷는 길
돈화문 ▶ 인정전 ▶ 낙선재
연경당 ▶ 후원 숲길 ▶ 돈화문
◆ 일시: ○○월 ○○일~○○월 ○○일 매주 목요일 20시~22시
◆ 주관: △△ 문화재단

① 경복궁   ② 경희궁   ③ 덕수궁   ④ 창덕궁

17. 밑줄 그은 '왕'의 업적으로 옳은 것은?
[1점]

□□신문

제△△호   ○○○○년 ○○월 ○○일

특집 기획

조선 과학 기술의 보고(寶庫), 흠경각

경복궁 흠경각

흠경각은 장영실이 왕의 명을 받아 제작한 옥루(玉漏)가 설치되었던 전각이다. 옥루는 물의 흐름을 통해 각종 기계 장치가 자동으로 작동되면서 시각을 알려 주도록 고안되었다. 이와 함께 흠경각에는 천문 관측기구인 혼의와 해시계인 앙부일구 등도 보관되었다고 한다.

① 한양으로 천도하였다.
② 훈민정음을 창제하였다.
③ 나선 정벌을 단행하였다.
④ 초계문신제를 시행하였다.

18. (가) 인물의 업적으로 옳은 것은? [2점]

그림과 함께 보는 압구정 옛 이야기

경교명승첩 중 '압구정'(정선)

이 작품은 조선 시대 압구정의 모습을 그린 것이다. 압구정은 계유정난으로 정권을 잡고 단종을 몰아낸 (가) 을/를 도와 공신이 된 한명회가 지은 정자이다.

① 정방을 폐지하였다.
② 집현전을 설립하였다.
③ 직전법을 실시하였다.
④ 대전회통을 편찬하였다.

19. 다음 퀴즈의 정답으로 옳은 것은? [1점]

한국사 골든벨

제시된 단계별 힌트를 종합하여 알 수 있는 기구는 무엇일까요?

1단계 옥당, 옥서라는 별칭이 있음

2단계 대제학, 부제학 등의 관직을 두었음

3단계 왕의 자문에 응하고 경연에 참여하였음

① 사헌부
② 승정원
③ 춘추관
④ 홍문관

20. (가) 전쟁 중에 있었던 사실로 옳은 것은? [2점]

진주성에서 진주 목사 김시민의 지휘 아래 관군과 백성들이 일본군에 맞서 싸우고 있습니다. 곽재우 등이 이끄는 의병 부대도 성 밖에서 이를 지원하고 있는데요. 이 전투가 일본의 침략으로 시작된 (가) 의 흐름에 어떤 영향을 미칠지 관심이 모아지고 있습니다.

진주성에서 치열한 전투 중

① 천리장성이 축조되었다.
② 권율이 행주산성에서 승리하였다.
③ 황룡사 9층 목탑이 불타 없어졌다.
④ 윤관이 별무반 편성을 건의하였다.

21. (가)에 해당하는 인물로 옳은 것은? [2점]

〈역사 인물 설문 조사〉

(가) 하면 가장 먼저 떠오르는 것에 스티커를 붙여주세요.

| 징비록을 썼어요. | 이순신을 천거했어요. | 훈련도감 설치를 건의했어요. |

① 박지원
② 유성룡
③ 임경업
④ 정약용

22. (가)에 들어갈 세시 풍속으로 옳은 것은? [1점]

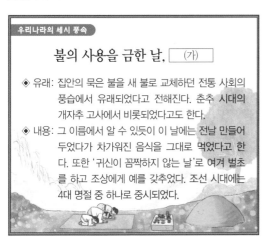

① 단오   ② 한식   ③ 대보름   ④ 삼짇날

23. (가)에 들어갈 내용으로 옳은 것을 〈보기〉에서 고른 것은? [3점]

〈보 기〉
ㄱ. 인조반정으로 몰락하였어.
ㄴ. 이이와 성혼의 문인을 중심으로 형성되었어.
ㄷ. 위훈 삭제를 주장한 조광조 일파를 축출하였어.
ㄹ. 예송 논쟁에서 남인과 대립하였어.

① ㄱ, ㄴ   ② ㄱ, ㄷ
③ ㄴ, ㄷ   ④ ㄴ, ㄹ

24. 다음 왕의 재위 기간에 있었던 사실로 옳은 것은? [2점]

이조 판서 송시열이 추위에 고생할까 염려되어 담비 가죽옷을 하사하니, 이를 전하여 그를 지극히 아끼는 나의 뜻을 사양하지 말라.

효종

① 사병 혁파
② 4군 6진 개척
③ 수원 화성 건설
④ 북벌 정책 추진

25. 밑줄 그은 '이 지도'에 대한 설명으로 옳은 것은? [2점]

이것은 김정호가 제작한 이 지도의 일부분입니다. 그는 이 지도에 10리마다 눈금을 표시하여 거리를 알 수 있게 하였고, 역참, 봉수 등 주요 시설물을 기호로 표기하여 다양한 지리 정보를 전달하였습니다.

① 최초로 100리 척이 적용되었다.
② 총 22첩의 목판본으로 제작되었다.
③ 유네스코 세계 기록 유산으로 등재되었다.
④ 각 지방의 산천, 인물, 풍속 등이 담겨 있다.

26. (가) 인물에 대한 설명으로 옳은 것은?   [2점]

이 책은 (가) 이/가 청나라의 풍속과 제도를 살펴보고 돌아와서 저술한 것입니다. 여기에는 적극적인 청 문물 도입, 소비 촉진을 통한 생산력 증대 등의 주장이 담겨 있습니다.

오늘 알아볼 책에 대해서 말씀해 주세요.

북학의

① 기기도설을 참고하여 거중기를 설계하였다.
② 사람의 체질을 연구하여 사상 의학을 정립하였다.
③ 발해고에서 신라와 발해를 남북국이라고 칭하였다.
④ 서얼 출신으로 규장각 검서관에 등용되어 활동하였다.

27. (가)에 들어갈 종교로 옳은 것은?   [1점]

동경대전

경전

최제우   창시자   (가)   주요 사상   시천주,
                                          인내천

① 동학   ② 대종교   ③ 원불교   ④ 천주교

28. (가)에 해당하는 작품으로 옳은 것은?   [2점]

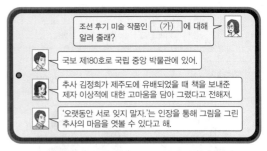

조선 후기 미술 작품인 (가) 에 대해 알려 줄래?

국보 제180호로 국립 중앙 박물관에 있어.

추사 김정희가 제주도에 유배되었을 때 책을 보내준 제자 이상적에 대한 고마움을 담아 그렸다고 전해져.

'오랫동안 서로 잊지 말자.'는 인장을 통해 그림을 그린 추사의 마음을 엿볼 수 있다고 해.

①    ②

몽유도원도   세한도

③   ④

인왕제색도

고사관수도

29. 밑줄 그은 '이 왕'의 업적으로 옳은 것은?   [2점]

역사 다큐멘터리 기획 회의

이 왕을 소재로 한 다큐멘터리에 어떤 장면을 담아 볼까?

초계문신에 선발된 관리들이 규장각에서 교육 받는 모습을 연출해 보자.

수원 화성의 축조를 명하는 왕의 모습도 재연하자.

① 집현전을 설립하였다.
② 대전통편을 편찬하였다.
③ 훈민정음을 창제하였다.
④ 백두산정계비를 세웠다.

30. 선생님의 질문에 대한 학생의 대답으로 옳지 <u>않은</u> 것은? [2점]

32. (가) 시기에 있었던 사실로 옳은 것은? [3점]

① 대한 제국의 군대가 해산되었다.

② 관민 공동회에서 헌의 6조가 결의되었다.

③ 고종이 러시아 공사관으로 거처를 옮겼다.

④ 황준헌이 지은 조선책략이 국내에 처음 소개되었다.

31. 밑줄 그은 '이 사건'의 배경으로 옳은 것은? [2점]

① 병인박해가 일어났다.

② 영국이 거문도를 점령하였다.

③ 오페르트가 남연군 묘를 도굴하려 하였다.

④ 서인 정권이 친명배금 정책을 추진하였다.

33. (가)에 해당하는 책에 대한 설명으로 옳은 것은? [2점]

> 영남의 유생 이만손 등 만 명이 올린 연명 상소의 대략에, "방금 수신사 김홍집이 가지고 온 황준헌의 ___(가)___ 이/가 유포된 것을 보니, 저도 모르게 머리털이 곤두서고 가슴이 떨렸으며 이어서 통곡하면서 눈물을 흘렸습니다."라고 하였다.
>
> - 『고종실록』 -

① 식민 사관에 의해 편찬되었다.

② 양반의 무능과 허례를 비판하였다.

③ 동물들의 입을 빌려 인간 사회를 풍자하였다.

④ 조선이 미국과 외교 관계를 맺어야 한다고 제안하였다.

34. (가)~(라)에 대한 설명으로 옳지 <u>않은</u> 것은? [2점]

개항 이후 경제적 구국 운동

우리 학회에서는 열강의 경제 침탈에 맞서 일어난 저항 활동을 재조명하는 자리를 마련하였습니다. 관심 있는 분들의 많은 참여 바랍니다.

⊙ 강의 주제 ⊙

제1강 독립 협회의 활동 ·····················(가)
제2강 황국 중앙 총상회의 활동·············(나)
제3강 보안회의 활동 ·······················(다)
제4강 국채 보상 운동의 전개·················(라)

• 일시: 2019년 ○○월 ○○일 10:00~17:00
• 장소: □□대학교 소강당
• 주최: △△학회

① (가) – 러시아의 절영도 조차 요구를 저지하였다.
② (나) – 상권 수호 운동을 전개하였다.
③ (다) – 태극 서관, 자기 회사를 설립하였다.
④ (라) – 대한매일신보의 후원을 받았다.

35. 밑줄 그은 '조약'에 대한 저항으로 옳지 <u>않은</u> 것은? [2점]

이토 히로부미 후작의 강압으로 대궐에서 회의가 소집되었다. 대신들은 조약에 찬성할 것을 강요당하였고, 그런 다음에 가장 강하게 반대하던 세 명의 대신이 일본 장교들에 의해 한 명씩 끌려 나갔다. …… 일본이 세계에 공표한 것과는 달리, 이 조약은 황제가 결코 서명하지 않았고 합법적으로 조인되지도 않았다.

① 민영환, 조병세 등이 자결하였다.
② 고종이 헤이그에 특사를 파견하였다.
③ 최익현, 신돌석 등이 의병을 일으켰다.
④ 이만손이 주도하여 영남 만인소를 올렸다.

36. (가) 시기에 있었던 사실로 옳은 것은? [3점]

며칠 전 폐하께서 먼저 단발을 하셨으니 백성들도 이를 따라야 하지 않겠는가?

국호를 대한이라 하고 올해를 광무 원년으로 삼노라.

(가)

① 수어청이 설치되었다.
② 아관 파천이 단행되었다.
③ 운요호 사건이 발생하였다.
④ 오페르트 도굴 사건이 일어났다.

37. (가)에 들어갈 문화유산으로 옳은 것은? [2점]

답사 계획서

• 주제: 근대 역사의 현장을 찾아서
• 날짜: 2021년 ○○월 ○○일
• 답사 장소

사진	설명
 우정총국	근대 우편 제도를 시행하기 위해 세워진 것으로, 개국 축하연 때 갑신정변이 발생하였다.
 구 러시아 공사관	을미사변 이후 고종이 피신한 곳으로 약 1년 동안 머물렀다. 지금은 건물의 일부만 남아 있다.
(가)	고종의 접견실 등으로 사용하기 위해 지어진 것으로, 당시 건축된 서양식 건물 중 규모가 가장 크다.

①  황궁우 ② 명동 성당
③ 운현궁 양관 ④ 덕수궁 석조전

38. (가)의 활동으로 옳지 않은 것은? [2점]

이것은 1919년 (가) 직원들이 청사 앞에서 찍은 사진입니다. (가) 은/는 3·1 운동을 계기로 상하이에서 수립되어 독립을 위한 다양한 활동을 전개하였습니다.

① 연통제를 실시하였다.
② 독립 공채를 발행하였다.
③ 신흥 강습소를 설립하였다.
④ 한일 관계 사료집을 발간하였다.

39. (가)에 들어갈 내용으로 옳은 것은? [2점]

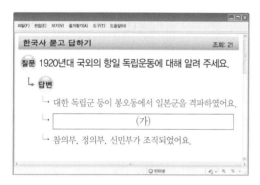

① 박용만이 대조선 국민 군단을 결성하였어요.
② 독립군 연합 부대가 청산리 전투에서 승리하였어요.
③ 안중근이 하얼빈에서 이토 히로부미를 저격하였어요.
④ 한국 독립군이 대전자령 전투에서 일본군을 격퇴하였어요.

40. 밑줄 그은 '이 학교'로 옳은 것은? [2점]

이 건물은 간도 지역의 민족 교육을 위해 설립되었던 이 학교를 복원한 것입니다. 이 학교 출신 인물로는 윤동주와 나운규 등이 있습니다.

① 동문학　　　　　② 명동 학교
③ 배재 학당　　　　④ 육영 공원

41. (가)~(다)를 일어난 순서대로 옳게 나열한 것은? [2점]

① (가) - (나) - (다)　　② (가) - (다) - (나)
③ (나) - (가) - (다)　　④ (다) - (나) - (가)

42. 밑줄 그은 '이 운동'으로 옳은 것은? [2점]

① 브나로드 운동
② 문자 보급 운동
③ 물산 장려 운동
④ 민립 대학 설립 운동

43. 다음 대화가 이루어진 시기를 연표에서 옳게 고른 것은? [3점]

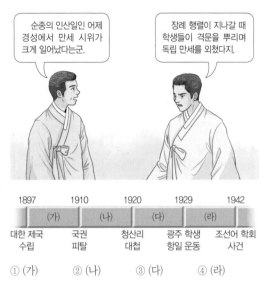

순종의 인산일인 어제 경성에서 만세 시위가 크게 일어났다는군.

장례 행렬이 지나갈 때 학생들이 격문을 뿌리며 독립 만세를 외쳤다지.

1897		1910		1920		1929		1942
	(가)		(나)		(다)		(라)	
대한 제국 수립		국권 피탈		청산리 대첩		광주 학생 항일 운동		조선어 학회 사건

① (가)   ② (나)   ③ (다)   ④ (라)

44. 밑줄 그은 '이 시기'에 볼 수 있는 모습으로 적절한 것은? [2점]

이것은 홋카이도의 우류 댐 공사 등에서 죽어 간 강제 노동 희생자를 기리기 위해 세워진 조각상입니다. 일제는 중·일 전쟁 이후 침략 전쟁을 확대한 이 시기에 조선인을 포함한 많은 사람들을 전쟁에 동원하였습니다.

① 원각사에서 은세계를 관람하는 청년
② 교조 신원 운동에 참석하는 동학 교도
③ 국채 보상 기성회에 성금을 내는 여성
④ 황국 신민 서사 암송을 강요받는 학생

45. (가)에 들어갈 인물로 옳은 것은? [2점]

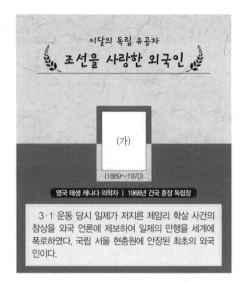

이달의 독립 유공자
조선을 사랑한 외국인

(가)

(1889~1970)

영국 태생 캐나다 의학자 | 1968년 건국 훈장 독립장

3·1 운동 당시 일제가 저지른 제암리 학살 사건의 참상을 외국 언론에 제보하여 일제의 만행을 세계에 폭로하였다. 국립 서울 현충원에 안장된 최초의 외국인이다.

①

호머 헐버트

②

메리 스크랜튼

③

어니스트 베델

④

프랭크 스코필드

46. (가)에 들어갈 사진으로 옳은 것은? [3점]

대한민국 정부 수립 과정

신탁 통치 반대 집회 → (가) → 대한민국 정부 수립

①
경부 고속 도로 개통

②

4·19 혁명

③
유신 헌법 공포

④

5·10 총선거

47. (가) 전쟁 중에 있었던 사실로 옳은 것은? [3점]

① 인천 상륙 작전이 전개되었다.
② 모스크바 3상 회의가 개최되었다.
③ 미국이 애치슨 선언을 발표하였다.
④ 반민족 행위 처벌법이 제정되었다.

48. 다음 성명서가 발표된 이후에 일어난 사건으로 옳은 것은? [2점]

> **성 명 서**
>
> 먼저 긴급 조치의 해제와 구속 인사 전원에 대한 즉각적인 무조건 석방이 이루어져야 합니다. …… 석방되어야 할 사람들은 첫째, 긴급 조치 9호 위반자 전원, 둘째, 긴급 조치 1호, 4호 위반자로 현재까지 구속 중에 있는 인사 전원, 셋째, 반공법의 인혁당 등 조작된 사건에 연루된 인사들입니다.
>
> 1977. 7. 18.
> 양심범 가족 협의회

① 4 · 19 혁명
② 5 · 10 총선거
③ 5 · 16 군사 정변
④ 5 · 18 민주화 운동

49. 다음 문서를 작성한 정부 시기의 사실로 옳은 것은? [2점]

> **장발 단속 계획 보고**
>
> 1. 보고 주문
> 국민의 주체 의식을 확립하고 건전한 사회 기풍을 정착화하기 위하여 별첨과 같이 장발 단속 계획을 수립 실천키로 하였기에 보고합니다.
>
> 2. 보고 이유
> 가. 장발 단속은 그동안 경찰에서 지도 단속과 아울러 자율적인 각성을 촉구하여 왔으나 일부 사회 지도층을 비롯하여 국민의 무관심과 이해 부족으로 그 실효를 거두지 못하고 있는 실정으로서
> 나. 앞으로 행정부 산하 각급 공무원이 솔선수범함은 물론 …… 도시 새마을 운동으로 발전시켜 점차 범국민 운동으로 추진하고자 함.

① 긴급 조치가 발표되었다.
② 서울 올림픽 대회가 열렸다.
③ 가족 관계 등록법이 시행되었다.
④ 금융 실명제가 전격 실시되었다.

50. 밑줄 그은 '이 정부' 시기의 경제 상황으로 옳은 것은? [2점]

① 3저 호황으로 수출이 증가하였다.
② 남북한이 개성 공단 조성에 합의하였다.
③ 제1차 경제 개발 5개년 계획이 추진되었다.
④ 미국의 원조 물자를 기반으로 삼백 산업이 성장하였다.

1. 밑줄 그은 '이 시대'의 생활 모습으로 옳은 것은?

[1점]

이 유물은 돌을 깨뜨려 만든 것으로, 이 시대 사람들이 처음으로 제작하였습니다. 사냥을 하거나 동물의 가죽을 벗기는 용도 등으로 사용되었습니다.

주먹도끼 찍개

① 철제 농기구로 농사를 지었다.

② 토기를 만들어 식량을 저장하였다.

③ 주로 동굴이나 막집에서 거주하였다.

④ 거푸집을 사용하여 청동기를 제작하였다.

2. 다음 퀴즈의 정답으로 옳은 것은?

[2점]

1단계 청동기 문화를 바탕으로 성립하였다.

2단계 평양성을 도읍으로 삼았다.

3단계 범금 8조가 있었다.

4단계 한 무제의 공격으로 멸망하였다.

제시된 단계별 힌트를 종합하여 알 수 있는 국가는 어디일까요?

한국사 퀴즈왕

310 300

① 동예 ② 부여 ③ 고구려 ④ 고조선

3. (가) 나라의 사회 모습으로 옳은 것은?

[2점]

윷놀이의 도, 개, 걸, 윷, 모는 돼지, 개, 소, 말 등의 동물을 가리킨다고 합니다. 신채호는 윷놀이가 (가) 에서 유래되었다고 주장하면서 사출도를 주관했던 마가, 우가, 저가, 구가의 존재를 근거로 들었습니다.

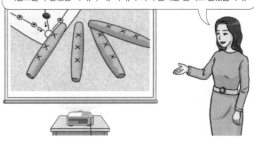

① 12월에 영고라는 제천 행사를 열었다.

② 골품에 따른 신분 차별이 엄격하였다.

③ 읍락 간의 경계를 중시하는 책화가 있었다.

④ 제사장인 천군과 신성 지역인 소도가 존재하였다.

4. 밑줄 그은 '왕'의 업적으로 옳은 것은?

[2점]

○ 372년 전진 왕 부견이 사신과 승려 순도를 보내 불상과 경문(經文)을 주었다. 왕이 사신을 보내 사례하고 토산물을 바쳤다.

○ 373년 처음으로 율령을 반포하였다.

— 「삼국사기」—

① 태학을 설립하였다.

② 평양으로 천도하였다.

③ 우산국을 정벌하였다.

④ 영락이라는 연호를 사용하였다.

5. (가)에 들어갈 문화유산으로 옳은 것은? [1점]

이 유물은 부여 능산리 고분군 근처의 절터에서 출토되었어.

도교와 불교 사상이 함께 반영된 백제의 뛰어난 문화유산이지.

7. 다음 대화를 나눈 왕의 재위 기간에 있었던 사실로 옳은 것은? [2점]

신들의 생각으로는 국호를 '신라'로 확정하고, '왕'의 칭호를 사용하는 것이 합당합니다. 이에 '신라 국왕'의 칭호를 올립니다.

그대들의 말을 따르겠소.

① 이사부를 보내 우산국을 정벌하였다.
② 관료전을 지급하고 녹읍을 폐지하였다.
③ 화랑도를 국가적 조직으로 개편하였다.
④ 이차돈의 순교를 계기로 불교를 공인하였다.

6. 밑줄 그은 '제도'로 옳은 것은? [1점]

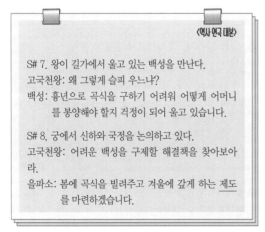

〈역사 연극 대본〉

S# 7. 왕이 길가에서 울고 있는 백성을 만난다.
고국천왕: 왜 그렇게 슬피 우느냐?
백성: 흉년으로 곡식을 구하기 어려워 어떻게 어머니를 봉양해야 할지 걱정이 되어 울고 있습니다.

S# 8. 궁에서 신하와 국정을 논의하고 있다.
고국천왕: 어려운 백성을 구제할 해결책을 찾아보아라.
을파소: 봄에 곡식을 빌려주고 겨울에 갚게 하는 <u>제도</u>를 마련하겠습니다.

① 의창   ② 환곡   ③ 사창제   ④ 진대법

8. (가)에 들어갈 제목으로 가장 적절한 것은? [2점]

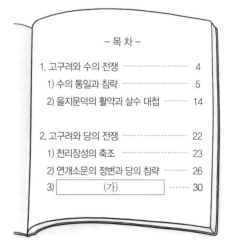

－ 목 차 －

1. 고구려와 수의 전쟁 ················· 4
  1) 수의 통일과 침략 ················· 5
  2) 을지문덕의 활약과 살수 대첩 ······· 14

2. 고구려와 당의 전쟁 ················· 22
  1) 천리장성의 축조 ················· 23
  2) 연개소문의 정변과 당의 침략 ······· 26
  3) ____(가)____ ······· 30

① 백강 전투의 영향
② 기벌포 전투의 결과
③ 안시성 전투의 승리
④ 황산벌 전투의 과정

9. (가) 국가의 문화유산으로 옳은 것은? [1점]

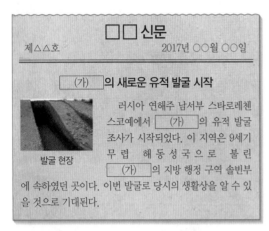

□□신문

제△△호   2017년 ○○월 ○○일

(가) 의 새로운 유적 발굴 시작

러시아 연해주 남서부 스타로레첸스코예에서 (가) 의 유적 발굴 조사가 시작되었다. 이 지역은 9세기 무렵 해동성국으로 불린 (가) 의 지방 행정 구역 솔빈부에 속하였던 곳이다. 이번 발굴로 당시의 생활상을 알 수 있을 것으로 기대된다.

발굴 현장

①

②

③

④

10. (가), (나) 인물에 대한 설명으로 옳은 것은? [2점]

○ 서쪽으로 순행하여 완산주에 이르니 주(州)의 백성들이 환영하였다. (가) 은/는 인심을 얻은 것에 기뻐하며 주위의 사람들에게 말하기를, "…… 이제 어찌 내가 완산에 도읍을 세워 의자왕의 쌓인 울분을 갚지 않겠는가?"라고 하였다.

– 『삼국사기』 –

○ (나) 이/가 스스로 왕이라 일컫고 사람들에게 말하기를, "지난날 신라가 당나라에 군사를 요청하여 고구려를 깨뜨렸다. …… 내가 반드시 그 원수를 갚겠다."고 하였다. …… 스스로 미륵불이라 칭하고 머리에는 금고깔을 쓰고 몸에는 가사를 둘렀다.

– 『삼국사기』 –

① (가) – 훈요 10조를 남겼다.
② (가) – 귀주에서 거란의 침입을 물리쳤다.
③ (나) – 청해진을 설치하였다.
④ (나) – 후고구려를 건국하였다.

11. (가)에 들어갈 내용으로 옳은 것은? [2점]

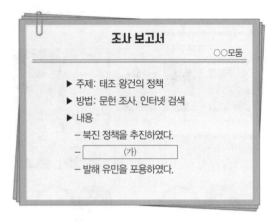

조사 보고서

○○모둠

▶ 주제: 태조 왕건의 정책
▶ 방법: 문헌 조사, 인터넷 검색
▶ 내용
 – 북진 정책을 추진하였다.
 – (가)
 – 발해 유민을 포용하였다.

① 만권당을 설치하였다.
② 4군 6진을 개척하였다.
③ 기인 제도를 실시하였다.
④ 12목에 지방관을 파견하였다.

12. 다음 역사 다큐멘터리의 제목으로 가장 적절한 것은? [2점]

① 광종, 왕권 강화를 도모하다.
② 인종, 서경 천도를 계획하다.
③ 태조, 북진 정책을 추진하다.
④ 현종, 지방 제도를 정비하다.

13. 다음 퀴즈의 정답으로 옳은 것은? [2점]

① 개성
② 공주
③ 전주
④ 철원

14. 다음 상황 이후에 전개된 사실로 옳은 것은? [2점]

> 내시지후 김찬과 내시녹사 안보린이 동지추밀원사 지녹연, 상장군 최탁, 오탁, 대장군 권수, 장군 고석 등과 함께 이자겸과 척준경을 암살하려고 시도하였으나 이루지 못하였다. 이자겸과 척준경이 군사를 동원하여 궁궐을 침범하였다.
>
> –『고려사』–

① 전시과가 제정되었다.
② 독서삼품과가 실시되었다.
③ 원종과 애노가 봉기하였다.
④ 묘청이 서경에서 난을 일으켰다.

15. 다음 대화에 나타난 제도가 시행된 국가의 경제 상황으로 옳은 것은? [2점]

① 벽란도가 국제 무역항으로 번성하였다.
② 담배, 고추 등의 상품 작물이 재배되었다.
③ 청해진을 중심으로 해상 무역이 전개되었다.
④ 시장을 감독하기 위해 동시전을 설치하였다.

16. 다음 인물에 대한 설명으로 옳은 것은? [2점]

① 세속 5계를 지었다.
② 돈오점수를 강조하였다.
③ 화엄일승법계도를 남겼다.
④ 해동 천태종을 창시하였다.

17. 밑줄 그은 '이것'에 대한 설명으로 옳은 것은? [2점]

① 중앙에서 훈도가 파견되었다.
② 선현의 제사와 성리학 교육을 담당하였다.
③ 유학부와 기술학부를 편성하여 교육하였다.
④ 외국어 통역관 양성을 주된 목적으로 삼았다.

18. 다음 인물에 대한 설명으로 옳은 것은? [2점]

○○○ 연보

- 1482년 한성에서 출생
- 1515년 문과에 급제
- 1518년 현량과 실시를 건의 대사헌에 임명됨
- 1519년 위훈 삭제를 건의 기묘사화로 사약을 받음

① 거중기를 설계하였다.
② 조선경국전을 저술하였다.
③ 소격서 폐지를 주장하였다.
④ 만권당에서 원의 학자들과 교류하였다.

19. (가)에 들어갈 책으로 옳은 것은? [2점]

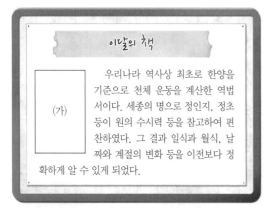

이달의 책

(가) 우리나라 역사상 최초로 한양을 기준으로 천체 운동을 계산한 역법서이다. 세종의 명으로 정인지, 정초 등이 원의 수시력 등을 참고하여 편찬하였다. 그 결과 일식과 월식, 날짜와 계절의 변화 등을 이전보다 정확하게 알 수 있게 되었다.

①
농사직설

②
동의보감

③
칠정산 내편

④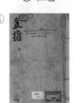
직지심체요절

20. 다음 퀴즈의 정답으로 옳은 것은? [1점]

이 기구는 외적의 침입에 대응하기 위해 설치되었다가 임진왜란을 거치면서 기능이 확대되어 국정 전반을 총괄하게 되었습니다. 비국, 주사라고도 불린 이 기구는 무엇일까요?

①
비변사

②
의정부

③
교정도감

④
군국기무처

21. 다음 논쟁이 전개된 이후의 사실로 옳은 것은? [3점]

효종 대왕께서는 둘째 아들이시므로, 대왕대비께서는 1년간 복상을 하여야 합니다.

효종 대왕께서는 왕위를 계승하셨으므로 장자에 준한다고 보아, 대왕대비께서는 3년간 복상을 하여야 합니다.

송시열

허목

① 정여립 모반 사건이 일어났다.
② 경신환국으로 서인이 집권하였다.
③ 친원 세력인 기철 등이 숙청되었다.
④ 외척 간의 다툼으로 을사사화가 발생하였다.

22. (가), (나) 사이의 시기에 있었던 사실로 옳은 것은?
[2점]

(가) 왕이 도원수 강홍립에게 지시하였다. "원정군 가운데 1만은 평안도와 함경도의 정예병만을 훈련하여 이제 장수와 병사들이 서로 익숙하니 지금에 와서 경솔히 바꾸기는 곤란하다. 그대는 명나라 장수들의 명령을 그대로 따르지만 말고 오직 스스로 판단하여 패하지 않도록 노력하라."

(나) 용골대 등이 왕을 인도하여 들어가 단 아래에 북쪽을 향해 자리를 마련하였다. 또한 왕에게 자리로 나아가기를 청하고 청나라 사람을 시켜 황제에게 아뢰게 하였다. 왕이 세 번 절하고 아홉 번 머리를 조아리는 예를 행하였다.

① 인조반정이 일어났다.
② 기묘사화가 발생하였다.
③ 나선 정벌이 추진되었다.
④ 백두산정계비가 세워졌다.

23. 다음 행사에 해당하는 세시 풍속으로 옳은 것은?
[1점]

수릿날 맞이 체험 행사
2020년 6월 25일(음력 5월 5일)

창포물에 머리 감기 체험

수리취떡 만들기 체험

① 설날　　② 단오　　③ 추석　　④ 한식

24. 다음 대화의 상황이 나타난 시기를 연표에서 옳게 고른 것은?
[3점]

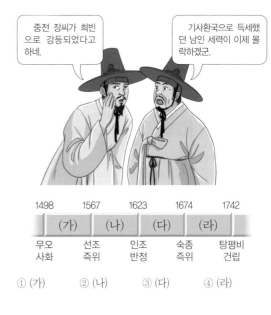

중전 장씨가 희빈으로 강등되었다고 하네.

기사환국으로 득세했던 남인 세력이 이제 몰락하겠군.

1498	1567	1623	1674	1742
(가)	(나)	(다)	(라)	
무오사화	선조즉위	인조반정	숙종즉위	탕평비건립

① (가)　　② (나)　　③ (다)　　④ (라)

25. (가) 제도에 대한 설명으로 옳은 것은?
[2점]

영조 시기 수취 제도 개편

죽은 남편과 이 갓난아이도 세금을 내라고 하다니 우리는 어찌 살란 말입니까.

논의를 잘 들었다. 양역의 폐단을 시정하기 위해 (가) 을/를 시행하라.

1결당 쌀 2두를 부과하는 결작이 추가로 생겼어. 우리 지주들의 부담이 늘어나는군.

① 군포 납부액을 1필로 정하였다.
② 전세를 토지 1결당 4~6두로 고정하였다.
③ 지계아문을 설치하여 지계를 발급하였다.
④ 토지를 비옥도에 따라 6등급으로 나누었다.

26. 밑줄 그은 '개혁안'의 내용으로 옳은 것은? [3점]

이곳은 유형원이 학문 연구와 저술에 힘썼던 전라북도 부안군 우반동의 반계 서당입니다. 그는 이곳에 머물면서 다양한 <u>개혁안</u>을 담은 반계수록을 저술하였습니다.

① 균전제 실시
② 정혜결사 제창
③ 훈련도감 창설
④ 전민변정도감 설치

27. 다음 대화가 이루어진 시기의 상황으로 옳지 않은 것은? [2점]

① 중인층의 시사 활동이 활발하였다.
② 춘향가 등의 판소리가 성행하였다.
③ 기존 형식에서 벗어난 사설시조가 유행하였다.
④ 단군의 건국 이야기를 담은 제왕운기가 저술되었다.

28. 다음 자료에 나타난 시기의 경제 모습으로 옳은 것은? [2점]

허적, 권대운 등의 대신들이 동전을 만들어 통용할 것을 청하였다. 왕이 여러 신하에게 물으니, 신하들이 모두 그 편리함을 말하였다. 왕이 그 말에 따라 호조 등에 명하여 상평통보를 주조하고, 동백 4백 문(文)을 은 1냥 값으로 정하여 시중에 유통하게 하였다.

① 벽란도에서 송의 상인과 교역하였다.
② 활구라고도 불리는 은병이 제작되었다.
③ 관청에 물품을 조달하는 공인이 활동하였다.
④ 현직 관리에게만 토지의 수조권을 지급하였다.

29. (가)에 들어갈 인물로 옳은 것은? [2점]

이 자료는 1696년 일본에서 작성된 문서로 (가) 이/가 가져간 조선의 지도 내용을 일본 측이 옮겨 적은 것입니다. 여기에는 울릉도와 독도가 강원도에 속한 섬이라고 기록되어 있습니다.

강원도, 이 도(道) 안에 죽도(울릉도), 송도(독도)가 있다.

① 안용복　　② 이범윤　　③ 이사부　　④ 이종무

30. 다음 격문이 작성된 시기의 상황으로 옳은 것은? [2점]

평서대원수는 급히 격문을 띄우노니 관서 지역의 모든 사람들은 들으라. …… 조정에서는 관서 지역을 썩은 흙과 같이 버렸다. 심지어 권세가의 노비들도 관서 사람을 보면 반드시 '평안도 놈'이라고 한다. 어찌 억울하고 원통하지 않겠는가.

① 무신들이 정권을 장악하였다.
② 신식 군대인 별기군이 창설되었다.
③ 최치원이 시무 10여 조를 건의하였다.
④ 수령과 향리의 수탈로 삼정이 문란하였다.

31. 밑줄 그은 ㉠에 대한 탐구 활동으로 가장 적절한 것은? [2점]

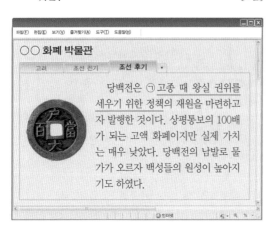

① 속대전의 편찬 배경을 알아본다.
② 삼정이정청이 설치된 이유를 파악한다.
③ 경복궁 중건 사업의 추진 과정을 조사한다.
④ 수신전과 휼양전이 폐지된 원인을 분석한다.

32. (가)에 들어갈 기구로 옳은 것은? [1점]

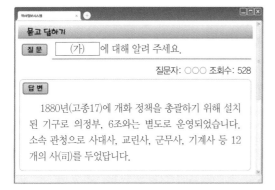

① 박문국
② 원수부
③ 탁지아문
④ 통리기무아문

33. 다음 연극에서 볼 수 있는 장면으로 적절하지 않은 것은? [2점]

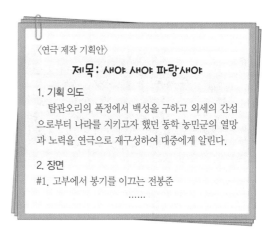

① 정주성을 점령하는 홍경래
② 농민 봉기의 진상을 조사하는 안핵사
③ 집강소에서 폐정 개혁을 추진하는 농민군
④ 농민군과 전주 화약을 체결하는 정부 관리

34. 다음 시나리오의 상황 이후에 전개된 사실로 옳은 것은? [3점]

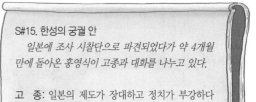

① 삼정이정청이 설치되었다.
② 어재연 부대가 미군에 맞서 싸웠다.
③ 구식 군인들이 임오군란을 일으켰다.
④ 평양 관민이 제너럴 셔먼호를 불태웠다.

35. 밑줄 그은 '의거'의 내용으로 옳은 것은? [2점]

이 기사는 3명의 신사가 장인환과 전명운의 재판을 돕기 위해 신문사에 성금을 기탁한 내용이다. 장인환과 전명운은 서로 알지 못하는 사이였음에도 같은 날에 의거를 실행하였다. 이 사건은 '샌프란시스코 크로니클' 등을 통해 현지에서 큰 주목을 받았으며, 세계에 한국의 독립 의지를 알리는 계기가 되었다.

대한매일신보
(1908년 4월 24일자)

① 일왕을 향해 폭탄을 던졌다.
② 이토 히로부미를 처단하였다.
③ 이완용을 습격하여 중상을 입혔다.
④ 친일 인사 스티븐스를 사살하였다.

36. 다음 조약이 체결된 이후의 사실로 옳은 것은? [3점]

이번에 제정한 수륙 무역 장정은 중국이 속방을 우대하는 뜻이며, …… 이제 각 조항을 아래와 같이 정한다.
  ⋮
제2조 중국 상인이 조선 항구에서 만일 개별적으로 고소를 제기할 일이 있을 경우 중국 상무위원에게 넘겨 심의 판결한다.
  ⋮
제8조 이후 증손(增損)할 일이 있을 경우 수시로 북양 대신과 조선 국왕이 협의하여 적절하게 처리한다.

① 병인양요가 일어났다.
② 운요호 사건이 발생하였다.
③ 통리기무아문이 설치되었다.
④ 김옥균 등이 갑신정변을 일으켰다.

37. (가)에 해당하는 단체로 옳은 것은? [1점]

판결문

주문

　피고 윤치호, 양기탁, 이승훈, …… 6명을 각 징역 10년에 처한다.

이유

　피고 이승훈은 오산 학교를 창립하고 …… 안창호 등과 서로 호응하여 　(가)　라 칭하는 한편으로 구(舊) 청국 영토 내에 있던 서간도에 무관 학교를 설립하고 청년에게 군사 교육을 실시하여 …… 국권 회복에 이바지하는 것을 목적으로 비밀 단체를 조직하였다.

① 신민회
② 헌정 연구회
③ 북로 군정서
④ 대한 광복군 정부

38. (가)~(다) 학생이 발표한 내용을 일어난 순서대로 옳게 나열한 것은? [3점]

주제: 자주 독립 수호를 위한 노력

서재필이 귀국하여 독립신문을 창간하였습니다.

고종이 대한 제국의 수립을 선포하였습니다.

관민 공동회에서 헌의 6조를 결의하였습니다.

(가)　　　(나)　　　(다)

① (가) – (나) – (다)　　　② (가) – (다) – (나)
③ (나) – (가) – (다)　　　④ (다) – (나) – (가)

39. 다음 가상 시나리오의 피고인에 해당하는 인물로 옳은 것은? [2점]

S# 25. 1932년, 일본 도쿄의 형무소
예심 판사가 피고인을 신문하고 있다.

판　사: 상하이로 건너가 김구와 무슨 이야기를 나누었는가?
피고인: 독립운동 단체에 들어가 활동하고 싶다는 뜻을 전하였소.
판　사: 김구와 무엇을 모의하였는가?
피고인: 일왕을 죽이면 조선 독립이 촉진될 것이라는 데에 뜻을 같이하였고, 폭탄을 구해 주면 거사를 결행하겠다고 말했소.
판　사: 그래서 지난 1월 8일 도쿄 경시청 앞에서 폭탄을 던진 것인가?
피고인: 그렇소. 일왕의 목숨을 빼앗고 싶었소.

① 윤봉길　　② 이봉창　　③ 강우규　　④ 나석주

40. (가) 단체의 활동으로 옳은 것은? [2점]

🔍역사 돋보기　**항일의 맹렬한 불꽃,　(가)**

　1919년 만주에서 김원봉 등이 조직한 　(가)　은/는 일제에 맞서 식민 통치 기관 파괴와 요인 암살 등의 활동을 전개하였다. 단원들을 인터뷰했던 한 미국 작가는 이렇게 적었다.

　"그들의 삶은 유쾌함과 심각함이 기묘하게 혼재된 것이었다. 언제나 죽음을 눈앞에 두고 있었으므로 살아 있는 동안은 최대한 즐겁게 살려고 했던 것이다. …… 사진 찍기를 매우 좋아했으며, 언제나 이번이 죽기 전에 마지막으로 찍는 것이라 생각하였다."

김원봉과 단원들

① 독립 공채를 발행하였다.
② 신흥 무관 학교를 설립하였다.
③ 우금치에서 일본군과 전투를 벌였다.
④ 조선 혁명 선언을 활동 강령으로 삼았다.

41. (가) 민족 운동에 대한 설명으로 옳은 것은? [3점]

① 대한매일신보의 후원으로 확산되었다.
② 순종의 인산일을 기회로 삼아 일어났다.
③ 신간회가 조사단을 파견하여 지원하였다.
④ 일제가 이른바 문화 통치를 실시하는 계기가 되었다.

42. 교사의 질문에 대한 답변으로 옳은 것은? [2점]

이것은 삼균주의 기념비입니다. 한국 독립당을 결성하고 정치, 경제, 교육의 균등을 통해 개인과 개인, 민족과 민족, 국가와 국가 사이의 호혜 평등을 실현하자는 삼균주의를 제창한 이 인물은 누구일까요?

① 박은식입니다.　② 신채호입니다.
③ 조소앙입니다.　④ 한용운입니다.

43. (가)에 들어갈 기구로 옳은 것은? [1점]

저는 지금 일제 식민 통치의 최고 기구였던 (가) 청사 철거 현장에 나와 있습니다. 정부는 광복 50주년을 맞아 '역사 바로 세우기' 사업의 일환으로 이번 철거를 진행한다고 밝혔습니다.

① 조선 총독부
② 종로 경찰서
③ 서대문 형무소
④ 동양 척식 주식회사

44. (가)에 들어갈 내용으로 옳은 것은? [2점]

웹툰으로 보는 민족 운동

광주 학생 항일 운동	
이미지	제목
1화	조선인 학생이 일본인 학생의 희롱에 격분하다.
2화	민족 차별에 분노한 광주 학생들이 대규모 시위를 벌이다.
3화	(가)

① 통감부가 설치되다.
② 2·8 독립 선언서를 작성하다.
③ 일제가 치안 유지법을 공포하다.
④ 신간회 등이 지원하여 전국으로 확산되다.

45. 교사의 질문에 대한 학생의 답변으로 옳은 것은? [3점]

이것은 중·일 전쟁 발발 이후 일제가 본격적인 전시 체제 구축을 위해 제정한 법령입니다. 이 법령이 시행된 시기에 있었던 사실에 대해 말해 볼까요?

제1조 본 법에서 국가 총동원이란 전시에 국방 목적 달성을 위해 국가의 전력을 가장 유효하게 발휘하도록 인적, 물적 자원을 통제 운용하는 것을 가리킨다.
⋮
제8조 정부는 전시에 국가 총동원상 필요한 경우에는 칙령이 정하는 바에 따라 물자의 생산, 수리, 배급, 양도 기타 처분, 사용, 소비, 소지 및 이동에 관하여 필요한 명령을 할 수 있다.

① 헌병 경찰제가 실시되었어요.
② 경성 제국 대학이 설립되었어요.
③ 국채 보상 운동이 전개되었어요.
④ 황국 신민 서사의 암송이 강요되었어요.

46. 다음 일기를 통해 알 수 있는 민주화 운동으로 옳은 것은? [1점]

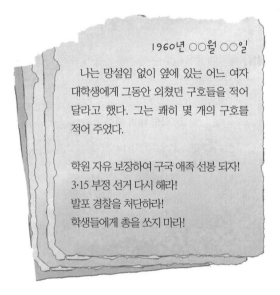

1960년 ○○월 ○○일

나는 망설임 없이 옆에 있는 어느 여자 대학생에게 그동안 외쳤던 구호들을 적어 달라고 했다. 그는 쾌히 몇 개의 구호를 적어 주었다.

학원 자유 보장하여 구국 애족 선봉 되자!
3·15 부정 선거 다시 해라!
발포 경찰을 처단하라!
학생들에게 총을 쏘지 마라!

① 4·19 혁명
② 6월 민주 항쟁
③ 부·마 민주 항쟁
④ 5·18 민주화 운동

47. 다음 연설문을 발표한 정부 시기의 경제 상황으로
옳은 것은? [3점]

> 우리 민족의 숙원이던 경부 간 고속 도로의 완전 개
> 통을 보게 된 것을 국민 여러분들과 더불어 경축해 마
> 지않는 바입니다. 이 길은 총 연장 428km로 우리나라
> 의 리(里) 수로 따지면 천 리 하고도 약 칠십 리가 더 되
> 는데, 장장 천릿길을 이제부터는 자동차로 4시간 반이
> 면 달릴 수 있게 됐습니다. …… 이 고속 도로가 앞으로
> 우리나라 국민 경제의 발전과 산업 근대화에 여러 가지
> 큰 공헌을 하리라고 믿습니다.

① 서울에서 G20 정상 회의가 개최되었다.
② 한·미 자유 무역 협정(FTA)이 체결되었다.
③ 제2차 경제 개발 5개년 계획이 추진되었다.
④ 경제 협력 개발 기구(OECD)에 가입하였다.

48. 다음 자료에 나타난 민주화 운동에 대한 설명으로
옳은 것은? [3점]

> ### 6.10. 국민 대회 행동 요강
>
> (1) 오후 6시 국기 하강식을 기하여 전 국민은 있는 자리
>   에서 애국가를 제창하고,
> (2) 애국가가 끝난 후 자동차는 경적을 울리고,
> (3) 전국 사찰, 성당, 교회는 타종을 하고,
> (4) 국민들은 형편에 따라 만세 삼창(민주 헌법 쟁취 만
>   세, 민주주의 만세, 대한민국 만세)을 하든지 제자리
>   에서 1분간 묵념을 함으로써 민주 쟁취의 결의를 다
>   진다.

① 신군부의 계엄령 전국 확대에 항거하였다.
② 굴욕적인 한일 국교 정상화에 반대하였다.
③ 이승만 대통령이 하야하는 결과를 가져왔다.
④ 대통령 직선제 개헌이 이루어지는 계기가 되었다.

49. 밑줄 그은 '이 전쟁' 중에 있었던 사실로 옳은 것은?
[2점]

> 이것은 이우근의 편지를 새긴 조형물입니다. 그는 이 전
> 쟁 당시 학도의용군으로 포항여중 전투에서 북한군과 싸우
> 다 전사하였습니다. 그가 쓴 편지에는 동족상잔의 비극, 어
> 머니에 대한 그리움이 담겨져 있습니다.

① 미국이 애치슨 선언을 발표하였다.
② 조선 건국 준비 위원회가 결성되었다.
③ 16개국으로 구성된 유엔군이 참전하였다.
④ 13도 창의군이 서울 진공 작전을 전개하였다.

50. (가) 정부의 통일 노력으로 옳은 것은? [2점]

> (가) 대통령과 고르바초프 대통령은 이번 정상 회담에서
> 한국과 소련의 상호 협력을 약속하고, 한반도의 안정이 동북아시아
> 는 물론 세계 평화에 매우 중요하다는 데 인식을 같이 하였습니다.

북방 외교의 성과, 한국·소련 정상 회담 열려

① 남북 기본 합의서를 채택하였다.
② 7·4 남북 공동 성명을 발표하였다.
③ 남북 정상 회담을 처음으로 개최하였다.
④ 이산가족 고향 방문을 최초로 성사시켰다.

한국사능력검정시험 기출모의고사 문제지

시험이 시작되기 전까지 문제지를 넘기지 마시오.

○ 자신이 선택한 종류의 문제지인지 확인하시오.
○ 답안지에 성명과 수험번호를 쓰고, 수험번호와
  답은 컴퓨터용 사인펜으로 표시란에 정확히 표시
  하십시오.
○ 시험 시간은 70분입니다.

※ 응시자 유의사항을 수험표에서 다시 한번 확인하시기 바랍니다.

책갈피 한 달 플래너

✂ 가위로 잘라서 책갈피로 사용하세요

전근대 플랜

		공부 범위	공부한 날	완료
1일	우리 역사의 기원과 형성	01 우리 역사의 시작	_월_일	☐
		02 고조선의 성립과 여러 나라의 성장		
2일		대표 기출문제 풀기 & 단원 마무리로 개념 정리	_월_일	☐
3일	고대 사회	01 삼국과 가야의 성장과 발전	_월_일	☐
		02 고구려의 대외 항쟁과 신라의 삼국 통일		
4일		03 삼국의 사회·학문·종교·과학 기술	_월_일	☐
		04 삼국의 문화		
5일		05 통일 신라와 발해의 발전	_월_일	☐
		06 신라 말의 혼란과 후삼국의 성립		
		07 통일 신라와 발해의 경제·문화		
6일		대표 기출문제 풀기 & 단원 마무리로 개념 정리	_월_일	☐
7일	고려 시대	01 고려의 건국과 국가 기틀 마련	_월_일	☐
		02 통치 체제의 정비		
		03 문벌 사회와 무신 정권		
8일		04 고려의 대외 관계	_월_일	☐
		05 고려의 경제·사회·학문·사상		
		06 고려의 과학 기술·문화유산		
9일		대표 기출문제 풀기 & 단원 마무리로 개념 정리	_월_일	☐
10일	조선 전기	01 조선의 건국과 구가 기틀 마련	_월_일	☐
		02 통치 체제의 정비		
		03 사림의 대두와 붕당 정치의 성립		
11일		04 조선 전기의 경제·사회·문화	_월_일	☐
		05 조선 전기의 대외 관계와 양 난		
12일		대표 기출문제 풀기 & 단원 마무리로 개념 정리	_월_일	☐
13일	조선 후기	01 조선 후기의 정치 변화	_월_일	☐
		02 조선 후기의 경제 변화		
14일		03 조선 후기의 사회 변화	_월_일	☐
		04 조선 후기의 사상과 문화		
15일		대표 기출문제 풀기 & 단원 마무리로 개념 정리	_월_일	☐

근현대 플랜

		공부 범위	공부한 날	완료
16일	근대 사회	01 흥선 대원군 집권 시기의 정치	_월_일	☐
		02 개항과 외국과의 조약 체결		
		03 근대적 개혁의 추진과 반발		
17일		04 임오군란과 갑신정변	_월_일	☐
		05 동학 농민 운동과 갑오·을미개혁		
		06 독립 협회와 대한 제국		
18일		07 일제의 침략과 국권 침탈	_월_일	☐
		08 국권 침탈에 대한 저항		
		09 근대 문물의 수용		
19일		대표 기출문제 풀기 & 단원 마무리로 개념 정리	_월_일	☐
20일	일제 강점기	01 일제의 식민 통치와 경제 침탈	_월_일	☐
		02 1910년대의 민족 운동		
		03 3·1 운동과 대한민국 임시 정부		
21일		04 1920~1940년대 무장 독립 투쟁	_월_일	☐
		05 실력 양성 운동과 학생 항일 운동		
22일		06 민족 유일당 운동과 사회적 민족 운동	_월_일	☐
		07 민족 문화 수호 운동		
23일		대표 기출문제 풀기 & 단원 마무리로 개념 정리	_월_일	☐
24일	현대 사회	01 8·15 광복과 통일 정부 수립 노력	_월_일	☐
		02 대한민국 정부 수립과 6·25 전쟁		
		03 이승만 정부~장면 내각		
25일		04 박정희 정부	_월_일	☐
		05 전두환 정부~현재		
		06 통일을 위한 노력과 사회 변화		
26일		대표 기출문제 풀기 & 단원 마무리로 개념 정리	_월_일	☐
27일	테마 한국사	01 독도와 간도, 지역사	_월_일	☐
		02 세시 풍속, 민속 놀이, 조선의 궁궐		
		03 유네스코 등재 세계 유산		
28일		대표 기출문제 풀기	_월_일	☐
29일		기출모의고사 1회, 2회	_월_일	☐
30일		기출모의고사 3회	_월_일	☐

내가 쓰는 책갈피 플래너

✂ 가위로 잘라서 책갈피로 사용하세요

전근대 플랜

	공부 범위	공부한 날	완료
우리 역사의 기원과 형성	01 우리 역사의 시작	__ 월 __ 일	☐
	02 고조선의 성립과 여러 나라의 성장	__ 월 __ 일	☐
	대표 기출문제 풀기 & 단원 마무리로 개념 정리	__ 월 __ 일	☐
고대 사회	01 삼국과 가야의 성장과 발전	__ 월 __ 일	☐
	02 고구려의 대외 항쟁과 신라의 삼국 통일	__ 월 __ 일	☐
	03 삼국의 사회·학문·종교·과학 기술	__ 월 __ 일	☐
	04 삼국의 문화	__ 월 __ 일	☐
	05 통일 신라와 발해의 발전	__ 월 __ 일	☐
	06 신라 말의 혼란과 후삼국의 성립	__ 월 __ 일	☐
	07 통일 신라와 발해의 경제·문화	__ 월 __ 일	☐
	대표 기출문제 풀기 & 단원 마무리로 개념 정리	__ 월 __ 일	☐
고려 시대	01 고려의 건국과 국가 기틀 마련	__ 월 __ 일	☐
	02 통치 체제의 정비	__ 월 __ 일	☐
	03 문벌 사회와 무신 정권	__ 월 __ 일	☐
	04 고려의 대외 관계	__ 월 __ 일	☐
	05 고려의 경제·사회·학문·사상	__ 월 __ 일	☐
	06 고려의 과학 기술·문화유산	__ 월 __ 일	☐
	대표 기출문제 풀기 & 단원 마무리로 개념 정리	__ 월 __ 일	☐
조선 전기	01 조선의 건국과 구가 기틀 마련	__ 월 __ 일	☐
	02 통치 체제의 정비	__ 월 __ 일	☐
	03 사림의 대두와 붕당 정치의 성립	__ 월 __ 일	☐
	04 조선 전기의 경제·사회·문화	__ 월 __ 일	☐
	05 조선 전기의 대외 관계와 양 난	__ 월 __ 일	☐
	대표 기출문제 풀기 & 단원 마무리로 개념 정리	__ 월 __ 일	☐
조선 후기	01 조선 후기의 정치 변화	__ 월 __ 일	☐
	02 조선 후기의 경제 변화	__ 월 __ 일	☐
	03 조선 후기의 사회 변화	__ 월 __ 일	☐
	04 조선 후기의 사상과 문화	__ 월 __ 일	☐
	대표 기출문제 풀기 & 단원 마무리로 개념 정리	__ 월 __ 일	☐

근현대 플랜

	공부 범위	공부한 날	완료
근대 사회	01 흥선 대원군 집권 시기의 정치	__ 월 __ 일	☐
	02 개항과 외국과의 조약 체결	__ 월 __ 일	☐
	03 근대적 개혁의 추진과 반발	__ 월 __ 일	☐
	04 임오군란과 갑신정변	__ 월 __ 일	☐
	05 동학 농민 운동과 갑오·을미개혁	__ 월 __ 일	☐
	06 독립 협회와 대한 제국	__ 월 __ 일	☐
	07 일제의 침략과 국권 침탈	__ 월 __ 일	☐
	08 국권 침탈에 대한 저항	__ 월 __ 일	☐
	09 근대 문물의 수용	__ 월 __ 일	☐
	대표 기출문제 풀기 & 단원 마무리로 개념 정리	__ 월 __ 일	☐
일제 강점기	01 일제의 식민 통치와 경제 침탈	__ 월 __ 일	☐
	02 1910년대의 민족 운동	__ 월 __ 일	☐
	03 3·1 운동과 대한민국 임시 정부	__ 월 __ 일	☐
	04 1920~1940년대 무장 독립 투쟁	__ 월 __ 일	☐
	05 실력 양성 운동과 학생 항일 운동	__ 월 __ 일	☐
	06 민족 유일당 운동과 사회적 민족 운동	__ 월 __ 일	☐
	07 민족 문화 수호 운동	__ 월 __ 일	☐
	대표 기출문제 풀기 & 단원 마무리로 개념 정리	__ 월 __ 일	☐
현대 사회	01 8·15 광복과 통일 정부 수립 노력	__ 월 __ 일	☐
	02 대한민국 정부 수립과 6·25 전쟁	__ 월 __ 일	☐
	03 이승만 정부~장면 내각	__ 월 __ 일	☐
	04 박정희 정부	__ 월 __ 일	☐
	05 전두환 정부~현재	__ 월 __ 일	☐
	06 통일을 위한 노력과 사회 변화	__ 월 __ 일	☐
	대표 기출문제 풀기 & 단원 마무리로 개념 정리	__ 월 __ 일	☐
테마 한국사	01 독도와 간도, 지역사	__ 월 __ 일	☐
	02 세시 풍속, 민속 놀이, 조선의 궁궐	__ 월 __ 일	☐
	03 유네스코 등재 세계 유산	__ 월 __ 일	☐
	대표 기출문제 풀기	__ 월 __ 일	☐
	기출모의고사 1회 풀기	__ 월 __ 일	☐
	기출모의고사 2회 풀기	__ 월 __ 일	☐
	기출모의고사 3회 풀기	__ 월 __ 일	☐

에듀윌
한국사능력검정시험

기본 한권끝장＋모의고사 3회분

모든 시작에는
두려움과 서투름이
따르기 마련이에요.

당신이 나약해서가 아니에요.

한국사능력검정시험이란?

① 응시 정보

- 주관 및 시행 기관: 국사편찬위원회
- 시험 접수: 한국사능력검정시험 홈페이지(http://www.historyexam.go.kr)에서 접수(사진 등록 필수)
- 시행 횟수: 심화(1~3급) 연 4회 / 기본(4~6급) 연 2회
- 시험 시간: 심화 80분 / 기본 70분
- 응시료: 심화 27,000원 / 기본 22,000원
- 성적 인정 유효 기간: 국가에서 지정한 별도의 유효 기간은 없으나 국가 기관·기업체마다 인정하
  는 기간이 상이하므로 각 기관 및 기업 채용 가이드라인 확인이 필요함

※ 이 정보는 주최측의 사정상 변경될 수 있습니다. 시험 접수 전 한국사능력검정시험 홈페이지를 확인하시기 바랍니다.

② 평가 등급

구분	인증 등급			문항 수
심화	1급(80점 이상)	2급(70점~79점)	3급(60점~69점)	50문항(5지 택1)
기본	4급(80점 이상)	5급(70점~79점)	6급(60점~69점)	50문항(4지 택1)

③ 시험 일정

구분	시험 일시	합격자 발표
A회	매년 2월경	
B회	매년 4~5월경	시험 일시 2주 후
C회	매년 8월경	
D회	매년 10월경	

※ 이 일정은 주최측의 사정상 변경될 수 있습니다. 시험 접수 전 한국사능력검정시험 홈페이지를 확인하시기 바랍니다.
※ 기본 급수는 연 2회 시행됩니다.

④ 시험 TO DO 리스트

시험 준비
- 에듀윌 한능검 한권끝장과 무료특강으로 개념 공부하기
- 기출 모의고사로 실전 점검 하기

시험 D - DAY
- 시험장 준비물 챙기기(수험 표, 신분증, 컴퓨터용 수성사 인펜, 수정테이프)
- 시험 당일 08:30부터 09:59 까지 지정된 시험실 입실하기

합격자 발표일
- 한국사능력검정시험 홈페이 지에서 합격 여부 확인하기
- 성적 통지서와 인증서 출력 하기(한국사능력검정시험 홈 페이지, 정부 24)

GUIDE | 교재 활용법

기초부터 탄탄히 강의를 책에 담다

❶ 기출로 보는 키워드
기본 시험에 등장한 키워드들의 순위를 매겨 자주 출제되는 키워드를 한눈에 파악할 수 있습니다.

❷ 시험에 나오는 사료 · 자료
시험에 등장했던 사료와 자료 중 알아야 할 내용을 정리하여 보여줍니다.

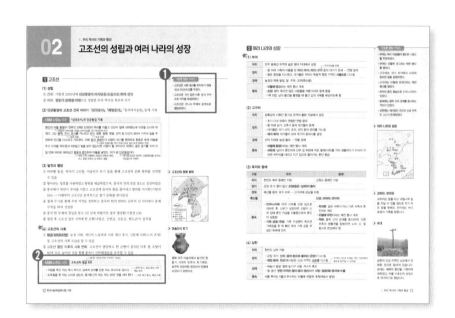

꼭 풀어야 할 단원별 단골 기출

❶ 대표 기출문제
최신 기출문제를 포함한 시험에 자주 나오는 문제 유형을 엄선하여 수록하였습니다. 문제 풀이를 통해 빈출 유형을 파악할 수 있습니다.

❷ 대표 기출해설
자료 및 정 · 오답 선지에 대한 상세한 분석을 바로 확인할 수 있습니다.

❸ 3초공식
문제를 풀 때 필요한 키워드를 공식화했습니다. 같은 주제의 문제를 쉽게 풀수 있습니다.

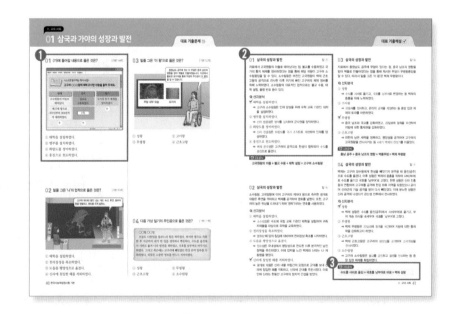

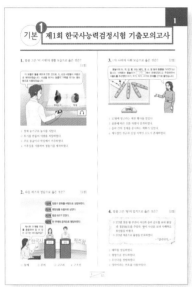

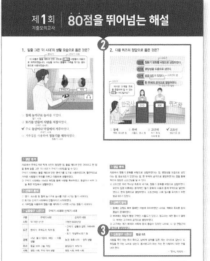

시험 전 최종 점검
기출모의고사

❶ 한국사능력검정시험 기출모의고사
기출모의고사 3회분으로 실전 감각을 익힐 수 있습니다.

❷ 80점을 뛰어넘는 해설
상세한 첨삭 해설로 기출 자료를 완벽하게 분석했습니다. 정답이 왜 정답인지, 오답이 왜 오답인지 확실히 알 수 있습니다.

❸ 십중팔구 나온다!
문제와 관련되어 추가로 알아두면 좋을 내용을 정리하였습니다.

특별제공

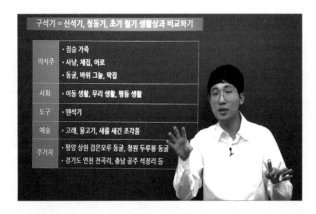

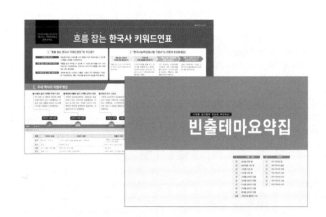

한능검 한권끝장 기본 핵심강의

한능검 개념 완성을 위해 교재에 딱 맞춘 30강의 핵심강의를 무료로 제공합니다.

※ 수강 경로: 에듀윌 도서몰(book.eduwill.net) ▶ 동영상강의실 ▶ 한국사능력검정
유튜브 '에듀윌 한국사' 채널 ▶ 한권끝장 기본

한국사 키워드연표+빈출테마요약집(PDF)

한능검 개념의 전체적인 흐름을 키워드 중심으로 정리한 연표와 시험에 자주나오는 주제를 정리한 빈출테마요약집을 PDF로 제공합니다.

※ 이용 경로: 에듀윌 도서몰(book.eduwill.net) ▶ 도서자료실 ▶ 부가학습자료

CONTENTS | 차례

I   우리 역사의 기원과 형성

01 | 우리 역사의 시작 10
02 | 고조선의 성립과 여러 나라의 성장 12

대표 기출문제 & 대표 기출해설 14
단원 마무리 18

II   고대 사회

01 | 삼국과 가야의 성장과 발전 22
02 | 고구려의 대외 항쟁과 신라의 삼국 통일 26
03 | 삼국의 사회 · 학문 · 종교 · 과학 기술 28
04 | 삼국의 문화 30
05 | 통일 신라와 발해의 발전 32

06 | 신라 말의 혼란과 후삼국의 성립 34
07 | 통일 신라와 발해의 경제 · 문화 36
대표 기출문제 & 대표 기출해설 40
단원 마무리 56

III   고려 시대

01 | 고려의 건국과 국가 기틀 마련 60
02 | 통치 체제의 정비 62
03 | 문벌 사회와 무신 정권 64
04 | 고려의 대외 관계 66

05 | 고려의 경제 · 사회 · 학문 · 사상 69
06 | 고려의 과학 기술 · 문화유산 72
대표 기출문제 & 대표 기출해설 74
단원 마무리 90

IV   조선 전기

01 | 조선의 건국과 국가 기틀 마련 94
02 | 통치 체제의 정비 96
03 | 사림의 대두와 붕당 정치의 성립 98
04 | 조선 전기의 경제 · 사회 · 문화 100

05 | 조선 전기의 대외 관계와 양 난 103
대표 기출문제 & 대표 기출해설 106
단원 마무리 118

V   조선 후기

01 | 조선 후기의 정치 변화 122
02 | 조선 후기의 경제 변화 125
03 | 조선 후기의 사회 변화 128

04 | 조선 후기의 사상과 문화 130
대표 기출문제 & 대표 기출해설 134
단원 마무리 142

VI 근대 사회

01 | 흥선 대원군 집권 시기의 정치 ⋯⋯⋯ 148
02 | 개항과 외국과의 조약 체결 ⋯⋯⋯ 151
03 | 근대적 개혁의 추진과 반발 ⋯⋯⋯ 153
04 | 임오군란과 갑신정변 ⋯⋯⋯ 155
05 | 동학 농민 운동과 갑오·을미개혁 ⋯⋯⋯ 157
06 | 독립 협회와 대한 제국 ⋯⋯⋯ 160

07 | 일제의 침략과 국권 침탈 ⋯⋯⋯ 162
08 | 국권 침탈에 대한 저항 ⋯⋯⋯ 164
09 | 근대 문물의 수용 ⋯⋯⋯ 167
대표 기출문제 & 대표 기출해설 ⋯⋯⋯ 170
단원 마무리 ⋯⋯⋯ 188

VII 일제 강점기

01 | 일제의 식민지 통치와 경제 침탈 ⋯⋯⋯ 192
02 | 1910년대의 민족 운동 ⋯⋯⋯ 196
03 | 3·1 운동과 대한민국 임시 정부 ⋯⋯⋯ 198
04 | 1920~1940년대 무장 독립 투쟁 ⋯⋯⋯ 200
05 | 실력 양성 운동과 학생 항일 운동 ⋯⋯⋯ 204

06 | 민족 유일당 운동과 사회적 민족 운동 ⋯⋯⋯ 206
07 | 민족 문화 수호 운동 ⋯⋯⋯ 208
대표 기출문제 & 대표 기출해설 ⋯⋯⋯ 210
단원 마무리 ⋯⋯⋯ 226

VIII 현대 사회

01 | 8·15 광복과 통일 정부 수립 노력 ⋯⋯⋯ 230
02 | 대한민국 정부 수립과 6·25 전쟁 ⋯⋯⋯ 232
03 | 이승만 정부~장면 내각 ⋯⋯⋯ 234
04 | 박정희 정부 ⋯⋯⋯ 236

05 | 전두환 정부~현재 ⋯⋯⋯ 238
06 | 통일을 위한 노력과 사회 변화 ⋯⋯⋯ 240
대표 기출문제 & 대표 기출해설 ⋯⋯⋯ 242
단원 마무리 ⋯⋯⋯ 254

개념+ 테마 한국사

01 | 독도와 간도, 지역사 ⋯⋯⋯ 258
02 | 세시 풍속, 민속놀이, 조선의 궁궐 ⋯⋯⋯ 260

03 | 유네스코 등재 세계 유산 ⋯⋯⋯ 263
대표 기출문제 & 대표 기출해설 ⋯⋯⋯ 266

I

우리 역사의 기원과 형성

01 우리 역사의 시작

02 고조선의 성립과 여러 나라의 성장

약 70만년 전
구석기 시대

약 1만년 전
신석기 시대

기원전 2333
고조선

기출로 보는 키워드

1위 | 가락바퀴

2위 | 영고

3위 | 동굴, 막집

4위 | 책화

5위 | 사출도

3개년 평균 출제 비중

2문항

4%

기원전 2000년~기원전 1500년경
청동기 시대

기원전 194
위만의 이주

기원전 108
고조선 멸망

기원전 400
철기 문화 보급

I. 우리 역사의 기원과 형성

우리 역사의 시작

1 구석기 시대 · 신석기 시대

(1) 구석기 시대

① 시기: 한반도에서 약 70만 년 전부터 시작

② 생활 모습

↱ 돌을 떼어서 만듦

도구	뗀석기(주먹도끼, 찍개, 긁개, 슴베찌르개 등), 짐승의 뼈나 뿔로 만든 도구 등
경제	• 짐승을 사냥하거나 물고기잡이를 통해 먹을 것을 마련함 • 나무 열매나 식물의 뿌리 등을 채집해서 먹음 • 불을 이용하여 음식을 익혀 먹기 시작함 • 나뭇잎이나 짐승의 가죽 등으로 옷을 만듦
주거	동굴, 바위 그늘이나 막집을 짓고 생활함
사회	• 이동 생활: 가족 단위로 무리 지어 사냥감을 찾아 이동함 • 평등 사회: 나이가 많거나 지혜로운 사람이 지도자 역할을 수행함
예술	사냥의 성공과 풍요를 기원하며 고래·물고기 등을 조각함

③ 대표 유적지: 경기 연천 전곡리, 충남 공주 석장리, 충북 청주 두루봉 동굴 등

★(2) 신석기 시대

① 시기: 한반도에서 기원전 8000년경부터 시작

② 생활 모습

↱ 돌을 갈아서 만듦

도구	• 간석기: 갈판과 갈돌(곡식을 가는 도구), 돌낫, 돌보습, 돌화살촉 등 • 토기: 빗살무늬 토기 등 흙으로 그릇을 만들어 음식을 만들거나 식량을 저장함 • 가락바퀴(실을 뽑는 도구)와 뼈바늘을 이용하여 옷, 그물 등 제작
경제	• 농경과 목축 시작(유적지에서 탄화된 조, 피, 수수 등이 발견되어 밭농사를 하였음이 증명됨) • 사냥, 물고기잡이, 채집도 계속 이루어짐
주거	주로 강가나 바닷가에 움집을 짓고 생활함
사회	• 정착 생활: 농사를 짓기 시작하면서 한곳에 머물러 살기 시작함 • 부족 사회: 혈연 중심의 씨족을 구성하고, 여러 씨족이 모여 부족을 형성함 • 평등 사회: 지배·피지배의 관계가 발생하지 않아 지도자는 있지만 지배는 없음
예술	흙을 빚어 만든 가면, 조개껍데기 예술품, 치레걸이(장신구) 등 제작

↳ 밑을 뾰족하게 만들어 모래나 흙에 고정해서 사용하기도 함

③ 대표 유적지: 서울 암사동, 황해 봉산 지탑리, 부산 동삼동, 제주 한경 고산리 등

↳ 불에 탄 좁쌀 발견

▲ 갈판과 갈돌

▲ 빗살무늬 토기

▲ 조개껍데기 예술품

▲ 치레걸이

• 구석기 시대에는 주먹도끼, 찍개와 같은 뗀석기를 사용하였다.

• 구석기 시대에는 주로 동굴이나 강가의 막집에 거주하였다.

• 신석기 시대 사람들은 빗살무늬 토기를 만들어 곡식을 저장하였다.

• 신석기 시대 사람들은 가락바퀴를 이용하여 실을 뽑았다.

• 신석기 시대 사람들은 정착 생활을 하게 되면서 움집에 거주하였다.

▶ 주먹도끼(왼)와 슴베찌르개(오)

← 슴베

주먹도끼는 손으로 잡기 쉽게 만들어져 다양한 용도로 이용되었어요. 슴베찌르개는 후기 구석기 시대에 나타난 뗀석기로, 슴베를 자루에 연결하여 창끝이나 화살촉 등의 용도로 사용하였어요.

▶ 가락바퀴(왼)와 뼈바늘(오)

가락바퀴는 중앙의 구멍에 축이 될 긴 막대를 끼워 넣고 그 축을 돌리는 방법으로 실을 뽑았던 도구예요. 뼈바늘은 짐승의 뼈로 만든 바늘로, 의류의 가공이나 수선 등에 사용되었던 도구입니다.

2 청동기 시대 · 철기 시대

기출로 보는 키워드

⭐(1) 청동기 시대

① 시기: 기원전 2000년~기원전 1500년경 한반도에 청동기 보급 시작

② 생활 모습

도구	• 청동기: **비파형 동검, 거친무늬 거울**, 청동 방울 등 주로 지배층의 무기나 장신구, 제사 도구 등 제작 → 청동기 제작 틀 • **거푸집**: 한반도에 독자적인 청동기 문화가 발전하였음을 추측할 수 있음 • 석기: **반달 돌칼**(곡식 수확용) 등과 같이 농사 도구는 여전히 돌이나 나무로 만들어 사용 • 토기: 무늬가 없고 바닥이 평평한 민무늬 토기 사용
무덤	지배자의 무덤으로 고인돌을 만듦
사회	• 계급 출현: 농경 발달 → 농업 생산력 증가 → 잉여 생산물 발생 → 사유 재산 등장, 빈부 격차 발생 → 계급의 분화(불평등 사회) • 지배자인 군장 등장: 정치와 제사 모두 주관하며 부족을 이끎(제정일치 사회) • 선민사상 대두: 하늘의 자손을 표방하는 등 선택된 민족임을 내세움
경제	조·보리·콩 등 밭농사 중심, 일부 지역에서 벼농사 시작

• 청동기 시대 사람들은 반달 돌칼을 이용하여 곡식을 수확하였다.
• 청동기 시대의 대표적인 토기로 민무늬 토기가 있다.
• 청동기 시대에는 지배층의 무덤으로 고인돌을 만들었다.
• 철기 시대에는 쟁기, 쇠스랑 등의 철제 농기구를 사용하였다.

▲ 비파형 동검   ▲ 거친무늬 거울   ▲ 반달 돌칼   ▲ 민무늬 토기

└→ 중국의 악기인 비파 모양을 닮아 이름이 붙여짐

> **거푸집**

> **고인돌**

청동기 시대에는 군장이 죽으면 그의 권위를 상징하는 고인돌이나 돌널무덤을 만들어 청동기 등과 함께 묻었어요.

(2) 철기 시대 → 초기 철기 시대는 후기 청동기 시대에 해당함

① 시기: 기원전 5세기경 한반도에 철기 보급

② 생활 모습

도구	• **철제 농기구**: 쟁기·쇠스랑 등의 농기구 사용으로 농업이 발달하여 생산량이 증가함 • 철제 무기를 사용하면서 부족 간의 전쟁이 증가함 • 청동기: 세형동검(한국식 동검), 잔무늬 거울 등 청동기는 점차 의식용 도구로 변함 → 거푸집 출토
경제	벼농사의 발전, 목축 성행
중국과의 교류	• 철기 시대 무덤에서 철기와 함께 명도전, 반량전, 오수전 등 중국 화폐 출토 • 경남 창원 다호리 유적에서 출토된 붓을 통해 한자가 전래되어 사용하였음을 짐작

▲ 철제 농기구   ▲ 세형동검   ▲ 잔무늬 거울   ▲ 명도전

고조선의 성립과 여러 나라의 성장

1 고조선

기출로 보는 키워드

• 고조선은 사회 질서를 유지하기 위해 범금 8조(8조법)를 두었다.

• 고조선은 위만 집권 이후 중계 무역으로 이익을 독점하였다.

• 고조선은 한나라 무제의 공격으로 멸망하였다.

(1) 성립

① 건국: 기원전 2333년에 단군왕검이 아사달을 도읍으로 하여 건국

② 의의: 청동기 문화를 바탕으로 성립된 우리 역사상 최초의 국가

(2) 단군왕검의 고조선 건국 이야기: 『삼국유사』, 『제왕운기』, 『동국여지승람』 등에 기록

시험에 나오는 사료 『삼국유사』의 단군왕검 기록

환인의 아들 환웅이 천부인 3개와 3,000의 무리를 이끌고 신단수 밑에 내려왔는데 이곳을 신시라 하
└ 하늘의 자손임을 내세운 선민사상을 가진 유이민의 이주
였다. 그는 풍백, 우사, 운사를 거느리고 곡식, 생명, 질병, 형벌, 선악 등 인간의 360여 가지의 일을 주
└ 농경 사회   └ 농경 사회
관하며 인간을 다스리고 가르쳤다. 이때 곰과 호랑이가 사람이 되기를 원하므로 환웅은 쑥과 마늘을
└ 곰과 호랑이를 각각 수호신으로 삼은 토착 부족의 존재
주고 이것을 먹으면서 100일간 빛을 보지 않는다면 사람이 될 것이라고 하였다. 곰은 금기를 지켜 21
일 만에 여자로 태어났고 환웅과 혼인하여 아들을 낳았다. 이가 곧 단군왕검이다.
└ 부족 간의 연합에서 호랑이 부족은 배제   └ 제사장(단군)과 정치적 군장(왕검)을 겸하는
되고 환웅 부족과 곰 부족이 결합   제정일치의 지배자

(3) 발전과 멸망

① 비파형 동검, 탁자식 고인돌, 미송리식 토기 등을 통해 고조선의 문화 범위를 짐작할 수 있음

② 왕이라는 칭호를 사용하였고 왕위를 세습하였으며, 중국의 연과 맞설 정도로 성장하였음

③ 중국에서 위만이 무리를 이끌고 고조선에 들어와 왕을 몰아내고 왕위를 차지함(기원전 194) → 이때부터 고조선은 본격적으로 철기 문화를 받아들임

④ 철제 무기를 통해 주변 지역을 정복하고 중국의 한과 한반도 남부의 진 사이에서 중계 무역을 하여 성장함

⑤ 중국 한 무제의 침입을 받고 1년 넘게 싸웠지만 결국 멸망함(기원전 108)

⑥ 멸망 후 고조선 일부 지역에 한 군현(낙랑군, 진번군, 임둔군, 현도군)이 설치됨

> **고조선의 문화 범위**

★(4) 고조선의 사회

① 범금 8조(8조법): 농경 사회, 개인의 노동력과 사유 재산 중시, 신분제 사회(노비 존재) 등 고조선의 사회 모습을 알 수 있음

② 고조선 멸망 이후의 사회 변화: 고조선이 멸망하고 한 군현이 설치된 이후 법 조항이 60여 조로 늘어난 것을 통해 풍속이 각박해졌음을 유추할 수 있음
└ 8조항 가운데 현재 3가지만 전해짐

> **미송리식 토기**

평북 의주 미송리에서 발견된 청동기 시대의 민무늬 토기예요. 표주박 모양처럼 생겼으며 양옆에 손잡이가 달렸어요.

시험에 나오는 사료 고조선의 범금 8조

• 사람을 죽인 자는 즉시 죽이고, 남에게 상처를 입힌 자는 곡식으로 갚는다. ┐ 노동력 중시, 농업 중심 사회,
                                                              형벌 존재

• 도둑질을 한 자는 노비로 삼는다. 용서받고자 하는 자는 50만 전을 내야 한다. → 사유 재산 중시, 계급 사회

2 여러 나라의 성장

기출로 보는 키워드

⭐(1) 부여

위치	만주 쑹화강 유역의 넓은 평야 지대에서 성장
정치	• 왕 아래 가축의 이름을 딴 **마가, 우가, 저가, 구가** 등의 대가가 존재 → 연맹 왕국 → 우두머리를 뜻함 • 왕은 중앙을 다스렸고, 대가들은 저마다 독립적 행정 구역인 **사출도**를 다스림
경제	농경과 목축 발달, 말·주옥·모피(특산품)
풍속	• **12월에 영고**라는 제천 행사 개최 • **순장**: 왕이 죽으면 많은 사람들을 껴묻거리와 함께 묻음 • 1책 12법: 남의 물건을 훔쳤을 때 물건 값의 12배를 배상하도록 함

(2) 고구려

위치	압록강의 지류인 동가강 유역의 졸본 지방에서 성장
정치	• 초기 다섯 부족이 연합한 연맹 왕국 • 왕 아래 상가, 고추가 등의 대가들이 존재 • 대가들은 각기 사자, 조의, 선인 등의 관리를 거느림 • **제가 회의**: 대가들이 모여 국가의 중대사를 결정
경제	산악 지대로 농경 불리 → 약탈 경제
풍속	• **10월에 동맹**이라는 제천 행사 개최 • **서옥제**: 남자가 혼인하여 신부 집 뒤편에 작은 별채(서옥)를 지어 생활하다가 자식이 자라면 처자식을 데리고 자기 집으로 돌아가는 혼인 풍습

(3) 옥저와 동예

구분	옥저	동예
위치	한반도 북부 동해안 지방	강원도 동해안 지방
정치	군장 국가: 왕이 없고 군장(읍군·삼로)이 통치	
경제	해산물 풍부, 토지 비옥 → 고구려에 공납을 바침	
특산품	–	단궁, 과하마, 반어피
풍속	• **민며느리제**: 어린 신부를 신랑 집으로 데려온 후, 신부가 성장하면 신랑이 신부 집에 혼인 자금을 지불함으로써 혼인이 성립함 • **가족 공동 무덤**: 가족 구성원이 죽으면 가매장을 한 뒤 뼈만 추려 가족 공동 무덤인 목곽에 안치	• **족외혼**: 같은 씨족이 아닌 다른 씨족과 혼인하는 제도 • **10월에 무천**이라는 제천 행사 개최 • **책화**: 읍락 간의 경계를 중시하여, 다른 부족의 생활권을 침범하면 노비·소·말 등으로 변상해야 함

(4) 삼한

위치	한반도 남부 지방
정치	• **군장 국가**: **신지·읍차** 등으로 불리는 군장이 다스림 • **제정 분리**: 천군(제사장)은 신성 지역인 **소도**를 다스림 → 죄인이 소도로 도망을 가면 군장이라도 함부로 잡아갈 수 없었음
경제	• 벼농사 발달: 철제 농기구 사용, 저수지 축조 • 철 생산: **변한 지역**은 철이 많이 생산되어 **낙랑·일본(왜)** 등지에 수출
풍속	씨를 뿌리는 5월과 추수하는 10월에 계절제 개최(벼농사 발달)

기출로 보는 키워드

• 부여는 여러 가(加)들이 별도로 사출도를 주관하였다.
• 부여는 12월에 영고라는 제천 행사를 열었다.
• 고구려는 제가 회의에서 나라의 중요한 일을 결정하였다.
• 고구려는 10월에 동맹이라는 제천 행사를 열었다.
• 옥저의 혼인 풍습으로 민며느리제가 있었다.
• 동예에는 읍락 간의 경계를 중시하는 책화가 있었다.
• 삼한에는 제사장인 천군과 신성 지역인 소도가 존재하였다.

▶ 여러 나라의 성장

▶ 과하마, 반어피

과하마는 말을 타고 과일나무 밑을 지날 수 있을 정도로 키가 작은 말을 뜻해요. 반어피는 바다표범의 가죽을 말합니다.

▶ 솟대

삼한의 신성 지역인 소도에서 유래한 것으로 알려져 있습니다. 솟대는 새해의 풍년을 기원하며 세워졌고, 마을 수호신의 상징으로 여겨지기도 했답니다.

01 우리 역사의 시작

01 다음 대회 참가자들이 그릴 장면으로 가장 적절한 것은?

[기본 54회]

◇◇◇ 시대 그림 그리기 대회

　◇◇◇ 시대 사람들은 불을 처음 사용하였고, 주로 동굴이나 강가의 막집에서 살았습니다. 이 시대 사람들의 생활 모습을 그림으로 그려 봅시다.

- 일시: 2021년 ○○월 ○○일 ○○시
- 장소: 연천 전곡리 유적
- 주최: □□ 문화 재단

① 가락바퀴로 실을 뽑는 모습
② 반달 돌칼로 벼이삭을 따는 모습
③ 주먹도끼로 짐승을 사냥하는 모습
④ 거푸집으로 세형동검을 만드는 모습

02 (가) 시대의 생활 모습으로 옳은 것은?

[기본 52회]

우리가 만들고 있는 것은 (가) 시대 사람들이 처음으로 사용했던 빗살무늬 토기예요. 이 토기로 당시 사람들은 식량을 저장하거나 조리하였지요.

① 가락바퀴를 이용하여 실을 뽑았다.
② 지배층의 무덤으로 고인돌을 만들었다.
③ 거푸집으로 비파형 동검을 제작하였다.
④ 철제 농기구를 사용하여 농사를 지었다.

03 (가) 시대의 생활 모습으로 옳은 것은?

[기본 55회]

여러분은 (가) 시대의 벼농사를 체험하고 있습니다. 이 시대에는 처음으로 금속 도구를 만들었으나, 농기구는 여러분이 손에 들고 있는 반달 돌칼과 같이 돌로 만들었습니다.

① 우경이 널리 보급되었다.
② 철제 무기를 사용하였다.
③ 주로 동굴이나 막집에 살았다.
④ 지배자의 무덤으로 고인돌을 만들었다.

04 (가) 시대의 생활 모습으로 옳은 것은?

[기본 51회]

이 영상은 (가) 시대의 대표적 무덤인 고인돌의 축조 과정을 재현한 것입니다. 이처럼 축조에 많은 노동력이 동원되어야 한다는 점을 통해 당시에 권력을 가진 지배자가 있었음을 알 수 있습니다.

① 우경이 널리 보급되었다.
② 주로 동굴이나 막집에서 거주하였다.
③ 반달 돌칼을 사용하여 벼를 수확하였다.
④ 실을 뽑기 위해 가락바퀴를 처음 사용하였다.

01 구석기 시대·신석기 시대
답 ③

자료에서 불을 처음 사용하였고, 주로 동굴이나 막집에서 살았다는 점, 대회 장소가 연천 전곡리 유적이라는 점을 통해 해당 시대가 구석기 시대임을 알 수 있다.

🔍 선지분석

① 가락바퀴로 실을 뽑는 모습
➡ 가락바퀴를 사용하여 실을 뽑기 시작한 시기는 신석기 시대이다.

② 반달 돌칼로 벼이삭을 따는 모습
➡ 반달 돌칼을 사용하여 벼를 수확하기 시작한 시기는 청동기 시대이다.

☑ 주먹도끼로 짐승을 사냥하는 모습
➡ 주먹도끼 등의 뗀석기를 사용하여 짐승을 사냥한 시기는 구석기 시대이다.

④ 거푸집으로 세형동검을 만드는 모습
➡ 거푸집은 금속 도구를 제작하는 틀로, 청동기 시대부터 사용되었다. 세형동검은 초기 철기 시대 한반도의 독자적인 청동기 문화의 발달을 보여 주는 유물 중 하나이다.

⏰ 3초공식

동굴, 막집 + 연천 전곡리 = 구석기 시대

02 구석기 시대·신석기 시대
답 ①

자료에서 빗살무늬 토기를 처음 사용하였다는 점, 암사동 유적 전시관이 장소로 제시된 점을 통해 (가) 시대가 신석기 시대임을 알 수 있다.

🔍 선지분석

☑ 가락바퀴를 이용하여 실을 뽑았다.
➡ 가락바퀴로 실을 뽑아 옷을 만들기 시작한 시기는 신석기 시대이다.

② 지배층의 무덤으로 고인돌을 만들었다.
➡ 지배층의 무덤으로 고인돌을 만든 시기는 청동기 시대이다.

③ 거푸집으로 비파형 동검을 제작하였다.
➡ 거푸집으로 비파형 동검을 제작한 시기는 청동기 시대 이후이다.

④ 철제 농기구를 사용하여 농사를 지었다.
➡ 철제 농기구로 농사를 짓기 시작한 시기는 철기 시대이다.

⏰ 3초공식

빗살무늬 토기 + 서울 암사동 + 가락바퀴 = 신석기 시대

03 청동기 시대·철기 시대
답 ④

자료에서 벼농사를 체험하고 있다는 점, 처음으로 금속 도구를 만들었고, 반달 돌칼을 사용했다는 점을 통해 (가) 시대가 청동기 시대임을 알 수 있다.

🔍 선지분석

① 우경이 널리 보급되었다.
➡ 소를 이용하여 밭을 가는 우경이 역사서에 처음 기록된 시기는 신라 지증왕 때이고, 이것이 널리 보급된 시기는 고려 시대이다.

② 철제 무기를 사용하였다.
➡ 철제 무기를 사용한 시기는 철기 시대이다.

③ 주로 동굴이나 막집에서 살았다.
➡ 주로 동굴이나 막집에 거주한 시기는 구석기 시대이다.

☑ 지배자의 무덤으로 고인돌을 만들었다.
➡ 많은 인력을 동원하여 지배자의 무덤으로 고인돌을 축조한 시기는 청동기 시대이다.

⏰ 3초공식

벼농사 + 반달 돌칼 = 청동기 시대

04 청동기 시대·철기 시대
답 ③

자료에서 (가) 시대의 대표적 무덤으로 고인돌이 언급된 점, 당시에 권력을 가진 지배자가 있었다는 점을 통해 (가) 시대가 청동기 시대임을 알 수 있다.

🔍 선지분석

① 우경이 널리 보급되었다.
➡ 우경은 신라 지증왕 때 장려되었고, 고려 시대에 일반화되었다.

② 주로 동굴이나 막집에서 거주하였다.
➡ 주로 동굴이나 막집에서 거주한 시기는 구석기 시대이다.

☑ 반달 돌칼을 사용하여 벼를 수확하였다.
➡ 반달 돌칼은 곡식을 수확하는 데 사용된 청동기 시대의 농기구이다.

④ 실을 뽑기 위해 가락바퀴를 처음 사용하였다.
➡ 실을 뽑기 위해 가락바퀴를 처음 사용한 시기는 신석기 시대이다.

⏰ 3초공식

고인돌 + 지배자 존재 + 반달 돌칼 = 청동기 시대

02 고조선의 성립과 여러 나라의 성장

01 (가) 나라에 대한 설명으로 옳은 것은? [기본 55회]

① 낙랑과 왜에 철을 수출하였다.
② 영고라는 제천 행사를 열었다.
③ 서옥제라는 혼인 풍습이 있었다.
④ 건국 이야기가 삼국유사에 실려 있다.

02 학생들이 공통으로 이야기하고 있는 나라를 지도에서 옳게 찾은 것은? [기본 52회]

① (가)　　② (나)　　③ (다)　　④ (라)

03 다음 퀴즈의 정답으로 옳은 것은? [기본 67회]

① 부여　　② 옥저　　③ 동예　　④ 마한

04 학생들이 공통으로 이야기하고 있는 나라에 대한 설명으로 옳은 것은? [기본 54회]

① 서옥제라는 혼인 풍습이 있었다.
② 소도라고 불리는 신성 구역이 있었다.
③ 범금 8조를 만들어 사회 질서를 유지하였다.
④ 단궁, 과하마, 반어피 등의 특산물이 있었다.

01 고조선　　　　　　　　답 ④

자료에서 사람을 죽인 자는 사형에 처하고, 남에게 상해를 입힌 자는 곡식으로 갚아야 한다는 등 범금 8조의 내용이 제시된 점을 통해 (가) 나라가 고조선임을 알 수 있다. 범금 8조(8조법)는 고조선의 사회상을 알려 주는 법률로, 노동력과 사유 재산을 중시하고 계급이 존재하였던 모습을 엿볼 수 있다.

🔍 선지분석

① 낙랑과 왜에 철을 수출하였다.
➡ 낙랑과 왜에 철을 수출한 국가는 가야나.
② 영고라는 제천 행사를 열었다.
➡ 영고라는 제천 행사를 열었던 국가는 부여이다.
③ 서옥제라는 혼인 풍습이 있었다.
➡ 서옥제라는 혼인 풍습이 있었던 국가는 고구려이다.
✓ 건국 이야기가 삼국유사에 실려 있다.
➡ 단군왕검의 고조선 건국 이야기는 일연이 지은 『삼국유사』에 실려 있다.

⏰ 3초공식

범금 8조(8조법) = 고조선

02 여러 나라의 성장　　　　　　답 ①

자료에서 마가, 우가, 저가, 구가 등이 별도로 사출도를 다스렸다고 한 점, 12월에 영고라는 제천 행사를 열었다는 점을 통해 해당 국가가 부여임을 알 수 있다. 중국 쑹화강 유역의 평야 지대에서 성장한 부여는 여러 부족이 연합한 형태의 국가로 왕 아래 마가, 우가, 저가, 구가 등의 대가들이 각자 독립된 행정 구역인 사출도를 다스렸다. 또한 추수를 마친 12월에는 영고라는 제천 행사를 개최하였다.

🔍 선지분석

✓ (가)
➡ 중국 쑹화강 유역에서 성장한 부여이다.
② (나)
➡ 졸본 지방을 중심으로 성장한 고구려이다.
③ (다)
➡ 한반도 북부 동해안 지방에서 성장한 옥저이다.
④ (라)
➡ 강원도 동해안 지방에서 성장한 동예이다.

⏰ 3초공식

사출도 + 영고 = 부여

03 여러 나라의 성장　　　　　　답 ③

옥저에는 혼인을 약속한 여자아이를 남자 집에서 데려다 키운 후, 나이가 차면 여자 집에 예물을 주고 정식으로 혼인하는 풍습인 민며느리제가 있었다. 한편, 옥저에는 왕이 없었고 읍군, 삼로라고 불린 군장이 부족을 다스렸다.

🔍 선지분석

① 영고라는 제천 행사를 열었다.
➡ 부여는 12월에 영고라는 제천 행사를 열어 농사가 잘 되기를 빌었다.
② 신성 지역인 소도가 존재하였다.
➡ 삼한에는 제사장인 천군과 천군이 다스리는 신성 지역인 소도가 있었다. 이를 통해 삼한은 제정 분리 사회였음을 짐작할 수 있다.
✓ 혼인 풍습으로 민며느리제가 있었다.
➡ 옥저에는 혼인을 약속한 여자아이를 남자 집에서 데려다 키운 후, 나이가 차면 여자 집에 예물을 주고 정식으로 혼인하는 풍습인 민며느리제가 있었다.
④ 읍락 간의 경계를 중시하는 책화가 있었다.
➡ 동예에는 다른 부족의 경계를 침범하면 노비, 소, 말 등으로 변상하게 하는 책화라는 풍습이 있었다.

⏰ 3초공식

여러 가들이 별도로 사출도를 다스림 = 부여

04 여러 나라의 성장　　　　　　답 ②

자료에서 한반도 남부에서 철기 문화를 바탕으로 발전하였다는 점, 신지나 읍차 등의 지배자가 있었다는 점, 5월과 10월에 계절제를 지냈다는 점을 통해 해당 국가가 삼한임을 알 수 있다.

🔍 선지분석

① 서옥제라는 혼인 풍습이 있었다.
➡ 서옥제는 고구려의 혼인 풍습으로, 남자가 신부 집 뒤편에 별채를 지어 생활하다가 자식이 자라면 처자식을 데리고 자기 집으로 돌아가는 풍습이다.
✓ 소도라고 불리는 신성 구역이 있었다.
➡ 삼한에는 천군이 다스리는 신성 구역인 소도가 있었다.
③ 범금 8조를 만들어 사회 질서를 유지하였다.
➡ 범금 8조는 고조선의 법률로, 현재 8조목 가운데 3가지만 전해진다.
④ 단궁, 과하마, 반어피 등의 특산물이 있었다.
➡ 단궁, 과하마, 반어피 등은 동예의 특산물이다.

⏰ 3초공식

한반도 남부 + 신지, 읍차 + 계절제 = 삼한

구석기 시대

도구	뗀석기(주먹도끼, 찍개, 슴베찌르개 등), 뼈 도구
경제	• 사냥, 물고기잡이, 채집을 통해 식량 마련 • 불을 이용하여 음식을 익혀 먹기 시작
주거	동굴, 바위 그늘이나 막집에 거주
사회	이동 생활, 평등 사회
예술	고래와 물고기 등을 조각하여 사냥의 성공과 풍요를 기원
유적지	경기 연천 전곡리, 충남 공주 석장리, 충북 청주 두루봉 동굴
유물	▲ 주먹도끼　　　▲ 슴베찌르개

신석기 시대

도구	간석기(갈판과 갈돌, 돌낫, 돌보습 등), 가락바퀴, 뼈바늘
토기	빗살무늬 토기
경제	• 농경과 목축 시작 • 여전히 사냥, 물고기잡이, 채집 등이 이루어짐
주거	강가나 바닷가에 움집을 지어 거주
사회	정착 생활, 부족 사회, 평등 사회
예술	조개껍데기 예술품, 치레걸이 등 제작
유적지	서울 암사동, 황해 봉산 지탑리, 부산 동삼동, 제주 한경 고산리
유물	▲ 갈판과 갈돌　　▲ 빗살무늬 토기　　▲ 조개껍데기 예술품　　▲ 치레걸이

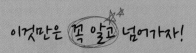

청동기 시대 · 철기 시대

구분	청동기 시대	철기 시대
시기	기원전 2000년~기원전 1500년경 시작	기원전 5세기경 시작
도구	청동기(무기, 제기, 장신구), 석기(생활 도구), 민무늬 토기	철제 농기구 및 무기의 사용, 한반도의 독자적 청동기 문화 발전
경제	벼농사 시작, 밭농사 중심	벼농사이 발전, 목축 성행
유물·유적	고인돌, 비파형 동검, 거푸집, 반달 돌칼, 거친무늬 거울	세형동검, 잔무늬 거울, 거푸집, 명도전, 창원 다호리 유적 출토 붓

고조선의 성립과 발전

건국	• 기원전 2333년 단군왕검이 아사달을 도읍으로 건국 • 청동기 문화를 바탕으로 성립
발전	• 왕위를 세습하고 중국의 연과 맞설 정도로 성장함 • 중국에서 위만이 무리를 이끌고 고조선으로 와 왕을 몰아내고 왕위 차지 → 철기 문화의 본격적 수용
멸망	• 한 무제의 침입으로 멸망 • 멸망 후 4개의 한 군현 설치
사회	범금 8조(8조법) → 한 군현 설치 후 60여 조로 증가

여러 나라의 성장

구분	위치	정치	경제	풍속
부여	만주 쑹화강 유역	연맹 왕국, 사출도	• 농경·목축 • 말·주옥·모피(특산품)	• 순장 • 1책 12법 • 영고(12월)
고구려	압록강 지류 동가강 유역 졸본 지방	연맹 왕국, 제가 회의	약탈 경제	• 서옥제 • 동맹(10월)
옥저	한반도 북부 동해안 지방	군장(읍군·삼로)이 통치	해산물 풍부, 토지 비옥	• 민며느리제 • 가족 공동 무덤
동예	강원도 동해안 지방		• 해산물 풍부, 토지 비옥 • 단궁, 과하마, 반어피(특산품)	• 족외혼 • 책화 • 무천(10월)
삼한	한반도 남부 지방	제정 분리(천군과 소도)	• 벼농사 발달(저수지) • 변한의 철 생산	계절제(5월, 10월)

II
고대 사회

01 삼국과 가야의 성장과 발전

02 고구려의 대외 항쟁과 신라의 삼국 통일

03 삼국의 사회·학문·종교·과학 기술

04 삼국의 문화

05 통일 신라와 발해의 발전

06 신라 말의 혼란과 후삼국의 성립

07 통일 신라와 발해의 경제·문화

기원전 18
백제 건국

660
백제 멸망

기원전 37
고구려 건국

42
금관가야 건국

668
고구려 멸망

기출로 보는 키워드

1위	22담로
2위	청해진
3위	독서삼품과
4위	살수 대첩
5위	관료전 지급, 녹읍 폐지

3개년 평균 출제 비중

7.4문항
14.8%

676
신라, 삼국 통일

681
김흠돌의 난

698
발해 건국

900
후백제 건국

901
후고구려 건국

935
신라 멸망

01 삼국과 가야의 성장과 발전

1 고구려

(1) 고구려의 건국과 성장

→ 고구려의 시조인 동명성왕. 알에서 태어났다는 건국 이야기가 전해짐

건국	부여를 떠난 주몽이 남쪽으로 내려와 졸본을 도읍으로 삼고 고구려를 세움
유리왕	평야가 부족한 졸본에서 교통이 편리한 국내성으로 도읍을 옮김
고국천왕	을파소의 건의를 받아들여 빈민 구제 제도인 진대법을 처음으로 실시함(194)
고국원왕	백제 근초고왕의 공격을 받아 평양성에서 전사(371)
소수림왕	• 중국 전진으로부터 불교를 수용하여 사상적 통합에 기여함(372) • 수도에 최고 교육 기관인 태학을 설립하여 인재를 양성함 • 율령을 반포하여 통치 조직을 정비함 → 중앙 집권 체제 강화

★(2) 고구려의 전성기(5세기)

광개토 대왕	• 동부여·후연·거란 등을 정벌하여 요동과 만주 지역까지 진출 • 남쪽으로 백제를 공격하여 한강 이북 지역까지 세력 확장 • 신라 내물왕의 요청으로 군대를 파견하여 신라에 침입한 왜 격퇴 → 신라에 대한 영향력 확대, 가야 지역까지 진출 • '영락'이라는 독자적 연호 사용 → 강력한 왕권과 자주성을 표현
장수왕	• 아버지 광개토 대왕의 업적을 기리기 위해 광개토 대왕릉비 건립 • 백제와 신라를 압박하기 위해 국내성에서 평양으로 도읍을 옮기고 남쪽으로 영역 확장(남진 정책) → 신라와 백제는 동맹(나·제 동맹)을 맺고 고구려에 저항함 • 백제를 공격해 수도 한성을 빼앗고 개로왕을 죽임(475) → 한강 유역 차지

└ 백제는 웅진(공주)으로 천도

▲ 5세기 고구려의 발전

시험에 나오는 사료 장수왕의 남진 정책

왕이 군사 3만 명을 거느리고 백제에 침입하여 도읍인 한성을 함락시키고 백제 왕을 죽였다.
└→ 장수왕 └→ 개로왕 – 『삼국사기』 –

• 고국천왕은 빈민을 구제하기 위해 진대법을 실시하였다.

• 소수림왕은 태학을 설립하고, 율령을 반포하였다.

• 광개토 대왕은 군대를 보내 신라에 침입한 왜를 격퇴하였다.

• 장수왕은 백제를 공격하여 한성을 함락하였다.

▶ **광개토 대왕릉비**

▶ **충주 고구려비**

장수왕이 한강 유역을 정복한 뒤 세운 것으로 추정되는 비석입니다.

▶ **호우명 그릇**

경주 호우총에서 발견된 그릇으로, 밑바닥에 '광개토지호태왕'이라는 단어가 새겨져 있어요. 이 유물을 통해 5세기경 고구려가 신라에 대한 영향력을 확대하였음을 짐작할 수 있습니다.

2 백제

(1) 백제의 건국과 성장

건국	고구려에서 내려 온 온조가 한강 유역(위례성)에 자리를 잡고 백제를 세움
고이왕	• 목지국을 병합하여 한강 유역 대부분을 차지함 • 6좌평제·16관등제를 마련하고, 관리의 복색을 정함
근초고왕 (4세기, 전성기)	• 남쪽으로 마한의 남은 세력을 정복하여 영토를 남해안까지 넓히고, 가야에 영향력 행사 • 고구려의 **평양성**을 공격하여 고구려 **고국원왕**을 전사시키고(371), 황해도 일부 지역 차지 • 중국 남조의 동진과 교류(선진 문물 수용), 왜의 규슈 지방과 교류 　　　　　　　　　　　　　　　　　└ 칠지도를 통해 알 수 있음 • 고흥이 역사서인 『서기』를 편찬함
침류왕	중국 동진으로부터 불교를 수용하고 공인(384)

└ 인도 승려 마라난타가 전파

▲ 4세기 백제의 발전

★(2) 백제의 중흥

배경	고구려 장수왕의 공격으로 수도 한성이 함락되고 개로왕이 전사 → 개로왕의 뒤를 이은 문주왕이 웅진(공주)으로 도읍을 옮김
무령왕	• 지방의 22담로에 왕족을 파견하여 지방 세력에 대한 통제를 강화함 • 중국 남조(양)와 활발히 교류 → 남조의 영향을 받아 벽돌무덤 형식의 무령왕릉 축조
성왕	• 사비(부여)로 도읍을 옮기고(538), 국호를 '남부여'로 변경 • 신라 진흥왕과 힘을 합쳐 한강 하류 지역을 일시적으로 회복(551)하였으나 진흥왕의 배신으로 신라에게 빼앗김 → 나·제 동맹 결렬 → 성왕은 관산성 전투에서 전사(554)

> **시험에 나오는 사료** 백제의 한성 함락과 웅진 천도
>
> 고구려가 침입해 와 한성을 포위하였다. 개로왕이 성문을 굳게 닫고 직접 방어하며, 태자 문주를 신라에 보내어 구원을 요청하였다. 문주가 신라 병력 1만 명을 얻어 돌아왔다. 고구려 군사는 비록 물러갔으나 한성이 파괴되고 개로왕이 사망하여, 마침내 문주왕이 즉위하였다. …… 10월에 웅진으로 도읍을 옮겼다.　　　　　　　　　　　　　　　　　　　　　　　　　　　－ 『삼국사기』 －
> 　　　　　└ 장수왕의 남진 정책
> 　└ 문주왕

> **시험에 나오는 사료** 관산성 전투
>
> 　　　　　　　　　　　　　　　└ 성왕
> 왕 32년, 신라를 습격하기 위해 왕이 직접 보병과 기병 50명을 거느리고 구천에 이르렀는데, 신라 복병을 만나 그들과 싸우다 신라군에게 살해되었다.　　　　　　　－ 『삼국사기』 －

기출로 보는 키워드

• 근초고왕이 고구려의 평양성을 공격하여 고국원왕을 전사시켰다.

• 백제는 고구려 장수왕의 공격으로 한성이 함락된 후 웅진으로 천도하였다.

• 무령왕이 지방의 22담로에 왕족을 파견하였다.

• 성왕은 사비로 천도하고 국호를 남부여로 고쳤다.

▶ **칠지도**

7개의 칼날이 가지 모양으로 붙어 있어요. 백제가 제작하여 왜에 보낸 칼로, 백제와 왜의 교류를 보여 줍니다.

3 신라

(1) 신라의 건국과 성장

→ 알에서 태어난 박혁거세가 신라를 건국했다고 전해짐

건국	진한의 사로국에서 시작하였고, 박혁거세가 경주를 중심으로 신라를 세움
내물왕 광개토 대왕 →	• 낙동강 동쪽의 진한 지역을 정벌하여 대부분을 차지함 • 김씨에 의한 왕위 계승권을 확립함 → 왕의 칭호를 대군장을 뜻하는 '마립간'으로 고침 • 고구려의 도움으로 가야·왜의 침입 격퇴(400) → 고구려의 정치적 간섭이 심화됨
지증왕	• 국호를 '신라'로 확정하고, 왕호를 '마립간'에서 '왕'으로 고침 • 이사부를 보내어 우산국(울릉도)을 정벌함(512) • 노동력 확보를 위해 순장을 금지하고, 우경을 장려함 • 수도에 동시(시장)를 열고, 관리 기관인 동시전을 설치함 ────── 소를 이용해 밭을 가는 것

> **시험에 나오는 사료** 지증왕의 업적
>
> • (왕이) 주군(州郡)의 지방관에게 명령하여 농사를 권장하도록 하였다. 이때부터 소를 이용하여 밭을 갈기 시작하였다. → 우경 장려
>
> • 신하들이 아뢰기를, "이제 한 뜻으로 삼가 '신라 국왕'이라는 칭호를 올립니다."라고 하니, 왕이 이를 따랐다. → '신라' 국호 사용

★ (2) 신라의 전성기(6세기)

법흥왕	• 율령을 반포하고, '건원'이라는 독자적 연호 사용 • 병부를 설치하여 국왕이 직접 군사 지휘권 장악 • 상대등 설치: 최고 관직으로 나랏일을 관장하고 귀족 회의를 주관함 • 이차돈의 순교를 계기로 불교 공인(527) • 금관가야를 병합하여 낙동강 하류 지역까지 차지함(532)
진흥왕	• 청소년 집단인 화랑도를 국가적인 조직으로 개편 • 불교 진흥: 황룡사 건립, 불교 집회 개최 등을 통해 나라의 통합과 발전을 기원 • 백제 성왕과 연합하여 한강 상류 지역 차지 → 관산성 전투에서 승리하면서 백제로부터 한강 하류 지역을 빼앗아 옴 → 한강 유역을 모두 장악 ── 단양 신라 적성비 ── 서울 북한산 신라 진흥왕 순수비 • 후기 가야 연맹의 맹주인 대가야 정복(562) • 단양 신라 적성비 및 4개의 진흥왕 순수비(북한산 순수비, 창녕 척경비, 황초령 순수비, 마운령 순수비) 건립 • 거칠부에게 역사서 『국사』를 편찬하도록 함

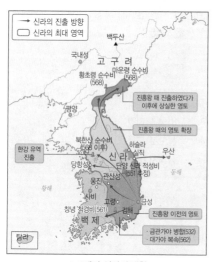

▲ 6세기 신라의 팽창

▲ 서울 북한산 신라 진흥왕 순수비

▲ 단양 신라 적성비

> **기출로 보는 키워드**
>
> • 지증왕은 이사부를 보내 우산국을 정벌하였다.
>
> • 법흥왕 때 이차돈의 순교를 계기로 불교를 공인하였다.
>
> • 진흥왕은 화랑도를 국가 조직으로 개편하였다.

신라의 왕호 변천

칭호	의미
거서간 (박혁거세)	군장·우두머리
차차웅(남해)	무당, 제사장
이사금 (유리~흘해)	연장자
마립간 (내물~소지)	대군장
왕 (지증~경순)	중국식 '왕' 칭호

화랑도

화랑을 우두머리로 한 청소년 수련 단체였어요. 교육과 군사 및 사교 단체의 역할을 하였지요.

순수비

'순수(巡狩)'는 왕이 나라 안을 두루 살피며 돌아다니던 일을 뜻하며, 이를 기념하여 세운 비석을 '순수비'라고 합니다.

4 가야

★(1) 가야의 성립과 발전

① 성립: 낙동강 하류의 변한 지역에서 여러 가야가 세워져 연맹을 형성함

② 금관가야와 대가야

금관가야 (김해)	• 김해 지역에서 김수로왕이 건국 → 전기 가야 연맹을 주도함 • 철이 많이 생산되어 덩이쇠를 화폐처럼 사용하고, 낙랑·왜 등 주변 나라에 철을 수출함 • 고구려 광개토 대왕의 공격으로 세력이 약화되어 연맹의 주도권을 상실함
대가야 (고령)	• 금관가야 쇠퇴 후 후기 가야 연맹을 주도함 • 철기 문화가 발전하여 갑옷과 무기, 금동관 등을 제작함

(2) 가야의 쇠퇴

① 각 소국이 독자적인 권력을 유지해 힘을 하나로 모으지 못하였고, 백제와 신라 사이에서 지속적인 간섭과 압력을 받아 중앙 집권 국가로 발전하지 못하였음

② 금관가야는 신라 법흥왕 때 병합(532)되었고, 대가야는 신라 진흥왕의 공격으로 멸망함(562)

(3) 가야의 문화유산

▲ 김해 대성동 고분군 출토 판갑옷(금관가야)

▲ 고령 지산동 32호분 출토 판갑옷과 투구(대가야)

▲ 고령 지산동 32호분 출토 금동관(대가야)

▲ 가야 금관(대가야)

▲ 도기 바퀴 장식 뿔잔

▲ 도기 기마인물형 뿔잔

▲ 김해 대성동 고분군(금관가야)

▲ 고령 지산동 고분군(대가야)

기출로 보는 키워드

• 전기 가야 연맹은 금관가야가, 후기 가야 연맹은 대가야가 주도하였다.

• 신라 법흥왕 때 금관가야가 멸망하였다.

• 신라 진흥왕 때 대가야가 멸망하였다.

가야 연맹의 중심지 이동

덩이쇠

금관가야의 판갑옷

김해 대성동 고분군에서 출토된 금관가야의 판갑옷은 당시 가야의 철기 제작 수준이 매우 높았음을 보여 주는 유물입니다.

02 고구려의 대외 항쟁과 신라의 삼국 통일

1 고구려의 대외 항쟁

(1) 고구려와 수의 전쟁

① 배경: 중국의 수가 남북조를 통일하고 고구려를 위협하자, 수를 견제하기 위해 고구려가 요서 지방을 선제공격함

② 수 문제의 침입: 수 문제가 30만 대군을 보내 고구려를 침략하였으나 실패함

③ 수 양제의 침입: 수 양제가 113만 대군을 이끌고 침입함 → 고구려의 요동성을 공격하였으나 쉽게 함락되지 않자 30만의 별동대로 하여금 평양성을 공격하도록 함 → 을지문덕이 살수에서 수의 별동대를 상대로 큰 승리를 거둠(살수 대첩, 612) → 수 양제의 고구려 원정 역시 실패함

시험에 나오는 사료 　살수 대첩

살수(薩水)에 이르러 (적의) 군사가 반쯤 강을 건넜을 때 아군이 뒤에서 적군을 공격하니 우둔위장군 신세웅이 전사하였다. …… 처음 군대가 요하에 이르렀을 때에는 무릇 30만 5천 명이었는데, 요동성으로 돌아간 것은 겨우 2천 7백 명이었다.

－『삼국사기』－

(2) 고구려와 당의 전쟁

① 배경

- 수의 뒤를 이은 당이 고구려를 압박하자, 고구려는 당의 침략에 대비하여 국경에 **천리장성**을 축조함
- 연개소문이 정변(642)을 일으켜 왕을 제거하고 정권을 장악함 → 당에 대해 강경한 정책을 펼침

② 당의 침입

- 당의 군대가 연개소문의 정변을 구실로 고구려를 침략함 → 요동성, 백암성 등 고구려의 여러 성을 점령함
- 안시성에서 성주와 백성들이 결사 항전하여 당의 공격을 물리침(**안시성 전투**, 645) → 고구려는 몇 차례에 걸친 당의 침입을 모두 막아 냄

시험에 나오는 사료 　안시성 전투

보장왕 4년, 당의 여러 장수가 안시성을 공격하였다. …… [당군이] 밤낮으로 쉬지 않고 60일 간 50만 명을 동원하여 토산을 쌓았다. …… 고구려군 수백 명이 성이 무너진 곳으로 나가 싸워서 마침내 토산을 빼앗았다.

－『삼국사기』－

기출로 보는 키워드

- 을지문덕이 이끄는 고구려군이 수의 군대를 살수에서 물리쳤다.
- 영류왕 때 연개소문이 정변을 일으켜 권력을 장악하였다.

연개소문

연개소문은 정변을 일으켜 영류왕을 죽이고 보장왕을 세웠습니다. 이후 스스로 대막리지가 되어 정권을 장악하고, 신라와 당을 견제하는 정책을 펼쳤지요.

2 신라의 삼국 통일

(1) 백제와 고구려의 멸망

① 신라와 당의 군사 동맹
- 백제 의자왕의 공격으로 대야성 등 40여 성을 빼앗긴 신라는 위기감을 느끼고 김춘추를 고구려에 파견하여 도움을 요청하였으나 거절당함
- 당으로 건너간 **김춘추**는 당과의 동맹을 성사시켰고, **나·당 연합군이 결성됨**(648)

② 백제 멸망(660)
- 나·당 연합군의 백제 공격: 김유신의 신라군은 황산벌로, 당군은 금강 하구로 동시에 백제를 침입함
- **계백**이 이끄는 백제의 결사대가 황산벌에서 김유신의 신라군에 맞섰으나 결국 패배함(**황산벌 전투**) → 백제의 수도 사비성이 함락되며 멸망함(660)

> **시험에 나오는 사료**   황산벌 전투
>
> 의자왕은 당과 신라 군사들이 이미 백강과 탄현을 지났다는 소식을 듣고 장군 계백을 시켜 결사대 5천 명을 거느리고 황산으로 가서 신라 군사와 싸우게 하였다.   – 『삼국사기』 –
> └→ 백제의 마지막 왕

③ 고구려 멸망(668)
- 고구려는 수·당과의 연이은 전쟁으로 국력이 많이 소모된 상태였음
- 연개소문이 죽은 후 지배층의 권력 쟁탈로 인해 혼란에 빠진 고구려는 나·당 연합군의 공격으로 평양성이 함락되며 멸망함(668)

(2) 백제와 고구려의 부흥 운동
└→ 의자왕의 아들

백제	• **복신과 도침**은 부여풍을 데리고 주류성에서, **흑치상지**는 임존성에서 부흥 운동 전개 • 백제 부흥군을 지원하기 위해 온 왜의 수군이 백강 전투(663)에서 나·당 연합군에 패배함
고구려	• **검모잠** 등이 왕족 **안승을 왕으로 추대**하고 **한성**(황해도 재령)을 근거지로 부흥 운동 전개 • **고연무** 등이 고구려 유민을 모아 오골성을 근거지로 부흥 운동 전개 • 지배층의 내분으로 부흥 운동이 실패함 • 신라가 안승을 보덕국왕에 임명(고구려 부흥 운동 세력을 당 세력 축출에 이용)

(3) 신라의 삼국 통일
└→ 공주   └→ 평양
① 당의 한반도 지배 야욕: 당은 옛 백제 땅에 웅진 도독부를, 옛 고구려 땅에 안동 도호부를, 신라에는 계림 도독부를 설치하여 한반도 전체에 대한 지배권을 확보하려 함
└→ 경주
② 신라의 저항: 신라는 백제·고구려 유민과 연합하여 당에 저항함
⭐ ③ 나·당 전쟁: 신라 문무왕 때 **매소성 전투**(675)와 **기벌포 전투**(676)에서 당군을 격퇴하고 **삼국 통일 완성**

> **시험에 나오는 사료**   나·당 전쟁
>
> • 적장 이근행이 군사 20만 명을 이끌고 매소성에 진을 쳤다. 우리 군사가 이를 격퇴하여 전마(戰馬) 3만 380필과 많은 병기를 얻었다. → 매소성 전투
> • 사찬 시득이 수군을 거느리고 소부리주 기벌포에서 설인귀가 이끄는 군대와 싸웠는데 연이어 패배하였다. 그러나 이후 크고 작은 22번의 싸움에서 승리하여 4천여 명을 죽였다. → 기벌포 전투
>   – 『삼국사기』 –

기출로 보는 키워드
- 김춘추는 당과 군사 동맹을 체결하였다.
- 고구려 멸망 이후 검모잠, 고연무, 안승 등이 고구려 부흥 운동을 전개하였다.
- 신라는 당나라 군대에 맞서 승리하여 삼국 통일을 완성하였다.

▶ **백제와 고구려의 부흥 운동**

II. 고대 사회 **27**

03

II. 고대 사회

삼국의 사회·학문·종교·과학 기술

1 삼국의 사회와 학문

(1) 신분제 사회의 성립

① 신분 제도의 확립: 고대 국가로 성장하는 과정에서 엄격한 위계질서가 확립됨

② 귀족: 왕족을 비롯한 각 부의 지배 세력으로 구성되어 정치·사회·경제적 특권을 가졌으며 지위를 세습함

③ 평민: 대부분 농민으로 구성되며 조세 납부 및 노동력 제공, 군역의 의무를 지님

④ 노비: 피정복민, 범죄자, 고리대를 갚지 못한 사람 등이 노비로 전락함

(2) 삼국의 사회 모습

형이 죽으면 동생이 형수와 혼인

고구려	지배층은 형사취수제·서옥제 등으로 혼인, 평민의 경우 자유로운 교제를 통해 혼인
백제	• 일찍부터 중국과 교류하여 선진 문물을 수용함 • 형벌: 도둑질한 자는 귀양과 함께 2배로 배상
신라	• 화랑도: 원시 사회의 청소년 집단에서 기원하며 진흥왕 때 국가적 조직으로 개편됨, 인재 양성과 계층 간의 대립과 갈등 조절 역할, 원광의 세속 5계를 행동 규범으로 삼음 • 골품제: 골품에 따라 정치적 활동과 개인의 사회생활 범위가 결정되는 폐쇄적 신분 제도, 가옥 규모·장식물·복색 등의 일상생활에서도 차등을 둠

(3) 삼국의 귀족 회의

고구려	백제	신라
제가 회의	정사암 회의	화백 회의
• 국가의 중대사를 결정 • 수장: 대대로(대막리지)	• 정사암에서 국가 중대사 의논 • 재상을 투표로 선발 • 수장: 상좌평	• 만장일치제로 국정 운영 • 수장: 상대등

★(4) 유학

고구려	• 수도에 태학을 세워 유교 경전과 역사를 교육함 • 지방에 경당을 세워 한학과 무술을 가르침
백제	오경박사(유학), 역박사(천문·역법), 의박사(의학) 등이 유교 경전과 기술을 가르침
신라	임신서기석을 통해 유교 경전을 공부했음을 알 수 있음

(5) 역사서 → 현재 전하지 않음

고구려	『유기』 100권을 영양왕 때 이문진이 간추려 『신집』 5권 완성
백제	근초고왕 때 고흥이 『서기』 편찬
신라	진흥왕 때 거칠부가 『국사』 편찬

기출로 보는 키워드

• 고구려는 제가 회의에서 나라의 중요한 일을 결정하였다.

• 백제는 정사암 회의에서 국가의 중대사를 결정하였다.

• 신라에는 화랑도라는 청소년 단체가 있었다.

• 신라의 골품제는 일상생활까지 규제하는 엄격한 신분제였다.

• 고구려는 수도에 태학을 설립하여 유학 교육을 실시하였다.

• 신라의 거칠부는 진흥왕의 명을 받아 국사를 편찬하였다.

• 백제의 고흥은 근초고왕의 명을 받아 서기를 편찬하였다.

신라의 골품제

등급	관등명	골품				복색
		진골	6두품	5두품	4두품	
1	이벌찬					자색
2	이찬					
3	잡찬					
4	파진찬					
5	대아찬					
6	아찬					비색
7	일길찬					
8	사찬					
9	급벌찬					
10	대나마					청색
11	나마					
12	대사					황색
13	사지					
14	길사					
15	대오					
16	소오					
17	조위					

임신서기석

신라 두 청년이 효(孝)를 지켜 과실이 없고, 나라가 위급할 때 충(忠)으로 행할 것을 맹세하며, 유교 경전을 습득할 것을 서약한다는 내용이 새겨져 있어요.

2 삼국의 종교와 과학 기술

(1) 불교

고구려	소수림왕 때 중국 전진의 승려 순도를 통해 수용(372)
백제	침류왕 때 중국 동진의 승려 마라난타를 통해 수용(384)
신라	법흥왕 때 이차돈의 순교를 계기로 공인(527)되어 왕권과 밀착하여 성행함

(2) 도교 → 불로장생과 현세 구복 추구

① 특징: 산천 숭배·신선 사상과 결합하였고, 귀족 사회를 중심으로 성행함
② 유물: 고구려의 **사신도**, 백제의 **산수무늬 벽돌**·백제 금동 대향로·사택지적비 등

▲ 고구려 강서대묘의 사신도 중 현무도

▲ 백제 산수무늬 벽돌

▲ 백제 금동 대향로

시험에 나오는 자료 백제 금동 대향로

백제 금동 대향로는 부여 능산리 절터에서 출토된 향로입니다. 백제의 금속 공예 기술을 보여 주는 대표적인 문화유산으로, 도교와 불교 사상이 함께 표현되어 있습니다.

(3) 천문학의 발달

고구려	• 고분에 그려진 별자리 벽화가 확인됨 • 조선 태조 때의 '천상열차분야지도각석'의 제작에 영향을 준 천문도가 있었다고 전해짐
신라	선덕 여왕 때 천문 관측을 위한 **첨성대** 건립

★ (4) 금속 기술의 발달

백제	• **칠지도**: 강철 위에 상감 기법을 활용하여 금으로 글씨를 새겨 넣음 • 백제 금동 대향로: 부여 능산리 절터에서 **출토**된 향로로, 뛰어난 공예 기술을 확인할 수 있음
신라	화려한 금관 등을 통해 금 세공 기술이 발달했음을 확인할 수 있음

▲ 칠지도

▲ 경주 금관총 금관 및 금제 관식

▲ 경주 천마총 금제 관식

▲ 경주 천마총 관모

▶ **경주 첨성대**

04 삼국의 문화

1 삼국의 고분

(1) 고분 양식의 종류

① 돌무지무덤: 돌을 쌓아 올려 만든 무덤으로 청동기 시대부터 삼국 시대까지 널리 만들어졌으며, 고구려와 백제 초기에 주로 만들어짐 └→ 시체를 넣는 관이나 곽을 이르는 말

② 굴식 돌방무덤: 널로 외부에서 이어지는 널길과 널방을 만들고, 방 안에 널을 안치한 뒤 그 위를 흙으로 덮어 봉분을 만듦, 널방의 벽과 천장에 벽화를 그리기도 함

③ 벽돌무덤: 널방을 벽돌로 쌓고 그 위에 봉분을 만든 무덤으로 중국 남조의 영향을 받음

④ 돌무지덧널무덤: 땅 위 또는 지하에 시신과 껴묻거리를 넣은 나무 덧널을 넣고 그 위에 돌을 쌓아 덮은 뒤, 돌 위를 다시 흙으로 덮어 만든 무덤 → 신라의 대표적 무덤 양식

★ (2) 고분 형태의 변천

구분		양식	대표적인 고분	특징
고구려	초기	돌무지무덤	장군총	장군총: 7층의 계단식 돌무지무덤
	후기	굴식 돌방무덤	강서대묘, 무용총, 각저총	• 벽화 존재(강서대묘의 사신도, 무용총의 수렵도, 각저총의 씨름도 등) • 모줄임천장 구조
백제	한성 시대	돌무지무덤	서울 석촌동 고분	고구려와 유사한 형식으로 백제의 건국 세력이 고구려 계통임을 보여 줌
	웅진 시대	벽돌무덤	공주 무령왕릉	무령왕릉: 중국 남조의 영향, 무덤의 주인을 알 수 있는 지석 발견
	사비 시대	굴식 돌방무덤	부여 능산리 고분군	• 벽화 존재 • 작은 규모, 세련됨
신라		돌무지덧널무덤	황남대총, 천마총, 호우총	• 도굴이 어렵고 벽화가 없음 • 황남대총: 유리병, 유리잔 등 서역과의 교역을 보여 주는 유물 출토 • 천마총: 천마도 출토 • 호우총: 호우명 그릇 출토

└→ 말의 배가리개에 그려짐

▲ 장군총

▲ 서울 석촌동 고분

▲ 공주 무령왕릉

▲ 경주 황남대총

▲ 무용총 수렵도

▲ 각저총 씨름도

▲ 천마도

• 고구려의 장군총과 백제의 서울 석촌동 고분은 돌무지무덤이다.
• 굴식 돌방무덤에는 천장과 벽에 벽화가 남겨져 있기도 한다.
• 공주의 무령왕릉은 중국 남조의 영향을 받은 벽돌무덤이다.
• 신라의 돌무지덧널무덤은 구조상 도굴이 어려워 많은 껴묻거리가 출토되었다.

굴식 돌방무덤의 구조

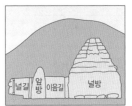

돌무지덧널무덤의 구조

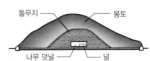

2 탑과 불상

기출로 보는 키워드
• 신라에서는 자장의 건의로 황룡사 9층 목탑이 건립되었다.
• 백제 무왕은 익산에 미륵사를 창건하였다.

⭐(1) 탑

구분	대표적인 탑	특징
백제	익산 미륵사지 석탑	• 목탑 양식을 계승하여 건립한 석탑 • 금제 사리 봉안기 등 많은 유물이 출토됨
	부여 정림사지 5층 석탑	• 목탑 양식을 계승하여 건립한 석탑 • 백제 멸망 후 1층 탑신에 당의 장수 소정방이 글귀를 새겨 평제탑이라고도 불림
신라	경주 분황사 모전 석탑	• 석재를 벽돌 모양으로 다듬어 쌓은 모전 석탑 • 현존하는 신라 석탑 중 가장 오래됨
	경주 황룡사 9층 목탑	• 7세기 선덕 여왕 때 자장의 건의로 건립 • 신라를 위협하는 주변 아홉 세력을 부처님의 힘을 빌려 물리치고자 하는 소망을 담아 만든 목탑 • 몽골의 고려 침입 때 소실됨

▲ 익산 미륵사지 석탑　　▲ 부여 정림사지 5층 석탑　　▲ 경주 분황사 모전 석탑

(2) 불상

구분	대표적인 불상	특징
고구려	금동 연가 7년명 여래 입상	불상 뒷면에 '연가 7년'이라는 연대가 새겨져 있어 고구려 불상임을 알 수 있음
백제	서산 용현리 마애여래 삼존상	부드러운 자태와 온화한 미소가 특징, '백제의 미소'라 불림
신라	경주 배동 석조 여래 삼존입상	살찐 뺨과 다정한 얼굴, 푸근한 자태가 특징

▲ 금동 연가 7년명 여래 입상　　▲ 서산 용현리 마애여래 삼존상　　▲ 경주 배동 석조 여래 삼존입상

시험에 나오는 자료　미륵보살 반가 사유상

• 왼쪽 무릎 위에 오른쪽 다리를 걸치고 오른쪽 손가락을 뺨에 댄 채 생각에 잠긴 불상인 반가 사유상은 삼국 시대를 대표하는 불상입니다.
• 일본에는 한반도의 금동 미륵보살 반가 사유상과 모습이 흡사한 고류사 목조 미륵보살 반가 사유상이 있어요.

▲ 삼국 시대의 금동 미륵보살 반가 사유상　　▲ 일본 고류사 목조 미륵보살 반가 사유상

05 통일 신라와 발해의 발전

1 통일 신라

⭐ (1) 통일 신라의 발전

무열왕 ┌김춘추	• **최초의 진골 출신 왕**으로 직계 자손의 왕위 세습을 확립하여 왕권 안정에 기여함 • 당과 연합하여 백제를 멸망시킴
문무왕	• 당과 연합하여 고구려를 멸망시킴 • 매소성 전투, 기벌포 전투에서 당에 승리 → 당을 한반도에서 몰아내고 **삼국 통일 완성**(676)
신문왕	• 장인 **김흠돌이 일으킨 반란**(681)을 진압하고, 진골 귀족 세력을 숙청하여 왕권 강화를 도모함 • **9주 5소경의 지방 행정 조직**을 완성하여 중앙 집권적 통치 체제를 마련함 • 귀족들의 경제 기반을 약화시키기 위해 문무 관리에게 **관료전을 지급**하고(687), **녹읍을 폐지함**(689) • 유교 정치 이념의 확립과 유학적 소양을 갖춘 인재 양성을 위해 **국학 설립** └ 최고 교육 기관 • 군사 조직 정비: 9서당(중앙군), 10정(지방군)으로 편성 • 신문왕 재위 기간 동안 진골 귀족 세력과 상대등의 권한이 약화되고, 6두품 세력이 성장함

(2) 통일 신라의 통치 체제 정비

① 중앙 통치 제도

- 13부를 두어 행정 업무를 분담함
- 왕의 직속 기관인 집사부를 중심으로 국정을 운영함
- 관리들을 감찰하는 사정부를 설치함
  └ 무열왕 때 설치

② 지방 제도 정비

- 9주 5소경 제도: 전국을 9주로 나누고 옛 고구려·옛 백제·신라의 땅을 나누어 9주 설치, 군사와 행정상의 요지에 5소경 설치
- 특수 행정 구역 설치: 반란을 일으킨 지역이나 정복지에 향·부곡을 설치함
- **상수리 제도**: 지방 세력을 견제하기 위해 각 주의 촌주 1명을 수도 금성의 여러 관청에 보내어 일정 기간 근무하게 하는 일종의 인질 제도
- 지방관을 감찰하기 위해 감독관으로 **외사정을 파견함**
  └ 문무왕 때 설치

③ 군사 조직 개편

9서당(중앙군)	민족 융합 정책의 일환으로 신라인과 함께 옛 고구려인, 옛 백제인, 말갈인 등도 편성함
10정(지방군)	9주에 각 1정씩을 두었는데, 국경 지대인 한주는 관할 구역이 넓고 군사적으로 중요했기 때문에 2개의 정을 배치함

④ 유교 정치 이념의 강화

- **최고 교육 기관인 국학**을 설립하고 박사와 조교를 두어 유교 경전을 가르침
- **원성왕 때 유학에 대한 이해 수준에 따라 관리를 채용하는 독서삼품과를 실시함** → 귀족들의 반발로 실패

통일 신라의 9주 5소경

향·부곡

특수 행정 구역인 향이나 부곡에 사는 사람들은 일반 농민들보다 많은 공물 부담을 안고 있어 형편이 어려웠어요.

독서삼품과

국학의 학생들을 유교 경전의 이해 수준에 따라 상·중·하의 3등급으로 구분하여 관리로 채용하는 제도였어요. 이 제도는 골품제의 폐쇄성 때문에 제 기능을 발휘하지 못했지만, 유학을 보급하는 데 기여하였습니다.

2 발해

(1) 발해의 건국
고구려 출신 대조영(고왕)이 고구려 유민과 말갈 집단을 이끌고 동모산 〔└─ 중국 지린성〕 지역에서 건국 → 남쪽의 신라와 함께 남북국의 형세를 이룸

★ (2) 발해의 발전

무왕 (8세기 전반) ┌ 대무예	• 중국과 대등한 지위에 있음을 과시하기 위해 독자적 연호인 '인안' 사용 • 동북방의 여러 세력을 복속하여 만주 북부 지역까지 세력 확장 • 당과 신라를 견제하기 위해 돌궐·일본 등과 교류함 • 장문휴의 수군으로 당의 산둥 지방 등주를 선제공격함
문왕 (8세기)	• 독자적 연호 '대흥' 사용 • 당과 우호를 맺고 친선 관계를 유지하며 문물을 받아들이고 체제를 정비함 • 당의 3성 6부제를 기반으로 중앙 정치 조직을 정비함 • 신라와 관계 개선 → 상설 교통로인 신라도 개설 〔└─ 발해의 수도 상경에서 시작하여 동해안을 따라 신라로 이어지는 길〕 • 일본에 보낸 외교 문서에서 고려 국왕임을 표방하여 고구려와 부여를 계승했음을 나타냄
선왕 (9세기 전반)	• 독자적 연호 '건흥' 사용 → 옛 고구려 영토의 대부분 차지 • 연해주에서 요동 지방까지 영토 확장, 남으로 대동강 이북까지 차지 • 전성기를 맞이하여 당으로부터 '해동성국'이라 불림 • 5경 15부 62주의 지방 통치 체제 완비 └ '바다 동쪽의 번성한 나라'라는 뜻

(3) 발해의 멸망(926)
지배층의 내분과 거란의 침입으로 멸망

(4) 발해의 통치 체제 정비
① 중앙 정치 조직

3성 6부	당의 제도를 수용하여 3성 6부제 운영, 명칭이나 운영 면에서 독자성을 보임
중정대	관리의 비리 감찰을 담당
주자감	발해의 최고 교육 기관으로 유학을 가르치고, 당에 유학생을 보내기도 함
문적원	책과 문서 관리, 외교 문서 등의 작성을 담당

② 지방 행정 구역
전략적 요충지에 5경을 설치하고, 15부 62주와 그 아래의 현에 지방관을 파견함

(5) 고구려 계승 의식
① 건국 이후 고구려와 부여를 계승했음을 뚜렷이 내세움 → 발해와 일본 간에 주고받은 국서에서 '고려 국왕'이라는 명칭을 사용하였고, 신라의 발해 관련 기록에도 발해를 고구려 계승 국가로 인식하였음 〔┌ 당시에 고구려를 '고려'라고도 호칭〕
② 지배층의 구성: 지배층의 대다수가 옛 고구려계로 구성됨
③ 고구려 문화와의 유사성: 고분 양식, 온돌, 연꽃무늬 수막새 등

시험에 나오는 자료 발해 문화의 고구려 계승

▲ 고구려(왼쪽)와 발해(오른쪽)의 온돌 유적   ▲ 고구려(왼쪽)와 발해(오른쪽)의 수막새

기출로 보는 키워드

• 대조영이 고구려 유민을 이끌고 동모산에서 발해를 건국하였다.
• 무왕은 장문휴를 보내 당의 등주를 공격하였다.
• 발해는 일본에 보낸 국서에서 고구려를 계승한 국가임을 밝혔다.

▶ 남북국 시대
조선 후기 실학자 유득공은 『발해고』에서 남북국 시대론을 제시하였어요. 이러한 의식은 일부 학자들에게로 이어져 발해를 통일 신라와 대등한 우리 역사로 다루는 역사서들이 편찬되었어요.

▶ 발해의 영역

▶ 발해의 중앙 정치 조직

3성은 정당성을 중심으로 운영하였고, 정당성 아래 6부를 두어 행정 실무를 담당하게 했습니다. 6부의 명칭은 유교 덕목에서 따왔답니다.

06 신라 말의 혼란과 후삼국의 성립

II. 고대 사회

1 신라 말의 사회 동요

(1) 신라의 지방 통제력 약화

① 왕위 쟁탈전: 8세기 후반 혜공왕 즉위 이후 진골 귀족들 간의 권력 다툼이 심화됨 → 혜공왕이 피살된 후 150여 년간 20명의 왕이 교체되는 혼란이 지속

② 지방 세력의 반란

김헌창의 난 (822)	아버지 김주원(무열왕계)이 왕위 다툼에서 밀려나자 아들 웅천주(지금의 공주) 도독 김헌창이 헌덕왕 때 반란을 일으킴 → 한때 큰 세력을 형성하였으나 정부군에 의해 진압됨
장보고의 난 (846)	청해진을 거점으로 해상권을 장악하고 권력을 키운 장보고가 왕위 다툼에 관여함 → 자신의 딸을 왕비로 앉히려던 계획이 무산되자 반란을 일으켰으나 실패함

(2) 농민 봉기의 발생

① 배경: 왕권 약화, 녹읍의 부활, 전염병과 자연재해, 귀족들의 사치와 향락 등으로 국가 재정 궁핍 → 농민들에게 과중한 세금 부과, 일부 농민은 유랑민이나 초적이 됨

② 봉기: 원종과 애노의 난(889), 적고적의 난(896) 등 전국 각지에서 농민 봉기 발생

③ 결과: 왕권이 약해진 가운데 중앙 정부의 지방 통제력이 더욱 약화됨
  └→ 붉은 바지를 입은 도적

> **시험에 나오는 사료** 신라 말의 사회 동요
>
> • 웅천주 도독 헌창이 아버지 주원이 왕이 되지 못함을 이유로 반란을 일으켜, 국호를 장안이라 하고 연호를 세워 경운 원년이라 하였다. → 김헌창의 난
> • 나라 안의 여러 주군(州郡)에서 공부(貢賦)를 바치지 않으니 창고가 비어 버리고 나라의 쓰임이 궁핍해졌다. 왕이 사신을 보내어 독촉하자, 이로 말미암아 곳곳에서 도적이 벌 떼처럼 일어났다. 이때 원종과 애노 등이 사벌주를 근거로 반란을 일으켰다. → 원종과 애노의 난
>   └→ 진성 여왕
> – 『삼국사기』 –

(3) 호족의 성장

① 배경: 신라 말 중앙 정부의 지방 통제력이 약화되자, 지방에서 독자적인 세력을 형성한 호족이 등장함 → 스스로 성주나 장군을 칭하며 그 지방의 실질적인 지배권 행사

② 성장: 일부 6두품 출신 유학자, 선종 승려와 손잡고 신라 정부에 대항하였고, 새로운 사회를 모색하며 반독립적 세력으로 성장하여 신라 말 고려 초에 활동함

★(4) 6두품의 반신라화

① 배경: 능력보다 신분을 중시하는 골품제의 한계로 관직 승진이 제한되자 불만이 증대됨

② 문제 제기: 최치원이 진성 여왕에게 시무책 10여 조를 올리는 등 6두품 세력은 골품제의 모순을 비판하고 유학에 바탕을 둔 새로운 정치 이념을 제시하여 개혁을 주장함 → 기득권 세력인 진골 귀족들의 거부로 좌절됨

③ 결과: 신라 말 반(反)신라적 태도를 보이며 호족들과 결탁하여 새로운 사회를 추구함

기출로 보는 키워드

• 신라 말에 김헌창이 자신의 아버지가 왕이 되지 못한 것에 불만을 품고 반란을 일으켰다.

• 신라 말 지방에서 스스로 성주, 장군이라 칭하고 독자적으로 군대를 가진 호족이 등장하였다.

• 신라 말에 최치원이 진성 여왕에게 시무책 10여 조를 올렸다.

▶ **신라 말의 극심한 혼란**

└→ 난을 일으킨 농민군을 의미

(5) 새로운 사상의 유행

선종	교리와 경전을 중시하는 전통적 권위를 부정하고, 참선과 수행을 통해 깨달음을 얻으면 누구나 부처가 될 수 있다고 주장함 → 호족과 농민들에게 호응을 얻음. 호족의 후원을 받아 선종의 9개 종파인 9산 선문이 성립됨
풍수지리설	• 지리적 환경이 인간 생활의 길흉화복에 영향을 끼친다는 인문 지리학 • 선종 승려인 도선에 의해 널리 보급됨 → 지방의 중요성을 자각하게 되는 계기가 됨 → 호족의 사상적 기반으로 작용함
미륵 신앙	• 현재의 고통을 해결해 줄 미륵불이 나타나 중생을 구원하고, 이상적 세계인 불국토를 건설한다는 사상 → 사회가 혼란스러울 때 유행함 • 새로운 세상을 열 것이라는 미륵불 숭배

표 상단 주석: 교종

▶ 9산 선문

선종 관련 종파 가운데 대표적인 9개 선종 종파를 9산 선문이라고 해요. 9산 선문의 중심 사원은 대개 호족의 근거지와 가까운 곳에 위치했지요. 지방 호족들은 선종을 자신의 세력 강화에 이용했답니다.

2 후삼국의 성립

(1) 후백제

① 건국: 상주 출신의 군인 견훤이 전라도 지역에서 세력을 키운 뒤, 완산주(전주)에 도읍을 정하고 후백제를 건국(900)함
주석: 백제 부흥을 내세움

② 확장: 차령산맥 이남의 충청도와 전라도 지역까지 장악하고, 중국의 후당 · 오월과도 외교 관계를 맺음

③ 한계
• 금성(경주)에 침입해 경애왕을 죽게 하는 등 신라에 적대적인 자세를 취함
• 농민에게 과도한 세금을 부과하였고, 호족 세력 포섭에 실패함

★ (2) 후고구려

① 건국과 발전: 북원(원주)의 호족인 양길의 부하로 활동하던 궁예가 세력을 키워 독립함 → 송악(개성)을 도읍으로 삼고 후고구려 건국(901) → 국호를 마진으로 바꾸고(904) 철원으로 천도함(905) → 국호를 태봉으로 변경함(911)
주석: 신라 왕족의 후예라 자칭함 / 고구려 부흥을 내세움

② 확장: 한강 유역을 차지한 후 경상북도 상주 일대까지 세력을 확장함 → 궁예의 밑에 있던 왕건이 후백제의 배후를 쳐 금성(나주) 점령

③ 관제 개편: 최고 중앙 관부인 광평성을 설치하여 내정을 총괄하게 하고 아래에 여러 관부를 설치하여 사무를 분담함

④ 한계: 조세를 지나치게 걷고, 궁예 스스로 미륵불이라 칭하며 주변 인물들을 숙청하는 등 전제 정치를 강화함 → 왕건이 궁예를 몰아내고 고려 건국(918)

▶ 기출로 보는 키워드

• 견훤이 완산주를 도읍으로 후백제를 건국하였다.
• 견훤은 후당과 오월에 사신을 파견하였다.
• 궁예는 송악을 도읍으로 후고구려를 건국하였다.
• 궁예는 국호를 마진으로 바꾸고 철원으로 천도하였다.
• 궁예는 광평성을 비롯한 각종 정치 기구를 마련하였다.

▶ 후삼국의 성립

신라, 후백제, 후고구려가 서로 세력을 다투던 시기를 후삼국 시대라고 합니다.

07 통일 신라와 발해의 경제·문화

1 통일 신라와 발해의 경제

⭐ (1) 통일 신라의 경제

① 신라 촌락 문서(민정 문서)
- 노동력 동원과 세금 징수를 위해 작성함
- 촌주가 촌락의 호구(남녀별, 연령별), 가축 및 유실수(열매가 열리는 나무) 등의 변동 사항을 매년 조사하여 3년마다 문서로 작성함

② 토지 제도

신문왕	관료 귀족들에게 관료전을 지급하고 녹읍을 폐지함 └─ 귀족의 경제 기반(조세 수취+노동력 징발)
성덕왕	백성들의 안정적인 생활을 위해 정전을 지급함(722) → 귀족을 견제하여 왕권을 강화하고 농민 경제의 안정을 추구함
경덕왕	귀족의 반발로 인해 녹읍이 부활하고 정전이 유명무실화됨

③ 대외 무역

당과의 무역	• 공무역과 사무역이 모두 발달함 • 당의 산둥반도에 신라방·신라촌(신라인 거주지), 신라소(신라인을 다스리는 자치 기구), 신라관(여관), 신라원(절) 등이 생김 └─ 장보고가 산둥 지방에 설치한 법화원이 대표적임
이슬람과의 무역	신라 최대의 국제 무역항인 울산항에 이슬람 상인들이 왕래

④ 장보고의 활동: 9세기 초 장보고가 완도에 청해진을 설치하여 해적을 소탕하고, 당·신라·일본을 연결하는 해상 무역을 주도함 └─ 해상 무역·군사 기지

(2) 발해의 경제

① 산업의 발달

농업	밭농사가 주로 이루어졌고, 일부 지역에서 벼농사를 지음
목축	말(솔빈부)이 주요 수출품
수렵	모피·녹용·사향 등을 생산하여 수출함
상업	금속 가공업·직물업·도자기업 등이 발달함, 수도 등 도시와 교통 요충지를 중심으로 상업이 성행함

② 대외 관계

신라와의 관계	문왕 때부터 신라도를 통해 교류
당과의 관계	• 해로와 육로를 이용하여 무역 • 당에 유학생 파견, 발해인의 빈공과 응시 • 당이 등주에 발해관 설치 └─ 발해 사신이 이용할 수 있도록 당이 산둥반도의 등주에 설치한 여관
일본과의 관계	친선 관계 유지, 많은 사신 왕래

기출로 보는 키워드

- 일본에서 발견된 신라 촌락 문서에는 마을의 크기, 논밭의 넓이, 인구 수 등이 기록되어 있다.
- 장보고는 완도에 청해진을 설치하여 해상 무역을 전개하였다.
- 발해의 특산품으로 솔빈부의 말이 유명하였다.

신라 촌락 문서

일본 도다이사(東大寺) 쇼소인(正倉院)에서 발견된 통일 신라 때의 문서예요. 서원경(청주) 지방 4개 촌락의 토지, 가축 및 유실수, 호구 등에 대한 내용이 기록되어 있어요.

장보고의 활동

빈공과

중국에서 외국인을 위해 실시한 과거 시험으로, 당에서 처음 실시하였어요. 신라인과 발해인이 다수 합격하여 당의 관리가 되기도 하였고, 수석을 다투기도 했답니다.

2 통일 신라와 발해의 문화

(1) 통일 신라의 학문

① 교육
- 국학 설립: 신문왕 때 설치하였고, 박사와 조교를 두어 『논어』와 『효경』 등 유교 경전을 가르침
- 독서삼품과 실시: 원성왕 때 유교 경전에 대한 이해 수준을 관리 채용의 기준으로 삼음

② 대표적인 학자
- 김대문(진골): 『화랑세기』, 『계림잡전』, 『고승전』 등 저술
- 설총(6두품): 이두를 정리하여 유학 연구 발전에 기여하였고, 『화왕계』를 지음 └→ 유교적 도덕 정치 강조
- 최치원(6두품): 당에서 활동하며 명문장가로 이름을 날림(『토황소격문』을 지음) → 귀국 후 당에서 저술한 작품을 모아 『계원필경』을 지음 → 이후 진성 여왕에게 개혁안인 시무 10여 조를 건의했으나 수용되지 않자 은둔 생활을 하며 저술 활동에 전념함 └→ 빈공과 합격

(2) 발해의 학문

① 교육
- 주자감: 중앙 교육 기관으로, 주로 유교 경전을 가르침
- 도당 유학생: 당과 관계 개선 후 많은 유학생을 파견하였음

② 한문학 발달 ┌ 중국 육조와 당에서 성행한 한문 문체 중 하나 ┐
- 정혜 공주 묘와 정효 공주 묘의 묘지석에서 세련된 사륙변려체의 문장을 구사함
- 외교 사신이나 승려 중에도 한시에 능한 사람이 많았음(양태사 등)

★ (3) 통일 신라의 불교

① 원효
- 모든 진리는 한마음에서 나온다는 일심 사상을 주장함
- 어려운 불경 대신 '나무아미타불'만 외우면 누구나 극락에 갈 수 있다고 주장하였고, 무애가를 지어 부르며 불교 대중화에 힘씀
- 『대승기신론소』, 『십문화쟁론』 등을 저술

② 의상
- 영주 부석사, 양양 낙산사 등 여러 절을 창건함
- 관세음보살을 믿는 관음 신앙을 전파함
- 신라에서 화엄종을 개창하고 화엄 사상의 핵심을 정리한 『화엄일승법계도』를 지음

③ 혜초: 인도와 중앙아시아 순례 후 서역 기행문인 『왕오천축국전』 저술

(4) 선종과 풍수지리설

선종	• 특징: 실천 수행 강조, 참선 중시 • 발전: 지방의 호족 세력과 결탁하여 각 지방에 근거지 마련 → 9산 선문 성립 • 영향: 지방 문화의 근거지 역할, 고려 건국의 사상적 바탕 마련
풍수지리설	• 신라 말 도선에 의해 보급되기 시작함 • 산세와 수세를 살펴 도읍·주택·묘지 등을 선정하는 인문 지리적 학설로, 경주 중심의 지리 개념에서 탈피하는 계기가 되어 지방 호족의 호응을 얻음

기출로 보는 키워드
- 신라의 설총은 화왕계를 지었으며, 이두를 체계적으로 정리하였다.
- 신라의 6두품 출신으로 당의 빈공과에 합격한 최치원은 계원필경을 지었다.
- 원효는 무애가를 지어 불교 대중화에 기여하였다.
- 의상은 화엄일승법계도를 지어 화엄 사상을 정리하였다.
- 혜초는 인도와 중앙아시아를 여행한 후 왕오천축국전을 남겼다.

> 최치원

> 원효

3 통일 신라와 발해의 문화유산

(1) 과학 기술의 발달

① 목판 인쇄술: 경주 불국사 3층 석탑에서 발견된 「무구정광대다라니경」(8세기 제작)
└─ 현존 세계 최고(最古)의 목판 인쇄물

② 금속 기술: 성덕 대왕 신종 등 뛰어난 범종 제작
└─ 봉덕사종, 에밀레종이라고 불림

(2) 고분

① 통일 신라

- 불교 사상의 발전으로 화장이 유행함 → 경주 문무 대왕릉(호국적 성격, 수중릉)
- 굴식 돌방무덤(둘레돌, 12지신상)이 주로 만들어짐 → 경주 김유신 묘, 경주 원성왕릉, 경주 성덕왕릉

② 발해

- 정혜 공주 묘: 굴식 돌방무덤, 모줄임천장 구조, 돌사자상 → 고구려 양식 계승
- 정효 공주 묘: 벽돌무덤 양식, 벽화 존재 → 당의 영향, 도교적 요소
  └─ 내부 천장은 고구려 양식 계승

★ (3) 건축과 탑

① 통일 신라

- 불국사·석굴암: 신라의 재상이었던 김대성이 창건한 건축물로 이상적인 불국토의 모습을 표현함, 유네스코 세계 유산
- 동궁과 월지(안압지): 신라의 별궁 터와 문무왕 때 조성된 것으로 추정되는 인공 연못으로 구성 → 신라 조경술의 극치를 보여 줌
- 탑: 경주 감은사지 3층 석탑, 경주 불국사 3층 석탑(석가탑), 경주 불국사 다보탑, 구례 화엄사 4사자 3층 석탑, 안동 법흥사지 7층 전탑
- 신라 말: 기단과 탑신에 부조로 불상을 새긴 탑이 등장함(양양 진전사지 3층 석탑), 승탑(화순 쌍봉사 철감선사탑)과 탑비 유행
  └─ 선종의 영향

② 발해: 당의 수도인 장안을 모방하여 상경 건설, 영광탑

▲ 경주 감은사지 3층 석탑

▲ 경주 불국사 3층 석탑 (석가탑)

▲ 경주 불국사 다보탑

▲ 구례 화엄사 4사자 3층 석탑

▲ 안동 법흥사지 7층 전탑

▲ 양양 진전사지 3층 석탑

▲ 화순 쌍봉사 철감선사탑

▲ 발해 영광탑

(4) 불상과 공예

① 통일 신라: 석굴암 본존불상·보살상, 경산 팔공산 관봉 석조 여래 좌상, 무열왕릉비
　 └─→ 경주 토함산에 만든 인공 석굴 사원
　 받침돌, 보은 법주사 쌍사자 석등

② 발해: 이불병좌상, 벽돌과 기와 무늬(고구려 영향), 석등, 돌사자상, 치미
　 └─→ 두 부처가 나란히 앉아 있는 모습의 불상

▲ 경주 석굴암 본존불상

▲ 경산 팔공산 관봉
석조 여래 좌상

▲ 발해 이불병좌상

▲ 발해 석등

▲ 발해 돌사자상

▲ 발해 치미

01 삼국과 가야의 성장과 발전

01 (가)에 들어갈 내용으로 옳은 것은?   [기본 54회]

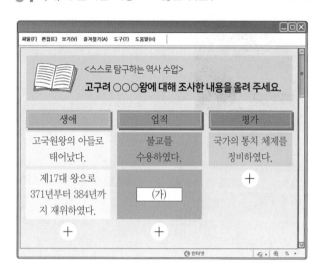

① 태학을 설립하였다.
② 병부를 설치하였다.
③ 화랑도를 정비하였다.
④ 웅진으로 천도하였다.

02 밑줄 그은 '나'의 업적으로 옳은 것은?   [기본 67회]

① 태학을 설립하였다.
② 천리장성을 축조하였다.
③ 도읍을 평양성으로 옮겼다.
④ 신라에 침입한 왜를 격퇴하였다.

03 밑줄 그은 '이 왕'으로 옳은 것은?   [기본 52회]

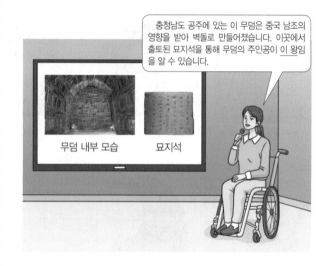

① 성왕   ② 고이왕
③ 무령왕   ④ 근초고왕

04 다음 가상 일기의 주인공으로 옳은 것은?   [기본 71회]

> ○○월 ○○일
> 오늘도 나랏일을 돌보느라 힘든 하루였다. 하지만 왕으로 즉위한 후 지금까지 내가 한 일을 생각하니 뿌듯하다. 수도를 웅진에서 사비로 옮겨 나라 발전을 꾀하였고, 국호를 남부여로 바꾸기도 하였다. 그리고 최근에는 고구려에 빼앗겼던 한강 유역 일부를 수복하였다. 되찾은 소중한 영토를 반드시 지켜야겠다.

① 성왕   ② 무령왕
③ 근초고왕   ④ 소수림왕

01 삼국의 성장과 발전 답 ①

자료에서 고국원왕의 아들로 태어났다는 점, 불교를 수용하였고 국가의 통치 체제를 정비하였다는 점을 통해 해당 국왕이 고구려 소수림왕임을 알 수 있다. 소수림왕은 부친인 고국원왕이 백제 근초고왕의 공격으로 전사한 이후 위기에 빠진 고구려의 체제 정비를 위해 노력하였다. 소수림왕의 대표적인 업적으로는 불교 수용, 태학 설립, 율령 반포 등이 있다.

🔍 선지분석

✔️ 태학을 설립하였다.
➡️ 고구려 소수림왕은 인재 양성을 위해 유학 교육 기관인 태학을 설립하였다.

② 병부를 설치하였다.
➡️ 신라 법흥왕은 병부를 설치하여 군사권을 장악하였다.

③ 화랑도를 정비하였다.
➡️ 신라 진흥왕은 화랑도를 국가 조직으로 재편하여 인재를 양성하였다.

④ 웅진으로 천도하였다.
➡️ 백제 문주왕은 고구려의 공격으로 한성이 함락되자 수도를 웅진으로 옮겼다.

⏱ 3초공식
고국원왕의 아들 + 불교 수용 + 태학 설립 = 고구려 소수림왕

02 삼국의 성장과 발전 답 ④

소수림왕, 고국양왕에 이어 고구려의 제19대 왕으로 즉위한 광개토 대왕은 후연을 격파하고 백제를 공격하여 영토를 넓혔다. 또한, 고구려의 높은 위상을 드러내기 위해 '영락'이라는 연호를 사용하였다.

🔍 선지분석

① 태학을 설립하였다.
➡️ 소수림왕은 수도에 국립 교육 기관인 태학을 설립하여 귀족 자제들을 대상으로 유학을 교육하였다.

② 천리장성을 축조하였다.
➡️ 영류왕 때 당의 침입에 대비하여 천리장성 축조를 시작하였다.

③ 도읍을 평양성으로 옮겼다.
➡️ 장수왕은 국내성에서 평양성으로 천도한 이후 본격적인 남진 정책을 추진하였다. 이에 압박을 느낀 백제와 신라는 나·제 동맹을 맺었다.

✔️ 신라에 침입한 왜를 격퇴하였다.
➡️ 광개토 대왕은 신라 내물 마립간의 요청으로 군대를 보내 신라에 침입한 왜를 격퇴하고, 신라에 군대를 주둔시켰다. 이로 인해 신라는 한동안 고구려의 정치적 간섭을 받았다.

03 삼국의 성장과 발전 답 ③

자료에서 충청남도 공주에 무덤이 있다는 점, 중국 남조의 영향을 받아 벽돌로 만들어졌다는 점을 통해 제시된 무덤이 무령왕릉임을 알 수 있다. 따라서 밑줄 그은 '이 왕'은 백제 무령왕이다.

🔍 선지분석

① 성왕
➡️ 수도를 사비로 옮기고, 국호를 남부여로 변경하는 등 백제의 중흥을 위해 노력하였다.

② 고이왕
➡️ 관등제를 정비하고, 관리의 공복을 제정하는 등 중앙 집권 체제의 토대를 마련하였다.

✔️ 무령왕
➡️ 중국 남조와 국교를 강화하였고, 22담로에 왕족을 파견하여 지방에 대한 통제권을 강화하였다.

④ 근초고왕
➡️ 마한의 남은 세력을 정복하고, 평양성을 공격하여 고구려의 고국원왕을 전사시키는 등 4세기 백제의 전성기를 이끌었다.

⏱ 3초공식
충남 공주 + 중국 남조의 영향 + 벽돌무덤 = 백제 무령왕

04 삼국의 성장과 발전 답 ①

백제는 고구려 장수왕에게 한성을 빼앗기자 문주왕 때 웅진(공주)으로 수도를 옮겼다. 이후 성왕은 백제의 중흥을 위하여 사비(부여)로 수도를 옮기고 국호를 '남부여'로 고쳤다. 한편 성왕은 신라 진흥왕과 연합하여 고구려를 공격해 한강 하류 지역을 되찾았으나 곧이어 신라군의 기습 공격을 받아 다시 빼앗겼다. 이에 분노한 성왕은 신라 공격에 나섰다가 관산성 전투에서 전사하였다.

🔍 선지분석

✔️ 성왕
➡️ 백제 성왕은 수도를 웅진(공주)에서 사비(부여)로 옮기고, 부여 계승 의식을 내세우며 국호를 '남부여'로 고쳤다.

② 무령왕
➡️ 백제 무령왕은 22담로에 왕족을 파견하여 지방에 대한 통제력을 강화하고자 하였다.

③ 근초고왕
➡️ 백제 근초고왕은 고구려의 평양성을 공격하여 고국원왕을 전사시켰다.

④ 소수림왕
➡️ 고구려 소수림왕은 불교를 공인하고 율령을 반포하는 등 중앙 집권 체제를 확립하였다.

⏱ 3초공식
수도를 사비로 옮김 + 국호를 남부여로 바꿈 = 백제 성왕

01 삼국과 가야의 성장과 발전

05 밑줄 그은 '나'의 업적으로 옳은 것은?　[기본 51회]

나는 신라의 제23대 왕으로 병부를 설치하고, 율령을 반포하였소.

① 녹읍을 폐지하였다.
② 불교를 공인하였다.
③ 독서삼품과를 시행하였다.
④ 북한산에 순수비를 세웠다.

06 다음 가상 인터뷰에 등장하는 왕의 업적으로 옳은 것은?　[기본 55회]

즉위하신 이후에 어떤 일을 하셨나요?

한강 유역을 차지한 뒤, 이를 기념하여 북한산에 순수비를 세웠습니다. 그리고 화랑도를 국가적인 조직으로 개편했습니다.

① 국학을 설립하였다.
② 병부를 설치하였다.
③ 대가야를 정복하였다.
④ 독서삼품과를 실시하였다.

07 (가) 나라의 경제 상황에 대한 설명으로 옳은 것은?　[기본 51회]

초대합니다
창작 뮤지컬 '김수로왕과 허황옥'

알에서 태어나 ___(가)___ 을/를 건국하였다고 전해지는 김수로왕이 아유타국의 공주였던 허황옥을 만나 혼인하게 된 이야기를 한 편의 뮤지컬로 선보입니다. 많은 관람 바랍니다.

• 일시: 2021년 ○○월 ○○일 20:00
• 장소: 김해 대성동 고분군 앞 특설 무대

① 낙랑과 왜에 철을 수출하였다.
② 모내기법이 전국으로 확산하였다.
③ 물가 조절을 위해 상평창을 두었다.
④ 활구라고도 불린 은병을 제작하였다.

08 밑줄 그은 '이 나라'에 대한 설명으로 옳은 것은?　[기본 67회]

이 나라의 김해 대성동 고분군, 고령 지산동 고분군, 함안 말이산 고분군 등에서 나온 유물을 통해 당시 사람들의 뛰어난 세공 기술을 엿볼 수 있습니다.

금동 허리띠　금동관　봉황장식 금동관

① 지방에 22담로를 두었다.
② 한의 침략을 받아 멸망하였다.
③ 낙랑과 왜에 철을 수출하였다.
④ 화백 회의에서 중요한 일을 결정하였다.

05 삼국의 성장과 발전 답 ②

자료에서 신라의 제23대 왕이라는 점, 병부를 설치하고 율령을 반포하였다는 점을 통해 밑줄 그은 '나'가 신라 법흥왕임을 알 수 있다. 신라 법흥왕은 병부를 설치하여 왕이 직접 군사권을 행사하게 하였으며, 율령을 반포하고 관등제를 정비하는 등 체제를 정비하였다.

🔍 선지분석

① 녹읍을 폐지하였다.
➡ 녹읍을 폐지한 왕은 신라 신문왕이다.

✓ 불교를 공인하였다.
➡ 이차돈의 순교를 계기로 불교를 공인한 왕은 신라 법흥왕이다.

③ 독서삼품과를 시행하였다.
➡ 독서삼품과를 시행한 왕은 신라 원성왕이다.

④ 북한산에 순수비를 세웠다.
➡ 북한산에 순수비를 세운 왕은 신라 진흥왕이다.

⏱ 3초공식

병부 설치 + 율령 반포 + 불교 공인 = 신라 법흥왕

06 삼국의 성장과 발전 답 ③

자료에서 한강 유역을 차지한 뒤 북한산에 순수비를 세웠다는 점, 화랑도를 국가적인 조직으로 개편하였다는 점을 통해 해당 국왕이 신라 진흥왕임을 알 수 있다. 6세기 중반 신라의 전성기를 이끈 것으로 평가받는 진흥왕은 백제 성왕과 연합하여 고구려를 공격해 한강 상류 지역을 빼앗은 후, 백제로부터 한강 하류 지역마저 빼앗아 한강 유역을 모두 차지하였다. 또한 화랑도를 국가적인 조직으로 개편하여 유능한 인재 양성을 위해 노력하였다.

🔍 선지분석

① 국학을 설립하였다.
➡ 신라 신문왕은 인재 양성을 위해 국학을 설립하였다.

② 병부를 설치하였다.
➡ 신라 법흥왕은 병부를 설치하고 율령을 반포하는 등 체제를 정비하였다.

✓ 대가야를 정복하였다.
➡ 신라 진흥왕은 고령의 대가야를 정복하여 낙동강 유역 전체를 차지하였다.

④ 독서삼품과를 실시하였다.
➡ 신라 원성왕은 독서삼품과를 시행하여 유교 경전에 대한 이해 수준을 관리 선발에 참고하였다.

⏱ 3초공식

한강 유역 차지 + 북한산 순수비 + 화랑도 개편 = 신라 진흥왕

07 가야의 성립과 발전 답 ①

자료에서 김수로왕과 허황옥이 뮤지컬의 제목으로 제시된 점, 알에서 태어나 나라를 건국하였다는 점, 김해 대성동 고분군 앞에서 공연이 개최된다는 점을 통해 (가) 나라가 금관가야임을 알 수 있다.

🔍 선지분석

✓ 낙랑과 왜에 철을 수출하였다.
➡ 김해 지역을 중심으로 발전한 금관가야는 철이 많이 생산되어 낙랑과 왜에 철을 수출하였다.

② 모내기법이 전국으로 확산하였다.
➡ 모내기법이 전국으로 확산된 시기는 조선 후기이다.

③ 물가 조절을 위해 상평창을 두었다.
➡ 물가 조절을 위해 상평창을 둔 나라는 고려와 조선이다.

④ 활구라고도 불린 은병을 제작하였다.
➡ 활구라고도 불린 은병을 제작한 나라는 고려이다.

⏱ 3초공식

김수로왕 + 김해 대성동 고분군 = 금관가야

08 가야의 성립과 발전 답 ③

김해 대성동 고분군은 전기 가야 연맹을 이끌었던 금관가야의 대표적인 유적이고, 고령 지산동 고분군은 후기 가야 연맹을 이끌었던 대가야의 대표적인 유적이다. 금동 허리띠, 금동관, 봉황장식 금동관 등을 통해 가야의 세공 기술이 매우 뛰어났음을 알 수 있다.

🔍 선지분석

① 지방에 22담로를 두었다.
➡ 백제 무령왕은 지방의 22담로에 왕족을 파견하여 지방에 대한 통제를 강화하고자 하였다.

② 한의 침략을 받아 멸망하였다.
➡ 고조선은 우거왕 때 한 무제의 공격을 받아 멸망하였다.

✓ 낙랑과 왜에 철을 수출하였다.
➡ 금관가야는 철이 풍부하여 낙랑과 왜에 철을 수출하였고, 덩이쇠를 화폐처럼 사용하기도 하였다.

④ 화백 회의에서 중요한 일을 결정하였다.
➡ 신라는 귀족 회의인 화백 회의를 열어 국가의 중대사를 만장일치로 결정하였다.

⏱ 3초공식

김해 대성동 고분군, 고령 지산동 고분군 = 가야

02 고구려의 대외 항쟁과 신라의 삼국 통일

01 (가), (나) 사이의 시기에 있었던 사실로 옳은 것은?

[기본 55회]

> (가) 장수왕 63년, 왕이 군사 3만 명을 거느리고 백제에 침입하여 도읍인 한성을 함락시키고 백제 왕을 죽였다.
>
> (나) 보장왕 4년, 당의 여러 장수가 안시성을 공격하였다. ······ [당군이] 밤낮으로 쉬지 않고 60일 간 50만 명을 동원하여 토산을 쌓았다. ······ 고구려군 수백 명이 성이 무너진 곳으로 나가 싸워서 마침내 토산을 빼앗았다.

① 원종과 애노가 봉기하였다.
② 김흠돌이 반란을 도모하였다.
③ 을지문덕이 수의 군대를 물리쳤다.
④ 장문휴가 당의 산둥반도를 공격하였다.

02 다음에서 보도하고 있는 사건이 일어난 시기를 연표에서 옳게 고른 것은?

[기본 50회]

> 우리 고구려군이 당군에 맞서 치열하게 싸우고 있습니다. 당군이 성벽보다 높은 흙산을 쌓아 공략을 시도하고 있는데요. 성 안에서도 방어 태세를 갖추고 있는 것으로 보입니다. 지금까지 안시성 전투 현장에서 전해드렸습니다.

391		427		554		612		668
	(가)		(나)		(다)		(라)	
광개토 대왕 즉위		고구려 평양 천도		관산성 전투		살수 대첩		고구려 멸망

① (가)   ② (나)   ③ (다)   ④ (라)

03 다음 가상 뉴스에서 보도하고 있는 사건이 일어난 시기를 연표에서 옳게 고른 것은?

[기본 55회]

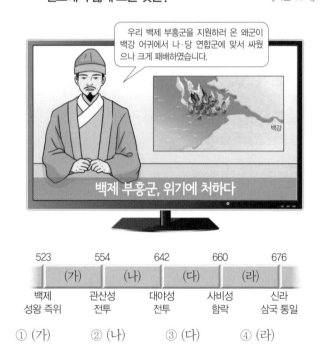

> 우리 백제 부흥군을 지원하러 온 왜군이 백강 어귀에서 나·당 연합군에 맞서 싸웠으나 크게 패배하였습니다.

백제 부흥군, 위기에 처하다

523		554		642		660		676
	(가)		(나)		(다)		(라)	
백제 성왕 즉위		관산성 전투		대야성 전투		사비성 함락		신라 삼국 통일

① (가)   ② (나)   ③ (다)   ④ (라)

04 다음 가상 일기의 밑줄 그은 '이 전투'로 옳은 것은?

[기본 54회]

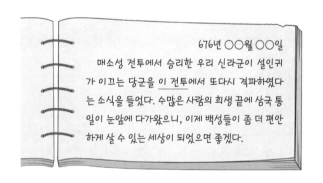

> 676년 ○○월 ○○일
>
> 매소성 전투에서 승리한 우리 신라군이 설인귀가 이끄는 당군을 이 전투에서 또다시 격파하였다는 소식을 들었다. 수많은 사람의 희생 끝에 삼국 통일이 눈앞에 다가왔으니, 이제 백성들이 좀 더 편안하게 살 수 있는 세상이 되었으면 좋겠다.

① 살수 대첩   ② 기벌포 전투
③ 안시성 전투   ④ 황산벌 전투

01 고구려의 대외 항쟁　　　답 ③

(가) 장수왕이 한성을 함락시키고 백제 왕(개로왕)을 죽였다는 점을 통해 장수왕이 한성을 함락한 때(475)임을 알 수 있다. (나) 당의 장수가 안시성을 공격하였다는 점을 통해 7세기 중반에 있었던 안시성 전투에 대한 자료임을 알 수 있다. 중국을 통일한 수는 여러 차례 고구려를 침략하였고, 무리한 원정 등으로 인해 단기간에 멸망하였다. 이후 등장한 당도 고구려 원정을 단행하였는데, 대표적인 사건이 645년에 있었던 안시성 전투이다.

🔍 선지분석
① 원종과 애노가 봉기하였다.
　➡ 원종과 애노의 봉기는 신라 말인 889년의 사실이다.
② 김흠돌이 반란을 도모하였다.
　➡ 김흠돌이 반란을 일으킨 것은 신라가 삼국을 통일한 이후인 681년 신문왕 때의 사실이다.
✔ 을지문덕이 수의 군대를 물리쳤다.
　➡ 을지문덕이 수의 군대를 물리친 살수 대첩은 612년의 사실이다.
④ 장문휴가 당의 산둥반도를 공격하였다.
　➡ 장문휴가 당의 산둥반도를 공격한 것은 8세기 발해 무왕 때의 사실이다.

⏱ 3초공식
한성 함락(장수왕, 475) → 살수 대첩(612) → 안시성 전투(645)

02 고구려의 대외 항쟁　　　답 ④

자료에서 고구려군과 당군이 싸우고 있다는 점, 안시성 전투가 언급된 점을 통해 해당 사건이 645년에 있었던 안시성 전투임을 알 수 있다.

🔍 선지분석
① (가)
② (나)
③ (다)
✔ (라)
　➡ 645년에 일어난 안시성 전투는 당의 침입에 맞서 고구려가 항전하였던 싸움이다.

⏱ 3초공식
고구려와 당의 싸움 = 안시성 전투(645)

03 신라의 삼국 통일　　　답 ④

자료에서 백제 부흥군을 지원하러 왜군이 왔다는 점, 백강 어귀에서 나·당 연합군에 맞서 싸웠다는 점 등을 통해 663년에 있었던 백강 전투에 대한 것임을 알 수 있다. 660년에 나·당 연합군의 공격에 백제가 멸망하자 백제 부흥 운동이 이어졌다. 663년에는 왜의 지원군과 백제 부흥군이 연합하여 백강 어귀에서 나·당 연합군과 백강 전투를 벌였으나 패하였다.

🔍 선지분석
① (가)
② (나)
③ (다)
✔ (라)
　➡ 백제는 660년 사비성이 함락되며 멸망하였고, 백강 전투는 백제 멸망 이후의 사실에 해당한다.

⏱ 3초공식
왜의 지원군 + 백강 = 백강 전투(663)

04 신라의 삼국 통일　　　답 ②

자료에서 676년이라는 연도가 제시되어 있고, 매소성 전투에서 승리한 이후라는 점, 신라군이 설인귀가 이끄는 당군을 격파하였다는 점, 삼국 통일이 눈앞에 다가왔다는 점 등을 통해 밑줄 그은 '이 전투'가 기벌포 전투임을 알 수 있다. 나·당 연합군이 백제와 고구려를 차례로 멸망시킨 이후 당이 한반도 전체를 장악하려 하자, 신라는 이에 맞서 나·당 전쟁을 벌였다. 신라는 매소성 전투와 기벌포 전투에서 당군을 격퇴하고 삼국 통일을 완수하였다(676).

🔍 선지분석
① 살수 대첩
　➡ 고구려의 을지문덕이 수의 침입에 맞서 큰 승리를 거둔 전투이다(612).
✔ 기벌포 전투
　➡ 나·당 전쟁 과정에서 있었던 대표적인 전투이다(676).
③ 안시성 전투
　➡ 고구려가 당의 침입에 맞서 싸웠던 전투이다(645).
④ 황산벌 전투
　➡ 백제의 계백이 이끄는 결사대가 신라군에 맞서 싸웠던 전투이다(660).

⏱ 3초공식
매소성 전투 + 기벌포 전투 = 나·당 전쟁

03 삼국의 사회·학문·종교·과학 기술

01 (가)에 들어갈 제도로 옳은 것은? [기본 51회]

우리 신라에서는 (가) 때문에 큰 재주와 공이 있어도 진골이 아니면 승진에 제한이 있지 않은가?

그러게 말일세. 심지어 집의 크기도 제한하고 있지.

① 화랑도　　　　② 골품 제도
③ 화백 회의　　　④ 상수리 제도

02 다음 전시회에서 볼 수 있는 문화유산으로 옳은 것은? [기본 54회]

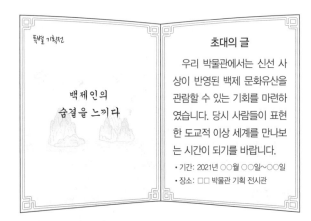

특별 기획전

백제인의
숨결을 느끼다

초대의 글
우리 박물관에서는 신선 사상이 반영된 백제 문화유산을 관람할 수 있는 기회를 마련하였습니다. 당시 사람들이 표현한 도교적 이상 세계를 만나보는 시간이 되기를 바랍니다.
• 기간: 2021년 ○○월 ○○일~○○일
• 장소: □□ 박물관 기획 전시관

①
천마도

②
청자 상감 운학문 매병

③
산수무늬 벽돌

④
강서대묘 현무도

03 (가) 국가에 대한 설명으로 옳은 것은? [기본 55회]

이 문화유산에 대해 소개해 주시겠습니까?

이것은 부여 능산리 절터에서 출토된 향로입니다. (가) 의 금속 공예 기술을 보여 주는 대표적인 문화유산으로, 도교와 불교 사상이 함께 표현되어 있습니다.

① 노비안검법을 실시하였다.
② 지방에 22담로를 설치하였다.
③ 화백 회의에서 국가의 중대사를 결정하였다.
④ 여러 가(加)들이 별도로 사출도를 주관하였다.

04 (가)에 들어갈 문화유산으로 옳은 것은? [기본 51회]

한국사 발표 대회
주제: 삼국의 대외 관계

이것은 백제가 왜에 보낸 것으로 알려진 문화유산입니다. 백제와 왜의 교류를 잘 보여 줍니다.

(가)

①
금동 연가 7년명 여래 입상

②
앙부일구

③
호우명 그릇

④
칠지도

01 삼국의 사회

답 ②

자료에서 신라가 언급된 점, 진골이 아니면 승진과 집의 크기에 제한이 있다는 점을 통해 (가)에 들어갈 제도가 골품 제도임을 알 수 있다.

🔍 선지분석

① 화랑도
- ➡ 원시 사회의 청소년 집단에서 기원한 것으로, 신라 진흥왕 때 국가 조직으로 확대되었다.

✓② 골품 제도
- ➡ 신라의 폐쇄적인 신분 제도이다. 골품에 따라 개인의 정치적·사회적인 활동 범위가 엄격하게 제한되었고, 집과 수레의 크기 등 일상생활의 범위까지도 규제되었다.

③ 화백 회의
- ➡ 신라에서 실시된 귀족 협의체로, 왕권을 견제하는 역할을 하였다.

④ 상수리 제도
- ➡ 신라에서 지방 세력 견제를 위해 실시한 제도로, 각 주의 촌주 1명을 수도 금성의 여러 관청에 보내어 일정 기간 근무하게 한 제도이다.

⏱ 3초공식

신라 + 승진·집의 크기 제한 = 골품 제도

02 삼국의 종교

답 ③

자료에서 신선 사상이 반영된 백제 문화유산이라고 한 점, '도교적 이상 세계'라고 한 점을 통해 도교 사상이 반영된 백제의 문화유산을 찾아야 함을 알 수 있다. 도교는 산천 숭배나 신선 사상과 결합하여 귀족 사회를 중심으로 발달하였다. 도교 사상이 반영된 문화유산으로는 고구려의 사신도, 백제의 산수무늬 벽돌, 백제 금동 대향로, 백제의 사택지적비 등이 있다.

🔍 선지분석

① 천마도
- ➡ 경주 천마총에서 나온 신라의 문화유산이다.

② 청자 상감 운학문 매병
- ➡ 고려의 대표적 문화유산인 상감 청자이다.

✓③ 산수무늬 벽돌
- ➡ 도교 사상이 반영된 백제의 대표적인 문화유산이다.

④ 강서대묘 현무도
- ➡ 도교 사상이 반영된 고구려의 문화유산이다.

⏱ 3초공식

백제 + 신선 사상 + 도교 = 산수무늬 벽돌

03 삼국의 종교와 과학 기술

답 ②

자료에서 부여 능산리 절터에서 출토된 금동 대향로 사진이 제시된 점을 통해 (가) 국가가 백제임을 알 수 있다. 백제 금동 대향로는 백제의 금속 기술을 보여 주는 대표적인 문화유산이다.

🔍 선지분석

① 노비안검법을 실시하였다.
- ➡ 고려 광종은 호족 세력을 견제하기 위해 노비안검법을 실시하였다.

✓② 지방에 22담로를 설치하였다.
- ➡ 백제 무령왕은 지방 통제를 위해 22담로에 왕족을 파견하였다.

③ 화백 회의에서 국가의 중대사를 결정하였다.
- ➡ 신라는 귀족 회의체인 화백 회의에서 국가의 중대사를 결정하였다.

④ 여러 가(加)들이 별도로 사출도를 주관하였다.
- ➡ 부여에서는 여러 가들이 별도로 사출도를 주관하였다.

⏱ 3초공식

부여 능산리 + 금동 대향로 = 백제

04 삼국의 과학 기술

답 ④

자료에서 삼국의 대외 관계가 주제로 제시된 점, 백제가 왜에 보낸 문화유산이라는 점, 백제와 왜의 교류를 잘 보여 준다는 점을 통해 (가)에 들어갈 문화유산이 칠지도임을 알 수 있다.

🔍 선지분석

① 금동 연가 7년명 여래 입상
- ➡ 고구려의 금동 불상으로 불상 뒷면에 '연가 7년'이라는 연대가 뚜렷하게 새겨져 있는 점이 특징이다.

② 앙부일구
- ➡ 해를 이용하여 시간을 측정하기 위해 만들어진 조선 시대의 해시계이다.

③ 호우명 그릇
- ➡ 신라 호우총에서 발견된 그릇으로 고구려 광개토 대왕의 이름이 새겨져 있어 당시 고구려와 신라가 밀접한 관계에 있었음을 알려 준다.

✓④ 칠지도
- ➡ 칠지도는 백제와 왜의 교류 관계 및 백제 제철 기술의 우수함을 알 수 있는 문화유산이다.

⏱ 3초공식

칠지도 = 백제와 왜의 교류

04 삼국의 문화

01 (가)에 들어갈 문화유산으로 옳은 것은? [기본 50회]

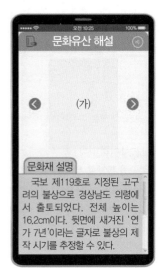

문화재 설명
국보 제119호로 지정된 고구려의 불상으로 경상남도 의령에서 출토되었다. 전체 높이는 16.2cm이다. 뒷면에 새겨진 '연가 7년'이라는 글자로 불상의 제작 시기를 추정할 수 있다.

①
②
③
④

02 밑줄 그은 '이 탑'에 대한 설명으로 옳은 것은? [기본 49회]

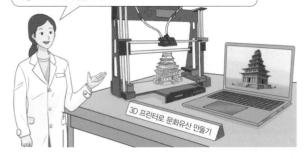

지금 제작하고 있는 것은 백제 무왕이 창건한 미륵사 터에 남아 있는 탑의 모형입니다. 이 탑은 건립 연대가 명확하게 밝혀진 한국의 석탑 중 가장 크고 오래되었습니다.

3D 프린터로 문화유산 만들기

① 목탑 양식을 반영하였다.
② 돌을 벽돌 모양으로 다듬어 쌓아 올렸다.
③ 원의 영향을 받아 대리석으로 제작되었다.
④ 내부에서 무구정광대다라니경이 발견되었다.

03 (가)에 들어갈 문화유산으로 옳은 것은? [기본 54회]

경주 남산 일대 탐방 지도

(가)

탑골
금오봉 • 무량사
용장골

용장사곡 삼층 석탑
칠불암 마애불상군

이 지역에는 신라의 불교 문화유산이 많이 남아 있구나!

사람들이 자주 와서 불공을 드렸을 것 같아.

①
배동 석조 여래 삼존입상
②
관촉사 석조 미륵보살 입상
③
미륵사지 석탑
④
월정사 팔각 구층 석탑

01 삼국의 문화
답 ③

자료에서 고구려의 불상이라는 점, 뒷면에 '연가 7년'이라는 글자로 불상의 제작 시기를 알 수 있다는 점 등을 통해 (가)에 들어갈 문화유산이 고구려의 대표적인 불상인 금동 연가 7년명 여래 입상임을 알 수 있다.

🔍 선지분석

① 금동 미륵보살 반가 사유상
➡ 왼쪽 무릎에 오른쪽 다리를 걸치고 오른쪽 손가락을 댄 채 생각에 잠긴 반가 사유상은 삼국 시대를 대표하는 불상이다.

② 경주 석굴암 본존불상
➡ 통일 신라의 불상으로 경주 석굴암 내부에 안치되어 있다.

✓③ 금동 연가 7년명 여래 입상
➡ 고구려의 불상으로 뒷면에 제작 시기를 알 수 있는 글자가 새겨져 있다.

④ 이불병좌상
➡ 발해의 불상으로 고구려 불상 양식의 영향을 받았다.

🕐 3초공식
고구려 불상 + 연가 7년 = 금동 연가 7년명 여래 입상

02 삼국의 문화
답 ①

자료에서 미륵사 터에 남아 있는 탑이라고 한 점과 제시된 자료의 탑 사진을 통해 밑줄 그은 '이 탑'이 익산 미륵사지 석탑임을 알 수 있다. 전라북도 익산시 미륵사 터에 소재한 미륵사지 석탑은 현재 남아 있는 국내 최대의 석탑이며 동시에 가장 오래된 백제의 석탑이다. 미륵사는 백제 무왕 때 창건된 사찰로, 석탑 역시 이때 함께 건립된 것으로 추정된다.

🔍 선지분석

✓① 목탑 양식을 반영하였다.
➡ 익산 미륵사지 석탑에 대한 설명이다.

② 돌을 벽돌 모양으로 다듬어 쌓아 올렸다.
➡ 경주 분황사 모전 석탑에 대한 설명이다.

③ 원의 영향을 받아 대리석으로 제작되었다.
➡ 개성 경천사지 10층 석탑에 대한 설명이다.

④ 내부에서 무구정광대다라니경이 발견되었다.
➡ 경주 불국사 3층 석탑에 대한 설명이다.

🕐 3초공식
백제 무왕 + 미륵사 터 + 석탑 = 익산 미륵사지 석탑

03 삼국의 문화
답 ①

자료에서 경주 남산 일대의 탐방 지도가 제시된 점, 신라의 불교 문화유산이라는 점을 통해 (가)에는 경주에 있는 신라의 불교 문화유산이 제시되어야 함을 알 수 있다.

🔍 선지분석

✓ 배동 석조 여래 삼존입상
➡ 경주에 소재한 신라의 대표적인 불상이다.

② 관촉사 석조 미륵보살 입상
➡ 논산에 소재한 고려의 대표적인 불상이다.

③ 미륵사지 석탑
➡ 익산에 소재한 백제의 대표적인 석탑이다.

④ 월정사 팔각 구층 석탑
➡ 평창에 소재한 고려의 대표적인 석탑이다.

🕐 3초공식
경주 남산 + 신라의 불교 = 경주 배동 석조 여래 삼존입상

05 통일 신라와 발해의 발전

대표 기출문제

01 (가)~(다) 사건을 일어난 순서대로 옳게 나열한 것은?

[기본 67회]

① (가) - (나) - (다)
② (가) - (다) - (나)
③ (나) - (가) - (다)
④ (다) - (가) - (나)

02 (가) 국가에 대한 설명으로 옳은 것은?

[기본 55회]

① 기인 제도를 실시하였다.
② 9주 5소경을 설치하였다.
③ 한의 침략을 받아 멸망하였다.
④ 대조영이 동모산에서 건국하였다.

03 (가) 국가에 대한 설명으로 옳은 것은?

[기본 63회]

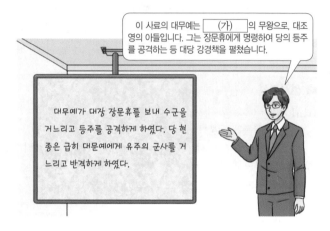

① 마한의 소국 중 하나였다.
② 상수리 제도를 실시하였다.
③ 전성기에 해동성국이라 불렸다.
④ 광덕, 준풍 등의 연호를 사용하였다.

04 밑줄 그은 '국가'에 대한 설명으로 옳은 것은?

[기본 54회]

① 수의 침략을 물리쳤다.
② 기인 제도를 실시하였다.
③ 독서삼품과를 시행하였다.
④ 해동성국이라고도 불렸다.

01 삼국 통일 과정
답 ②

(가) 신라는 백제 의자왕에게 대야성이 함락되자 고구려에 김춘추를 보내 군사를 요청하였으나 실패하였다. 얼마 후 신라는 김춘추를 당으로 보내 당과 군사 동맹을 맺었다(신라의 고구려 원병 요청, 642).

(다) 신라의 김유신은 백제의 계백이 이끄는 결사대에 맞서 황산벌에서 전투를 벌여 승리하였다. 이어 사비성이 함락되면서 백제는 멸망하였다(황산벌 전투, 660).

(나) 백제와 고구려 멸망 이후 당이 한반도 전체를 차지하려고 하자 신라는 당과의 전쟁에 나섰고 매소성 전투와 기벌포 전투에서 크게 승리하여 당 세력을 축출한 후 삼국 통일을 완성하였다 (기벌포 전투, 676).

🔍 선지분석
① (가) – (나) – (다)
✔ (가) – (다) – (나)
➡ (가) 신라의 고구려 원병 요청(642) → (다) 황산벌 전투(660) → (나) 기벌포 전투(676)
③ (나) – (가) – (다)
④ (다) – (가) – (나)

02 발해
답 ④

자료에서 상경 용천부의 절터에 석등이 남아 있다는 점, 전성기에 해동성국이라 불렸다는 점 등을 통해 (가) 국가가 발해임을 알 수 있다.

🔍 선지분석
① 기인 제도를 실시하였다.
➡ 고려 태조가 호족을 견제하기 위해 실시한 것으로, 호족의 자제를 수도인 개경에 머물도록 한 제도이다.
② 9주 5소경을 설치하였다.
➡ 9주 5소경은 통일 신라의 지방 행정 제도이다.
③ 한의 침략을 받아 멸망하였다.
➡ 고조선은 한의 침략을 받아 멸망하였다.
✔ 대조영이 동모산에서 건국하였다.
➡ 발해는 대조영이 동모산 인근에서 건국하였다.

⏱ 3초공식
상경 용천부 + 해동성국 = 발해

03 발해
답 ③

고구려 멸망 후 대조영은 고구려 유민과 말갈인을 이끌고 동모산에서 발해를 건국하였다. 이후 즉위한 발해 무왕은 당에 대한 강경한 정책을 폈으며, 당이 흑수 말갈을 이용하여 발해를 견제하자 흑수 말갈을 정벌하고 일본, 돌궐 등과 교류하였다. 한편, 무왕은 장문휴를 보내 당의 영토인 산둥반도의 등주를 공격하였다.

🔍 선지분석
① 마한의 소국 중 하나였다.
➡ 목지국은 마한의 소국 중 하나로, 오늘날 충청남도 직산 지역 부근에 있었다.
② 상수리 제도를 실시하였다.
➡ 신라는 상수리 제도를 실시하여 지방 세력가나 그 자제를 일정 기간 수도에 머무르게 하여 지방 세력을 견제하였다.
✔ 전성기에 해동성국이라 불렸다.
➡ 발해는 선왕 때 전성기를 맞이하여 중국으로부터 '해동성국'이라고 불렸다. 해동성국은 '바다 동쪽의 융성한 나라'라는 뜻이다.
④ 광덕, 준풍 등의 연호를 사용하였다.
➡ 고려 광종은 스스로를 황제로 칭하고 광덕, 준풍 등의 독자적인 연호를 사용하였다.

⏱ 3초공식
무왕 + 대조영 = 발해

04 발해
답 ④

자료에서 대조영이 세운 국가로 고구려 계승을 표방하였다는 점을 통해 밑줄 그은 '국가'가 발해임을 알 수 있다. 자료에 제시된 치미와 용머리상은 발해의 수도였던 상경성 유적에서 출토되었다.

🔍 선지분석
① 수의 침략을 물리쳤다.
➡ 고구려 을지문덕은 살수 대첩에서 수의 침략을 물리쳤다.
② 기인 제도를 실시하였다.
➡ 기인 제도는 고려 태조가 실시한 호족 견제책으로, 호족의 자제를 수도인 개경에 머물도록 하였다.
③ 독서삼품과를 시행하였다.
➡ 통일 신라의 원성왕 때 실시된 제도로, 유교 경전에 대한 이해 정도를 관리 선발에 참고하도록 한 것이다.
✔ 해동성국이라고도 불렸다.
➡ 발해는 전성기에 중국으로부터 해동성국이라 불렸다.

⏱ 3초공식
대조영 + 고구려 계승 = 발해

06 신라 말의 혼란과 후삼국의 성립

01 다음 책에 포함될 내용으로 가장 적절한 것은? [기본 54회]

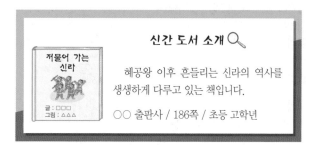

신간 도서 소개

저물어 가는 신라

혜공왕 이후 흔들리는 신라의 역사를 생생하게 다루고 있는 책입니다.

○○ 출판사 / 186쪽 / 초등 고학년

글 : □□□
그림 : △△△

① 갑신정변
② 위화도 회군
③ 김헌창의 난
④ 연개소문의 집권

02 다음 자료를 활용한 탐구 주제로 가장 적절한 것은? [기본 71회]

○ 주와 군에서 세금을 바치지 않아 나라의 창고가 텅 비어, 왕이 관리를 보내 독촉하니 곳곳에서 도적들이 벌떼처럼 일어났다. 이때 원종과 애노 등이 사벌주에서 반란을 일으켰다.

○ 도적들이 나라의 서남쪽에서 일어났다. 그들은 붉은색 바지를 입어 모습을 다르게 하였으므로 적고적이라고 불렸다. 여러 고을을 공격하여 해를 입혔다.

① 백제의 불교 수용
② 신라 말의 사회 동요
③ 고구려 부흥 운동의 전개
④ 삼국과 일본의 문화 교류

03 다음 퀴즈의 정답으로 옳은 것은? [기본 55회]

한국사 퀴즈 대회

1단계	6두품 출신의 학자입니다.
2단계	당의 빈공과에 합격해 관직에 올랐습니다.
3단계	진성 여왕에게 시무책 10여 조를 올렸습니다.

제시된 단계별 힌트를 종합하여 알 수 있는 인물은 누구일까요?

300 310

① 설총
② 이사부
③ 이차돈
④ 최치원

04 밑줄 그은 '이 인물'에 대한 설명으로 옳은 것은? [기본 50회]

신라 왕실의 후예로 알려진 이 인물은 양길의 부하가 되어 세력을 키웠다.

이후 그는 송악을 도읍으로 삼아 새로운 국가를 세웠다. 스스로를 미륵불이라 칭하였다.

① 훈요 10조를 남겼다.
② 청해진을 설치하였다.
③ 백제 계승을 내세웠다.
④ 국호를 태봉으로 바꾸었다.

01 신라 말의 사회 동요 답 ③

자료에서 혜공왕 이후 흔들리는 신라의 역사를 다루고 있다고 한 점을 통해 해당 책에는 신라 말의 상황이 포함되어야 함을 알 수 있다. 8세기 후반 혜공왕이 피살된 이후 진골 귀족들 사이에 치열한 왕위 쟁탈전이 전개되었다. 이 시기에는 김헌창의 난·장보고의 난과 같은 반란이 이어졌으며, 원종과 애노의 난과 같은 농민 봉기도 많이 일어났다.

🔍 선지분석

① 갑신정변
➡ 1884년에 급진 개화파가 정부의 소극적인 개화 정책에 불만을 품고 우정총국 개국 축하연을 기회로 삼아 일으킨 정변이다.

② 위화도 회군
➡ 고려 말인 1388년에 요동 출병을 한 이성계가 위화도에서 군사를 돌려 개경으로 돌아와 우왕과 최영 등을 몰아내고 권력을 장악한 사건이다.

✓ 김헌창의 난
➡ 신라 말 김주원이 왕위 다툼에서 밀려나자 그 아들인 김헌창이 822년에 공주 지역에서 일으킨 반란이다.

④ 연개소문의 집권
➡ 고구려의 연개소문은 642년에 영류왕을 제거하고 정변을 일으켜 권력을 장악하였다.

> **⏱ 3초공식**
> 혜공왕 이후 + 신라 = 신라 말

02 신라 말의 사회 동요 답 ②

신라 말 진성 여왕 때 중앙 정부의 지방 통제력이 약화되고 귀족의 수탈이 더욱 심해지자 원종과 애노의 난(사벌주), 적고적의 난 등 곳곳에서 농민 봉기가 일어났다.

🔍 선지분석

① 백제의 불교 수용
➡ 백제는 침류왕 때 동진의 마라난타를 통해 불교를 수용하였다.

✓ 신라 말의 사회 동요
➡ 신라 말에는 진골 귀족들의 왕위 다툼으로 왕권이 약화되었고, 중앙의 지방 통제력이 약화된 상태였다. 이로 인해 귀족의 수탈이 더욱 심해져 원종과 애노의 난, 적고적의 난 등 농민 봉기가 곳곳에서 일어났다.

③ 고구려 부흥 운동의 전개
➡ 고구려 멸망 이후 검모잠은 고구려 왕족 안승을 왕으로 삼고 고구려 부흥 운동을 전개하였다.

④ 삼국과 일본의 문화 교류
➡ 삼국과 가야의 문화는 일본 아스카 문화 형성에 영향을 주었다.

> **⏱ 3초공식**
> 원종과 애노 등이 사벌주에서 반란을 일으킴 = 신라 말

03 신라 말의 사회 동요 답 ④

자료에서 6두품 출신의 학자라는 점, 빈공과에 합격해 관직에 올랐다는 점, 진성 여왕에게 시무책 10여 조를 올렸다는 점을 통해 해당 인물이 최치원임을 알 수 있다.

🔍 선지분석

① 설총
➡ 6두품 출신의 학자로, 「화왕계」를 저술하고 이두를 정리하였다.

② 이사부
➡ 신라 지증왕 때의 관리로, 우산국을 정벌하는 데 앞장섰다.

③ 이차돈
➡ 신라 법흥왕 때의 인물로, 불교가 공인되는 과정에서 순교하였다.

✓ 최치원
➡ 6두품 출신의 학자로, 당에 유학한 뒤 시무책 10여 조를 지어 진성 여왕에게 올렸다.

> **⏱ 3초공식**
> 6두품 + 빈공과 + 시무책 10여 조 = 최치원

04 후삼국의 성립 답 ④

자료에서 신라 왕실의 후예로 알려진 인물로 양길의 부하가 되었다는 점, 송악을 도읍으로 새로운 국가를 건설하고 스스로를 미륵불이라 칭하였다는 점을 통해 밑줄 그은 '이 인물'이 궁예임을 알 수 있다.

🔍 선지분석

① 훈요 10조를 남겼다.
➡ 훈요 10조를 남긴 인물은 고려 태조이다.

② 청해진을 설치하였다.
➡ 완도에 청해진을 설치한 인물은 통일 신라의 장보고이다.

③ 백제 계승을 내세웠다.
➡ 백제 계승을 내세우며 후백제를 건국한 인물은 견훤이다.

✓ 국호를 태봉으로 바꾸었다.
➡ 후고구려를 세운 궁예는 국호를 마진으로 바꾸었다가 추후 태봉으로 바꾸었다.

> **⏱ 3초공식**
> 양길의 부하 + 미륵불을 자칭 + 태봉 = 궁예

07 통일 신라와 발해의 경제·문화

01 (가)에 들어갈 내용으로 옳은 것은?

[기본 51회]

이것은 신라 촌락 문서입니다. 이 문서에 대해 알고 있는 내용을 대화 창에 올려 주세요.

대화창

일본 도다이사 쇼소인에서 발견되었어요.

서원경에 속한 촌을 비롯한 4개 촌락의 경제 상황이 기록되어 있어요.

(가)

① 단군의 건국 이야기가 수록되어 있어요.
② 병인양요 때 프랑스군에게 약탈당하였어요.
③ 유네스코 세계 기록 유산으로 등재되었어요.
④ 노동력 동원과 세금 징수를 위해 작성되었어요.

02 (가)에 들어갈 인물로 옳은 것은?

[기본 52회]

이달의 인물, (가)

• 신라의 유학자
• 원효 대사의 아들
• 신문왕에게 화왕계를 지어 바침
• 한자의 음과 훈을 차용하여 우리 말을 표기하는 이두를 체계적으로 정리함

① 설총　② 안향　③ 김부식　④ 최치원

03 (가) 인물에 대한 설명으로 옳은 것은?

[기본 50회]

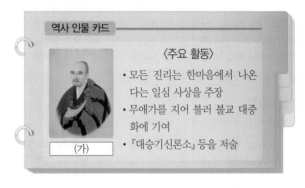

역사 인물 카드

〈주요 활동〉

• 모든 진리는 한마음에서 나온다는 일심 사상을 주장
• 무애가를 지어 불러 불교 대중화에 기여
• 『대승기신론소』 등을 저술

(가)

① 세속 5계를 지었다.
② 십문화쟁론을 저술하였다.
③ 수선사 결사를 제창하였다.
④ 영주 부석사를 건립하였다.

04 밑줄 그은 '불상'에 해당하는 것으로 옳은 것은?

[기본 67회]

제가 오늘 소개해 드릴 한국의 문화유산은 석굴암이에요. 석굴암은 화강암을 이용하여 인공적으로 만든 사원이에요. 이곳에서 특히 인상 깊었던 것은 바로 석굴암 내부에 있는 아름다운 불상이었어요. 감동 그 자체였지요. 여러분, 한국에 오면 여기 꼭 가봐야 하겠죠?

① 　②

③ 　④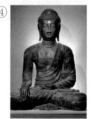

01 통일 신라와 발해의 경제 　　　답 ④

자료에서 신라 촌락 문서에 대해 묻고 있으므로 이에 대한 내용이 들어가야 함을 알 수 있다.

🔍 선지분석

① 단군의 건국 이야기가 수록되어 있어요.
→ 『삼국유사』, 『제왕운기』 등에 대한 설명이다.

② 병인양요 때 프랑스군에게 약탈당하였어요.
→ 외규장각 도서에 대한 설명이다.

③ 유네스코 세계 기록 유산으로 등재되었어요.
→ 『조선왕조실록』, 『직지심체요절』 등에 대한 설명이다.

✓ 노동력 동원과 세금 징수를 위해 작성되었어요.
→ 신라 촌락 문서는 촌의 이름과 규모, 촌락 인구, 토지의 종류와 면적, 말의 수, 수목의 종류와 수 등을 기록한 문서로 노동력 동원과 원활한 조세 징수를 위해 작성되었다.

⏱ 3초공식

일본 도다이사 쇼소인에서 발견 + 촌락의 경제 상황 기록 = 신라 촌락 문서(민정 문서)

02 통일 신라와 발해의 문화 　　　답 ①

자료에서 신라의 유학자라고 한 점, 원효 대사의 아들이라고 한 점, 신문왕에게 「화왕계」를 지어 바쳤고, 이두를 체계적으로 정리하였다는 점을 통해 (가)에 들어갈 인물이 설총임을 알 수 있다.

🔍 선지분석

✓ 설총
→ 신라의 6두품 출신 유학자로, 한자의 음과 훈을 사용하여 우리말을 표기하는 이두를 정리하였다.

② 안향
→ 고려 시대의 유학자로, 원에서 성리학을 들여왔다.

③ 김부식
→ 고려 시대의 문신으로, 『삼국사기』를 저술하였으며, 서경에서 묘청 세력이 일으킨 난을 진압하였다.

④ 최치원
→ 신라의 6두품 출신 유학자로 당의 빈공과에 합격하였고, 신라 진성 여왕에게 시무 10여 조를 올려 문란한 정치를 바로잡으려고 노력하였다.

⏱ 3초공식

원효의 아들 + 화왕계 + 이두 정리 = 설총

03 통일 신라와 발해의 문화 　　　답 ②

자료에서 일심 사상을 주장하였다는 점, 무애가를 지어 불러 불교 대중화에 기여하였다는 점, 『대승기신론소』 등을 저술하였다는 점을 통해 (가) 인물이 신라의 승려인 원효임을 알 수 있다.

🔍 선지분석

① 세속 5계를 지었다.
→ 신라의 승려인 원광에 대한 설명이다.

✓ 십문화쟁론을 저술하였다.
→ 원효는 불교 이론을 정리하여 『십문화쟁론』을 저술하였다.

③ 수선사 결사를 제창하였다.
→ 고려의 승려인 지눌에 대한 설명이다.

④ 영주 부석사를 건립하였다.
→ 신라의 승려인 의상에 대한 설명이다.

⏱ 3초공식

일심 사상 + 불교 대중화 + 대승기신론소 + 십문화쟁론 = 원효

04 통일 신라와 발해의 문화 　　　답 ①

석굴암은 통일 신라 시대에 만들어진 대표적인 불교 유적이다. 인공 석굴 사원인 석굴암 안에는 본존불이 있는데, 신라인들의 뛰어난 조형술을 보여 주는 것이다.

🔍 선지분석

✓ 경주 석굴암 본존불
→ 통일 신라의 경주 석굴암 본존불로, 김대성이 창건한 석굴암 안에 조성되어 있다.

② 서산 용현리 마애 여래 삼존상
→ 백제의 서산 용현리 마애 여래 삼존상으로, 둥근 얼굴 윤곽에 자비로운 인상을 지녀 '백제의 미소'라고 불린다.

③ 금동 미륵보살 반가 사유상
→ 삼국 시대에 만들어진 금동 미륵보살 반가 사유상으로, 미륵보살이 반만 가부좌를 튼 자세로 생각에 잠긴 모습이다.

④ 하남 하사창동 철조 석가여래 좌상
→ 고려의 하남 하사창동 철조 석가여래 좌상으로, 석굴암 본존불의 양식을 이어받은 대형 철불이다. 대형 철불은 고려 초기에 호족들의 영향으로 많이 만들어졌다.

⏱ 3초공식

석굴암 내부에 있는 아름다운 불상 = 경주 석굴암 본존불

삼국 주요 왕들의 업적

고구려	• 고국천왕: 진대법 실시 • 소수림왕: 불교 수용, 태학 설립, 율령 반포 • 광개토 대왕: 영토 확장, 신라에 침입한 왜 격퇴, 연호 '영락' 사용 • 장수왕: 남진 정책 추진(평양 천도), 한강 유역 차지
백제	• 근초고왕: 고구려 평양성 공격, 고흥 『서기』 편찬 • 무령왕: 지방 22담로에 왕족 파견, 중국 남조(양)와 교류 • 성왕: 사비 천도, 국호 '남부여'로 변경, 한강 유역 일시적 회복
신라	• 지증왕: 국호 '신라'로 확정, '왕' 칭호 사용, 우산국 정벌(이사부), 우경 장려, 동시전 설치 • 법흥왕: 연호 '건원' 사용, 병부 설치, 상대등 설치, 불교 공인, 금관가야 병합 • 진흥왕: 화랑도를 국가적 조직으로 개편, 한강 유역 모두 장악(순수비 건립), 대가야 정복, 거칠부 『국사』 편찬

가야의 성립과 발전

성립	낙동강 하류의 변한 지역에서 여러 가야들이 연맹 형성
금관가야 (김해)	• 김수로왕이 건국 • 철이 많이 생산되어 낙랑·왜 등 주변 나라에 철 수출 • 고구려 광개토 대왕의 공격을 받아 연맹의 주도권 상실
대가야 (고령)	• 후기 가야 연맹 주도 • 철기 문화가 발전하여 갑옷과 무기, 금동관 등 제작

신라의 삼국 통일

백제의 멸망	나·당 동맹 체결(648) → 나·당 연합군 결성 → 나·당 연합군의 백제 공격 → 계백의 백제군이 김유신의 신라군에 패배(황산벌 전투, 660) → 사비성 함락 → 백제 멸망(660)
고구려의 멸망	수·당과의 연이은 전쟁으로 국력 쇠퇴 → 연개소문 사후 지배층의 권력 쟁탈전 발생 → 나·당 연합군의 공격으로 평양성 함락 → 고구려 멸망(668)
삼국 통일	당이 한반도 전체에 대한 지배권을 확보하려 함 → 신라가 백제·고구려 유민과 연합하여 당에 저항 → 신라가 매소성 전투(675)와 기벌포 전투(676)에서 당군 격파 → 삼국 통일(676)

삼국의 문화유산

구분	고구려	백제	신라
불상	금동 연가 7년명 여래 입상	서산 용현리 마애여래 삼존상	경주 배동 석조 여래 삼존입상
탑	–	익산 미륵사지 석탑, 부여 정림사지 5층 석탑	경주 황룡사 9층 목탑, 경주 분황사 모전 석탑

▲ 금동 연가 7년명 여래 입상

▲ 서산 용현리 마애여래 삼존상

▲ 경주 배동 석조 여래 삼존입상

▲ 익산 미륵사지 석탑

▲ 부여 정림사지 5층 석탑

▲ 경주 분황사 모전 석탑

발해의 발전

무왕	• 독자적 연호 '인안' 사용 • 북만주 일대 차지 • 당·신라 견제, 일본·돌궐 등과 통교 • 장문휴의 수군으로 당의 산둥 지방 등주 공격
문왕	• 독자적 연호 '대흥' 사용 • 당과 친선 관계, 신라와 교류(신라도 개설) • 3성 6부의 중앙 관제 정비
선왕	• 독자적 연호 '건흥' 사용 • 5경 15부 62주의 지방 통치 체제 완비 • 연해주, 요동 등지에 진출하여 최대 영역 확보 • 당으로부터 '해동성국'이라 불림

신라 말의 사회 혼란

지방 통제력 약화	• 진골 귀족들의 왕위 쟁탈전 심화 → 잦은 왕위 교체 • 김헌창의 난 등 지방 세력의 반란 발생
농민 봉기의 발생	농민 수탈 심화 → 농민 봉기가 빈번히 일어남(원종과 애노의 난 등)
새로운 세력의 성장	• 호족: 지방에서 성주·장군을 자칭하며 반독립적 세력으로 성장 • 6두품: 진골 귀족 중심 사회에 불만, 호족과 결탁 • 새로운 사상 대두: 선종, 풍수지리설, 미륵 신앙
후삼국의 성립	• 후백제(견훤)와 후고구려(궁예)의 건국 • 신라는 경주 일대로 지배권이 축소됨

III

고려 시대

01 고려의 건국과 국가 기틀 마련

02 통치 체제의 정비

03 문벌 사회와 무신 정권

04 고려의 대외 관계

05 고려의 경제 · 사회 · 학문 · 사상

06 고려의 과학 기술 · 문화유산

936
후삼국 통일

1107
여진 정벌

918
고려 건국

993
거란의 1차 침입

1170
무신 정변

기출로 보는 키워드

1위 | 노비안검법

2위 | 서희와의 외교 담판

3위 | 과거제

4위 | 묘청의 서경 천도 운동

5위 | 전시과

3개년 평균 출제 비중

7.6문항

15.1%

1231
몽골의 1차 침입

1351
공민왕 즉위

1377
직지심체요절 인쇄

1270~1273
삼별초의 항쟁

1356
쌍성총관부 수복

1392
고려 멸망

01 고려의 건국과 국가 기틀 마련

1 고려의 후삼국 통일

기출로 보는 키워드

(1) 고려의 건국

① 왕건의 성장: 왕건은 궁예의 밑으로 들어가 한강 유역을 점령하고, 금성(나주) 점령 등에 큰 공을 세워 광평성 시중에 오름
└─ 태봉의 최고 행정 기관
② 고려 건국(918): 궁예의 실정이 계속되자 호족 세력이 궁예를 내쫓음 → 왕건은 신하들의 추대로 왕위에 오른 뒤 고구려 계승을 내세워 **고려를 건국**하고 철원에서 송악으로 천도함

- 고려 태조 왕건은 일리천 전투에서 신검의 후백제군을 격퇴하고 후삼국을 통일하였다.
- 후백제의 견훤은 공산 전투에서 고려군을 크게 무찔렀다.
- 고려 태조 왕건은 고창 전투에서 후백제군과 싸워 승리하였다.
- 고려 태조 왕건 신라 경순왕 김부를 경주의 사심관으로 임명하였다.

★(2) 고려의 후삼국 통일 과정

```
900년          901년          918년          927년
후백제 건국  →  후고구려 건국 →  고려 건국    →  공산 전투
                                              └ 후백제 승리

930년          935년          935년          936년
고창 전투    →  견훤 귀순    →  신라 항복    →  후백제 멸망
└ 고려 승리                    └ 신라 경순왕이 왕건에게 항복
```

① **공산 전투(927)**: 후백제가 신라를 침략하자 이를 돕기 위해 출전한 고려군이 공산(대구)에서 후백제군에게 패함
② **고창 전투(930)**: 지방 호족의 도움을 받은 고려군이 후백제군을 고창(안동)에서 크게 격퇴함 → 이후 후백제와의 경쟁에서 우위 확보
└ 안동 차전놀이의 유래가 됨
③ **발해 유민 포용(934)**: 거란의 공격을 받아 멸망한 발해의 왕자 대광현이 유민을 이끌고 고려로 귀순함 → 태조가 이들을 적극적으로 받아들임
④ **견훤 귀순(935)**: 견훤이 넷째 아들 금강에게 왕위를 물려주려 하자, 장남인 **신검**이 견훤을 금산사에 유폐함 → 금산사에서 탈출한 견훤이 왕건에게 귀순함
⑤ **신라 항복(935)**: 고려는 건국 후 친신라 정책을 폈음 → 신라의 마지막 왕 경순왕(김부)은 더 이상 나라를 유지할 수 없다고 판단하여 스스로 왕건에게 항복함
⑥ **후삼국 통일(936)**: 고려군은 **일리천 전투**, 황산 전투에서 신검의 후백제군을 물리치고 후삼국을 통일함

고려의 건국과 후삼국 통일

범례:
고려 건국 초의 영토
태조 북진 후의 영토
발해 유민 포용
서경(평양)
고려 건국국(918)
송악·개성 철원 동해
송악 천도(919) 고려
황해
후백제 멸망(936) 후백제 신라 금성(경주)
견훤 귀순(935) 완산주(전주) 신라 항복(935)
└ 건국 전 왕건의 점령지

시험에 나오는 자료 왕건의 후삼국 통일

- 얼마 전 발해 왕자 대광현이 이끄는 무리가 거란의 침략을 피해 우리나라로 넘어 왔다. 왕은 대광현 ┌ 왕건
  에게 왕씨 성을 하사하였으며 종실의 족보에 기록하였다. 또한 대광현을 따라 온 장군 신덕 등 신하
  들에게 벼슬을 내리고 토지와 집을 주는 등 후하게 대접하였다.
- 나는 왕으로 즉위해 나라 이름을 고려라 정하였습니다. 이후 신라의 항복을 받고 후백제를 격파하
  여 후삼국을 통일하였습니다.
  └ 왕건

2 국가의 기틀 마련

(1) 태조 왕건의 정치

① 호족 회유 및 통제 정책

회유 정책	• 호족의 딸과 혼인하고(혼인 정책), 왕씨 성을 하사함(사성 정책) • 역분전 지급: 태조가 후삼국 통일 과정에서 공을 세운 사람들에게 **공로와 인품**을 기준으로 토지를 나누어 줌
통제 정책	• 사심관 제도: 호족이나 공신을 사심관으로 삼아 출신 지역을 다스리게 한 제도 • 기인 제도: 지방 호족의 자제를 수도에 파견하게 한 제도

② 민생 안정책: 백성의 조세 부담을 줄여 민생의 안정을 도모하고자(취민유도) 세율을 10분의 1로 낮춤, 빈민 구제 기관인 <u>흑창 설치</u> → 성종 때 의창으로 개칭

③ 왕권 안정책: 『정계』·『계백료서』를 지어 관리들이 지켜야 할 규범을 제시하고, 후대 왕들이 지켜야 할 교훈을 담은 **훈요 10조**를 남김

④ 북진 정책: 고구려의 수도였던 서경(평양) 중시, 청천강에서 영흥만까지 이르는 국경선 확보, 반거란 정책 실시(만부교 사건) → 고구려 계승 의식

⭐ (2) 광종의 정치

① 고려 초기 치열한 왕위 다툼으로 왕권이 불안정해짐 → 광종은 왕권을 강화하기 위해 중국 후주의 쌍기를 영입하여 개혁 정치를 추진함

② 주요 정책

노비안검법 실시	본래 양인이었으나 불법으로 노비가 된 자를 조사하여 양인으로 해방시킴 → 호족의 세력 기반을 약화시키고 왕권을 강화함
과거제 실시	쌍기의 건의로 실시, 시험으로 관리를 선발하여 유교적 소양을 갖춘 신진 관료 등용 → 신구 세력의 교체 도모
칭제 건원	황제 칭호 사용, '광덕'·'준풍' 등의 독자적 연호 사용
제위보 설치	빈민의 구호 및 질병 치료를 위해 설치한 구호 재단
숭불 정책	화엄종 승려 균여를 통해 귀법사 창건

(3) 성종의 정치

① 유교 이념 바탕의 국가 운영을 주장한 **최승로의 시무 28조**를 받아들임

② 체제 정비

중앙 정치 조직 정비	중국의 제도를 참조하여 2성 6부의 중앙 관제 마련
지방 통치 제도 정비	주요 지역에 12목을 설치하고 지방관을 파견함
유교 교육 진흥	• 국자감 설립: 개경에 설립된 최고 교육 기관, 유학부와 기술학부로 구성 • 12목에 경학박사와 의학박사 파견, 과거제 정비
민생 안정	빈민 구제 기구인 의창 설치, 물가 조절 기구인 상평창 설치

→ 평소에 곡식을 저장해 두었다가 흉년이 들면 빈민에게 곡식을 나누어 줌

시험에 나오는 사료 | 성종의 지방관 파견

최승로가 글을 지어 올렸는데 …… 우리 태조께서 나라를 통일한 후에 외관(外官)을 두고자 하였으나, 초창기에 일이 번잡하여 겨를이 없었습니다. 지금 보건대 향촌의 호족들이 늘 나라의 일이라 속여 백성을 수탈하고, 백성은 그 명령을 감당하지 못하니 청건대 외관을 두소서.

－『고려사절요』－
→ 지방관

기출로 보는 키워드

• 태조는 호족 세력을 견제하기 위해 사심관 제도와 기인 제도를 시행하였다.

• 광종은 노비안검법을 실시하여 억울하게 노비가 된 자들을 해방하였다.

• 광종은 쌍기의 건의를 받아들여 시험을 통해 관리를 뽑는 과거제를 실시하였다.

• 광종은 광덕, 준풍 등의 독자적인 연호를 사용하였다.

• 성종은 최승로의 시무 28조를 받아들여 통치 체제를 정비하였다.

> **만부교 사건**

고려 태조 때 요(거란)가 친선을 도모하기 위해 보낸 낙타 50필을 만부교 밑에 매어 놓아 굶어 죽게 한 사건이에요.

> **시무 28조 수용**

자네의 말대로 유교를 치국의 근본 이념으로 삼겠다.

02 통치 체제의 정비

Ⅲ. 고려 시대

1 중앙 정치 제도

(1) 정비 과정

① 초기
- 태조는 태봉의 최고 정무 기관인 광평성을 비롯하여 그 관제를 일부 답습함
- 후삼국 통일 이후에는 신라의 제도를 절충하고, 당의 관제도 일부 수용함

② 고려의 통치 체제 정비
- 성종이 당의 3성 6부제를 수용하여 2성 6부제로 정비함
- 당·송의 제도를 받아들이면서도 고려의 실정에 맞게 조정·운영함

★(2) 중앙 정치 조직

기구	역할
2성 — 중서문하성	• 고려의 최고 관서로 **국정을 총괄**하며 재신과 낭사로 구성됨 • 재신: 2품 이상의 관리들로 정책을 심의·결정함 • 낭사: 3품 이하의 관리들로 정책을 건의하고 잘못을 비판함
— 상서성	6부를 통솔하여 중서문하성에서 결정된 사항을 집행함
6부	행정 실무 담당(이·병·호·형·예·공부로 구성)
중추원	군사 기밀을 담당하는 추밀(2품 이상)과 왕명 출납을 담당하는 승선(3품 이하)으로 구성
삼사	화폐와 곡식의 출납에 대한 회계 담당
어사대	관리들의 비리 감찰·풍속 교정을 담당
대간	• **중서문하성의 낭사와 어사대의 관원**으로 구성 • 관리 임명에서 동의권을 행사할 수 있는 **서경**, 왕의 잘못을 지적할 수 있는 **간쟁**, 잘못된 왕명을 돌려보내는 **봉박**의 권리를 지님 → 정치권력의 견제와 균형 추구
도병마사	• 대외적인 국방·군사 문제 관장 • 고려 후기에 **도평의사사(도당)**로 개칭 후 모든 정무를 관장함 └원 간섭기	• **중서문하성의 재신과 중추원의 추밀** 등 2품 이상의 고위 관리들이 모여 국가 중대사를 논의함 → 고려의 귀족 정치 • 고려의 독자적 기구
식목도감	대내적인 법의 제정·격식 관장	

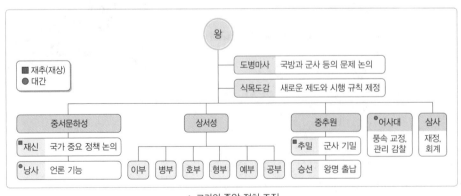

▲ 고려의 중앙 정치 조직

기출로 보는 키워드

- 고려는 중앙 정치 조직으로 2성 6부를 두었다.
- 어사대는 관리 감찰을 담당하였다.
- 고려의 삼사는 화폐와 곡식의 출납과 회계를 담당하였다.
- 고려는 독자적인 정치 기구로 국방과 군사 문제를 논의하는 도병마사를 두었다.

고려와 조선의 삼사

고려의 삼사는 화폐·곡식의 출납에 대한 회계를 담당하는 기구였습니다. 이와 달리 조선의 3사(사헌부·사간원·홍문관)는 언론의 기능을 담당하여 권력의 독점과 부패를 방지하는 역할을 하였지요.

② 지방 행정 제도·군사 제도·관리 등용 제도

(1) 정비 과정

① 태조~경종: 고려 초기에는 지방 호족들의 자치권을 인정함 → 양전과 조세 징수 및 운
송 등의 목적으로 관리 파견 └── 토지의 실제 경작 상황을 파악하기 위해
실시한 토지 측량 제도

② 성종: 최승로의 건의를 받아들여 지방 제도 정비 시작 → **12목 설치, 지방관 파견**

③ 현종: 전국을 경기와 5도, 양계로 나누고 그 밑에 군현을 설치함

★(2) 지방 행정 제도

5도	• 상설 행정 기관 없이 안찰사를 파견하여 순찰하도록 함 • 도에 주·군·현 설치
양계	북방의 국경 지대에 군사 행정 구역으로 **양계(동계·북계)**를 설치함 → **병마사 파견**
경기	개경 주변을 경기로 삼아 개경부에서 직접 통치함
3경	개경, 서경(평양), 동경(경주)을 중시함 → 후에 동경을 제외하고 남경(서울)을 설치함
향·부곡·소	• **특수 행정 구역**: 일반 군현보다 지위는 낮고 조세는 더 많이 부담함 • 향과 부곡의 주민은 주로 농업에 종사하였고, 소의 주민은 광업·수공업에 종사함
속현	• 고려 시대에는 모든 군현에 지방관(수령)을 파견하지 못함 • 지방관이 파견된 주현보다 파견되지 않은 속현이 더 많았음 → 속현은 향리가 지배

(3) 군사 제도
┌── 응양군, 용호군
① 중앙군: 2군(국왕 친위 부대)과 6위(수도와 국경 방어)로 구성

② 지방군: 주진군(양계에 주둔하는 상비군)과 주현군(5도와 경기를 담당)으로 구성

(4) 관리 등용 제도: 과거제, 음서 제도

① 과거제의 종류 └── 지방 향리들이 중앙 관직으로 진출하는 통로로 기능함

문과	• 제술과: 문학적 능력과 정책을 시험 ──┐ • 명경과: 유교 경전의 이해 능력을 시험 └→ 고려 시대에는 무과가 거의 실시되지 않음
잡과	의학, 천문, 법률, 지리, 음양 등 기술관을 뽑는 시험
승과	승려를 대상으로 시행한 시험으로, 불교 경전의 이해 능력을 시험

② 과거의 응시 자격: 법제적으로 양인 신분 이상이면 응시가 가능함

③ 음서 제도: 공신과 왕족의 후손, 5품 이상 고위 관료의 자손에게 과거를 거치지 않고
관리가 될 수 있는 특권을 부여
└── 고려 사회의 귀족적 특징을 보여 주는 대표적인 예

▶ **고려의 지방 행정 조직**

▶ **고려의 관리 등용 제도**

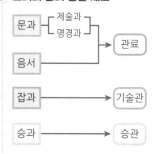

03 문벌 사회와 무신 정권

1 문벌 사회의 성립과 동요

(1) 문벌 사회의 성립

> 중앙 관료화된 지방 호족과 신라 6두품 출신들이 과거와 음서를 통해 관직을 세습하며 여러 세대에 걸쳐 고위 관료 배출

① 형성 과정: 중앙 집권 체제의 확립 후 문벌이 형성되어 감 → 왕실이나 귀족들 상호 간의 폐쇄적인 혼인을 바탕으로 가문의 지위를 세습함

② 문벌의 특권: 과거와 음서를 통해 주요 관직을 독점하고 공음전을 세습하였으며, 권력을 이용해 불법적으로 토지를 겸병함

★ (2) 문벌 사회의 동요

① 이자겸의 난(1126)

> 외척의 권력이 비대해짐

배경	• 대표적 문벌인 경원 이씨 가문은 왕실과 거듭된 혼인 관계를 맺어 80여 년간 정권을 유지함 → 이자겸은 예종과 인종에게 세 명의 딸들을 시집보냄으로써 권력을 장악함 • 이자겸 세력과 이자겸의 독점 권력에 반발하는 왕의 측근 세력 간의 대립이 심화됨
전개	이자겸에게 위협을 느낀 인종은 측근들과 함께 이자겸을 제거하려 함 → 이를 눈치챈 이자겸이 척준경과 먼저 반란을 일으킴 → 인종이 척준경을 이용하여 이자겸을 제거함 → 척준경이 탄핵으로 몰락 → 이자겸의 난 실패

② 묘청의 서경 천도 운동(1135)

배경	인종이 서경 출신의 묘청을 등용하여 개혁을 추진함
전개	묘청, 정지상 등 서경 세력이 서경 천도, 칭제 건원, 독자적 연호 사용, 금 정벌을 주장함 → 김부식 등 정부 관료 대부분이 이를 반대함 → 묘청 등이 국호를 '대위'라 하고 서경에서 반란을 일으킴 → 김부식이 이끄는 정부군에 의해 1년 만에 진압됨

> 음서와 공음전

우리 경원 이씨 가문이 이 나라에서 가장 힘이 세지.

문벌 귀족

공음전

이자겸

음서는 공신과 왕족의 후손 및 5품 이상 고위 관료의 자손을 과거를 거치지 않고 관료로 채용하는 제도를 말해요. 공음전 역시 5품 이상 고위 관료에게 지급되었던 토지로 세습이 가능했지요.

2 무신 정권의 성립과 변천

(1) 무신 정변(1170)

① 배경: 문벌의 권력 독점과 부패가 계속됨, 무신에 대한 차별 대우와 군인전을 제대로 받지 못한 하급 군인들의 불만이 높아짐

② 전개: 보현원에서 정중부·이의방 등의 주도 아래 무신 정변 발생(1170) → 다수의 문신 제거 → 의종을 폐위하고 명종 옹립 → 무신 회의 기구인 중방을 중심으로 정권 장악 → 무신들이 주요 관직을 독점하고 토지와 노비 소유 확대 → 무신들 간의 권력 다툼 심화 → 전국 각지에서 반란이 발생함

③ 무신 간의 권력 쟁탈전: 무신 정변 후 집권자가 자주 바뀌는 혼란이 이어짐

이의방 · 정중부 (중방)	➡	경대승 (중방 · 도방)	➡	이의민 (중방)	➡	최충헌 (교정도감)

> 신변 경호를 위해 만든 사병 조직

(2) 최씨 무신 정권의 성립

① 배경: 최충헌이 이의민을 제거하고 집권 → 4대 60여 년간 최씨 무신 정권이 이어짐

② 최충헌의 정치

교정도감 설치	• 최고 정치 기구로 교정도감을 설치함 • 교정도감의 장관인 교정별감은 최씨 무신 집권자들이 세습 → 권력 장악
봉사 10조 제시	사회 개혁책으로 봉사 10조를 올림 → 군사 정변을 합리화하려는 성격이 강했으며, 실질적 개혁은 이루어지지 않음
도방의 부활	• 사병 집단인 도방을 확대·설치하여 권력 유지에 활용함 • 최씨 무신 정권의 군사적 기반 역할을 함

③ 최우의 정치 ┌→ 최충헌의 아들

정방 설치	자신의 집에 독자적 인사 행정 기구인 정방을 설치함 → 인사권 장악
서방 설치	• 문인들의 숙위 기관으로 서방을 설치함 • 문학적 소양과 전문 지식을 갖춘 문관들을 참여시켜 자문 기능을 담당하게 함
삼별초	• 좌별초와 우별초(최우가 설치한 야별초가 분리), 신의군(몽골에 잡혀 갔다 돌아온 병사로 조직)으로 구성됨 • 도방과 함께 최씨 무신 정권을 보호하는 군사적 기반으로 삼음
대몽 항쟁	• 몽골이 침입하자 최씨 무신 정권은 강화도로 천도하여 장기 항전에 대비함 • 대장도감을 설치하여 불타 버린 초조대장경을 대신할 팔만대장경(재조대장경)을 조판함

★ (3) 무신 집권기 농민과 하층민의 봉기

┌→ 특수 행정 구역

망이·망소이의 난	• 공주 명학소의 망이·망소이 형제가 '소'의 차별에 반발하며 봉기 • 한때 충청도 일대까지 점령, 나라에서 명학소를 충순현으로 승격시켜 회유함
김사미·효심의 난	김사미(운문)와 효심(초전)이 신라 부흥을 외치며 봉기
만적의 난	• 최충헌 집권기에 사노비였던 만적이 개경에서 노비들을 모아 봉기를 계획하였으나 사전에 발각되어 실패함 • 누구나 '공경대부'가 될 수 있다고 주장하며 일어난 신분 해방 운동

시험에 나오는 사료 **무신 집권기 농민과 하층민의 봉기**

• 명학소의 망이가 무리를 모아 공주를 공격하여 함락하자, 조정에서는 명학소를 충순현으로 승격시키고 현령과 현위를 두어 달래었다. 그 후 망이의 무리가 항복하였다가 다시 반란을 일으키자 곧 이 현을 폐지하였다. → 망이·망소이의 난

• 남쪽 지방에서 적도들이 벌 떼처럼 일어났다. 그중 심한 것은 운문에 웅거한 김사미와 초전에 자리 잡은 효심인데, 이들은 유랑하는 무리들을 불러 모아 각 고을을 노략질하였다. 왕이 이를 근심하여 대장군 전존걸을 파견해 장군 이지순 …… 등을 이끌고 가서 토벌하게 하였다. → 김사미·효심의 난

• 만적 등이 노예들을 모아서 말하기를, "장군과 재상에 어찌 타고난 씨가 있겠는가? 때가 되면 누구나 차지할 수 있는 것이다."라고 하였다. → 만적의 난

> **무신 집권기 농민과 하층민의 봉기**

04 고려의 대외 관계

1 고려 전기의 대외 관계

(1) 고려와 주변국의 관계
① **송과의 관계**: 송은 거란을 견제하기 위해, 고려는 선진 문물을 받아들이기 위해 친선 관계를 유지함
② **거란과의 관계**: 고구려를 계승한 고려는 발해를 멸망시킨 거란을 적대함
③ **여진과의 관계**: 초기에는 여진이 고려를 부모의 나라로 섬겼으나, 부족 통일 후 고려의 국경 지역에서 잦은 충돌을 일으킴

(2) 거란의 침입

1차 침입 (성종, 993)	• 거란 장수 소손녕이 침입하여 송과의 외교 단절 요구 • **서희의 외교 담판** → 송과의 관계를 끊고 거란과 교류할 것을 약속하는 대신 **강동 6주를 확보함** └ 압록강 동쪽 이남까지 영토 확보 ┘
2차 침입 (현종, 1010)	• **강조가 정변**을 일으켜 목종을 폐위하고 현종을 옹립한 것을 구실로 침입함 • 개경이 함락되고, 현종이 나주까지 피란을 감 └ 강조의 정변 • 양규 등의 활약 → 거란은 현종의 친조를 조건으로 철수함
3차 침입 (현종, 1018)	• 현종의 입조 및 강동 6주 반환 요구를 고려가 거부하자 소배압이 이끄는 거란군이 침입 • 강감찬이 귀주에서 거란군을 크게 격퇴함(귀주 대첩, 1019)
영향	• 개경에 나성을 쌓고, 국경 지역(압록강~도련포)에 천리장성을 축조함 • 거란의 침입을 물리침으로써 송과 거란 사이에서 세력 균형을 유지함 → 이후 거란과 친선 관계 수립 • 부처의 힘으로 거란을 물리치고자 초조대장경 조판 └ 고려 최초의 대장경 ┘

시험에 나오는 사료 | 귀주 대첩

거란의 병사가 귀주를 지나자 강감찬 등이 동교(東郊)에서 맞아 싸웠다. …… 아군이 추격하여 석천을 건너 반령에 이르니 시신이 들을 덮고 사로잡은 사람과 노획한 말·낙타, 갑옷·무기는 모두 헤아릴 수 없었다. 살아서 돌아간 자가 (십만여 명 중에서) 겨우 수천 명이니 거란이 패한 것이 이보다 심한 적이 없었다.
－「고려사」－

★ (3) 여진 정벌과 동북 9성 개척

여진의 성장	12세기 초 여진이 부족을 통합한 후 고려 국경까지 남하하여 고려와 충돌
여진 정벌	• 윤관의 건의에 따라 기병을 보강한 **별무반 편성** • 윤관이 별무반을 이끌고 여진 정벌 추진 → 여진을 북방으로 축출하고 **동북 지방 일대에 9성을 축조함(1107)** 방어의 어려움과 여진의 지속적인 요구로 돌려줌(1109)
여진의 강성	세력을 키운 여진이 **금을 건국(1115)**하고, 요(거란)를 멸망시킨 후 고려에 군신 관계를 요구해 옴 → 당시 고려의 집권자 이자겸은 정권 유지를 위해 **금의 요구를 수용함**

• 거란의 1차 침입 때 서희가 외교 담판을 벌여 강동 6주를 획득하였다.
• 거란의 3차 침입 때 강감찬은 거란군을 귀주에서 크게 격퇴하였다.
• 고려는 부처의 힘으로 거란을 물리치고자 하는 염원을 담아 초조대장경을 조판하였다.
• 숙종 때 윤관의 건의로 신기군, 신보군, 항마군으로 구성된 별무반이 편성되었다.

고려에 침입한 이민족

10·11세기	거란
12세기	여진
13세기	몽골
14세기	홍건적, 왜구

고려의 강동 6주

별무반

기병인 여진의 군대를 보병만으로 방어하기가 곤란하여 숙종 때 윤관의 건의로 기병인 신기군, 보병인 신보군, 승병인 항마군으로 별무반을 편성하였어요(1104).

2 고려 후기의 대외 관계

(1) 몽골 침입의 계기

① 몽골군과 고려군이 연합해 거란군을 물리친 이후 국교를 맺음 → 몽골이 고려에 무리한 조공을 요구해 옴

② 고려 방문 후 자기 나라로 돌아가던 몽골 사신 저고여가 여진족의 습격으로 살해됨

★ (2) 몽골의 침입

1차 침입 (1231)	• 저고여 피살 사건을 구실로 살리타가 이끄는 몽골군이 침입해 옴 → 고려는 박서(귀주성 전투), 마산 초적 등의 활약에 힘입어 몽골군을 물리침 → 계속된 공격으로 개경이 포위됨 • 이듬해 강화를 맺고 몽골군이 철수하자 최씨 무신 정권(최우)은 **강화도로 천도**함
2차 침입 (1232)	• 고려의 개경 천도와 친조를 요구하며 살리타를 앞세워 재침입 • **김윤후가 처인성에서 적장 살리타를 사살함(처인성 전투)** • 대구 부인사에 보관 중이던 초조대장경이 소실됨 ┄→ 5차 침입 때 충주에서 몽골군 격퇴(충주성 전투)
3차 침입 (1235~1239)	• 몽골군이 경주까지 침입하여 황룡사 9층 목탑이 소실됨 • 부처의 힘으로 몽골을 물리치고자 팔만대장경(재조대장경) 조판 시작 → 최우 집권 시기

┄→ 이후에도 여러 차례 침입이 있었음

시험에 나오는 사료 김윤후의 충주성 전투

몽골군이 쳐들어와 70여 일간 충주성을 포위하니 군량이 거의 바닥났다. 김윤후가 군사들을 북돋우며 말하기를, "너희들이 힘을 다해 싸운다면 귀천을 가리지 않고 모두 관작을 제수할 것이다."라고 하였다. 그러고는 관노(官奴) 문서를 불사르고, 소와 말도 나누어 주었다. 이에 모두 죽음을 무릅쓰고 싸워 몽골군을 물리쳤다.

                – 『고려사』 –

(3) 강화 체결과 개경 환도

┌→ 최씨 무신 정권의 마지막 집권자

① 최씨 무신 정권의 몰락: 김준이 최의를 몰아냄

② 강화 체결: 당시 태자였던 원종이 고려의 독립을 유지하는 조건으로 몽골과 강화를 맺음

③ 무신 정권의 붕괴: 최의 이후 김준, 임연, 임유무로 이어지던 무신 정권은 원종이 임유무를 살해하면서 종료됨 → 원종은 1270년에 개경으로 환도함

(4) 삼별초의 저항

배경	무신 정권의 붕괴와 몽골과의 강화에 불만을 가진 삼별초가 개경 환도 명령을 거부함
전개	배중손 등이 왕족 '승화후 온'을 왕으로 추대하여 고려 정부에 반기를 듦 → 강화도에서 진도(배중손 주도), 제주도(김통정 주도)로 옮겨 가며 항쟁함 → 고려·몽골 연합군의 공격으로 진압됨

(5) 원 간섭기의 고려

┌→ 사위의 나라

① 부마국 체제 성립: 왕은 원의 공주와 결혼해야 했고, 원의 지시로 왕의 교체가 잦았음

② 왕실 호칭·관제 격하: 왕실의 호칭 및 관제도 제후국의 수준에 맞게 격을 낮춰야 했음

┌→ 국왕 묘호에 '충'자 사용. 2성 6부는 1부 4사로 격하

③ 내정 간섭

• 원이 일본 원정을 위해 고려에 **정동행성**을 설치하고 군대와 물자를 강요함

• 일본 원정 실패 후에도 정동행성의 부속 기구인 이문소를 통해 내정을 간섭함

• 원의 관리인 다루가치를 감찰관으로 파견함

기출로 보는 키워드

• 몽골의 침입 당시 김윤후가 처인성에서 몽골 장수 살리타를 사살하였다.

• 고려는 부처의 힘으로 몽골의 침입을 막기 위해 팔만대장경을 만들었다.

• 삼별초는 강화도, 진도, 제주도로 근거지를 옮겨 가며 대몽 항쟁을 펼쳤다.

• 정동행성은 일본 원정 실패 이후 고려의 내정 간섭에 이용되었다.

• 지배층을 중심으로 변발과 호복이 유행하였다.

• 공민왕은 기철을 비롯한 친원 세력을 숙청하였다.

• 공민왕은 변발과 호복 등 몽골풍을 금지하였다.

• 공민왕은 고려의 내정을 간섭하던 정동행성 이문소를 폐지하였다.

• 공민왕은 쌍성총관부를 공격하여 철령 이북의 땅을 회복하였다.

• 공민왕은 신돈을 등용하여 전민변정도감을 설치하였다.

• 화통도감이 설치되어 화포가 제작되었다.

◉ 강화도 천도

고려는 몽골군이 해전에 약하다는 점을 이용해 강화도로 수도를 옮겼어요. 그러나 내륙 백성들에게 몽골군의 살육과 약탈에 대한 대책을 마련해 주지 않았기 때문에 백성들은 몽골군의 약탈에 시달릴 수밖에 없었습니다.

◉ 제주 항파두리성

삼별초가 대몽 항쟁을 위해 제주도에 쌓은 토성입니다.

◉ 왕실 호칭 격하

원 간섭 이전	원 간섭기
조, 종	왕
짐	고
폐하	전하
태자	세자

④ 영토 상실: 원이 고려 영토에 쌍성총관부(철령 이북), 동녕부(자비령 이북), 탐라총관부(제주)를 설치하고 해당 지역을 직접 지배함

⑤ 인적 · 물적 수탈
- 인적 수탈: 공녀와 내시 등 요구 → 공녀 징발을 피하기 위해 조혼 풍습이 등장함
- 물적 수탈: 응방을 설치해 사냥용 매 수탈, 금 · 은 · 인삼 등 특산물 수탈

⑥ 문화 교류
- 고려에 변발, 호복, 족두리, 연지 등의 몽골 풍습이 유행, 원에서 고려 풍습이 유행 ┌→ 몽골풍 ┌→ 고려양
- 성리학, 목화, 화약, 서양 문물 등 새로운 문물의 전래

⑦ 권문세족의 성장
- 등장: 원의 세력을 배경으로 권세를 누림(문벌, 몽골어를 익힌 역관이나 응방 출신, 원에 입조하는 국왕을 수행하는 공신 등)
- 폐단: 권문세족이 고위 관직을 차지하여 권력을 독점하고, 다른 사람의 토지를 불법적으로 빼앗아 대농장을 경영함 └→ 도평의사사 장악

> **변발과 족두리 · 연지**

★(6) 공민왕의 개혁 정치

반원 자주 정책	• 배경: 14세기 중엽 원의 쇠퇴 → 원 · 명 교체기, 신진 사대부의 성장 • **기철 등 친원 세력 숙청, 몽골풍 금지** • 격하된 왕실 호칭과 관제 복구, 원 연호 · **정동행성 이문소 폐지** • **쌍성총관부를 무력으로 탈환**하여 철령 이북의 땅을 수복하고, 요동 지방을 공략함
왕권 강화 정책	• 국내 정세: 신돈 등용, 정몽주 · 정도전 등 **신진 사대부의 중앙 진출** • 유교 정치: 성균관 중건 및 과거제 정비를 통한 신진 관료 육성 • 최우가 설치한 인사 행정 기구인 **정방 폐지** • **전민변정도감 설치**: 신돈을 중심으로 권문세족이 불법적으로 약탈한 토지와 노비를 원래 주인에게 돌려주고, 강제로 노비가 된 사람은 양인으로 해방시킴

> **공민왕의 영토 수복**

시험에 나오는 사료 전민변정도감의 설치

근래에 기강이 크게 무너져 권세가가 토지와 백성을 거의 다 빼앗아 점유하고, 크게 농장을 두어 백성과 나라를 병들게 한다. 이제 도감을 설치하여 이를 바로잡고자 하니, 잘못을 알고도 스스로 고치지 않는 자는 엄히 처벌하겠다. └→ 전민변정도감 － 『고려사』 －

(7) 홍건적과 왜구의 침입

① 고려 말의 상황: 홍건적과 왜구의 침입이 늘어나 백성들이 어려움을 겪음
② 대표적인 사건: 최무선의 진포 대첩(화통도감을 설치하고 화약과 화포를 만듦), 최영의 홍산 대첩, 이성계의 황산 대첩, 박위의 쓰시마섬 정벌
③ 결과: 홍건적과 왜구를 격퇴하는 과정에서 이성계 등의 신흥 무인 세력이 성장함

> **최무선과 화약**

최무선은 원으로부터 화약 제조법을 습득하였어요. 이는 자주 출몰하는 왜구에 대비하기 위함이었지요. 고려 정부는 화약 제조법이 일본으로 유출되지 않도록 하기 위해 생산을 강력하게 통제하였어요.

05 고려의 경제·사회·학문·사상

1 고려의 경제와 사회

(1) 고려의 경제

① 토지 제도

역분전(태조, 940)		후삼국 통일 과정의 공로자에게 **인품과 공로**에 따라 토지 지급
전시과	시정 전시과(경종, 976)	관직 고하와 인품을 기준으로 전·현직 관료에게 전지와 시지 지급
	개정 전시과(목종, 998)	관직만 기준으로 전·현직 관료에게 지급, 지급량 재조정
	경정 전시과(문종, 1076)	현직 관료에게만 지급, 지급량 감소, 무신 대우 개선

② 대외 무역

- 고려는 송, 거란, 여진, 일본, 아라비아 등과 무역 관계를 맺음
- 예성강 하구에 위치한 벽란도가 국제 무역항으로 번성

③ 화폐 주조

- **건원중보**: 성종 때 주조된 금속 화폐로, 중국의 화폐와 구별하기 위해 뒷면에 '동국'이라는 글자를 새겨 넣음
- **주전도감 설치**: 숙종이 의천이 화폐 유통을 건의를 수용해 설치한 화폐 주조 기관
- **삼한통보·해동통보·은병**: 숙종 때 주전도감에서 발행

▲ 건원중보   ▲ 삼한통보   ▲ 해동통보   ▲ 은병(활구)

④ 수공업: 사원에서 종이와 기와 등을 만들어 파는 사원 수공업이 이루어짐

⑤ 목화 재배: 문익점이 원에서 목화씨를 가져와 재배에 성공하면서 의생활이 크게 변화함

(2) 고려의 사회

→ 2015 개정 교육과정에서는 고려의 신분 제도를 양인(문벌+서리·향리·남반 등 중간 계층+백정·상인·수공업자 등)과 천인(대부분 노비)으로 구분된 양천제라고 함

① 고려의 신분 구성: 문벌, 중류층, 양민, 천민으로 구성

문벌	5품 이상의 고위 관료로, 음서나 공음전의 혜택을 받는 등 정치·경제·사회적 특권을 향유함
중류층	서리(중앙 관청의 말단 행정 담당), 남반(궁중 실무 담당), 향리(지방 행정 담당) 등이 속함
양민	• 대다수는 농민이었고 나라에 세금을 내며 나랏일에 동원되었음 • 향·부곡·소 주민은 일반 양민보다 더 많은 세금을 내고 거주 이전의 자유가 없었음
천민	가장 낮은 계층으로 대다수는 노비였음

└→ 세습 가능한 토지 (음서나 공음전)
└→ '백정'이라 부름

전시과

고려는 관리들에게 나라에 봉사한 대가로, 관직에 따라 18등급으로 구분하여 토지(전지와 시지)를 지급하였어요. 관리들은 받은 땅의 농민들에게서 세금을 거둘 수 있었습니다.

은병(활구)

고려 숙종 때 발행한 고가의 화폐예요. 우리나라의 지형을 본떠서 은 1근으로 만들었어요. 백성들은 입구가 넓다 하여 활구라 불렀습니다.

고려의 신분 구조

② 사회 제도

의창	• 평시에 곡물을 저장하였다가 흉년에 빈민 구제 • 고구려의 진대법과 유사, 태조 때의 흑창이 확대 개편됨
상평창	곡식과 베의 값이 내렸을 때 사들였다가 흉년이 들면 싸게 내다 팔아 물가 안정을 도모(물가 조절 기관)
동 · 서 대비원	• 환자 진료 및 빈민 구휼을 담당하는 의료 구제 기관 • 개경의 동쪽과 서쪽에 설치함
혜민국	질병 치료, 의약 전담
구제도감 · 구급도감	각종 재해 발생 시 백성을 구제하는 임시 기관
제위보	기금을 마련하여 이자로 빈민 구제

2 고려의 학문

(1) 유학의 발달: 유교를 정치 이념으로 채택하고 과거제를 실시하며 문치주의를 표방함

전기	자주적 · 주체적 성격, 최승로의 시무 28조(유교 정치사상 확립)
중기	• 문벌 사회가 발달하면서 보수적 · 사대적 성격으로 변화 • 최충(해동공자의 칭호, 9재 학당 건립), 김부식(보수적 · 현실적 성격의 유학을 대표함)
후기	• 성리학의 전래: 충렬왕 때 안향이 소개 → 이제현(만권당에서 원의 학자와 교류) → 이색(성균관에서 유학 교육) → 정몽주, 정도전 등 신진 사대부에게 계승 • 영향: 신진 사대부가 사회 개혁 사상으로 성리학 수용, 권문세족과 불교 비판에 활용 └→ 정도전의 『불씨잡변』

(2) 교육 기관
① 관학: 국자감(유학부와 기술학부를 두어 관료와 기술 인력 양성)과 향교(지방) 설립
② 사학: 최충의 9재 학당(문헌공도) 등 사학 12도 융성(중기)으로 관학 교육이 위축됨
   └→ 사립 학교
③ 관학 진흥책

예종	국자감에 7재(전문 강좌) 설치, 양현고(장학 재단) 설립, 청연각 · 보문각 설치
공민왕	성균관을 순수 유학 교육 기관으로 개편 └→ 도서관 겸 학문 연구소

★ (3) 역사서 편찬

시기	역사서	특징
중기	『삼국사기』(김부식)	왕명을 받아 편찬(인종), 문벌 사회의 발달을 배경으로 신라 계승 의식 반영, 유교적 합리주의 사관, 기전체 사서, 우리나라 현존 최고(最古)의 역사서
후기	『해동고승전』(각훈)	승려들의 전기를 기록
	『동명왕편』(이규보)	동명왕(주몽)을 칭송한 영웅 서사시, 고구려 계승 의식
	『삼국유사』(일연)	불교사 중심, 고대 민간 설화 수록, 단군왕검의 건국 이야기 기록
	『제왕운기』(이승휴)	• 단군부터 고려 충렬왕까지의 역사를 서사시로 정리, 단군왕검의 건국 이야기 기록 • 중국사인 상권과 우리 역사인 하권으로 구성
말기	『사략』(이제현)	성리학적 유교 사관, 정통 의식과 대의명분 강조, 개혁을 통해 왕권을 중심으로 국가 질서를 회복하려는 의식 반영

└→ 무신 정변과 원의 간섭을 배경으로 민족적 자주 의식 표현, 우리 고유의 문화와 전통 중시

• 원 간섭기에 이제현은 만권당에서 원의 학자들과 교류하였다.

• 최충은 문헌공도라고도 불린 9재 학당을 세워 유학 교육을 실시하였다.

• 예종 때 관학 진흥을 위해 전문 강좌인 7재를 운영하였고, 양현고를 두어 장학 기금을 마련하였다.

• 김부식은 왕명으로 유교 사관에 입각하여 기전체 형식으로 삼국사기를 저술하였다.

• 이규보는 고구려 건국 시조의 일대기를 서사시 형태로 서술한 동명왕편을 저술하였다.

• 일연이 불교사를 중심으로 고대의 민간 설화를 기록한 삼국유사를 저술하였다.

❯ 이제현
고려 말에 활동했던 성리학자로, 충선왕이 원의 수도에 세운 만권당에서 원의 학자들과 교류하였어요.

❯ 기전체
우리나라와 중국의 왕조에서 정사(正史)를 편찬할 때 사용한 역사 서술 방식으로, 본기(제왕), 세가(제후), 열전(인물), 지(주제), 표(연표) 등으로 구성되었어요. 이와 달리 연대 순서에 따라 기록한 방식을 편년체라고 해요.

3 불교 사상과 신앙

⭐**(1) 불교의 발전**: 유교는 정치 이념, 불교는 정신적 지도 이념으로 삼음

① 전기: 왕실과 귀족들의 지원을 받으며 성장

태조	훈요 10조에서 불교 숭상과 연등회, 팔관회의 성대한 개최를 당부함
광종	•승과를 실시하여 승려의 지위를 보장함 •국사·왕사 제도 실시: 신앙적으로 국가와 왕실의 고문 역할을 담당함 •균여의 화엄종 성행 └→ 승려에게 주었던 최고의 관직으로 나라의 스승이 될 만한 승려에게 내린 칭호

② 중기

  • 왕실과 귀족의 지원으로 화엄종과 법상종 융성

  • 의천: 교종 중심의 선종 통합 추구 → **해동 천태종 창시(국청사), 교관겸수 제창** →
  ┌ 의천이 죽은 뒤 교단 분열(천태종 쇠퇴, 화엄종 분열)
  └→ 문종의 넷째 아들, 숙종에게 화폐 주조 건의, 대각국사의 칭호

시험에 나오는 자료 의천의 업적

  • 교종을 중심으로 불교 통합 운동을 전개했어요.
  • 개경 흥왕사에 교장도감을 설치하고 교장을 간행했어요.
  • 교장을 간행하기 위해 『신편제종교장총록』을 편찬했어요.
  • 화폐를 만들어 유통시킬 것을 주장했어요.

③ 후기
  ┌→ 보조국사

지눌	•수선사 결사(정혜결사) 제창: 불교계 개혁 목적, 순천 송광사를 중심으로 독경과 선 수행 •선종 중심의 교종 통합 추구 → 정혜쌍수와 돈오점수 주장
혜심	유불 일치설을 주장하여 유교와 불교의 조화 도모, 심성의 도야 강조 → 성리학 수용의 사상적 토대 마련
요세	참회를 중시하는 법화 신앙을 중심으로 백련 결사 조직

④ 말기: 권문세족과 연결되어 부패 심화 → 신진 사대부의 불교 비판

(2) 도교: 여러 신을 모시면서 나라의 안녕과 왕실의 번영을 기원

① 성격: 불로장생과 현세의 구복을 추구함

② 활동: 초제 거행(도사의 주관하에 왕실과 국가의 번영을 기원하는 제사를 지냄)

③ 민간 신앙화: 도교에 불교적인 요소와 도참사상 수용, 교단 성립은 실패함

(3) 풍수지리설: 인문 지리적 지식에 도참사상 가미

① 특징: 도참사상과 혼합되어 유행함, 땅을 하나의 유기체로 파악

② 발달: 태조가 훈요 10조에서 풍수지리 강조, 과거 시험에 풍수지리 관련 과목을 채택함

기출로 보는 키워드

• 의천은 국청사를 중심으로 해동 천태종을 개창하고, 수행 방법으로 교관겸수를 주장하였다.

• 지눌은 수선사 결사를 제창하고, 수행 방법으로 돈오점수와 정혜쌍수를 내세웠다.

• 혜심은 심신의 도야를 강조한 유불 일치설을 주장하였다.

• 요세는 법화 신앙을 바탕으로 강진 만덕사에서 백련사 결사를 주도하였다.

▶ **팔관회**

토속 신앙과 불교가 결합된 고려의 국가적 종교 행사로, 태조는 훈요 10조를 통해 팔관회를 성실히 열 것을 당부했습니다. 반면, 최승로는 시무 28조에서 그 규모를 줄일 것을 건의하기도 했지요.

▶ **교관겸수**

교와 관을 같이 수행해야 한다는 의미로, 교는 불교의 이론적인 교리 체계로 교종에서 중시하고, 관은 실천적인 수행법으로 선종에서 중시했어요.

▶ **정혜쌍수와 돈오점수**

• 정혜쌍수: 마음을 한곳에 집중하는 선정(禪定)과 사물을 있는 그대로 보고 판단하여 일체의 분별 작용을 없애는 지혜(智慧)를 함께 닦아야 한다는 주장입니다.

• 돈오점수: 마음이 곧 부처임을 단번에 깨우치되(돈오), 깨달은 후에도 꾸준히 수행(점수)해야 온전한 경지에 이를 수 있다는 주장이에요.

06 고려의 과학 기술·문화유산

1 과학 기술의 발달

(1) 발달 배경: 전통 과학 기술의 계승, 중국·이슬람의 과학 기술 수용, 국자감에서 율학
·서학·산학 교육, 과거에서 전문 기술관을 뽑는 잡과 실시
└ 잡학(법률, 글씨·그림, 산수)

⭐(2) 인쇄술의 발달

① 목판 인쇄술: 한 종류의 책을 다량으로 인쇄하는 데 적합 → 대장경 조판

초조대장경	현종 때 거란의 침입을 막기 위해 제작, 몽골 침입 때 소실됨 ← 현재 인쇄본 일부가 전해짐
교장	의천이 교장도감 설치, 불교 경전에 대한 주석서를 모아 편찬, 몽골 침입 때 소실됨
팔만대장경	재조대장경(고려대장경), 소실된 초조대장경을 대신하여 부처의 힘으로 몽골의 침입을 물리치기 위하여 대장도감 설치 후 제작 → 합천 해인사 장경판전에 보관

└ 유네스코 세계 기록 유산

② 활판 인쇄술: 발달한 목판 인쇄술을 바탕으로 세계 최초로 금속 활자 발명 → 『상정고
금예문』(1234), 『직지심체요절』(1377)

기출로 보는 키워드

• 초조대장경은 거란을 격퇴하려는 염원을 담아 만들어졌다.

• 팔만대장경은 몽골을 격퇴하려는 염원을 담아 만들어졌다.

• 직지심체요절은 현존하는 세계에서 가장 오래된 금속 활자 인쇄본이다.

> **직지심체요절**

청주 흥덕사에서 간행한 현존하는 세계 최고(最古)의 금속 활자본으로, 현재는 프랑스 파리 국립 도서관에 보관되어 있습니다. 2001년에 유네스코 세계 기록 유산으로 지정되었어요.

2 귀족 문화의 발달

⭐(1) 건축과 조각

① 궁궐 건축: 경사면에 계단식으로 건물을 배치하여 웅장한 느낌을 줌

② 목조 건축: 주심포 양식에서 다포 양식으로 발전 ┌ 배흘림기둥과 주심포 양식의 대표적인 건물
• 주심포 양식: 안동 봉정사 극락전, 영주 부석사 무량수전, 예산 수덕사 대웅전
• 다포 양식: 사리원 성불사 응진전, 조선 시대 건축물에 영향
└ 우리나라에서 현존하는 가장 오래된 목조 건축물

기출로 보는 키워드

• 고려 전기에는 무늬가 없는 순청자가 많이 제작되었다.

• 고려 후기에는 독창적 기법의 상감 청자가 많이 제작되었다.

▲ 안동 봉정사 극락전

▲ 영주 부석사 무량수전

▲ 예산 수덕사 대웅전

1점 더하기   주심포 양식과 다포 양식

주심포 양식은 지붕 무게를 기둥에 전달하면서 건물을 꾸미는 장치인 공포가 기둥 위에만 짜여 있는 건축 양식을 말해요.

다포 양식은 공포가 기둥 위뿐만 아니라 기둥 사이에도 있는 건물로, 주로 건물을 화려하게 꾸밀 때 이용되었어요.

③ 석탑: 다각 다층탑이 많음

- **평창 월정사 8각 9층 석탑**: 송의 영향을 받았고, 문벌의 화려한 면모가 드러남
- 개성 경천사지 10층 석탑: 원의 영향을 받아 대리석으로 제작되었고, 현재 국립 중앙 박물관에 전시되고 있음

④ 불상

- 특징: 지방색이 강하고 개성적인 불상 등장
- 대표적인 불상: 하남 하사창동 철조 석가여래 좌상(고려 초기에 유행한 대형 철불), 논산 관촉사 석조 미륵보살 입상·안동 이천동 마애여래 입상·파주 용미리 마애이불 입상(지역적 특색, 대형 불상), 영주 부석사 소조 여래 좌상(신라 양식 계승) 등

▲ 논산 관촉사 석조 미륵보살 입상

▲ 안동 이천동 마애여래 입상

▲ 파주 용미리 마애이불 입상

▲ 영주 부석사 소조 여래 좌상

(2) 청자와 공예

① 고려청자

발달 배경	신라와 발해의 전통 기술을 계승하고 송의 자기 기술을 수용하여 발달함
발달 과정	11세기 순수 청자의 발달 → 12세기 중엽 상감 기술의 개발 및 상감 청자 생산 → 14세기 원 간섭기 이후 퇴조

▲ 청자 참외 모양 병

▲ 청자 상감 운학문 매병

▲ 청자 동화연화문 표주박 모양 주전자

▲ 청자 투각 칠보문 뚜껑 향로

② 공예: 귀족의 생활 도구와 불교 도구를 중심으로 발달

- 금속 공예: 은입사 기술 발달(청동 향로, 청동 정병) → 자기의 상감법 발달에 영향
- 나전 칠기: 옻칠한 바탕에 자개를 붙여 무늬를 새김

▶ 평창 월정사 8각 9층 석탑

▶ 개성 경천사지 10층 석탑

▶ 상감 청자의 제작 기법

성형한 그릇이 반 건조 상태일 때 무늬를 음각한 후, 표면 전체에 백토나 흑토를 붓으로 칠하여 메우고 그 표면을 깎아냅니다. 이후 초벌구이를 한 다음 유약을 바르고 재벌구이를 합니다.

▶ 은입사

금속 그릇 등의 표면을 파내고 은을 실처럼 만들어 채워 넣어 무늬를 칠한 공예 기법을 말해요.

01 고려의 건국과 국가 기틀 마련

01 (가)~(다)를 일어난 순서대로 옳게 나열한 것은?

[기본 55회]

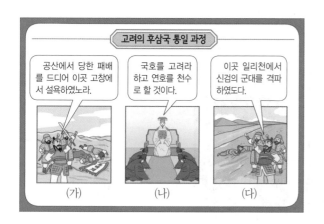

고려의 후삼국 통일 과정

공산에서 당한 패배를 드디어 이곳 고창에서 설욕하였노라.

국호를 고려라 하고 연호를 천수로 할 것이다.

이곳 일리천에서 신검의 군대를 격파하였도다.

(가)   (나)   (다)

① (가) – (나) – (다)　　② (가) – (다) – (나)

③ (나) – (가) – (다)　　④ (다) – (가) – (나)

03 (가)에 들어갈 내용으로 옳은 것은?

[기본 51회]

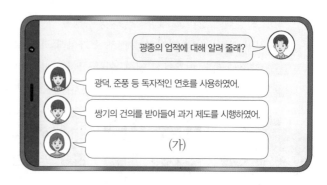

광종의 업적에 대해 알려 줄래?

광덕, 준풍 등 독자적인 연호를 사용하였어.

쌍기의 건의를 받아들여 과거 제도를 시행하였어.

(가)

① 훈요 10조를 남겼어.

② 교정도감을 설치하였어.

③ 노비안검법을 실시하였어.

④ 12목에 지방관을 파견하였어.

02 다음 가상 뉴스에서 보도하고 있는 사건이 일어난 시기를 연표에서 옳게 고른 것은?

[기본 51회]

경순왕 김부가 항복했다는 소식입니다. 우리 태조께서는 신라의 왕경을 경주로 개편하고, 투항한 김부를 경주의 사심관으로 임명하셨습니다.

뉴스 속보　　　　신라 경순왕 항복

889	901	918	930	936
(가)	(나)	(다)	(라)	
원종과 애노의 난	후고구려 건국	고려 건국	고창 전투	후백제 멸망

① (가)　　② (나)　　③ (다)　　④ (라)

04 (가)에 들어갈 내용으로 옳은 것은?

[기본 52회]

〈앞면〉

• 고려 제6대 왕
• 최승로의 시무 28조 수용
• 2성 6부로 중앙 통치 조직 정비
• ▢ (가) ▢

〈뒷면〉

① 녹읍 폐지

② 대마도 정벌

③ 지방에 12목 설치

④ 북한산 순수비 건립

01 고려의 후삼국 통일   답 ③

(가)는 공산에서 당한 패배를 고창에서 설욕하였다는 사실을 통해 930년에 벌어진 고창 전투임을 알 수 있다. (나)는 국호를 고려라 하고 연호를 천수로 할 것이라는 점을 통해 918년에 있었던 고려 건국에 대한 것임을 알 수 있다. (다)는 일리천에서 신검의 군대를 격파하였다는 사실을 통해 936년에 고려와 후백제 사이에 있었던 일리천 전투임을 알 수 있다.

🔍 선지분석

① (가) – (나) – (다)
② (가) – (다) – (나)
✓③ (나) – (가) – (다)
   ➡ 제시된 자료들을 순서대로 배열하면 (나) – (가) – (다)이다.
④ (다) – (가) – (나)

⏱ 3초공식

고려 건국 → 고창 전투 → 일리천 전투

02 고려의 후삼국 통일   답 ④

자료에서 경순왕 김부가 항복했다는 점, 태조가 경순왕 김부를 경주의 사심관으로 임명하였다는 점을 통해 신라가 고려에 항복한 시기(935년)임을 알 수 있다.

🔍 선지분석

① (가)
② (나)
③ (다)
✓④ (라)
   ➡ 고려 태조는 935년에 신라가 항복해 오자 신라 경순왕을 경주의 사심관으로 임명하였다. 이후 936년에 신검이 이끄는 후백제군을 격파하여 후삼국을 통일하였다.

⏱ 3초공식

신라의 항복 → 후백제 멸망 → 고려의 후삼국 통일

03 국가의 기틀 마련   답 ③

자료에서 광종의 업적에 대해 알려달라고 한 점, '광덕, 준풍' 등 독자적 연호를 사용한 점, 쌍기의 건의를 수용하여 과거 제도를 시행한 점을 통해 (가)에는 고려 광종의 업적이 들어가야 함을 알 수 있다.

🔍 선지분석

① 훈요 10조를 남겼어.
   ➡ 태조는 후대 왕들이 지켜야 할 교훈을 담은 훈요 10조를 남겼다.
② 교정도감을 설치하였어.
   ➡ 무신 집권기인 희종 때 최충헌이 최고 권력 기구로 교정도감을 설치하였다.
✓③ 노비안검법을 실시하였어.
   ➡ 광종은 불법적으로 노비가 된 사람들을 풀어 주는 노비안검법을 시행하여 호족의 경제적·군사적 기반을 약화시켰다.
④ 12목에 지방관을 파견하였어.
   ➡ 성종은 최승로의 건의를 받아들여 지방의 주요 거점에 12목을 설치하고 지방관을 파견하였다.

⏱ 3초공식

'광덕, 준풍' 연호 + 과거 제도 + 노비안검법 = 고려 광종

04 국가의 기틀 마련   답 ③

자료에서 고려 제6대 왕이라고 하였고, 최승로의 시무 28조를 수용하였다는 점, 2성 6부로 중앙 통치 조직을 정비하였다는 점을 통해 고려 성종임을 알 수 있다. 따라서 (가)에는 고려 성종의 업적이 들어가야 한다.

🔍 선지분석

① 녹읍 폐지
   ➡ 녹읍을 폐지한 왕은 신라 신문왕이다.
② 대마도 정벌
   ➡ 대마도(쓰시마섬)를 정벌한 왕은 고려 창왕, 조선 태조와 세종이다.
✓③ 지방에 12목 설치
   ➡ 지방에 12목을 설치하고 지방관을 파견한 왕은 고려 성종이다.
④ 북한산 순수비 건립
   ➡ 북한산 순수비를 건립한 왕은 신라 진흥왕이다.

⏱ 3초공식

최승로의 시무 28조 수용 + 2성 6부 정비 = 고려 성종

02 통치 체제의 정비

01 (가)에 들어갈 기구로 옳은 것은?　　[기본 48회]

(가) 에 대해 검색해 줘.

검색 결과입니다.

고려 시대의 중앙 정치 기구로 관리들의 비리를 감찰하고 정치의 잘잘못을 논하였다. 이 기구의 관원은 중서문하성의 낭사와 함께 대간으로 불렸다.

① 어사대　　　　② 의정부
③ 중추원　　　　④ 도병마사

03 다음 상황이 있었던 국가의 지방 제도에 대한 설명으로 옳은 것은?　　[기본 54회]

○ 공주 명학소의 망이·망소이 등이 무리를 모아서 봉기하자, 명학소를 충순현으로 승격하여 그들을 달래고자 하였다.

○ 사신을 따라 원에 간 유청신이 통역을 잘하였으므로, 그 공을 인정하여 그의 출신지인 고이부곡을 고흥현으로 승격하였다.

① 전국을 8도로 나누었다.
② 22담로에 왕족을 파견하였다.
③ 주요 지역에 5소경을 설치하였다.
④ 군사 행정 구역으로 양계를 두었다.

02 다음 퀴즈의 정답으로 옳은 것은?　　[기본 52회]

중서문하성과 중추원의 고위 관료들이 모여 국방과 군사 문제를 논의하던 고려의 정치 기구는 무엇일까요?

① 삼사

② 어사대

③ 의정부

④ 도병마사

01 중앙 정치 제도 답 ①

자료에서 고려 시대 중앙 정치 기구라는 점, 관리들의 비리를 감찰하고 정치의 잘잘못을 논하였다는 점, 관원이 대간으로 불렸다는 점을 통해 (가)에 들어갈 기구는 어사대임을 알 수 있다.

🔍 선지분석

✔️ 어사대
➡ 고려 시대의 감찰 기구로, 관리들의 비리 감찰 및 풍속 교정 등을 담당하던 관청이다.

② 의정부
➡ 조선 시대에 국정을 총괄하였던 최고 의결 기구이다.

③ 중추원
➡ 고려 시대에 군사 기밀을 관장하고, 왕명 출납을 담당하던 기구이다.

④ 도병마사
➡ 고려 시대에 중서문하성의 재신과 중추원의 추밀이 회의를 통해 국방과 군사 문제를 논의하였던 기구이다.

⏱ 3초공식

고려의 감찰 기구 + 대간 = 어사대

02 중앙 정치 제도 답 ④

자료에서 중서문하성과 중추원의 고위 관료가 모여 국방과 군사 문제를 논의하던 고려의 정치 기구라고 한 점을 통해 퀴즈의 정답이 도병마사임을 알 수 있다.

🔍 선지분석

① 삼사
➡ 고려 시대의 삼사는 화폐와 곡식의 출납에 대한 회계를 담당하던 기구이다.

② 어사대
➡ 고려 시대의 관리 감찰을 담당하였던 기구이다.

③ 의정부
➡ 조선 시대에 3정승이 모여 국정을 논의하던 최고 기구이다.

✔️ 도병마사
➡ 고려 시대에 고위 관료가 모여 국방과 군사 문제를 논의하던 기구이다.

⏱ 3초공식

국방과 군사 문제 논의 + 고려의 정치 기구 = 도병마사

03 지방 행정 제도·군사 제도·관리 등용 제도 답 ④

자료에서 공주 명학소의 망이·망소이 무리가 봉기하였다는 점, 원에 간 유청신의 출신지인 고이부곡을 고흥현으로 승격시켰다는 점을 통해 고려 시대의 상황임을 알 수 있다.

🔍 선지분석

① 전국을 8도로 나누었다.
➡ 전국을 8도로 나눈 것은 조선이다.

② 22담로에 왕족을 파견하였다.
➡ 22담로에 왕족을 파견한 것은 백제이다.

③ 주요 지역에 5소경을 설치하였다.
➡ 주요 지역에 5소경을 설치한 것은 통일 신라이다.

✔️ 군사 행정 구역으로 양계를 두었다.
➡ 고려는 군사 행정 구역으로 양계(동계·북계)를 두었다.

⏱ 3초공식

향·소·부곡 = 고려의 특수 행정 구역

03 문벌 사회와 무신 정권

01 다음 가상 인터뷰에 나타난 사건으로 옳은 것은?

[기본 54회]

① 묘청의 난
② 김흠돌의 난
③ 홍경래의 난
④ 원종과 애노의 난

02 (가)~(다)를 일어난 순서대로 옳게 나열한 것은?

[기본 63회]

① (가) - (나) - (다)
② (나) - (가) - (다)
③ (나) - (다) - (가)
④ (다) - (나) - (가)

03 (가) 시기에 볼 수 있는 장면으로 옳은 것은?

[기본 64회]

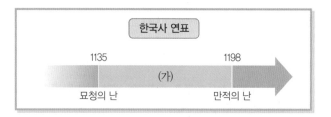

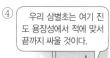

04 (가) 시기에 있었던 사실로 옳은 것은?

[기본 55회]

① 이자겸이 난을 일으켰다.
② 묘청이 서경 천도를 주장하였다.
③ 만적이 개경에서 봉기를 모의하였다.
④ 강감찬이 귀주에서 큰 승리를 거두었다

01 문벌 사회의 성립과 동요   답 ①

자료의 승려가 서경으로 수도를 옮기면 금이 스스로 항복할 것이라고 주장한 점, 조정에 반대하는 무리가 있기 때문에 거사하였다고 한 점을 통해 묘청의 난에 대한 것임을 알 수 있다.

🔍 선지분석

☑ 묘청의 난
➡ 고려 인종 때 묘청과 정지상 등은 서경 천도, 금국 정벌, 칭제 건원 등을 주장하였으나 김부식 등 개경파의 반대로 좌절되자 난을 일으켰다.

② 김흠돌의 난
➡ 통일 이후 신라 신문왕이 즉위하였을 때 진골 귀족이었던 김흠돌 등이 일으킨 반란이다.

③ 홍경래의 난
➡ 조선 후기 평안도 지역에 대한 차별 대우 등이 원인이 되어 일어난 봉기이다.

④ 원종과 애노의 난
➡ 신라 말에 일어난 대표적인 농민 봉기이다.

⏱ 3초공식

서경 천도 및 금 항복 주장 = 묘청의 난

02 문벌 사회의 성립과 동요   답 ③

(나) 왕실과 중첩된 혼인 관계를 맺고 권력을 독점하던 이자겸은 척준경과 함께 반란을 일으켰으나 인종이 척준경을 회유하여 이자겸을 제거하였다(이자겸의 난, 1126).

(다) 고려 인종 때 묘청 등 서경 세력이 풍수지리설을 내세워 서경 천도를 추진하였다. 그러나 개경 세력의 반대로 서경 천도가 좌절되자, 서경에서 반란을 일으켰다(묘청의 난, 1135). 김부식은 진압군을 이끌고 가서 반란을 진압하였다.

(가) 고려 시대 문벌 귀족의 권력 독점이 계속되면서 문신에 비해 차별을 받았던 정중부, 이의방 등의 무신들이 정변을 일으켰다. 이들은 무신들을 이끌고 수많은 문신을 살해한 뒤 의종을 폐위하였다(무신 정변, 1170).

🔍 선지분석

① (가) – (나) – (다)
② (나) – (가) – (다)
☑ (나) – (다) – (가)
➡ (나) 이자겸의 난(1126) → (다) 묘청의 난(1135) → (가) 무신 정변(1170)
④ (다) – (나) – (가)

03 무신 정권의 성립과 변천   답 ①

고려는 이자겸의 난 이후 왕권이 약해졌고 지배층 사이의 분열과 갈등이 심화되었다. 이에 인종은 승려 묘청과 정지상 등 서경 세력을 이용하여 개혁 정치를 추진하였다. 이 과정에서 묘청을 비롯한 서경 세력이 서경 천도를 주장하였으나 이루어지지 않자 반란을 일으켰는데, 이를 묘청의 난이라고 한다(1135). 묘청의 난은 김부식이 이끄는 관군에 의해 진압되었지만 무신 정변이 일어나면서 문벌 사회는 무너졌다. 이후 무신 집권기 때 농민에 대한 수탈이 심해지자 하층민들의 봉기가 전국 곳곳에서 일어났는데, 대표적으로 사노비 만적이 개경에서 도모한 만적의 난(1198)이 있다.

🔍 선지분석

☑ 무신 정변
➡ 1170년에 정중부, 이의방 등이 무신들에 대한 차별에 불만을 품고 무신 정변을 일으켰다.

② 진포 대첩
➡ 1380년에 최무선 등은 화통도감에서 제작된 화포를 사용하여 진포에서 왜구를 크게 물리쳤다.

③ 흥화진 전투
➡ 1018년 거란의 3차 침입 때 고려의 장수 강감찬은 흥화진에서 거란군을 크게 물리쳤다.

④ 삼별초의 대몽 항쟁
➡ 1270년에 고려 정부가 몽골과 강화를 맺고 개경 환도를 결정하자 삼별초는 이에 반발하여 배중손을 중심으로 대몽 항쟁을 계속하였다. 이들은 강화도가 함락되자 진도로 근거지를 옮겨 항쟁을 이어 갔다.

04 무신 정권의 성립과 변천   답 ③

자료의 첫 번째 그림은 정중부가 문신의 관을 쓴 자들을 모두 없애라고 하는 점으로 보아 1170년에 있었던 무신 정변임을 알 수 있다. 두 번째 그림은 김윤후가 충주성에서 몽골군을 막아내고자 한다는 점을 통해 몽골이 고려를 침입한 시기라는 점을 알 수 있다.

🔍 선지분석

① 이자겸이 난을 일으켰다.
➡ 이자겸의 난은 1126년에 일어났다.

② 묘청이 서경 천도를 주장하였다.
➡ 묘청의 서경 천도 운동은 1135년에 일어났다.

☑ 만적이 개경에서 봉기를 모의하였다.
➡ 1198년 노비 신분의 만적은 최충헌 집권 시기에 개경에서 봉기를 계획하였다.

④ 강감찬이 귀주에서 큰 승리를 거두었다.
➡ 거란의 3차 침입 당시였던 1019년에 강감찬이 귀주에서 거란군을 상대로 큰 승리를 거두었다.

04 고려의 대외 관계

01 (가) 인물의 활동으로 옳은 것은? [기본 55회]

① 강동 6주를 확보하였다.

② 동북 9성을 축조하였다.

③ 화통도감을 설치하였다.

④ 4군과 6진을 개척하였다.

02 (가) 시기에 있었던 사실로 옳은 것은? [기본 64회]

① 박위가 대마도를 정벌하였다.

② 윤관이 별무반 설치를 건의하였다.

③ 김윤후가 처인성 전투에서 승리하였다.

④ 김춘추가 당과의 군사 동맹을 성사시켰다.

03 다음 외교 문서를 보낸 국가에 대한 고려의 대응으로 옳은 것은? [기본 54회]

> 칸께서 살리타 등이 이끄는 군대를 너희에게 보내 항복할지 아니면 죽임을 당할지 묻고자 하신다. 이전에 칸께서 보낸 사신 저고여가 사라져서 다른 사신이 찾으러 갔으나, 너희들은 활을 쏘아 그를 쫓아냈다. 너희가 저고여를 살해한 것이 확실하니, 이제 그 책임을 묻고 있는 것이다.

① 이자겸이 사대 요구를 수용하였다.

② 서희가 소손녕과 외교 담판을 벌였다.

③ 김윤후 부대가 처인성에서 적장을 사살하였다.

④ 강감찬이 군사를 이끌고 귀주에서 크게 승리하였다.

04 (가)~(다)의 사건을 일어난 순서대로 옳게 나열한 것은? [기본 52회]

① (가) - (나) - (다)

② (나) - (다) - (가)

③ (다) - (가) - (나)

④ (다) - (나) - (가)

01 고려 전기의 대외 관계 답 ①

자료에서 거란 측이 고려 측에 송을 섬기는 이유를 묻고 있는 점, 고려 측이 그 까닭은 여진 때문이라며 옛 땅을 돌려줄 것을 요구하는 점을 통해 자료의 상황이 거란의 제1차 침입 당시의 상황임을 알 수 있다. 따라서 (가) 인물은 서희이다.

🔍 선지분석

✓ **① 강동 6주를 확보하였다.**
➡ 서희의 외교 담판을 통해 고려는 강동 6주 지역을 확보하였다.

② 동북 9성을 축조하였다.
➡ 동북 9성은 고려 숙종 때 윤관이 이끈 별무반이 여진의 근거지를 공격하여 쌓은 동북 지역의 성이다.

③ 화통도감을 설치하였다.
➡ 화통도감은 화약 무기 등의 제조를 담당한 관청으로, 고려 말 우왕 때 최무선의 건의로 설치되었다.

④ 4군과 6진을 개척하였다.
➡ 4군과 6진은 조선 세종 때 최윤덕과 김종서의 활약으로 확보하였다.

> ⏱ **3초공식**
> 거란(소손녕) + 외교 담판 = 서희

02 고려 전기의 대외 관계 답 ②

천리장성 북쪽에 거주하던 여진은 10~11세기 초에 고려를 부모의 나라로 생각하고 말과 가죽 등을 바쳤는데, 12세기 들어 여진이 부족을 통합해 성장하면서 고려와 충돌이 잦아졌다. 이에 윤관은 별무반을 이끌고 여진을 몰아낸 후 동북 9성을 쌓았다. 이후 힘을 키운 여진은 금을 세운 후 1126년에 고려에 군신 관계를 요구하였다. 인종의 외척으로 당시 반란을 일으킨 후 정권을 장악하고 있던 이자겸은 금의 요구를 수용하였다.

🔍 선지분석

① 박위가 대마도를 정벌하였다.
➡ 14세기 후반인 1389년 고려 창왕 때 박위가 왜구의 근거지인 대마도(쓰시마섬)를 정벌하였다.

✓ **② 윤관이 별무반 설치를 건의하였다.**
➡ 12세기 초반인 1104년 고려 숙종 때 여진과 충돌이 잦아지자 윤관의 건의로 별무반이 설치되었다.

③ 김윤후가 처인성 전투에서 승리하였다.
➡ 13세기 전반인 1232년 고려 고종 때 일어난 몽골의 2차 침입 당시 승려 김윤후는 처인성에서 몽골 장수 살리타를 사살하고 몽골군을 격퇴하였다.

④ 김춘추가 당과의 군사 동맹을 성사시켰다.
➡ 7세기 중반인 648년에 신라는 김춘추를 당으로 보내 동맹을 체결하고 나·당 연합군을 결성하여 백제와 고구려를 멸망시켰다.

03 고려 후기의 대외 관계 답 ③

자료에서 칸이 군대를 보냈다는 점, 살리타라는 이름과 저고여라는 사신의 명칭이 제시된 점 등을 통해 몽골이 보낸 서신임을 알 수 있다. 몽골의 사신으로 왔던 저고여가 귀국길에 피살되는 사건이 발생하자, 몽골은 이를 구실로 군대를 파견하여 고려를 공격하였다.

🔍 선지분석

① 이자겸이 사대 요구를 수용하였다.
➡ 금이 고려에 사대를 요구하자, 이자겸 등은 정권 유지를 위해 금의 사대 요구를 수용하였다.

② 서희가 소손녕과 외교 담판을 벌였다.
➡ 서희가 소손녕과 외교 담판을 벌인 것은 거란의 1차 침입 때의 사실이다.

✓ **③ 김윤후 부대가 처인성에서 적장을 사살하였다.**
➡ 몽골의 2차 침입 때 김윤후가 처인성 전투에서 적장 살리타를 사살하였다.

④ 강감찬이 군사를 이끌고 귀주에서 크게 승리하였다.
➡ 강감찬이 귀주에서 크게 승리한 사건은 귀주 대첩으로, 거란의 3차 침입 때의 사실이다.

> ⏱ **3초공식**
> 살리타 + 저고여 = 몽골

04 고려 후기의 대외 관계 답 ②

(가)는 배중손이 삼별초를 이끌고 진도에서 적에 맞서 싸운다는 점을 통해 고려가 개경 환도를 결정한 이후 삼별초가 대몽 항쟁을 이어가고 있는 13세기 말의 상황임을 알 수 있다. (나)는 강감찬이 귀주에서 거란군을 물리치라고 하는 점을 통해 11세기 초 거란의 3차 침입 상황임을 알 수 있다. (다)는 윤관이 별무반을 이끌고 여진을 정벌하려는 점을 통해 12세기 초의 상황임을 알 수 있다.

🔍 선지분석

① (가) - (나) - (다)

✓ **② (나) - (다) - (가)**
➡ 제시된 자료들을 순서대로 나열하면 (나) - (다) - (가)이다.

③ (다) - (가) - (나)

④ (다) - (나) - (가)

> ⏱ **3초공식**
> 강감찬의 귀주 대첩 → 윤관의 여진 정벌 → 삼별초의 항쟁

04 고려의 대외 관계

05 (가)에 들어갈 내용으로 가장 적절한 것은? [기본 66회]

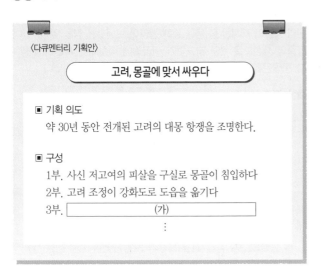

〈다큐멘터리 기획안〉

고려, 몽골에 맞서 싸우다

■ 기획 의도
약 30년 동안 전개된 고려의 대몽 항쟁을 조명한다.

■ 구성
1부. 사신 저고여의 피살을 구실로 몽골이 침입하다
2부. 고려 조정이 강화도로 도읍을 옮기다
3부. _____(가)_____
⋮

① 윤관이 별무반 편성을 건의하다
② 김윤후가 처인성 전투에서 활약하다
③ 을지문덕이 살수에서 적군을 물리치다
④ 서희가 외교 담판을 통해 강동 6주 지역을 확보하다

06 학생들이 공통으로 이야기하고 있는 왕의 업적으로 옳은 것은? [기본 52회]

원에 볼모로 갔다가 고려의 왕이 되었어.

몽골식 풍습을 금지하고 기철을 비롯한 친원 세력을 제거하였어.

노국 대장 공주와의 사랑 이야기는 인상적이었어.

신돈을 등용하여 전민변정도감을 설치하였어.

① 균역법을 시행하였다.
② 독서삼품과를 실시하였다.
③ 삼강행실도를 편찬하였다.
④ 철령 이북의 땅을 되찾았다.

07 밑줄 그은 '이 시기'에 볼 수 있는 모습으로 적절하지 않은 것은? [기본 64회]

왼쪽 그림에서는 발립을 쓴 관리의 모습, 오른쪽 그림에서는 변발과 호복을 한 무사의 모습을 볼 수 있습니다. 이러한 복식은 이 시기 지배층 사이에서 유행하였습니다.

복식으로 배우는 한국사

이조년 초상   천산대렵도(일부)

① 매를 조련시키는 응방 관리
② 원에 공녀로 끌려가는 여인
③ 황룡사 구층 목탑을 세우는 목공
④ 권문세족에게 땅을 빼앗기는 농민

08 (가) 왕의 업적으로 옳은 것은? [기본 63회]

동영상   커뮤니티   채널   정보

동영상으로 보는 (가) 이야기

기철 등 친원 세력을 제거하다
조회수 63만회

쌍성총관부를 공격하다
조회수 36만회

① 사비로 천도하였다.
② 북한산 순수비를 세웠다.
③ 독서삼품과를 실시하였다.
④ 전민변정도감을 설치하였다.

05 고려 후기의 대외 관계 　　　답 ②

고려 고종 때 몽골은 고려에 보낸 사신 저고여의 피살 사건을 구실로 1231년에 고려를 침략하였다. 최씨 무신 정권을 이끌던 최우는 일단 강화를 요청하여 몽골군을 물러나게 하고, 1232년에 도읍을 강화도로 옮겨 장기 항전을 준비하였다.

🔍 선지분석

① 윤관이 별무반 편성을 건의하다
➡ 1104년 고려 숙종 때 윤관은 여진을 정벌하기 위해 별무반 편성을 건의하였고, 예종 때 별무반을 이끌고 여진을 정벌한 후 동북 9성을 축조하였다.

✔ 김윤후가 처인성 전투에서 활약하다
➡ 1232년 고려 고종 때 일어난 몽골의 침입 당시 김윤후는 처인성에서 몽골 장수 살리타를 사살하고 몽골군을 격퇴하였다.

③ 을지문덕이 살수에서 적군을 물리치다
➡ 612년 고구려 영양왕 때 을지문덕이 이끄는 고구려군이 수의 군대를 살수에서 크게 물리쳤는데, 이를 살수 대첩이라고 한다.

④ 서희가 외교 담판을 통해 강동 6주 지역을 확보하다
➡ 993년 고려 성종 때 거란의 1차 침입이 일어났는데, 서희는 거란 장수 소손녕과 외교 담판을 벌여 전쟁 없이 거란군을 물러나게 하고 강동 6주를 획득하였다.

06 고려 후기의 대외 관계 　　　답 ④

자료에서 고려의 왕으로, 몽골식 풍습을 금지하고 기철을 비롯한 친원 세력을 제거하였다는 점, 신돈을 등용하여 전민변정도감을 설치하였다는 점을 통해 해당 왕이 고려 공민왕임을 알 수 있다.

🔍 선지분석

① 균역법을 시행하였다.
➡ 조선 영조는 백성들의 군역 부담을 줄여 주는 균역법을 시행하였다.

② 독서삼품과를 실시하였다.
➡ 신라 원성왕은 유교 경전의 이해 수준에 따라 관리를 채용하는 독서삼품과를 실시하였다.

③ 삼강행실도를 편찬하였다.
➡ 조선 세종 때 충신·효자·열녀의 이야기를 담은 삼강행실도가 편찬되었다.

✔ 철령 이북의 땅을 되찾았다.
➡ 고려 공민왕은 쌍성총관부를 공격하여 철령 이북의 땅을 되찾았다.

⏱ 3초공식

친원 세력 제거 + 전민변정도감 설치 = 고려 공민왕

07 고려 후기의 대외 관계 　　　답 ③

원 간섭기에 고려에는 원의 영향으로 몽골풍(몽골 풍습)이 유행하였는데, 대표적으로 몽골인이나 만주인의 풍습인 변발이 있었다. 또한, 족두리와 같은 의복과 만두, 소주 등의 음식도 몽골에서 전해졌다. 몽골풍은 공민왕 때 반원 자주 정책이 추진되면서 금지되었다.

🔍 선지분석

① 매를 조련시키는 응방 관리
➡ 원 간섭기에 원은 고려에 응방을 설치하여 사냥을 위한 매를 징발하고 사육하였다.

② 원에 공녀로 끌려가는 여인
➡ 원 간섭기에 원은 고려에서 강제로 공녀를 데리고 갔는데, 일반 백성뿐 아니라 귀족의 딸까지도 데려갔다.

✔ 황룡사 구층 목탑을 세우는 목공
➡ 신라 선덕 여왕은 승려 자장의 건의를 받아들여 경주 황룡사 9층 목탑을 세웠다.

④ 권문세족에게 땅을 빼앗기는 농민
➡ 원 간섭기에는 원의 세력을 등에 업고 권력을 얻은 권문세족이 농민들의 토지를 부당하게 빼앗았다.

⏱ 3초공식

전민변정도감 + 신돈 = 고려 공민왕

08 고려 후기의 대외 관계 　　　답 ④

고려 공민왕은 원·명 교체기의 국제 정세를 이용하여 반원 자주 정책을 추진하였다. 공민왕은 기철 등 친원 세력을 제거하고 쌍성총관부를 공격하여 철령 이북의 영토를 수복하였다. 또한, 고려의 내정을 간섭하던 정동행성 이문소를 폐지하고 격하된 관제를 복구하였으며, 몽골풍을 금지하였다.

🔍 선지분석

① 사비로 천도하였다.
➡ 백제 성왕은 웅진(공주)에서 사비(부여)로 천도하고 국호를 '남부여'로 고쳤다.

② 북한산 순수비를 세웠다.
➡ 신라 진흥왕은 한강 유역을 차지한 후 이를 기념하여 북한산 순수비를 세웠다.

③ 독서삼품과를 실시하였다.
➡ 신라 원성왕은 유교 경전의 이해 수준 정도를 평가하여 관리로 등용하는 독서삼품과를 실시하였다.

✔ 전민변정도감을 설치하였다.
➡ 고려 공민왕은 신돈을 등용하고 전민변정도감을 설치하였다.

⏱ 3초공식

기철 제거 + 쌍성총관부 공격 = 고려 공민왕

05 고려의 경제·사회·학문·사상

01 밑줄 그은 '이 국가'의 경제 상황으로 옳은 것은?

[기본 55회]

이것은 전라남도 나주 등지에서 거둔 세곡 등을 싣고 이 국가의 수도인 개경으로 향하다 태안 앞바다에서 침몰한 배를 복원한 것입니다. 발굴 당시 수많은 청자와 함께 화물의 종류, 받는 사람 등이 기록된 목간이 다수 발견되었습니다.

① 전시과 제도가 실시되었다.
② 고구마, 감자가 널리 재배되었다.
③ 모내기법이 전국적으로 확산되었다.
④ 시장을 감독하기 위한 동시전이 설치되었다.

02 (가)에 해당하는 작물로 옳은 것은?

[기본 51회]

문익점이 원에 갔다가 돌아오는 길에 (가) 을/를 보고 씨 10개를 따서 가져왔다. 진주에 와서 절반을 정천익에게 주고 기르게 하였으나 단 한 개만 살아남았다. 가을에 정천익이 그 씨를 따니 100여 개나 되었다.

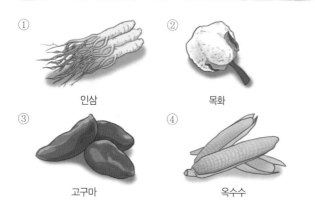

① 인삼   ② 목화
③ 고구마   ④ 옥수수

03 다음 상황을 볼 수 있었던 국가의 경제 정책에 대한 설명으로 옳은 것은?

[기본 50회]

벽란도에 오신 것을 환영합니다. 어디에서 오셨습니까?

송에서 인삼을 사러 왔습니다.

① 건원중보를 발행하였다.
② 신해통공을 단행하였다.
③ 연분 9등법을 시행하였다.
④ 관수 관급제를 실시하였다.

04 (가) 국가의 경제 상황으로 옳은 것은?

[기본 52회]

화면 속의 청동 거울은 (가) 시대에 제작된 것으로, 여기에 새겨진 배를 통해 당시 국제 무역이 활발하게 이루어졌음을 짐작할 수 있습니다. 송을 비롯한 여러 나라 상인들은 예성강 하구의 벽란도를 드나들면서 무역을 하였습니다.

① 고구마, 감자 등이 재배되었다.
② 모내기법이 전국적으로 확산되었다.
③ 만상, 내상 등이 활발하게 활동하였다.
④ 활구라고 불린 은병이 화폐로 사용되었다.

01 고려의 경제와 사회 답 ①

자료에서 나주 등지에서 거둔 세곡 등을 싣고 수도인 개경으로 향했다는 점을 통해 밑줄 그은 '이 국가'가 고려임을 알 수 있다.

🔍 선지분석

✔ 전시과 제도가 실시되었다.
→ 고려는 경종 때부터 전·현직 관리들에게 관직의 고하와 인품을 기준으로 하여 전지와 시지를 지급하는 전시과 제도를 실시하였다.

② 고구마, 감자가 널리 재배되었다.
→ 조선 후기의 사실이다.

③ 모내기법이 전국적으로 확산되었다.
→ 조선 후기의 사실이다.

④ 시장을 감독하기 위한 동시전이 설치되었다.
→ 신라 지증왕 때의 사실이다.

🕐 3초공식
수도 개경 + 전시과 제도 = 고려

02 고려의 경제와 사회 답 ②

자료에서 문익점이 원에 갔다가 돌아오는 길에 씨를 가져왔다는 점, 정천익에게 씨를 주고 기르게 했다는 점을 통해 (가)에 해당하는 작물이 목화임을 알 수 있다.

🔍 선지분석

① 인삼
→ 삼국 시대부터 주변 나라에 수출하였던 주요 품목 중 하나였다.

✔ 목화
→ 고려의 문관이었던 문익점은 원에 갔다가 목화씨를 들여왔다. 문익점은 장인어른인 정천익과 함께 목화씨를 심어 목화를 재배하는 데 성공하였다.

③ 고구마
→ 조선 후기에 통신사를 통해 전래된 작물이다.

④ 옥수수
→ 조선 후기에 전래된 것으로 짐작된다.

🕐 3초공식
문익점 + 원에서 가져옴 = 목화

03 고려의 경제와 사회 답 ①

자료에서 벽란도에서 교역이 이루어지고 있는 점, 송에서 인삼을 사러 왔다는 점 등을 통해 해당 국가가 고려임을 알 수 있다.

🔍 선지분석

✔ 건원중보를 발행하였다.
→ 고려 성종 때 건원중보를 발행하였다.

② 신해통공을 단행하였다.
→ 신해통공은 육의전을 제외한 시전 상인의 금난전권을 폐지한 것으로, 조선 정조 때 이루어졌다.

③ 연분 9등법을 시행하였다.
→ 연분 9등법은 매해의 풍흉에 따라 세액을 달리한 제도로, 조선 세종 때부터 실시되었다.

④ 관수 관급제를 실시하였다.
→ 관수 관급제는 관청에서 직접 세금을 거두어 관리에게 분급한 것으로, 조선 성종 때부터 실시되었다.

🕐 3초공식
벽란도 + 건원중보 = 고려

04 고려의 경제와 사회 답 ④

자료에서 송을 비롯한 여러 나라 상인들이 예성강 하구의 벽란도에서 무역을 하였다는 점 등을 통해 (가) 국가가 고려임을 알 수 있다. 고려 시대에는 예성강 하구에 위치한 벽란도가 국제 무역항으로 번성하였다.

🔍 선지분석

① 고구마, 감자 등이 재배되었다.
→ 조선 후기의 사실이다.

② 모내기법이 전국적으로 확산되었다.
→ 조선 후기의 사실이다.

③ 만상, 내상 등이 활발하게 활동하였다.
→ 조선 후기의 사실이다.

✔ 활구라고 불린 은병이 화폐로 사용되었다.
→ 고려는 성종 때 건원중보, 숙종 때 삼한통보·해동통보·활구라고 불리는 은병을 발행하였지만 유통이 잘 이루어지지 않았다.

🕐 3초공식
벽란도 = 고려의 국제 무역항

05 고려의 경제·사회·학문·사상

05 교사의 질문에 대한 답변으로 옳지 <u>않은</u> 것은? [기본 63회]

① 최고 국립 교육 기관으로 국자감을 두었어요.

고려의 교육 기관에 대해 말해 볼까요?

② 경당에서 글과 활쏘기를 가르쳤어요.

③ 문헌공도 등 사학 12도가 번성하였어요.

④ 지방에 유학 교육을 담당하는 향교가 있었어요.

06 (가) 인물에 대한 설명으로 옳은 것은? [기본 49회]

묘청이 서경에서 반란을 일으켰소. 그대를 진압군의 원수로 삼으니 속히 토벌하시오.

인종

네, 명을 따르겠습니다.

(가)

① 삼국사기를 편찬하였다.

② 금국 정벌을 주장하였다.

③ 화약 무기를 개발하였다.

④ 고려에 성리학을 소개하였다.

07 밑줄 그은 '이 책'으로 옳은 것은? [기본 54회]

이 책은 승려 일연이 쓴 역사서입니다. 왕력, 기이, 흥법 등 9편으로 구성되어 있으며, 단군의 고조선 건국 이야기가 실려 있습니다.

① 발해고

② 동국통감

③ 동사강목

④ 삼국유사

08 다음 퀴즈의 정답으로 옳은 것은? [기본 54회]

이 인물은 정혜결사를 조직하였으며, 선과 교를 함께 닦아야 한다는 정혜쌍수를 주장하였습니다. 보조국사라고도 하는 이 인물은 누구일까요?

한국사 퀴즈 대회

①  지눌

②  요세

③  혜초

④  원효

05 고려의 학문 　　　　답 ②

고려는 교육 기관으로 수도에 국자감, 지방에는 향교를 두었다. 그러나 고려 중기에 최충이 설립한 9재 학당(문헌공도)을 비롯한 사학 12도가 번성하며 관학이 위축되었다. 이에 예종 때 국자감에 7재를 설치하고, 장학 재단인 양현고를 설립하는 등 다양한 관학 진흥책이 마련되었다.

🔍 선지분석

① 최고 국립 교육 기관으로 국자감을 두었어요.
➡ 고려는 최고 국립 교육 기관으로 개경에 국자감을 두었다. 국자감은 유학부와 기술학부로 나누어 있었다.

✔ 경당에서 글과 활쏘기를 가르쳤어요.
➡ 고구려는 지방에 경당을 세워 글과 활쏘기 등을 가르쳤다. 수도에는 태학을 세워 귀족 자제에게 유학을 가르쳤다.

③ 문헌공도 등 사학 12도가 번성하였어요.
➡ 고려 시대에 최충이 9재 학당(문헌공도)을 설립한 이후 사학에서 많은 과거 합격자를 배출하여 사학 12도가 번성하였다.

④ 지방에 유학 교육을 담당하는 향교가 있었어요.
➡ 고려가 지방에 세운 향교는 조선 시대까지 이어졌다.

06 고려의 학문 　　　　답 ①

자료에서 인종에게 묘청이 서경에서 반란을 일으켰으니 진압하라는 명령을 받고 있는 점을 통해 (가) 인물이 김부식임을 알 수 있다.

🔍 선지분석

✔ 삼국사기를 편찬하였다.
➡ 김부식은 인종의 명으로 『삼국사기』를 편찬하였는데, 이는 현존하는 우리나라에서 가장 오래된 역사서이다.

② 금국 정벌을 주장하였다.
➡ 묘청 등 서경 세력은 금국 정벌과 칭제 건원을 주장하였다.

③ 화약 무기를 개발하였다.
➡ 고려 말 최무선은 화약 제조법을 배워 화약 무기를 제조하였다.

④ 고려에 성리학을 소개하였다.
➡ 고려의 안향은 원으로부터 성리학을 들여왔다.

⏱ 3초공식
묘청의 반란 진압 + 삼국사기 = 김부식

07 고려의 학문 　　　　답 ④

자료에서 승려 일연이 쓴 역사서라고 한 점, 왕력·기이편 등으로 구성되었고 단군의 고조선 건국 이야기가 실려 있다는 점을 통해 밑줄 그은 '이 책'이 『삼국유사』임을 알 수 있다.

🔍 선지분석

① 발해고
➡ 조선 후기 유득공이 저술한 역사서로, '남북국'이라는 용어를 처음 사용하였다.

② 동국통감
➡ 조선 전기 서거정 등이 국왕의 명에 따라 편찬한 역사서로, 고조선부터 고려 말까지의 역사를 정리하였다.

③ 동사강목
➡ 조선 후기 안정복이 저술한 역사서로, 고조선부터 고려 말까지의 역사를 서술하였다.

✔ 삼국유사
➡ 고려 후기 일연이 저술한 역사서로, 불교사를 중심으로 하여 단군의 고조선 건국 이야기 등 고대의 민간 설화를 수록하였다.

⏱ 3초공식
일연 + 고조선 건국 이야기 수록 = 삼국유사

08 불교 사상과 신앙 　　　　답 ①

자료에서 정혜결사를 조직하였고 정혜쌍수를 주장하였다는 점, 보조국사라고도 불린다는 점 등을 통해 해당 인물이 지눌임을 알 수 있다.

🔍 선지분석

✔ 지눌
➡ 고려 시대의 승려로, 불교계 개혁을 위해 정혜결사(수선사 결사)를 조직하였다. 또한 수행 방법으로 정혜쌍수와 돈오점수를 주장하기도 하였다.

② 요세
➡ 고려 시대의 승려로, 법화 신앙에 바탕을 둔 백련 결사를 제창하였다.

③ 혜초
➡ 통일 신라 시기의 승려로, 인도와 중앙아시아 등지를 순례하고 『왕오천축국전』을 저술하였다.

④ 원효
➡ 통일 신라 시기의 승려로, 불교 대중화를 위해 노력하였으며, 일심 사상을 주장하였다.

⏱ 3초공식
정혜쌍수 + 보조국사 = 지눌

06 고려의 과학 기술·문화유산

01 (가)에 들어갈 내용으로 옳은 것은?　　[기본 55회]

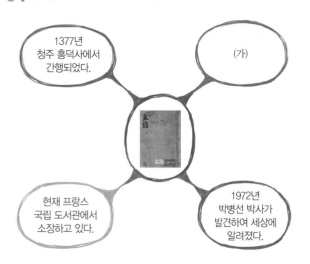

- 1377년 청주 흥덕사에서 간행되었다.
- (가)
- 현재 프랑스 국립 도서관에서 소장하고 있다.
- 1972년 박병선 박사가 발견하여 세상에 알려졌다.

① 김부식이 왕명을 받아 편찬하였다.

② 사초와 시정기를 바탕으로 제작되었다.

③ 우리나라 풍토에 맞는 농법을 소개하였다.

④ 현존하는 세계에서 가장 오래된 금속 활자본이다.

02 (가)에 들어갈 문화유산으로 옳은 것은?　　[기본 49회]

①

이불병좌상

②

안동 이천동 마애여래 입상

③

석굴암 본존불상

④

서산 용현리 마애여래 삼존상

03 다음과 같은 기법으로 제작된 문화유산으로 옳은 것은?　　[기본 51회]

도자기 표면에 무늬 새기기 → 무늬에 다른 색의 흙 메우기 → 다른 색 흙을 긁어내어 무늬 나타내기

①

기마인물형 토기

②

백자 철화 끈무늬 병

③

청자 참외 모양 병

④

청자 상감 모란문 표주박 모양 주전자

01 과학 기술의 발달   답 ④

자료에서 1377년 청주 흥덕사에서 간행되었다는 점, 현재 프랑스 국립 도서관에서 소장하고 있다는 점, 박병선 박사가 발견하여 세상에 알렸다는 점을 통해 해당 문화유산이 『직지심체요절』임을 알 수 있다.

🔍 선지분석

① 김부식이 왕명을 받아 편찬하였다.
  ➡ 『삼국사기』에 대한 설명이다.

② 사초와 시정기를 바탕으로 제작되었다.
  ➡ 『조선왕조실록』에 대한 설명이다.

③ 우리나라 풍토에 맞는 농법을 소개하였다.
  ➡ 조선 세종 때 편찬된 『농사직설』에 대한 설명이다.

✔④ 현존하는 세계에서 가장 오래된 금속 활자본이다.
  ➡ 프랑스 국립 도서관에 보관 중인 『직지심체요절』은 현재 세계에서 가장 오래된 금속 활자본이다. 프랑스 국립 도서관에서 일하던 박병선 박사가 발견하여 전 세계에 그 존재와 가치 등을 알리는 데 많은 기여를 하였다.

⏱ 3초공식
청주 흥덕사 + 프랑스 국립 도서관 = 직지심체요절

02 귀족 문화의 발달   답 ②

자료에서 고려의 문화유산에 대해 보여 주고 있고, 그 예시로 고려의 문화유산인 나전 국화 넝쿨무늬 합과 월정사 8각 9층 석탑을 제시하고 있는 점을 통해 (가)에는 고려 시대에 만들어진 불상이 들어가야 함을 알 수 있다.

🔍 선지분석

① 이불병좌상
  ➡ 발해의 불상이다.

✔② 안동 이천동 마애여래 입상
  ➡ 고려의 불상으로, 거대한 자연 암석을 이용하여 몸체를 만들고 머리는 별개의 돌을 조각하여 올려놓은 특이한 형식을 지녔다.

③ 석굴암 본존불상
  ➡ 통일 신라의 불상이다.

④ 서산 용현리 마애여래 삼존상
  ➡ 백제의 불상이다.

⏱ 3초공식
평창 월정사 8각 9층 석탑 + 안동 이천동 마애여래 입상 = 고려

03 귀족 문화의 발달   답 ④

자료에서 도자기 표면에 무늬를 새긴 후, 무늬에 다른 색의 흙을 메운다는 점, 다른 색 흙을 긁어내어 무늬를 나타낸다는 점을 통해 상감 기법임을 알 수 있다. 고려 시대 사람들은 12세기 중반을 전후하여 상감 기법을 자기에 적용한 상감 청자를 개발하였다.

🔍 선지분석

① 기마인물형 토기
  ➡ 신라에서 제작된 토우이다.

② 백자 철화 끈무늬 병
  ➡ 조선 시대에 제작된 백자이다.

③ 청자 참외 모양 병
  ➡ 고려 시대에 제작된 순청자로, 상감 기법이 적용되지 않은 청자이다.

✔④ 청자 상감 모란문 표주박 모양 주전자
  ➡ 고려 시대에 상감 기법으로 제작된 표주박 모양의 청자로, 모란문은 모란 문양을 의미한다.

⏱ 3초공식
상감 기법 적용 = 고려 상감 청자

단원 마무리

Ⅲ. 고려 시대

고려 초 통치 체제의 정비 과정

태조 왕건	• 고려 건국 및 후삼국 통일 • 호족 통제: 사심관 제도·기인 제도 실시 • 민생 안정책: 세율 조정(1/10로 낮춤), 흑창 설치 • 북진 정책: 서경(평양) 중시, 청천강~영흥만에 이르는 국경선 확보
광종	• 중앙 집권 체제 확립: 노비안검법·과거제 실시, 공복 제정 • 칭제 건원: 황제 칭호 사용, 독자적 연호 '광덕'·'준풍' 사용 • 빈민 구호 및 질병 치료를 위해 제위보 설치
성종	• 유교 정치 이념 확립: 최승로의 시무 28조 수용 • 중앙 정치 기구 정비: 2성 6부 • 지방 통치 제도 정비: 12목 설치(지방관 파견) • 개경에 국자감 설립 • 빈민 구제 기구인 의창 설치

고려의 대외 관계

거란	1차 침입 (993)	서희의 외교 담판으로 강동 6주 획득
	2차 침입 (1010)	• 양규의 활약 • 현종의 친조 조건으로 철수
	3차 침입 (1018)	강감찬의 활약(귀주 대첩, 1019)
	결과	나성(개경)과 천리장성(압록강~도련포) 축조
여진		• 윤관, 별무반 편성 후 여진 정벌 → 동북 9성 축조(1107) • 여진이 성장하여 금 건국 후 고려에 군신 관계 요구 → 이자겸이 금의 군신 관계 요구 수용
몽골	1차 침입 (1231)	• 저고여 피살 사건을 구실로 침입 → 박서의 활약 • 몽골군 철수 이후 강화도로 천도
	2차 침입 (1232)	김윤후가 적장 살리타 사살(처인성 전투), 초조대장경 소실
	3차 침입 (1235~1239)	황룡사 9층 목탑 소실, 팔만대장경 조판 시작
	삼별초의 저항	개경 환도 명령을 거부한 삼별초가 강화도에서 진도(배중손 주도), 제주도(김통정 주도)로 옮겨 가며 항전하였으나 고려·몽골 연합군에 진압됨

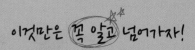

서경 천도 운동

배경	인종이 서경 출신의 묘청을 등용하여 개혁 추진
전개	묘청 등 서경 세력이 서경 천도, 칭제 건원, 독자적 연호 사용, 금 정벌을 주장함 → 김부식 등 정부 관료 대부분이 이를 반대함 → 묘청 등이 국호를 '대위'라 하고 서경에서 반란을 일으킴 → 김부식이 이끄는 정부군에 의해 1년 만에 진압됨

전시과의 정비 과정

역분전		후삼국 통일 과정에서 공을 세운 사람에게 인품과 공로에 따라 토지 지급
전시과	시정 전시과	전·현직 관료를 대상으로 관직과 인품에 따라 전지와 시지 지급
	개정 전시과	전·현직 관료에게 관직만을 기준으로 지급, 지급량 재조정
	경정 전시과	현직 관료에게만 관직을 기준으로 지급, 지급량 감소, 무신 대우 개선

공민왕의 개혁 정치

반원 자주 정책	• 친원 세력 숙청, 몽골풍 금지 • 격하된 왕실 호칭과 관제 복구, 정동행성 이문소 폐지 • 쌍성총관부 탈환(철령 이북 땅 수복)
왕권 강화 정책	• 성균관 중건, 과거제 정비 → 신진 사대부의 중앙 진출 • 정방 폐지 • 전민변정도감 설치: 신돈을 중심으로 개혁 실시 → 권문세족의 경제 기반 약화 및 국가 재정 강화

고려 시대의 불교 사상

의천	• 교종 중심의 선종 통합 → 해동 천태종 창시(국청사), 교관겸수 제창 • 사후 교단 분열, 천태종 쇠퇴
지눌	• 수선사 결사 제창: 불교계 개혁 목적, 순천 송광사 중심 • 정혜쌍수·돈오점수 주장 • 선종 중심의 교종 통합
혜심	유불 일치설 주장, 심성의 도야 강조 → 성리학 수용의 사상적 토대 마련
요세	참회를 중시하는 법화 신앙에 바탕을 둔 백련 결사 조직

IV

조선 전기

01 조선의 건국과 국가 기틀 마련

02 통치 체제의 정비

03 사림의 대두와 붕당 정치의 성립

04 조선 전기의 경제 · 사회 · 문화

05 조선 전기의 대외 관계와 양 난

1392
조선 건국

1466
직전법 시행

1498
무오사화

1446
훈민정음 반포

1485
경국대전 완성

1504
갑자사화

| 기출로 보는 키워드 | 3개년 평균 출제 비중 |

1위 경국대전

2위 직전법

3위 홍문관

4위 4군 6진

5위 칠정산

5.3문항
10.6%

| 1506 중종반정 | | 1545 을사사화 | | 1623 인조반정 | |

| | 1519 기묘사화 | | 1592 임진왜란 | | 1636 병자호란 |

01 조선의 건국과 국가 기틀 마련

1 조선의 건국

(1) 신흥 무인 세력의 성장: 고려 말 홍건적과 왜구의 침입을 물리친 이성계 등의 신흥 무인 세력이 백성의 신망을 받으며 성장함

(2) 신진 사대부의 분화

① 신진 사대부는 신흥 무인 세력과 함께 사회 개혁을 추구함

② 신진 사대부의 분화: 개혁 방향의 차이에 따라 온건파와 급진파로 갈라짐

구분	주요 인물	주장
온건파 사대부	이색, 정몽주	고려 왕조 유지, 점진적 개혁 주장 → 조선 건국 이후 낙향하여 향촌 자치 추구
급진파 사대부	정도전, 조준	새로운 왕조 개창 주장

★ **(3) 조선의 건국 과정**

요동 정벌	명이 고려에 철령 이북의 땅을 요구함 → 고려 우왕 때 명의 요구에 반발한 **최영** 등이 요동 정벌을 주장하여 이성계와 대립 → 요동 정벌을 위한 군대 파견
위화도 회군(1388)	요동 정벌의 명을 받고 출병한 **이성계가 압록강 하구의 위화도에서 개경으로 군대를 돌려** 우왕을 내쫓고 최영 등을 제거한 뒤 정치적 실권을 장악함
과전법 시행 (고려 공양왕, 1391)	• 조준 등이 건의하여 **과전법 시행** • 권문세족의 토지 몰수, 국가 재정 확보, **신진 사대부의 경제적 기반 마련**
조선 건국(1392)	정몽주 등 온건파 사대부 제거 → 이성계를 왕으로 추대하여 조선 건국

2 국가의 기틀 마련

(1) 태조(이성계)

① 조선 건국(1392)

 • 국호를 '조선'으로 정하고 한양을 수도로 정함

 • 경복궁 및 종묘, 사직, 관아 등을 건설함

② 정도전의 활약

 • 재상 중심의 정치 운영 주장

 • 『조선경국전』, 『경제문감』 등 저술 └→ 사찬 법전

 • 『불씨잡변』 저술: 고려 말 부패한 불교 비판

 • 제1차 왕자의 난 때 이방원에게 죽임을 당함 └→ 태조의 아들인 이방원이 왕위를 놓고 일으킨 왕자 간의 싸움

(2) 태종(이방원)

① 집권: 두 차례 왕자의 난을 통해 정도전 등 개국 공신을 몰아내고 형인 정종의 양위를 받아 조선 제3대 왕으로 즉위함 ┌→ 임금의 자리를 물려줌

기출로 보는 키워드

• 이성계는 위화도 회군으로 정권을 장악하였다.

• 이성계 등은 과전법을 제정하여 토지 제도를 개혁하였다.

• 정몽주는 이방원 세력에 의해 피살되었다.

▶ **명의 철령 이북 땅 요구**

명은 철령 이북의 땅(함경도와 강원도 경계)이 원래 원의 영토였다는 이유로 철령위를 설치하여 이곳을 다스리려 했어요. 최영은 이에 반발하여 요동 정벌 계획을 세웠지요.

기출로 보는 키워드

• 이방원은 두 차례 왕자의 난을 통해 반대파를 제거하고 정권을 장악하였다.

• 태종은 6조 직계제를 실시하여 왕권을 강화하였다.

• 세종은 북쪽으로 여진을 정벌하여 4군과 6진을 설치하였다.

• 세종 때 이종무에 의해 왜구의 근거지인 쓰시마섬이 정벌되었다.

• 계유정난을 통해 정권을 장악한 세조는 6조 직계제를 시행하였다.

• 성종은 폐지된 집현전을 계승한 홍문관을 설치하였다.

• 세조 때 편찬을 시작한 경국대전은 성종 때 완성되어 국가 통치 규범이 마련되었다.

② 국왕 중심의 통치 체제 정비(왕권 강화)

6조 직계제 실시	6조에서 의정부를 거치지 않고 국왕에게 직접 보고하여 재가를 받도록 함 → 의정부의 권한 약화
사병 혁파	공신과 왕족의 사병을 없애 군사권을 강화함

└→ 개인이 양성하여 부리는 병사

③ 재정 확충: 양전 사업과 호패법을 실시하여 경제 기반을 마련함

④ 신문고 제도 실시: 백성의 억울함을 풀어 주기 위해 신문고 설치

└→ 백성들이 억울한 일을 하소연할 때 치게 한 북

⑤ 문화

┌→ 현존하는 동양에서 가장 오래된 세계 지도

　• 지도: 세계 지도인 **혼일강리역대국도지도** 제작

　• 인쇄: 활자를 담당하는 주자소를 설치하여 **계미자를 주조함**

⭐ **(3) 세종**

유교 정치의 실현	• 집현전 설치: 학문 연구와 정책 연구 담당, 경연을 활성화함 • 의정부 서사제 실시: 6조에서 보고하는 일을 의정부에서 먼저 논의한 후 국왕에게 　올리도록 함 → 왕권과 신권의 조화 추구 ┌→ 그림으로 유교 윤리를 표현 • 『삼강행실도』, 『효행록』 등 유교 윤리 서적 간행·보급
대외 관계 변화	• 북방의 여진을 토벌하고 **4군(최윤덕)과 6진(김종서) 개척** ┌→ 영토 확장, 압록강과 두만강을 경계로 • 이종무가 왜구의 근거지인 쓰시마섬(대마도) 정벌 └→ 하는 오늘날의 국경선 확정
민족 문화의 발달	• 훈민정음 반포: 우리 글자인 **훈민정음 창제(1443)** 및 반포(1446) • 과학 기구 제작: 장영실 등을 등용하여 농사에 도움이 되는 과학 기구 발명, 혼천의 　(천문 관측), 앙부일구(해시계), 자격루(물시계), 측우기(강우량 측정) 등 제작 • 편찬 사업: 『칠정산』 내·외편(역법서), 『향약집성방』, 『농사직설』 등 편찬 → 우리의 　풍토와 실정에 맞는 과학 기술의 발달을 위한 노력 • 인쇄 기술 발달: 갑인자 제작

(4) 세조(수양 대군)

① 계유정난과 세조의 즉위 ┌→ 세종의 둘째 아들

　• 계유정난(1453): **수양 대군이 권력을 차지하기 위해 정변을 일으킴**

　• 수양 대군이 조카인 어린 단종을 폐위하고 세조로 즉위 → 이에 반발하여 단종 복위

　　를 꾀한 **사육신 처형**

② 왕권 강화 추구 └→ 성삼문, 박팽년 등

　• 세종 때부터 실시한 의정부 서사제를 폐지하고 6조 직계제를 다시 실시함

　• 집현전을 폐지하고, 경연을 중단함

　• 직전법 실시: 국가의 재정을 확보하기 위해 현직 관리에게만 수조권 지급

(5) 성종

① 통치 체제의 확립

　• 『경국대전』 완성 및 반포: 조선의 기본 법전 → 조선의 기본 통치 이념과 방향 제시

　• 홍문관 설치: 집현전을 계승한 학문 연구 기관, 경연 담당(경연 활성화)

　• 관수 관급제 실시: 관리의 수조권을 회수하고, 관청에서 조세를 거두어 관리에게 지급

② 편찬 사업

　• 『동국통감』(서거정): 고조선부터 고려까지의 역사 정리(편년체)

　• 『악학궤범』(성현): 조선 시대의 의궤와 악보를 정리한 음악 서적

　• 『동국여지승람』(노사신): 각 도의 풍속과 지리 등을 소개한 지리서

> **6조 직계제**

> **호패**

호패는 16세 이상의 남자들에게 지급한 일종의 신분증으로 지금의 주민등록증과 비슷하지요. 호패에는 사는 곳과 나이, 과거 합격 연도 등이 쓰여 있었습니다.

> **의정부 서사제**

> **4군 6진 개척**

> **경국대전**

『경국대전』은 세조 때 편찬하기 시작하여 성종 때 완성한 조선의 기본 법전이에요. 왕명·교지·조례 중 영구히 준수할 것을 모아 엮었지요.

02 통치 체제의 정비

1 중앙 정치 제도·지방 행정 제도

★ (1) 중앙 정치 제도

기구	역할		
의정부	• 정책을 심의·결정하면서 국정을 총괄하는 최고 정무 기구 • 영의정·좌의정·우의정(3정승)의 합의 체제로 운영		
6조	• 행정 실무를 담당하는 기구(집행 기구) • 이조, 호조, 예조, 병조, 형조, 공조		
승정원	왕명의 출납을 담당하는 국왕 비서 기구, 수장을 도승지라고 부름 ──────┐		→ 왕권 강화 기능
의금부	큰 죄를 지은 죄인을 처벌하는 국왕 직속의 사법 기구 ──────────┘		
사헌부	• 관리의 비리 감찰 • 수장은 대사헌	3사	• 사헌부·사간원·홍문관을 3사라 칭함 • 사헌부·사간원의 소속 관원을 대간이라 함, 이들은 간쟁·서경·봉박의 권한을 가짐 • 언론 기능, 권력의 독점과 부정을 방지하는 역할을 함
사간원	• 국왕의 잘못 비판 • 수장은 대사간		
홍문관	• 국왕의 자문 역할, 경연 주관 • 수장은 대제학		
춘추관	• 역사서의 편찬과 보관 담당 • 왕이 죽으면 실록청을 설치하여 춘추관 관원들이 실록 편찬		
한성부	수도인 한양의 행정과 치안을 담당		

(2) 지방 행정 제도

① 지방 행정 구역

- 전국을 8도로 구분, 그 아래에 지역의 크기에 따라 부·목·군·현 설치
- 고려 시대의 특수 행정 구역인 향·부곡·소 등은 소멸 → 일반 군현으로 승격
- 지방관의 파견: 고려와 달리 모든 군현에 지방관 파견 → 고려 시대의 속현 소멸

관찰사 (감사)	• 8도에 파견되어 관할 지역의 수령을 감독하고 평가(임기 1년) • 감찰권·행정권·사법권·군사권 보유
수령	• 부·목·군·현에 파견(임기 5년) • 국왕의 대리인으로 관할 지역의 행정권·사법권·군사권 행사
향리	수령의 행정 실무 보좌, 고려 시대에 비해 지위와 권한 약화

② 유향소와 경재소

유향소	• 지방 양반으로 구성된 향촌 자치 기구 ┈┈→ 가르치고 이끌어서 좋은 방향으로 나아가게 함 • 역할: 수령 보좌, 향리의 비리 감찰, 백성 교화와 풍속 교정, 지방 여론 수렴 등 • 운영: 좌수와 별감이라는 향임직을 두어 운영
경재소	수도인 한양에 설치, 해당 지방 출신의 고위 관리를 책임자로 임명 → 유향소 감시·통제의 역할

- 의금부는 국왕 직속의 사법 기구로 반역죄 등을 처결하였다.
- 홍문관은 사헌부, 사간원과 함께 3사로 불렸다.
- 승정원은 왕명의 출납을 맡은 왕의 비서 기관이다.
- 8도 아래의 부·목·군·현에 파견된 수령은 지방의 행정·군사·사법권을 장악하였다.
- 각 지방의 향리는 수령을 보좌하며 행정 실무를 담당하였다.
- 유향소는 좌수와 별감을 선발하여 운영하였다.

> 조선의 중앙 정치 조직

> 조선의 8도

2 군사 · 교육 · 관리 등용 제도

기출로 보는 키워드

• 향교에는 중앙에서 교수나 훈도가 파견되어 교육하였다.

• 소과에 합격한 생원, 진사에게는 성균관의 입학 자격이 주어졌다.

(1) 군사 제도

① 원칙: 16~60세 사이의 모든 양인 남자에게 군역 부과 → 현직 관료와 학생은 면제

② 조직

중앙군	5위로 구성되어 궁궐과 수도 수비
지방군	• 육군(병영), 수군(수영)으로 편성 → 병마절도사, 수군절도사가 지휘
잡색군	• 정규군 이외의 일종의 예비군, 유사시에 향토 방위 담당 • 전직 관료 · 향리 · 노비 · 신량역천인 등으로 구성

★(2) 교육 제도

성균관	• 한양에 설립된 **조선의 최고 교육 기관**(관립) • 원칙적으로 과거 시험의 **소과에 합격한 생원이나 진사가 입학** • 교육과 제사의 기능: 대성전, 명륜당
4부 학당	한양에 설립된 **관립 중등 교육 기관**
향교	• **지방에 설립된 관립 중등 교육 기관** • 전국의 부 · 목 · 군 · 현에 하나씩 설립 • 중앙에서 교수나 훈도를 파견하여 교육 • 교육과 제사의 기능: 대성전(공자를 비롯한 성현의 위패를 모시고 제사를 지냄), 명륜당 (유학을 가르치던 강당) └ 성인과 현인을 아울러 이르는 말
서당	사립 초등 교육 기관
사역원	외국어 교육 및 통역, 번역 업무

> **성균관**
>
> 유교적 소양을 갖춘 관리를 양성하던 조선의 최고 교육 기관이었어요. 영조 때에는 입구에 탕평비를 세우기도 하였습니다.

(3) 관리 등용 제도

① 과거제

• 응시 자격: 원칙적으로 양인 이상이면 응시 가능

• 시험 시기: 3년마다 정기적으로 시험, 특별한 경우에도 실시

• 시험 종류

문과	• 문관을 뽑는 시험, 생진과(소과)와 문과(대과)로 구성 • 생진과(소과): 생원시 · 진사시 → 합격생을 생원과 진사라 함, 성균관 입학 또는 하급 관리로 진출, 문과 응시 • 문과(대과): 3단계로 진행
무과	무관 선발을 위한 시험
잡과	• 통역관, 의관 등 기술관 선발을 위한 시험 • 주로 기술관의 자제나 향리의 자제, 상민이 응시

② 천거: 고위 관료의 추천으로 관직에 등용, 중종 때 조광조의 건의로 현량과 실시

③ 음서: 고려 시대보다 대상 축소, 과거에 합격하지 않으면 고위 관료로 진출이 어려움

> **조선의 과거제 - 문과**
>
> 소과(생원과, 진사과)
> ⇩
> 문과(대과)
> ⇩
> 최종 합격

03 사림의 대두와 붕당 정치의 성립

1 사림의 등장과 사화

(1) 훈구와 사림

① 훈구 세력의 집권
- 성립: 조선 건국을 주도한 급진파 사대부 계열
- 세조의 즉위 및 집권을 도운 훈구 세력이 정치권력 장악

② 사림의 등장
- 성립: 조선 건국에 반대한 온건파 사대부 계열 → 지방에서 학문과 교육에 힘쓰며 성장
- 등용: 성종 때 훈구 세력의 견제를 위해 등용
- 특징: 왕도 정치와 향촌 자치를 추구
- 역할: 주로 이조 전랑과 언론 기관인 3사에 배치되어 훈구 세력의 비리를 비판

★ **(2) 사림의 정치적 성장과 사화** ┌→ 훈구와 사림의 대립 속에서 사림이 입은 화

① 무오사화(연산군, 1498): 사관 김일손이 김종직이 썼던 「조의제문」을 사초에 올리자 이극돈, 유자광 등의 훈구 세력이 이를 문제 삼아 사림을 공격함

② 갑자사화(연산군, 1504)
- 배경: 연산군의 생모인 폐비 윤씨가 성종 때 사약을 받고 죽은 사건(폐비 윤씨 사사 사건)이 연산군에게 알려짐
- 결과: 폐비 윤씨 사사 사건에 관련된 인물들이 대거 축출됨 → 훈구와 사림의 피해

③ 중종반정(1506)
- 배경: 연산군의 폭정에 대한 신하와 백성들의 반발이 일어남
- 결과: 연산군을 몰아내고 중종이 왕으로 즉위, 반정에 참여한 훈구 세력이 다시 권력을 잡음

④ 조광조의 개혁 정치

배경	중종은 훈구 세력을 견제하기 위해 당시 명망이 높았던 조광조를 등용함
개혁 내용	• 천거제의 일종인 현량과를 실시하여 사림 등용, 경연의 활성화, 언론 활동 강화 • 도교 행사를 주관하던 소격서 폐지, 유교의 기본 서적인 「소학」의 보급 → 유교 윤리 확산 • 반정 공신의 위훈 삭제 추진

⑤ 기묘사화(중종, 1519)
- 배경: 조광조의 급진적인 개혁 정치에 대하여 훈구 세력이 반발
- 결과: 조광조 등 사림 세력이 숙청당함

⑥ 을사사화(명종, 1545)
- 배경: 명종의 외척인 소윤(윤원형 일파)과 인종의 외척인 대윤(윤임 일파) 간의 대립이 발생함 └→ 명종의 선대 왕
- 결과: 외척 세력 간의 다툼에 사림 세력이 타격을 입음

기출로 보는 키워드
- 무오사화는 김종직의 조의제문이 빌미가 되어 발생하였다.
- 갑자사화는 연산군의 생모인 폐비 윤씨 사사 사건을 빌미로 발생하였다.
- 위훈 삭제 등에 대해 훈구 세력이 반발하여 기묘사화가 일어나 조광조 등이 제거되었다.
- 명종 때 외척 윤원형과 윤임 간의 권력 다툼으로 을사사화가 발생하였다.

▶ **김종직의 조의제문**

「조의제문」은 김종직이 초나라 의제의 죽음을 기리며 쓴 글이었는데, 의제는 항우에게 죽임을 당한 왕이었어요. 이것이 세조에게 죽임을 당한 단종을 기리고 세조를 비판하는 의미로 해석되었지요.

▶ **위훈**

'거짓된 공훈'이라는 뜻으로, 중종이 반정으로 즉위하는 과정에서 큰 역할이 없으면서도 공훈을 받은 것을 의미해요. 조광조는 이러한 거짓된 공훈을 삭제하려고 하였는데, 훈구 세력의 많은 반발을 사게 되면서 기묘사화가 일어나는 계기가 되었습니다.

2 성리학의 발달

⭐(1) 서원

시작	풍기(영주) 군수 **주세붕**이 세운 **백운동 서원**(우리나라에 성리학을 처음 들여온 안향의 제사를 지냄)
기능	성리학에 대한 연구, 선현(덕망 있는 유학자)에 대한 제사, 후진 양성(교육) 등
역할	사림의 여론 형성 주도, 지방 사림의 정치적 구심점 역할, 붕당의 근거지
사액 서원	• 국왕으로부터 편액과 서적, 노비 등을 받은 서원 • 백운동 서원이 **이황의 건의로 사액** → 소수 서원이 됨(우리나라 최초의 사액 서원)

(2) 성리학의 발달

① 성리학의 발달: 사림 집권 이후 성리학의 실천을 위한 이론 발달 → 인간 심성에 관심

② 대표적인 학자: 이황과 이이

이황(호: 퇴계)	이이(호: 율곡)
근본적, 이상적	현실적, 개혁적
『성학십도』(군주의 역할 강조), 『주자서절요』 저술	『성학집요』(신하의 역할 강조), 『동호문답』 저술
동인	서인
일본 성리학에 영향	수미법 주장, 예안 향약 시행

└→ 군주의 도를 10개의 그림으로 설명   └→ 방납의 폐해를 시정하기 위해 공납을 쌀로 걷자고 한 개혁안

3 붕당의 형성

└→ 정치적 견해와 학문적 성향을 같이하는 사람이 모여 만든 집단

⭐(1) 붕당의 출현

① 배경: 선조 즉위 후 사림 세력의 중앙 정계 진출 및 장악

② 발생: **척신** 세력에 대한 처리 문제와 **이조 전랑** 임명 문제를 둘러싸고 대립

    └→ 관직이 낮았지만 인사권이 있어 그 권한이 강했음

   → 사림이 **동인과 서인으로 나뉨**

    └→ 임금의 외척이 되는 신하

③ 동인과 서인

동인	서인
김효원 중심	심의겸 중심
신진 사림의 지지	기성 사림의 지지
척신 정치 청산에 적극적	척신 정치 청산에 소극적(우호적인 척신은 포용)

(2) 붕당의 분화

└→ 초기에는 서인이었으나 이후 동인이 됨

① 정여립 모반 사건: 동인이었던 정여립이 모반을 꾀한다는 상소가 올라옴 → 서인인 정철이 사건을 조사하면서 동인들이 큰 피해를 입음(기축옥사) → 서인의 집권

② 정철의 건저의 사건: 서인인 정철이 광해군을 왕세자로 책봉하자고 건의 → 선조가 반발하면서 서인이 몰락함 → 동인의 집권

③ 동인의 분화: 서인에 대한 처벌 문제를 두고 강경파인 북인과 온건파인 남인으로 갈라짐

    └→ 정여립 모반 사건, 정철의 건저의 사건이 계기가 됨

(3) 붕당 정치의 전개

① 선조: 남인이 정국 주도 → 임진왜란 이후 북인이 주도

② 광해군: 북인이 정권을 독점하면서 서인과 남인이 배제됨

기출로 보는 키워드

• 이황은 군주의 도를 도식으로 설명한 성학십도를 저술하였다.

• 이이는 성학집요를 저술하여 군주가 수양해야 할 덕목을 제시하였다.

❯ **이황**

❯ **이이**

기출로 보는 키워드

• 사림은 척신 정치의 청산과 이조 전랑의 임명 문제를 둘러싸고 동인과 서인으로 나뉘었다.

• 선조 때 정여립 모반 사건을 계기로 기축옥사가 발생하여 서인이 정국을 주도하였다.

• 건저의 사건으로 권력을 잡은 동인이 정철 처벌 문제를 두고 북인과 남인으로 나뉘었다.

• 광해군 때 북인이 서인과 남인을 배제하고 정권을 장악하였다.

❯ **이조 전랑 임명 문제**

선조 때 신진 사림에게 많은 지지를 받던 김효원이 이조 전랑 자리에 추천이 되었으나 심의겸의 반대로 자리에 오르지 못하였어요. 그 뒤 심의겸의 동생이 이조 전랑 자리에 추천되었으나 이번에는 김효원이 반대했지요. 이렇게 김효원과 심의겸의 대립이 이어지며 사림은 동인과 서인으로 나뉘어졌어요.

04 조선 전기의 경제·사회·문화

1 조선 전기의 경제

★ (1) 토지 제도

과전법 (고려 공양왕, 1391)	• 권문세족의 경제적 기반 약화, 신진 사대부의 경제적 기반 마련, 국가 재정 확보 목적 • 고려 말 이성계의 위화도 회군 이후 조준, 정도전 등의 건의로 실시 ┌ 급진파 사대부 • 전·현직 관리에게 과전(수조권 행사 가능) 지급 → 사후에는 반납하는 것이 원칙 • 지급 대상 토지는 원칙적으로 경기 지역의 토지에 한정 • 관리가 사망하면 유가족에게 수신전과 휼양전 지급 → 수신전과 휼양전은 세습 가능
직전법 (세조, 1466)	• 배경: 수신전·휼양전 등 세습되는 토지의 증가 → 신진 관료에게 지급할 토지 부족 • 내용: 현직 관리에게만 수조권 지급(과전법 때보다 지급량 축소), 수신전과 휼양전 폐지
관수 관급제 (성종, 1470)	• 배경: 수조권자인 양반 관료의 과다 수취로 인해 농민 불만 증대 • 내용: 수조권자가 직접 거두지 않고 관청이 대신 세금을 거두어 수조권자에게 지급
직전법 폐지 (명종, 1556)	관리에게 녹봉만 지급하고 수조권 지급 제도를 폐지함

(2) 수취 체제의 정비

전세	• 전분 6등법: 토지의 비옥도에 따라 6등급으로 나눔 • 연분 9등법: 그해의 풍흉에 따라 9등급으로 나눔 ┐ 세종 때부터 실시
공납	• 집집마다 특산물을 세금으로 부과 • 16세기: 백성들이 부과된 특산물을 납부하기가 어려워 대납, 방납이 성행
역	• 16세 이상~60세 미만 사이의 양인 남자에게 부과하는 노동력 징발 • 요역(토목 공사 등에 동원)과 군역 ┐ 포를 받고 군역을 면제해 주던 일 • 16세기: 군역의 요역화, 대립제와 방군 수포제 성행

└ 농민들의 요역 기피로
군인을 요역에 동원　　　└ 군역을 다른 사람에게 대신하게 하는 것

2 조선 전기의 사회

(1) 조선의 신분

양반	정치적으로는 관료층(고위 관직 독점), 경제적으로는 지주층, 국역 면제 등의 특권 보장
중인	• 의미: 좁은 의미로는 기술관, 넓은 의미로는 양반과 상민의 중간 계층 • 구성: 기술관, 서리(중앙 관청의 말단 실무직), 향리, 서얼 등으로 구성 • 기술관: 잡과를 통해 선발된 의관(의학)·역관(통역)·산관(회계)·율관(법률) 등 • 서얼: 양반의 첩에게서 태어난 자손, 서자(양인 첩의 자식)와 얼자(천인 첩의 자식)를 합친 말
상민	• 의미: 대부분의 백성으로 평민이나 양민이라고도 불림 • 구성: 농민(조세·공납·역 부담), 수공업자(공장안에 등록되어 수공업품 생산), 상인, 신량역천
천민	대부분이 노비이며 매매·상속·증여의 대상이 되어 재산으로 취급, 일천즉천의 원칙

└ 부모 중 한 명이 노비이면
그 자식도 노비가 되는 법

(2) 사회 시책

┌ 식량이 부족한 봄에 곡식을 빌려주고 추수 후에 갚도록 하는 제도

① 민생 안정책: 환곡제, 사창제, 상평창(물가 조절 기구)

② 의료 시설: 혜민국(→ 혜민서), 동·서 대비원(→ 동·서 활인서) 등

• 과전법의 지급 대상 토지는 원칙적으로 경기 지역에 한정되었다.

• 세조 때 직전법을 실시하여 현직 관리에게만 수조권을 지급하였다.

• 세종 때 토지의 비옥도를 6등급으로 나누어 전세를 부과하는 전분 6등법이 시행되었다.

▶ 수조권

국가는 관리에게 나라를 위해 일한 대가로 수조권을 주어 토지에 부과되는 전세를 농민에게서 거둘 수 있도록 하였어요. 즉, 국가가 거두어야 할 세금을 관리가 대신 거두게 한 것이에요.

▶ 방납

양반이나 아전, 상인 등이 백성들이 내야 할 공납을 대신 납부하고 돈을 받아 막대한 이익을 챙기는 행위예요.

• 조선 시대 천민의 대다수는 노비로 매매·상속·증여의 대상이 되었다.

• 조선 시대에는 물가 조절 기구인 상평창이 운영되었다.

▶ 신량역천

조선 시대 양인 중 천역에 종사하는 사람들을 의미해요.

▶ 혜민국과 동·서 대비원

혜민국은 의약과 서민 환자 치료를 담당하는 곳이고, 동·서 대비원은 서민 환자 치료 및 빈민 구휼을 담당하는 곳입니다.

3 조선 전기의 문화

(1) 훈민정음의 창제: 세종은 백성들도 활용 가능한 문자의 필요성 인식하고 훈민정음을 창제(1443)한 후 반포(1446)함

(2) 편찬 사업

① 역사서

건국 초기	『고려국사』(정도전), 『동국사략』(권근) 등 편찬
『고려사』	고려의 역사를 기전체 형식으로 편찬
『고려사절요』	고려의 역사를 편년체 형식으로 편찬 → 조선 왕조의 정통성 확보 목적
『동국통감』	• 성종 때 서거정이 통사 형식으로 편찬(편년체) • 고조선부터 고려 말까지의 역사 정리
『조선왕조실록』	• 태조부터 철종까지의 역사를 편년체로 서술한 조선의 역사서 • 임금이 죽으면 춘추관에 임시 기구인 실록청 설치 → 사관들이 기록한 사초·시정기 등을 바탕으로 편찬 • 춘추관 및 사고에 보관(조선 전기 4대 사고 → 왜란 후 5대 사고) • 유네스코 세계 기록 유산에 등재

② 지도와 지리서

지도	혼일강리역대국도지도(태종): 현재 존재하는 동양에서 가장 오래된 세계 지도
지리서	『동국여지승람』(성종): 각 군현의 지리, 인물, 풍속 등 기록 → 통치 기반으로 삼음

③ 윤리·의례서와 법전

윤리·의례서	• 『삼강행실도』(세종): 백성들이 유교 윤리를 쉽게 알 수 있도록 우리나라와 중국의 충신·효자·열녀의 모범 사례를 모아 글과 그림으로 편찬 • 『국조오례의』(성종): 국가 주요 행사(의례)의 예법과 절차에 관하여 기록
법전	『경국대전』(성종): 세조 때 편찬하기 시작하여 성종 때 완성·반포한 조선의 기본 법전 → 통치 질서의 확립

⭐ (3) 천문학과 역법: 농업 발달과 유교적 사회 구현이 목적

천문학	• 천상열차분야지도(태조): 고구려의 천문도를 바탕으로 돌에 새긴 별자리 지도 • 세종 때 장영실 등의 활약으로 과학 기구 제작 → 천체 관측을 위한 혼천의, 그림자로 시간을 측정하는 양부일구(해시계), 자동으로 시간을 알려 주는 자격루(물시계), 강우량 측정을 위한 측우기 제작
역법	『칠정산』 내·외편(세종): 이순지 등이 원의 수시력과 아라비아의 회회력을 참고하여 우리 실정에 맞게 한양을 기준으로 천체 운동을 계산한 역법서

▲ 혼천의

▲ 양부일구

▲ 자격루

▲ 측우기

기출로 보는 키워드

• 조선왕조실록은 사초와 시정기를 바탕으로 실록청에서 편찬하였다.
• 태종 때 현존하는 동양 최고(最古)의 세계 지도인 혼일강리역대국도지도가 만들어졌다.
• 경국대전은 세조 때 편찬 작업이 시작되어 성종 때 완성된 조선 왕조의 기본 법전이다.
• 세종 때 충신, 효자, 열녀의 이야기를 글과 그림으로 구성한 삼강행실도가 편찬되었다.
• 세종 때 해시계인 양부일구, 물시계인 자격루 등이 만들어졌다.
• 세종 때 이순지 등이 한양을 기준으로 한 역법서인 칠정산을 만들었다.
• 세종 때 정초 등이 우리 풍토에 맞는 농사법을 기록한 농사직설을 간행하였다.
• 세종 때 우리 고유의 약재와 치료 방법을 정리한 향약집성방이 간행되었다.
• 태종 때 주자소가 설치되어 계미자가 주조되었고, 세종 때 갑인자가 주조되었다.
• 15세기에는 회색 계통의 태토 위에 백토로 표면을 꾸민 분청사기가 유행하였다.
• 16세기에는 백자가 깨끗하고 검소한 아름다움으로 사대부들에게 인기를 끌었다
• 조선 전기에 개성 경천사지 10층 석탑의 영향을 받은 서울 원각사지 10층 석탑이 세워졌다.

혼일강리역대국도지도

삼강행실도

(4) 농업과 의학

농업	• 『농사직설』(세종): 전국의 농부들에게 경험을 물어 우리 풍토에 맞는 농사법 소개 • 『금양잡록』(성종): 강희맹이 금양 지역(지금의 경기도 시흥)에서 농사를 지으며 쓴 농서 • 『구황촬요』(명종): 흉년에 대처하기 위한 구황 방법 설명
의학	• 『향약집성방』(세종): 우리 풍토에 맞는 약재와 치료법 정리 • 『의방유취』(세종): 의학 백과사전

(5) 활자 인쇄술과 무기

활자 인쇄술	• 태종 때 인쇄와 활자 주조를 담당하는 기관인 **주자소 설치** • 태종 때 계미자, 세종 때 갑인자 등의 활자 개량
무기	신기전과 화차, 비격진천뢰, 판옥선 등 제작

└ 거북선으로 개조

(6) 건축과 예술

건축	15세기	• 궁궐, 관아, 성문 중심의 건축 발달(**경복궁**, 창덕궁, 창경궁, 숭례문 등) • 종묘: 조선 역대 국왕과 왕비의 신주를 모신 사당, 유네스코 세계 유산 • **서울 원각사지 10층 석탑**(세조): 고려의 개성 경천사지 10층 석탑을 계승한 다각 다층탑, 대리석으로 제작 • **합천 해인사 장경판전**: 팔만대장경판 보관, 유네스코 세계 유산
	16세기	서원 건축 유행: **안동 도산 서원(이황)**, 경주 옥산 서원(이언적) 등
그림	15세기	• **안견의 몽유도원도**: 안견이 세종의 아들인 안평 대군의 꿈 이야기를 듣고 표현한 작품, 현실 세계와 이상 세계를 한 폭의 그림에 구현 • **강희안의 고사관수도**: 문인화
	16세기	이상좌의 송하보월도, 신사임당의 초충도
문학	15세기	• 서거정의 『동문선』: 성종 때 우리나라의 역대 시문을 모아 편찬 • 김시습의 『금오신화』: 최초의 한문 소설
	16세기	정철의 '관동별곡', '사미인곡' 등 가사 문학 발달
음악		『악학궤범』(성종): 궁중 음악 집대성
도자기		분청사기(15세기), 백자(16세기) 유행

> **농사직설**

세종의 명을 받아 정초 등이 간행한 농서입니다. 기존의 중국에서 들어온 농서는 우리나라의 풍토와 맞지 않아 농민들이 불편을 겪었어요. 이에 전국 각지의 나이 많은 농민들의 경험을 수집하여 우리 현실에 맞는 농사법을 소개한 『농사직설』을 편찬하였습니다.

▲ 서울 원각사지 10층 석탑

▲ 안견의 몽유도원도

▲ 강희안의 고사관수도

▲ 이상좌의 송하보월도

▲ 신사임당의 초충도

▲ 분청사기 음각어문 편병

▲ 백자 달 항아리

▲ 백자 철화 끈무늬 병

05

IV. 조선 전기

조선 전기의 대외 관계와 양 난

1 조선 전기의 대외 관계

(1) 명과의 관계

① 건국 초: 태조 때 정도전이 추진한 요동 정벌 문제로 명과 긴장 관계 유지

② 태종 이후: 명과 친선 관계 유지(자주적 실리 외교) → 명에 사대 정책 추진

(2) 여진과의 관계

┌─ 압록강과 두만강을 경계로 오늘날의 국경선이 확정됨

강경책	• 세종 때 최윤덕이 4군, 김종서가 6진을 개척하여 영토 확보 • 사민 정책 실시: 남쪽 지역에 살던 백성들을 북방으로 이주시킴 • 토관 제도 실시: 토착민을 관리로 임명
회유책	• 여진족의 귀순 장려, 여진의 사신을 위해 한양에 북평관 설치 • 국경 지역인 경성·경원에 무역소를 설치하여 교역

(3) 일본과의 관계

① 15세기

강경책	세종 때 이종무가 왜구의 근거지인 쓰시마섬(대마도) 정벌(1419)
회유책	• 세종 때 3포(부산포·제포·염포) 개항, 계해약조 체결 → 제한된 범위 내에서 무역 허용 • 왜관을 설치하여 일본과 교역

② 16세기: 3포 왜란(중종, 1510), 을묘왜변(명종, 1555) → 비변사 설치 및 일본과 외교 단절
　　　　　└─ 왜인들이 일으킨 난리

2 임진왜란

★ (1) 임진왜란(1592~1598)

① 배경: 일본에서 도요토미 히데요시가 전국 시대를 통일하고 조선을 침략함(1592)

② 전쟁 초기: 부산진(정발)과 동래성(송상현) 함락 → 충주 탄금대 전투에서 패배(신립)
→ 한성 함락 → 선조의 의주 피란, 명에 원군 요청

③ 수군과 의병의 활약

• 수군: 이순신이 이끄는 수군이 옥포 해전, 당포 해전, 한산도 대첩 등에서 승리

• 의병: 곽재우(의령), 고경명(담양), 김천일(나주), 정문부, 조헌, 유정, 휴정 등
　　　　└─ 홍의 장군으로 불림　　　　　　　　　　사명 대사 ┘　　└─ 서산 대사

④ 전세의 역전과 전열 정비

• 명의 참전으로 조·명 연합군 결성 → 진주 대첩(김시민) 승리, 조·명 연합군의 평양성 탈환, 행주 대첩(권율) 승리 → 명과 일본이 휴전 협상을 전개하였지만 결렬

• 훈련도감(포수·사수·살수의 삼수병으로 구성) 설치·속오법을 실시 → 군사력 강화
　└─ 유성룡의 건의로 설치　　　　　　　　　└─ 양반부터 천민까지 포함시켜
　　　　　　　　　　　　　　　　　　　　　　조직한 속오군의 편제 방식

기출로 보는 키워드

• 세종은 여진을 정벌한 후 4군과 6진을 개척하였다.

• 세종 때 3포를 개항하고 계해약조를 체결하여 일본에 제한적인 무역을 허용하였다.

▶ 조선 전기 대외 관계의 특징

조선 시대의 대외 정책은 '사대교린'의 원칙으로 전개되었습니다. '사대'는 세력이 강한 나라를 섬기는 것을 말하고, '교린'은 이웃 나라와는 대등한 입장에서 사귀는 것을 말합니다. 명에게는 사대 정책을, 여진·일본 등에게는 교린 정책을 취했지요.

▶ 비변사

변방의 방비를 위해 임시로 설치한 기구라는 뜻으로, 3포 왜란 때 임시로 설치하였다가 을묘왜변 이후 상설 기관이 되었어요.

기출로 보는 키워드

• 임진왜란 당시 조명 연합군이 평양성을 탈환하였다.

• 일본과 명의 휴전 협상이 결렬된 이후 이순신이 명량에서 일본 수군을 격파하였다.

• 임진왜란 이후 일본의 요청으로 외교 사절인 통신사가 다시 파견되었다.

▶ 유성룡의 『징비록』

임진왜란 때 전쟁을 이끌었던 유성룡은 왜란이 끝난 뒤 뒷날을 경계하고자 하는 뜻에서 『징비록』를 저술하였어요. 이 책에는 조선과 일본의 관계, 전쟁의 진행 상황 등이 구체적으로 담겨 있습니다.

⑤ 정유재란: 휴전 협상이 결렬되자 일본군이 재침입(1597) → 조·명 연합군의 직산 전투 승리, 명량 대첩(이순신) 승리

⑥ 전쟁의 종결: 도요토미 히데요시가 죽자 일본군 철수 → 철수하는 일본군을 노량 해전
에서 격퇴
└ 이순신 전사

> 임진왜란의 전개

(2) 임진왜란의 영향

조선	• 국토의 황폐화, 인구 감소, 토지 대장(양안)·호적 소실 등으로 재정이 궁핍해짐 • 경복궁, 불국사, 사고 등의 문화재 소실 • 공명첩의 대량 발급 등으로 양반층 증가 → 신분제 동요 • 비변사의 정치적 기능 강화 └ 국가의 재정 보완을 목적으로 돈이나 곡식을 받고 명예직 관직을 수여하기 위해 발행
일본	• 에도 막부 성립 • 전쟁 중 약탈한 문화재와 포로로 잡아간 학자, 기술자 등을 통해 일본 문화 발전(도자기 기술 및 성리학의 발전)
중국	명은 조선에 지원군을 파견하여 국력이 약화되었고, 명이 약해진 틈을 타 여진이 후금을 세움

(3) 임진왜란 이후 일본과의 관계

① 기유약조 체결(광해군, 1609): 일본의 요청으로 일본과의 국교 재개 → 부산포에 왜관 을 설치하여 제한된 범위 내에서 무역 허용

② 통신사 파견: 에도 막부에서 통신사 파견 요청, 1607년부터 1811년까지 조선에서 일본 에 외교 사절단 파견 → 일본에 선진 문물 전파

③ 안용복의 활약: 숙종 때 어부 안용복이 일본에 건너가 독도가 우리 영토임을 확인받음

> 통신사

---

3 광해군의 중립 외교와 인조반정

기출로 보는 키워드

★(1) 광해군의 중립 외교

① 전후 복구 노력 ┌ 국가 사이의 분쟁이나 전쟁에 관여하지 아니하고 중간 입장을 지키는 외교
- 토지 대장(양안)·호적 정리 → 정확한 인구와 토지 파악을 통해 국가 재정 확보
- 대동법 실시: 공납 제도의 폐단을 바로잡기 위해 경기도에 실시
- 성곽 수리, 창덕궁·사고 재건, 『동의보감』 완성(허준)

② 중립 외교 정책
- 배경: 명과 후금의 전쟁 중 명이 조선에 지원군 요청
- 전개: 광해군이 강홍립을 명에 지원군으로 파견하면서 상황에 따라 대처하도록 명령
  → 명과 후금 사이에서 실리를 추구하는 중립 외교 추진
  └ 강홍립이 후금에 항복

• 광해군은 명과 후금 사이에서 중립 외교 정책을 추진하였다.

• 광해군은 인조반정이 일어나 폐위되었다.

★(2) 인조반정(1623)

배경	• 광해군이 영창 대군을 죽이고 새어머니인 인목 대비를 폐위시키는 등 유교 윤리를 어김(폐모살제) • 광해군과 북인 정권의 중립 외교 정책에 대한 반발
전개	서인 세력이 반정을 일으켜 광해군을 폐위시키고 북인 세력 축출 → 인조 즉위, 서인이 정국의 주도권을 장악하면서 남인이 참여
결과	친명배금 정책 추진: 명과 친교를 맺고 후금을 배척

> 광해군의 폐모살제

서인 세력이 광해군의 이복 동생 인 영창 대군을 지지하자 광해군 이 계모인 인목 대비를 폐위하고, 영창 대군을 죽인 일을 말해요.

4 호란의 발발

(1) 정묘호란(1627) → 호인(여진족)들이 일으킨 난리

배경	• 서인 세력과 인조가 **친명배금 정책**을 추진 → 명과 친교를 맺고 후금을 배척 • 이괄의 난(1624) 때 패한 잔당들이 후금에 투항하여 인조반정의 부당함을 고함
전개	후금의 침입 → 의병의 활약(용골산성의 정봉수, 의주 지방의 이립), 관군의 항쟁
결과	후금과 화의를 맺고 형제의 맹약 체결(후금−형, 조선−아우)

★ (2) 병자호란(1636)

배경	• 후금이 나라 이름을 청으로 바꾸고 군신 관계(임금과 신하) 강요 • 청의 요구에 외교적 해결을 주장한 주화론(최명길)과 오랑캐에게 굴복하지 말고 싸우자고 주장한 주전론(김상헌, 윤집)으로 나뉘어 대립 → 주전론이 우세
전개	청의 침입 → 임경업의 백마산성 항전 → 한성 함락 → 왕실은 강화도로 피란, 인조는 남한산성으로 피신하여 청군에 항쟁 → 청 태종에게 항복(삼전도의 굴욕, 삼전도비 건립)
결과	• 청과 군신 관계를 맺고 명과는 국교 단절 → 청에 조공 • 소현 세자·봉림 대군 등이 청에 볼모로 잡혀갔고 많은 백성들이 포로로 끌려감

　　　　　　└→ 훗날 효종　　└→ 나라 사이에 조약 이행을 담보로 상대국에 억류하여 두던 왕자나 그 밖의 유력한 사람

(3) 호란 이후 청과의 관계

① 북벌

의미	청을 정벌하여 청에 당한 수치를 갚고, 명에 대한 의리를 지키자는 주장
전개	효종 때 송시열, 이완 등을 중심으로 북벌 추진 → 실천에 옮기지는 못함
나선 정벌	• 청이 러시아(나선)와 대립하면서 조선에 군대 파견 요청 • 효종이 두 차례 조총 부대를 파견하여 청을 도와 러시아군과 싸움

② 북학론 대두: 18세기 이후 일부 실학자들이 청의 선진 문물 수용 주장

③ 백두산정계비 건립(숙종, 1712)
- 청과의 국경 문제 발생 → 숙종 때 압록강과 토문강을 경계로 국경을 획정하고 백두산에 비석을 세움
- 19세기에 이르러 토문강의 위치에 대한 해석을 둘러싸고 갈등이 생김

> **이괄의 난**

이괄이 인조반정 이후 공신 책정에 불만을 갖고 일으킨 반란이에요. 실패로 끝났지만 잔당 세력이 후금에 투항하여 정묘호란의 배경이 되었습니다.

> **병자호란의 전개**

> **삼전도의 굴욕**

항복 당시 인조는 청 황제 앞에서 3번 절하고 9번 머리를 조아리는 예를 행해야 했습니다.

01 조선의 건국과 국가 기틀 마련

01 (가)에 들어갈 내용으로 옳은 것은? [기본 55회]

(앞면)   (뒷면)

〈주요 활동〉
• ___(가)___
• 위화도 회군으로 권력을 장악함
• 정도전 등과 함께 개혁을 추진함
• 조선을 건국함

① 별무반을 편성함
② 우산국을 정벌함
③ 전민변정도감을 설치함
④ 황산에서 왜구를 격퇴함

02 (가)에 들어갈 내용으로 옳은 것은? [기본 54회]

두 차례 왕자의 난을 통해 집권한 조선의 제3대 왕에 대해 말해 볼까요?

6조 직계제를 실시하였어요.

(가)

① 직전법을 제정하였어요.
② 호패법을 시행하였어요.
③ 장용영을 설치하였어요.
④ 척화비를 건립하였어요.

03 다음 가상 대화에 등장하는 왕의 업적으로 옳지 <u>않은</u> 것은? [기본 67회]

우리가 만든 편경의 소리도 음이 잘 맞구나. 이제 그대가 아악을 체계적으로 정비하도록 하라.

명하신 대로 편경을 만들었사옵니다.

박연

① 자격루를 제작하였다.
② 농사직설을 간행하였다.
③ 악학궤범을 완성하였다.
④ 삼강행실도를 편찬하였다.

04 (가) 왕의 정책으로 옳은 것은? [기본 50회]

조선 제7대 국왕 ___(가)___ 의 모습을 담은 밑그림이 공개되었습니다. 이것은 일제 강점기에 어진 모사본을 옮겨 그리는 과정에서 제작되었습니다. ___(가)___ 은/는 6조 직계제를 다시 시행하는 등 왕권 강화를 위해 노력하였습니다.

○○ 박물관 ___(가)___ 의 어진 밑그림 첫 공개

① 경복궁을 중건하였다.
② 직전법을 실시하였다.
③ 초계문신제를 시행하였다.
④ 5군영 체제를 완성하였다.

01 조선의 건국
답 ④

자료에서 위화도 회군으로 권력을 장악하였다는 점, 정도전 등과 함께 개혁을 추진하였다는 점, 조선을 건국하였다는 점을 통해 해당 인물이 조선의 태조인 이성계임을 알 수 있다.

🔍 선지분석

① 별무반을 편성함
→ 고려 숙종 때 윤관의 건의로 편성되었다.

② 우산국을 정벌함
→ 신라 지증왕 때 이사부를 보내 우산국을 정벌하였다.

③ 전민변정도감을 설치함
→ 고려 공민왕은 왕권 강화를 위해 신돈을 등용하여 전민변정도감을 설치하였다.

✓ 황산에서 왜구를 격퇴함
→ 고려 말 이성계가 왜구들을 격퇴한 대표적인 전투 중 하나이다.

⏱ 3초공식
위화도 회군 + 조선 건국 = 이성계

02 국가의 기틀 마련
답 ②

자료에서 두 차례 왕자의 난을 통해 집권하였다고 한 점, 조선의 제3대 왕이라는 점, 6조 직계제를 실시하였다는 점을 통해 해당 국왕이 조선 태종임을 알 수 있다.

🔍 선지분석

① 직전법을 제정하였어요.
→ 현직 관리에게만 수조권을 지급한 직전법은 세조 때 시행되었다.

✓ 호패법을 시행하였어요.
→ 16세 이상의 남자들에게 호패를 발급하여 조세 징수 및 군역 부과에 활용한 호패법은 태종 때 시행되었다.

③ 장용영을 설치하였어요.
→ 국왕 친위 부대인 장용영은 정조 때 설치되었다.

④ 척화비를 건립하였어요.
→ 고종 때 흥선 대원군이 프랑스와 미국의 침입을 물리친 이후 통상 수교 거부 의지를 나타내기 위해 척화비를 건립하였다.

⏱ 3초공식
왕자의 난 + 조선 제3대 국왕 + 6조 직계제 = 조선 태종

03 국가의 기틀 마련
답 ③

조선 세종은 박연에게 명을 내려 아악을 체계적으로 정비하게 하고, 악기를 개량·발명하게 하였다.

🔍 선지분석

① 자격루를 제작하였다.
→ 세종 때 장영실은 밤낮이나 날씨에 상관없이 시간을 알 수 있는 물시계인 자격루를 제작하였다.

② 농사직설을 간행하였다.
→ 세종 때 정초, 변효문 등은 왕명에 따라 농민들의 실제 경험을 종합하여 우리 풍토에 맞는 농업 기술 서적인 《농사직설》을 간행하였다.

✓ 악학궤범을 완성하였다.
→ 성종 때 성현 등이 궁중 음악, 당악, 향악 등의 음악 이론을 집대성한 《악학궤범》을 완성하였다.

④ 삼강행실도를 편찬하였다.
→ 세종 때 유교 윤리의 보급을 위하여 중국과 우리나라의 충신과 효자 등의 이야기를 글과 그림으로 구성한 《삼강행실도》가 편찬되었다.

⏱ 3초공식
박연 + 아악을 체계적으로 정비함 = 조선 세종

04 국가의 기틀 마련
답 ②

자료에서 조선 제7대 국왕이라고 한 점, 6조 직계제를 다시 시행하였다는 점 등을 통해 (가) 왕이 조선 세조임을 알 수 있다.

🔍 선지분석

① 경복궁을 중건하였다.
→ 경복궁 중건은 고종 때 흥선 대원군의 정책이다.

✓ 직전법을 실시하였다.
→ 직전법은 세조 때 신진 관료에게 지급할 토지가 부족해지자 현직 관리에게만 수조권을 지급하도록 한 제도이다.

③ 초계문신제를 시행하였다.
→ 초계문신제는 정조가 문신 재교육을 위해 시행한 제도이다.

④ 5군영 체제를 완성하였다.
→ 5군영 체제는 숙종 때 금위영이 창설되면서 완성되었다.

⏱ 3초공식
조선 제7대 국왕 + 6조 직계제 재시행 + 직전법 = 조선 세조

02 통치 체제의 정비

01 다음 학생이 생각하고 있는 기구로 옳은 것은?

[기본 51회]

조선의 중앙 정치 기구 중 하나였어.

왕명의 출납을 담당하였어.

6명의 승지가 있었어.

① 사간원　② 사헌부　③ 승정원　④ 홍문관

03 교사의 질문에 대한 학생의 답변으로 옳지 않은 것은?

[기본 51회]

조선 시대의 교육 기관에 대해 말해 볼까요?

① 책을 읽고 활쏘기를 익히는 경당이 있었어요.

② 서울의 4부 학당에서는 중등 교육을 담당했어요.

③ 최고 교육 기관으로 성균관이 있었어요.

④ 사림이 세운 서원이 있었어요.

02 (가)에 들어갈 기구로 옳은 것은?

[기본 50회]

이번에 (가) 의 교리에 임명되셨다고 들었습니다. (가) 에 대해 알려 주세요.

궁궐 내의 서적을 관리하고 왕의 각종 자문에 응하는 기구입니다. 사헌부, 사간원과 함께 삼사로 불립니다.

① 승정원　② 어사대　③ 집사부　④ 홍문관

04 (가)에 들어갈 교육 기관으로 옳은 것은?

[기본 52회]

여러분은 현재의 초등학교와 유사한 조선 시대의 (가) 체험을 하고 있어요. 당시 학생들은 천자문, 동몽선습, 소학 등을 배웠답니다.

千字文
天地玄黃
宇宙洪荒

① 서당　② 태학　③ 성균관　④ 주자감

01 중앙 정치 제도·지방 행정 제도   답 ③

자료에서 조선의 중앙 정치 기구라는 점, 왕명의 출납을 담당하였다는 점, 6명의 승지가 있었다는 점을 통해 학생이 생각하고 있는 기구가 승정원임을 알 수 있다.

🔍 선지분석

① 사간원
➡ 국왕의 잘못을 비판하는 역할을 하였고, 그 수장을 대사간이라고 불렀다.

② 사헌부
➡ 관리 감찰을 담당하였고, 그 수장을 대사헌이라고 불렀다.

✓ 승정원
➡ 왕명 출납을 담당하던 국왕의 비서 기관으로, 그 수장을 도승지라고 불렀다.

④ 홍문관
➡ 경연 주관과 국왕의 자문 역할을 담당하였고, 그 수장을 대제학이라고 불렀다.

 3초공식

조선 + 왕명 출납 + 승지 = 승정원

02 중앙 정치 제도·지방 행정 제도   답 ④

자료에서 궁궐 내의 서적을 관리하고 왕의 각종 자문에 응한다는 점, 사헌부·사간원과 함께 삼사로 불린다는 점 등을 통해 (가) 기구가 홍문관임을 알 수 있다.

🔍 선지분석

① 승정원
➡ 조선 시대 왕명 출납을 담당하던 국왕 비서 기관이다.

② 어사대
➡ 고려 시대 관리 감찰을 담당하던 기구이다.

③ 집사부
➡ 신라 시대 왕의 명령을 집행하고 보고하던 최고 행정 기관이다.

✓ 홍문관
➡ 조선 시대 경연을 주관하고 국왕의 자문 역할을 하던 기구이다.

3초공식

왕의 자문 역할 + 삼사 = 홍문관

03 군사·교육·관리 등용 제도   답 ①

자료에서 교사가 조선의 교육 기관에 대해 말해 보자고 하였으므로 조선 시대의 교육 기관에 대한 답변이 제시되어야 한다. 조선의 교육 기관으로는 성균관, 4부 학당, 향교, 서원, 서당 등이 있다.

🔍 선지분석

✓ 책을 읽고 활쏘기를 익히는 경당이 있었어요.
➡ 경당은 고구려의 지방 교육 기관이다.

② 서울의 4부 학당에서는 중등 교육을 담당했어요.
➡ 4부 학당은 조선 시대에 수도에 설립된 관립 중등 교육 기관이다.

③ 최고 교육 기관으로 성균관이 있었어요.
➡ 성균관은 수도에 설치한 고려 말과 조선의 최고 교육 기관이다.

④ 사림이 세운 서원이 있었어요.
➡ 서원은 조선 시대 성리학에 대한 연구와 후학 양성, 선현에 대한 제사가 이루어졌던 사설 교육 기관이다.

3초공식

4부 학당 + 성균관 + 서원 = 조선의 교육 기관

04 군사·교육·관리 등용 제도   답 ①

자료에서 현재의 초등학교와 유사한 조선 시대의 교육 기관이라고 한 점, 『천자문』, 『동몽선습』, 『소학』 등을 배웠다는 점을 통해 (가)에 들어갈 교육 기관이 서당임을 알 수 있다.

🔍 선지분석

✓ 서당
➡ 조선 시대의 사립 초등 교육 기관이다.

② 태학
➡ 고구려 소수림왕 때 설립된 고구려의 중앙 교육 기관이다.

③ 성균관
➡ 고려 말과 조선의 최고 교육 기관이다.

④ 주자감
➡ 발해의 최고 교육 기관이다.

3초공식

조선의 초등 교육 기관 = 서당

03 사림의 대두와 붕당 정치의 성립

01 (가)에 들어갈 사건으로 옳은 것은?
[기본 67회]

이곳은 조선 시대 문신인 김종직이 살았던 집터에 후손들이 지은 밀양 추원재입니다. 그가 쓴 조의제문은 연산군 때 일어난 (가) 의 빌미가 되기도 하였습니다.

① 경신환국 ② 기해예송 ③ 무오사화 ④ 신유박해

02 (가) 인물의 활동으로 옳은 것은?
[기본 66회]

이 책은 기묘사화의 전말을 다룬 기묘유적입니다. 현량과 실시와 위훈 삭제를 주장한 (가) 이/가 관직에서 쫓겨나는 과정이 잘 기록되어 있습니다.

기묘유적

① 발해고를 저술하였다.
② 대동여지도를 제작하였다.
③ 백운동 서원을 건립하였다.
④ 소격서 폐지를 건의하였다.

03 (가) 인물의 활동으로 옳은 것은?
[기본 54회]

화폐로 보는 역사 인물

이 화폐에는 (가) 의 모습과 그가 태어난 강릉 오죽헌 등이 그려져 있습니다. 그는 조선 시대 유학자이자 정치가로 수미법을 주장하였습니다.

① 앙부일구를 제작하였다.
② 성학집요를 저술하였다.
③ 시무 28조를 건의하였다.
④ 화통도감 설치를 제안하였다.

04 (가), (나) 사이의 시기에 있었던 사실로 옳은 것은?
[기본 63회]

(가) 조광조가 조정을 어지럽히고 윤리를 무너뜨렸으니 처벌함이 마땅합니다. / 그리하시오.

(나) 자의 대비께서는 기년복을 입으셔야 합니다. / 무슨 말씀이오, 삼년복을 입으시는 것이 맞습니다.

① 김옥균 등이 갑신정변을 일으켰다.
② 사림이 동인과 서인으로 나뉘었다.
③ 성균관 입구에 탕평비가 건립되었다.
④ 왕자의 난으로 정도전 등이 피살되었다.

01 사림의 등장과 사화 답 ③

조선 성종 때 중앙 정계에 진출하기 시작한 사림은 훈구 세력을 비판하면서 대립하였다. 성종에 이어 즉위한 연산군은 사림이 언론 활동으로 왕권을 견제하려 하자 사림을 탄압하였다. 이때 훈구 세력은 사관 김일손이 스승인 김종직의 〈조의제문〉을 사초에 실은 일을 문제 삼아 많은 사림을 제거하는 무오사화를 일으켰다.

🔍 선지분석

① 경신환국
  ➡ 숙종 때 남인의 수장이었던 허적이 무단으로 왕실의 비품인 기름 먹인 장막(유악)을 사용하였고, 이를 알게 된 숙종이 허적과 윤휴 등 남인을 대거 축출하는 경신환국을 일으켰다.

② 기해예송
  ➡ 현종 때 서인과 남인 사이에 자의 대비가 상복을 입는 기간을 두고 기해예송과 갑인예송이 전개되었다.

③ 무오사화
  ➡ 연산군 때 훈구 세력이 김종직의 〈조의제문〉을 문제 삼으면서 김일손 등의 사림 세력이 화를 입는 무오사화가 일어났다.

④ 신유박해
  ➡ 순조 때인 1801년에 이승훈이 처형되고 정약용이 유배당하는 등 수많은 천주교도가 처벌당하는 신유박해가 일어났다.

02 사림의 등장과 사화 답 ④

중종반정으로 연산군을 몰아낸 훈구 세력이 권력을 장악하자 중종은 이들을 견제하기 위해 조광조를 비롯한 사림을 등용하였다. 조광조는 현량과 실시, 위훈 삭제 등의 급진적인 개혁을 추진하였는데, 중종과 훈구 세력이 반발하면서 조광조를 비롯한 많은 사림이 제거되었다(기묘사화).

🔍 선지분석

① 발해고를 저술하였다.
  ➡ 유득공은 《발해고》를 저술하여 발해를 우리 역사로 다루었고, 처음으로 통일 신라와 발해를 '남북국'이라고 칭하였다.

② 대동여지도를 제작하였다.
  ➡ 김정호는 각 지역의 교통로, 읍성, 요충지는 물론, 산맥과 하천의 연결망도 상세히 표현한 대동여지도를 제작하였다.

③ 백운동 서원을 건립하였다.
  ➡ 주세붕은 중종 때 우리나라 최초의 서원인 백운동 서원을 세웠다. 백운동 서원은 이후 사액되면서 소수 서원으로 이름이 바뀌었다.

④ 소격서 폐지를 건의하였다.
  ➡ 조광조는 하늘에 제사 지내는 일을 담당하였던 소격서의 폐지를 건의하였다.

03 성리학의 발달 답 ②

자료에서 오천 원 권 화폐가 제시되었고 강릉 오죽헌이 그가 태어난 곳이라는 점, 조선 시대 유학자로 수미법을 주장하였다는 점을 통해 (가) 인물이 율곡 이이임을 알 수 있다. 이이는 조선 시대의 유학자로, 공납을 쌀로 걷자는 내용의 수미법 등을 주장하였다.

🔍 선지분석

① 앙부일구를 제작하였다.
  ➡ 앙부일구는 조선 세종의 명으로 제작된 해시계이다.

② 성학집요를 저술하였다.
  ➡ 『성학집요』는 군주의 덕목을 제시한 책으로, 이이가 저술하였다.

③ 시무 28조를 건의하였다.
  ➡ 시무 28조는 고려 성종 때 최승로가 건의한 주장이다.

④ 화통도감 설치를 제안하였다.
  ➡ 화통도감은 고려 말 최무선의 건의에 따라 설치했으며, 화약을 제조하기 위한 기구이다.

04 붕당의 형성 답 ②

조선 중종은 훈구 세력을 견제하기 위해 조광조를 비롯한 사림을 등용하였다. 조광조는 현량과 실시, 소격서 폐지, 위훈 삭제 등 급진적인 개혁을 추진하였다. 이에 훈구 세력이 반발하면서 조광조 등 많은 사림 세력이 처형되거나 중앙 정계에서 쫓겨났다(기묘사화). 한편, 효종이 사망한 후 일어난 기해예송(1차 예송)에서 서인은 왕실도 사대부의 예를 따라야 한다며 효종을 차남으로 대우하여 자의 대비의 1년복을 주장하였고, 남인은 왕실의 예는 사대부의 예와 다르므로 효종에게 장자의 예를 적용하여 자의 대비의 3년복을 주장하였다.

🔍 선지분석

① 김옥균 등이 갑신정변을 일으켰다.
  ➡ 1884년에 김옥균 등 급진 개화파는 우정총국 개국 축하연 자리에서 갑신정변을 일으켰다.

② 사림이 동인과 서인으로 나뉘었다.
  ➡ 16세기 조선 선조 때 사림이 동인과 서인으로 나뉘었다.

③ 성균관 입구에 탕평비가 건립되었다.
  ➡ 18세기에 조선 영조는 탕평 정치를 실시하였는데, 이를 널리 알리기 위해 성균관 입구에 탕평비를 건립하였다.

④ 왕자의 난으로 정도전 등이 피살되었다.
  ➡ 1398년에 태조 이성계의 다섯째 아들 이방원이 사병을 동원해 정도전 등 반대파를 죽이고 권력을 장악하였다.

⏱ 3초공식

(가) 조광조 처벌 = 기묘사화(1519)

(나) 자의 대비, 기년복, 삼년복 = 기해예송(1659)

04 조선 전기의 경제·사회·문화

01 (가)에 들어갈 내용으로 옳은 것은? [기본 51회]

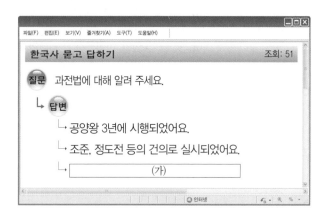

한국사 묻고 답하기 | 조회: 51

질문 과전법에 대해 알려 주세요.

↳ 답변

↳ 공양왕 3년에 시행되었어요.

↳ 조준, 정도전 등의 건의로 실시되었어요.

↳ (가)

① 공인이 등장하는 배경이 되었어요.

② 토지 소유자에게 지계를 발급하였어요.

③ 전지와 시지를 품계에 따라 나누어 주었어요.

④ 전·현직 관리에게 토지의 수조권을 지급하였어요.

02 밑줄 그은 '왕'에 대한 설명으로 옳은 것은? [기본 63회]

조선 왕실은 자손이 태어나면 전국 각지의 명당에 태실을 만들어 탯줄을 보관하였습니다. 이곳은 국조오례의를 편찬하는 등 통치 체제 정비에 큰 역할을 한 조선 제9대 왕의 태실입니다. 원래 경기도 광주시에 있던 것을 조선 총독부가 창경궁으로 옮겨 왔습니다.

① 훈민정음을 창제하였다.

② 경국대전을 완성하였다.

③ 초계문신제를 시행하였다.

④ 위화도 회군을 단행하였다.

03 밑줄 그은 '왕'의 재위 시기에 있었던 사실로 옳은 것은? [기본 63회]

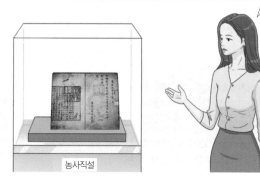

이 책은 정초, 변효문 등이 왕의 명을 받아 편찬한 농서입니다. 우리 풍토에 맞는 농법을 보급하기 위해 각 지역에 있는 노련한 농부들의 경험을 수집하여 간행하였습니다.

농사직설

① 자격루가 제작되었다.

② 화통도감이 설치되었다.

③ 삼국유사가 저술되었다.

④ 백두산정계비가 건립되었다.

04 (가)에 들어갈 책으로 옳은 것은? [기본 50회]

○○ 박물관

(가)

충신, 효자, 열녀의 이야기를 담아 세종 때 편찬된 책

효자 최루백이 아버지의 묘를 지켰어요.

① 동의보감

② 악학궤범

③ 삼강행실도

④ 용비어천가

01 조선 전기의 경제 답 ④

자료에서 과전법에 대해 묻고 있고, 공양왕 3년에 시행되었다고 한 점, 조준·정도전 등의 건의로 실시되었다는 점을 통해 (가)에는 제시된 내용을 제외한 과전법에 대한 설명이 들어가야 함을 알 수 있다.

🔍 선지분석

① 공인이 등장하는 배경이 되었어요.
- ➡ 조선 후기 대동법의 실시에 따라 관청에 물품을 조달하는 공인이 등장하였다.

② 토지 소유자에게 지계를 발급하였어요.
- ➡ 대한 제국 시기 고종은 광무개혁 때 양전 사업을 실시하였고, 토지 소유권 증명 문서인 지계를 발급하였다.

③ 전지와 시지를 품계에 따라 나누어 주었어요.
- ➡ 고려 시대에 토지를 전지와 시지로 나누어 지급하는 전시과가 제정되었다.

☑ 전·현직 관리에게 토지의 수조권을 지급하였어요.
- ➡ 과전법은 조선 건국 직전에 전·현직 관리에게 토지의 수조권을 지급한 제도이다.

⚡ 3초공식

조준 건의 + 전·현직 관리에게 토지 수조권 지급 = 과전법

02 조선 전기의 문화 답 ②

조선 제9대 왕인 성종 때에는 각종 도서가 활발히 편찬되었다. 『국조오례의』가 편찬되어 국가 행사에 필요한 의례가 정비되었고, 서거정 등이 『동국통감』을 편찬하여 고조선부터 고려 말까지의 역사를 정리하였다. 또한, 성현 등이 『악학궤범』을 간행하여 궁중 음악, 당악, 향악 등의 음악을 정리하였다.

🔍 선지분석

① 훈민정음을 창제하였다.
- ➡ 세종은 글을 몰라서 불편함을 겪는 백성들을 위해 훈민정음을 창제·반포하였다.

☑ 경국대전을 완성하였다.
- ➡ 세조 때 편찬을 시작하여 성종 때 완성된 조선의 기본 법전인 『경국대전』은 6전 체제로 구성되었다.

③ 초계문신제를 시행하였다.
- ➡ 정조는 과거에 합격한 관리 중에서 재능 있는 젊은 문신 관리들을 뽑아 규장각에서 재교육하는 초계문신제를 시행하였다.

④ 위화도 회군을 단행하였다.
- ➡ 이성계는 압록강 근처 위화도에서 군사를 돌려 개경으로 돌아와 우왕과 최영을 몰아내고 정권을 장악하였다. 이후 신진 사대부 세력과 함께 조선을 건국한 후 태조로 즉위하였다.

03 조선 전기의 문화 답 ①

『농사직설』은 '농사에 관한 기술을 풀이한 책'이라는 뜻으로, 조선 세종 때 편찬된 농서이다. 각지 농민들의 경험담을 모아 지역의 풍토에 맞는 적절한 농법과 곡식 재배 방법을 우리나라 실정에 맞게 정리·편찬하였다.

🔍 선지분석

☑ 자격루가 제작되었다.
- ➡ 조선 세종 때 장영실은 밤낮이나 날씨에 상관없이 시간을 알 수 있는 물시계인 자격루를 제작하였다.

② 화통도감이 설치되었다.
- ➡ 고려 우왕 때 최무선의 건의로 설치된 화통도감에서 화약과 화포가 제작되었다.

③ 삼국유사가 저술되었다.
- ➡ 고려 충렬왕 때 승려 일연은 불교사를 중심으로 고대의 민간 설화 등을 수록한 『삼국유사』를 저술하였다.

④ 백두산정계비가 건립되었다.
- ➡ 조선 숙종 때 조선과 청 사이에 국경 문제가 발생하자 백두산 정계비를 건립해 경계를 정하였다.

⚡ 3초공식

우리 풍토에 맞는 농법 + 『농사직설』 = 조선 세종

04 조선 전기의 문화 답 ③

자료에서 세종 때 충신, 효자, 열녀의 이야기를 담아 편찬되었다고 한 점, 글과 그림이 함께 제시된 점 등을 통해 (가)에 들어갈 책이 『삼강행실도』임을 알 수 있다.

🔍 선지분석

① 동의보감
- ➡ 조선 광해군 때 허준이 완성한 의학서이다.

② 악학궤범
- ➡ 조선 성종 때 음악의 원리, 악보 등에 대해 정리한 책이다.

☑ 삼강행실도
- ➡ 조선 세종 때 백성들이 유교 윤리를 쉽게 알 수 있도록 우리나라와 중국의 충신과 효자, 열녀의 사례들을 모아 편찬한 서적이다.

④ 용비어천가
- ➡ 조선 세종 때 조선의 건국을 노래한 서사시로, 훈민정음으로 쓰인 최초의 서적이다.

⚡ 3초공식

충신, 효자, 열녀 이야기 + 세종 = 삼강행실도

04 조선 전기의 경제·사회·문화

05 (가)에 들어갈 문화유산으로 옳은 것은? [기본 52회]

나
어제, 오전 9시 30분
#국립고궁박물관 #미국에서_귀환
#조선시대_과학기구 #해시계

(가)

👍 좋아요 6 💬 댓글 2 ➡ 공유

□□
이건 어떤 기구야?

△△
그림자로 시간을 측정하는 기구야. 동지나 하지와 같은 절기도 알 수 있어.

①
자격루

② 측우기

③
앙부일구

④
혼천의

06 (가)에 들어갈 책으로 옳은 것은? [기본 55회]

책이 완성되어 여섯 권으로 만들어 바치니, (가) 이라는 이름을 내리셨다. 형전과 호전은 이미 반포되어 시행하고 있으나 나머지 네 법전은 미처 교정을 마치지 못하였는데, 세조께서 갑자기 승하하시니 지금 임금[성종]께서 선대의 뜻을 받들어 마침내 하던 일을 끝마치고 나라 안에 반포하셨다.

① 경국대전 　 　 ② 동국통감
③ 동의보감 　 　 ④ 반계수록

07 (가)에 들어갈 그림으로 옳은 것은? [기본 48회]

이 작품은 조선 전기를 대표하는 그림으로, 안평 대군이 꿈에서 본 이상 세계에 대한 이야기를 듣고 안견이 그린 것입니다.

가상 현실 체험으로 만나는 조선 회화 특별전

(가)

①
무동도

②
세한도

③
인왕제색도

④
몽유도원도

08 (가)에 들어갈 문화유산으로 옳은 것은? [기본 67회]

(가) 에 대해 검색해 줘.

검색 결과입니다.

태조에서 철종에 이르는 470여 년간의 역사를 역대 왕별로 기록하였습니다.

방대한 규모와 내용의 정확성을 인정받아 유네스코 세계 기록 유산에 등재되었습니다.

① 경국대전 　 　 ② 동의보감
③ 목민심서 　 　 ④ 조선왕조실록

05 조선 전기의 문화   답 ③

자료에서 조선 시대 과학 기구와 해시계라는 태그가 제시된 점, 그림자로 시간을 측정하는 기구라는 점 등을 통해 (가)에 들어갈 문화유산이 앙부일구임을 알 수 있다.

🔍 선지분석

① 자격루
  ➡ 조선 세종 때 제작된 물시계이다.

② 측우기
  ➡ 조선 세종 때 제작된 강우량 측정 기구이다.

 앙부일구
  ➡ 조선 세종 때 제작된 해시계로, 그림자로 시간을 측정하는 기구이다.

④ 혼천의
  ➡ 조선 세종 때 처음 제작된 천체 관측 기구이다.

🕐 3초공식

해시계 + 그림자로 시간 측정 = 앙부일구

06 조선 전기의 문화   답 ①

자료에서 여섯 권으로 만들어져 바쳤다는 점, 형전과 호전 및 나머지 법전으로 구성되었다는 점, 세조에 이어 성종 때 드디어 완성하여 반포하였다는 점 등을 통해 (가)에 들어갈 책이 『경국대전』임을 알 수 있다. 『경국대전』은 세조 때부터 편찬되기 시작하여 성종 때 완성 및 반포되었다.

🔍 선지분석

✓ 경국대전
  ➡ 세조 때부터 편찬되기 시작하여 성종 때 완성·반포된 조선의 기본 법전이다.

② 동국통감
  ➡ 성종의 명에 따라 서거정 등이 편찬한 역사서이다.

③ 동의보감
  ➡ 광해군 때 허준이 완성한 의학서이다.

④ 반계수록
  ➡ 조선 후기 실학자 유형원의 책이다.

🕐 3초공식

조선 성종 + 법전 = 경국대전

07 조선 전기의 문화   답 ④

자료에서 조선 전기를 대표하는 그림이라고 한 점, 안평 대군이 꿈에서 본 이상 세계에 대한 이야기를 듣고 안견이 그렸다는 점 등을 통해 (가)에 들어갈 그림이 몽유도원도임을 알 수 있다.

🔍 선지분석

① 무동도
  ➡ 조선 후기 김홍도의 작품이다.

② 세한도
  ➡ 조선 후기 김정희의 작품이다.

③ 인왕제색도
  ➡ 조선 후기 정선의 작품이다.

 몽유도원도
  ➡ 조선 전기 안견의 작품이다.

🕐 3초공식

조선 전기 + 안평 대군의 꿈 + 안견의 작품 = 몽유도원도

08 조선 전기의 문화   답 ④

《조선왕조실록》은 태조부터 철종 대까지의 역사를 연대순으로 서술하는 방식인 편년체로 기록한 역사서이다. 왕이 승하한 후에 춘추관에 실록청을 설치하고 사관들이 기록한 사초와 각 기관에서 보고한 문서를 정리한 시정기 등을 종합하여 편찬하였다.

🔍 선지분석

① 경국대전
  ➡ 《경국대전》은 세조 때 편찬하기 시작하여 성종 때 완성·반포된 조선의 기본 법전이다.

② 동의보감
  ➡ 《동의보감》은 광해군 때 허준이 우리나라와 중국의 의서를 망라하여 전통 한의학을 체계적으로 정리한 의학서이다.

③ 목민심서
  ➡ 《목민심서》는 정약용이 귀양살이를 하면서 지방 행정의 개혁에 관한 내용을 서술한 책이다.

✓ 조선왕조실록
  ➡ 《조선왕조실록》은 내용의 정확성과 규모의 방대함을 인정받아 유네스코 세계 기록 유산으로 등재되었다.

🕐 3초공식

태조에서 철종에 이르는 역사를 역대 왕별로 기록함 = 《조선왕조실록》

05 조선 전기의 대외 관계와 양 난

대표 기출문제

01 (가) 전쟁에 대한 설명으로 옳지 않은 것은? [기본 64회]

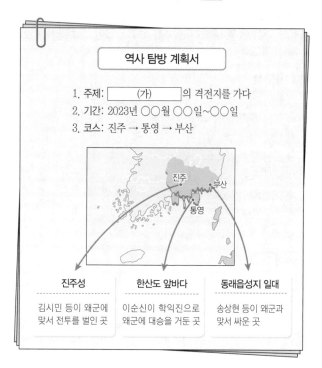

역사 탐방 계획서

1. 주제: (가) 의 격전지를 가다
2. 기간: 2023년 ○○월 ○○일~○○일
3. 코스: 진주 → 통영 → 부산

진주성	한산도 앞바다	동래읍성지 일대
김시민 등이 왜군에 맞서 전투를 벌인 곳	이순신이 학익진으로 왜군에 대승을 거둔 곳	송상현 등이 왜군과 맞서 싸운 곳

① 조헌이 금산에서 의병을 이끌었다.
② 임경업이 백마산성에서 항전하였다.
③ 곽재우가 의병을 일으켜 정암진에서 싸웠다.
④ 신립이 탄금대에서 배수의 진을 치고 전투를 벌였다.

02 밑줄 그은 '사절단'으로 옳은 것은? [기본 52회]

이것은 일본 에도 막부의 요청으로 조선이 파견한 공식 외교 사절단에 관한 기록물입니다. 이 기록물을 통해 양국이 우호 관계 구축과 유지를 위해 노력하였다는 것을 알 수 있습니다.

① 보빙사   ② 연행사   ③ 영선사   ④ 통신사

03 다음 상황 이후에 일어난 사실로 옳은 것은? [기본 55회]

왕이 세자와 함께 신하들을 거느리고 삼전도에 이르렀다. …… 용골대 등이 왕을 인도하여 들어가 단 아래 북쪽을 향해 설치된 자리로 나아가도록 요청하였다. 청인(淸人)이 외치는 의식의 순서에 따라 왕이 세 번 절하고 아홉 번 머리를 조아리는 예를 행하였다.

① 송시열이 북벌론을 주장하였다.
② 조광조가 위훈 삭제를 주장하였다.
③ 광해군이 인조반정으로 폐위되었다.
④ 곽재우가 의령에서 의병을 일으켰다.

04 다음 가상 대화 이후에 전개된 사실로 옳은 것은?

[기본 67회]

남한산성에서 항전하시던 임금께서 삼전도에 나아가 청에 굴욕적인 항복을 하셨다는군.

게다가 세자와 봉림 대군께서는 청에 볼모로 잡혀가신다더군.

① 북벌론이 전개되었다.
② 4군 6진이 개척되었다.
③ 삼포왜란이 진압되었다.
④ 정동행성이 설치되었다.

01 임진왜란　　　　답 ②

1592년에 부산에 상륙한 일본군은 부산진과 동래성을 차례대로 함락하였는데, 부산진성 전투에서 정발이 전사하였고, 동래성 전투에서는 송상현이 전사하였다. 이후 일본군은 신립이 이끈 조선군과 벌인 탄금대 전투에서도 크게 승리하며 거침없이 북진하였고, 결국 한양까지 점령하였다. 그러나 조선은 이순신이 이끈 수군이 옥포, 한산도 등지에서 일본 수군을 격퇴하고, 육지에서는 각지에서 일어난 의병, 김시민(진주 대첩)과 권율(행주 대첩) 등 조선군의 활약, 그리고 명군의 지원까지 더해지며 전세를 역전시켰다.

🔍 선지분석

① 조헌이 금산에서 의병을 이끌었다.
➡ 임진왜란 당시 조헌은 의병장으로 금산 등에서 활약하였다.

✓ 임경업이 백마산성에서 항전하였다.
➡ 병자호란 당시 임경업은 백마산성에서 청군의 진로를 차단하는 등 침입에 대비하였다.

③ 곽재우가 의병을 일으켜 정암진에서 싸웠다.
➡ 임진왜란 당시 곽재우는 의병장으로 의령(정암진), 진주 등에서 활약하였다.

④ 신립이 탄금대에서 배수의 진을 치고 전투를 벌였다.
➡ 임진왜란 발발 직후 동래성을 함락한 일본군이 북진하자 신립이 충주의 탄금대에서 배수의 진을 치고 항전하였지만 패배하고 말았다(탄금대 전투).

02 임진왜란　　　　답 ④

자료에서 일본 에도 막부의 요청으로 조선이 파견한 공식 외교 사절단이라고 한 점 등을 통해 밑줄 그은 '사절단'이 통신사임을 알 수 있다.

🔍 선지분석

① 보빙사
➡ 조선 고종 때 조·미 수호 통상 조약 체결 이후 미국 공사 부임에 대한 답례로 미국에 파견된 사절단이다.

② 연행사
➡ 조선 후기 청의 수도인 연경(베이징)에 파견된 사절단이다.

③ 영선사
➡ 조선 고종 때 청의 근대 무기 제조법 등을 배우기 위해 파견된 사절단이다.

✓ 통신사
➡ 임진왜란 이후 광해군 때 일본 에도 막부의 요청으로 파견된 사절단이다.

🕐 3초공식
일본 에도 막부의 요청 + 사절단 = 통신사

03 호란의 발발　　　　답 ①

자료에서 왕이 세자와 함께 신하들을 거느리고 삼전도에 이르렀다는 점, 청의 의식 순서에 따라 왕이 세 번 절하고 아홉 번 머리를 조아렸다는 점 등을 통해 병자호란 때 삼전도에서 항복 의식을 하는 상황임을 알 수 있다.

🔍 선지분석

✓ 송시열이 북벌론을 주장하였다.
➡ 청에 패배한 이후 조선에서는 청을 정벌하자는 북벌론이 등장하였다. 특히 효종 때 송시열 등이 대표적이다.

② 조광조가 위훈 삭제를 주장하였다.
➡ 조광조가 위훈 삭제를 주장한 것은 조선 중종 때이다.

③ 광해군이 인조반정으로 폐위되었다.
➡ 인조반정 이후 정묘호란과 병자호란이 일어났다.

④ 곽재우가 의령에서 의병을 일으켰다.
➡ 곽재우의 의병 활동은 임진왜란 때로, 병자호란 이전이다.

🕐 3초공식
청 + 삼전도의 굴욕 = 병자호란

04 호란의 발발　　　　답 ①

정묘호란 이후 후금이 나라 이름을 청으로 바꾸고 군신 관계를 강요하며 다시 침략하였다. 인조는 남한산성에서 항전하였지만 결국 삼전도에서 항복하면서 청과 군신 관계를 맺었고(병자호란), 소현 세자와 봉림 대군(훗날 효종)은 청에 볼모로 끌려갔다.

🔍 선지분석

✓ 북벌론이 전개되었다.
➡ 조선 효종은 송시열 등 서인 세력과 함께 청을 정벌하여 병자호란 당시 당한 치욕을 씻어야 한다는 북벌론을 전개하였으나 실행에 옮기지는 못하였다.

② 4군 6진이 개척되었다.
➡ 조선 세종은 최윤덕과 김종서를 북방으로 파견하여 여진을 몰아내고 4군 6진을 개척하였다.

③ 삼포왜란이 진압되었다.
➡ 조선 중종 때 일본은 3포에서의 교역 규모가 점차 커지자 교역 범위의 확대를 요구하였는데, 조선은 오히려 통제를 강화하였다. 이에 불만을 품은 일본인들이 3포에서 폭동을 일으켰는데, 이 사건을 3포 왜란이라고 한다.

④ 정동행성이 설치되었다.
➡ 고려 충렬왕 때 몽골은 일본 원정을 위해 고려에 정동행성을 설치하였는데, 일본 원정 실패 이후에도 부속 기구인 이문소를 통해 고려의 내정에 간섭하였다.

국가의 기틀 마련

태조	• 조선 건국(1392), 한양 천도 • 정도전의 활약: 조선의 주요 개국 공신, 『조선경국전』, 『불씨잡변』 등 저술
태종	• 국왕 중심의 통치 체제 정비: 6조 직계제 실시, 사병 혁파 • 재정 확충: 양전 사업, 호패법 실시 • 신문고 제도 실시, 혼일강리역대국도지도 제작, 주자소 설치 및 계미자 주조
세종	• 유교 정치 실현: 집현전 설치, 의정부 서사제 실시, 『삼강행실도』 등 윤리 서적 간행 • 대외 관계: 4군 6진 개척, 쓰시마섬 정벌 • 민족 문화 발달: 훈민정음 반포, 과학 기구(앙부일구, 자격루, 측우기 등) 제작 • 『칠정산』 내·외편, 『향약집성방』, 『농사직설』 등 편찬
세조	• 계유정난으로 권력 장악 후 즉위 • 왕권 강화 추구: 6조 직계제 재실시, 집현전 폐지·경연 중단, 직전법 실시
성종	• 통치 체제 확립: 『경국대전』 완성 및 반포, 집현전을 계승한 홍문관 설치, 관수 관급제 실시 • 『동국통감』, 『악학궤범』, 『동국여지승람』 등 편찬

중앙 정치 제도

의정부		• 국정을 총괄하는 최고 정무 기구 • 영의정·좌의정·우의정의 합의 체제로 운영
6조		• 행정 실무를 담당하는 기구(집행 기구) • 이조, 호조, 예조, 병조, 형조, 공조
승정원		왕명 출납, 국왕 비서 기구
의금부		국왕 직속의 사법 기구, 국가의 큰 죄인을 처벌
3사	사헌부	관리의 비리 감찰
	사간원	국왕의 잘못 비판
	홍문관	국왕의 자문 역할, 경연 주관
춘추관		역사서의 편찬 및 보관
성균관		최고 교육 기관
한성부		수도(한양)의 행정 및 치안 담당

사화

무오사화 (연산군, 1498)	김일손이 사초에 김종직이 쓴 '조의제문'을 올린 것이 연산군을 자극하여 발생 → 김일손 등 사림 몰락
갑자사화 (연산군, 1504)	폐비 윤씨 사사 사건이 연산군에게 알려짐 → 폐비 윤씨 사사 사건 관련 인물 축출 → 훈구와 사림의 피해
기묘사화 (중종, 1519)	조광조의 급진적 개혁 정치에 대한 훈구 세력의 반발 → 조광조 등 사림 세력 제거
을사사화 (명종, 1545)	명종 때 명종의 외척 세력인 소윤(윤원형 일파)과 인종의 외척 세력인 대윤(윤임 일파) 간의 대립으로 사림 세력이 타격을 입음

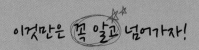

토지 제도의 변화

과전법 (공양왕, 1391)	• 전·현직 관리에게 경기 지역에 한하여 과전(수조권 행사) 지급 • 세습 가능 토지: 수신전, 휼양전 등
직전법 (세조, 1466)	• 현직 관리에게만 지급, 지급량 축소 • 수신전, 휼양전 폐지
관수 관급제 (성종, 1470)	지방 관청이 수조권 대행 → 관청이 세금을 거두어 수조권자에게 지급
직전법 폐지 (명종, 1556)	관리에게 녹봉만 지급, 수조권 지급 폐지

편찬 사업과 과학 기술

편찬 사업	역사서	『조선왕조실록』: 사초·시정기를 바탕으로 편찬, 유네스코 세계 기록 유산
	지도	혼일강리역대국도지도(태종): 현재 전하는 동양에서 가장 오래된 세계 지도
	윤리서	『삼강행실도』(세종): 유교 윤리의 모범 사례를 모아 글과 그림으로 편찬
	법전	『경국대전』(성종): 세조 때 편찬을 시작하여 성종 때 완성, 조선의 기본 법전
과학 기술	천문학	세종 때 장영실 등의 활약 → 혼천의(천체 관측), 앙부일구(해시계), 자격루(물시계), 측우기(강우량 측정) 등
	역법	『칠정산』 내·외편(세종)
	농업·의학	『농사직설』, 『향약집성방』(세종)

임진왜란의 발발

16세기의 정세		• 조선과 일본의 대립 격화 • 3포 왜란, 을묘왜변 발생 • 도요토미 히데요시의 대륙 침략 야욕
임진왜란의 발발과 전개		• 전쟁 초기: 일본군의 침입 → 부산진(정발)·동래성(송상현) 함락 → 충주 탄금대 전투 패배(신립) → 한성 함락, 선조는 의주로 피란 • 전세 역전: 수군(이순신)·의병(곽재우 등)의 활약+명의 참전 → 진주 대첩(김시민) 승리, 평양성 탈환, 행주 대첩 승리(권율) • 종결: 휴전 협상 → 결렬 → 정유재란 발발 → 직산 전투(조·명 연합군) 승리, 명량 대첩(이순신) 승리 → 도요토미 히데요시의 죽음으로 일본군 철수
임진왜란의 영향	조선	• 국토의 황폐화, 인구의 감소 → 재정 궁핍 • 문화재 소실(경복궁, 불국사, 사고 등) • 공명첩 대량 발급 등에 의한 신분제 동요
	일본	• 에도 막부 성립 → 통신사 파견 요청 • 일본 문화 발전의 토대 마련(문화재 약탈, 성리학·도자기 기술 전래)
	중국	명의 국력 약화 → 여진의 성장(후금 건국)

V

조선 후기

01 조선 후기의 정치 변화

02 조선 후기의 경제 변화

03 조선 후기의 사회 변화

04 조선 후기의 사상과 문화

1623
인조반정

1659, 1674
예송

1680
경신환국

1610
허준, 동의보감 편찬

1678
숙종, 상평통보 발행

1742
영조, 탕평비 건립

기출로 보는 키워드

순위	키워드
1위	대동법
2위	나선 정벌
3위	탕평비 건립
4위	홍경래의 난
5위	대동여지도

3개년 평균 출제 비중

4.4문항
8.8%

1793
정조, 장용영 설치

1796
정조, 수원 화성 완공

1811
홍경래의 난

1860
동학 창시

1862
임술 농민 봉기

V. 조선 후기

조선 후기의 정치 변화

1 통치 체제의 변화

(1) 비변사의 기능 강화

설치	• 여진과 왜구의 침입에 대비하기 위한 임시 회의 기구 • 군사 문제를 합의하여 처리
강화	• 임진왜란을 거치면서 조직과 기능이 확대 → 국정 총괄 기구로 부상 • 세도 정치기에는 외척 세력의 권력 기반이 됨
영향	왕권이 약화되고, 의정부와 6조의 기능이 축소됨 → 흥선 대원군이 왕권 강화책의 일환으로 비변사를 폐지함

★ (2) 군사 제도의 변화: 기존의 5위 체제를 임진왜란 이후 훈련도감 등 5군영 체제로 개편

훈련도감 (선조)	• 유성룡의 건의에 따라 임진왜란 중에 설치(1593) • 포수, 사수, 살수의 삼수병으로 구성 • 대부분이 급료를 받는 상비군으로 구성, 직업 군인의 성격		
어영청(인조)	수도 방어, 왕실 호위, 북벌 준비	수어청(인조)	수도 남부 방어
총융청(인조)	경기 일대 방어	금위영(숙종)	수도 방어, 왕실의 호위 강화

2 붕당 정치의 전개와 환국

(1) 붕당 정치의 전개

선조	• 이조 전랑 임명을 둘러싸고 사림이 분열 → 동인과 서인의 붕당이 형성됨 • 이후 동인이 남인과 북인으로 나뉨
광해군	북인의 권력 독점 → 서인이 인조반정을 주도하면서 광해군과 북인 축출
인조	서인과 일부 남인 세력이 집권 → 상호 비판과 공존 관계 수립
현종	자의 대비의 복상 문제로 예송 전개 → 서인과 남인의 대립이 격화됨

★ (2) 예송(현종, 1659, 1674)

① 배경: 효종(봉림 대군)이 인조의 차남이기 때문에 정통성 문제가 발생

② 의미: 효종과 효종비가 죽었을 때 인조의 두 번째 왕비인 자의 대비가 상복을 몇 년 입어야 하는지를 두고 서인과 남인이 벌인 두 차례의 논쟁

③ 서인과 남인의 입장

서인	남인
• 대표자: 송시열 • 왕과 일반 사대부를 똑같이 취급해야 한다고 주장	• 대표자: 허목, 윤휴 • 왕에게 일반 사대부의 예법을 똑같이 적용할 수 없다고 주장

④ 전개

구분	계기	서인의 주장	남인의 주장	결과
1차 예송 (1659, 기해예송)	효종의 죽음	기년복(1년)	3년복	서인 의견 수용
2차 예송 (1674, 갑인예송)	효종비의 죽음	대공복(9개월)	기년복(1년)	남인 의견 수용 └ 송시열 유배

⑤ 결과: 서인과 남인의 대립 격화

시험에 나오는 사료 1차 예송(기해예송)

효종이 돌아가셨을 때 …… 예조에서 아뢰기를, "자의 왕대비께서 대행대왕의 상에 입어야 할 복제를 마련해야 하는데, 어떤 이는 삼년복을 입어야 한다고 하고 어떤 이는 기년복(1년복)을 입어야 한다고 합니다만, 근거할 예문이 없으니 대신에게 의논하소서."라고 하였다.
└ 남인 주장   └ 서인 주장
– 『현종실록』 –

시험에 나오는 자료 2차 예송(갑인예송)

• 대비께서 서거하셨습니다. 효종 대왕이 비록 둘째 아들이지만 왕위를 계승하였으므로 장자로 대우하여 대왕대비의 상복 입는 기간을 1년으로 해야 합니다. → 남인의 주장
• 아닙니다. 대왕대비는 효종 대왕의 어머니라서 신하가 될 수 없고 효종 대왕은 둘째 아들이므로 대왕대비의 상복 입는 기간을 9개월로 해야 합니다. → 서인의 주장

(3) 환국

① 숙종: 금위영을 설치하여 5군영 체제 완성, 대동법 확대 시행, 상평통보의 전국적 유통, 백두산정계비 건립
└ 잉류 지역을 제외한 전국적 실시

② 환국의 전개: 숙종 때 국왕의 주도로 집권 붕당이 급격하게 바뀌는 정치적 상황 발생

경신환국 **(1680)**	원인	남인의 허적이 궁중의 물건(기름 먹인 장막)을 허락 없이 사적으로 사용, 허적의 아들인 허견의 역모설 발생
	전개	숙종이 남인을 견제하고자 서인을 중용하고 남인을 축출
	결과	남인이 몰락하고 서인이 집권 → 남인의 처벌에 대한 입장 차이로 서인이 노론(강경파)과 소론(온건파)으로 나뉨
기사환국 **(1689)**	원인	희빈 장씨가 낳은 왕자(훗날 경종)의 원자 책봉 문제
	전개	숙종이 희빈 장씨의 아들을 원자로 책봉 → 서인의 반대 → 인현 왕후 폐위
	결과	송시열 등 서인 세력이 몰락하고 남인 집권
갑술환국 **(1694)**	원인	인현 왕후의 복위 문제
	전개	숙종의 남인 견제, 서인의 인현 왕후 복위 운동
	결과	인현 왕후 복위, 남인 세력이 몰락하고 서인(노론과 소론)이 정국 주도

③ 결과: 붕당 정치의 변질 → 상대 세력을 인정하지 않고 특정 붕당이 정권을 독점하는 일당 전제화 → 노론과 소론의 대립 격화

> **조선 후기 정치 변화**

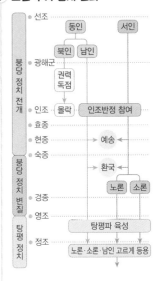

> **갑술환국(1694)**

남인 계열 대신들이 옥사를 일으키자 숙종은 남인들의 관직을 삭탈하고 서인들을 대거 등용하였어요. 이후 폐위되었던 인현 왕후를 복위시켰습니다.

3 탕평 정치
└→ 탕탕평평(어느 쪽에도 치우침이 없이 공평함)의 준말

(1) 영조의 탕평 정치

탕평책	• 탕평파를 육성하여 정치를 운영하고 노론과 소론의 균형을 추구함 • 탕평비 건립: 붕당 정치의 폐해를 경계하기 위해 성균관 입구에 건립 • 붕당 간의 대립을 완화하기 위해 서원을 대폭 정리함
개혁 정치	• 균역법 실시: 군포를 1년에 2필에서 1필로 줄여 줌 → 농민의 군역 부담 감소 • 가혹한 형벌 폐지, 신문고 제도 부활, 청계천 준설 • 법전인 『속대전』, 우리나라의 역대 문물을 정리한 『동국문헌비고』 등 편찬

★ (2) 정조의 탕평 정치

탕평책	노론과 소론 외에 남인도 적극적으로 등용하는 적극적인 탕평책 실시
왕권 강화책	• 초계문신제 실시: 젊고 유능한 관리 재교육 • 규장각 설치: 학술 연구 기관, 국왕의 정책 뒷받침 • 장용영 설치: 국왕 직속의 친위 부대 • 수원 화성 건립: 정치적 이상 실현이 목적
개혁 정치	• 신해통공 단행 → 자유로운 상업 활동 보장 • 서얼에 대한 차별을 완화하고 서얼 출신을 규장각 검서관에 등용 ┐ 이덕무, 박제가, 유득공 등 • 왕조의 통치 규범을 재정비한 『대전통편』, 외교 문서를 모은 『동문휘고』, 재정 업무와 관련된 사례를 모은 『탁지지』, 군사 훈련 교범인 『무예도보통지』 등 편찬 └→ 『경국대전』, 『속대전』 및 여러 법전을 통합하여 편찬한 법전

기출로 보는 키워드

• 영조는 붕당 정치의 폐해를 극복하고자 성균관 입구에 탕평비를 건립하였다.

• 정조는 젊고 유능한 문신들을 재교육하는 초계문신제를 시행하였다.

• 정조는 국왕 친위 부대로 장용영을 설치하였다.

• 정조는 시전 상인의 특권을 폐지하는 신해통공을 단행하였다.

• 정조는 서얼 출신의 학자들을 규장각 검서관에 등용하였다.

> ### 탕평비

4 세도 정치

★ (1) 세도 정치의 전개
① 배경: 정조가 죽자 순조가 어린 나이에 왕위에 오름, 정치 세력 간의 균형 붕괴
② 특징: 왕실과 혼인 관계를 맺은 소수의 유력 가문이 권력 독점, 비변사로 권력 집중 → 의정부와 6조의 기능 약화, 왕권 약화
③ 전개: 정조 사후 순조·헌종·철종의 3대 60여 년 동안 특정 가문이 권력 장악

순조	순조의 외척이 된 안동 김씨가 권력을 장악함, 홍경래의 난 발생(1811)
헌종	헌종의 외척 가문인 풍양 조씨가 권력을 장악함
철종	다시 안동 김씨 가문이 외척이 되어 권력을 장악함, 임술 농민 봉기 발생(1862)

④ 결과: 정치 기강의 문란(매관매직 성행), 삼정의 문란 → 농민 저항 증가
└→ 관직을 사고파는 일

(2) 삼정의 문란

전정 (전세)	• 토지에 부과하는 세금 • 수령들이 정해진 금액 이상으로 전세를 수취, 지주는 소작농에게 전세를 전가
군정 (군포)	• 군대에 가지 않고 대신 내는 군포 • 인징, 족징, 백골징포, 황구첨정 등 각종 폐단의 발생
환곡	• 가난한 백성들을 위해 봄에 곡식을 빌려주고 가을에 이자를 붙여 갚게 한 제도 • 곡식을 강제로 빌려주고 비싼 이자를 수취하거나, 곡식을 빌려주지 않았는데 장부에만 기록한 후 수취하는 등 각종 폐단 발생, 환곡의 세금화
영향	세도 정치기 홍경래의 난, 임술 농민 봉기 등과 같은 농민 봉기 발생의 배경이 됨

기출로 보는 키워드

• 정조 사후 소수 특정 가문이 권력을 독점하여 국정을 운영하는 세도 정치가 전개되었다.

• 비변사는 세도 정치 시기에 외척 세력의 권력 기반이 되었다.

• 세도 정치 시기에 전정, 군정, 환곡 등 삼정의 문란이 심화되어 백성들이 고통받았다.

> ### 조선 후기의 정국 변화

붕당 정치(17세기)
상호 비판적인 공존 체제

↓

일당 전제화(17세기 말)
환국 정치

↓

탕평 정치 전개(18세기)
영·정조의 탕평책 시행

↓

세도 정치(19세기)
특정 가문이 권력 독점

02 조선 후기의 경제 변화

1 수취 체제의 개편

(1) 배경: 왜란과 호란 등 전쟁으로 인한 농촌 사회의 붕괴 → 수취 체제 개편이 필요해짐

(2) 영정법: 인조 때 시행

배경	• 양 난 이후 농경지가 황폐화되고, 토지 제도가 어지러워짐 → 재정 수입 감소, 농민 생활 피폐 • 복잡한 징수 절차로 인한 수취의 어려움
내용	전세의 납부액을 풍흉에 관계없이 토지 1결당 쌀 4~6두로 고정시킴
결과	각종 수수료와 운송비 부과 등으로 인해 농민의 실질적 부담 감소는 미흡

★**(3) 대동법**: 광해군 때 경기도 실시 → 숙종 때 전국적 시행(잉류 지역 제외)
> └→ 국경 지역인 함경도, 평안도 및 제주도

배경	대납, 방납의 폐단으로 인한 농민의 부담 증가
내용	• 특산물을 징수하는 공납을 토지 1결당 미곡(쌀) 12두나 면포·삼베·동전 등으로 징수 • 공납의 징수 기준을 집(호, 戶)에서 토지 결수로 변경 → 토지를 가진 지주의 부담이 커짐(지주들의 거센 반발), 토지를 가지지 않은 농민은 수취 대상에서 제외 • 관청에 필요한 물품을 납부하는 공인의 등장 → 공인은 징수한 물품으로 국가에 필요한 물품을 구입하여 조달 • 선혜청에서 시행 담당
결과	• 공인의 등장 → 막대한 물품을 거래하면서 상품 화폐 경제가 발달하는 계기가 됨 • 별공(관청에서 필요한 물품을 부정기적으로 걷는 것)과 진상(국가의 경사가 있을 때 특산물을 국왕에게 바치는 것)은 여전히 존재

시험에 나오는 사료   대동법 실시

좌의정 이원익의 건의로 이 법을 비로소 시행하여 백성의 토지에서 미곡을 거두어 서울로 옮기게 했는데, 먼저 경기에서 시작하고 드디어 선혜청을 설치하였다. …… 우의정 김육의 건의로 충청도에도 시행하게 되었으며 └→ 광해군 때 …… 황해도 관찰사 이언경의 상소로 황해도에도 시행하게 되었다.

　　　　　　　　　　　　　　　　　　　　　　　　　　　　　　　　 – 『만기요람』 –

(4) 균역법: 영조 때 실시

배경	이중 징수, 수령의 횡포 등으로 농민들의 군포 부담 증가
내용	• 1년에 2필씩 걷던 군포를 1필로 줄여 줌 • 줄어든 재정을 보완하기 위한 정책 실시 　– 일부 상류층에게 선무군관포 부과 　– 지주에게 토지 1결당 쌀 2두씩 결작 부과 　– 왕실 재산이었던 어장세·염세·선박세 등을 국고로 전환
결과	• 농민의 군역 부담 일시적 감소 • 지주들이 결작을 소작농에게 전가하면서 농민 부담이 다시 커짐

> ⟩ **선무군관포**
> 양반이 아닌 일부 상류층에게 선무군관이라는 명예직 호칭을 주고 부과한 포를 말합니다.

2 농업 · 민영 수공업 · 광업의 발달

★ (1) 농업 생산력의 향상

① 모내기법(이앙법)의 확대

방법	벼농사를 지을 때 못자리에 모를 키운 다음 어느 정도 자라면 논에 옮겨 심는 방법
내용	• 고려 시대부터 시행되었지만 모를 옮길 때 가뭄이 들면 농사를 망칠 수 있어 나라에서 금지 • 조선 후기가 되자 수리 시설(저수지)이 확충되면서 전국적으로 확산
결과	• 벼와 보리의 이모작 가능, 단위 면적당 생산량 증가 → 농민 소득의 증대 • 잡초를 제거하는 노동력의 절감 → 경작지 규모가 확대되면서 광작 유행

└→ 같은 땅에서 1년에 종류가 다른 농작물을 두 번 심어 거둠

② 농업 기술 발달: 수리 시설 확충, 농기구 · 시비법의 개량

(2) 농업 경영의 변화

① 광작의 성행: 모내기법의 확산으로 노동력이 절감 → 넓은 토지를 경작하는 광작이 성행 → 일부 농민층이 부농층으로 성장

② 상품 작물의 재배: 농민들이 인삼 · 담배 · 목화(면화) · 고추 · 쌀 등 시장에 내다 팔기 위한 상품 작물 재배 → 농민의 수입 증대

③ 외래 작물의 재배: 외국에서 고구마 · 감자 · 고추 등이 전래되어 재배되기 시작

(3) 민영 수공업의 발달

① 배경: 상품 화폐 경제의 발달, 도시 인구 증가, 대동법 실시 → 수요 증가

② 공장안의 폐지: 수공업자들이 장인세만 납부하면 자유롭게 수공업품의 생산이 가능해짐

③ 선대제 수공업의 등장: 수공업자들이 공인이나 상인에게 자본과 원료를 미리 받아서 제품을 생산하는 형태 → 수공업자가 상업 자본에 예속

(4) 민영 광산의 증가

정부의 허가 없이 몰래 채굴하는 것 ┐

① 배경: 민영 수공업의 발달로 광물 수요 급증 → 은광 · 금광 개발, 잠채 성행

② 덕대제의 실시: 광산 경영에 있어서 자본주인 물주가 시설과 자본을 담당하고, 광산 경영 전문가인 덕대 또는 혈주가 운영을 담당

3 상품 화폐 경제의 발달

(1) 배경: 조선 후기 농업 생산력의 증대, 수공업과 상품 유통의 발달, 세금과 소작료의 금납화 → 상품 화폐 경제의 발달

└→ 조세를 현물이 아닌 화폐로 내는 것

★ (2) 공인과 사상의 성장

① 시전 상인
- 국가에 필요한 물품을 납품하고 금난전권을 부여 받아 사상을 억압
- 정조 때의 신해통공(1791) → 육의전을 제외한 시전 상인의 금난전권 폐지

② 공인
- 대동법의 시행으로 등장한 상인
- 나라에서 허가를 받고 관청에서 필요로 하는 물건을 사서 납품
- 특정 물품을 대량으로 거래하며 자본 축적 → 독점적 도매상인인 도고로 성장

기출로 보는 키워드

- 조선 후기에 모내기법이 확산되면서 벼와 보리의 이모작이 가능해졌다.
- 조선 후기에 담배, 면화 등 상품 작물이 재배되었다.
- 조선 후기에 감자, 고구마 등의 구황 작물이 재배되었다.
- 조선 후기에 정부는 설점수세제를 시행하여 민간의 광산 개발을 허용하고 세금을 거두었다.
- 조선 후기에 물주의 자금을 받아 광산을 전문적으로 경영하는 덕대가 등장하였다.

❯ 모내기법의 확산

모내기법으로 농사를 지으니 더 넓은 땅을 경작할 수 있어.

벼를 재배하는 것보다 목화를 재배하는 게 더 이익이야.

기출로 보는 키워드

- 정조는 육의전을 제외한 시전 상인들의 금난전권을 폐지하는 신해통공을 실시하였다.
- 조선 후기에 독점적 도매상인인 도고가 활동하였다.
- 개성의 송상과 의주의 만상은 대청 무역으로 부를 축적하였다.
- 조선 후기에 상평통보가 전국적으로 유통되었다.

❯ 금난전권

허가받지 않은 상인인 난전을 단속할 수 있는 권한을 말해요.

③ 사상의 성장
- 나라의 허가를 받지 않고 개인적으로 활동하는 상인
- 시전 상인과 상권 대립 → 시전 상인이 금난전권을 행사하며 사상을 억압 → 정조의 신해통공으로 자유로운 상업 활동이 가능해지면서 사상이 더욱 번창
- 대상인(거상)의 출현

구분	중심지	활동
만상	의주	책문 후시 등을 통해 청과의 무역에 종사
송상	개성	• 전국에 송방이라는 지점을 운영 • 청과 일본 사이에서 중계 무역, 인삼 무역 주도
내상	동래(부산)	왜관을 중심으로 일본과의 무역에 종사
경강 상인	한강	• 한강을 근거지로 선박을 이용한 운송업에 종사 • 세곡 수송과 곡물 도매업에 종사

(3) 장시와 포구의 발달

① 장시의 발달
- 발달: 정기 시장인 장시가 전국 각지에서 열림, 5일장을 중심으로 여러 장시가 하나의 유통망을 형성
- 보부상의 활약: 전국의 지방 장시를 돌아다니며 상업 활동, 지방 장시를 하나의 유통망으로 연계시킴, 보부상단을 만들어 결속을 다짐

② 포구에서의 상업 발달
- 선상의 활약: 전국의 포구를 하나의 유통망으로 연결
- 객주·여각: 포구에서 물품의 매매 중개, 운송·보관·숙박·금융업 등 담당

후시 무역을 통해 만상, 송상, 내상 등이 대상인으로 성장

(4) 대외 무역의 발달: 국가가 공식 허용한 개시 무역과 사적으로 이루어지는 후시 무역 전개

청과의 무역	국경 지대를 중심으로 개시와 후시 무역이 성행 (예) 중강 개시·중강 후시, 책문 후시)
일본과의 무역	동래(부산)의 왜관에서 개시 무역과 후시 무역 전개

(5) 화폐 경제의 발달

① 배경: 상공업의 발달, 세금과 소작료를 화폐로 납부 가능
② 내용: 숙종 때 발행한 상평통보가 전국적으로 유통
③ 결과: 상품 화폐 경제의 발달

시험에 나오는 자료   **상평통보**

인조 때 처음 발행되었으나 널리 사용되지 못했어요. 이후 숙종 때 다시 발행되면서 전국적으로 유통되었고, 조선 후기 세금과 소작료를 화폐로 납부하는 금납화가 이루어지면서 널리 사용되었지요. 하지만 재산 축적 수단으로 이용되면서 전황이 발생하기도 했습니다.

유통 화폐가 부족해지는 현상

▲ 상평통보

> **조선 후기 상업과 무역**

> **보부상**

전국의 장시에서 돌아다니며 활동한 상인으로, 봇짐장수와 등짐장수를 함께 일컫는 말이에요.

03

V. 조선 후기

조선 후기의 사회 변화

1 신분제의 동요와 가족 제도의 변화

(1) 양반층의 분화: 붕당 정치의 변질로 일부 양반에게 권력 집중 → 다수의 양반이 몰락함

⭐ **(2) 중인층의 신분 상승 운동**

서얼	• 임진왜란 이후 차별이 완화되었고, 납속책과 공명첩을 이용하여 관직에 진출 • 통청 운동: 청요직 진출을 요구하며 서얼에 대한 차별을 완화해 달라는 집단 상소 운동 • 정조 때 서얼 출신을 규장각 검서관으로 등용(이덕무, 유득공, 박제가 등)
기술직 중인	• 중국에 다녀온 역관들이 서양 문물을 국내에 소개, 북학파에 영향 • 시사(詩社)를 결성하여 문학 활동 전개 　└ 시를 짓고 즐기기 위한 모임

(3) 상민의 신분 상승　　　　　┌→ 조선 후기 모내기법 보급 및 광작의 유행으로 등장한 부유한 농민

① 배경: 농업 및 상공업의 발달에 따른 부농층의 등장

② 내용: 납속책, 공명첩, 족보 매입·위조 등을 통한 신분 상승

③ 결과: 양반의 수는 증가, 상민의 수는 감소 → 양반 중심의 신분 체제 동요

(4) 노비의 신분 상승

① 내용: 전투에서 공을 세우거나 납속책을 통한 신분 상승, 도망 노비의 증가

② 공노비 해방(순조, 1801): 상민의 수가 감소하여 군역 대상자가 줄어들고 국가 재정이 부족해지자 순조 때 중앙 관서의 노비(공노비) 6만 6천여 명을 해방함

(5) 가족 제도의 변화: 부계 중심의 가족 제도 강화

① 큰아들(장자)이 제사를 도맡는 대신 재산 상속 시 우대를 받음

② 아들이 없는 경우 양자를 입양하는 것이 일반화됨

③ 첩의 자식인 서얼은 문과 응시 불가, 제사나 상속 등에서도 차별 대우

기출로 보는 키워드

• 조선 후기에 부유한 상민층은 납속책과 공명첩을 통해 신분 상승을 꾀하였다.

• 조선 후기에 서얼이 통청 운동을 전개하여 정조 때 규장각 검서관에 등용되기도 하였다.

• 순조 때 군역 대상자를 확보하고 재정을 보충하기 위해 공노비를 해방하였다.

▶ **납속책**

부족한 재정을 보충하기 위해 곡물, 돈 등을 받고 그 대가로 신분을 상승시켜 주거나 벼슬을 내린 정책을 말해요.

▶ **공명첩**

받는 자의 이름을 기재하지 않은 관직 임명장이에요. 돈이나 곡식을 바치는 사람에게 즉석에서 그 사람의 이름을 적어 넣어 명목상의 관직을 주었습니다.

2 새로운 사상의 등장

(1) 사회 변혁의 움직임

① 배경: 신분제의 동요, 탐관오리의 횡포, 삼정의 문란, 서양의 이양선 출몰 등으로 사회 불안이 커짐

② 예언 사상: 왕조 교체, 변란 예고로 민심 혼란 → 『정감록』, 도참설 유행

③ 민간 신앙의 확산: 무격 신앙, 미륵 신앙 등 유행

(2) 천주교(서학)의 전래

① 수용: 17세기경 청에 다녀온 사신들에 의하여 서학이라는 학문의 형태로 수용되다가 18세기 후반 남인 계열의 일부 학자들이 종교로 믿기 시작함

기출로 보는 키워드

• 천주교는 청에 다녀온 사신들에 의해 서학으로 소개되었다.

• 순조 때 신해박해로 이승훈이 처형되고, 정약용 등이 유배당하였다.

• 최제우가 동학을 창시하였다.

• 동학은 사람이 곧 하늘이라는 인내천 사상을 내세워 인간 평등을 주장하였다.

• 동학의 제2대 교주 최시형은 동경대전과 용담유사를 경전으로 삼았다.

② 특징: 하느님 앞에서의 인간 평등과 내세에서의 영생을 주장, 조상에 대한 제사를 거부

↳ 죽은 뒤에 다시 태어나 산다는 세상

③ 탄압: 평등사상과 조상에 대한 제사 거부 등으로 정부의 탄압을 받음

신해박해(1791)	정조 때 조상의 신주를 불태우고 제사를 지내지 않은 윤지충 등을 처형
신유박해(1801)	순조 즉위 이후 노론에 의해 이승훈을 비롯한 천주교 신자들이 처형당함, 정약용·정약전 형제는 유배 ↳ 조선인 최초로 세례를 받음
황사영 백서 사건 (1801)	신유박해가 일어나자 황사영이 배론 성지로 피신 → 청의 베이징 주교에게 군대를 보내 도와달라는 청원서를 보내려다 들킴 → 체포되어 처형됨
병인박해(1866)	고종 때 프랑스 선교사들과 수천 명의 신자들을 처형

④ 확산: 평등사상, 내세 신앙을 바탕으로 확산

(3) 동학의 창시

배경	지배층의 수탈, 서양 세력의 침략적 접근, 천주교의 확산
창시	경주 출신의 몰락 양반인 최제우가 유교·불교·도교에 민간 신앙 요소를 결합하여 창시(1860)
특징	• '사람이 곧 하늘이다'라는 인내천을 강조 → 평등사상 주장 • 국가를 보호하고 백성을 편안하게 해야 한다는 보국안민 강조 → 외세 침략 배격 • 백성들이 바라는 새로운 세상이 열린다는 후천개벽 주장 • 마음 속에 한울님을 모시는 시천주를 내세움
경전	『동경대전』(한문으로 교리를 정리한 기본 경전), 『용담유사』(한글로 쓴 포교용 가사집)
탄압	혹세무민을 이유로 교조 최제우 처형 → 어떤 종교나 정파를 처음 세운 사람
확산	2대 교주 최시형의 노력으로 지배층에게 탄압을 받는 농민층에 확산

↳ 세상을 어지럽히고 백성을 속임

> 최제우

3 농민 봉기의 확산

(1) 홍경래의 난(1811)

① 원인: 삼정의 문란, 지배층의 수탈, 평안도 사람(서북인)에 대한 차별 대우 등

② 과정
- 평안도(서북 지방)의 몰락 양반인 홍경래와 우군칙이 주도하여 봉기
- 농민, 광산 노동자, 상공업자 등이 참여 → 정주성을 점령하는 등 청천강 이북 지역 장악 → 관군에 진압되며 실패

③ 결과: 세도 정치기에 발생한 이후 농민 봉기에 영향

⭐ (2) 임술 농민 봉기(1862)

① 원인: 삼정의 문란, 지배층의 수탈 등

② 과정
- 경상 우병사 백낙신의 수탈과 횡포
- 몰락 양반인 유계춘이 주도하여 진주에서 농민 봉기 발생(진주 농민 봉기, 1862) → 농민 봉기가 전국으로 확산

③ 정부의 대응
- 사건의 수습을 위해 박규수가 안핵사로 파견
- 삼정의 문란을 바로잡기 위해 삼정이정청을 설치하였지만 성과를 얻지 못함

> 기출로 보는 키워드

• 순조 때 서북 지역에 대한 차별과 지배층의 수탈에 반발하여 홍경래가 난을 일으켰다.

• 1862년인 임술년에 진주에서 봉기가 일어난 이후 전국 각지에서 농민 봉기가 일어났다.

• 조선 정부는 임술 농민 봉기의 수습을 위해 박규수를 안핵사로 파견하였다.

• 조선 정부는 삼정의 문란을 바로잡기 위해 삼정이정청을 설치하였다.

> 홍경래의 난

⭐ 1 실학의 발달

(1) 배경: 성리학의 절대화에 대한 반발, 양 난 이후 사회·경제적 변화, 청의 고증학과 서양 과학 기술의 영향 → 실용적인 학문인 실학이 등장(현실 문제 탐구)

(2) 중농학파: 농촌 사회의 안정을 위한 토지 문제 해결 주장

유형원	• 『반계수록』 저술 • 균전론 주장: 신분(관리·선비·농민 등)에 따라 토지를 차등을 두어 분배
이익	• 『성호사설』, 『곽우록』 저술 • 한전론 주장: 매매를 금지하는 영업전 설정 → 최소한의 농민 생활을 보장하는 한편 나머지 토지는 매매를 허용 • 나라를 좀먹는 여섯 가지 폐단 지적 ┌→ 노비 제도, 과거 제도, 양반 문벌제도, 사치와 미신, 승려, 게으름
정약용	• 여전론 주장: 토지의 공동 소유와 공동 경작, 노동량에 따라 수확량 분배(공동 농장 제도) • 정전제 주장: 전국의 토지를 국유화하여 정전(井田)을 편성 → 9분의 1은 조세로 충당하고 나머지 토지는 농민들에게 분배 • 『목민심서』(지방 행정 개혁), 『경세유표』(중앙 행정 개혁), 『흠흠신서』(법률서) 등 저술 • 배다리 및 거중기(수원 화성 건축에 활용) 설계 • 실학을 집대성

시험에 나오는 사료   정약용의 여전론

여(閭: 마을)에는 여장을 두고 1여의 농토를 여에 사는 사람들로 하여금 함께 다스리고 같이 농사짓게 하되, 내 땅 네 땅의 구별이 없고, 오직 여장의 명령에 따르게 하는 것이다. 그들이 매양 하루 일을 하면 여장은 그들의 노력을 장부에 매일 기록하여 두었다가, 추수할 때에 곡식의 수확을 전부 여장의 집으로 운반해 놓고, 그 곡물을 나누되 먼저 나라에 바치는 세금을 떼어 놓고, 그 다음은 여장의 녹(봉급)을 주고, 그 나머지를 가지고 장부에 기준하여 분배한다.

– 『여유당전서』 –

(3) 중상학파(북학파): 상공업의 진흥과 기술 혁신, 청 문물의 수용 주장

유수원	• 『우서』 저술 • 사농공상(선비·농부·공장·상인)의 직업적 평등과 전문화 주장
홍대용	• 『담헌서』, 『임하경륜』, 『의산문답』 저술 • 기술 혁신과 문벌제도의 폐지 주장 • 지전설을 주장하고, 혼천의를 제작 → 중국 중심의 세계관을 비판함
박지원	• 『열하일기』 저술: 청에 다녀온 후 쓴 기행문 • 수레와 선박의 이용, 화폐 유통의 필요성, 서양 문물 도입 주장 • 『양반전』, 『허생전』 등의 한문 소설 저술 → 양반의 위선과 무능 비판
박제가	• 『북학의』 저술: 청의 풍속과 제도를 살펴보고 돌아와 쓴 책 • 청 문물의 적극적 수용·수레와 선박의 이용 확대 등 주장, 상공업 육성 강조 • 절약보다 소비를 통한 생산력 증대의 필요성 주장(소비를 우물에 비유)

기출로 보는 키워드

• 정제두는 양명학을 연구하여 강화학파를 형성하였다.

• 유형원은 반계수록에서 신분에 따라 토지를 차등 분배하는 균전론을 주장하였다.

• 이익은 곽우록 등에서 영업전을 설정하여 토지 매매를 제한하는 한전론을 제시하였다.

• 정약용은 경세유표, 목민심서 등을 통해 국가 제도의 개혁 방향을 제시하였다.

• 정약용은 여전론을 통해 토지의 공동 소유와 공동 경작을 주장하였다.

• 유수원은 우서에서 사농공상의 직업적 평등과 전문화를 주장하였다.

• 홍대용은 의산문답에서 중국 중심의 세계관을 비판하고 지전설과 무한 우주론을 주장하였다.

• 박지원은 열하일기에서 수레와 선박의 이용 및 화폐 유통의 필요성을 주장하였다.

• 박제가는 북학의에서 재물을 우물에 비유하여 절약보다 소비를 권장하였다.

▶ 중상학파 실학자

▲ 박지원

▲ 박제가

2 국학의 발달

(1) 역사학

안정복	『동사강목』 저술: 우리 역사의 독자적 정통론을 체계화
이긍익	『연려실기술』 저술: 실증적·객관적인 서술로 조선의 정치와 문화를 정리
한치윤	『해동역사』 저술: 중국과 일본의 자료를 참고하여 고조선부터 고려 말까지의 역사 정리
이종휘	『동사』 저술: 고구려의 역사에 대한 관심
유득공	『발해고』 저술: 발해의 역사를 정리, '남북국'이라는 용어를 처음으로 사용

└▸ 통일 신라와 발해

★(2) 지리서·지도

지리서	• 한백겸의 『동국지리지』, 정약용의 『아방강역고』 등 • 이중환의 『택리지』: 각 지역의 자연환경·풍속·인심 등을 서술한 인문 지리서
지도	• 정상기의 동국지도: 최초로 100리 척을 사용 • 김정호의 대동여지도: 산맥·하천·포구·도로망을 자세히 표현, 10리마다 눈금 표시, 총 22첩의 목판으로 제작(대량 제작 가능)

(3) 국어: 신경준의 『훈민정음운해』(훈민정음의 발음 원리 규명), 유희의 『언문지』(우리말 음운 연구서)

└▸ 한글을 낮추어 부르는 말

(4) 기타
└▸ '세한도'를 그림
① 김정희의 『금석과안록』: 금석학을 연구하여 최초로 북한산비가 진흥왕 순수비임을 밝힘
② 정약전의 『자산어보』: 흑산도 유배 중에 흑산도 주변의 해양 생태계를 연구하여 정리
③ 홍봉한의 『동국문헌비고』: 우리나라의 역대 문물 정리

기출로 보는 키워드

• 김정희는 금석과안록에서 북한산비가 신라 진흥왕 순수비임을 처음으로 고증하였다.

• 유득공은 발해고에서 '남북국'이라는 용어를 처음으로 사용하였다.

• 김정호는 산맥, 하천, 도로망 등을 자세히 표현한 대동여지도를 제작하였다.

▶ **대동여지도**

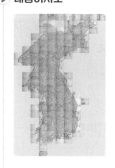

▶ **김정희의 세한도**

3 과학 기술과 서민 문화의 발달

(1) 서양 문물의 수용: 17세기경부터 중국을 다녀오는 사신 및 표류한 서양인 등을 통해 서양의 과학 지식과 기술이 알려짐

(2) 과학 기술의 발달

천문학	홍대용(지전설, 무한우주론 주장) → 전통적 우주관에서 벗어나 근대적 우주관으로 접근, 중국 중심의 세계관을 비판할 수 있는 근거 제공
역법	김육의 건의에 따라 청으로부터 서양의 역법인 **시헌력** 도입
지도	중국을 통해 마테오 리치가 제작한 세계 지도인 곤여만국전도 전래 → 중국이 세계의 일부라는 것을 알게 되면서 조선인의 세계관 확대에 영향
의학	• 허준의 『동의보감』: 전통 한의학을 체계적으로 정리, 유네스코 세계 기록 유산에 등재 • 정약용의 『마과회통』: 홍역과 종두법 연구 • 이제마의 『동의수세보원』: 사람의 체질을 연구하여 **사상 의학을 정립**
농서	신속의 『농가집성』(모내기법 보급에 공헌), 서유구의 『임원경제지』(농촌 생활 백과사전), 홍만선의 『산림경제』 등
건축	정약용이 서양의 서적인 『기기도설』을 참고하여 거중기 제작(화성 축조에 이용), 정조의 화성 행차 때 한강을 건너기 위한 **배다리 설계**

기출로 보는 키워드

• 광해군 때 전통 한의학을 정리한 허준의 동의보감이 완성되었다.

• 정조 때 정약용이 거중기를 제작하여 수원 화성 축조에 이용하였다.

• 조선 후기에 노래와 사설로 줄거리를 풀어 가는 판소리가 유행하였다.

• 조선 후기에 탈을 쓰고 공연하는 탈춤이 유행하였다.

• 조선 후기에 홍길동전 등의 한글 소설이 유행하였다.

▶ **곤여만국전도**

(3) 서민 문화의 발달

① 배경: 서민들의 사회·경제적 지위 향상, 서당 교육의 확대 ┌─ 서민들의 의식 수준 향상

② 특징: 서민들의 솔직한 감정 표현과 양반의 위선 비판, 사회의 부정과 비리 고발

③ 내용

판소리	• 노래와 사설로 줄거리 표현 • 춘향가·심청가·흥보가·적벽가·수궁가 등 유행
탈놀이(탈춤)	• 탈을 쓰고 춤을 추면서 하는 전통 연극 • 양반과 승려의 부패와 위선 비판
산대놀이	가면극, 민중 오락
한글 소설	• 『춘향전』, 『별주부전』, 『심청전』 등 • 허균의 『홍길동전』: 서얼에 대한 차별 철폐, 탐관오리 응징, 이상 사회 건설 추구 • 전기수: 장시에서 소설을 읽어 주는 직업, 한글 소설이 유행하면서 등장
사설시조	남녀 간의 사랑, 현실 비판 등 격식에 구애받지 않고 감정을 솔직하게 표현

▶ 거중기

▶ 서민문화의 발달

4 문학과 예술

(1) 한문학

① 특징: 양반층이 중심이 되어 현실 사회 비판

② 박지원: 「양반전」, 「허생전」 등 한문 소설 저술 → 위선적인 양반을 비판

(2) 회화

① 진경 산수화: 우리나라의 산천을 사실적으로 묘사, 정선의 인왕제색도, 금강전도

② 풍속화: 백성들의 생활을 생동감 있게 표현

김홍도	씨름, 서당, 무동, 타작도 등 서민의 일상생활을 익살스럽게 표현
신윤복	미인도, 단오풍정, 월하정인 등 양반·부녀자들의 생활과 남녀 간의 애정을 묘사
김득신	파적도, 노상알현도 등 순간적인 상황을 생동감 있게 표현

③ 서양화 기법 도입: 강세황의 영통동구도

④ 민화: 해·달·나무·동물 등을 주제로 복을 기원하는 소박한 소망을 표현(작호도)

기출로 보는 키워드

• 조선 후기에 우리나라 산천을 소재로 삼아 사실적으로 그리는 진경 산수화가 유행하였다.

• 조선 후기에 회회청 등의 코발트 안료를 사용하여 만든 청화 백자가 유행하였다.

▲ 정선의 인왕제색도

▲ 정선의 금강전도

▲ 김홍도의 씨름

▲ 김홍도의 서당

▲ 김홍도의 무동

▲ 김홍도의 타작도

▲ 신윤복의 미인도

▲ 신윤복의 단오풍정

▲ 신윤복의 월하정인

▲ 김득신의 파적도　　▲ 김득신의 노상알현도　　▲ 강세황의 영통동구도　　▲ 작호도
　　　　　　　　　　　　　　　　　　　　　　　　　　　　　　　　　　　　(까치 호랑이)

(3) 서예: 김정희의 추사체와 같이 우리의 정서를 담은 독창적 필체 등장

(4) 건축

17세기	• 경희궁 중건 • 김제 금산사 미륵전, 구례 화엄사 각황전, 보은 법주사 팔상전 중건 등 → 거대한 규모와 다층 구조, 양반 지주층의 성장 반영　┗ 현존하는 우리나라 유일의 목조탑
18세기	수원 화성 건설, 논산 쌍계사, 부안 개암사 중건 등 → 부농과 상인의 지원

▲ 김제 금산사 미륵전　　　　▲ 구례 화엄사 각황전　　　　▲ 보은 법주사 팔상전

(5) 자기: 푸른색의 안료를 사용한 청화 백자 유행

▶ **백자 청화 죽문 각병**

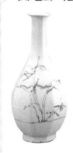

01 조선 후기의 정치 변화

01 (가), (나) 사이의 시기에 있었던 사실로 옳은 것은?

[기본 52회]

> (가) 대비의 명으로 인조가 즉위하였다. 광해군을 폐위시켜 강화로 내쫓고 이이첨 등을 처형한 다음 전국에 대사령을 내렸다.
>
> (나) 영조가 '두루 원만하고 치우치지 않음이 군자의 공정한 마음이요, 치우치고 두루 원만하지 못함이 소인의 사사로운 마음이다.'라는 내용을 담은 탕평비를 성균관 입구에 세우게 하였다.

① 예송이 발생하였다.
② 3포 왜란이 일어났다.
③ 경국대전이 완성되었다.
④ 정동행성이 설치되었다.

03 다음 비석을 세운 왕의 업적으로 옳은 것은? [기본 50회]

> 이 건물 안에 있는 비석은 탕평비입니다. '두루 원만하고 치우치지 않음이 군자의 공정한 마음이요, 치우치고 두루 원만하지 못함이 소인의 사사로운 마음이다.'라는 글이 새겨져 있습니다.

① 비변사를 혁파하였다.
② 속대전을 편찬하였다.
③ 나선 정벌을 단행하였다.
④ 백두산정계비를 건립하였다.

02 (가) 시기에 있었던 사건으로 옳은 것은? [기본 54회]

자의 대비께서는 삼년복을 입으셔야 합니다. (남인)

아닙니다. 기년복을 입으셔야 합니다. (서인)

→ (가) →

조정의 신하들이 당쟁을 벌이고 있습니다.

성균관 앞에 탕평비를 세우시오. (영조)

① 무오사화
② 병자호란
③ 경신환국
④ 임술 농민 봉기

04 밑줄 그은 '왕'의 업적으로 옳은 것은? [기본 67회]

왕께서 배다리를 건너 아버지 사도 세자의 묘에 참배하러 가시는군.

저 배다리는 정약용이 설계했다는군.

① 장용영을 설치하였다.
② 당백전을 발행하였다.
③ 속대전을 편찬하였다.
④ 훈민정음을 반포하였다.

01 붕당 정치의 전개와 환국   답 ①

자료에서 (가)는 인조가 즉위하였다는 점과 광해군을 폐위시켰다는 점 등을 통해 인조반정(1623)에 대한 자료임을 알 수 있다. (나)는 조선 영조가 성균관 입구에 탕평비를 세우게 하였다는 점을 통해 영조 재위 시기에 관한 자료임을 알 수 있다.

🔍 선지분석

☑ 예송이 발생하였다.
  ➡ 예송은 조선 현종 때 자의 대비의 상복 입는 기간을 두고 두 차례 이루어진 서인과 남인의 논쟁이다.
② 3포 왜란이 일어났다.
  ➡ 3포 왜란은 조선 중종 때 발생하였다.
③ 경국대전이 완성되었다.
  ➡ 『경국대전』은 조선 성종 때 완성 및 반포되었다.
④ 정동행성이 설치되었다.
  ➡ 정동행성은 고려 시대 원 간섭기에 설치되었다.

⏱ 3초공식

인조반정 → 예송 → 탕평 정치(탕평비 건립)

02 붕당 정치의 전개와 환국   답 ③

(가)의 왼쪽 자료에서 남인과 서인이 자의 대비의 복상을 두고 삼년복과 기년복으로 나뉘어 대립하고 있는 것으로 보아 현종 때 있었던 예송임을 알 수 있다. (가)의 오른쪽 자료에서 영조가 성균관에 탕평비를 세우라고 명하고 있는 것으로 보아 탕평 정치 시기임을 알 수 있다.

🔍 선지분석

① 무오사화
  ➡ 조선 연산군 때 김종직이 지은 「조의제문」이 빌미가 되어 많은 사림이 화를 입었던 사건이다.
② 병자호란
  ➡ 조선 인조 때 청이 조선을 침략한 사건이다.
☑ 경신환국
  ➡ 조선 숙종이 남인을 견제하고자 남인을 쫓아내고 서인을 중용한 사건이다.
④ 임술 농민 봉기
  ➡ 조선 철종 때 발생한 농민 봉기이다.

⏱ 3초공식

예송 → 환국 → 탕평 정치

03 탕평 정치   답 ②

자료에서 탕평비가 제시된 점을 통해 해당 국왕은 조선 영조임을 알 수 있다. 영조는 붕당 정치의 폐해를 바로잡기 위해 탕평책을 실시하였고, 성균관 입구에 탕평비를 건립하였다.

🔍 선지분석

① 비변사를 혁파하였다.
  ➡ 비변사를 혁파한 인물은 고종의 아버지인 흥선 대원군이다.
☑ 속대전을 편찬하였다.
  ➡ 『속대전』은 영조 때 편찬된 법전이다.
③ 나선 정벌을 단행하였다.
  ➡ 나선 정벌을 단행한 인물은 효종이다.
④ 백두산정계비를 건립하였다.
  ➡ 백두산정계비는 숙종 때 건립되었다.

⏱ 3초공식

탕평비 건립 + 속대전 = 조선 영조

04 탕평 정치   답 ①

조선 정조는 자신의 정치적 이상을 실현하기 위해 당시의 모든 과학 기술을 총동원하여 수원 화성을 건설하였다. 축성 작업에 정약용이 제작한 거중기가 사용되었으며, 정조의 화성 행차를 돕기 위해 정약용이 한강에 배다리를 설치하여 정조가 한강을 안전하게 건널 수 있도록 하였다.

🔍 선지분석

☑ 장용영을 설치하였다.
  ➡ 정조는 왕의 친위 부대인 장용영을 설치하여 왕권을 뒷받침하게 하였고, 장용영 외영을 수원 화성에 두었다.
② 당백전을 발행하였다.
  ➡ 고종 때 흥선 대원군은 임진왜란 때 불타 없어진 경복궁을 다시 세우기 위해 당백전을 발행하고 원납전을 징수하는 등 각종 정책을 펼쳤는데, 이로 인해 백성들의 불만이 많아졌다.
③ 속대전을 편찬하였다.
  ➡ 영조는 《경국대전》 반포 이후 법령이 증가하여 법 집행에 혼란이 생기자 이를 정리하여 통일된 법전인 《속대전》을 간행하였다.
④ 훈민정음을 반포하였다.
  ➡ 세종은 백성들이 억울한 일을 당해도 글을 몰라서 바로잡지 못하는 상황 등을 안타깝게 여겨 총 28자로 이루어진 훈민정음을 창제하여 반포하였다.

⏱ 3초공식

아버지 사도 세자의 묘에 참배하러 감 = 조선 정조

02 조선 후기의 경제 변화

01 밑줄 그은 '제도'로 옳은 것은? [기본 55회]

공납을 특산물 대신 쌀이나 옷 감, 동전으로 납부하는 제도를 전 라도에도 시행한다는군.

좋은 소식일세. 얼마 전 돌아가신 김육 대감의 공이 컸다고 하더군.

① 과전법   ② 균역법   ③ 대동법   ④ 영정법

02 (가)에 해당하는 제도로 옳은 것은? [기본 51회]

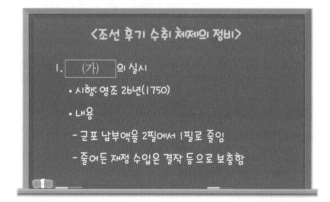

<조선 후기 수취 체제의 정비>

1. __(가)__ 의 실시

• 시행: 영조 26년(1750)

• 내용

- 군포 납부액을 2필에서 1필로 줄임

- 줄어든 재정 수입은 결작 등으로 보충함

① 균역법   ② 대동법   ③ 영정법   ④ 직전법

03 다음 가상 대화가 이루어진 시기에 볼 수 있는 모습으로 적절하지 않은 것은? [기본 67회]

이번에 통신사로 일본에 다녀오며 가져온 고구마인데, 농민들에게 재배 하도록 하면 어떻겠나?

그렇게 해보겠습니다.

조엄

① 상평통보로 거래하는 상인

② 판소리 공연을 구경하는 농민

③ 한글 소설을 읽어 주는 전기수

④ 황룡사 구층 목탑을 만드는 목수

04 다음 대화에 나타난 시기의 경제 상황으로 옳은 것은? [기본 63회]

기근이 심하다고 들었는데. 호남의 상황은 어떠하오?

통신사 조엄이 들여온 고구마가 구황 작물의 역할을 할 것으로 기대하였으나 흉년에도 이를 재배하는 백성을 찾아보기 어렵습니다. 수령과 아전들의 수탈로 재배를 포기하였기 때문입니다.

① 상평통보가 유통되었다.

② 전시과 제도가 실시되었다.

③ 벽란도가 국제 무역항으로 번성하였다.

④ 팔관회의 경비 마련을 위해 팔관보가 설치되었다.

01 수취 체제의 개편   답 ③

자료에서 공납을 특산물 대신 쌀이나 옷감, 동전으로 납부한다는 점, 김육 대감이 공이 크다는 점 등을 통해 밑줄 그은 제도가 대동법임을 알 수 있다.

🔍 선지분석

① 과전법
- ➡ 전·현직 관리에게 토지에 대한 수조권을 지급하는 토지 제도로, 고려 말부터 조선 초에 시행되었다.

② 균역법
- ➡ 조선 영조 때 군포를 1년에 2필에서 1필로 줄인 제도이다.

☑ 대동법
- ➡ 광해군 때부터 기존에 특산물로 납부하던 공납을 토지를 기준으로 하여 쌀이나 옷감, 동전 등으로 납부하게 한 제도이다.

④ 영정법
- ➡ 조선 인조 때 전세를 풍흉에 관계없이 토지 1결당 4~6두로 고정하여 걷도록 한 제도이다.

⏱ 3초공식

공납 + 특산물 대신 쌀 등으로 납부 + 김육 = 대동법

02 수취 체제의 개편   답 ①

자료에서 영조 때 시행되었다는 점, 군포 납부액을 2필에서 1필로 줄인다는 점, 결작으로 보충했다는 점 등을 통해 (가)에 해당하는 제도가 균역법임을 알 수 있다. 균역법의 시행으로 감소된 재정은 선무군관포, 결작, 어세·염세·선세로 보충하였다.

🔍 선지분석

☑ 균역법
- ➡ 조선 영조 때 군포 납부액을 2필에서 1필로 감소시킨 제도이다.

② 대동법
- ➡ 조선 광해군 때부터 방납의 폐단을 시정하기 위해 시행한 수취 제도이다.

③ 영정법
- ➡ 조선 인조 때 풍흉에 관계없이 전세를 토지 1결당 쌀 4~6두로 고정한 제도이다.

④ 직전법
- ➡ 조선 세조 때 현직 관리에게만 토지의 수조권을 지급한 제도이다.

⏱ 3초공식

영조 + 군포 1필로 줄임 + 결작 = 균역법

03 상품 화폐 경제의 발달   답 ④

조선 후기에는 처음부터 팔기 위한 목적으로 농사를 짓는 상품 작물의 재배가 확대되었는데, 대표적인 상품 작물로는 인삼, 담배, 목화, 고추, 생강 등이 있었다. 또한 감자, 고구마 등의 구황 작물이 전래되어 널리 재배되기 시작하였다.

🔍 선지분석

① 상평통보로 거래하는 상인
- ➡ 조선 후기에 상평통보가 전국적으로 유통되면서 상품 화폐 경제가 발달하였다.

② 판소리 공연을 구경하는 농민
- ➡ 조선 후기에는 사람이 많이 모이는 장시에서 노래와 사설로 이야기를 표현하는 판소리 공연이 성행하였다.

③ 한글 소설을 읽어 주는 전기수
- ➡ 조선 후기에 한글 소설이 유행하였고, 이에 따라 돈을 받고 책을 읽어 주는 전기수라는 새로운 직업이 등장하였다.

☑ 황룡사 구층 목탑을 만드는 목수
- ➡ 신라 선덕 여왕 때 승려 자장의 건의로 황룡사 9층 목탑이 건립되었다.

04 상품 화폐 경제의 발달   답 ①

조선 후기에는 인삼, 담배, 면화, 고추 등과 같이 처음부터 팔기 위한 목적으로 농사를 짓는 상품 작물과 감자, 고구마 등 구황 작물의 재배가 확대되었다. 한편, 조선 후기에는 세도 정치가 성행하면서 각 지방의 수령과 아전들이 백성들을 수탈하여 삼정의 문란이 극심하였다.

🔍 선지분석

☑ 상평통보가 유통되었다.
- ➡ 상평통보는 조선 숙종 때 허적 등의 주장에 따라 본격적으로 유통되기 시작하여 조선 후기에 널리 쓰였다.

② 전시과 제도가 실시되었다.
- ➡ 고려 경종 때 전·현직 관리에게 전지와 시지를 지급하는 전시과(시정 전시과) 제도가 마련되었다.

③ 벽란도가 국제 무역항으로 번성하였다.
- ➡ 고려는 예성강 하구의 벽란도를 중심으로 외국과 무역을 하였다. 벽란도에는 송의 상인은 물론 아라비아 상인들까지 드나들었다.

④ 팔관회의 경비 마련을 위해 팔관보가 설치되었다.
- ➡ 고려는 불교와 도교를 중시하여 도교와 민간 신앙 및 불교가 결합된 행사인 팔관회를 개최하였으며, 필요한 경비를 마련하기 위해 개경과 서경에 각각 팔관보를 설치하였다.

03 조선 후기의 사회 변화

01 밑줄 그은 '시기'의 사실로 옳은 것은? [기본 63회]

문학으로 만나는 한국사

구만 리 긴 하늘에도 머리 들기 어렵고
삼천 리 넓은 땅에서도 발을 펴기 어렵도다.
늦은 밤 누대에 오르니 달을 감상하고자 함이 아니요
삼 일 동안 곡기를 끊었으니 신선이 되기 위함이 아니로다.

[해설] 김삿갓으로 널리 알려진 김병연은 안동 김씨 등 소수 외척 가문이 중심이 되어 권력을 독점하던 시기에 전국을 방랑하며 많은 시를 남겼다. 그는 안동 김씨였으나 할아버지가 반역죄로 처형당했기에 관직에 진출하지 못하였다. 김병연이 지은 것으로 전해지는 위 시에는 그의 이러한 처지가 잘 나타나 있다.

① 최승로가 시무 28조를 올렸다.
② 수양 대군이 계유정난을 일으켰다.
③ 지방 세력 통제를 위해 사심관 제도가 실시되었다.
④ 삼정의 문란을 바로잡기 위해 삼정이정청이 설치되었다.

02 (가) 종교에 대한 설명으로 옳은 것은? [기본 50회]

□□신문

제△△호   2014년 ○○월 ○○일

교황, 서소문 성지 방문

프란치스코 교황은 지난 8월 16일 서울특별시의 서소문 순교 성지를 방문하였다. 이곳은 200여 년 전, 유교 윤리를 어겼다는 이유로 이승훈을 비롯한 (가) 을/를 믿는 사람들을 처형한 곳이다. 교황은 순교자들을 애도하며 이곳에 세워진 현양탑에 헌화하였다.

① 중광단 결성을 주도하였다.
② 기관지로 만세보를 발간하였다.
③ 초기에는 서학으로 소개되었다.
④ 동경대전을 기본 경전으로 삼았다.

03 밑줄 그은 '사건'에 대한 설명으로 옳은 것은? [기본 64회]

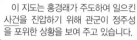

정주성공함작전도(모사본)

이 지도는 홍경래가 주도하여 일으킨 사건을 진압하기 위해 관군이 정주성을 포위한 상황을 보여 주고 있습니다.

① 보국안민, 제폭구민을 기치로 내걸었다.
② 한성 조약이 체결되는 결과를 가져왔다.
③ 서북 지역민에 대한 차별에 반발하여 일어났다.
④ 전개 과정에서 선혜청과 일본 공사관을 공격하였다.

04 다음 사건에 대한 정부의 대책으로 옳은 것은? [기본 52회]

① 소격서를 폐지하였다.
② 직전법을 실시하였다.
③ 척화비를 건립하였다.
④ 삼정이정청을 설치하였다.

01 세도 정치 시기의 모습   답 ④

조선은 정조가 죽은 후 나이 어린 순조가 즉위하면서 왕권이 약화되고, 왕실과 혼인 관계를 맺은 외척 세력 등 세도 가문이 정권을 장악하였다. 이러한 세도 정치 시기는 순조~철종 시기에 이르는 60여 년간 계속되었다.

◎ 선지분석

① 최승로가 시무 28조를 올렸다.
➡ 고려 성종은 최승로가 올린 시무 28조를 채택하여 유교 이념을 바탕으로 통치 체제를 정비하였다.

② 수양 대군이 계유정난을 일으켰다.
➡ 조선 문종이 일찍 죽고 어린 단종이 즉위하자 수양 대군이 난을 일으켜 권력을 장악하였다(계유정난). 이후 수양 대군은 세조로 즉위하였다.

③ 지방 세력 통제를 위해 사심관 제도가 실시되었다.
➡ 고려 태조는 지방 통치를 보완하고 지방 세력 통제를 위해 지방 출신 고관을 사심관으로 임명하여 출신 지역을 통제하도록 한 사심관 제도를 실시하였다.

✔ 삼정의 문란을 바로잡기 위해 삼정이정청이 설치되었다.
➡ 조선 후기 세도 정치 시기인 철종 때 임술 농민 봉기가 일어났다. 정부는 봉기를 수습하고 삼정의 문란을 바로잡기 위해 박규수를 안핵사로 파견하고 삼정이정청을 설치하였다.

⏱ 3초공식

소수 외척 가문이 권력 독점 = 세도 정치 시기

02 새로운 사상의 등장   답 ③

자료에서 프란치스코 교황이 서소문 순교 성지를 방문하였다는 점, 유교 윤리를 어겼다는 이유로 이승훈이 처형당했다는 점 등을 통해 (가) 종교가 천주교임을 알 수 있다.

◎ 선지분석

① 중광단 결성을 주도하였다.
➡ 중광단 결성을 주도한 종교는 대종교이다.

② 기관지로 만세보를 발간하였다.
➡ 기관지로 만세보를 발간한 종교는 천도교이다.

✔ 초기에는 서학으로 소개되었다.
➡ 초기에 중국에 다녀온 사신들에 의해 서학으로 소개되어 수용된 종교는 천주교이다.

④ 동경대전을 기본 경전으로 삼았다.
➡ 『동경대전』을 기본 경전으로 삼은 종교는 동학이다.

⏱ 3초공식

교황 + 이승훈 + 서학 = 천주교

03 농민 봉기의 확산   답 ③

1811년에 서북 지역(평안도)에 대한 차별과 탐관오리의 수탈, 삼정의 문란 등에 항거하여 몰락 양반이었던 홍경래가 영세 농민과 광산 노동자, 중소 상인 등 다양한 계층을 참여시켜 평안도에서 봉기를 일으켰다. 이들은 한때 청천강 이북 지역을 점령하였으나 정주성에서 일어난 관군과의 전투에서 패배하여 진압되었다.

◎ 선지분석

① 보국안민, 제폭구민을 기치로 내걸었다.
➡ 동학 농민 운동은 고부 군수 조병갑의 탐학이 계기가 되어 일어난 고부 농민 봉기부터 본격적으로 시작되었다. 이후 정부가 파견한 관리가 고부 농민 봉기를 수습하는 과정에서 봉기 참여자들을 탄압하자 동학 농민군은 보국안민과 제폭구민을 기치로 내걸고 무장에서 재차 봉기하였다.

② 한성 조약이 체결되는 결과를 가져왔다.
➡ 갑신정변 이후 조선과 일본 사이에 일본 공사관 증축 비용과 배상금 지불 등을 약속한 한성 조약이 체결되었다.

✔ 서북 지역민에 대한 차별에 반발하여 일어났다.
➡ 홍경래의 난은 조선 순조 때 홍경래, 우군칙 등이 서북 지역민에 대한 차별과 지배층의 수탈에 반발하여 평안도 지역에서 일으킨 반란이다.

④ 전개 과정에서 선혜청과 일본 공사관을 공격하였다.
➡ 임오군란은 신식 군대인 별기군에 비해 차별 대우를 받던 구식 군인들의 불만이 폭발하여 일어난 사건이다. 구식 군인들은 선혜청을 공격하면서 난을 일으켰고, 일본 공사관 등 관공서를 습격하였다.

04 농민 봉기의 확산   답 ④

자료에서 삼정의 문란 중 하나인 환곡의 폐단이 언급된 점, 경상 우병사 백낙신의 탐욕과 수탈에 맞선다는 점, 봉기를 주도하는 사람으로 유계춘이 제시된 점 등을 통해 해당 사건이 세도 정치기에 있었던 임술 농민 봉기(진주 농민 봉기)임을 알 수 있다.

◎ 선지분석

① 소격서를 폐지하였다.
➡ 소격서는 조선 중종 때 조광조의 건의로 폐지되었다.

② 직전법을 실시하였다.
➡ 직전법은 조선 세조 때 실시되었다.

③ 척화비를 건립하였다.
➡ 척화비는 조선 고종 때 흥선 대원군의 지시로 건립되었다.

✔ 삼정이정청을 설치하였다.
➡ 조선 정부는 임술 농민 봉기가 일어나자 삼정의 문란을 개선하기 위해 삼정이정청을 설치하였지만 성과를 얻지 못하였다.

04 조선 후기의 사상과 문화

01 (가)에 들어갈 인물로 옳은 것은?
[기본 55회]

○○○님이 천안 (가) 과학관에 있습니다.
21시간 전, 충청남도 천안시

조선 후기 지전설과 무한 우주론을 주장한 과학 사상가이자 실학자인 담헌 (가) 을/를 기리는 과학관을 다녀왔다. 다양한 체험 활동을 하며 ……
더 보기

△△△님 외 38명   댓글 7개

① 박제가   ② 이순지   ③ 장영실   ④ 홍대용

03 (가)에 들어갈 지도로 옳은 것은?
[기본 54회]

문화유산 퍼즐 맞추기

(가) 는 김정호가 제작한 총 22첩의 목판본 지도입니다. 10리마다 눈금을 표시하여 거리를 알 수 있게 하였습니다.

① 동국지도
② 대동여지도
③ 곤여만국전도
④ 혼일강리역대국도지도

02 (가) 인물에 대한 설명으로 옳은 것은?
[기본 54회]

이것은 화성성역의궤에 수록된 거중기 설계도입니다. (가) 이/가 기기도설을 참고하여 제작한 거중기는 수원 화성 축조에 이용되었습니다.

① 여전론을 주장하였다.
② 추사체를 창안하였다.
③ 북학의를 저술하였다.
④ 몽유도원도를 그렸다.

04 밑줄 그은 '이 그림'이 그려진 시기에 볼 수 있는 모습으로 적절하지 않은 것은?
[기본 54회]

이 그림은 서당의 모습을 그린 김홍도의 풍속화입니다. 훈장 앞에서 훌쩍이는 학생과 이를 바라보는 다른 학생들의 모습이 생생하게 표현되어 있습니다.

① 한글 소설을 읽는 여인
② 청화 백자를 만드는 도공
③ 판소리 공연을 하는 소리꾼
④ 초조대장경을 제작하는 장인

01 실학의 발달 답 ④

자료에서 조선 후기 지전설과 무한 우주론을 주장하였다는 점, 호가 담헌이라는 점 등을 통해 (가)에 들어갈 인물이 홍대용임을 알 수 있다. 홍대용은 그 외에도 혼천의를 제작하기도 했다.

🔍 선지분석
① 박제가
➡ 조선 후기의 대표적인 중상학파 실학자로 청의 문물 수용을 주장하였고, 절약보다 소비를 권장하였으며 『북학의』를 저술하였다.
② 이순지
➡ 조선 세종 때 『칠정산』의 편찬을 주도하였다.
③ 장영실
➡ 조선 세종 때의 대표적인 과학자로 앙부일구와 자격루의 제작에 참여하였다.
✓ 홍대용
➡ 지전설과 무한 우주론을 주장한 대표적인 조선 후기 실학자이다.

⏱ 3초공식
지전설, 무한 우주론 + 담헌 = 홍대용

02 실학의 발달 답 ①

자료에서 거중기 설계도가 제시되었고, 기기도설을 참고하여 거중기를 제작하여 수원 화성 축조에 이용하였다는 점 등을 통해 (가) 인물이 정약용임을 알 수 있다. 정약용은 조선 후기 대표적인 실학자로, 토지 개혁을 위해 여전론을 주장하였다.

🔍 선지분석
✓ 여전론을 주장하였다.
➡ 여전론은 정약용이 주장한 토지 개혁안으로, 공동 노동과 공동 생산 후 노동량에 따라 분배를 주장하였다.
② 추사체를 창안하였다.
➡ 추사체는 김정희가 창안한 독창적인 서체이다.
③ 북학의를 저술하였다.
➡ 『북학의』는 중상학파 실학자인 박제가가 저술한 서적이다.
④ 몽유도원도를 그렸다.
➡ 「몽유도원도」는 조선 전기의 화가 안견이 안평 대군의 꿈 이야기를 듣고 그린 그림이다.

⏱ 3초공식
수원 화성 + 거중기 제작 + 여전론 주장 = 정약용

03 국학의 발달 답 ②

자료에서 김정호가 제작한 총 22첩의 목판본 지도라고 한 점, 10리마다 눈금을 표시하였다는 점 등을 통해 (가)에 들어갈 지도가 대동여지도임을 알 수 있다.

🔍 선지분석
① 동국지도
➡ 조선 영조 때 정상기가 제작한 지도로, 최초로 100리 척을 사용하였다.
✓ 대동여지도
➡ 조선 철종 때 김정호가 만든 목판본 지도로, 10리마다 눈금을 표시하였다.
③ 곤여만국전도
➡ 이탈리아 선교사 마테오 리치가 만든 세계 지도로, 조선 후기에 유입되었다.
④ 혼일강리역대국도지도
➡ 조선 태종 때 제작된 지도로, 현재 동양에서 가장 오래된 세계 지도이다.

⏱ 3초공식
김정호 + 목판본 지도 + 10리마다 눈금 = 대동여지도

04 문학과 예술 답 ④

자료에서 김홍도의 풍속화라고 하였으므로 이 그림이 조선 후기에 그려진 것임을 알 수 있다. 조선 후기에는 상품 화폐 경제의 발달과 서당의 교육 확대 등으로 한글 소설, 판소리 등 서민 문화가 발달하였다.

🔍 선지분석
① 한글 소설을 읽는 여인
➡ 조선 후기에는 『홍길동전』, 『춘향전』 등의 한글 소설이 유행하였고, 이를 읽어 주는 전기수가 등장하기도 하였다.
② 청화 백자를 만드는 도공
➡ 조선 후기에는 청화 백자가 유행하였다.
③ 판소리 공연을 하는 소리꾼
➡ 조선 후기에는 춘향가, 심청가, 흥보가 등의 판소리가 유행하였다.
✓ 초조대장경을 제작하는 장인
➡ 고려는 거란의 침입에 맞서기 위해 초조대장경을 제작하였다.

⏱ 3초공식
김홍도의 풍속화 = 조선 후기

환국의 발생

구분	경신환국(1680)	기사환국(1689)	갑술환국(1694)
원인	• 남인인 허적이 왕의 허락 없이 기름 먹인 장막 사용 • 허견(허적의 아들)의 역모설	희빈 장씨 소생의 원자 책봉	인현 왕후의 복위 문제
전개	서인 중용, 남인 축출	숙종의 원자 책봉 → 서인 세력의 반대, 인현 왕후 폐위	• 숙종의 남인 견제 • 서인의 인현 왕후 복위 운동
결과	서인 집권 (노론과 소론으로 분열)	남인 집권	• 인현 왕후 복위 • 노론과 소론이 정국 주도

영조의 탕평 정치

탕평책	• 탕평파 육성, 탕평비 건립 • 서원 정리
개혁 정치	• 균역법 시행: 농민의 군역 부담 감소 • 가혹한 형벌 폐지, 신문고 제도 부활, 청계천 준설 • 『속대전』, 『동국문헌비고』 편찬

정조의 탕평 정치

왕권 강화책	• 초계문신제 실시: 신진 관료 재교육 • 규장각 설치: 국왕의 정책 뒷받침 • 장용영 설치: 국왕 직속 친위 부대 • 수원 화성 건립: 정치적 이상 실현 목적
개혁 정치	• 신해통공: 육의전을 제외한 시전 상인의 금난전권 폐지 • 서얼에 대한 차별 완화: 서얼 출신을 규장각 검서관에 등용 • 『대전통편』, 『동문휘고』, 『탁지지』, 『무예도보통지』 등 편찬

대동법의 시행

배경	방납의 폐단, 지방 관리들의 수탈 → 농민의 부담 증가
시행 과정	광해군 때 선혜청 설치 후 경기도에 시범적 시행 → 숙종 때 전국으로 확대
내용	• 특산물 징수 대신 토지 1결당 미곡 12두나 면포·삼베·동전 등으로 징수 • 집집마다 내던 공납을 토지 결수에 따라 징수 → 토지를 가진 지주가 부담
영향	• 공인의 등장 → 상품 화폐 경제의 발달 • 별공과 진상은 여전히 존재

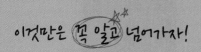

❚ 균역법의 시행

배경	농민들의 군포 부담 증가
내용	• 1년에 2필씩 걷던 군포를 1필로 줄여 줌 • 재정 감소 보완책 시행: 일부 상류층에게 선무군관포 부과, 지주에게 결작 부과, 어장세·염세·선박세 등을 국고로 전환
결과	• 농민의 군역 부담 일시적 감소 • 지주들이 결작을 소작농에게 전가 → 농민 부담이 다시 가중

❚ 실학의 발달

중농학파	유형원	• 『반계수록』 저술 • 균전론 주장
	이익	• 『성호사설』, 『곽우록』 저술 • 한전론 주장
	정약용	• 여전론, 정전제 주장 • 『목민심서』, 『경세유표』, 『흠흠신서』 등 저술 • 배다리 및 거중기 설계
중상학파	유수원	• 『우서』 저술 • 사농공상의 직업적 평등과 전문화 주장
	홍대용	• 『임하경륜』, 『의산문답』, 『담헌서』 저술 • 지전설 주장(중국 중심의 세계관 탈피), 혼천의 제작
	박지원	• 『열하일기』, 「양반전」, 「허생전」 등 저술 • 수레와 선박의 이용, 화폐 유통의 필요성, 서양 문물 도입 주장
	박제가	• 『북학의』 저술 • 청 문물의 적극적 수용 주장 • 절약보다 소비 강조(소비를 우물에 비유)

❚ 서민 문화의 발달

판소리	춘향가, 심청가, 흥보가, 적벽가, 수궁가 등 유행
탈놀이·산대놀이	사회 모순 풍자 → 지배층의 위선과 부정, 비리 고발
한글 소설	『춘향전』, 『별주부전』, 『심청전』, 『홍길동전』(허균) 등, 전기수 등장
사설시조	솔직하고 구체적으로 서민들의 감정을 표현
민화	해·달·나무·동물 등을 주제로 복을 기원하는 서민의 소박한 소망을 표현(작호도)

우리의 모든 꿈은 이루어질 것이다.
그것들을 믿고 나아갈 용기만 있다면

– 월트 디즈니(Walt Disney)

VI

근대 사회

01 흥선 대원군 집권 시기의 정치

02 개항과 외국과의 조약 체결

03 근대적 개혁의 추진과 반발

04 임오군란과 갑신정변

05 동학 농민 운동과 갑오·을미개혁

06 독립 협회와 대한 제국

07 일제의 침략과 국권 침탈

08 국권 침탈에 대한 저항

09 근대 문물의 수용

1866
병인양요

1876
강화도 조약

1884
갑신정변

1863
흥선 대원군 집권

1871
척화비 건립

1882
임오군란

기출로 보는 키워드

1위 | 통리기무아문

2위 | 보안회

3위 | 척화비 건립

4위 | 만민 공동회

5위 | 을사늑약

3개년 평균 출제 비중

5.9문항

11.8%

1894
동학 농민 운동, 갑오개혁

1904
보안회 창립

1907
국채 보상 운동

1897
대한 제국 수립

1905
을사늑약

1910
국권 피탈

01 흥선 대원군 집권 시기의 정치

1 흥선 대원군의 개혁 정치

(1) 집권: 고종이 어린 나이에 즉위 → 고종이 성인이 될 때까지 아버지인 흥선 대원군이
대신 나라를 다스림

(2) 정치 개혁

① 세도 정치의 중심이던 안동 김씨 세력을 몰아내고 왕권을 강화함, 당파보다 능력에 따
라 인재를 등용함

② 왕권을 제약하던 비변사의 기능을 축소(이후 폐지)하고, 의정부(정치)와 삼군부(군사)
의 기능을 부활시킴

③ 통치 체제를 정비하기 위해 『대전회통』, 『육전조례』 등 각종 법전을 편찬함

(3) 삼정의 개혁

① 전정의 개혁: 토지를 조사하는 양전 사업 실시 → 은결 색출, 지방관과 양반의 불법적
┗ 토지 대장인 양안에 등록되지
인 토지 소유 금지   않은 숨겨진 토지

② 군정의 개혁: 호포제 실시 → 양반에게도 군포 징수

③ 환곡의 개혁: 사창제 실시 → 식량이 부족한 봄에 마을 단위로 곡식을 빌려주는 사창을
설치하고, 마을 안에서 덕망 있고 부유한 지방 유지를 뽑아 민간으로 운영을 맡김

★(4) 서원 정리와 경복궁 중건

① 서원 정리

배경	서원이 국가 재정을 어렵게 하고, 백성을 수탈하며 붕당의 근거지가 되는 등 폐단이 심해짐
내용	47개의 서원만 남기고 전국의 서원 정리, 만동묘 철폐
결과	유생들의 강력한 반발을 야기함

> **시험에 나오는 사료** 흥선 대원군의 서원 정리
>
> 사족이 있는 곳마다 평민을 못살게 하지만 가장 심한 자들은 서원에 모여 있다. …… 흥선 대원군이 크
> 게 노하여 "진실로 백성에게 해되는 것이 있으면 비록 공자가 다시 살아난다 하더라도 내가 용서하지
> 않겠다. 하물며 서원은 우리나라 선유(先儒)를 제사한다면서 도둑의 소굴이 되었음에라."라고 하였다.
> – 『근세조선정감』 –

② 경복궁 중건

• 왕실 위엄을 회복하고 왕권을 강화하기 위해 임진왜란 때 불탄 경복궁을 다시 세움

• 노동력 동원을 위해 많은 백성을 공사장에 징발하고, 중건에 필요한 목재를 충당하
기 위해 양반의 묘지림을 벌목하여 백성과 양반 모두에게 원성을 삼

• 막대한 공사비가 소요됨에 따라 당백전을 남발하고 원납전을 강제 징수함
┗ 경복궁 중건 경비를 위해 반강제로
징수한 일종의 기부금

> **흥선 대원군**

> **만동묘**

만동묘는 임진왜란 때 조선을 도
와준 명의 황제를 제사 지내기 위
해 세운 사당이에요. 명이 청에
의해 멸망한 뒤 송시열의 유언에
따라 충청북도 괴산군에 세워졌
습니다.

> **당백전**

경복궁 중건의 재원을 마련하기
위해 발행한 화폐예요. 상평통보
에 비해 액면 가치는 100배였으
나 실질 가치는 5~6배에 그쳐
물가가 크게 올라 백성들의 생활
이 어려워졌습니다.

경복궁 중건을 시작할 때 재정이 메말라 일을 할 수 없게 되자 팔도의 부자 명단을 뽑아서 돈을 거두어들였다. 이때 거두어들인 돈을 원납전이라 하였는데, 백성들은 입을 비쭉거리면서 이렇게 말하였다. "원납전(願納錢, 스스로 내는 돈)이 아니라 원납전(怨納錢, 원망하며 바친 돈)이다." 이때 돈을 거두어들이기 위해 여러 가지 수단을 동원하였다. 도성에서는 문세전(통행세)을 받았다.

－『매천야록』－

┌→ 나라 사이에 서로 물품을 사고파는 행위

2 통상 수교 거부 정책과 양요

(1) 흥선 대원군의 천주교 탄압

① 배경: 프랑스 선교사의 국내 잠입 및 포교 활동으로 천주교의 교세가 확장됨

② 초기: 프랑스 세력을 이용해서 러시아의 남하를 견제할 목적으로 천주교에 관대하였음

③ 변화: 프랑스의 거절(협상 실패)과 양반 유생들의 반발로 인해 천주교에 대한 탄압 정책으로 전환함

④ 병인박해(1866. 1.): 9명의 프랑스 선교사를 포함하여 수천 명의 천주교도를 처형함

(2) 제너럴셔먼호 사건(1866. 7.)

원인	미국 상선 제너럴셔먼호가 대동강을 거슬러 올라와 평양에서 통상을 요구함
전개	조선 정부가 통상 요구 거부 → 제너럴셔먼호 선원들이 관리를 납치하는 등 횡포를 부림
결과	평안도 관찰사 박규수의 지휘 아래 평양 관민이 합심하여 제너럴셔먼호를 불태워 침몰시킴 → 신미양요의 원인이 됨

└→ 개화사상가 박규수와 동일 인물

★ (3) 병인양요(1866. 9.) → 서양 세력이 천주교 탄압이나 통상 문제 따위를 빌미로 일으킨 난리

원인	병인박해를 구실로 프랑스가 통상을 요구하며 침략
전개	프랑스 극동 함대 사령관 로즈 제독이 양화진을 거슬러 올라와 지형을 살핌 → 프랑스 함대가 강화도 침략 → 한성근 부대가 문수산성에서, 양헌수 부대가 정족산성에서 활약
결과	• 상황이 불리하다고 여긴 프랑스 군대가 40여 일 만에 물러감 • 프랑스군이 철수 과정에서 외규장각에 보관된 조선 왕조 의궤 등 각종 문화유산을 약탈함

(4) 오페르트 도굴 사건(1868)

원인	독일 상인 오페르트가 통상을 요구하였으나 조선 정부가 거절함
전개	오페르트가 흥선 대원군의 아버지 남연군의 묘를 도굴하려 함(충남 덕산) → 도굴에 실패함
결과	서양인에 대한 반감이 고조되고, 통상 수교 거부 정책이 강화됨

└→ 충청남도 예산군 덕산면

(5) 신미양요(1871)

원인	제너럴셔먼호 사건을 구실로 미국이 조선에 배상금 지불과 통상을 요구하며 침략함
전개	미국의 아시아 함대 사령관 로저스 제독이 강화도 침략(초지진 상륙, 덕진진 점령) → 광성보에서 어재연 부대의 결사 항전 → 광성보 함락, 어재연 전사
결과	• 상황이 불리하다고 여긴 미국 군대가 20여 일 만에 물러감 • 미군이 철수 과정에서 어재연 장군의 '수' 자기를 가져 감

└→ 장수 수(帥)가 쓰여 있는 어재연 장군기로, 미군이 전리품으로 가져가 미 해군 사관학교에 전시해 두었다가 2007년에 임대 방식으로 우리나라에 반환되었음

▶ 외규장각 의궤

의궤는 조선 왕실의 의례를 글과 그림으로 기록한 책이에요. 병인양요 때 약탈당해 프랑스로 유출되었다가 2011년에 임대 형태로 반환되었습니다.

▲ 병인양요와 신미양요의 전개

▲ 어재연 장군 '수'자기

★ **(6) 척화비 건립(1871):** 흥선 대원군이 신미양요 직후 전국 각지에 통상 수교 거부 의지를 나타낸 척화비를 세움

> 척화비

시험에 나오는 사료 척화비 건립(1871)

이때에 이르러서는 돌을 캐어 종로에 비석을 세웠다. 그 비면에 글을 써서 이르기를, "서양 오랑캐가 침범하는데 싸우지 않으면 즉 화친하는 것이요, 화친을 주장함은 나라를 팔아먹는 짓이다(洋夷侵犯, 非戰則和, 主和賣國)."라고 하였다.

— 『대한계년사』 —

02 개항과 외국과의 조약 체결

1 강화도 조약과 개항

(1) 개항의 배경 ┌→ 외국과 통상을 할 수 있게 항구를 개방하여 외국 선박의 출입을 허가함

① 흥선 대원군의 하야(1873)
- 흥선 대원군의 정책(예) 호포제, 경복궁 중건, 서원 철폐 등)에 대해 양반 유생들이 반발
- **최익현이 흥선 대원군 하야 상소를 올리면서 고종이 직접 나라를 운영하는 친정 체제가 성립됨(1873)**

② 통상 개화론의 대두 ┌→ 『해국도지』, 『영환지략』 등의 세계 지리서를 국내에 소개함
- 주요 인물: 박규수, 오경석(역관), 유홍기(의관) 등
- 주장: 열강의 군사적 침략을 피하기 위해 개항이 필요함을 주장

★ (2) 일본과 맺은 조약

① 강화도 조약(1876, 조·일 수호 조규)

계기	일본이 운요호 사건(1875)을 빌미로 조선에 문호 개방 요구
주요 내용	• 조선이 자주국임을 명시: 조선에 대한 청의 간섭 배제 의도, 일본의 영향력 강화 의도 • 부산 외 2곳의 항구 개항: 부산에 이어 1880년에 원산, 1883년에 인천 개항 • 해안 측량권 허용: 조선의 영토 주권 침해, 침략적 의도를 드러냄 • 영사 재판권(치외 법권) 규정: 조선의 사법권 침해
성격	• 조선이 외국과 맺은 최초의 근대적 조약 • 일본에 일방적으로 유리한 불평등 조약
결과	일본이 조선을 정치적·경제적으로 침략하는 발판을 마련함

시험에 나오는 사료 강화도 조약(조·일 수호 조규)

제1관 조선은 자주국이며 일본과 평등한 권리를 갖는다.
　　　　　　　　　　　　　┌→ 원산(1880), 인천(1883) 개항
제4관 조선 정부는 부산 외에 2곳의 항구를 개방하고 일본국 인민이 오가며 자유로이 통상하도록 허가한다.
　　　　　　　　　　　　┌→ 해안 측량권
제7관 조선국 연해를 일본국 항해자가 자유롭게 측량하고 지도를 제작할 수 있도록 허가한다.
제10관 일본국 인민이 조선국 항구에서 죄를 지었거나 조선국 인민에게 관계되는 사건은 모두 일본국 관원이 심판한다.
　　　　　　　　　　　　└→ 영사 재판권(치외 법권)

② 조·일 수호 조규 부록(1876): 일본인 거류지 설정(일본인의 개항장 활동 범위를 10리로 제한), 개항장에서 일본 화폐 유통 허용
③ 조·일 무역 규칙(1876): 일본 상품 무관세, 일본 선박 항세 면제, 양곡의 무제한 유출 허용
④ 조·일 통상 장정(1883)
- 일본 상품에 대하여 관세 부과(무관세에서 유관세로 전환)
- 무제한 곡물 유출을 막기 위해 **방곡령 시행 규정 추가**
- 일본에 대한 최혜국 대우 인정(일본의 내지 무역이 허용되는 계기가 됨)
　　　　└→ 지방관이 곡물 수출을 금지하는 명령
　　　　　　(단, 1개월 전 통고)

▶ **최익현**

▶ **운요호 사건(1875)**

일본이 군함 운요호를 파견하여 강화도 일대에서 군사 도발을 일으킨 사건을 말해요. 강화도 초지진을 공격하고, 영종도에서 무력 충돌을 일으켰어요.

▶ **영사 재판권**

외국에 머무르면서 그 나라의 법률 적용을 받지 않고 자기 나라의 주권을 행사할 수 있는 권리로, 치외 법권이라고도 합니다.

(1) 조 · 미 수호 통상 조약(1882)

배경	일본에 있던 청의 외교관인 황준헌(황쭌셴)이 작성한 『조선책략』이 조선에 유포 → 조선 내에서 미국과의 수교 필요성이 대두됨
과정	청의 적극적 알선으로 조약 체결
주요 내용	치외 법권, 최혜국 대우 최초 인정, 거중 조정, 낮은 세율의 관세 조항 규정
성격	서양과 체결한 최초의 근대적 조약
영향	미국에 사절단으로 보빙사를 파견함(1883)

→ 조약을 맺은 국가가 제3국과 분쟁이 있을 경우 조약을
맺은 상대국이 중간에서 해결을 주선한다는 내용

시험에 나오는 사료 조 · 미 수호 통상 조약

제5관 미국 상인과 상선이 조선에 와서 무역할 때 입출항하는 화물은 모두 세금을 바쳐야 하며, 그
수세하는 권한은 조선이 자주적으로 한다. → 관세 규정

제14관 현재 양국이 논의하여 결정하고 난 이후 대조선국 군주가 어떠한 은혜로운 정사와 은혜로운
법 및 이익을 다른 나라 혹은 그 상인에게 베풀 경우, 배로 항해하여 통상 무역을 왕래하는 등
의 일을 해당국과 그 상인이 종래 누리지 않았거나 이 조약에 없는 경우를 막론하고 미국 관원
과 백성이 일체 균점(均霑)하는 것을 승인한다. → 최혜국 대우

(2) 서양 각국과의 수교

① 수호 통상 조약의 체결

- 영국·독일(1883), 이탈리아·러시아(1884), 프랑스(1886), 오스트리아·헝가리 제국
(1892) 순서로 체결
- 프랑스는 천주교 포교 문제로 수교가 늦어짐

② 특징

- 치외 법권과 최혜국 대우가 인정된 불평등 조약이었음
- 프랑스와 조약이 체결되면서 천주교 포교의 자유가 인정됨

(3) 조·청 상민 수륙 무역 장정(1882)

① 배경: 임오군란이 계기 → 조선에 대한 내정 간섭을 강화한 청이 일본에 맞서 조선에
대한 경제 침투를 강화하기 위한 목적으로 체결함

② 주요 내용: 조선이 청의 속방임을 명시, 청 상인의 내륙 진출 허용(내지 통상권 허용)

③ 영향

- 조선을 놓고 청 상인과 일본 상인 간에 경쟁이 심화됨
- 국내의 객주, 여각, 보부상 등의 활동이 크게 위축됨

> **최혜국 대우**

통상 조약을 맺은 상대국에게 지금까지 가장 좋은 조건을 부여한 국가와 동등한 대우를 자동으로 부여하는 것을 의미합니다. 미국과 체결한 조·미 수호 통상 조약에서 최초로 규정되어 이후 여러 국가들과의 조약에도 해당 조항이 포함되었습니다.

03 근대적 개혁의 추진과 반발

1 개화 세력의 대두와 개화 정책의 추진

(1) 개화파의 형성과 분화
① 주요 인물: 박규수의 지도를 받은 김옥균, 박영효, 홍영식, 김윤식, 서광범, 유길준 등
② 확대: 개항을 전후하여 정치 세력으로 성장(개화파 형성) → 1880년대에 정계로 진출
③ 분화

구분	온건 개화파	급진 개화파
주요 인물	김홍집, 김윤식, 어윤중	김옥균, 박영효, 홍영식, 서광범
정치적 입장	친청 사대 정책 ┐ 전통적 가치관을 유지하면서 서양의 문물을 부분적으로 받아들이자는 주장	청의 간섭과 정부의 사대 정책에 불만
주장	점진적 개혁	급진적 개혁
개혁 모델	청의 양무운동(동도서기론)	일본의 메이지 유신(문명개화론)

└ 서양의 기술 · 기기와 함께 문화 · 풍속까지 받아들이자는 주장

★(2) 개화 정책의 추진 → 1880년대 초, 동도서기론에 입각
┌ 외교, 군사, 통상, 재정 등의 실무 담당
① 정치: 통리기무아문(개화 정책 총괄 기구)과 부속 기구로 12사 설치(1880)
② 군사: 5군영 → 무위영 · 장어영의 2영 체제로 개편, 신식 군대인 별기군 창설(1881)
③ 해외 시찰단 파견

수신사	• 강화도 조약 체결 이후 일본에 파견 • 김기수(1876, 1차), 김홍집(1880, 2차 → 황준헌(황쭌셴)의 『조선책략』을 들여옴)
조사 시찰단 (1881)	• 일본에 박정양, 어윤중, 홍영식 등 파견 • 개화 반대 여론으로 고종이 비밀리에 파견
영선사 (1881)	• 청에 김윤식 등 파견 • 청의 근대식 무기 제조법, 군사 훈련 습득이 목적 • 청의 기기국에서 습득한 무기 제조 기술은 조선 최초의 근대식 무기 제조 공장인 기기창 설치(1883)에 영향
보빙사 (1883)	• 조 · 미 수호 통상 조약 체결(1882) 직후 미국 공사 내한에 대한 답방 • 민영익, 홍영식, 유길준 등 파견, 최초로 서양에 파견된 사절단 • 보빙사의 일원인 유길준은 미국에 남아 유학(귀국 후 『서유견문』 집필)

▶ **별기군**

▶ **보빙사**

2 위정척사 운동

(1) 배경: 서양의 통상 요구, 일본에 의한 개항, 정부의 개화 정책 추진 → 유생들의 반발

(2) 전개 과정
① 1860년대: 통상 반대 운동 전개

주요 인물	이항로, 기정진 등 → 보수적 유학자
배경	서양 열강이 통상을 요구하고 병인양요 등 침략 행위가 발생하기 시작

주장	척화주전론 주장, 서양과의 통상을 반대하는 흥선 대원군의 통상 수교 거부 정책을 강력 지지

② 1870년대: 개항 반대 운동 전개

주요 인물	최익현, 유인석 등
배경	서양과 일본의 개항 압력으로 인해 강화도 조약이 체결됨
주장	일본과 서양은 같기 때문에 개항은 절대 불가하다고 주장(왜양일체론)

시험에 나오는 사료   최익현의 왜양일체론

→ 사악한 학문(서양 문물, 천주교)

저들이 비록 왜인(倭人)이라고 하나 실은 양적(洋賊)입니다. 강화가 한번 이루어지면 사학(邪學)의 서책과 천주(天主)의 초상이 교역하는 속에 뒤섞여 들어오게 되고, 조금 지나면 선교사가 전수하여 사학이 온 나라에 퍼지게 될 것입니다.

– 『면암집』 –

↳ 최익현의 시문집

★ ③ 1880년대: 개화 반대 운동 전개

주요 인물	이만손, 홍재학 등
배경	정부가 개화 정책 추진 시작, 김홍집이 가져 온 『조선책략』 유포 → 개항의 필요성 대두
주장	『조선책략』의 주장에 반발 → 개화 정책 추진 반대(이만손 등의 영남 만인소, 1881)

제2차 수신사

1만 여 유생이 집단으로 올리는 상소 ↲

시험에 나오는 사료   『조선책략』

러시아가 영토를 공략하고자 하면 반드시 조선으로부터 시작할 것이다. …… 그러므로 오늘날 조선의 제일 급선무는 러시아를 막는 것이다. 러시아를 막는 책략은 무엇인가. 중국을 가까이 하며[親中國], 일본과 관계를 공고히 하고[結日本], 미국과 연계하여[聯美國] 자강을 도모할 따름이다.

시험에 나오는 사료   영남 만인소

수신사 김홍집이 가지고 와서 유포한 황준헌의 사사로운 책자를 보노라면 어느 새 털끝이 일어서고 쓸개가 떨리며 울음이 복받치고 눈물이 흐릅니다. …… 러시아는 본래 우리와 혐의가 없는 나라입니다. 공연히 남의 말만 듣고 틈이 생기게 된다면 우리의 위신이 손상될 뿐만 아니라 만약 이를 구실로 침략해 온다면 장차 이를 어떻게 막을 것입니까?

④ 1890년대: 항일 의병 운동 전개

주요 인물	유인석, 이소응 등
배경	일본의 침략 행위 심화 → 을미사변, 을미개혁(단발령) 등 발생
내용	직접적인 항일 의병 운동으로 발전

04

임오군란과 갑신정변

1 임오군란

(1) 배경

① 구식 군대 군인의 13개월치 녹봉미 미지급, 신식 군대인 별기군 우대 등 **구식 군대 군인에 대한 차별 대우** 심화, 정부의 개화 정책에 대한 반발

② 일본의 경제적 침탈로 인한 곡물 유출과 쌀값 폭등으로 서민 생활의 악화

★(2) 과정

① **구식 군대 군인들의 봉기(1882)**: 밀린 급료로 받은 쌀에 쌀겨와 모래가 섞여 있자 구식 군대의 군인들이 봉기 → 선혜청과 정부 고관의 집 습격, 일본인 교관 살해, 일본 공사관 습격(도시 하층민 합세), 궁궐 습격 → 왕비 민씨 피신

② **흥선 대원군 재집권**: 흥선 대원군이 **군란 수습의 명목으로 재집권** → 개화 정책 중단(5군영 부활, 통리기무아문과 별기군 폐지 등 추진)

③ **청의 군대 파견**: 청이 민씨 정권의 요청으로 군대를 파견하여 진압 → 청은 흥선 대원군에게 군란의 책임을 물어 청으로 압송

(3) 결과

① 제물포 조약 체결(1882)
- 일본에 배상금 지불
- 일본 공사관의 경비를 위한 일본 군대의 한성 주둔 인정

시험에 나오는 사료	제물포 조약

제3조 일본인 조난자 및 그 유족에게 5만 원의 보상금을 지급한다.
제4조 일본군의 출동비 및 손해에 대한 보상비로 50만 원을 조선 측이 지불한다.
제5조 <u>일본 공사관에 군대를 상주시키고 병영의 설치와 수선 비용을 조선 측이 부담한다.</u>
제6조 조선에서 대관(大官)을 특파하여 일본에 사과한다.

→ 일본 공사관의 경비병 주둔 인정

② 민씨 일파의 재집권: 청에 대한 의존이 심해지는 결과를 가져옴

③ 청의 내정 간섭: 청 군대가 조선에 상주, 마건상(마젠창, 내정)·묄렌도르프(외교) 등 고문 파견 → 조선에 대한 **청의 간섭이 심화됨**

④ 조·청 상민 수륙 무역 장정 체결(1882): 청의 경제적 침투가 강화되고 청 상인에게 내지 통상권 허용

기출로 보는 키워드

- 임오군란이 청군에 의해 진압되면서 청의 내정 간섭이 본격화되었다.
- 임오군란 후 일본 공사관 경비를 위한 일본군 주둔을 인정하는 제물포 조약이 체결되었다.
- 임오군란 후 체결된 조·청 상민 수륙 무역 장정을 통해 청 상인의 내지 통상이 가능해졌다.

2 갑신정변

(1) 배경
① 임오군란 이후 청의 내정 간섭이 심화됨
② 김옥균 등 급진 개화파가 정부의 소극적인 개화 정책에 불만을 가짐

★ (2) 과정
① 김옥균, 박영효, 홍영식 등 급진 개화파는 우정총국 개국 축하연을 기회로 수구 사대당 요인을 살해하며 정변을 일으킴(1884)
② 개화당 정부를 수립하고 개혁 정강 14개조를 마련함 → 근대 국가 건설 지향
③ 청군의 개입으로 3일 만에 실패 → 김옥균 등 급진 개화파 세력은 일본으로 망명

(3) 개혁 정강 14개조 주요 내용: 흥선 대원군의 송환 요구, 청에 대한 사대 관계 청산, 문벌 폐지 및 인민 평등권 확립을 통해 능력에 따른 인재 선발, 지조법 개혁, 내각 중심의 정치 실시(입헌 군주제 지향)
└ 토지에 부과하는 각종 세금에 대한 규정

> **시험에 나오는 사료**　갑신정변의 개혁 정강 14개조(일부)
>
> 1. 대원군을 즉시 환국하도록 할 것
> 2. 문벌을 폐지하여 인민 평등의 권리를 제정하고, 사람에게 관직을 택하게 하고 관직으로써 사람을 택하지 말 것
> 3. 전국적으로 지조법(地租法)을 개혁하여 아전들의 부정을 막고 백성의 곤경을 구제하며, 더불어 국가 재정을 넉넉하게 할 것
> 14. 의정부와 6조 외에 무릇 불필요한 관청은 모두 혁파하고, 대신과 참찬으로 하여금 참작 협의하여 아뢰도록 할 것

(4) 결과
① 한성 조약 체결(1884, 조선 – 일본): 일본에 배상금 지불, 일본 공사관 신축 비용 부담
② 텐진 조약 체결(1885, 청 – 일본)
　• 청·일 군대가 동시에 철수하고, 추후 조선에 파병을 하는 경우에 상호 통보를 약속함
　• 훗날 동학 농민 운동이 일어났을 때 일본 군대가 조선에 파견되는 데 이용됨
③ 청의 내정 간섭 심화: 친청 보수 세력이 장기 집권하면서 청의 영향력이 더욱 강화됨 → 일본과의 대립 구도 심화

(5) 갑신정변 이후의 대외 정세
① 거문도 사건(1885~1887): 조선이 러시아와 교섭 시도 → 영국이 러시아의 남하 견제를 구실로 거문도를 불법으로 점령 → 청의 중재로 약 2년 만에 철수
② 조선 중립화론 대두: 독일의 부들러, 유길준 등이 조선 중립화론을 주장함

[지도]
→ 일본의 세력 침투
→ 청의 세력 침투
→ 러시아의 세력 침투
→ 영국의 세력 침투

러시아
조·러 수호 통상 조약(1884)
조·러 비밀 협약(1885) → 실패
용암포 사건(1903)

일본
강화도 조약(1876)
제물포 조약(1882)
한성 조약(1884)
텐진 조약(1885)

청
조·청 상민 수륙 무역 장정(1882)
텐진 조약(1885)

영국
거문도 사건(1885~1887)

▲ 한반도를 둘러싼 열강의 각축

기출로 보는 키워드

• 김옥균 등 급진 개화파는 우정총국 개국 축하연을 이용하여 갑신정변을 일으켰다.
• 갑신정변 후 조선과 일본 사이에 한성 조약이 체결되었다.
• 갑신정변 후 일본과 청은 텐진 조약을 체결하였다.
• 1885년에 영국은 러시아를 견제한다는 구실로 거문도를 불법 점령하였다.

▶ **김옥균**

▶ **우정총국**

보빙사로 미국에 다녀온 홍영식의 건의로, 1884년 근대적인 우편 업무를 실시하기 위해 세웠습니다. 하지만 갑신정변이 일어나면서 폐쇄되었다가 1895년 우체사로 계승되었습니다.

동학 농민 운동과 갑오·을미개혁

1 동학 농민 운동

(1) 교세 확대와 교조 신원 운동

① 1890년대 탐관오리의 횡포와 외세의 경제적 침투에 반발한 농민들이 동학에 가입

② 동학 2대 교주인 **최시형**이 『동경대전』(경전)과 『용담유사』(포교 가사집)를 편찬하여 동
　학 교단 정비
　　　　　　　　　└▸ 최제우가 저술함

③ 교조 신원 운동(1892~1893)
　• 교조 최제우의 억울함을 풀어 달라는 운동
　• 전라북도 삼례, 서울, 충청북도 보은 등에서 전개

(2) 고부 농민 봉기(1894. 1.)

① 원인: 고부 군수 **조병갑**의 학정(만석보 축조 과정에서 온갖 착취)

② 전개: 전봉준 등이 시정 요구(조병갑의 거부) → 전봉준 등이 고부 관아 점령 → 후임
　군수의 시정 약속을 받고 자진 해산
　　　　　　└▸ 사발통문으로 동지 규합

(3) 제1차 동학 농민 봉기(1894. 3.)

① 원인: 고부 농민 봉기 수습을 위해 파견된 안핵사 이용태가 오히려 봉기의 참여자 등
　을 탄압 → 농민들의 반발 심화

② 봉기: 전봉준, 손화중, 김개남 등 동학 지도자들이 농민군을 조직하고 무장에서 봉기
　→ 고부 백산에서 보국안민과 제폭구민을 주장하며 4대 강령과 격문 발표(백산 봉기)
　→ 황토현 전투, 황룡촌 전투 승리 → 전주성 점령(1894. 4. 27.)

★ (4) 전주 화약과 집강소 활동

① 정부의 대응과 청·일 군대 파병
　• 동학 농민군의 전주성 점령에 위기의식을
　　느낀 정부는 청에 군사 지원 요청
　• 청이 조선에 파병하자 일본도 톈진 조약을
　　구실로 파병
　　　└▸ 갑신정변 직후 체결, 일본이 청과
　　　　 대등한 조선 파병권 확보

② 전주 화약 체결(1894. 5.)
　• 청과 일본의 파병으로 인해 정부와 농민군
　　간에 **전주 화약** 체결
　• 전주 화약에서 동학 농민군은 청·일 군대
　　의 철병과 폐정 개혁을 요구한 후, 자진
　　해산

③ 농민군의 **집강소** 설치: 폐정 개혁안 추진

④ 정부의 교정청 설치: 정부는 내정 개혁을 추진하기 위해 **교정청** 설치

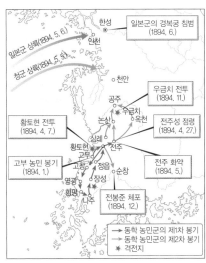

▲ 동학 농민 운동의 전개

기출로 보는 키워드

• 고부 군수 조병갑의 학정에 분노한
　고부 농민들이 전봉준을 중심으로
　농민 봉기를 일으켰다.

• 동학 농민군은 정부와 전주 화약을
　맺은 후 집강소를 설치하고 폐정 개
　혁안을 실천하였다.

• 동학 농민군은 공주 우금치에서 관
　군과 일본군 연합에 맞서 싸웠으나
　크게 패배하였다.

▶ **교조**

어떤 종교나 종파를 처음 세운
사람을 말해요.

▶ **최제우(왼)와 최시형(오)**

▶ **사발통문**

주모자가 드러나지 않도록 사발
을 엎어 그린 원을 중심으로 참
가자의 명단을 둘러 가며 적은
통문입니다.

▶ **집강소**

1894년 동학 농민 운동 때 전주 화
약을 체결하고 농민군이 전라도의
각 군현에 설치하였던 농민 자치
기구예요. 집강소를 중심으로 폐
정 개혁안이 추진되었습니다.

(5) 제2차 동학 농민 봉기(1894. 9.)

① 원인
- 일본군이 군대를 철수하지 않고 경복궁 점령 → 일본군이 청군을 선제공격 → 청·일 전쟁 발발
- 친일 내각 수립, 일본의 내정 간섭(군국기무처 설치, 제1차 갑오개혁 추진)

② 동학 농민군 재봉기: 삼례에서 농민군이 대거 집결하며 재봉기 → 한성으로 북상하여 관군과 일본군을 상대로 격전

③ 우금치 전투(1894. 11.): 관군·일본의 연합군과 공주 우금치에서 치열하게 싸움 → 일본 군에 대패

④ 동학 농민군 지도자 체포: 전봉준, 김개남, 손화중 등이 체포되며 동학 농민 운동 좌절

▶ 재판을 받기 위해 이송되는 전봉준

2 갑오개혁(1894)

★ (1) 제1차 갑오개혁

① 배경
- 흥선 대원군을 섭정으로 하는 제1차 김홍집 내각 수립
- 일본이 조선 정부에 개혁을 강요하기 위해 군국기무처 설치(침략 기반 마련 목적)

② 개혁 내용

정치	개국 기년 사용, 청의 연호 폐지, 왕실 사무와 정부 사무 분리(왕실 업무를 총괄하는 궁내부 신설), 6조를 8아문으로 개편, 과거제 폐지, 경무청 신설(경찰 제도 도입)
경제	탁지아문으로 재정 일원화, 은본위 화폐 제도 실시, 조세 금납제 시행, 도량형 통일
사회	신분제와 노비제 폐지, 인신매매 금지, 조혼 금지, 과부의 재가 허용, 고문과 연좌법 폐지

└─ 어린 나이에 일찍 결혼하는 것

시험에 나오는 사료 제1차 갑오개혁의 법령 주요 내용

- 문벌, 양반과 상인들의 등급을 없애고 귀천에 관계없이 인재를 선발하여 등용한다.
- 남녀 간의 조혼(早婚)을 속히 엄금하며 남자는 20세, 여자는 16세 이상이라야 비로소 혼인을 허락한다.
- 공노비와 사노비에 관한 법을 일체 혁파하고 사람을 사고파는 일을 금지한다.

(2) 제2차 갑오개혁

① 배경
- 일본이 청·일 전쟁에서 승기를 잡으면서 본격적으로 개혁에 간섭하기 시작
- 군국기무처 폐지, 제2차 김홍집 내각 성립(김홍집과 박영효의 연립 내각)

② 개혁 방향 제시: 홍범 14조 반포(1895. 1.)

③ 개혁 내용

정치	• 의정부를 내각으로 개편, 80아문을 7부로 개편 • 지방 행정 구역을 8도에서 23부로 개편 • 지방관의 사법권·군사권 배제, 재판소 설치(사법권 독립)
군사	훈련대와 시위대 설치 └─ 지방관의 권한이 크게 약화됨
경제	• 탁지부 아래에 관세사, 징세서 설치 • 육의전·상리국(보부상 단체) 폐지 └─ 1895년 설립
교육	교육입국 조서(1895) 반포, 근대적 교육 제도 마련 → 한성 사범 학교, 한성 외국어 학교 등 설립

기출로 보는 키워드
- 김홍집 내각은 군국기무처를 설치하여 제1차 갑오개혁을 추진하였다.
- 제1차 갑오개혁 때 공·사 노비법을 혁파하고 과거제를 폐지하였다.
- 제2차 갑오개혁 때 고종이 국정 개혁의 기본 방향을 제시한 홍범 14조를 반포하였다.
- 제2차 갑오개혁 때 교육입국 조서가 반포되고 이에 따라 근대식 교육 제도가 마련되었다.

▶ **군국기무처**
제1차 갑오개혁의 중심 역할을 한 기구로 정치·군사에 관한 모든 사무를 맡아보았습니다. 이후 제2차 갑오개혁이 시작되면서 폐지되었습니다.

▶ **연좌법**
가족처럼 범죄인과 특정한 관계에 있는 사람에게 연대 책임을 지게 하고 처벌하는 제도입니다.

▶ **홍범 14조**
제2차 갑오개혁 당시 국정 개혁의 기본 강령이 담긴 문서에요. 이를 통해 청에 대한 의존 관계를 청산하여 조선이 자주독립 국가임을 대내외에 선언하였지요.

3 을미개혁(1895)

(1) 배경

① 삼국 간섭(1895. 4.): 일본의 승리로 청·일 전쟁이 끝나고 시모노세키 조약 체결 → 청이 랴오둥(요동)반도를 일본에 빼앗김 → 러시아·프랑스·독일이 일본을 압박하여 일본이 랴오둥반도를 청에게 돌려줌(삼국 간섭) → 일본의 세력 약화 → 친러 내각 수립(제3차 김홍집 내각)

② 을미사변(1895. 8.): 친러 내각이 수립되면서 조선에 대한 일본의 영향력 약화 → 일본은 이를 만회하기 위해 명성 황후를 시해함 → 친러 내각 붕괴 → 일본의 영향력이 강화되면서 친일 관료 중심의 제4차 김홍집 내각 수립

(2) 개혁 추진

① 개혁 내용

정치	'건양'이라는 연호 제정
군사	훈련대 폐지, 친위대(중앙군)·진위대(지방군) 설치
사회	• 단발령 실시, 태양력 사용, 종두법 시행 • 우체사 설치(우편 사무 재개), 소학교 설치

② 개혁 중단

• 을미의병(1895): 을미사변과 단발령에 반발 → 각지에서 의병이 일어남
• 아관 파천(1896): 고종은 을미사변 등으로 신변의 위협을 느끼고 거처를 러시아 공사관으로 옮김 → 제4차 김홍집 내각 붕괴, 을미개혁 중단(단발령도 시행 중지)

시험에 나오는 사료   아관 파천

아침 7시가 될 무렵 왕과 세자는 궁녀들이 타는 가마를 타고 몰래 궁을 떠났다. 탈출은 치밀하게 계획된 것이었다. 1주일 전부터 궁녀들은 몇 채의 가마를 타고 궐문을 드나들어서 경비병들이 궁녀들의 잦은 왕래에 익숙해지도록 했다. 그래서 이른 아침 시종들이 두 채의 궁녀 가마를 들고 나갈 때도 경비병들은 특별히 신경 쓰지 않았다. 왕과 세자는 긴장하며 러시아 공사관에 도착했다.

– F. A. 매켄지의 기록 –

❯ **을미사변이 발생한 경복궁 건청궁**

06 VI. 근대 사회
독립 협회와 대한 제국

1 독립 협회

(1) 아관 파천 직후 정세: 아관 파천 이후 조선에 대한 러시아의 영향력이 강화되었고, 열강의 이권 침탈이 심화됨 → 열강은 조약 내용에 있었던 최혜국 대우를 내세우며 이권 침탈을 본격화하기 시작함

⭐ **(2) 독립 협회**
① 창립: 서재필이 귀국 후 독립신문 창간(1896. 4.) → 서재필, 이상재, 남궁억 등이 참여하여 독립 협회 창립(1896. 7.)
② 전개: 강연회·토론회 개최, 기관지 간행, 만민 공동회 등 사회 각계각층이 참여한 대중 집회 개최 → 근대적 지식과 국권·민권 사상 소개
③ 활동

자주 국권 운동	• 러시아 공사관으로부터 고종의 환궁 요구 ┌→ 중국에서 오는 사신을 맞이하는 문(사대의 상징) • 영은문 자리 근처에 독립문 건립(1897), 모화관을 독립관으로 개수 └→ 중국 사신을 영접하는 곳(사대의 상징) • 만민 공동회(1898) 등을 통해 러시아의 이권 침탈 저지 → 러시아 군사 교관·재정 고문 철수, 한·러 은행 폐쇄, 절영도 조차 요구 저지 등
자유 민권 운동	• 국민 기본권 확보 운동: 재산권, 신체·언론·출판·집회·결사의 자유 주장 • 국민 참정권 운동
자강 개혁 운동	• 관민 공동회(1898. 10.)를 개최하고 헌의 6조 결의 → 고종의 재가 획득 • 의회 설립 운동: 정부와 협상하여 중추원 관제 반포 └→ 대한 제국에서 근대적 형태의 입법 기관을 모방하여 설치한 기관

시험에 나오는 사료 ｜ **독립 협회의 창립**

우리 대조선국이 독립국이 되어 세계 여러 나라와 어깨를 나란히 하니, 우리 동포 이천만이 오늘날 맞이한 행복이다. 여러 사람의 의견으로 독립 협회를 조직하여 옛 영은문 자리에 독립문을 새로 세우고, 옛 모화관을 고쳐 독립관이라 하고자 한다. 이는 지난날의 치욕을 씻고 후손들에게 본보기를 보여 주고자 함이다.

시험에 나오는 사료 ｜ **헌의 6조(일부)**

1. 외국인에게 의지하지 않고 관민이 한마음으로 협력하여 전제 황권을 견고하게 할 것
2. 외국과의 이권에 관한 계약은 각부(各部)의 대신과 중추원 의장이 같이 서명하고 날인하여 시행할 것
3. 재정은 탁지부에서 전담하여 맡고 예산과 결산을 인민에게 공포할 것
4. 중대한 범죄에 대해서는 공판을 시행하고 피고의 인권을 존중할 것
5. 칙임관은 황제 폐하께서 의정부에 자문을 구하여 과반수가 넘으면 임명할 것

④ 해체(1898. 12.): 보수 세력의 반발 → 독립 협회가 왕정을 폐지하고 공화정을 추진한다고 모함 → 고종이 황국 협회와 군대를 동원하여 강제 해산
└→ 1898년 독립 협회에 대항하기 위해 정부의 주도하에 보부상이 중심이 되어 결성
⑤ 영향: 애국 계몽 운동에 영향을 줌

기출로 보는 키워드

• 서재필 등이 독립신문을 발행하였다.
• 독립 협회는 만민 공동회를 열어 열강의 이권 침탈을 규탄하였다.
• 독립 협회는 관민 공동회를 열어 헌의 6조를 결의하였다.
• 독립 협회는 중추원 개편을 통한 의회 설립을 추진하였다.

▶ **서재필**

▶ **독립문**

┌→ 영은문 자리

2 대한 제국과 광무개혁

(1) 대한 제국의 수립

① 배경: 독립 협회를 중심으로 러시아 공사관으로부터 고종의 환궁을 요구하는 여론의 증가 → 아관 파천 이후 1년 만에 경운궁으로 환궁
  └─→ 현재의 덕수궁

② 대한 제국 선포(1897)
  • 연호를 '광무'로 고치고 황제라 칭함, 국호를 '조선'에서 '대한 제국'으로 변경
  • 대한 제국은 만국 공법에 기초한 자주독립 국가임을 국내외에 선포

▲ 서양식 황제복을 입은 고종

★ (2) 광무개혁

① 성격: 구본신참의 점진적 개혁 추구

② 개혁 내용
  └─→ 옛것을 근본으로 삼고 새것을 참고한다는 의미

정치	• 전제 황권의 강화 → 독립 협회의 정치 개혁 운동 탄압 • 대한국 국제 제정(1899): 대한 제국은 황제 중심의 전제 군주 국가이며, 황제권의 무한함을 강조 • 이범윤을 간도 관리사로 임명(1903) • 독도를 관할 영토로 명시(대한 제국 칙령 제41호)
군사	• 원수부 설치: 황제가 군권 장악(중앙과 지방의 군대 통솔) • 무관 학교 설립, 군사력 증강
경제	• 양전 사업 실시: 근대적 토지 소유 제도를 확립하기 위해 토지 조사 • 지계아문에서 근대적 토지 소유 증명서인 지계 발급 • 근대 상공업 진흥 정책 추진
교육	• 근대 산업 기술 습득을 위해 외국에 유학생 파견 • 실업·기술 교육 기관 설립

시험에 나오는 사료 대한국 국제(大韓國 國制)

제1조 대한국은 세계 만국에 공인된 자주독립한 제국이다.
제2조 대한국의 정치는 과거 500년간 전래되었고, 앞으로 만세토록 불변할 전제 정치(專制政治)이다.
제3조 대한국 대황제는 무한한 군권을 향유하니 공법에서 말한 바 정체(政體)를 스스로 세우는 것이다.
제6조 대한국 대황제는 법률을 제정하여 그 반포와 집행을 명령하고 대사·특사·감형·복권을 명령한다.
제9조 대한국 대황제는 각 조약국에 사신을 파견하고 선전 포고, 강화 및 제반의 조약을 체결한다.

기출로 보는 키워드

• 고종은 경운궁으로 환궁한 후 대한 제국의 수립을 선포하였다.
• 대한 제국은 광무개혁 때 원수부를 설치하고 황제의 군 통수권을 강화하였다.
• 대한 제국은 광무개혁 때 양전 사업을 실시하여 지계를 발급하였다.

▶ 황궁우(왼)와 환구단(오)

환구단은 1897년 고종이 황제로 즉위하고 하늘에 제사를 지내던 곳이고, 황궁우는 위패를 모시던 곳이에요. 일제 강점기에 환구단은 철거되고, 황궁우만 현재까지 남아 있습니다.

▶ 지계

07 일제의 침략과 국권 침탈

1 일제의 국권 침탈

(1) 러·일 전쟁

① 배경: 삼국 간섭 이후 한반도를 둘러싼 러시아와 일본의 대립이 심화됨 → 러·일 간의 갈등이 고조되자 대한 제국이 국외 중립 선언을 함(1904. 1.)

② 전개 과정
- 러·일 전쟁 발발(1904. 2.): 일본이 러시아를 선제공격하면서 발발
- 한·일 의정서(1904. 2.): 러·일 전쟁 발발 직후 일본이 강제로 체결, 조선의 군사적 요지와 시설을 점령하는 조항이 주요 내용
- 포츠머스 조약(1905. 9.): 일본의 승리 → 러시아가 일본의 한국 지배권을 인정

(2) 제1차 한·일 협약(1904. 8.) → 러·일 전쟁 중 체결

① 일제의 고문 파견: 일본인 메가타(재정)와 미국인 스티븐스(외교)가 고문으로 파견됨

② 고문 정치: 대한 제국은 고문의 동의 없이는 재정 및 외교상의 일을 처리할 수 없게 됨

★ (3) 을사늑약(제2차 한·일 협약, 1905. 11.) → 덕수궁 중명전에서 체결

① 일본이 러·일 전쟁에서 승리한 이후 고종과 대신들을 위협하여 강제로 협약을 체결함

② 내용: 외교권 박탈, 통감부 설치(초대 통감 이토 히로부미), 일본의 내정 간섭 심화

> **시험에 나오는 사료** 을사늑약(제2차 한·일 협약)
>
> 제2조 한국 정부는 금후 일본국 정부의 중개를 거치지 않고서는 국제적 성질을 가진 어떠한 조약이나 약속을 하지 않을 것을 약속한다. └→ 외교권 박탈
>
> 제3조 일본국 정부는 그 대표자로 한국 황제 폐하 밑에 1명의 통감을 두되, 통감은 오로지 외교에 관한 사항을 관리하기 위하여 서울에 주재하고, 직접 한국 황제 폐하를 만날 수 있는 권리를 가진다. └→ 통감 정치

③ 고종의 대응
- 무효 선언: 황제의 서명이 없는 대신들에 의한 조약 체결은 무효임을 선언함
- 헤이그 특사 파견(1907): 을사늑약 체결의 부당함을 국제 사회에 알리기 위해 만국 평화 회의가 열리는 네덜란드 헤이그에 특사(이상설, 이준, 이위종) 파견 → 회의에 참여하지 못하고 실패 → 일본이 고종을 강제로 퇴위시킴

④ 을사늑약 체결에 대한 반발
┌→ 을사늑약 체결에 가담한 5명의 친일 매국노 (박제순, 이지용, 이근택, 이완용, 권중현)
- 최익현, 신돌석 등이 의병을 일으킴(을사의병), 민영환·조병세 등 자결, 장지연이 황성신문에 을사늑약의 부당함을 비판하는 사설인 '시일야방성대곡' 게재
- 나철·오기호 등이 자신회(5적 암살단)를 조직하여 을사5적 처단 노력, 이재명의 이완용 습격, 미국 샌프란시스코에서 장인환·전명운의 스티븐스 처단(1908), 만주 하얼빈에서 안중근이 이토 히로부미 처단(1909)·「동양평화론」 저술

▶ 헤이그 특사(이준, 이상설, 이위종)

▶ 안중근

(4) 한·일 신협약(정미 7조약, 1907. 7.) → 고종을 강제로 퇴위시키고, 순종 즉위 직후 강제로 체결함

① 차관 정치: 정부 각 부서에 일본인 차관 임명

② 군대 해산: 부수 비밀 각서를 통해 <u>대한 제국의 군대 강제 해산</u> 결정
　　　　　　　　　　　　　　　　└→ 박승환 대대장이 군대 해산에 항의하며 순국

> **시험에 나오는 사료** 한·일 신협약(정미 7조약)
>
> 제1조　한국 정부는 시정 개선에 관하여 통감의 지도를 받는다. → 을사늑약과 헷갈리기 쉬움
> 제5조　한국 정부는 통감이 추천한 일본인을 한국의 관리로 임명한다. → 차관 정치

(5) 이후 국권 침탈 과정

① 기유각서(1909. 7.): 사법권과 감옥 관리권 박탈

② 경찰권 위탁 각서(1910. 6.): 경찰권 박탈

③ 한국의 국권 강탈(1910. 8.): 한국 병합 조약 체결 후 국권 상실, 조선 총독이 권력 장악

2 외세의 경제적 침탈

(1) 개항 이후 무역 상황: 일본 → 청·일본 → 일본

① 개항 초기: 일본이 무관세 규정 등을 통해 무역 주도

② 청 상인과 일본 상인의 상권 경쟁 → 이후 조선이 청과 일본에서 수입하는 총액이 비슷해짐
- 조·청 상민 수륙 무역 장정 체결 → **청 상인의 내륙 진출** → 청·일 상인 간 경쟁 유발
- 청·일 상인의 내륙 활동 → 국내 상인의 상권이 크게 위협받음

③ 청·일 전쟁 이후: 일본이 청·일 전쟁(1894)에서 승리하면서 일본 상인이 큰 우위를 점함

(2) 열강의 이권 침탈

① 배경: 아관 파천(1896)을 계기로 경제적 이권 침탈이 심화됨(최혜국 대우 규정 이용)

② 주요 이권 침탈 내용

종류	내용	국가
철도 부설권	경인선(서울–인천)*, 경의선(서울–신의주)**, 경부선(서울–부산)·경원선(서울–원산)	일본
광산 채굴권	운산 금광 채굴권	미국
	경원·종성 광산 채굴권	러시아
삼림 채굴권	압록강·두만강·울릉도 삼림 채벌권	러시아

(＊경인선 → 원래 미국, ＊＊경의선 → 원래 프랑스)

(3) 동양 척식 주식회사 설립(1908): 대한 제국의 토지와 자원을 약탈할 목적으로 설립 → 대한 제국의 토지를 일본인에게 싼값에 판매함

(4) 일본의 금융·재정 지배

① 일본의 차관 강요: 대규모 차관 강요 → 대한 제국의 재정을 예속시키려 함

② 화폐 정리 사업(1905)
　　　　　　　　　　└→ 제1차 한·일 협약에 따라 파견　　　　└→ 제일 은행권

내용	• 일본인 재정 고문 메가타가 주도하여 조선 화폐(백동화, 엽전)를 일본 화폐로 교환 • 구 백동화를 상태에 따라 차등 교환, 질 나쁜 **백동화**는 아예 교환해 주지 않음
결과	국내 상공업자 타격, 대한 제국의 재정이 일본에 예속됨

기출로 보는 키워드

• 조·청 상민 수륙 무역 장정에 따라 조선에서 청 상인의 내지 통상이 가능해졌다.

• 조·청 상민 수륙 무역 장정 체결 후 객주, 여각 등의 국내 상인이 큰 타격을 입었다.

• 1908년에 일제는 한국의 토지와 자원을 수탈할 목적으로 동양 척식 주식회사를 설립하였다.

• 1905년에 일본인 재정 고문 메가타의 주도로 화폐 정리 사업이 추진되었다.

• 화폐 정리 사업은 구(舊) 백동화를 일본 제일 은행권으로 교환해 주는 사업이었다.

> **동양 척식 주식회사**

08 국권 침탈에 대한 저항

1 항일 의병 항쟁

(1) 을미의병(1895)

원인	을미사변(명성 황후 시해 사건)과 을미개혁의 단발령에 반발
특징	• 유인석, 이소응 등 위정척사 사상을 가진 보수적인 유생층이 주도함 • 일반 농민과 동학 농민군 잔여 세력이 가담하여 전국으로 확대됨
결과	고종의 단발령 철회, 의병 해산 권고에 따라 자진 해산

(2) 을사의병(1905)

원인	을사늑약으로 인해 외교권이 박탈되는 등 일본의 침략 행위 심화
특징	• 민종식, 최익현 등 유생 의병장이 주도 ┌→ 전라북도 태인에서 의병을 일으켰지만, 일제에 의해 쓰시마섬에 유배되어 순국하였음 • 신돌석 등 평민 의병장 등장

★ (3) 정미의병(1907)

① 원인과 특징

원인	• 일본에 의한 고종의 강제 퇴위 • 한·일 신협약 이후 대한 제국의 군대 강제 해산
특징	• 해산 군인들이 의병 부대에 합류 → 의병 조직과 화력이 강화됨(규모와 성격면에서 의병 전쟁으로 발전) • 농민·소상인·노동자·승려·화적 등 다양한 계층이 참여함 • 영국 기자 매켄지가 취재함

② 13도 연합 의병 부대(13도 창의군) 결성

- 양반 유생 의병장 중심
- 각국 영사관에 의병을 국제법상 교전 단체로 승인해 줄 것을 요구함
- 서울 진공 작전을 전개(총대장 이인영, 군사장 허위)하였으나 일본군에게 패배함
  └→ 1908년

③ 의병 운동 위축

- 일본의 '남한 대토벌' 작전(1909): 일본의 대대적인 의병 토벌 → 의병 전쟁 위축
- 위축된 의병 부대가 간도·연해주 등 해외로 이동 → 이후 독립운동의 근거지 마련, 무장 독립 투쟁 전개

▲ 최익현

▲ 신돌석

▲ 정미의병 당시 모습

기출로 보는 키워드

- 을미사변과 단발령 시행에 반발하여 을미의병이 일어났다.
- 을사늑약이 체결되자 최익현, 민종식 등이 주도한 을사의병이 일어났다.
- 을사의병 때 신돌석 등의 평민 출신 의병장이 활약하였다.
- 정미의병 때 이인영과 허위는 13도 창의군을 이끌고 서울 진공 작전을 전개하였다.

> 단발령

단발령은 상투를 자르고 서양식으로 머리를 깎도록 한 것이에요. 유교 사회에서는 부모에게서 받은 신체의 모든 것을 소중히 하는 것이 효도라고 생각했기 때문에 백성들의 반발이 매우 컸답니다.

> 윤희순

여성 의병 지도자로, '안사람 의병가'를 지어 여성의 의병 참여를 독려했습니다. 일제 강점기 때는 만주로 망명하여 항일 운동을 이어 갔습니다.

2 애국 계몽 운동
└ 지식수준이 낮거나 인습에 젖은 사람을 가르쳐서 깨우침

(1) 성격
① 교육과 산업의 진흥을 통하여 실력을 양성해 국권을 회복하자는 운동
② 지식인, 관료, 개혁적 유학자를 중심으로 이루어짐

(2) 주요 단체

보안회(1904)	일본의 황무지 개간권 요구 저지 운동 추진 → 철회 성공
헌정 연구회(1905)	• 국민의 정치의식 고취와 입헌 군주제 수립을 목표로 활동 • 친일 단체의 반민족 행위 규탄, 통감부의 탄압으로 해체
대한 자강회(1906)	• 교육과 산업의 진흥 강조 • 고종 황제 퇴위 반대 운동 전개 → 일본의 탄압으로 해산(1907)

⭐ (3) 신민회
① 구성
- 안창호, 윤치호, 양기탁, 이승훈, 이회영 등이 비밀 단체로 조직(1907)
- 베델, 양기탁이 발행한 대한매일신보가 기관지 역할을 함

② 특징
- 국권 회복과 공화 정체의 근대 국민 국가 건설을 목표로 함 ┌ 인민 전체 혹은 인민의 일부가
  주권을 갖는 정치 체제
- 실력 양성(국내)과 무장 투쟁(국외)을 함께 추진

③ 활동

민족 교육 실시	평양에 대성 학교(안창호 설립), 정주에 오산 학교(이승훈 설립) 등 설립
민족 산업 육성	경제 자립 주장 → 태극 서관, 자기 회사 등 설립
해외 독립운동 기지 건립	남만주(서간도)의 삼원보에 독립군 기지 건립(신흥 강습소 설립) 신흥 무관 학교의 전신 ┘

④ 해체
- 일본이 조작한 105인 사건으로 해산
- 105인 사건(1911): 조선 총독부에서 신민회를 탄압하기 위해 데라우치 총독 암살 계획을 꾸몄다는 죄명을 씌워 600여 명을 검거하고 신민회 간부 등 105인을 기소

시험에 나오는 사료 신민회

> ······ 남만주로 집단 이주하려고 기도하고, 조선 본토에서 상당한 재력이 있는 사람들을 그곳에 이주시켜 토지를 사들이고, 학교를 세워 민족 교육을 실시하고, 나아가 무관 학교를 설립하여 문무를 겸하는 교육을 실시하면서, 기회를 엿보아 독립 전쟁을 일으켜 구한국의 국권을 회복하려고 하였다. ······
> − 105인 사건 판결문 중에서 −

---

(4) 교육 운동과 언론 활동
① 교육 운동: 서북 학회, 기호 흥학회 등 교육 단체 설립 → 서양의 근대 학문 교육, 애국심(민족의식) 고취
② 언론 활동
- 황성신문(1898~1910): 을사늑약 체결 직후 장지연의 '시일야방성대곡' 게재
- 대한매일신보(1904~1910): 국채 보상 운동 지원

기출로 보는 키워드
- 보안회는 일본의 황무지 개간권 요구를 저지하는 데 성공하였다.
- 안창호, 양기탁 등이 비밀 결사 형태로 신민회를 조직하였다.
- 신민회는 이승훈이 오산 학교, 안창호가 대성 학교를 세워 민족 교육을 실시하였다.
- 신민회는 독립군을 양성하기 위해 서간도 삼원보 지역에 신흥 강습소를 세웠다.
- 신민회는 105인 사건으로 와해되었다.

❯ 안창호

❯ 이승훈

3 경제적 구국 운동

(1) 방곡령
① 배경: 개항 이후 일본 상인의 곡물 유출 증가로 곡물 가격 폭등, 흉년으로 국내 곡물 부족 현상 발생
② 내용: 조선의 지방관이 직권으로 그 지방에서 생산된 곡식을 타지방이나 타국으로 유출하는 것을 금지하는 조치
③ 전개: 함경도 관찰사 조병식의 방곡령(1889), 황해도 지방관의 방곡령 선포(1890) → 일본에서 조·일 통상 장정(1883)의 규정을 어겼다는 것을 구실로 반발(방곡령 1개월 전 통고 의무 위반 등의 문제 제기) → 방곡령을 철회하고 일본에 배상금을 지불함

(2) 상권 수호 운동
① 배경: 조·청 상민 수륙 무역 장정(1882) 이후 청·일 상인이 내륙에서 활동
② 전개: 시전 상인들이 철시 투쟁 전개, 황국 중앙 총상회 조직(1898) → 외국 상인들의 불법적인 상업 활동 중단을 요구함
└ 독립 협회와 연계

(3) 독립 협회의 이권 수호 운동
① 배경: 아관 파천 이후 러시아를 비롯한 열강들의 이권 침탈이 심화됨
② 전개
• 만민 공동회 개최 → 러시아의 절영도 조차 요구 저지, 한·러 은행 폐쇄
┌ 부산 영도
• 프랑스와 독일 등의 광산 채굴권, 미국·독일 등이 차지한 철도·광산·산림에 대한 이권 침탈 반대 운동을 전개함

(4) 황무지 개간권 요구 반대 운동
① 배경: 러·일 전쟁 중 일본이 황무지 개간권 요구
② 전개
• 보안회(1904): 가두집회 등을 통해 일본의 황무지 개간권 요구를 저지함
• 농광 회사(1904): 외국의 토지 침탈을 막기 위해 황무지 개간 사업 추진

★ (5) 국채 보상 운동(1907)

배경	일본의 강제 차관 제공에 의한 대한 제국 예속화 정책에 대항하기 위해 시작
전개	• 대구에서 김광제, 서상돈 등이 중심이 되어 시작 • 국채 보상 기성회가 조직되어 금주·금연 운동 등 전개 • 각종 애국 단체 및 언론(대한매일신보 등)의 후원으로 전국적인 모금 운동 전개
결과	일본 통감부의 방해로 중단

시험에 나오는 사료 국채 보상 운동

지금 나라의 빚이 1,300만 원이며, 이는 우리 대한 제국의 존망에 관계된 일이다. 이를 갚으면 나라를 보존하게 되고 못 갚으면 나라를 잃고 만다. 형세가 여기에 이르렀으나 현재 국고로는 보상하기가 어렵다. 그러므로 삼천리 강토는 장차 우리나라가 아니게 될 것이다. 2천만 인민들이 3개월 간 금연하고, 그 대금으로 한 사람이 매달 20전씩 모은다면 1,300만 원을 모을 수 있을 것이다.
– 대한매일신보 –

> 철시

상인이 가게나 시장의 문을 닫고 휴업하는 집단적 행동을 말합니다. 이는 소극적인 정치 항쟁의 수단으로, 대한 제국 시기 이후 일본의 침략에 항거하여 일어난 항일 운동의 한 형태였습니다.

> 국채 보상 운동

러·일 전쟁 이후 일본은 대한 제국 정부에 거액의 차관을 들여오게 하였어요. 이로 인해 1907년에는 차관 총액이 1,300만 원에 이르렀는데, 이는 대한 제국의 1년 예산 수준에 해당하는 금액이었지요. 국채 보상 운동 과정에서 부녀자들은 비녀와 가락지까지 내어 호응하였고, 남자들도 금주·단연 운동을 전개하며 모금에 나섰습니다.

09 근대 문물의 수용

1 근대 시설의 도입과 언론의 발달

(1) 근대 시설의 도입

① 통신·교통·전기

통신	전신	서울–인천, 서울–의주 전신 가설(1885)
	전화	경운궁(덕수궁)에 설치(미국, 1898) → 이후 점차 확대
	우편	우정총국 설치(1884) → 우체사 설치(을미개혁)
교통	전차	서대문–청량리 간 개통(1899, 한성 전기 회사 주도)
	철도	• 경인선(1899): 미국이 착공하였으나 일본에 의해 완공, 최초의 철도 • 경부선(1905)·경의선(1906): 러·일 전쟁 중 일본이 부설
전기		• 경복궁에 전등 가설(1887) • 한성 전기 회사 설립(황실과 미국인 합작, 1898)

② 의료: 서양 선교사들이 서양 의료 시설과 기술을 들여오면서 본격적으로 수용

광혜원(1885)	• 정부의 지원으로 미국인 알렌이 세운 최초의 서양식 병원 • 제중원으로 명칭 변경
대한 의원(1907)	의료 인력 양성을 위해 서울에 설립한 국립 병원
자혜 의원(1909)	지방 도립 병원, 전국 각지에 설립

③ 근대 시설

기기창(1883)	• 근대식 무기 제조 공장 • 청에 파견한 영선사 복귀 후 설치
전환국(1883)	근대식 화폐 주조 담당
박문국(1883)	• 인쇄·출판 사무를 담당하기 위해 설치 • 최초의 근대 신문인 한성순보 발행

④ 건축

독립문(1897)	독립 협회가 주도하여 건립, 옛 영은문 자리 부근에 건립
명동 성당(1898)	서양 고딕 건축 양식
덕수궁 석조전(1910)	서양 르네상스 건축 양식, 고종의 접견실 등으로 사용

▲ 광혜원(제중원)

▲ 독립문

▲ 명동 성당

▲ 덕수궁 석조전

기출로 보는 키워드

• 갑신정변 이후 알렌의 건의로 우리나라 최초의 서양식 병원인 광혜원(제중원)이 세워졌다.

• 1899년에 우리나라 최초로 서대문과 청량리를 오가는 전차가 개통되었다.

• 1899년에 서울과 인천 사이를 잇는 우리나라 최초의 철도인 경인선이 개통되었다.

• 한성순보는 우리나라 최초의 근대 신문으로 박문국에서 발행되었다.

• 한성주보는 최초로 상업 광고를 게재하였다.

• 독립신문은 우리나라 최초의 민간 신문으로 영문으로도 발행되었다.

• 양기탁과 영국인 베델은 함께 대한매일신보를 창간하였다.

▶ 전차

★ **(2) 언론 기관의 발달**

① 개항기의 신문

정부 기관지적인 성격

한성순보 (1883~1884)	• **최초의 근대적 신문**(박문국 발행), 열흘에 한 번씩 발행(순보) • 순 한문, 관보적 성격, 정부의 개화 정책·외국의 소식도 함께 소개 • 갑신정변 당시 박문국 파괴로 발행 중단
한성주보 (1886~1888)	• 한성순보 계승, 국한문 혼용 • 최초로 신문에 상업 광고 게재
독립신문 (1896~1899)	• 정부 지원으로 서재필이 창간한 **최초의 민간 신문** • 한글판과 영문판 발행 • 독립 협회에서 지속적으로 발간 → 민중 계몽 목적
황성신문 (1898~1910)	• 남궁억 발행 • 국한문 혼용, 양반 유림층이 주된 독자 • 을사늑약 체결 직후 '시일야방성대곡' 게재(장지연)
제국신문 (1898~1910)	• 이종일 발행 • 순 한글 발행, 서민층과 부녀자가 주된 독자
대한매일신보 (1904~1910)	• 베델(영국인)과 양기탁이 운영 • 순 한글·국한문·영문판 발행 • 외국인이 발행에 참여해 일제의 간섭에서 비교적 자유로웠음 • 일본의 황무지 개간권 요구 저지 운동 및 **국채 보상 운동 지원**(강경한 항일 논조) • 항일 의병 항쟁에 호의적 기사 • 신채호, 박은식 등은 항일 의식 고취를 위해 애국 논설 게재
기타	• 만세보(1906~1907, 천도교 기관지, 국한문 혼용) • 경향신문(1906~1910, 천주교 기관지) • 해조신문(1908, 러시아 지역 최초의 한글 신문)

▶ 베델

▲ 한성순보　　　▲ 독립신문　　　▲ 대한매일신보　　　▲ 만세보

② 일제의 탄압: 신문지법 제정(1907) → 대부분의 민족 신문 폐간

---

2 근대 교육의 발달과 국학·문예·종교의 변화

★ **(1) 근대 교육의 발달**

근대 교육의 시작	• 원산 학사(1883): **최초의 근대식 사립 학교**, 함경도 덕원부 원산에 설립, 외국어 등 근대 학문과 무술 교육 • 동문학(1883): 정부가 통역관 양성을 위해 설립한 외국어 교육 기관 • 육영 공원(1886): **최초의 근대식 관립 교육 기관**, 헐버트·길모어 등 외국인 교사 초빙, 젊은 관리와 양반의 자제 중심으로 근대 학문 교육 • 배재 학당(1885, 아펜젤러), 이화 학당(1886, 스크랜튼) 등 **개신교 선교사들**이 세운 사립 학교 → 선교와 근대 학문 교육을 목적으로 설립
갑오개혁기	교육입국 조서 반포(1895) 후 사범 학교(한성 사범 학교 설립)·소학교·외국어 학교 등 관립 학교 설립

광무개혁기	관립 중학교, 각종 실업 학교, 기술 교육 기관 설립
대한 제국 말기	• 오산 학교(1907), 대성 학교(1908) 등 민족주의계 학교 설립 • 일제가 사립 학교령(1908)으로 민족 교육 탄압

└ 신민회에서 설립

▲ 원산 학사

▲ 육영 공원의 수업 모습

▲ 헐버트

▲ 스크랜튼

(2) 국학 · 문예 · 종교의 변화

① 국학: 일제의 침략으로 나라가 위기에 처하자 국어 · 역사 등에 대한 관심이 고조됨

국어	• 한글 보급: 다양한 한글 신문 발행(독립신문, 제국신문, 대한매일신보 등) • 국문 연구소(1907): 지석영 · 주시경 등을 중심으로 활동, 정부에서 건립한 국어 연구 기관
역사	신채호: 「독사신론」을 저술하여 민족주의 역사학의 연구 방향 제시, 『이순신전』 · 『을지문덕전』 등 위인전을 발간하여 애국심 고취

② 문예

문학	• 신소설: 애국 계몽 운동 시기에 주로 집필 → 신식 교육, 자주독립, 계급 타파 등 계몽적 성격의 주제(이인직의 『혈의 누』, 안국선의 『금수회의록』 등) • 신체시: 최남선의 「해에게서 소년에게」 • 외국 문학 번역: 『천로 역정』, 『이솝 이야기』 등
연극	최초의 서양식 극장인 원각사 설립(1908) → '은세계' 등 공연
영화	최초의 영화관인 단성사 설립(1907)

③ 종교

유교	박은식 「유교 구신론」 발표
불교	한용운 「조선 불교 유신론」 주장 → 불교 개혁과 자주성 강조
천주교	고아원 · 양로원 등을 통한 선교와 사회사업 활동, 경향신문 간행
개신교	의료 및 교육 활동을 통한 선교와 사회사업 활동
천도교	손병희가 동학을 천도교로 개칭(1905), 만세보 간행
대종교	• 나철, 오기호 등이 단군 신앙을 바탕으로 창시(1909) • 일제 강점 이후 교단을 만주로 옮겨 무장 독립 투쟁 전개 → 중광단 조직

> **주시경**
>
> 개항기부터 일제 강점기 초까지 활동한 국어학자이자 독립운동가입니다. 국문 연구소 위원으로 국문법을 정리하는 등 한글 연구에 힘썼으며, 『국어문법』을 저술하기도 했습니다.

> **금수회의록**
>
>
>
> 동물들의 입을 빌려 인간 사회를 풍자하는 글입니다.

01 흥선 대원군 집권 시기의 정치

01 (가) 인물이 집권한 시기의 사실로 옳은 것은? [기본 51회]

소식 들었는가? 이제 우리 양반에게도 군포를 걷겠다는군.

어쩌겠는가. 조정이 왕의 아버지인 (가) 의 위세에 눌려 모든 일이 그의 뜻대로 되고 있으니 말일세.

① 장용영이 창설되었다.
② 척화비가 건립되었다.
③ 청해진이 설치되었다.
④ 칠정산이 편찬되었다.

02 다음 대화가 이루어진 시기에 볼 수 있는 모습으로 적절한 것은? [기본 48회]

이것이 당백전일세. 우리가 원래 사용하던 엽전 한 닢의 백 배에 해당한다는데, 실제 가치는 훨씬 못 미치네.

맞네. 이 당백전의 남발로 물가가 크게 올라 백성들의 형편이 매우 어려워지고 있다네.

① 원에 공녀로 끌려가는 여인
② 원산 총파업에 참여하는 노동자
③ 독립운동가를 감시하는 헌병 경찰
④ 경복궁 중건 공사에 동원되는 농민

03 밑줄 그은 '이 사건'에 대한 설명으로 옳은 것은? [기본 54회]

화면의 사진은 문수산성입니다. 이 사건 당시 한성근 부대는 이곳에서 프랑스군에 맞서 싸웠고, 이어서 양헌수 부대는 정족산성에서 프랑스군을 물리쳤습니다.

① 흥선 대원군 집권기에 일어났다.
② 제너럴셔먼호 사건의 배경이 되었다.
③ 삼정이정청이 설치되는 결과를 가져왔다.
④ 군함 운요호가 강화도에 접근하여 위협하였다.

04 밑줄 그은 '이 사건'에 대한 설명으로 옳은 것은? [기본 50회]

이곳은 어재연 장군의 생가입니다. 미군이 통상을 강요하며 강화도를 침략한 이 사건 당시 그는 광성보에서 맞서 싸우다 전사하였습니다.

① 삼국 간섭이 일어나는 배경이 되었다.
② 제너럴셔먼호 사건이 빌미가 되었다.
③ 운요호의 초지진 공격으로 시작되었다.
④ 제물포 조약이 체결되는 계기가 되었다.

01 흥선 대원군의 개혁 정치 답 ②

자료에서 양반에게도 군포를 걷겠다는 점, (가) 인물이 왕의 아버지라는 점을 통해 해당 인물이 흥선 대원군임을 알 수 있다. 고종 재위 시기 흥선 대원군은 삼정의 문란 중 군정을 개혁하기 위해 호포제를 실시하여 양반에게도 군포를 징수하였다.

🔍 선지분석

① 장용영이 창설되었다.
➡ 장용영은 조선 정조 때 창설되었다.

✔ 척화비가 건립되었다.
➡ 척화비는 고종 재위 시기 흥선 대원군이 두 차례의 양요를 겪은 이후에 건립하였다.

③ 청해진이 설치되었다.
➡ 청해진은 통일 신라 흥덕왕 때 장보고가 설치하였다.

④ 칠정산이 편찬되었다.
➡ 『칠정산』은 조선 세종 때 편찬되었다.

⏱ 3초공식

왕의 아버지 + 호포제 + 척화비 = 흥선 대원군

02 흥선 대원군의 개혁 정치 답 ④

자료에서 당백전이 제시된 점, 당백전의 남발로 물가가 크게 올라 백성들의 형편이 어려워졌다는 점 등을 통해 해당 시기가 고종 때 흥선 대원군이 집권하던 시기임을 알 수 있다. 당백전은 흥선 대원군이 경복궁 중건 자금을 마련하기 위하여 발행한 화폐이다. 하지만 물가가 크게 상승하는 등의 부작용을 불러일으켰다.

🔍 선지분석

① 원에 공녀로 끌려가는 여인
➡ 원은 13~14세기 원 간섭기 때 고려에 공녀를 요구하였다.

② 원산 총파업에 참여하는 노동자
➡ 원산 총파업은 일제 강점기인 1929년에 발생하였다.

③ 독립운동가를 감시하는 헌병 경찰
➡ 일제는 1910년대에 헌병에게 경찰의 역할을 부여하며 억압적으로 우리 민족을 통치하였다.

✔ 경복궁 중건 공사에 동원되는 농민
➡ 당백전은 조선 고종 재위 시기 흥선 대원군이 경복궁 중건 자금을 마련하기 위하여 발행한 화폐이다.

⏱ 3초공식

당백전 발행 + 경복궁 중건 = 흥선 대원군 집권 시기

03 통상 수교 거부 정책과 양요 답 ①

자료에서 문수산성이 제시되었고, 한성근 부대와 양헌수 부대가 프랑스군에 맞서 싸웠다는 점 등을 통해 밑줄 그은 '이 사건'이 병인양요(1866)임을 알 수 있다.

🔍 선지분석

✔ 흥선 대원군 집권기에 일어났다.
➡ 병인양요는 흥선 대원군의 집권기(1866)에 있었던 사건이다.

② 제너럴셔먼호 사건의 배경이 되었다.
➡ 제너럴셔먼호 사건은 미국 상선이 소란을 피우자 평양 사람들이 배를 불태운 사건으로, 신미양요의 원인이다.

③ 삼정이정청이 설치되는 결과를 가져왔다.
➡ 삼정이정청은 임술 농민 봉기가 일어나자 정부에서 삼정의 문란을 개선하기 위해 설치한 기구이다.

④ 군함 운요호가 강화도에 접근하여 위협하였다.
➡ 운요호가 강화도와 영종도를 공격한 운요호 사건은 강화도 조약이 맺어지는 배경이 되었다.

⏱ 3초공식

한성근, 양헌수의 활약 + 프랑스군 = 병인양요

04 통상 수교 거부 정책과 양요 답 ②

자료에서 어재연 장군의 생가가 제시된 점, 미군이 통상을 요구하며 강화도를 침략한 사건이라고 한 점, 어재연 장군이 광성보에서 싸우다 전사하였다는 점을 통해 밑줄 그은 '이 사건'이 신미양요(1871)임을 알 수 있다.

🔍 선지분석

① 삼국 간섭이 일어나는 배경이 되었다.
➡ 삼국 간섭은 청·일 전쟁 이후 일본이 청에게 랴오둥반도를 받기로 하자, 러시아·프랑스·독일이 랴오둥반도를 반환하게 한 사건이다.

✔ 제너럴셔먼호 사건이 빌미가 되었다.
➡ 미국은 제너럴셔먼호 사건을 구실로 신미양요를 일으켰다.

③ 운요호의 초지진 공격으로 시작되었다.
➡ 운요호 사건은 1875년 일본의 군함 운요호가 강화도 초지진을 공격해 시작된 사건으로, 강화도 조약의 배경이 되었다.

④ 제물포 조약이 체결되는 계기가 되었다.
➡ 제물포 조약은 임오군란의 결과 조선과 일본 사이에 체결되었다.

⏱ 3초공식

제너럴셔먼호 사건 + 미국 + 어재연 + 광성보 = 신미양요

02 개항과 외국과의 조약 체결

01 다음 상황이 나타난 배경으로 옳은 것은? [중급 44회]

왜란 이후 통신사를 보내고 왜관에서 교역해 왔으니, 지금 일본 측에서 요구하는 수호 통상 조약에 대해 협상을 진행하는 것이 좋겠사옵니다.

윤허하노니, 이러한 조정의 뜻을 강화에 가 있는 접견대관 신헌에게 알리도록 하라.

① 보빙사가 파견되었다.
② 통감부가 설치되었다.
③ 갑오개혁이 추진되었다.
④ 조선책략이 유입되었다.
⑤ 운요호 사건이 일어났다.

02 (가)에 들어갈 내용으로 옳은 것은? [중급 40회]

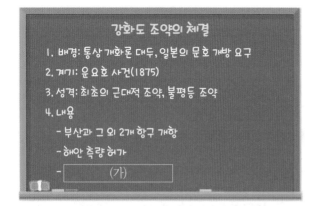

강화도 조약의 체결
1. 배경: 통상 개화론 대두, 일본의 문호 개방 요구
2. 계기: 운요호 사건(1875)
3. 성격: 최초의 근대적 조약, 불평등 조약
4. 내용
  - 부산과 그 외 2개 항구 개항
  - 해안 측량 허가
  - _____ (가)

① 배상금 지불 규정
② 최혜국 대우 적용
③ 내지 통상권 허용
④ 외국인 고문 초빙
⑤ 영사 재판권 인정

03 밑줄 그은 '사절단'으로 옳은 것은? [기본 66회]

이 그림은 1883년 미국 신문에 실린 삽화입니다. 푸트 미국 공사의 조선 부임에 대한 답례로 파견된 민영익 등의 사절단이 아서 대통령을 만나는 상황을 표현하였습니다.

① 보빙사
② 수신사
③ 영선사
④ 조사 시찰단

04 밑줄 그은 '조약'에 대한 설명으로 옳은 것은? [기본 63회]

이것은 민영익을 대표로 한 보빙사의 모습이 담긴 사진입니다. 조선책략 유포로 미국과의 수교론이 제기된 상황에서, 청의 주선으로 조약이 체결된 이후 조선은 보빙사를 미국에 파견하였습니다.

① 최혜국 대우가 규정되어 있다.
② 통감부가 설치되는 결과를 가져왔다.
③ 부산, 원산, 인천을 개항하는 배경이 되었다.
④ 일본 공사관에 경비병이 주둔하는 계기가 되었다.

01 강화도 조약과 개항 답 ⑤

자료에서 일본 측이 수호 통상 조약을 요구하고 있다고 한 점, 장소가 강화라는 점 등을 통해 제시된 상황이 강화도 조약(1876), 즉 조·일 수호 조규임을 알 수 있다.

🔍 선지분석
① 보빙사가 파견되었다.
➡ 보빙사는 조·미 수호 통상 조약 체결 이후 1883년 미국에 파견된 사절단이다.
② 통감부가 설치되었다.
➡ 통감부는 1905년 을사늑약에 따라 1906년에 설치되었다.
③ 갑오개혁이 추진되었다.
➡ 갑오개혁은 1894년부터 1895년까지 3차례에 걸쳐 추진된 근대적 개혁이었다.
④ 조선책략이 유입되었다.
➡ 『조선책략』은 제2차 수신사로 일본에 다녀온 김홍집을 통해 1880년에 유입되었다.
✓ 운요호 사건이 일어났다.
➡ 일본은 운요호 사건을 구실로 조선에 강화도 조약을 강요하였다.

⏱ 3초공식
일본 + 수호 통상 조약 = 강화도 조약(조·일 수호 조규)

02 강화도 조약과 개항 답 ⑤

자료에서 강화도 조약이 제목으로 제시되었고, (가)는 그 내용을 물어보고 있으므로 (가)에는 강화도 조약의 다른 내용이 들어가야 함을 알 수 있다.

🔍 선지분석
① 배상금 지불 규정
➡ 배상금 지불 규정은 임오군란으로 인한 제물포 조약(1882) 등에 규정되어 있다.
② 최혜국 대우 적용
➡ 최혜국 대우는 조·미 수호 통상 조약(1882)에서 처음 규정되었다.
③ 내지 통상권 허용
➡ 내지 통상권은 조·청 상민 수륙 무역 장정(1882)에서 처음 규정되었다.
④ 외국인 고문 초빙
➡ 외국인 고문을 초빙한 것은 제1차 한·일 협약(1904)이다.
✓ 영사 재판권 인정
➡ 강화도 조약(1876)에서는 영사 재판권을 인정하였다.

03 외국과의 조약 체결 답 ①

1882년 조·미 수호 통상 조약 체결 이후 이듬해 한성에 미국 공사가 부임하였고, 이에 대한 답례로 조선 정부는 미국에 외교 사절인 보빙사를 파견하였다.

🔍 선지분석
✓ 보빙사
➡ 조선 정부는 조·미 수호 통상 조약 체결 이후 미국 공사의 부임에 대한 답례로 1883년에 미국으로 보빙사를 파견하였다.
② 수신사
➡ 조선 정부는 강화도 조약 체결 이후인 1876년에 김기수를 제1차 수신사로 일본에 파견하였다.
③ 영선사
➡ 조선 정부는 1881년에 김윤식을 대표로 유학생과 기술자들을 청에 영선사로 파견하였다. 이들은 무기 제조 기술을 배우고 돌아와 기기창 설립에 영향을 주었다.
④ 조사 시찰단
➡ 조선 정부는 1881년에 조사 시찰단을 비밀리에 일본에 파견하여 일본의 각종 시설 등을 시찰하도록 하였다.

04 외국과의 조약 체결 답 ①

제2차 수신사로 일본에 다녀온 김홍집에 의해 『조선책략』이 유포되고 조선 정부에서도 미국에 우호적인 여론이 형성되며 청의 주선으로 1882년에 조·미 수호 통상 조약이 체결되었다. 조약 체결 이후 미국이 공사를 파견하자 답례 차원으로 조선 정부는 민영익, 홍영식, 유길준 등으로 구성된 보빙사를 미국에 파견하였다.

🔍 선지분석
✓ 최혜국 대우가 규정되어 있다.
➡ 1882년 조·미 수호 통상 조약에는 최혜국 대우, 영사 재판권, 거중 조정, 낮은 세율의 관세 조항이 규정되었다.
② 통감부가 설치되는 결과를 가져왔다.
➡ 1905년 일본은 을사늑약을 체결하여 대한 제국의 외교권을 빼앗아 갔고, 이듬해 통감부를 설치하고 초대 통감으로 이토 히로부미를 파견하였다.
③ 부산, 원산, 인천을 개항하는 배경이 되었다.
➡ 1876년 강화도 조약(조·일 수호 조규)의 체결로 부산, 원산, 인천이 차례대로 개항하였다.
④ 일본 공사관에 경비병이 주둔하는 계기가 되었다.
➡ 1882년 임오군란 이후 조선과 일본은 제물포 조약을 체결하였다. 이 조약에 따라 조선은 일본에 배상금을 지불하고 일본 공사관에 경비병 주둔을 허용해 주었다.

03 근대적 개혁의 추진과 반발

01 (가)에 들어갈 내용으로 옳은 것은? [기본 50회]

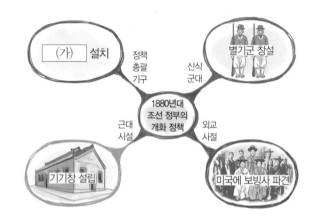

① 교정청
② 군국기무처
③ 도평의사사
④ 통리기무아문

03 (가)에 들어갈 사절단으로 옳은 것은? [기본 61회]

(가) 활동 정리

1. 기간: 1880. 5. 28. ~ 8. 28.
2. 참여자: 김홍집 외 50여 명
3. 주요 활동

날짜	내용
5. 28. ~ 7. 6.	한성에서 부산포, 고베를 거쳐 도쿄로 이동
7. 7. ~ 8. 3.	일본 정부 관리들과 면담 일본 근대 문물 견학 김홍집, 청 외교관 황준헌과 비공식 면담
8. 4. ~ 8. 28.	귀국 및 왕에게 결과 보고(조선책략 올림)

① 보빙사
② 성절사
③ 수신사
④ 영선사

02 (가)에 들어갈 사절단으로 옳은 것은? [기본 54회]

이것은 (가) 의 대표 민영익이 미국 대통령에게 전한 국서의 한글 번역문입니다. 이 문서에는 두 나라가 조약을 맺어 우호 관계가 돈독해졌으므로 사절단을 보낸다는 내용 등이 담겨 있습니다.

① 수신사
② 보빙사
③ 영선사
④ 조사 시찰단

04 (가)~(다) 학생이 발표한 내용을 일어난 순서대로 옳게 나열한 것은? [기본 52회]

<배움 주제: 위정척사 운동의 전개>

(가) 최익현이 일본과 서양은 같다는 왜양일체론을 주장하며 일본과의 수교에 반대하였습니다.

(나) 이항로 등은 서양과의 통상을 반대하는 흥선 대원군의 통상 수교 거부 정책을 지지하였습니다.

(다) 이만손을 중심으로 한 영남 지역 유생들은 조선책략 유포에 반발하여 만인소를 올렸습니다.

① (가) – (나) – (다)
② (가) – (다) – (나)
③ (나) – (가) – (다)
④ (다) – (가) – (나)

01 개화 세력의 대두와 개화 정책의 추진　　답 ④

자료에서 1880년대 조선 정부의 개화 정책이 주제로 제시되어 있는 점, 정책을 총괄한 기구가 들어가야 하는 점을 통해 (가)에 들어갈 기구가 통리기무아문임을 알 수 있다.

🔍 선지분석

① 교정청
➡ 동학 농민 운동 과정에서 정부가 개혁 정책을 추진하기 위해 설치하였던 기구이다.

② 군국기무처
➡ 1894년 제1차 갑오개혁을 주도하였던 기구이다.

③ 도평의사사
➡ 고려의 중앙 정치 기구인 도병마사의 명칭이 원 간섭기에 바뀐 것으로, 고려 후기 최고 정무 기관이다.

✔ 통리기무아문
➡ 1880년대 조선 정부의 개화 정책을 총괄하였던 기구이다.

⏱ 3초공식

통리기무아문 + 별기군 + 기기창 + 보빙사 = 1880년대 정부의 개화 정책

02 개화 세력의 대두와 개화 정책의 추진　　답 ②

자료에서 민영익이 대표라는 점, 미국 대통령에게 국서를 전하였다는 점, 두 나라가 조약을 맺은 후 사절단을 보낸다는 점 등을 통해 (가)에 들어갈 사절단이 보빙사임을 알 수 있다. 조·미 수호 통상 조약을 맺은 조선은 민영익, 홍영식, 유길준 등을 보빙사로 미국에 파견하였다.

🔍 선지분석

① 수신사
➡ 강화도 조약 체결 이후 두 차례 일본에 파견한 사절단이다.

✔ 보빙사
➡ 조선이 민영익을 대표로 하여 미국에 파견한 사절단이다.

③ 영선사
➡ 조선이 무기 제조법 및 근대적 군사 훈련 습득을 위해 청에 파견한 사절단이다.

④ 조사 시찰단
➡ 고종이 일본의 발전상을 견문하기 위해 비밀리에 보낸 사절단이다.

⏱ 3초공식

민영익 + 미국 사절단 = 보빙사

03 개화 세력의 대두와 개화 정책의 추진　　답 ③

강화도 조약 이후 일본에 파견되기 시작한 수신사는 여러 차례에 걸쳐 파견되었다. 김홍집이 이끈 2차 수신사는 1880년에 파견되었는데, 이때 김홍집은 청의 외교관인 황준헌을 만나 얻게 된 『조선책략』을 귀국 후 왕에게 올렸다. 『조선책략』은 러시아의 침략을 막기 위해서는 조선이 중국, 일본, 미국과 친하게 지내야 한다는 내용을 담고 있었다.

🔍 선지분석

① 보빙사
➡ 보빙사는 조·미 수호 통상 조약의 체결 이후 미국 공사의 부임에 대한 답방으로 미국에 파견된 사절단이다.

② 성절사
➡ 성절사는 명과 청의 황제와 황후의 생일 축하를 위해 조선에서 파견한 사절단이다.

✔ 수신사
➡ 수신사는 강화도 조약 이후 일본에 파견되어 일본의 근대 문물을 파악하고 돌아온 사절단이다.

④ 영선사
➡ 영선사는 청의 근대적 무기 기술을 배우기 위해 파견한 사절단으로, 이후 기기창이 설립되는 배경이 되었다.

⏱ 3초공식

김홍집 + 조선책략 = 수신사

04 위정척사 운동　　답 ③

(가) 최익현이 왜양일체론을 주장하며 일본과의 수교를 반대하였다는 점을 통해 1870년대의 상황임을 알 수 있다. (나) 이항로 등이 서양과의 통상을 반대하고 있고, 흥선 대원군의 통상 수교 거부 정책을 지지하였다는 점을 통해 1860년대의 상황임을 알 수 있다. (다) 이만손을 중심으로 한 영남 유생들이 『조선책략』 유포에 반대하여 만인소를 올렸다는 점을 통해 1880년대임을 알 수 있다.

🔍 선지분석

① (가) - (나) - (다)
② (가) - (다) - (나)
✔ (나) - (가) - (다)
➡ 제시된 자료를 순서대로 배열하면 (나) - (가) - (다)이다.
④ (다) - (가) - (나)

⏱ 3초공식

1860년대 통상 반대 → 1870년대 왜양일체론 → 1880년대 영남 만인소

04 임오군란과 갑신정변

대표 기출문제

01 (가)에 들어갈 사건으로 옳은 것은? [기본 55회]

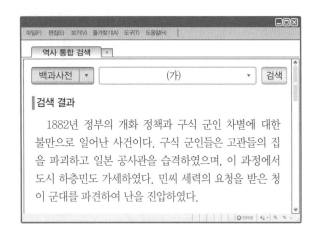

> **역사 통합 검색**
>
> 백과사전 ▼ (가) ▼ 검색
>
> **검색 결과**
>
> 1882년 정부의 개화 정책과 구식 군인 차별에 대한 불만으로 일어난 사건이다. 구식 군인들은 고관들의 집을 파괴하고 일본 공사관을 습격하였으며, 이 과정에서 도시 하층민도 가세하였다. 민씨 세력의 요청을 받은 청이 군대를 파견하여 난을 진압하였다.

① 임오군란
② 삼국 간섭
③ 거문도 사건
④ 임술 농민 봉기

02 (가) 사건에 대한 설명으로 옳은 것은? [기본 54회]

> 이 책은 개화 정책에 반발하여 구식 군인들이 일으킨 (가) 당시 일본 공사가 쓴 보고서를 정리한 것입니다. 책에는 (가) (으)로 인한 일본 측의 피해 등이 기록되어 있습니다.

전보 조선사건

① 청군의 개입으로 진압되었다.
② 조선책략이 유입되는 결과를 가져왔다.
③ 우금치에서 일본군과의 전투가 벌어졌다.
④ 우정총국 개국 축하연에서 정변이 일어났다.

03 밑줄 그은 '비상 수단'에 해당하는 사건으로 옳은 것은? [기본 66회]

> 나라를 어지럽히는 신하를 살해하고, 국왕을 보호하여 정령(政令)*의 남발을 막을 수밖에 없었다. 그러므로 희생을 무릅쓰고 비상 수단을 쓰기로 결심한 것이다.
>
> 홍영식 : 모의를 총괄한 제1인자
> 박영효 : 실행 총지휘
> 서광범 : 거사 계획 수립
> 김옥균 : 일본 공사관과의 교섭 및 통역
> 서재필 : 병사 통솔
>
> – 박영효의 회고 –
>
> *정령(政令) : 정치상의 명령

① 갑신정변
② 을미사변
③ 삼국 간섭
④ 아관 파천

04 다음 문서가 작성된 시기를 연표에서 옳게 고른 것은? [기본 66회]

> **영국 공관에 보냄**
>
> 근래 국내에 전해지는 소문을 통해 귀국이 거문도에 뜻을 두고 있다는 것을 알았습니다. 이 섬은 우리나라의 땅으로, 다른 나라는 점유할 수 없는 곳입니다. 귀국처럼 공법에 밝은 나라가 이처럼 뜻밖의 일을 저지를 줄이야 어떻게 알 수 있었겠습니까?

1863	1876	1882	1894	1905
(가)	(나)	(다)	(라)	
고종 즉위	강화도 조약	임오 군란	갑오 개혁	을사 늑약

① (가)
② (나)
③ (다)
④ (라)

01 임오군란
답 ①

자료에서 1882년 개화 정책과 구식 군인에 대한 차별에 반발하여 일어난 사건이라는 점, 청이 군대를 파견하여 난을 진압하였다는 점 등을 통해 (가) 사건이 1882년에 일어난 임오군란임을 알 수 있다.

🔍 선지분석
✓① 임오군란
➡ 구식 군인들이 일으킨 봉기로 도시 하층민도 가담한 사건이다.

② 삼국 간섭
➡ 청·일 전쟁의 결과 청이 일본에 랴오둥반도를 넘기기로 하자, 러시아·프랑스·독일이 일본에 랴오둥반도의 반환을 요구하였던 사건이다.

③ 거문도 사건
➡ 1885년 영국이 러시아의 남하를 견제한다는 명분으로 거문도를 불법적으로 점령한 사건이다.

④ 임술 농민 봉기
➡ 1862년 부정부패와 삼정의 문란이 원인이 되어 발생한 사건이다. 진주에서 시작된 봉기는 이후 전국으로 확산되었다.

⏱ 3초공식
개화 정책 반발 + 구식 군인 차별 = 임오군란

02 임오군란
답 ①

자료에서 개화 정책에 반발하여 구식 군인들이 일으켰다는 점을 통해 (가) 사건이 1882년에 일어난 임오군란임을 알 수 있다.

🔍 선지분석
✓① 청군의 개입으로 진압되었다.
➡ 임오군란은 청군의 개입으로 진압되었으며, 이는 청의 내정 간섭이 강화되는 배경이 되었다.

② 조선책략이 유입되는 결과를 가져왔다.
➡ 제2차 수신사로 일본에 다녀온 김홍집에 의해 『조선책략』이 유입되었으며, 임오군란 발발 이전의 사실이다.

③ 우금치에서 일본군과의 전투가 벌어졌다.
➡ 우금치에서 일본군과의 전투가 벌어진 것은 동학 농민 운동 과정에서 있었던 사실이다.

④ 우정총국 개국 축하연에서 정변이 일어났다.
➡ 우정총국 개국 축하연에서 정변이 일어난 것은 1884년 갑신정변이다.

⏱ 3초공식
개화 정책 반발 + 구식 군인 = 임오군란

03 갑신정변
답 ①

1884년에 김옥균, 박영효, 서광범 등 급진 개화파는 우정총국 개국 축하연을 이용하여 정변을 일으키고 개화당 정부를 수립한 후 개혁 정강을 발표하였다(갑신정변). 개화당 정부는 개혁안을 발표하고 개혁을 추진하려 하였으나 청군의 개입으로 3일 만에 실패하였다.

🔍 선지분석
✓① 갑신정변
➡ 1884년에 김옥균 등 급진 개화파는 우정총국 개국 축하연을 이용하여 갑신정변을 일으켰다.

② 을미사변
➡ 1895년에 일본은 삼국 간섭의 영향으로 조선에서 친러 정책이 추진되자 위기를 느끼고 명성 황후를 시해하는 을미사변을 일으켰다.

③ 삼국 간섭
➡ 1895년에 일본은 청·일 전쟁에서 승리한 결과 청으로부터 막대한 배상금과 함께 랴오둥반도와 타이완을 할양받았다. 이에 위협을 느낀 러시아가 프랑스와 독일을 끌어들여 일본이 랴오둥반도를 청에 반환하도록 압력을 가하였는데, 이를 삼국 간섭이라고 한다.

④ 아관 파천
➡ 을미사변으로 신변에 위협을 느낀 고종은 1896년에 러시아 공사관으로 거처를 옮기는 아관 파천을 단행하였다.

04 갑신정변 이후의 정세
답 ③

🔍 선지분석
① (가)   ② (나)   ✓③ (다)   ④ (라)

➡ 개항 후 조선에는 신식 군대인 별기군이 만들어졌다. 구식 군인들은 별기군에 비해 처우가 매우 열악하였다. 그러던 중 13개월 만에 월급으로 지급된 쌀에 모래와 겨가 섞여 있자 이에 분노한 구식 군인들이 난을 일으켰는데, 이를 임오군란이라고 한다 (1882). 이후 김옥균 등 급진 개화파는 우정총국 개국 축하연에서 갑신정변을 일으켜 개화당 정부를 수립하고 개혁 정강을 발표하였다. 하지만 청군의 개입으로 3일 만에 실패하였다(1884). 갑신정변 이후 청의 간섭이 심해지자 고종은 러시아와 교섭을 추진하였다. 그러자 1885년에 영국은 러시아의 남하를 막는다는 구실로 거문도를 불법으로 점령하였다(거문도 사건). 영국은 러시아로부터 조선을 침략하지 않겠다는 약속을 받아낸 후인 1887년에 철수하였다. 이후 1894년에 조선에서는 고부 농민 봉기를 시작으로 동학 농민 운동이 전개되었다. 외세의 개입을 막기 위해 조선 정부와 전주 화약을 체결한 이후 해산하였던 동학 농민군은 일본이 조선 정부의 철병 요구를 무시하고 경복궁을 무력으로 점령하자 다시 봉기하였다. 한편, 일본은 경복궁 점령 이후 김홍집을 중심으로 한 내각을 수립하였고, 김홍집 내각은 군국기무처를 설치하여 제1차 갑오개혁을 추진하였다(1894).
따라서, 거문도 사건이 일어난 시기는 (다)이다.

05 동학 농민 운동과 갑오·을미개혁

01 다음 사건에 대한 설명으로 옳은 것은? [기본 52회]

① 외규장각 도서가 약탈되었다.
② 집강소를 설치하여 폐정 개혁을 추진하였다.
③ 홍의 장군 곽재우가 의병장으로 활약하였다.
④ 서북인에 대한 차별이 원인이 되어 일어났다.

02 (가)에 들어갈 기구로 옳은 것은? [기본 54회]

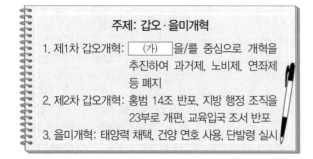

주제: 갑오·을미개혁

1. 제1차 갑오개혁: ___(가)___ 을/를 중심으로 개혁을 추진하여 과거제, 노비제, 연좌제 등 폐지
2. 제2차 갑오개혁: 홍범 14조 반포, 지방 행정 조직을 23부로 개편, 교육입국 조서 반포
3. 을미개혁: 태양력 채택, 건양 연호 사용, 단발령 실시

① 정방
② 교정도감
③ 군국기무처
④ 통리기무아문

03 밑줄 그은 '개혁'의 내용으로 옳지 않은 것은? [기본 55회]

역사 용어 카드

군국기무처

1894년 6월 의정부 산하에 설치되어 개혁을 추진하였던 정책 의결 기구이다. 총재는 영의정 김홍집이 겸임하였다. 약 3개월 동안 신분제 폐지, 조혼 금지 등 약 210건의 안건을 심의하고 통과시켰다.

① 지계를 발급하였다.
② 과거제를 폐지하였다.
③ 도량형을 통일하였다.
④ 연좌제를 금지하였다.

04 (가) 시기에 있었던 사실로 옳은 것은? [기본 49회]

① 당백전이 발행되었다.
② 동시전이 설치되었다.
③ 속대전이 편찬되었다.
④ 태양력이 채택되었다.

01 동학 농민 운동   답 ②

자료에서 백산 집결, 황룡촌 전투, 전주성 점령, 우금치 전투가 차례대로 제시된 점을 통해 해당 사건이 동학 농민 운동임을 알 수 있다. 황룡촌 전투는 동학 농민군의 제1차 봉기 때의 전투이고, 우금치 전투는 동학 농민군의 제2차 봉기 때의 전투이다.

🔍 선지분석

① 외규장각 도서가 약탈되었다.
- ➡ 외규장각 도서는 병인양요 때 프랑스군에 의해 약탈되었다.

✓ 집강소를 설치하여 폐정 개혁을 추진하였다.
- ➡ 동학 농민 운동의 전개 과정에서 농민군은 정부와 전주 화약을 체결한 후에 집강소를 설치하였다.

③ 홍의 장군 곽재우가 의병장으로 활약하였다.
- ➡ 곽재우는 임진왜란 때 의병장으로 활약하였다.

④ 서북인에 대한 차별이 원인이 되어 일어났다.
- ➡ 세도 정치기에 평안도(서북인)에 대한 차별이 원인이 되어 홍경래의 난이 일어났다.

⏱ 3초공식

황룡촌 전투 + 전주성 점령 + 우금치 전투 = 동학 농민 운동

02 갑오개혁   답 ③

자료에서 제1차 갑오개혁 추진의 중심 기구로 언급되어 있다는 점을 통해 (가)에 들어갈 기구가 군국기무처임을 알 수 있다. 일본이 경복궁을 점령한 이후 제1차 김홍집 내각이 수립되고 군국기무처를 설치하여 제1차 갑오개혁을 추진하였다.

🔍 선지분석

① 정방
➡ 고려 무신 정권기에 최우가 설치한 인사 행정 기구이다.

② 교정도감
➡ 고려 무신 정권기에 최충헌이 설치한 최고 권력 기구이다.

✓ 군국기무처
➡ 제1차 갑오개혁을 추진한 중심 기구로 신분제 철폐, 조혼 금지, 과부 재가 허용 등의 개혁을 진행하였다.

④ 통리기무아문
➡ 조선 정부가 1880년에 설치한 개화 정책 총괄 기구이다.

⏱ 3초공식

제1차 갑오개혁 추진을 위해 설치 = 군국기무처

03 갑오개혁   답 ①

자료에서 군국기무처가 개혁을 추진하였다는 점, 신분제 폐지·조혼 금지 등의 안건을 통과시켰다는 점 등을 통해 밑줄 그은 '개혁'이 제1차 갑오개혁임을 알 수 있다.

🔍 선지분석

✓ 지계를 발급하였다.
- ➡ 근대적 토지 소유 증명서인 지계가 발급된 것은 대한 제국이 수립된 이후 추진된 광무개혁의 내용이다.

② 과거제를 폐지하였다.
- ➡ 과거제 폐지는 제1차 갑오개혁 당시 추진된 개혁의 내용이다.

③ 도량형을 통일하였다.
- ➡ 도량형 통일은 제1차 갑오개혁 당시 추진된 내용이다.

④ 연좌제를 금지하였다.
- ➡ 연좌제는 죄인의 죄를 가족이나 친지들에게도 함께 묻는 제도로 제1차 갑오개혁 때 금지되었다.

⏱ 3초공식

군국기무처 + 신분제 폐지 + 조혼 금지 = 제1차 갑오개혁

04 을미개혁   답 ④

자료에서 왼쪽 그림은 과거제가 폐지되었다는 점, 군국기무처에서 의결했다는 점을 통해 제1차 갑오개혁(1894)에 대한 내용임을 알 수 있다. 오른쪽 그림은 지계를 발급받았다고 하는 점을 통해 대한 제국 시기에 이루어진 광무개혁에 대한 내용임을 알 수 있다. 따라서 (가) 시기는 제1차 갑오개혁과 광무개혁 사이에 있었던 일이 들어가야 한다.

🔍 선지분석

① 당백전이 발행되었다.
- ➡ 당백전은 조선 고종 재위 시기에 흥선 대원군이 경복궁 중건을 위해 발행한 화폐이다.

② 동시전이 설치되었다.
- ➡ 동시전은 신라 지증왕 때 설치되어 시장 감독을 담당하였던 기관이다.

③ 속대전이 편찬되었다.
- ➡ 『속대전』은 조선 영조 때 편찬된 법전이다.

✓ 태양력이 채택되었다.
- ➡ 태양력은 1895년 을미개혁 때 채택되었다.

⏱ 3초공식

과거제 폐지 + 군국기무처 = 제1차 갑오개혁 / 지계 발급 = 광무개혁

06 독립 협회와 대한 제국

01 (가) 단체의 활동으로 옳은 것은? [기본 67회]

이곳 종로에서는 (가) 이/가 개최한 관민 공동회가 열리고 있습니다. 정부 관료와 학생, 시민들이 참여한 가운데 헌의 6조를 올리기로 하였습니다.

① 광혜원을 설립하였다.
② 태극 서관을 운영하였다.
③ 독립문 건설을 주도하였다.
④ 파리 강화 회의에 대표를 파견하였다.

02 (가)에 들어갈 단체의 활동으로 옳은 것은? [기본 52회]

오늘 신문에 (가) 이/가 종로에서 만민 공동회를 열어 러시아 군사 교관 철수를 요구했다는 기사가 실렸네.

지난 기사에는 러시아의 절영도 조차 요구를 반대했다는 내용이 실렸었지요.

① 태극 서관을 운영하였다.
② 독립문 건립을 주도하였다.
③ 고종 강제 퇴위를 반대하였다.
④ 국채 보상 운동을 지원하였다.

03 (가) 시기에 있었던 사실로 옳은 것은? [기본 64회]

고종이 러시아 공사관에서 경운궁으로 돌아와 황제로 즉위하고 국호를 (가) (으)로 선포한 이후에 사용한 어새입니다.

(가) 고종 황제 어새와 내함

① 지계가 발급되었다.
② 척화비가 건립되었다.
③ 육영 공원이 설립되었다.
④ 군국기무처가 설치되었다.

04 (가) 시기에 있었던 사실로 옳은 것은? [기본 60회]

여기는 환구단의 일부인 황궁우야.

고종은 환구단에서 황제 즉위식을 거행하고, 경운궁에서 새로운 국호인 (가) 을/를 선포하였지.

① 당백전을 발행하였다.
② 영선사를 파견하였다.
③ 육영 공원을 설립하였다.
④ 대한국 국제를 제정하였다.

01 독립 협회

답 ③

독립 협회는 미국에서 귀국한 후 1896년에 독립신문을 창간한 서재필의 주도로 조직되었다. 독립 협회는 독립문과 독립관을 세웠으며 민중 집회인 만민 공동회를 개최하여 러시아 등 열강의 이권 침탈을 규탄하고 이를 저지하기도 하였다. 또한, 박정양 내각과 함께 관민 공동회를 개최하여 헌의 6조를 결의하였다.

🔍 선지분석

① 광혜원을 설립하였다.
   ➡ 미국인 선교사 알렌은 서양식 병원의 필요성을 고종에게 건의하였고, 고종의 승인을 거쳐 1885년에 우리나라 최초의 근대식 병원인 광혜원이 설립되었다. 광혜원은 곧 '많은 사람들을 구한다'는 뜻의 제중원으로 이름이 변경되었다.

② 태극 서관을 운영하였다.
   ➡ 신민회는 태극 서관을 운영하여 계몽 서적 등을 보급하고 자기 회사를 운영하는 등 민족 산업 육성에 힘썼다.

✓ 독립문 건설을 주도하였다.
   ➡ 독립 협회는 청의 사신을 맞이하던 영은문이 있던 자리 부근에 독립문을 건립하려고 모금 활동을 전개하였다.

④ 파리 강화 회의에 대표를 파견하였다.
   ➡ 신한 청년당은 김규식을 파리 강화 회의에 대표로 파견하였다.

⏱ 3초공식

관민 공동회 + 헌의 6조 = 독립 협회

02 독립 협회

답 ②

자료에서 만민 공동회를 열었다는 점, 러시아 군사 교관 철수를 요구했다는 점, 러시아의 절영도 조차 요구를 반대했다는 점을 통해 (가)에 들어갈 단체가 독립 협회임을 알 수 있다. 독립 협회는 만민 공동회를 통해 러시아의 이권 침탈을 저지하는 활동을 펼쳤다.

🔍 선지분석

① 태극 서관을 운영하였다.
   ➡ 태극 서관을 운영한 단체는 신민회이다.

✓ 독립문 건립을 주도하였다.
   ➡ 영은문 터에 독립문 건립을 주도한 단체는 독립 협회이다.

③ 고종 강제 퇴위를 반대하였다.
   ➡ 고종 강제 퇴위 반대 운동을 전개한 단체는 대한 자강회이다.

④ 국채 보상 운동을 지원하였다.
   ➡ 국채 보상 운동을 홍보하여 운동의 확대에 영향을 준 언론은 대한매일신보이다.

⏱ 3초공식

만민 공동회 + 러시아의 절영도 조차 요구 반대 = 독립 협회

03 대한 제국과 광무개혁

답 ①

아관 파천 이후 경운궁(덕수궁)으로 환궁한 고종은 1897년에 연호를 '광무'로 바꾸고, 환구단에서 황제 즉위식을 거행한 후 대한 제국 수립을 선포하였다. 이후 고종은 구본신참의 원칙 아래 광무개혁을 추진하였다.

🔍 선지분석

✓ 지계가 발급되었다.
   ➡ 1899년부터 대한 제국은 광무개혁의 일환으로 양전 사업을 본격 시행하여 근대적 토지 소유 증명서인 지계를 발급하였다.

② 척화비가 건립되었다.
   ➡ 1871년 신미양요 직후 흥선 대원군은 종로와 전국 각지에 척화비를 세워 통상 수교 거부 정책의 의지를 널리 알렸다.

③ 육영 공원이 설립되었다.
   ➡ 1886년에 설립된 육영 공원은 우리나라 최초의 서양식 관립 교육 기관이다.

④ 군국기무처가 설치되었다.
   ➡ 1894년에 일본의 강요로 구성된 김홍집 내각은 최고 정책 결정 기관으로 군국기무처를 설치하고 제1차 갑오개혁을 추진하였다.

⏱ 3초공식

고종이 황제로 즉위함 = 대한 제국 시기(1897~1910)

04 대한 제국과 광무개혁

답 ④

1897년에 고종은 러시아 공사관에서 경운궁(덕수궁)으로 환궁한 후에 대한 제국을 수립하였다. 고종은 환구단에서 하늘에 제사를 지낸 후 황제 즉위식을 거행하였고, 대내외에 자주 국가임을 선포하였다.

🔍 선지분석

① 당백전을 발행하였다.
   ➡ 흥선 대원군은 경복궁 중건에 필요한 비용을 마련하기 위해 당백전을 발행하였다.

② 영선사를 파견하였다.
   ➡ 영선사는 1881년에 근대 무기 제작 기술 등을 배우기 위해 청에 파견되었다.

③ 육영 공원을 설립하였다.
   ➡ 육영 공원은 1886년에 설립된 최초의 근대적 관립 학교이다.

✓ 대한국 국제를 제정하였다.
   ➡ 대한 제국은 1899년에 무한한 황제권을 강조한 대한국 국제를 제정하였다.

⏱ 3초공식

환구단 + 황제 즉위식 = 대한 제국

07 일제의 침략과 국권 침탈

01 밑줄 그은 '이 조약'에 대한 설명으로 옳은 것은?

[기본 61회]

이곳은 네덜란드 헤이그에 있는 이준 열사 기념관입니다. 그는 대한 제국의 외교권을 박탈한 이 조약의 부당함을 세계에 알리기 위해 이상설, 이위종과 함께 만국 평화 회의에 특사로 파견되었습니다.

① 청일 전쟁의 배경이 되었다.
② 최혜국 대우의 조항이 들어 있다.
③ 운요호 사건을 계기로 체결되었다.
④ 통감부가 설치되는 결과를 가져왔다.

02 밑줄 그은 '특사'에 대한 설명으로 옳은 것은? [기본 55회]

이상설, 이위종도 함께 활동했었지.

그는 1907년 만국 평화 회의에 특사로 파견되었어.

여기가 이준 열사가 묻힌 곳이구나.

① 서양에 파견된 최초의 사절단이었다.
② 조선책략을 국내에 처음 소개하였다.
③ 기기국에서 무기 제조 기술을 배우고 돌아왔다.
④ 을사늑약의 부당함을 전 세계에 알리고자 하였다.

03 밑줄 그은 '나'에 대한 설명으로 옳은 것은? [기본 64회]

나는 대한 제국의 주권을 침탈한 이토 히로부미를 대한의군 참모중장 자격으로 하얼빈역에서 처단하였습니다.

디지털 복원으로 만나는 독립운동가

獨立

① 중광단을 결성하였다.
② 독립 의군부를 조직하였다.
③ 동양 평화론을 집필하였다.
④ 시일야방성대곡을 발표하였다.

04 (가), (나) 사이의 시기에 체결된 조약으로 옳은 것은?

[기본 66회]

(가)

역사 신문
제△△호 ○○○○년 ○○월 ○○일

국외 중립 선언 무효화되다

한일 의정서

(나)

역사 신문
제△△호 ○○○○년 ○○월 ○○일

일제가 국권을 강탈하다

한일 병합 조약

① 톈진 조약
② 정미 7조약
③ 제물포 조약
④ 시모노세키 조약

01 일제의 국권 침탈 답 ④

일제는 1905년에 을사늑약을 강제로 체결하고 대한 제국의 외교권을 박탈하였다. 이에 고종은 을사늑약의 부당함을 전 세계에 알리기 위해 네덜란드 헤이그에서 열리는 만국 평화 회의에 이준, 이상설, 이위종을 특사로 파견하였다. 그러나 일제의 방해로 실패하였고, 일본은 이를 빌미로 고종을 강제로 퇴위시켰다.

🔍 선지분석

① 청일 전쟁의 배경이 되었다.
➡ 청·일 전쟁은 동학 농민 운동이 전개되던 1894년에 발발하였다.

② 최혜국 대우의 조항이 들어 있다.
➡ 최혜국 대우 조항은 조·미 수호 통상 조약 및 조·일 통상 장정 등에 포함되어 있다.

③ 운요호 사건을 계기로 체결되었다.
➡ 운요호 사건을 계기로 체결된 조약은 강화도 조약이다.

✔ ④ 통감부가 설치되는 결과를 가져왔다.
➡ 강압적으로 체결된 을사늑약의 결과 대한 제국에 통감부가 설치되었다.

⏱ 3초공식

대한 제국의 외교권 박탈 = 을사늑약

02 일제의 국권 침탈 답 ④

자료에서 이준 열사의 묘소가 제시되었고, 이상설·이위종과 함께 1907년 만국 평화 회의에 특사로 파견되었다는 점을 통해 밑줄 그은 '특사'가 헤이그 특사임을 알 수 있다. 고종은 을사늑약의 부당함을 알리기 위해 이준, 이상설, 이위종 등을 네덜란드 헤이그에서 열리는 만국 평화 회의에 특사로 파견하였다.

🔍 선지분석

① 서양에 파견된 최초의 사절단이었다.
➡ 서양에 파견된 최초의 사절단은 미국에 파견된 보빙사이다.

② 조선책략을 국내에 처음 소개하였다.
➡ 『조선책략』은 제2차 수신사로 일본에 다녀온 김홍집이 가져온 책이다.

③ 기기국에서 무기 제조 기술을 배우고 돌아왔다.
➡ 청의 기기국에서 무기 제조 기술을 배우고 돌아온 사절단은 영선사이다.

✔ ④ 을사늑약의 부당함을 전 세계에 알리고자 하였다.
➡ 을사늑약의 부당함을 알리고자 고종이 파견한 특사는 헤이그 특사이다.

⏱ 3초공식

이준, 이상설, 이위종 + 1907년 만국 평화 회의 = 헤이그 특사

03 일제의 국권 침탈 답 ③

1909년에 안중근은 하얼빈역에서 을사늑약 체결에 핵심적 역할을 한 이토 히로부미를 사살하였다. 현장에서 체포된 안중근은 뤼순 감옥에서 수감 중에 〈동양 평화론〉을 저술하였다.

🔍 선지분석

① 중광단을 결성하였다.
➡ 서일 등 대종교 세력은 북간도 지역에서 항일 무장 단체인 중광단을 조직하였고, 이후 중광단은 북로 군정서로 발전하였다.

② 독립 의군부를 조직하였다.
➡ 임병찬은 국권 피탈 이후 고종의 밀지를 받고 의병과 유생을 모아 독립 의군부를 조직하였다.

✔ ③ 동양 평화론을 집필하였다.
➡ 안중근은 뤼순 감옥에 수감된 후 대등한 위치에서의 한·중·일의 협력을 강조한 〈동양 평화론〉의 집필을 시작하였으나 사형이 집행되면서 책은 완성되지 못하였다.

④ 시일야방성대곡을 발표하였다.
➡ 장지연은 을사늑약이 체결되자 '이날을 목 놓아 통곡하다'라는 뜻의 제목을 붙인 논설 〈시일야방성대곡〉을 황성신문에 실어 을사늑약의 부당함을 비판하였다.

04 일제의 국권 침탈 답 ②

(가) 1904년에 러·일 전쟁이 발발하자 일본은 대한 제국에 한·일 의정서 체결을 강요하였다. 이 조약으로 일본은 대한 제국의 군사적 요충지와 시설을 임의로 사용할 수 있는 권리를 확보하였다.

(나) 1910년에 일본은 한·일 병합 조약을 체결하여 대한 제국의 국권을 강탈하였고, 이후 데라우치가 초대 조선 총독으로 부임하였다.

🔍 선지분석

① 톈진 조약
➡ 갑신정변의 결과 1885년에 조선과 일본 사이에 한성 조약이 체결되었고, 청과 일본 사이에는 톈진 조약이 체결되었다.

✔ ② 정미 7조약
➡ 일제는 1907년에 한·일 신협약(정미 7조약)을 강제로 체결하여 각 부처에 일본인 차관을 임명하였고, 부수 비밀 각서를 체결하여 대한 제국의 군대를 해산하였다.

③ 제물포 조약
➡ 임오군란의 결과 1882년에 조선과 일본 사이에 제물포 조약이 체결되면서 일본 공사관에 경비병이 주둔하게 되었다.

④ 시모노세키 조약
➡ 청·일 전쟁에서 승리한 일본은 1895년에 청과 시모노세키 조약을 맺어 청으로부터 랴오둥반도를 넘겨받았다.

08 국권 침탈에 대한 저항

01 밑줄 그은 '의병'이 일어난 시기를 연표에서 옳게 고른 것은? [기본 60회]

역적들이 국모를 시해하고 억지로 머리카락을 깎게 하니 백성들이 의병을 일으켰다. 하지만 이제는 단발을 편한 대로 하게 하였으니 백성들은 흩어져 돌아가 생업에 종사하라.

1862	1875	1882	1894	1910
(가)	(나)	(다)	(라)	
임술 농민 봉기	운요호 사건	임오 군란	청·일 전쟁 발발	국권 피탈

① (가)   ② (나)   ③ (다)   ④ (라)

02 교사의 질문에 대한 학생의 답변으로 옳은 것은? [기본 50회]

화면의 사진은 1907년 영국 기자 매켄지가 의병들을 취재하면서 찍은 것입니다. 당시 의병 활동에 대해 말해 볼까요?

① 13도 창의군을 결성하였어요.
② 정부에 헌의 6조를 건의하였어요.
③ 백산에 집결하여 4대 강령을 발표하였어요.
④ 곽재우, 고경명 등이 의병장으로 활약하였어요.

03 밑줄 그은 '이 단체'로 옳은 것은? [기본 55회]

이 사진에 대해 설명해 주세요.

일제가 조작한 105인 사건으로 끌려가는 애국지사들을 찍은 사진입니다. 이 사건을 계기로 안창호, 양기탁 등이 비밀리에 결성한 이 단체가 와해되었습니다.

① 보안회   ② 신민회
③ 대한 자강회   ④ 헌정 연구회

04 다음 장면에 나타난 운동으로 옳은 것은? [기본 66회]

일본에 진 빚 1,300만 원을 갚기 위해 이곳저곳에서 의연금을 모으고 있습니다. 우리도 의연금을 기성회에 보내 국권 수호에 힘을 보탭시다.

옳소! 나는 20전을 내겠소!

좋은 뜻이오, 나는 은가락지를 내겠소!

① 국채 보상 운동
② 문자 보급 운동
③ 물산 장려 운동
④ 민립 대학 설립 운동

01 항일 의병 항쟁
답 ④

🔍 선지분석

① (가)　　② (나)　　③ (다)　　✔ (라)

➡ 1894년 동학 농민 운동의 전개 과정에서 청일 전쟁이 일어나게 되었고, 그 결과 일본이 승리하였다. 한편, 고종과 명성 황후가 일본을 견제하고, 김홍집 등이 중심이 된 친러 내각이 수립되자 일본은 1895년에 명성 황후를 시해하였다(을미사변). 을미사변 이후 친일 내각이 성립되면서 단발령을 실시하고, 태양력을 사용하는 등 을미개혁이 추진되었다. 이에 유인석, 이소응 등의 유생들은 을미사변과 단발령에 반발하여 의병을 일으켰는데, 고종의 의병 해산 권고 조치로 해산하였다. 따라서 을미의병이 일어난 시기는 '청 일 전쟁 발발(1894)'과 '국권 피탈(1910)' 사이의 시기인 (라)이다.

⏱ 3초공식
국모 시해 + 단발 = 을미의병

02 항일 의병 항쟁
답 ①

자료에서 1907년 영국 기자 매켄지가 의병들을 취재하였다는 점을 통해 해당 의병이 정미의병임을 알 수 있다.

🔍 선지분석

✔ 13도 창의군을 결성하였어요.
　➡ 정미의병 때 전국의 의병들이 모여 13도 연합 의병 부대(13도 창의군)를 구성하고, 서울 진공 작전을 추진하였다.
② 정부에 헌의 6조를 건의하였어요.
　➡ 독립 협회는 관민 공동회를 개최하여 정부에 헌의 6조를 건의하였다.
③ 백산에 집결하여 4대 강령을 발표하였어요.
　➡ 동학 농민군은 제1차 봉기 때 백산에 집결하여 4대 강령을 발표하였다.
④ 곽재우, 고경명 등이 의병장으로 활약하였어요.
　➡ 임진왜란 때 곽재우, 고경명 등이 의병장으로 활약하였다.

⏱ 3초공식
1907년 + 의병 = 정미의병

03 애국 계몽 운동
답 ②

자료에서 일제가 조작한 105인 사건으로 애국 지사들이 끌려가고 있다는 점, 안창호·양기탁 등이 비밀리에 결성한 단체라는 점 등을 통해 밑줄 그은 '이 단체'가 신민회임을 알 수 있다.

🔍 선지분석

① 보안회
　➡ 1904년 조직된 애국 계몽 단체로, 일제의 황무지 개간권 요구를 저지하였다.
✔ 신민회
　➡ 1907년에 안창호, 양기탁 등이 비밀리에 조직한 애국 계몽 단체로, 실력 양성과 무장 투쟁을 동시에 추진하였다.
③ 대한 자강회
　➡ 1906년 조직된 애국 계몽 단체로, 고종 강제 퇴위 반대 운동을 전개하였다.
④ 헌정 연구회
　➡ 1905년 조직된 애국 계몽 운동 단체로, 입헌 군주제 수립을 목적으로 조직된 단체이다.

⏱ 3초공식
안창호, 양기탁 + 105인 사건 = 신민회

04 경제적 구국 운동
답 ①

1907년에 국민들 사이에서 성금을 모아 나라가 진 빚을 갚자는 국채 보상 운동이 서상돈, 김광제 등을 중심으로 대구에서 시작되었다. 국채 보상 기성회가 조직되어 국민들은 금주와 금연, 비녀와 반지를 내놓는 방법 등으로 참여하였고, 국외에서도 의연금을 보내 왔다.

🔍 선지분석

✔ 국채 보상 운동
　➡ 국채 보상 운동은 대한매일신보, 황성신문 등 당시 언론의 적극적인 지원을 받았고, 이로 인해 국채 전국적으로 확산될 수 있었다.
② 문자 보급 운동
　➡ 문자 보급 운동은 1929년부터 조선일보 주도로 전개된 문맹 퇴치 운동으로 '아는 것이 힘, 배워야 산다'라는 구호를 내세웠다.
③ 물산 장려 운동
　➡ 물산 장려 운동은 1920년에 조만식 등이 조선 물산 장려회를 조직하여 전개한 운동으로, '조선 사람 조선 것'이라는 구호를 내세웠다.
④ 민립 대학 설립 운동
　➡ 민립 대학 설립 운동은 1923년에 이상재 등이 조선 민립 대학 설립 기성회를 창립하여 전개한 운동으로, 민립 대학 설립을 위한 모금 운동을 전개하였다.

09 근대 문물의 수용

01 밑줄 그은 ㉠에 해당하는 내용으로 적절하지 <u>않은</u> 것은?

[기본 66회]

이 사진은 무엇인가요?

동대문에서 열린 전차 개통식에 참석한 대한 제국의 고위 관리들을 찍은 사진이에요. 전차를 비롯하여 ㉠대한 제국 시기에 도입된 근대 문물은 당시 사람들의 생활에 큰 변화를 주었어요.

① 극장인 원각사가 세워졌다.

② 덕수궁에 중명전이 건립되었다.

③ 박문국에서 한성순보가 발행되었다.

④ 서울과 부산을 잇는 경부선 철도가 부설되었다.

02 밑줄 그은 '신문'으로 옳은 것은?

[기본 55회]

이번에 박문국에서 발행한 신문입니다.

순 한문으로 열흘에 한 번씩 나온다지.

외국 소식도 폭넓게 소개하고 있습니다.

① 만세보

② 한성순보

③ 황성신문

④ 대한매일신보

03 (가)에 해당하는 신문으로 옳은 것은?

[기본 54회]

(가) 에 대해 검색해 줘.

검색 결과입니다.

서재필이 중심이 되어 창간한 신문입니다. 민중 계몽을 위해 순한글로 발행하였으며, 외국인을 위해 영문판도 함께 제작하였습니다.

① 독립신문

② 제국신문

③ 해조신문

④ 대한매일신보

04 (가)에 들어갈 근대 교육 기관으로 옳은 것은? [기본 55회]

1886년 신입생 모집

영재들이여
신학문을 가르치는 공립 학교
(가) 으로 오라!

1. 선발 인원: 35명
2. 지원 자격
 - 좌원: 7품 이하 젊은 현직 관리
 - 우원: 15~20세의 양반 자제
3. 교과목: 영어, 수학, 자연 과학 등
4. 교사: 헐버트, 길모어, 벙커 등

① 서전서숙

② 배재 학당

③ 육영 공원

④ 이화 학당

01 근대 시설의 도입과 언론의 발달 답 ③

대한 제국은 1897년에 고종이 황제 국가를 선포하면서 수립되었고, 이후 1910년에 일제에 국권을 빼앗길 때까지 유지되었다. 대한 제국 시기인 1898년에 설립된 한성 전기 회사에 의해 이듬해인 1899년에 서대문에서 청량리 간 노선이 처음으로 개통하여 전차가 운행되었다.

🔍 선지분석

① 극장인 원각사가 세워졌다.
→ 원각사는 1908년에 문을 연 우리나라 최초의 서양식 극장이다.

② 덕수궁에 중명전이 건립되었다.
→ 덕수궁 중명전은 1899년에 황실 도서관으로 사용하기 위해 지어졌다.

✔③ 박문국에서 한성순보가 발행되었다.
→ 한성순보는 1883년부터 1884년까지 박문국에서 발행된 우리나라 최초의 근대 신문이다.

④ 서울과 부산을 잇는 경부선 철도가 부설되었다.
→ 경부선은 일본에 의해 1905년에 개통되었다.

⏱ 3초공식

대한 제국 시기 = 1897~1910년

02 근대 시설의 도입과 언론의 발달 답 ②

자료에서 박문국에서 발행한다고 한 점, 순 한문으로 되어 있고 열흘에 한 번씩 나온다는 점 등을 통해 밑줄 그은 '신문'이 한성순보임을 알 수 있다. 우리나라 최초의 근대적 신문인 한성순보는 주로 정부의 정책 홍보와 국내외 정세를 소개하였다. 열흘마다 한 번씩 발행되어 순보라고 한다.

🔍 선지분석

① 만세보
→ 천도교에서 발행한 기관지이다.

✔② 한성순보
→ 박문국에서 발행한 우리나라 최초의 근대적 신문이다.

③ 황성신문
→ 국한문 혼용으로 발행하였던 신문으로, 을사늑약 당시 장지연이 쓴 '시일야방성대곡'을 게재하였다.

④ 대한매일신보
→ 양기탁, 베델이 함께 발행한 신문으로 항일 의병 항쟁에 호의적이었으며, 국채 보상 운동이 전국적으로 확산되는 데 기여하였다.

⏱ 3초공식

박문국 + 열흘에 한 번 = 한성순보

03 근대 시설의 도입과 언론의 발달 답 ①

자료에서 서재필이 중심이 되어 창간하였다는 점, 민중 계몽을 위하여 순 한글로 발행하였고 영문판도 제작하였다는 점 등을 통해 (가)에 해당하는 신문이 독립신문임을 알 수 있다. 독립신문은 최초의 민간 신문이며 한글판과 영문판으로 발행된 것이 큰 특징이다.

🔍 선지분석

✔① 독립신문
→ 서재필을 중심으로 창간되었고, 한글판과 영문판으로 발행되었다.

② 제국신문
→ 이종일이 발행한 신문으로 서민층과 부녀자가 주된 독자였으며, 순 한글로 발행되었다.

③ 해조신문
→ 연해주에서 발행된 해외 최초의 한글 신문이다.

④ 대한매일신보
→ 양기탁과 베델이 발행한 신문으로, 항일 의병 항쟁에 호의적이었으며 국채 보상 운동을 지원하기도 하였다.

⏱ 3초공식

서재필 + 순 한글 신문 = 독립신문

04 근대 교육의 발달과 국학·문예·종교의 변화 답 ③

자료에서 1886년에 신입생을 모집하고 있는 점, 신학문을 가르치는 공립 학교로 현직 관리 및 양반의 자제를 대상으로 하였다는 점, 헐버트·길모어 등이 교사라는 점 등을 통해 (가)에 들어갈 근대 교육 기관이 육영 공원임을 알 수 있다.

🔍 선지분석

① 서전서숙
→ 1906년 이상설이 만주 지역에 설립한 민족 교육 기관이다.

② 배재 학당
→ 1885년 개신교 선교사인 아펜젤러가 설립한 교육 기관이다.

✔③ 육영 공원
→ 1886년에 양반 자제와 젊은 현직 관리를 대상으로 설립된 근대 관립 학교이다.

④ 이화 학당
→ 1886년 개신교 선교사인 스크랜튼이 설립한 여자 교육 기관이다.

⏱ 3초공식

1886년 + 공립 학교 + 헐버트·길모어 = 육영 공원

흥선 대원군의 개혁 정치

정치 개혁 (왕권 강화 목적)	• 정치 개혁: 세도 정치 세력을 몰아냄 → 능력에 따른 인재 등용 • 정치 기구 개혁: 비변사 기능 축소, 의정부(정치)와 삼군부(군사)의 기능 부활 • 법전 편찬: 『대전회통』, 『육전조례』 등
삼정의 개혁 (민생 안정 목적)	• 전정 개혁: 양전 사업을 실시하여 은결 색출, 지방관과 양반의 불법적 토지 소유 금지 • 군정 개혁: 호포제 실시 → 양반에게도 군포 징수 • 환곡 개혁: 사창제 실시
서원 정리	• 국가 재정의 확충과 백성에 대한 양반·유생의 횡포 근절 목적 • 전국의 서원을 47개로 정리, 만동묘 철폐
경복궁 중건	• 왕실 위엄 회복 목적 • 공사비 마련을 위해 당백전 남발, 원납전 강제 징수

임오군란

구식 군대 군인들의 봉기(1882)	선혜청과 정부 고관의 집 습격, 일본인 교관 살해 및 일본 공사관 습격(도시 하층민의 합세), 궁궐 습격 → 왕비 민씨 피신
흥선 대원군 재집권	개화 정책 중단 → 5군영 부활, 통리기무아문·별기군 폐지
청의 군대 파견	청의 군대 파견 및 군란 진압 → 흥선 대원군을 청으로 압송 → 민씨 일파 재집권

갑신정변

정변 발생	• 청의 내정 간섭과 급진 개화파의 입지 약화, 정부의 소극적 개화 정책에 불만 • 우정총국 개국 축하연을 기회로 정변(1884)
개화당 정부 수립	• 개화당 정부 수립 • 개혁 정강 14개조 발표, 근대 국가 건설 지향
정변 실패	• 청군의 개입으로 3일 만에 실패 • 급진 개화파 세력은 일본으로 망명

동학 농민 운동

고부 농민 봉기 (1894. 1.)	• 원인: 고부 군수 조병갑의 학정 • 전봉준 주도로 고부 관아 습격 → 후임 군수의 시정 약속을 받고 해산
제1차 봉기 (1894. 3.)	• 원인: 안핵사 이용태의 탄압 • 전봉준·손화중·김개남의 봉기 → 4대 강령 발표, 보국안민·제폭구민 표방(백산 봉기) → 황토현 전투 → 황룡촌 전투 → 전주성 점령
전주 화약과 집강소 설치 (1894. 5.)	• 정부가 청에 지원 요청 → 일본도 군대 파견 • 정부·농민군 간의 화약 성립(농민군: 집강소 설치·폐정 개혁안 실천, 정부: 교정청 설치·개혁 시도)
제2차 봉기 (1894. 9.)	• 원인: 일본군의 경복궁 점령, 친일 내각 수립, 일본의 내정 간섭 심화 • 동학 농민군 재봉기(삼례) → 한성으로 북상 → 공주 우금치 전투에서 패배(1894. 11.)

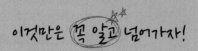

갑오개혁과 을미개혁

제1차 갑오개혁 (1894. 7.)	정치	개국 기년 사용, 청의 연호 폐지, 왕실 사무와 정부 사무 분리(궁내부 신설), 6조를 8아문으로 개편, 과거제 폐지
	경제	국가 재정 일원화(탁지아문에서 관할), 은본위 화폐 제도 시행, 도량형 통일
	사회	신분제·노비제 폐지, 조혼·인신매매 금지, 과부 재가 허용, 고문·연좌법 폐지
제2차 갑오개혁 (1894. 12.)	정치·군사	• 의정부를 내각으로 개편, 8아문을 7부로 개편, 지방 행정 구역을 8도에서 23부로 개편, 지방관의 사법권·군사권 배제 • 훈련대, 시위대 설치
	경제·교육	• 탁지부 산하에 관세사, 징세서 설치 • 교육 입국 조서 반포 → 한성 사범 학교 등 설립
을미개혁 (1895)	정치·군사	• '건양' 연호 제정 • 친위대, 진위대 설치
	사회	단발령 실시, 태양력 사용, 종두법 시행, 우체사 설치(우편 사무 재개), 소학교 설치

광무개혁

정치	• 대한국 국제 제정: 전제 황권 강화 • 간도 관리사(이범윤) 임명
군사	황제가 군권 장악(원수부 설치)
경제·교육	• 양전 사업 실시 • 지계아문 설치 → 지계 발급 • 상공업 진흥 정책 추진 • 외국에 유학생 파견, 각종 실업 학교와 기술 교육 기관 설립

신민회

조직	• 안창호·양기탁 등을 중심으로 결성(1907) • 비밀 단체
특징	국권 회복, 공화 정체의 근대 국가 수립 목적
활동	• 민족 교육 기관 설립: 대성 학교(안창호), 오산 학교(이승훈) 설립 • 민족 산업 육성: 자기 회사, 태극 서관 등 설립 • 해외 독립군 기지 건립: 남만주(서간도)의 삼원보(신흥 강습소 설립)
해체	일제가 조작한 105인 사건으로 해체(1911)

VII

일제 강점기

01 일제의 식민지 통치와 경제 침탈

02 1910년대의 민족 운동

03 3·1 운동과 대한민국 임시 정부

04 1920~1940년대 무장 독립 투쟁

05 실력 양성 운동과 학생 항일 운동

06 민족 유일당 운동과 사회적 민족 운동

07 민족 문화 수호 운동

1915
대한 광복회 조직

1919
대한민국 임시 정부 수립

1912
조선 태형령 제정

1919
3·1 운동

1920
청산리 전투

대한 독립 만세!

와 와

홍범도   김좌진

기출로 보는 키워드

1위 | 신간회

2위 | 헌병 경찰 제도

3위 | 치안 유지법

4위 | 조선 의용대

5위 | 근우회

3개년 평균 출제 비중

8.3문항

16.6%

1923
국민대표 회의

1927
신간회 창립

1940
한국광복군 창설

1920년대 초
물산 장려 운동,
민립 대학 설립 운동

1926
나석주 의거

1938
국가 총동원법 제정

01 일제의 식민지 통치와 경제 침탈

VII. 일제 강점기

1 1910년대 일제의 식민지 지배 정책

(1) 조선 총독부 설치: 조선 총독부는 일제 식민 통치의 최고 기구로, 입법·사법·행정·군사에 관한 모든 권한을 행사함

★(2) 무단 통치

① 헌병 경찰 제도: 군대의 경찰인 헌병이 일반 경찰 업무와 행정 업무까지 수행하였고, 즉결 처분권을 행사하며 판결 없이도 임의로 한국인을 처벌하였음

② 탄압
- 독립운동가 색출: 105인 사건(1911) 조작 ┌→ 신민회 해산, 의병 세력 강제 해산
- 조선 태형령(1912): 갑오개혁 때 폐지되었던 태형을 부활시켜 한국인에게만 적용
- 관리, 교원에게도 제복을 착용하고 칼을 차게 함 → 공포 분위기 조성
- 기본권 박탈: 언론·출판·집회·결사의 자유 박탈, 교육 기회의 제한

★(3) 토지 조사 사업(1910~1918)

① 목적: 근대적 토지 소유 제도의 확립을 명분으로 내세웠으나 실제로는 식민지 지배에 필요한 재정을 확보하고, 일본인이 토지를 쉽게 차지할 수 있도록 하기 위해 시행하였음

② 과정: 토지 조사령 공포(1912) → 토지 소유권·가격·모양·용도 등 조사

③ 방법: 기한부 신고제(짧은 신고 기간, 까다로운 절차, 소유자 직접 신고 원칙) → 미신고 토지 증가

④ 결과

과세 증가	신고 토지는 철저하게 세금을 매김 → 조선 총독부의 토지세 수입 증가
토지 약탈	미신고지, 국·공유지, 소유주가 불분명한 토지는 조선 총독부가 차지함
토지 매각	조선 총독부는 동양 척식 주식회사 또는 일본인에게 헐값에 토지 매각
농민 몰락	소작농의 권리 약화 → 농민 몰락 → 농민의 국외 이주 증가(만주, 연해주 등지)

(4) 산업 침탈 → 산업 불균형, 성장 저하 초래

① 회사령(1910)
- 목적: 한국인의 기업 설립 규제와 민족 자본 성장 저지
- 내용: 회사 설립 시 총독의 허가를 받게 하고, 총독의 명령만으로 회사 해산도 가능

② 삼림령, 임야 조사령, 어업령, 광업령: 한반도의 산림과 임야 약탈, 어장과 광산 독점

시험에 나오는 사료 회사령

제1조 회사의 설립은 조선 총독의 허가를 받아야 한다.

제5조 회사가 허가의 조건을 위반하거나 또는 공공질서 및 선량한 풍속에 반하는 행위를 했을 때, 조선 총독은 회사의 해산을 명령할 수 있다.

기출로 보는 키워드

- 헌병이 일반 경찰의 업무까지 담당하는 헌병 경찰 제도가 실시되었다.
- 한국인에게만 적용되는 조선 태형령이 제정되었다.
- 일제는 근대적 토지 소유권 확립을 명분으로 내세워 토지 조사 사업을 실시하였다.
- 일제는 회사 설립 시 총독의 허가를 받도록 하는 회사령을 공포하였다.

> **조선 총독부 청사**

> **제복을 입고 칼을 찬 교직원**

2 1920년대 일제의 식민지 지배 정책

(1) 식민 통치 방식의 전환

① 배경: 3·1 운동을 계기로 무단 통치의 한계 인식, 무력을 앞세운 일제의 식민 통치 방식에 대한 국제 여론이 악화됨

② 이른바 '문화 통치'로의 전환: 가혹한 식민 통치를 은폐하면서 친일 세력을 양성 → 민족 내부 분열을 조장하려 한 기만적인 통치 술책(민족 분열 통치)

(2) 문화 통치의 실상

구분	일제의 주장(이른바 '문화 통치')	실상(민족 분열 통치)
총독 임명	문관 총독 임명 가능	문관 총독이 임명된 적 없음
경찰 제도	헌병 경찰 제도 폐지, 보통 경찰 제도 시행	경찰 관서·인원·비용 증가
언론 정책	언론·출판·집회·결사의 자유 일부 허용	조선일보, 동아일보 창간 → 검열 강화로 언론 탄압(기사 삭제·정간 등)
교육 정책	교육 기회 확대(수업 연한 확대, 고등 보통학교 증설)	• 학교 수 부족, 한국인 취학률 저조 • 초등 교육·기술 교육만 확대 • 경성 제국 대학 설립을 구실로 고등 교육 기관 설립 억제
정치 참여	지방 자치 허용(도 평의회, 부·면 협의회 설치)	친일 인사를 위원으로 임명(실권은 없음)

★ (3) 치안 유지법(1925): 사회주의자 및 독립운동가를 탄압할 목적으로 제정

> **시험에 나오는 사료** 치안 유지법
>
> 제1조 국체를 변혁하거나 사유 재산 제도를 부인하는 것을 목적으로 하는 결사를 조직한 자 또는 결사의 임원, 기타 지도자의 임무에 종사한 자는 10년 이하의 징역 또는 금고에 처한다.

★ (4) 산미 증식 계획(1920~1934)

① 배경: 급격한 공업화로 일본 내의 쌀 부족 현상이 심화 → 일제는 조선을 식량 공급 기지로 만들어 이를 해결하고자 함

② 내용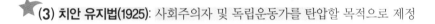
┌ 밭을 논으로 바꾸기 위해서는
   수리 시설의 확충이 필수적임
- 개간·간척 사업, 수리 시설 구축, 품종 개량 등으로 쌀 생산량 증대 추진
- 수리 조합비, 토지 개량비, 비료 대금 등을 농민에게 전가시킴
- 군산항, 목포항 등을 통해 대규모의 쌀을 일본으로 반출함

③ 결과
- 쌀 생산량이 어느 정도 늘어났으나, 늘어난 쌀 생산량보다 더 많은 양을 수탈 → 한반도의 식량 사정이 악화됨
- 농민에게 수리 조합비 등 과다 부과, 일본의 비호를 받은 지주의 수탈 심화 → 몰락 농민의 증가, 소작 쟁의 격화

(5) 일본 자본의 침투

① 회사령 폐지(1920): 일본 기업의 진출을 용이하게 하기 위해 회사 설립을 신고제로 전환

② 관세 철폐(1923): 일본 상품의 수입 증가로 한국 기업이 타격을 입음

기출로 보는 키워드

- 일제는 3·1 운동 이후 통치 방식을 무단 통치에서 이른바 '문화 통치'로 바꾸었다.
- 일제는 1925년에 사회주의 운동을 탄압하기 위해 치안 유지법을 제정하였다.
- 일제는 회사 설립을 허가제에서 신고제로 바꾸어 일본 기업의 한국 진출을 용이하게 하였다.
- 일제는 일본 내 쌀 부족 문제의 해결과 쌀 수탈을 목적으로 산미 증식 계획을 추진하였다.

> **산미 증식 계획**

열심히 일을 해서 쌀을 더 많이 생산해라!

열심히 일해도 더 이상은 한계라고요.

3 1930년대 이후 일제의 식민지 지배 정책

(1) 침략 전쟁 확대
① 배경: 대공황(1929)으로 일본의 정치·경제 위기가 심화 → 일제는 위기 극복을 위해 대륙 침략을 본격화함
② 침략 전쟁 확대: 만주 사변(1931), 중·일 전쟁(1937), 태평양 전쟁(1941) 등
         └ 만주 사변을 일으켜 괴뢰국인 만주국 수립

★ (2) 민족 말살 통치
① 목적: 한국인의 민족의식을 말살하여 침략 전쟁에 원활하게 동원하기 위한 통치 정책 필요
② 황국 신민화 정책
       ┌ 일본 왕궁이 있는 쪽을 향해 의무적으로 절을 하는 것
- 내선일체('일본과 조선은 하나'라는 주장)·일선 동조론 주장
- 황국 신민 서사 암송·궁성 요배·신사 참배 등 강요
- 한국인의 성과 이름을 일본식으로 바꾸도록 강요(창씨개명)
- 학교, 관공서 등에서 조선어 사용 금지
- 민족 교육 기회 박탈: 조선어 선택 과목화(→ 나중에는 완전 삭제), 소학교 명칭을 국민학교로 개칭
               '황국 신민 학교'의 줄임말로 ┘
               1941년부터 적용

> **시험에 나오는 사료**   황국 신민 서사(아동용)
>
> 1. 우리는 대일본 제국의 신민입니다.
> 2. 우리는 마음을 합하여 천황 폐하에게 충의를 다합니다.
> 3. 우리는 괴로움을 참고 몸과 마음을 굳세게 하여 훌륭하고 강한 국민이 되겠습니다.

③ 통제·탄압 강화
- 조선일보·동아일보 폐간(1940)
- 조선어 학회 사건(1942): 조선어 학회를 독립운동 단체로 몰아 강제 해산시킴

(3) 병참 기지화 정책
① 배경: 전쟁 수행에 필요한 물자를 원활하게 조달하기 위해 한반도의 병참 기지화 추진
② 내용
- 식민지 공업화: 군수 공장, 중화학 공업, 광업 부문에 집중하여 빠르게 진행
- 공업 발전 지역 편중: 주로 자원이 풍부한 북부 지방에 집중
③ 영향
- 산업 불균형 초래: 경공업보다 중화학 공업 비중이 커 소비재 생산 위축
- 한국인 노동자 착취 → 노동 쟁의 유발

(4) 남면북양 정책
① 배경: 대공황에 따른 공업 원료 부족을 대비 → 한반도를 원료 공급지로 삼아 저렴하게 공업 원료를 생산하면서 일본 방직 자본가를 보호하려 함
② 내용: 남부 지방은 면화 재배, 북부 지방은 양 사육 강요

기출로 보는 키워드

- 일제는 민족 말살 정책의 일환으로 황국 신민 서사 암송, 신사 참배 등을 강요하였다.
- 민족 말살 통치 시기에 일제는 한국인의 성과 이름을 일본식으로 바꾸는 창씨개명을 강요하였다.
- 1930년대에 일제는 농민 경제의 안정화를 명분으로 농촌 진흥 운동을 실시하였다.
- 일제는 1938년에 전쟁 자원을 효율적으로 동원하기 위해 국가 총동원법을 제정하였다.
- 일제는 1939년에 국민 징용령을 제정하여 한국인을 광산, 군수 공장 등에 강제 동원하였다.

❯ **내선일체 홍보 포스터**

❯ **황국 신민 서사 암송**

❯ **신사 참배**

★ (5) 전시 수탈 체제 강화

① 국가 총동원법(1938): 중·일 전쟁(1937)을 일으킨 후 인적·물적 수탈을 강화하기 위해 제정

② 자원 수탈

인적 수탈	• 병력 동원: 육군 지원병제(1938), **학도 지원병제**(1943), **징병제**(1944)를 실시 → 청년들을 침략 전쟁에 강제 동원함 • 노동력 동원: **국민 징용령**(1939)을 실시 → 광산, 비행장, 공사장에 한국인을 강제 동원함 • 여성 동원: 수많은 여성들을 전쟁터로 끌고 가 일본군 '위안부'라는 이름 아래 성 노예로 삼아 모진 고통을 가함
물자 수탈	• **강제 공출**: 전쟁 물자를 확보하기 위해 금속(놋그릇, 수저 등)과 쌀을 강탈함 • 식량 배급제: 일제가 식량을 거두어 가고 식량을 나누어 줌 • 산미 증식 계획 재개(1940): 군량미 확보 목적 • 강제 저축, 위문 금품 모금, 국방 헌금 강요

시험에 나오는 사료 국가 총동원법

제4조 정부는 전시에 국가 총동원상 필요할 때는 칙령이 정하는 바에 따라 제국 신민을 징용하여 총동원 업무에 종사하게 할 수 있다.

제8조 물자의 생산·수리·배급·양도 기타의 처분, 사용·소비·소지 및 이동에 관하여 필요한 명령을 내릴 수 있다.

제20조 정부는 전시에 국가 총동원상 필요할 때는 칙령이 정하는 바에 따라 신문지, 기타 출판물의 게재에 대하여 제한 또는 금지를 행할 수 있다.

❯ **국민 정신 총동원 포스터**

❯ **전시 동원 체제의 모습**

❯ **금속 공출**

02 1910년대의 민족 운동

1 국내의 항일 비밀 결사

(1) 1910년대 국내 독립운동
① 상황: 무단 통치로 항일 투쟁에 대한 탄압이 강화 → 국내 항일 독립운동이 어려워짐
② 방향: 애국 지사들이 해외로 망명하고, 국내에서는 비밀 결사를 조직함

(2) 독립 의군부
① 조직: 임병찬의 주도로 조직(1912)
└→ 나라를 되찾아 다시 임금을 세우고자 함
② 특징: 고종의 밀지를 받아 조직, 복벽주의(황제 국가 부활, 고종 복위) 추구
③ 활동 및 해체: 전국적인 의병 봉기 준비, 조선 총독부·일본 정부에 국권 반환 요구서 발송을 계획 → 조직 발각으로 해체됨

(3) 대한 광복회
① 조직: 박상진, 김좌진의 주도로 대구에서 조직(1915)
② 특징: 비밀 결사 형태, 군대식 조직, 공화정 수립 추구
③ 활동: 친일 세력 처단, 만주 무관 학교 설립을 위한 자금 모금 추진

2 국외 독립운동 기지의 건설

★(1) 만주
① 서간도(남만주)
- 특징: 해외 독립군 기지 개척, 신민회 주도
- 이회영, 이동녕 등이 삼원보에 정착 후 한인 자치 기관인 경학사 설치
- 독립군 양성을 위해 신흥 강습소 설립(1911) → 신흥 무관 학교로 발전(1919)
- 서로 군정서 조직
└→ 여성 독립운동가 남자현이 활동
② 북간도
- 용정촌, 명동촌 등 한인 거주 지역 건설
┌→ 이상설
- 민족 교육 기관인 서전서숙, 명동 학교 설립
- 중광단(1911): 대종교 중심의 군사 조직 → 이후 북로 군정서로 확대(1919)

(2) 연해주

① **신한촌**: 러시아 블라디보스토크에 건설한 한인 거주 지역

② **권업회**(1911): 연해주의 대표적인 항일 독립운동 단체로 신한촌에서 **최재형** 등이 조직
→ 민족의식 고취, **권업신문 발행**, 독립군 양성 추진

③ **대한 광복군 정부**(1914): 이상설·이동휘를 정·부통령으로 하는 정부 형태의 독립군 단체

④ **전로 한족회 중앙 총회**: 러시아 지역의 한인 대표 회의 → 이후 임시 정부 성격의 대한
국민 의회로 개편

시험에 나오는 자료 **만주와 연해주의 독립운동 기지 건설**

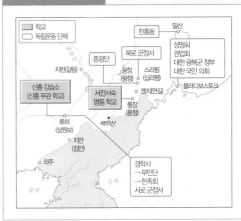

민족의 최고 가치는 자주와 독립이다. 이를 수호하기 위한 투쟁은 민족적 성전이며, 청사에 빛난다. …… 1910년 일본에 의하여 국권이 침탈당하자 국내외 지사들은 이곳에 결집하여 국권 회복을 위해 필사의 결의를 다짐했다. 성명회와 권업회 결성, 한민 학교 설립, 신문 발간, 13도 의군 창설 등으로 민족 역량을 배양하고 …… 대일 항쟁의 의지를 불태웠다.

– 신한촌 기념비 비문 –

---

(3) 중국 상하이: 김규식, 여운형 등의 주도로 **신한 청년당**(1918) 조직 → **김규식**을 파리 강화 회의에 민족 대표로 파견(1919)하여 독립 청원서 제출

(4) 미주 지역

① **특징**: 1900년대 초부터 한국인들이 미국 하와이로 이민을 떠나 사탕수수 농장에서 힘든 노동을 하며 한인 사회를 형성함

② **대한인 국민회**(1910)

 • 조직: 안창호, 박용만, 이승만 등이 전명운·장인환의 스티븐스 저격 사건(1908)을 계기로 설립

 • 활동: 만주·연해주의 독립운동에 자금 지원

③ **흥사단**(1913): 안창호가 미국 샌프란시스코에서 조직한 실력 양성 운동 단체

④ **대조선 국민 군단**(1914): 박용만이 독립군 사관 양성을 목적으로 하와이에서 조직한 군대

⑤ **숭무 학교**(1910): 멕시코에서 독립군 양성을 위해 설립

> **이회영**

> **최재형**

> **이동휘**

> **고려인**

1930년대 후반 소련은 연해주에 살고 있던 한인(고려인)들을 중앙아시아로 강제 이주시켰어요.

> **파리 강화 회의와 김규식**

신한 청년당은 파리 강화 회의에 김규식(오른쪽 아래)을 대표로 파견하여 우리 민족의 독립 의지를 알렸습니다.

> **대조선 국민 군단**

03 3·1 운동과 대한민국 임시 정부

1 3·1 운동

(1) 배경

① 러시아 혁명 이후 레닌이 식민지 민족 해방 운동의 지원을 선언함
└→ 미국 대통령 윌슨이 발표, 패전국의 식민지에게만 해당

② 윌슨의 **민족 자결주의** 제창(1918): 민족주의자들을 중심으로 조선 독립 청원 여론 형성

③ 파리 강화 회의에 민족 대표 파견: 신한 청년당이 파리 강화 회의에 김규식을 파견해 독립 청원서를 제출함
└→ 조선 청년 독립단의 이름으로 발표

④ 2·8 독립 선언(1919, 일본 도쿄): 한인 유학생들이 중심이 되어 독립 선언서 발표

⑤ 고종의 죽음: 고종의 독살설이 퍼지면서 전 민족이 크게 분노함

★ (2) 전개 과정(1919)

① 독립 선언 준비: 손병희(천도교계), 이승훈(기독교계), 한용운(불교계) 등 종교계 인사들과 학생들이 연합하여 대대적인 만세 시위를 준비함
└→ 민족 대표 33인

② 3·1 독립 선언: **고종의 인산일(1919년 3월 3일)**에 맞추어 3월 1일 서울 **태화관**에 모인 **민족 대표 33인**이 독립 선언서를 낭독한 뒤 자진 체포
└→ 황제(왕), 황후, 황태자 부부 등 황제 직계 가족의 장례일

③ **서울 탑골 공원 시위**: 학생과 시민들이 탑골 공원에서 독립 선언서 발표 후 '대한 독립 만세'를 외치며 비폭력 평화 만세 시위 전개
└→ 파고다 공원이라고도 함

④ 확산

도시	• 서울, 평양, 원산 등지에서 만세 시위 전개 → 전국 주요 도시로 확산 • 상인·노동자 등도 시위에 가담 → 철시, 파업 투쟁 전개
농촌	• 도시에서 농촌으로 확산되며 시위 규모 확대 • 일제의 무자비한 탄압에 맞서 무력 투쟁 운동으로 발전
국외	만주, 연해주, 미주 등에서 한인들의 대규모 만세 시위 전개

⑤ 일제의 탄압과 만행
- 헌병 경찰과 군대 등을 동원하여 총과 칼로 무력 진압
- **유관순의 순국**: 천안 아우내 장터에서 만세 시위를 주도하다 체포되어 모진 고문으로 순국
- **제암리 학살 사건**: 수원 제암리(지금의 화성)에 파견된 일본군이 마을 사람들을 예배당에 모아 놓고 학살 자행

★ (3) 의의 및 영향

① 일제 강점기 최대 규모의 민족 운동
② 일본의 통치 방식 전환: 일제가 통치 방식을 무단 통치에서 이른바 '문화 통치'로 전환
③ 대한민국 임시 정부 수립의 계기: 독립운동의 통일적 지도부 역할, 민주 공화정 지향
④ 무장 독립 투쟁 확산: 국외 무장 독립 투쟁이 활발해지는 계기
⑤ 중국의 5·4 운동 등에 영향을 줌

- 민족 자결주의에 영향을 받은 일본 도쿄의 한국인 유학생들이 2·8 독립 선언을 발표하였다.
- 민족 대표 33인 명의의 독립 선언서가 발표되었다.
- 3·1 운동은 일제의 식민 통치 방식이 이른바 '문화 통치'로 바뀌는 계기가 되었다.
- 3·1 운동은 대한민국 임시 정부가 수립되는 데 영향을 주었다.

▶ **민족 자결주의**

미국 대통령 윌슨이 제1차 세계 대전 중에 발표한 원칙으로, 각 민족의 운명은 해당 민족이 스스로 결정해야 한다고 주장하였어요.

▶ **프랭크 스코필드**

▲ 폐허가 된 제암리

캐나다인 프랭크 스코필드는 3·1 운동 당시 일제가 저지른 제암리 학살 사건을 해외 언론에 제보하여 일제의 만행을 널리 알렸습니다.

2 대한민국 임시 정부

(1) 대한민국 임시 정부의 수립

① 각지의 임시 정부 수립: 연해주, 중국 상하이, 서울에 각각 임시 정부 수립

② 임시 정부의 통합: 한성(서울) 정부의 법통을 계승, 일본의 간섭을 피해 외교 활동에 유리한 상하이에서 출범

③ 대한민국 임시 정부 수립(1919. 9.)
- 공화주의와 삼권 분립에 기초한 대한민국 임시 헌법 공포
- 대통령 이승만, 국무총리 이동휘 등으로 지도부 구성

★ (2) 대한민국 임시 정부의 활동

비밀 연락망	• 연통제: 국내에 설치한 비밀 행정망 • 교통국: 국내와의 교통·통신·연락 기관
외교	• 김규식을 외무총장으로 임명 • 미국 워싱턴에 구미 위원부 설치(1919): 이승만을 중심으로 외교 독립운동 전개
군사	• 군무부(군사 업무 관장) 설치, 직할 부대 편성 • 노백린의 노력으로 미국에 한인 비행 학교 설립
문화	• 기관지로 독립신문 간행 • 사료 편찬소 설치(『한·일 관계 사료집』 간행)
기타	• 독립 공채 발행(자금 모금) • 이륭양행(중국 단둥)과 백산 상회(부산)가 자금 전달의 중간 거점 역할

→ 신한 청년당 대표로 파리 강화 회의에 파견된 김규식은 임시 정부 수립과 함께 외무총장 겸 주 파리 위원부의 대표 위원으로 선임됨

(3) 대한민국 임시 정부의 위기

① 배경
- 일제의 감시 강화로 비밀 연락망 발각, 외교 성과 미흡
- 독립운동의 방법을 둘러싼 갈등 발생(이승만의 위임 통치 청원 사실이 문제화)

② 국민대표 회의 개최(1923)

→ 이승만 탄핵 → 2대 대통령으로 박은식 선출

목적	독립운동의 새로운 방향 모색
전개	창조파(임시 정부 해체 후 새 정부 조직 주장)와 개조파(임시 정부 유지 후 보완 주장)의 대립 → 합의점을 찾지 못하고 회의 결렬
결과	임시 정부 세력 약화, 독립운동 세력 분열

→ 중국 여러 지역을 옮겨 다니다가 1940년 충칭에 정착

(4) 충칭 시기의 대한민국 임시 정부(1940~1945)

① 한국 독립당 결성(1940): 김구, 조소앙, 지청천이 각각 이끌던 민족주의 계열 정당을 통합하여 결성

② 한국광복군 창설(1940): 총사령관 지청천, 중국 국민당군과 협조

③ 건국 강령 제정(1941): 조소앙의 삼균주의(정치·경제·교육의 균등 강조)를 바탕으로 한 임시 정부의 기본 이념

④ 대일 선전 포고(1941): 태평양 전쟁 발발 직후 선전 포고문을 발표하고 한국광복군이 연합군의 일원으로 전쟁에 참여하도록 함

기출로 보는 키워드

- 대한민국 임시 정부는 비밀 행정 조직으로 연통제를 실시하고, 교통국을 설치하였다.
- 대한민국 임시 정부는 미국 워싱턴에 구미 위원부를 설치하고 외교 활동을 전개하였다.
- 대한민국 임시 정부는 독립운동 자금 마련을 위해 독립 공채를 발행하였다.
- 대한민국 임시 정부는 1923년에 독립운동의 새로운 방향을 논의하기 위해 국민 대표 회의를 개최하였다.
- 1940년에 충칭에 정착한 대한민국 임시 정부는 정규군으로 한국광복군을 창설하였다.
- 삼균주의를 기초로 하는 건국 강령을 선포하였다.

▶ **대한민국 임시 정부(상하이)**

▶ **독립 공채**

▶ **국민대표 회의**

임시 정부의 대통령 이승만이 한국에 대한 국제 연맹의 위임 통치를 청원하였다는 사실이 알려지자, 임시 정부의 해산을 요구하는 목소리가 생겨났어요. 이에 상하이에서 독립운동가들이 모여 임시 정부가 앞으로 나아갈 방향을 논의하였습니다.

▶ **조소앙**

1920~1940년대 무장 독립 투쟁

1 1920년대 무장 독립 전쟁

★ (1) 봉오동 전투(1920)

① 배경: 독립군의 국내 진공 작전에 맞서 일본군이 독립군 추격 작전 전개

② 전개: 대한 독립군(홍범도), 군무 도독부(최진동), 국민회군(안무) 등이 연합하여 봉오동에서 일본군을 격파함

★ (2) 청산리 전투(1920) → 독립 전쟁 사상 최대 규모의 승리

① 배경: 봉오동 전투에서 일본군이 패배 → 일제는 중국 마적단을 매수하여 훈춘 사건을 일으켜 이를 명분으로 만주로 진입함
┌→ 훈춘의 일본 영사관을 공격하게 한 뒤, 이 사건을 독립군이 일으켰다고 주장하며 대규모 병력을 만주로 출동시킴

② 전개: 북로 군정서(김좌진)와 대한 독립군(홍범도) 등의 연합 부대를 편성 → 6일 동안 10여 차례의 전투(백운평, 완루구, 천수평, 어랑촌 등)에서 일본군과 맞서 크게 승리

(3) 독립군의 시련

① 간도 참변(1920~1921): 일본군이 청산리 전투 패배에 대한 보복으로 간도 지역에 거주하는 한인을 무차별 학살함

② 독립군의 이동
- 간도 참변과 일제의 만주 독립군 토벌 작전으로 독립군 활동이 어려워짐 ┌→ 총재 서일
- 독립군 부대가 러시아와 만주 국경의 밀산부에 집결하여 대한 독립 군단을 조직하고 (1920), 일제의 탄압에서 벗어나 장기 항전을 준비하기 위해 러시아 영토로 이동함(1921)

③ 자유시 참변(1921) ┌→ 러시아 스보보드니
- 독립군 부대 내에서 지휘권을 둘러싼 권력 투쟁 발생
- 러시아 적군과 연합 전선을 꾀하였으나 적군이 한인 부대에 무장 해제 강요 → 한인 부대가 이를 거부하자 적군이 한인 부대 공격 → 수백 명의 독립군 희생

(4) 3부의 성립(1923~1925)
┌→ 민주적 민정 기관과 군정 기관을 갖추고 독립 전쟁 전개

만주 독립운동 세력이 조직 정비 → 참의부, 정의부, 신민부 성립

(5) 미쓰야 협정(1925)
조선 총독부 경무국장 미쓰야가 만주 지역 독립군을 탄압하기 위해 만주 군벌과 협정 체결 → 독립군의 활동 위축

(6) 3부 통합 운동(1928~1929)

배경	• 만주 내 독립운동 활동이 어려워지면서 민족 운동 단체의 통합 필요성이 제기됨 • 6·10 만세 운동을 계기로 국내의 민족 유일당 운동이 전개되면서 활발한 좌우 통합 움직임 발생
통합	• 혁신 의회(북만주 지역): 한국 독립당, 한국 독립군 결성 • 국민부(남만주 지역): 조선 혁명당, 조선 혁명군 결성

- 홍범도가 이끄는 대한 독립군 등 독립군 연합 부대는 봉오동에서 일본군을 격퇴하였다.
- 김좌진이 이끄는 북로 군정서 등 독립군 연합 부대는 청산리 일대에서 일본군을 격파하였다.
- 일본군의 보복으로 간도 참변이 발생하였다.
- 만주 지역의 독립군은 간도 참변 이후 조직을 정비하고 러시아령 자유시로 이동하였다.
- 만주 지역의 독립군은 3부 통합을 전개하여 북만주의 혁신 의회와 남만주의 국민부로 재편되었다.

▶ 홍범도(왼)와 김좌진(오)

▶ 1920년대 무장 독립 전쟁의 전개

봉오동 전투(1920)

↓

청산리 전투(1920)

↓

간도 참변(1920~1921)

↓

자유시 참변(1921)

↓

3부 성립(1923~1925)

↓

미쓰야 협정(1925)

↓

3부 통합 운동(1928~1929)

2 의열 투쟁

⭐(1) 의열단

① 배경: 3·1 운동 이후 무력 투쟁의 필요성이 대두됨

② 결성: 만주 지린성에서 김원봉, 윤세주 등이 조직(1919)

③ 목표: 일제 주요 인사·민족 반역자 암살, 식민 통치 기관 파괴 등을 통한 일제 타도 추구

④ 활동 지침: 신채호의 '조선 혁명 선언(1923)' → 민중의 직접 혁명 강조

시험에 나오는 사료   조선 혁명 선언

> 조선 민족의 생존을 유지하자면 강도 일본을 쫓아낼 것이며, 강도 일본을 쫓아내자면 오직 혁명으로써 할 뿐이니, 혁명이 아니고는 강도 일본을 쫓아낼 방법이 없는 바이다. ……

⑤ 의거: 부산 경찰서(박재혁, 1920), 조선 총독부(김익상, 1921), 종로 경찰서(김상옥, 1923), 조선 식산 은행·동양 척식 주식회사(나석주, 1926)에 폭탄 투척

⑥ 변화: 개인에 의한 의열 투쟁의 한계 인식, 조직적 무장 투쟁의 필요성 대두 → 지도부가 중국 군관 학교에 입학, 조선 혁명 간부 학교를 설립하여 독립군 간부 양성

▲ 김원봉   ▲ 김익상   ▲ 김상옥   ▲ 나석주

⭐(2) 한인 애국단

             ┌ 국민대표 회의 이후 분열 및 침체 가속화

① 배경: 대한민국 임시 정부의 침체, 일제의 이간질로 중국 내 독립운동의 어려움 발생

② 결성: 중국 상하이에서 김구가 조직(1931)

③ 목표: 일제 주요 인사 암살과 파괴 공작 등을 통한 일제 타도 추구

④ 의거

- 이봉창: 도쿄에서 일본 국왕의 마차를 향해 폭탄을 투척하였으나 실패함(1932. 1.)
- 윤봉길: 일본의 상하이 사변 전승 기념 및 일왕 생일 축하 행사장인 상하이 훙커우 공원에서 폭탄을 던져 일본군 장성과 고관 등을 처단함(1932. 4.)

시험에 나오는 사료   윤봉길의 의거

> 집 밖으로 나오자 거리 분위기가 술렁이며 평소와는 달랐고, 아니나 다를까 호외가 돌고 있었다. 훙커우 공원에서 중국 청년이 상하이 사변의 원흉 시라카와 대장을 즉사시키고, 여러 명을 부상시켰다는 것이었다. 얼른 신문을 사들고 집으로 돌아왔다. 몇 시간이 지난 후 다시 나온 호외에서는 폭탄을 던진 사람이 중국인이 아니고 한인 청년이라고 고쳐 보도되었다.

⑤ 의의

- 대한민국 임시 정부의 위상 강화와 한국 독립운동의 대외 여론 변화
- 중국 국민당 정부의 대한민국 임시 정부 지원 계기 마련
               └ 한국인의 중국 내 무장 투쟁 허용

기출로 보는 키워드

- 의열단은 신채호가 작성한 조선 혁명 선언을 활동 지침으로 삼았다.
- 의열단원 박재혁이 부산 경찰서에 폭탄을 터뜨리는 의거를 일으켰다.
- 의열단은 1932년에 조선 혁명 간부 학교를 세워 군사 훈련을 실시하고 독립군을 양성하였다.
- 한인 애국단원 이봉창은 일본 도쿄에서 일왕이 탄 마차 행렬에 폭탄을 던졌다.
- 한인 애국단원 윤봉길은 상하이 훙커우 공원에서 폭탄을 던져 일본군 장성 등을 처단하였다.

▶ 김구

▶ 이봉창

▶ 윤봉길

★**(1) 한·중 연합 작전**

① 배경: 일본이 만주 사변(1931)을 일으키고 만주국 수립(1932) → 중국 내에서 반일 감정이 고조되며 한국인과 항일 연합 전선의 필요성을 인식함

② **한국 독립군**

- 한국 독립당의 군사 조직, **총사령관 지청천**
- 북만주 일대에서 **중국 호로군과 항일 연합 작전** 수행
- **쌍성보 전투**(1932), 사도하자 전투(1933), **대전자령 전투**(1933) 등에서 승리
- 대한민국 임시 정부의 요청으로 중국 관내로 이동

③ **조선 혁명군**

- 조선 혁명당의 군사 조직, **총사령관 양세봉**
- 남만주 일대에서 **중국 의용군과 항일 연합 작전** 수행
- **영릉가 전투**(1932), **흥경성 전투**(1933) 등에서 승리

(2) 조선 민족 전선 연맹

① 배경: 약화된 통일 전선을 강화시켜야 한다는 인식 확산

② 결성: 김원봉이 이끈 조선 민족 혁명당을 중심으로 여러 단체가 연합하여 조직(1937)

③ **조선 의용대(1938)**

→ 중국 관내에서 조직된 최초의 한인 무장 부대

결성	조선 민족 전선 연맹의 군사 조직으로 **중국 우한에서 창설(김원봉 주도)**
활동	대일 항전 참여 → 정보 수집, 선전, 후방 교란 등의 임무(중국 국민당 부대 지원)
분화·이동	• 충칭: 김원봉 세력은 충칭으로 이동 → 한국광복군에 편입(1942) • 화북: 일부는 화북으로 이동하여 조선 의용대 화북 지대 결성(1941) → 중국 공산군과 함께 항일 투쟁 → 조선 의용군으로 개편

└→ 중국 공산당의 근거지

(3) 동북 항일 연군

① 배경: 일제가 만주를 침략하자 수많은 항일 유격대 조직

② 결성: 중국 공산당이 항일 유격대 통합 → 이후 동북 항일 연군으로 확대

③ 활동: 활발한 항일 유격 투쟁 전개

- 지청천이 이끄는 한국 독립군은 중국 호로군과 함께 쌍성보·대전자령 전투에서 일본군을 격파하였다.
- 양세봉이 지휘한 조선 혁명군은 중국 의용군과 함께 영릉가·흥경성 전투에서 일본군에 승리하였다.
- 조선 의용대는 중국 관내에서 결성된 최초의 한인 무장 부대였다.

> **지청천**

> **양세봉**

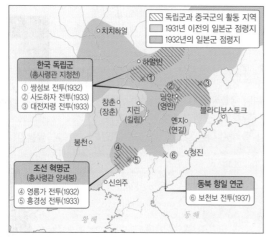

▲ 1930년대 만주 지역의 무장 독립 전쟁

4 1940년대 무장 독립 전쟁

⭐(1) 한국광복군

① 창설: 1940년 중국 충칭에서 창설된 대한민국 임시 정부의 정규군, 지청천을 총사령관으로 임명

② 대일 선전 포고(1941): 태평양 전쟁이 발발하자 일제에 선전 포고 후 연합군과 합동 작전 전개

③ 흡수: 김원봉이 이끄는 조선 의용대의 일부 병력을 흡수(1942)하고, 일본군을 탈출한 학도병이 합류함

④ 영국군과 연합 작전(1943): 인도·미얀마 전선에서 대적 방송, 포로 심문 등의 활동

⑤ 국내 진공 작전 추진: 미국 전략 정보국(OSS)과 협력하여 특수 훈련을 실시하였으나, 실행 직전 일본의 항복으로 실전 투입 기회가 무산됨

⑥ 기관지 『광복』 발행: 군의 활동상을 알리고 일본의 동향과 정세를 분석

(2) 조선 의용군

① 창설: 화북 지역 사회주의자들이 조선 의용대 화북 지대를 통합하여 창설(1942)

② 활동: 중국 공산군(팔로군)과 함께 항일 투쟁 전개, 광복 후 일부는 북한으로 들어가 인민군으로 편입

• 대한민국 임시 정부는 1940년에 지청천을 총사령관으로 하는 한국광복군을 창설하였다.

• 한국광복군은 영국군의 요청으로 인도·미얀마 전선에 투입되었다.

• 한국광복군은 미국 전략 정보국(OSS)의 지원을 받아 국내 진공 작전을 계획하였다.

▶ 한국광복군

▶ 훈련 중인 한국광복군

실력 양성 운동과 학생 항일 운동

1 실력 양성 운동

└ 민족 경제의 자립, 근대 교육 보급 등을 통해 우리 사회를 발전시키고자 한 민족 운동의 흐름

★(1) 물산 장려 운동

① 배경

- 회사령 폐지(1920)로 일본 기업의 한반도 진출이 크게 확대
- 일본 상품에 대한 관세 철폐 움직임으로 일본 자본과 상품의 무분별한 침투 우려

② 목적: 토산품 애용 등을 통한 민족 기업 및 상업 자본 육성

③ 단체: 평양에서 조만식 등이 조선 물산 장려회 설립(1920) → 서울에서 조선 물산 장려회가 조직(1923)되는 등 전국적 조직체로 확대

④ 주장

- '내 살림 내 것으로', '조선 사람 조선 것' 등의 구호를 내세워 토산품(국산품) 애용 주장
- 일본 상품 배척, 소비 절약, 근검저축 풍토 조성, 금주·금연 실천 등 주장

⑤ 결과

- 초기에는 호응 속에 성과가 있었으나 생산 시설 확충의 부진, 일제의 방해 등으로 확산이 미흡하였음
- 일부 상인의 이윤 추구로 상품 가격이 오르는 경우가 생겼고, 사회주의 계열로부터 자본가·상인의 이익만을 위한 운동이라는 비판을 받음

(2) 민립 대학 설립 운동

① 배경: 고등 교육(대학)의 필요성 확산, 문화 통치의 일환으로 대학 설립의 길 마련

② 목적: 고등 교육을 통해 식민지 교육의 한계를 극복하고 민족의 실력 양성 도모

③ 단체: 이상재, 이승훈 등을 중심으로 조선 민립 대학 기성회 조직(1922)

④ 전개: '한민족 1천만이 한 사람이 1원씩' 등을 구호로 대학 설립을 위한 모금 운동 추진

⑤ 결과

- 일제의 방해, 가뭄과 수해 등 자연재해로 인해 모금 실적 저조
- 일제가 경성 제국 대학을 설립(1924) → 이를 명분으로 민립 대학 설립 운동 탄압

(3) 문맹 퇴치 운동: 언론 기관을 중심으로 전개

① 문자 보급 운동(1929~1934)

- 조선일보가 주도, 한글 교재를 배포하며 문맹 퇴치 운동을 전개함
- '아는 것이 힘, 배워야 산다' 등의 구호를 내세움

② 브나로드 운동(1931~1934)

- 동아일보가 주도, 농촌 계몽 운동을 전개함
- '배우자, 가르치자, 다 함께 브나로드' 등의 구호를 내세움
- 지방에 야학을 만들어 한글 보급, 미신 타파 및 구습 제거 등 강조

기출로 보는 키워드

- 물산 장려 운동은 조만식 등의 주도로 평양에서 시작되어 전국으로 확산되었다.
- 물산 장려 운동 당시 자작회, 토산 애용 부인회 등의 단체가 활동하였다.
- 1920년대 이상재 등이 식민지 교육 차별에 저항하여 민립 대학 설립 운동을 전개하였다.
- 일제는 우리 민족의 대학 설립 운동을 무마하기 위해 경성 제국 대학을 설립하였다.
- 농촌 계몽을 위한 브나로드 운동을 전개하였다.

▶ 물산 장려 운동 포스터

▶ 브나로드 운동

2 학생 항일 운동

(1) 6·10 만세 운동(1926)

① 배경
- 일제의 식민지 수탈과 차별 교육에 대한 저항 의식 고조
- 3·1 운동 이후 학생 운동의 활성화 → 주로 동맹 휴학 등의 형태로 전개, 각종 청년 단체 조직
- 사회주의 세력의 성장
- 순종의 죽음으로 민족 감정 고조

② 준비: 사회주의 진영·천도교 계열·학생들이 만세 운동을 계획하였으나 사전 발각으로 사회주의 계열 인사들이 대거 검거되어 시위에 일부 차질이 생김

③ 전개: 6월 10일 순종의 인산일 행렬에 학생들이 격문을 배포하고 만세 시위 전개 → 시민들의 합세 → 일제의 강경 진압

④ 의의
- 학생 운동의 형태 변화: 동맹 휴학 등 교내 중심 → 시위 등 대중 운동으로 발전함
- 민족 유일당 운동의 계기: 민족주의 계열과 사회주의 계열의 연대 가능성이 제시됨
  └ 이후 1927년 신간회 창립에 영향

시험에 나오는 사료 6·10 만세 운동

> 어제 오전 8시에 돈화문을 떠나기 시작한 순종 황제의 인산 행렬이 황금정 거리에까지 뻗쳤다. …… 그 행렬 동편에 학생 수십 인이 활판으로 인쇄한 격문 수만 매를 뿌리며 조선 독립 만세를 불렀다. 이러한 소동 중에 바람에 날리는 격문이 이왕 전하 마차 부근에까지 날렸으며, 경계하고 있던 경관과 기마 경관대는 학생들과 충돌하였다. …… 현장에서 학생 30여 명이 체포되었고 …… 시내 장사동 247번지 부근에서도 시내 남대문통 세브란스 의학 전문 학생이 격문을 뿌리다가 현장에서 4명이 체포되었다더라.

(2) 광주 학생 항일 운동(1929)

① 배경: 일제의 식민 통치와 민족 차별 교육, 6·10 만세 운동 이후 항일 의식 고조

② 발단: 일본 남학생이 한국 여학생을 희롱한 사건이 직접적 계기가 되어 나주와 광주 등지에서 한·일 학생 간 충돌 발생
  └ 일본 학생의 편을 들음

③ 전개: 학생들의 집단 충돌 → 경찰과 교육 당국의 편파적인 조치로 광주 일대 학생들의 대규모 시위 → 전국 규모의 항일 투쟁으로 확대됨(신간회의 진상 조사단 파견, 민중 대회 준비)

④ 의의: 3·1 운동 이후 최대 규모의 항일 민족 운동

시험에 나오는 사료 광주 학생 항일 운동 격문

> 학생 대중아 궐기하자!
> 검거자를 즉시 우리 손으로 탈환하자.
> 경찰의 교내 침입을 절대 반대한다.
> 언론·출판·집회·결사의 자유를 획득하자.
> 조선인 본위의 교육 제도를 확립하라.
> 식민지적 노예 교육 제도를 철폐하라.

기출로 보는 키워드
- 1926년에 순종의 인산일을 기해 일어난 6·10 만세 운동은 민족 유일당 운동의 계기가 되었다.
- 6·10 만세 운동은 민족주의 진영과 사회주의 진영이 함께 준비하였다.
- 신간회는 광주 학생 항일 운동이 일어나자 진상 조사단을 파견하여 지원하였다.

▶ 6·10 만세 운동

VII. 일제 강점기

민족 유일당 운동과 사회적 민족 운동

1 민족 유일당 운동

(1) 민족 유일당 운동의 전개

① 국외
- 중국 관내 독립운동의 연합 전선인 한국 독립 유일당 북경 촉성회 창립
- 만주에서 3부 통합 운동 전개

② 국내
- 민족주의 계열의 분열: 1920년대 중반 일제가 허용하는 범위 내에서 자치권과 참정권을 얻자는 주장 대두(이광수·최린 등의 타협적 민족주의, 자치론) → 민족주의 진영이 비타협적 민족주의와 타협적 민족주의로 분열됨
  └ 비타협적 민족주의 세력의 반발
- 치안 유지법(1925)으로 사회주의 운동 탄압 강화 → 사회주의 진영의 활동 위축
- 6·10 만세 운동으로 민족주의 계열과 사회주의 계열의 연대 가능성 제시
- 정우회 선언(1926): 사회주의 계열 단체인 정우회가 비타협적 민족주의 세력과의 제휴 필요성 주장 → 신간회 창립의 중요한 계기 마련

시험에 나오는 사료 정우회 선언

민족주의적 세력에 대하여는 그 부르주아 민주주의적 성질을 명백하게 인식하는 동시에 또 과정적 동맹자적 성질도 충분히 승인하여, 그것이 타락하는 형태로 출현되지 아니하는 것에 한하여는 적극적으로 제휴하여 대중의 개량적 이익을 위하여서도 종래의 소극적 태도를 버리고 분연히 싸워야 할 것이다.
└ 타협적 민족주의(자치론)

★ (2) 신간회(1927~1931)

① 결성
- 비타협적 민족주의 세력과 사회주의 세력의 연합으로 설립된 합법적 단체
- 회장에 이상재, 부회장에 홍명희 선출
② 3대 강령: 민족의 정치적·경제적 각성 촉진, 민족의 단결, 기회주의 일체 부인 ┐타협적 민족주의(자치론)를 지칭
③ 활동
- 강연회와 연설회, 야학 등을 통해 민중 계몽 및 민족의식 고취
- 소작 쟁의, 노동 쟁의와 동맹 휴학 지원
- 청년 운동 및 여성 운동, 형평 운동과 연계
- 광주 학생 항일 운동에 진상 조사단을 파견하여 진상 보고를 위한 민중 대회 개최 추진
④ 해소
- 일제의 탄압: 민중 대회 개최를 추진하는 과정에서 신간회 간부가 대거 구속됨
- 내부 반발: 새 지도부가 타협론자와의 협력 추구
- 사회주의자들의 협동 전선 포기 → 신간회 해소 결정(1931)
⑤ 의의: 일제 강점기 최대의 합법적 항일 운동 단체, 최대의 민족 협동 전선 단체

- 1926년에 순종의 인산일을 기해 일어난 6·10 만세 운동은 민족 유일당 운동의 계기가 되었다.
- 사회주의 세력의 활동 방향을 밝힌 정우회 선언이 발표되었다.
- 1927년에 민족 유일당 운동으로 신간회가 결성되었다.
- 신간회는 광주 학생 항일 운동이 일어나자 진상 조사단을 파견하여 지원하였다.

> **1920년대 국내 민족 운동의 흐름**

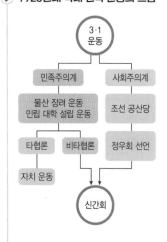

2 사회적 민족 운동

(1) 농민 운동

① 배경: 토지 조사 사업과 산미 증식 계획으로 많은 농민이 소작농으로 전락하였고, 높은 소작료와 세금을 부담하게 되어 생존권을 위협받음

② <u>암태도 소작 쟁이</u>(1923~1924): 친일 지주 문재철의 횡포에 시달리던 전남 신안군 암태도의 소작인들이 지주를 상대로 쟁의를 벌여 소작료를 낮추는 성과를 거둠
> └ 소작농들이 소작료 인하 등 소작 조건의 개선을 요구하며 벌이는 농민 운동

(2) 노동 운동

① 배경

• 일제의 식민지 공업화 추진, 일본 기업의 증가로 노동자의 수 증가

• 저임금, 열악한 노동 환경에 따른 노동자의 불만 가중 → 노동 단체 조직

② <u>원산 총파업</u>(1929): 원산 문평 라이징 선 석유 회사의 일본인 감독이 한국인 노동자를 구타한 사건에서 시작 → 저임금 반대, 노동 조건 개선 등을 요구하며 대규모 파업 전개 → <u>국외 노동 단체의 후원</u>, 신간회의 지원
> └ 일본, 프랑스 등지의 노동 단체로부터 격려 전문을 받음

(3) 소년 운동 → 천도교 세력이 주도

① 배경: 어린이를 온전한 인격체로 대우하자는 의식 형성

② 천도교 소년회(1921): 방정환의 주도로 창립, 어린이날 제정, 잡지『어린이』간행

시험에 나오는 사료	천도교 소년회(선전지 내용)

• 어린 사람을 헛말로 속이지 말아 주십시오.

• 어린 사람을 늘 가까이 하시고 자주 이야기하여 주십시오.

• 어린 사람에게 경어를 쓰시되 늘 부드럽게 하여 주십시오.

(4) 여성 운동

① 배경: 여성 노동자의 열악한 대우 등 심각한 여성 인권 문제 발생

② 근우회

• 결성(1927): 사회주의 계열과 민족주의 계열 여성 단체가 연합하여 조직한 여성계의 민족 협동 전선 단체(신간회의 자매단체)

• 활동: 잡지『근우』발간, 여성의 계몽과 교육 주장(강연회 개최, 여학교 설립 등), 여성의 사회적 지위 개선 운동 전개, 여성 노동자와 농민 운동 등 지원

★(5) 형평 운동

① 배경: 신분제가 법적으로 폐지(갑오개혁)된 이후에도 백정에 대한 사회적 차별 지속

② 단체: 조선 형평사 조직(경남 진주, 1923) → 전국적 조직으로 확대

③ 활동: 백정 인권 운동(사회적 차별 반대 운동) 전개, 기타 사회단체와 협력(파업, 소작 쟁의 등에 참가) → 항일 민족 해방 운동으로 발전

기출로 보는 키워드

• 1923년에 전라남도 신안에서 고율 소작료에 반발하여 암태도 소작 쟁의가 발생하였다.

• 1929년에 일어난 원산 총파업은 일본, 프랑스 등지의 노동 단체로부터 격려 전문을 받았다.

• 강주룡이 평양 을밀대 지붕에서 고공 농성을 벌였다.

• 방정환을 중심으로 한 천도교 소년회는 '어린이날'을 제정하는 등 소년 운동을 주도하였다.

• 백정들은 1923년에 조선 형평사를 창립하여 백정에 대한 사회적 차별 철폐 운동을 전개하였다.

▶ 을밀대 지붕 위의 강주룡

1931년 평양 고무 공장 노동자 강주룡이 회사 측의 임금 인하에 반대하여 평양 을밀대에 올라가 농성하는 모습입니다.

▶ 어린이날 포스터

▶ 형평 운동 포스터

민족 문화 수호 운동

1 국학 연구

(1) 한국사 연구

① 일제의 한국사 왜곡(식민 사관): 식민 지배 정당화, 한국인의 독립 의지 약화 목적

타율성론	한국사는 외세의 압력에 의해 타율적으로 전개되었다는 주장
정체성론	한국사는 고대 사회 단계에서 정체되었다는 주장
당파성론	한국인은 분열성이 강해 항상 당파를 만들어 싸웠다는 주장

② 민족주의 사학: 민족 문화의 우수성, 민족의 전통과 정신 강조
- 박은식: '혼'이 담긴 민족사 강조, 「한국통사」·「한국독립운동지혈사」 저술 → 일제의 불법적인 한국 침략에 따른 한국 독립운동사 정리
  └ 통사에서 '통'은 '아플 통(痛)'으로 우리 민족의 고통의 역사'를 의미
- 신채호: 낭가 사상 강조, 「독사신론」, 「조선상고사」·「조선사연구초」 저술 → 고대사 연구에 초점을 맞춰 민족주의 사학 확립
  └ 역사를 '아와 비아의 투쟁'으로 정의함

시험에 나오는 사료 박은식의 「한국통사」

> 옛사람이 이르기를, 나라는 없어질 수 있으나 역사는 없어질 수 없다고 하였으니, 그것은 나라는 형체이고 역사는 정신이기 때문이다. 이제 한국의 형체는 허물어졌지만, 정신만이라도 오로지 남아 있을 수 없는 것인가? 이것이 통사를 저술하는 까닭이다.

시험에 나오는 사료 신채호의 「조선상고사」

> 역사란 무엇이뇨? 인류 사회의 아(我)와 비아(非我)의 투쟁이 시간에서 발전하여 공간까지 확대하는 심적 활동의 상태의 기록이니, 세계사라 하면 세계 인류의 그리되어 온 상태의 기록이며, 조선사라 하면 조선 민족이 그리되어 온 상태의 기록이니라.

③ 조선학 연구 ─→ 민족주의 사학 계승
- 특징: 한국 문화의 특색을 학문적으로 체계화함(조선 후기 실학 연구를 활발히 전개)
- 1930년대에 정인보(조선의 '얼' 강조), 문일평('조선심' 강조), 안재홍 등이 주도
- 조선학 운동 전개: 정약용의 저술을 집대성한 「여유당전서」 간행을 계기로 본격화

④ 사회 경제 사학
- 특징: 유물 사관에 입각하여 우리 민족의 역사 발전이 세계사의 보편적 발전 과정을 따라 이루어졌음을 주장하며 식민 사관의 정체성론을 비판함
- 백남운: 「조선사회경제사」 등 저술

⑤ 실증주의 사학
- 특징: 역사가의 주관적인 판단 없이 사실을 있는 그대로 밝히려는 입장에서 연구(문헌 고증 중심)
- 이병도, 손진태: 진단 학회 창립(1934), 「진단학보」 발간

기출로 보는 키워드
- 박은식은 '국혼'을 강조하고 한국통사에서 독립 투쟁의 역사를 서술하였다.
- 정인보, 안재홍 등은 여유당전서 간행 사업을 계기로 조선학 운동을 전개하였다.
- 백남운은 조선사회경제사를 저술하여 일제가 주장한 식민 사관의 정체성론을 반박하였다.
- 이병도, 손진태 등은 진단 학회를 결성하고 진단 학보를 발행하였다.
- 조선어 연구회는 '가갸날'을 제정하고 잡지 한글을 간행하였다.
- 조선어 학회는 한글 맞춤법 통일안을 마련하고 우리말 큰사전 편찬 사업을 추진하였다.

〉 조선사 편수회
일제가 한국사를 왜곡하기 위해 조선 총독부 아래에 둔 역사 연구 기관으로, 식민 사학의 논리에 맞게 「조선사」를 편찬하였습니다.

〉 박은식

〉 신채호

〉 백남운

★ **(2) 국어 연구**

① 조선어 연구회(1921)
- 결성: 국문 연구소의 전통을 계승하고 한글 연구와 보급 운동을 위해 조직
- 활동: 한글 연구·보급, 잡지 『한글』 간행, 한글날의 기원인 '가갸날' 제정

② 조선어 학회(1931)
- 결성: 최현배, 이윤재, 이극로 등이 주축이 되어 조직(조선어 연구회 계승)
- 활동: 잡지 『한글』 간행, 한글 맞춤법 통일안과 표준어 제정, 『우리말(조선말) 큰사전』 편찬 시도
- 조선어 학회 사건(1942): 일제가 조선어 학회를 독립운동 단체로 간주하고 치안 유지법을 적용하여 회원들을 체포·투옥함 → 조선어 학회 강제 해산

2 종교·문예·기타

(1) 종교

천도교	• 제2의 3·1 운동 계획 • 청년·여성·소년 운동을 전개: 잡지 『개벽』·『신여성』·『어린이』 발간
대종교	• 단군 숭배 사상을 통한 민족의식 고취 • 본부를 간도로 옮겨 항일 단체인 중광단(→ 북로 군정서)을 조직하고 항일 무장 투쟁 전개
불교	• 일제의 사찰령에 저항 ┌ 한국 불교를 일본 불교에 편입시키려는 조선 총독부의 정책 • 한용운이 불교계의 개혁을 주장하며 『조선 불교 유신론』 저술
개신교	• 의료와 교육 분야에서 활동 • 신사 참배 거부 운동 전개
천주교	• 보육원, 양로원 설립 등 사회사업 전개 • 만주에서 의민단을 조직하고 항일 무장 투쟁 전개
원불교	• 박중빈이 창시(1916) • 새생활 운동 전개: 허례허식 폐지·미신 타파, 금주·단연·저축 등

★ **(2) 문학**

1910년대	계몽주의적 경향, 근대 의식 고취 → 이광수의 『무정』 등
1920년대	• 신경향파 문학: 사회주의 사상의 영향, 1925년 카프(KAPF) 결성 • 저항 문학: 한용운의 『님의 침묵』, 이상화의 『빼앗긴 들에도 봄은 오는가』
1930년대 이후	• 저항 문학: 이육사의 『광야』·『절정』, 심훈의 『그날이 오면』, 윤동주의 『별 헤는 밤』·『서시』 • 친일 문학 활발히 저술, 현실 도피적인 순수 문학 경향 등장

(3) 예술

① 미술: 이중섭(서양화)
② 연극: 토월회(신극 운동 전개, 1923)
③ 영화: 나운규의 '아리랑'(민족의 아픔 표현, 1926)

(4) 기타

① 손기정: 베를린 올림픽 대회 마라톤 금메달 획득(1936) → 국내 언론에서 손기정 유니폼의 일장기를 지워서 게재한 일장기 삭제 사건 발생
② 안창남: 한국 최초의 비행사로 고국 방문 비행

기출로 보는 키워드

- 대종교 세력은 중광단을 조직하여 항일 무장 투쟁을 전개하였다.
- 원불교는 박중빈을 중심으로 새생활 운동을 추진하였다.
- 나운규는 영화 아리랑의 제작과 감독을 맡았다.

> **일제 강점기 저항 문학가**

▲ 한용운

▲ 이육사

▲ 심훈

▲ 윤동주

01 일제의 식민지 통치와 경제 침탈

01 (가)에 들어갈 사진으로 옳은 것은? [기본 52회]

사진으로 보는 일제 강점기
- 1910년대 -

헌병 경찰 / 칼을 휴대한 교사 / (가)

①
별기군

②
토지 조사 사업

③
산미 증식 계획

④
강제 공출

02 (가)에 들어갈 정책으로 옳은 것은? [기본 51회]

(가) 에 대해 검색해 줘.

검색 결과입니다.
• 정의
일제가 조선을 자국의 식량 공급 기지로 만들기 위해 1920년부터 추진한 농업 정책
• 시행 배경
일제는 급격한 공업화와 농촌의 황폐화로 자국의 식량 사정이 악화하자, 조선을 이용하여 식량 부족 문제를 해결하려 하였다.

① 미곡 공출제
② 새마을 운동
③ 산미 증식 계획
④ 토지 조사 사업

03 밑줄 그은 '시기'에 볼 수 있는 모습으로 가장 적절한 것은? [기본 63회]

저는 지금 제주 송악산에 있는 일제 동굴 진지에 와 있습니다. 동굴 진지는 일제가 일으킨 태평양 전쟁이 전개되던 시기에 송악산 주변 군사 시설 경비와 연안으로 침투하는 연합군에 대한 대비를 위해 만들어졌습니다.

① 원산 총파업에 참여하는 노동자
② 만민 공동회에서 연설하는 백정
③ 황국 신민 서사를 암송하는 학생
④ 조선 태형령을 관보에 싣는 관리

04 밑줄 그은 '이 시기'에 볼 수 있는 모습으로 적절하지 않은 것은? [기본 64회]

이것은 일제 강점기 학적부의 일부입니다. 중일 전쟁 이후 침략 전쟁을 확대하던 이 시기에 일제는 학생들에게도 일본식으로 성명을 바꾸게 하는 창씨개명을 강요하였습니다.

① 공출을 독려하는 애국반 반장
② 황국 신민 서사를 암송하는 학생
③ 국민 징용령에 의해 끌려가는 청년
④ 회사령을 공포하는 조선 총독부 관리

01 1910년대 무단 통치 답 ②

자료에서 1910년대 일제 강점기라고 언급하였고, 헌병 경찰의 모습과 칼을 휴대한 교사의 모습이 담긴 사진이 제시된 점을 통해 (가)에는 1910년대의 모습이 들어가야 함을 알 수 있다.

🔍 선지분석

① 별기군
➡ 조선 정부의 개화 정책에 따라 1881년에 창설된 신식 군대이다.

✔ 토지 조사 사업
➡ 일제가 1910년대에 근대적 토지 소유권을 확립한다는 명목으로 실시한 경제 수탈 정책이다.

③ 산미 증식 계획
➡ 일제가 1920년대에 일본 본국의 쌀 부족 문제를 해결하기 위해 실시한 경제 수탈 정책이다.

④ 강제 공출
➡ 일제가 1930년대 후반 이후 침략 전쟁을 본격화하면서 전쟁 물자를 확보하기 위해 실시한 정책이다.

⏱ 3초공식

헌병 경찰 + 칼을 휴대한 교사 = 1910년대 무단 통치

02 1920년대 이른바 '문화 통치' 답 ③

자료에서 일제가 조선을 자국의 식량 공급 기지로 만들기 위해 1920년부터 추진한 농업 정책이라는 점을 통해 (가)에 들어갈 정책이 산미 증식 계획임을 알 수 있다.

🔍 선지분석

① 미곡 공출제
➡ 1940년대에 일제는 침략 전쟁을 확대하며 군량미 확보를 위해 쌀을 강제로 거두어갔다.

② 새마을 운동
➡ 박정희 정부 때인 1970년부터 시작된 지역 사회 개발 운동이다.

✔ 산미 증식 계획
➡ 1920년대에 일제는 한반도에서의 쌀 생산량을 늘려 본국의 식량 부족 문제를 해결하고자 하였다.

④ 토지 조사 사업
➡ 1910년대에 추진된 일제의 경제 침탈 정책이다.

⏱ 3초공식

1920년대 + 조선의 식량 공급 기지화 = 산미 증식 계획

03 1930년대 후반 이후 민족 말살 통치 답 ③

일제는 1929년에 일어난 대공황의 위기를 극복하기 위해 대륙 침략에 적극적으로 나섰다. 만주 침략에 이어 1937년에 중·일 전쟁을 일으킨 일제는 1941년에 태평양 전쟁까지 일으켜 전선을 넓혔다.

🔍 선지분석

① 원산 총파업에 참여하는 노동자
➡ 1929년에 문평 라이징 선 석유 회사의 일본인 감독관이 한국인 노동자를 구타한 사건이 발단이 되어 원산 노동자들이 총파업을 전개하였다.

② 만민 공동회에서 연설하는 백정
➡ 1898년에 독립 협회는 아관 파천 이후 열강의 이권 침탈이 심해지는 가운데 만민 공동회를 개최하고 자주 국권을 지키기 위한 이권 수호 운동을 전개하였다.

✔ 황국 신민 서사를 암송하는 학생
➡ 1930년대 후반 이후 일제는 침략 전쟁을 확대하면서 한국인을 전쟁에 쉽게 동원하기 위해 황국 신민 서사 암송, 창씨개명 등 민족 말살 정책을 본격적으로 추진하였다.

④ 조선 태형령을 관보에 싣는 관리
➡ 1912년에 일제는 한국인에게만 적용하는 조선 태형령을 제정하여 시행하였다.

04 1930년대 후반 이후 민족 말살 통치 답 ④

일제는 1937년에 중·일 전쟁을 일으키고 침략 전쟁을 확대하는 과정에서 한국인을 전쟁에 쉽게 동원하기 위해 민족 말살 정책을 본격화하였다. 일왕에 대한 충성 맹세문인 황국 신민 서사를 제정하여 강제로 암송하게 하고, 우리의 성과 이름도 일본식으로 바꾸도록 강요하였다.

🔍 선지분석

① 공출을 독려하는 애국반 반장
➡ 1930년대 후반 이후 일제는 전쟁에 필요한 물자를 원활하게 동원하기 위해 국가 총동원법을 공포하고 미곡 공출, 금속 공출 등을 실시하였다. 또한, 한국인의 생활 구석구석을 지배하고 감시하기 위해 애국반을 조직하였다.

② 황국 신민 서사를 암송하는 학생
➡ 1930년대 후반 이후 일제는 한국인의 정체성을 말살하기 위해 황국 신민 서사 암송 강요, 신사 참배 강요 등 황국 신민화 정책을 추진하였다.

③ 국민 징용령에 의해 끌려가는 청년
➡ 1930년대 후반 이후 일제는 한국인의 노동력을 원활하게 동원하고자 강제 징용에 관한 법령인 국민 징용령을 발표하였다.

✔ 회사령을 공포하는 조선 총독부 관리
➡ 1910년에 일제는 한국인의 기업 설립을 제한하기 위해 회사 설립 시 조선 총독의 허가를 받도록 하는 회사령을 공포하였다.

02 1910년대의 민족 운동

01 밑줄 그은 '이 단체'로 옳은 것은?

[기본 52회]

① 대한 광복회
② 조선어 학회
③ 조선 형평사
④ 한인 애국단

02 (가)에 들어갈 내용으로 옳은 것은?

[기본 52회]

① 동문학
② 배재 학당
③ 신흥 강습소
④ 한성 사범 학교

03 (가) 지역에서 있었던 독립운동에 대한 설명으로 옳은 것은?

[기본 54회]

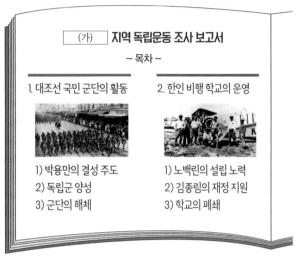

① 서전서숙이 세워졌다.
② 권업회가 조직되었다.
③ 신흥 강습소가 설립되었다.
④ 대한인 국민회가 결성되었다.

01 국내의 항일 비밀 결사 답 ①

자료에서 박상진을 중심으로 1915년 대구에서 결성된 단체라고 한 점, 공화 정치를 목표로 하고 친일파 처단 등의 활동을 했다는 점을 통해 밑줄 그은 '이 단체'가 대한 광복회임을 알 수 있다.

🔍 선지분석

✔️ 대한 광복회
➡ 박상진이 주도하여 만든 항일 비밀 결사로, 공화 정체 국가 수립을 지향하였고 독립군 기지 건설, 무관 학교 설립 등을 추진하였다.

② 조선어 학회
➡ 최현배, 이윤재 등이 결성한 국어 연구 단체로, 한글 맞춤법 통일안과 표준어를 제정하였고,『우리말 큰사전』 편찬을 시도하였다.

③ 조선 형평사
➡ 1923년 진주에서 조직되어 백정에 대한 사회적 차별 철폐를 외친 형평 운동을 주도하였다.

④ 한인 애국단
➡ 1931년 김구가 대한민국 임시 정부의 침체를 극복하기 위해 조직한 의열 단체이다.

⏱ 3초공식

박상진 + 공화 정치 + 친일파 처단 = 대한 광복회

02 국외 독립운동 기지의 건설 답 ③

자료에서 이상룡과 이회영 등이 만주 삼원보에 경학사와 함께 세웠다고 한 점, 무장 독립 투쟁의 토대를 마련하였다는 점 등을 통해 (가)가 신흥 강습소임을 알 수 있다.

🔍 선지분석

① 동문학
➡ 조선 정부가 1883년에 설립한 외국어 교육 기관이다.

② 배재 학당
➡ 개신교 선교사인 아펜젤러가 1885년에 설립한 근대 교육 기관이다.

✔️ 신흥 강습소
➡ 신민회 인사들은 서간도(남만주)에 독립운동 기지인 삼원보와 독립군 양성 기관인 신흥 강습소를 세웠다. 신흥 강습소는 훗날 신흥 무관 학교로 발전하였다.

④ 한성 사범 학교
➡ 제2차 갑오개혁 때 반포된 교육입국 조서에 따라 설립된 근대식 교원 양성 기관이다.

⏱ 3초공식

삼원보 + 무장 독립 투쟁 = 신흥 강습소

03 국외 독립운동 기지의 건설 답 ④

자료에서 박용만이 결성한 대조선 국민 군단의 활동이 제시된 점, 노백린 등의 노력으로 설립된 한인 비행 학교가 제시된 점을 통해 (가) 지역이 미주 지역임을 알 수 있다.

🔍 선지분석

① 서전서숙이 세워졌다.
➡ 이상설이 북간도 용정촌에 설립한 민족 교육 기관이다.

② 권업회가 조직되었다.
➡ 연해주 지역의 독립운동 단체로, 권업신문을 발행하고 독립군을 양성하였다.

③ 신흥 강습소가 설립되었다.
➡ 서간도(남만주)에 설립된 독립군 양성 기관으로, 훗날 신흥 무관 학교로 개편되었다.

✔️ 대한인 국민회가 결성되었다.
➡ 안창호, 박용만, 이승만 등이 미국에서 조직한 독립운동 단체로, 만주와 연해주의 독립운동에 자금을 지원하였다.

⏱ 3초공식

대조선 국민 군단 + 한인 비행 학교 = 미주 지역의 독립운동

03 3·1 운동과 대한민국 임시 정부

01 밑줄 그은 '만세 시위'에 대한 설명으로 옳은 것은?

[기본 51회]

이것은 친일파 이완용의 경고문입니다. 탑골 공원 등에서 독립 선언서를 낭독하는 것으로 시작된 학생과 시민들의 만세 시위가 전국으로 확산하자, 그 열기를 꺾을 목적으로 작성되었습니다.

조선 독립을 외치는 것이 허언, 망동이라고 유 지인사들이 계속 말해도 깨닫지를 못하니 …… 망동을 따르하면 죽거나 다치게 될 것이니 이것 이 바로 삶 중에서 죽음을 구함이 아닌가.

① 순종의 인산일에 전개되었다.

② 만주, 연해주, 미주 등지로 확산하였다.

③ 일제의 황무지 개간권 요구를 철회시켰다.

④ 러시아의 내정 간섭과 이권 침탈을 규탄하였다.

02 다음 상황이 일어난 시기를 연표에서 옳게 고른 것은?

[기본 52회]

나는 충격적인 사건이 발생한 제암 리에 와 있다. 이곳에서 일본군은 교회에 마을 사람들을 모이게 하고 사격을 가한 후 불을 질렀다고 한다.

스코필드

1875		1897		1910		1932		1945
	(가)		(나)		(다)		(라)	
운요호 사건		대한 제국 수립		국권 피탈		윤봉길 의거		8·15 광복

① (가)　　② (나)　　③ (다)　　④ (라)

03 (가)의 활동으로 옳은 것은?

[기본 54회]

독립 공채 상환에 관한 특별 조치 법안 심사 보고서

1983.12. 재무위원회

……

가. 제안 이유

지금으로부터 64년 전인 1919년, ▢(가)▢ 에서는 항일 독립운동을 전개하기 위한 자금 조달 방법의 하나 로 소위 '독립 공채'라는 것을 발행하였음.

이 공채는 대부분 해외 교민 및 미국인을 비롯한 외국 인을 대상으로 발매되었으며, 이에는 '조국이 광복되고 독립을 승인받은 후 이자를 가산하여 상환할 것을 대한 민국의 명예와 신용으로 보증한다.'고 기재되어 있음.

……

따라서 3·1 운동 이후 독립운동을 목적으로 발행된 ▢(가)▢ 명의의 공채에 대하여 국가가 이를 상환할 수 있도록 근거법을 마련, 전 국민의 독립 애국정신을 발 양하는 동시, 정부의 대내외적인 공신력을 높이고자 함.

① 집강소를 설치하였다.

② 만민 공동회를 개최하였다.

③ 연통제와 교통국을 운영하였다.

④ 개벽, 신여성 등의 잡지를 발간하였다.

04 교사의 질문에 대한 학생의 답변으로 옳지 <u>않은</u> 것은?

[기본 50회]

이것은 대한민국 임시 정부의 이 동을 보여 주는 지도입니다. 임시 정부의 활동에 대해 말해 볼까요?

① 신흥 무관 학교를 설립하였습니다.

② 연통제를 운영 하였습니다.

③ 미국에 구미 위원 부를 두었습니다.

④ 독립 공채를 발행하였습니다.

01 3·1 운동　　　　답 ②

자료에서 탑골 공원 등에서 독립 선언서를 낭독하는 것으로 시작되었다는 점, 학생과 시민들의 만세 시위가 전국으로 확산되었다는 점을 통해 밑줄 그은 '만세 시위'가 3·1 운동(1919)임을 알 수 있다.

🔍 선지분석

① 순종의 인산일에 전개되었다.
→ 1926년에 일어난 6·10 만세 운동이다. 3·1 운동은 고종의 인산일을 기회로 일어났다.

✔ 만주, 연해주, 미주 등지로 확산하였다.
→ 일제의 식민 통치에 대한 반발로 일어난 3·1 운동은 태화관과 탑골 공원에서의 독립 선언서 낭독으로 시작되어 점차 전국 주요 도시로 확산되었다. 그리고 만주, 연해주, 미주 등지로 확산되어 해외에서도 만세 시위가 이어졌다.

③ 일제의 황무지 개간권 요구를 철회시켰다.
→ 보안회는 일본의 황무지 개간권 요구 저지 운동을 성공시켰다.

④ 러시아의 내정 간섭과 이권 침탈을 규탄하였다.
→ 독립 협회는 러시아의 절영도 조차 요구를 철회시키는 등 이권 수호 운동을 벌였다.

⏱ 3초공식
탑골 공원 + 독립 선언 + 만세 시위 = 3·1 운동

02 3·1 운동　　　　답 ③

자료에서 스코필드가 일본군이 제암리에서 저지른 만행에 대해 이야기하고 있는 점을 통해 제시된 상황이 1919년에 일어난 제암리 학살 사건임을 알 수 있다. 일제는 3·1 운동을 진압하는 과정에서 제암리 마을 주민들을 학살하였는데, 캐나다인 프랭크 스코필드는 이 사건의 진상을 조사해 국내외에 일제의 잔혹함을 알렸다.

🔍 선지분석

① (가)
② (나)
✔ (다)
→ 1919년 3·1 운동 당시 일제는 제암리 등에서 한국인을 학살하였다.
④ (라)

⏱ 3초공식
제암리 + 일본군의 만행 = 제암리 학살 사건(1919)

03 대한민국 임시 정부　　　　답 ③

자료에서 1919년에 독립운동 자금 조달 방법의 하나로 '독립 공채'를 발행하였다는 점 등을 통해 (가)가 대한민국 임시 정부임을 알 수 있다. 대한민국 임시 정부는 3·1 운동 이후 독립운동 구심점의 필요성이 대두되며 설립되었다.

🔍 선지분석

① 집강소를 설치하였다.
→ 집강소는 동학 농민군이 전주 화약 체결 이후 설치한 개혁 추진 기구이다.

② 만민 공동회를 개최하였다.
→ 만민 공동회는 독립 협회가 개최한 대중 집회이다.

✔ 연통제와 교통국을 운영하였다.
→ 대한민국 임시 정부는 비밀 행정 조직인 연통제와 통신 기관인 교통국을 통해 국내와의 연결을 시도하였다.

④ 개벽, 신여성 등의 잡지를 발간하였다.
→ 『개벽』, 『신여성』 등의 잡지를 발간한 것은 천도교이다.

⏱ 3초공식
독립 공채 + 3·1 운동 이후 = 대한민국 임시 정부

04 대한민국 임시 정부　　　　답 ①

🔍 선지분석

✔ 신흥 무관 학교를 설립하였습니다.
→ 신흥 무관 학교는 신민회가 만주 삼원보에 설립한 신흥 강습소가 발전하여 설립되었다.

② 연통제를 운영하였습니다.
→ 대한민국 임시 정부는 국내와의 연락을 위해 연통제를 실시하고 교통국을 설치하였다.

③ 미국에 구미 위원부를 두었습니다.
→ 대한민국 임시 정부는 외교 독립운동을 위해 미국에 구미 위원부를 설치하였다.

④ 독립 공채를 발행하였습니다.
→ 대한민국 임시 정부는 독립운동 자금 마련을 위해 독립 공채를 발행하였다.

⏱ 3초공식
연통제 + 구미 위원부 + 독립 공채 = 대한민국 임시 정부

04 1920~1940년대 무장 독립 투쟁

01 밑줄 그은 '부대'로 옳은 것은?

[기본 50회]

우표 수집 기록

봉오동 전투 전승 100주년 380

• 수집일: 2020년 ○○월 ○○일
• 수집처: ○○우체국

이 우표는 만주에서 있었던 봉오동 전투 승리 100주년을 기념하기 위해 우정사업 본부에서 발행한 것이다. 학교에서 홍범도 장군에 대해 인상 깊게 배운 적이 있는데, 그분이 이끈 부대가 참여했던 전투이기 때문에 더욱 관심이 갔다.

① 대한 독립군
② 조선 의용대
③ 조선 혁명군
④ 한국광복군

02 (가)에 들어갈 전투로 옳은 것은?

[기본 64회]

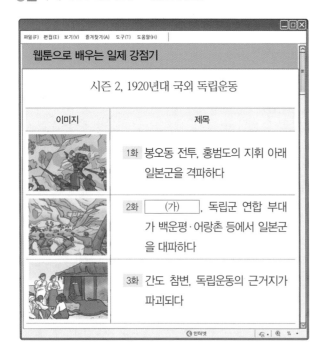

웹툰으로 배우는 일제 강점기

시즌 2, 1920년대 국외 독립운동

이미지	제목
1화	봉오동 전투, 홍범도의 지휘 아래 일본군을 격파하다
2화	(가) , 독립군 연합 부대가 백운평·어랑촌 등에서 일본군을 대파하다
3화	간도 참변, 독립운동의 근거지가 파괴되다

① 영릉가 전투
② 청산리 전투
③ 흥경성 전투
④ 대전자령 전투

03 (가)에 들어갈 단체로 옳은 것은?

[기본 58회]

이것은 일제 경찰에서 제작한 감시 대상 인물 카드에 있는 (가) 단원들의 사진입니다. 사진에서는 단장 김원봉과 조선 총독부에 폭탄을 던진 김익상을 비롯한 총 7명의 모습을 확인할 수 있습니다.

① 의열단
② 중광단
③ 흥사단
④ 한인 애국단

04 (가)에 들어갈 단체로 옳은 것은?

[기본 51회]

윤봉길(1908~1932)

윤봉길은 (가) 에 가입하며, 조국의 독립과 자유를 회복하기 위하여 일제 장교를 처단하겠다는 선서문을 작성하였다. 그리고 3일 후, 상하이 훙커우 공원에서 의거를 일으켜 한국인의 독립 의지를 만방에 알렸다.

독립운동가 우표 특별전

① 의열단
② 중광단
③ 대한 광복회
④ 한인 애국단

01 1920년대 무장 독립 전쟁

답 ①

자료에서 봉오동 전투 승리 100주년을 기념하는 우표를 발행하였다고 한 점, 홍범도 장군이 이끈 부대라고 되어 있는 점을 통해 밑줄 그은 '부대'가 대한 독립군임을 알 수 있다.

🔍 선지분석

✓ 대한 독립군
➡ 홍범도가 이끈 대한 독립군은 봉오동 전투를 승리로 이끌었다.

② 조선 의용대
➡ 김원봉의 주도로 중국 관내에서 만들어진 최초의 한인 무장 부대이다.

③ 조선 혁명군
➡ 양세봉이 이끈 부대로, 1930년대 초에 중국군과 연합하여 한·중 연합 작전을 전개하였다.

④ 한국광복군
➡ 대한민국 임시 정부의 정규군으로, 1940년 충칭에서 지청천을 총사령관으로 하여 창설되었다.

⏱ 3초공식

봉오동 전투 + 홍범도 = 대한 독립군

02 1920년대 국외 독립운동

답 ②

1920년대 만주에서 많은 독립군 단체가 결성되어 활동하였다. 김좌진이 이끈 북로 군정서를 비롯한 독립군 연합 부대는 백운평, 어랑촌 등 청산리 일대에서 일본군을 크게 격퇴하였다.

🔍 선지분석

① 영릉가 전투
➡ 1930년대 초 조선 혁명군은 양세봉의 지휘 아래 중국 의용군과 연합하여 영릉가 전투에서 일본군에 승리하였다.

✓ 청산리 전투
➡ 1920년대 김좌진이 이끈 북로 군정서는 홍범도가 이끈 대한 독립군 등 독립군 연합 부대와 함께 청산리 전투에서 일본군을 격퇴하였다.

③ 흥경성 전투
➡ 1930년대 초 조선 혁명군은 남만주에서 중국 의용군과 연합하여 흥경성 전투에서 일본군에 크게 승리하였다.

④ 대전자령 전투
➡ 1930년대 초 지청천이 이끈 한국 독립군은 북만주에서 중국 호로군과 연합하여 쌍성보 전투, 대전자령 전투 등에서 일본군에 승리하였다.

⏱ 3초공식

백운평·어랑촌 등에서 일본군을 대파함 = 청산리 전투

03 의열 투쟁

답 ①

1919년 만주에서 김원봉을 중심으로 조직된 의열단은 신채호의 〈조선 혁명 선언〉을 활동 지침으로 삼았다. 의열단은 주로 식민 통치를 위한 주요 기관이나 고위 관료, 친일파에 대한 의열 활동을 전개하였는데, 의열단원인 김익상은 조선 총독부에 폭탄을 던졌다.

🔍 선지분석

✓ 의열단
➡ 종로 경찰서에 폭탄을 던진 김상옥, 동양 척식 주식회사에 폭탄을 투척한 나석주 등이 의열단의 주요 단원이다.

② 중광단
➡ 중광단은 서일을 중심으로 북만주에서 조직된 무장 단체이다.

③ 흥사단
➡ 흥사단은 미국에서 안창호가 중심이 되어 설립한 독립운동 단체이다.

④ 한인 애국단
➡ 한인 애국단은 김구가 대한민국 임시 정부의 침체를 극복하기 위해 1931년에 중국 상하이에서 조직한 의열 투쟁 단체로, 단원으로 이봉창, 윤봉길 등이 활약하였다.

⏱ 3초공식

단장 김원봉 + 김익상 = 의열단

04 의열 투쟁

답 ④

자료에서 윤봉길이 가입한 단체라고 한 점, 상하이 훙커우 공원에서 일어난 의거와 관련되었다는 점을 통해 (가)에 들어갈 단체가 한인 애국단임을 알 수 있다.

🔍 선지분석

① 의열단
➡ 1919년 만주 지린성에서 김원봉의 주도로 조직된 단체로 김익상, 김상옥, 나석주 등이 단원으로 활약하였다.

② 중광단
➡ 1911년 조직된 대종교의 항일 무장 단체이다.

③ 대한 광복회
➡ 1915년 박상진의 주도로 대구에서 결성된 항일 비밀 결사이다. 군자금 모금과 친일 부호 처단 등의 활동을 하였고, 공화정 수립을 추구하였다.

✓ 한인 애국단
➡ 대한민국 임시 정부의 침체를 극복하기 위해 김구가 상하이에서 조직한 의열 단체이다. 대표적인 활동으로는 이봉창의 도쿄 의거와 윤봉길의 상하이 훙커우 공원 의거가 있다.

⏱ 3초공식

윤봉길 + 상하이 훙커우 공원 의거 = 한인 애국단

04 1920~1940년대 무장 독립 투쟁

05 (가)에 들어갈 무장 투쟁 단체로 옳은 것은? [기본 63회]

① 의열단
② 북로 군정서
③ 조선 혁명군
④ 한국광복군

06 다음 전투가 일어난 시기를 연표에서 옳게 고른 것은? [기본 49회]

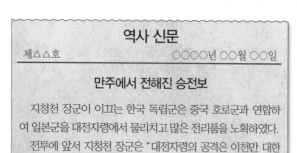

역사 신문

제△△호　　　○○○○년 ○○월 ○○일

만주에서 전해진 승전보

지청천 장군이 이끄는 한국 독립군은 중국 호로군과 연합하여 일본군을 대전자령에서 물리치고 많은 전리품을 노획하였다.
전투에 앞서 지청천 장군은 "대전자령의 공격은 이천만 대한 인민을 위하여 원수를 갚는 것이다. 제군은 만대 자손을 위하여 최후까지 싸우라."고 말하며 사기를 북돋운 것으로 전해진다.

① (가)
② (나)
③ (다)
④ (라)

07 (가)에 들어갈 군사 조직으로 옳은 것은? [기본 66회]

① 대한 독립군
② 북로 군정서
③ 조선 의용대
④ 조선 혁명군

08 (가) 군대에 대한 설명으로 옳은 것은? [기본 55회]

이달의 독립운동가

1940년 대한민국 임시 정부가 창설한 (가) 의 총사령관

지청천 장군 (1888~1957)

① 자유시 참변으로 큰 타격을 입었다.
② 봉오동 전투에서 일본군을 격퇴하였다.
③ 미군과 연계하여 국내 진공 작전을 계획하였다.
④ 흥경성에서 중국 의용군과 연합 작전을 펼쳤다.

05 1930년대 무장 독립 전쟁   답 ③

일제가 1931년에 만주를 침략하고 만주국을 세우자 중국 내에서는 항일 감정이 고조되었다. 이러한 가운데 만주의 독립군 부대와 항일 중국군의 연합 작전이 전개되었다. 남만주 지역에서는 총사령 양세봉이 지휘하는 조선 혁명군과 중국 의용군이, 북만주 지역에서는 총사령 지청천이 지휘하는 한국 독립군과 중국 호로군이 한·중 연합 작전을 전개하였다.

🔍 선지분석

① 의열단
➡ 김원봉을 중심으로 조직된 의열단은 일제 요인 암살, 식민 통치 기관 파괴 등의 무력 투쟁을 전개하였다.

② 북로 군정서
➡ 북로 군정서는 중광단을 중심으로 조직된 독립군 부대이다. 김좌진이 지휘한 북로 군정서는 청산리 전투에서 일본군을 크게 격퇴하였다.

✓ 조선 혁명군
➡ 조선 혁명군은 중국 의용군과 함께 영릉가 전투, 흥경성 전투에서 일본군에 승리를 거두었다.

④ 한국광복군
➡ 한국광복군은 대한민국 임시 정부의 정규군으로 창설되었다. 태평양 전쟁 발발 후 영국군의 요청에 따라 인도·미얀마 전선에 대원을 파견하여 선전 활동, 정보 수집 등을 담당하였다. 또한 미국과 연합해 국내 진공 작전을 계획하였으나 일본의 항복으로 실행하지 못하였다.

⏱ 3초공식
총사령 양세봉 + 중국 의용군과 연합 = 조선 혁명군

06 1930년대 무장 독립 전쟁   답 ③

자료에서 지청천 장군이 이끄는 한국 독립군이 중국 호로군과 연합하였다는 점, 일본군을 대전자령에서 물리쳤다는 점 등을 통해 제시된 신문에서 다루고 있는 전투가 대전자령 전투임을 알 수 있다. 1930년대 초에는 일제의 만주 점령에 대한 반발이 거세지며 한국 독립군과 조선 혁명군을 중심으로 만주에서 한·중 연합 작전이 전개되었다.

🔍 선지분석

① (가)
② (나)
✓ (다)
➡ 대전자령 전투는 1933년에 한국 독립군이 중국 호로군과 연합하여 대전자령을 지나는 일본군을 격파한 전투이다.
④ (라)

07 1930년대 무장 독립 전쟁   답 ③

1938년에 조선 민족 전선 연맹은 김원봉 등의 주도로 중국 국민당 정부의 지원을 받아 조선 의용대를 편성하였다. 중국 관내에서 창설된 최초의 한인 무장 부대였던 조선 의용대는 이후 분화되어 일부는 화북 지역으로 이동해 조선 의용대 화북 지대를 결성하여 호가장 전투 등에 참여하였고, 일부는 한국광복군에 편입하였다.

🔍 선지분석

① 대한 독립군
➡ 홍범도가 이끈 대한 독립군은 대한 국민회군 등과 연합하여 봉오동 전투에서 일본군을 상대로 큰 승리를 거두었다.

② 북로 군정서
➡ 김좌진이 이끈 북로 군정서는 홍범도가 이끈 대한 독립군 등과 연합하여 청산리 전투에서 일본군을 격퇴하였다.

✓ 조선 의용대
➡ 조선 의용대는 일본군에 대한 심리전, 포로 심문, 정보 수집 등 중국군을 지원하는 활동을 수행하였다.

④ 조선 혁명군
➡ 양세봉이 이끈 조선 혁명군은 중국 의용군과 연합하여 영릉가 전투, 흥경성 전투 등에서 일본군과 싸워 크게 승리하였다.

⏱ 3초공식
김원봉 + 중국 관내 최초의 한인 무장 부대 = 조선 의용대

08 1940년대 무장 독립 전쟁   답 ③

자료에서 1940년 대한민국 임시 정부가 창설하였다는 점, 지청천이 총사령관이라는 점 등을 통해 (가) 군대가 한국광복군임을 알 수 있다. 한국광복군은 지청천을 총사령관으로 한 대한민국 임시 정부의 정규군이다. 연합군의 일원으로 태평양 전쟁에 참전하였다.

🔍 선지분석

① 자유시 참변으로 큰 타격을 입었다.
➡ 자유시 참변으로 큰 타격을 입은 부대는 대한 독립 군단을 비롯한 만주의 독립군 부대이다.

② 봉오동 전투에서 일본군을 격퇴하였다.
➡ 홍범도가 이끈 대한 독립군 등의 연합 부대는 1920년 봉오동 전투에서 일본군을 격퇴하였다.

✓ 미군과 연계하여 국내 진공 작전을 계획하였다.
➡ 한국광복군은 미군과 연계하여 국내 진공 작전을 계획하였으나 실행 직전 일본이 연합군에 무조건 항복을 하면서 실제로 실행하지는 못하였다.

④ 흥경성에서 중국 의용군과 연합 작전을 펼쳤다.
➡ 양세봉이 이끈 조선 혁명군은 흥경성에서 중국 의용군과 연합 작전을 펼쳐 일본군을 상대로 크게 승리하였다.

05 실력 양성 운동과 학생 항일 운동

대표 기출문제 📝

01 다음 자료의 민족 운동에 대한 설명으로 옳은 것은?
[기본 51회]

> 물산 장려에 대한 운동의 새로운 풍조가 시작된 이래로 …… 반드시 토산으로 원료를 삼아 학생모, 중절모 등을 제조하는 것이 좋겠다. …… 현재 인도에서는 간디캡이 크게 유행한다는데 간디 씨가 발명, 제조한 순 인도산의 재료로 순 인도인이 만든 모자라고 한다.

① 대한매일신보의 후원을 받았다.
② 평양에서 시작하여 전국으로 확산하였다.
③ 황국 중앙 총상회를 중심으로 전개되었다.
④ 독립문 건립을 위한 모금 활동이 추진되었다.

02 (가)에 들어갈 민족 운동으로 옳은 것은?
[기본 63회]

(가) 에 대해 검색해 줘.

검색 결과입니다.

1920년대 초반 실력 양성 운동의 일환으로 이상재, 이승훈 등이 고등 교육 기관을 설립하기 위해 전개한 운동입니다.
1년 내 1천만 원 조성을 목표로 모금 활동을 추진하였으나, 조선 총독부의 방해와 자연재해 등으로 성과를 거두지 못하였습니다.

① 6·10 만세 운동　　② 물산 장려 운동
③ 광주 학생 항일 운동　　④ 민립 대학 설립 운동

03 다음 상황 이후에 일어난 사실로 옳은 것은?
[기본 66회]

호외요! 호외! 대한 제국의 마지막 황제께서 승하하셨소!

① 6·10 만세 운동이 일어났다.
② 헤이그 특사가 파견되었다.
③ 토지 조사 사업이 실시되었다.
④ 제너럴셔먼호 사건이 발생하였다.

04 밑줄 그은 '이 운동'에 대한 설명으로 옳은 것은?
[기본 60회]

1929년, 나주와 광주를 열차로 통학하는 한·일 학생 간에 충돌이 발생하였습니다.

일제 경찰의 민족 차별에 대항하여 광주의 학생들은 시위를 벌였고, 점차 전국으로 확산되었습니다.

이 운동을 기억하기 위해 시위가 시작된 11월 3일을 학생 독립운동 기념일로 지정하였습니다.

11.3.

① 순종의 인산일에 일어났다.
② 통감부의 탄압으로 실패하였다.
③ 국민 대표 회의 개최의 배경이 되었다.
④ 신간회에서 진상 조사단을 파견하였다.

01 실력 양성 운동 답 ②

자료에서 물산 장려에 대한 운동의 새로운 풍조가 시작되었다는 점, 토산으로 원료를 삼아 모자를 제조하는 것을 지향한다는 점을 통해 1920년대에 전개된 물산 장려 운동에 대한 자료임을 알 수 있다.

🔍 선지분석
① 대한매일신보의 후원을 받았다.
  ➡ 1907년에 시작된 국채 보상 운동은 대한매일신보 등 언론의 후원을 받았다.
☑ 평양에서 시작하여 전국으로 확산하였다.
  ➡ 물산 장려 운동은 1920년 평양에서 조만식 등이 조선 물산 장려회를 설립하며 시작되어 전국으로 확산되었다.
③ 황국 중앙 총상회를 중심으로 전개되었다.
  ➡ 1898년 시전 상인들은 황국 중앙 총상회를 조직하여 상권 수호 운동을 전개하였다.
④ 독립문 건립을 위한 모금 활동이 추진되었다.
  ➡ 독립 협회는 자주 국권 운동의 일환으로 독립문 건립을 위한 모금 활동을 추진하였다.

02 민립 대학 설립 운동 답 ④

민립 대학 설립 운동은 이상재 등이 중심이 되어 우리 손으로 대학을 설립하여 고등 교육을 실현하고자 한 민족 운동이다. 일제의 방해로 실패하였고 이후 일제는 회유책으로 경성 제국 대학을 설립하였다.

🔍 선지분석
① 6·10 만세 운동
  ➡ 1926년 6월 10일에 학생들을 중심으로 만세 운동이 전개되었다. 6·10 만세 운동은 신간회를 결성하는 계기가 되었다.
② 물산 장려 운동
  ➡ 1920년대 조만식 등은 평양에서 조선 물산 장려회를 결성하여 토산품 애용을 내세운 물산 장려 운동을 전개하였다.
③ 광주 학생 항일 운동
  ➡ 1929년에 한·일 학생 간 충돌이 발단이 되어 광주 학생 항일 운동이 일어났다. 신간회는 진상 조사단을 파견하여 지원하였다.
☑ 민립 대학 설립 운동
  ➡ 1920년대 한국인에 대한 교육 차별에 대항하여 이상재 등이 민립 대학 설립 기성회를 조직하고 민립 대학 설립 운동을 전개하였다.

⏱ 3초공식
이상재 + 고등 교육 기관 = 민립 대학 설립 운동

03 6·10 만세 운동 답 ①

1926년 4월에 대한 제국의 마지막 황제인 순종이 죽음을 맞이하자 사회주의 계열과 천도교 계열, 학생들은 순종의 인산일을 기회로 만세 시위를 계획하였다. 사회주의 계열과 천도교 계열의 계획이 사전에 발각되자 학생들의 주도로 만세 시위가 진행되었는데, 이 사건을 6·10 만세 운동이라고 한다. 이를 계기로 민족 유일당을 결성할 수 있다는 공감대가 형성되었다.

🔍 선지분석
☑ 6·10 만세 운동이 일어났다.
  ➡ 1926년 순종의 인산일에 학생들의 주도로 6·10 만세 운동이 전개되었다.
② 헤이그 특사가 파견되었다.
  ➡ 1907년에 고종은 을사늑약이 무효임을 알리기 위해 헤이그에서 열린 만국 평화 회의에 특사를 파견하였다.
③ 토지 조사 사업이 실시되었다.
  ➡ 1910년대에 일제는 식민 통치의 경제 기반을 마련하기 위해 토지 조사 사업을 실시하였다.
④ 제너럴셔먼호 사건이 발생하였다.
  ➡ 1866년에 대동강을 거슬러 평양에 들어온 미국 상선 제너럴셔먼호의 선원들이 약탈과 살상 행위를 일삼자 박규수를 비롯한 평양 관민이 제너럴셔먼호를 불태워 침몰시켰는데, 이를 제너럴셔먼호 사건이라고 한다. 이 사건을 구실로 미국은 1871년에 신미양요를 일으켰다.

04 학생 항일 운동 답 ④

1929년 나주와 광주를 오가는 통학 열차에서 일본 남학생이 한국인 여학생을 희롱하는 사건을 계기로 광주 학생 항일 운동이 일어났다. 3·1 운동 이후 최대 규모의 민족 운동이었으며 시위가 시작된 11월 3일을 학생의 날로 지정하였다.

🔍 선지분석
① 순종의 인산일에 일어났다.
  ➡ 1926년에 일어난 6·10 만세 운동은 순종의 인산일에 일어난 민족 운동이다.
② 통감부의 탄압으로 실패하였다.
  ➡ 1907년에 대구에서 일어난 국채 보상 운동은 통감부의 탄압으로 실패하였다.
③ 국민대표 회의 개최의 배경이 되었다.
  ➡ 대한민국 임시 정부의 비밀 연락망이 무너지고, 외교적 활동에 따른 성과가 미흡하자 대한민국 임시 정부의 방향을 둘러싸고 국민대표 회의가 개최되었다.
☑ 신간회에서 진상 조사단을 파견하였다.
  ➡ 광주 학생 항일 운동 당시 신간회는 진상 조사단을 파견하여 지원하였다.

06 민족 유일당 운동과 사회적 민족 운동

01 (가)에 들어갈 단체로 옳은 것은? [기본 58회]

민족 유일당을 만들기 위한 노력의 결과 드디어 우리가 (가) 를 만들었습니다.

맞습니다. 기회주의자를 배제하고 일제에 맞서 함께 싸웁시다.

사회주의 계열

비타협적 민족주의 계열

① 신간회　　　　② 토월회
③ 대한 광복회　　④ 조선어 학회

02 (가)에 들어갈 단체로 옳은 것은? [기본 51회]

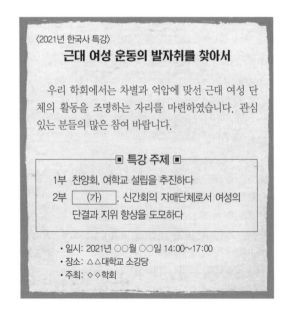

〈2021년 한국사 특강〉

근대 여성 운동의 발자취를 찾아서

우리 학회에서는 차별과 억압에 맞선 근대 여성 단체의 활동을 조명하는 자리를 마련하였습니다. 관심 있는 분들의 많은 참여 바랍니다.

■ 특강 주제 ■

1부 찬양회, 여학교 설립을 추진하다
2부 　(가)　, 신간회의 자매단체로서 여성의 단결과 지위 향상을 도모하다

• 일시: 2021년 ○○월 ○○일 14:00~17:00
• 장소: △△대학교 소강당
• 주최: ◇◇학회

① 권업회　　② 근우회　　③ 보안회　　④ 송죽회

03 다음 자료에 나타난 사건으로 옳은 것은? [기본 50회]

라이징 선 석유 회사는 조선인을 구타한 일본인 감독을 파면하라!

8시간 노동제를 실시하라!

최저 임금제를 확립하라!

영상으로 만나는 1920년대

① 6·3 시위
② 새마을 운동
③ 원산 총파업
④ 제주 4·3 사건

04 (가)에 들어갈 자료로 옳은 것은? [기본 50회]

일제 강점기에 백정들이 저울처럼 평등한 사회를 만들고자 일으켰던 운동을 기념하는 탑이야.

이것은 이 운동을 주도한 단체의 포스터야. 저울을 뜻하는 글자를 볼 수 있어.

(가)

① 　　②

③ 　　④

01 민족 유일당 운동   답 ①

6·10 만세 운동을 계기로 민족주의 세력과 사회주의 세력이 뜻을 모아 1927년에 신간회가 결성되었다. 신간회는 일제와 협력하고 타협하는 세력을 기회주의자로 보고 기회주의자를 배제한다는 강령을 내세웠다. 전국 각지에 지회를 설립하고 강연회를 개최하는 등 계몽 운동을 전개하였다.

🔍 선지분석

☑ 신간회
- ➡ 신간회는 광주 학생 항일 운동이 일어나자 진상 조사단을 파견하여 지원하였다.

② 토월회
- ➡ 토월회는 일본 유학생들을 중심으로 조직되었고 신극 운동을 벌였다.

③ 대한 광복회
- ➡ 대한 광복회는 1910년대 박상진 등이 중심이 되어 군자금 모금, 친일 부호 처단 등의 활동을 하였다.

④ 조선어 학회
- ➡ 조선어 학회는 우리말 큰사전 편찬을 시도하고, 맞춤법 통일안을 제정하는 등 한글 연구 및 보급을 위해 노력하였다.

> ⏱ 3초공식
>
> 민족 유일당 + 기회주의자 배제 = 신간회(1927)

02 사회적 민족 운동   답 ②

자료에서 근대 여성 운동의 발자취를 찾는다는 점, 신간회의 자매 단체로서 여성의 단결과 지위 향상을 도모하였다는 점을 통해 (가)에 들어갈 단체가 근우회임을 알 수 있다.

🔍 선지분석

① 권업회
- ➡ 1911년 연해주 지역인 러시아 블라디보스토크에서 조직된 항일 독립운동 단체이다.

☑ 근우회
- ➡ 1927년 조직된 여성계의 민족 협동 전선 단체이다. 기관지 『근우』를 발간하였으며 전국 순회 강연 등을 통해 여성들의 의식을 향상시키고자 노력하였다.

③ 보안회
- ➡ 1904년에 조직된 단체로, 일제의 황무지 개간권 요구를 저지하였다.

④ 송죽회
- ➡ 1913년 평양에서 조직된 여성 독립운동 단체이다.

> ⏱ 3초공식
>
> 여성 운동 + 신간회의 자매단체 = 근우회

03 사회적 민족 운동   답 ③

자료에서 영상으로 만나는 1920년대라는 주제가 제시된 점, 조선인을 구타한 라이징 선 석유 회사의 일본인 감독 파면, 8시간 노동제 실시 등이 제시된 점을 통해 해당 사건이 원산 총파업임을 알 수 있다.

🔍 선지분석

① 6·3 시위
- ➡ 박정희 정부 때 한·일 국교 정상화에 대한 반발로 일어난 시위이다.

② 새마을 운동
- ➡ 박정희 정부 때인 1970년부터 전개된 농촌 경제 개발 운동이다.

☑ 원산 총파업
- ➡ 1929년에 전개된 파업 시위로, 문평 라이징 선 석유 회사의 일본인 감독이 조선인 노동자를 구타한 사건에서 비롯되었다. 총파업에서 노동자들은 저임금 반대, 노동 조건 개선 등을 요구하였다.

④ 제주 4·3 사건
- ➡ 1948년 제주의 좌익 세력이 5·10 총선거를 반대하며 일으킨 봉기를 진압하는 과정에서 제주 주민들이 희생된 사건이다.

> ⏱ 3초공식
>
> 1920년대 + 라이징 선 석유 회사 = 원산 총파업

04 사회적 민족 운동   답 ①

자료에서 백정들이 저울처럼 평등한 사회를 만들고자 일으켰다는 점, 저울을 뜻하는 글자를 볼 수 있다는 점 등을 통해 해당 운동이 1920년대에 일어난 형평 운동임을 알 수 있다.

🔍 선지분석

☑ 조선 형평사의 전국 대회 포스터
- ➡ 형평 운동은 1923년에 일어난 백정들의 사회적 차별 철폐 운동으로, 경남 진주에서 조선 형평사가 조직되며 활성화되었다.

② 물산 장려 운동 포스터
- ➡ 조선 물산 장려회의 물산 장려 운동 포스터이다.

③ 어린이날 포스터
- ➡ 천도교 소년회에서 소년 운동의 일환으로 전개한 어린이날 포스터이다.

④ 브나로드 운동 포스터
- ➡ 동아일보가 주도한 문맹 퇴치 운동인 브나로드 운동 포스터이다.

> ⏱ 3초공식
>
> 백정 + 평등한 사회 추구 = 형평 운동

07 민족 문화 수호 운동

01 (가) 인물의 활동으로 옳은 것은?

[기본 51회]

① 조선 혁명 선언을 집필하였다.
② 파리 강화 회의에 파견되었다.
③ 대조선 국민 군단을 창설하였다.
④ 조선말 큰사전 편찬을 주도하였다.

02 다음 퀴즈의 정답으로 옳은 것은?

[기본 49회]

① 보안회
② 독립 협회
③ 대한 광복회
④ 조선어 학회

03 (가)에 들어갈 내용으로 옳은 것은?

[기본 49회]

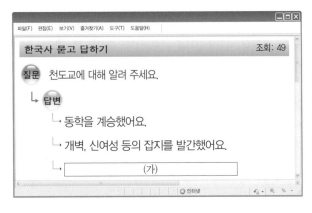

① 어린이날 제정에 기여했어요.
② 여성 교육을 위해 이화 학당을 설립했어요.
③ 을사오적 처단을 위해 자신회를 결성했어요.
④ 항일 무장 투쟁 단체인 의민단을 조직했어요.

04 (가)에 들어갈 인물로 옳은 것은?

[기본 48회]

① 나운규
② 남승룡
③ 손기정
④ 안창남

01 국학 연구 답 ①

자료에서 탐구 인물이 『독사신론』, 『조선상고사』 등을 저술한 대표적인 민족주의 사학자라고 한 점 등을 통해 (가) 인물이 단재 신채호임을 알 수 있다.

🔍 선지분석

☑ 조선 혁명 선언을 집필하였다.
- ➡ 신채호는 의열단의 활동 지침이 된 「조선 혁명 선언」을 집필하였다.

② 파리 강화 회의에 파견되었다.
- ➡ 파리 강화 회의에 민족 대표로 파견된 인물은 김규식이다.

③ 대조선 국민 군단을 창설하였다.
- ➡ 미국 하와이에서 대조선 국민 군단을 창설한 인물은 박용만이다.

④ 조선말 큰사전 편찬을 주도하였다.
- ➡ 『조선말(우리말) 큰사전』 편찬을 주도한 단체는 최현배, 이윤재 등이 소속된 조선어 학회이다.

⏱ 3초공식

독사신론 + 조선상고사 + 민족주의 사학자 = 신채호

02 국학 연구 답 ④

자료에서 한글 맞춤법 통일안과 외래어 표기법 통일안을 마련한 단체라고 한 점을 통해 퀴즈의 정답은 조선어 학회임을 알 수 있다. 1931년 조직된 조선어 학회는 『우리말 큰사전』 편찬을 위해 한글 맞춤법 통일안을 제정하고, 표준어를 정하였으며, 외래어 표기법을 통일하였다.

🔍 선지분석

① 보안회
- ➡ 1904년 결성된 애국 계몽 운동 단체로, 일제의 황무지 개간권 요구 저지 운동을 벌여 이를 성공시켰다.

② 독립 협회
- ➡ 서재필을 중심으로 조직된 단체로, 독립문 건립, 만민 공동회·관민 공동회 개최 등의 활동을 벌였다.

③ 대한 광복회
- ➡ 박상진을 중심으로 국내에서 결성된 항일 비밀 결사로, 친일 부호를 처단하고 군자금을 모금하는 등의 활동을 전개하였다.

☑ 조선어 학회
- ➡ 조선어 연구회를 계승한 조선어 학회는 한글 맞춤법 통일안과 외래어 표기법을 제정하였다.

⏱ 3초공식

한글 맞춤법 통일안 + 외래어 표기법 통일안 = 조선어 학회

03 종교·문예·기타 답 ①

자료에서 천도교에 대해 알려 달라고 하였고, 동학을 계승했다는 점과 『개벽』, 『신여성』 등의 잡지를 발간했다는 답변이 제시된 점을 통해 (가)에는 천도교에 대한 내용이 들어가야 함을 알 수 있다. 방정환을 비롯한 천도교 인사들은 천도교 소년회를 창립하고 소년 운동을 전개하였다.

🔍 선지분석

☑ 어린이날 제정에 기여했어요.
- ➡ 천도교 소년회는 어린이날을 제정하고, 잡지 『어린이』를 발간하였다.

② 여성 교육을 위해 이화 학당을 설립했어요.
- ➡ 이화 학당은 개신교 선교사 스크랜튼이 설립한 학교이다.

③ 을사오적 처단을 위해 자신회를 결성했어요.
- ➡ 자신회는 을사늑약 체결 이후 을사오적을 처단하고자 나철, 오기호 등이 결성한 단체로, 자신회 조직 이후 나철과 오기호는 대종교를 만들었다.

④ 항일 무장 투쟁 단체인 의민단을 조직했어요.
- ➡ 의민단은 3·1 운동 이후 간도 지방으로 이주한 천주교 신자들을 중심으로 조직된 독립운동 단체이다.

⏱ 3초공식

동학 계승 + 개벽 + 신여성 + 어린이날 = 천도교

04 종교·문예·기타 답 ③

자료에서 베를린 올림픽과 마라톤 금메달리스트가 언급된 점, 손기정 선수의 결승선 통과 사진이 제시된 점 등을 통해 (가)가 손기정임을 알 수 있다. 손기정이 메달을 수여받는 사진이 국내에 보도될 때 유니폼에 있는 일장기가 지워진 채 게재되어 일제의 탄압을 받기도 하였다(일장기 삭제 사건).

🔍 선지분석

① 나운규
- ➡ 1926년에 민족의 애환을 담은 영화 '아리랑'을 제작하였다.

② 남승룡
- ➡ 손기정과 함께 베를린 올림픽 대회 마라톤 종목에 출전하여 동메달을 땄다.

☑ 손기정
- ➡ 1936년에 열린 베를린 올림픽 대회 마라톤 종목에서 우승하였다.

④ 안창남
- ➡ 우리나라 최초의 비행사이자 독립운동가이다.

일제의 식민지 지배 정책

시기	통치 방식	정치	경제	사회·문화
1910년대	무단 통치	• 조선 총독부 설치 • 헌병 경찰 제도 • 조선 태형령 제정	• 토지 조사 사업 실시 • 회사령 공포(허가제)	언론·출판·집회·결사의 자유 박탈
1920년대	민족 분열 통치 (이른바 '문화 통치')	• 보통 경찰 제도 • 문관 총독 임명 공약(실제로 이루어지지 않음)	• 산미 증식 계획 • 회사령 폐지(신고제)	• 민족 신문 창간 허용 (검열 강화) • 교육 기회 확대(초등 교육, 기술 교육만 확대)
1930년대 이후	민족 말살 통치	침략 전쟁에 동원하기 위한 정책 추진 (황국 신민화 정책)	• 병참 기지화 정책 • 국가 총동원법	통제·탄압 강화

1910년대 국외 독립운동

서간도(남만주)	삼원보에 경학사 설치, 신흥 강습소(→ 신흥 무관 학교) 설립
북간도	서전서숙·명동 학교 설립, 중광단(→ 북로 군정서) 조직
연해주	신한촌 건설, 권업회 조직, 대한 광복군 정부 수립
미국	대한인 국민회, 대조선 국민 군단(박용만), 흥사단(안창호) 조직

3·1 운동

배경	• 고종 독살설 유포 • 윌슨의 민족 자결주의, 국외에서의 독립 선언(도쿄의 2·8 독립 선언)
전개 (1919)	종교계 인사와 학생들이 연합하여 시위 준비 및 비폭력 평화 시위 전개 → 전국적으로 시위 규모 확대 → 일제의 무자비한 탄압에 무력 투쟁 전개 → 만주, 연해주 등 국외로 확산
의의 및 영향	• 일제 강점기 최대 규모의 민족 운동 • 일본의 통치 방식 변화: 무단 통치 → 이른바 '문화 통치' • 대한민국 임시 정부 수립의 계기가 됨 • 중국의 5·4 운동 등에 영향을 줌

대한민국 임시 정부

비밀 연락망	연통제와 교통국 운영
외교	구미 위원부 설치
문화	독립신문 발간, 사료 편찬소 설치(『한·일 관계 사료집』 간행)
기타	독립 공채 발행

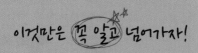

1920년대 무장 독립 전쟁

봉오동·청산리 전투 (1920)	• 봉오동 전투: 홍범도의 대한 독립군이 일본군 격파 • 청산리 전투: 김좌진의 북로 군정서, 홍범도의 대한 독립군 등이 연합하여 일본군 격파(독립군 사상 최대 규모의 승리)
자유시 참변 (1921)	러시아 적군의 독립군 무장 해제 요구 → 지휘권 다툼과 적군의 공격으로 많은 독립군 희생
3부 성립 (1923~1925)	참의부, 정의부, 신민부 성립
미쓰야 협정 (1925)	일제가 독립군 탄압을 위해 만주 군벌과 협정 체결
3부 통합 운동 (1928~1929)	• 민족 유일당이 전개되면서 활발한 통합 운동 전개 • 혁신 의회와 국민부로 통합

의열단

배경	3·1 운동 이후 무장 독립운동의 필요성 대두
조직	김원봉 등이 만주 지린성에서 조직(1919)
활동	• 일제 주요 인사·민족 반역자 암살, 식민 통치 기관 파괴 등을 통한 일제 타도 추구 • 김익상(조선 총독부), 김상옥(종로 경찰서), 나석주(동양 척식 주식회사) 등의 의거

한인 애국단

조직	대한민국 임시 정부의 침체를 극복하기 위해 김구가 조직(1931, 상하이)
활동	도쿄에서 일본 국왕의 마차를 향해 폭탄 투척(이봉창, 1932), 상하이 훙커우 공원 의거(윤봉길, 1932)

실력 양성 운동

물산 장려 운동	• 조만식 등이 평양에서 조선 물산 장려회 설립(1920) • 토산품 애용을 통한 민족 경제의 자립 추구 • 구호: '내 살림 내 것으로', '조선 사람 조선 것' 등
민립 대학 설립 운동	• 이상재 등이 조선 민립 대학 기성회 조직(1922) • 식민지 교육의 한계 극복, 대학 설립을 통한 민족 인재 육성 추구 • 구호: '한민족 1천만이 한 사람이 1원씩' 등
문자 보급 운동	조선일보 주도로 문맹 퇴치 운동 전개
브나로드 운동	동아일보 주도로 농촌 계몽 운동 전개

VIII

현대 사회

01 8·15 광복과 통일 정부 수립 노력

02 대한민국 정부 수립과 6·25 전쟁

03 이승만 정부~장면 내각

04 박정희 정부

05 전두환 정부~현재

06 통일을 위한 노력과 사회 변화

1946
좌우 합작 위원회 출범

1950~1953
6·25 전쟁

1961
5·16 군사 정변

1945
광복

1948
대한민국 정부 수립

1960
4·19 혁명

이승만

학생의 피에 보답하라!

기출로 보는 키워드

1위	조선 건국 준비 위원회
2위	4 · 19 혁명
3위	베트남 파병
4위	6월 민주 항쟁
5위	금융 실명제

3개년 평균 출제 비중

5.7문항
11.4%

1980
5 · 18 민주화 운동

1997
외환 위기

2010
서울 G20 정상 회의

1964
베트남 파병

1987
6월 민주 항쟁

2000
제1차 남북 정상 회담

8·15 광복과 통일 정부 수립 노력

1 8·15 광복과 정치 상황

(1) 광복 직전 건국 준비 활동

① 대한민국 임시 정부: 충칭에 정착 → 광복 후 독립 국가 수립을 위한 건국 준비

② 조선 독립 동맹: 중국 옌안(연안)에서 김두봉 등 사회주의 계열이 조직하여 건국 준비

③ 조선 건국 동맹(1944)
- 국내에서 여운형, 안재홍 등이 좌우 합작 성격의 동맹을 조직하여 건국 준비
- 광복 직후 조선 건국 준비 위원회로 개편

(2) 국제 사회의 한국 독립 약속

① 카이로 회담(1943): 한국을 적절한 시기에 독립시키기로 최초 결의

② 포츠담 회담(1945): 한국의 독립을 재확인

(3) 8·15 광복과 국내 정치 상황

① 8·15 광복(1945. 8. 15.): 제2차 세계 대전에서 연합국이 승리한 것과 우리 민족의 독립 운동에 대한 결실

② 조선 건국 준비 위원회(1945. 8.): 조선 건국 동맹을 기반으로 조직
- 결성: 여운형과 안재홍을 중심으로 좌·우익이 합작하여 조선 건국 준비 위원회를 출범
- 활동: 전국에 지부 설치 및 치안대 조직 → 조선 인민 공화국 선포(1945. 9.) 후 해체

③ 여러 정치 세력 출현: 우익과 좌익, 중도 계열로 나뉘어 각각 단체 조직

(4) 미·소군의 주둔: 광복 직후 일본군의 무장 해제를 구실로 삼아 미군과 소련군이 북위 38도선을 경계로 남북에 각각 주둔

38도선 이남	미군의 직접 통치 → 일제 강점기 관료·경찰 유지, 정부를 표방하는 세력 불인정
38도선 이북	소련군의 간접 통치 → 공산주의 정권 수립 지원, 민족주의 인사 대거 숙청

★ (5) 모스크바 3국 외상 회의(1945. 12.)

① 소련 모스크바에서 미국·영국·소련의 외무 장관이 한반도 문제 등을 논의함

② 결정 사항: 한반도에 임시 민주 정부 수립, 미·소 공동 위원회 설치, 최대 5년간 4개국의 한반도 신탁 통치
　　　　　　　　　　　　　　　　　　　　　　　　　　└ 미국·영국·소련·중국 ┘

③ 국내 반응　　┌ 김구, 이승만 등
- 우익: 신탁 통치 반대 운동을 전개함
- 좌익: 초기에는 신탁 통치를 반대 → 모스크바 3국 외상 회의의 결정에 대한 총체적 지지로 선회함 ┐
　　　　　└ 소련의 지령에 국내 공산주의 세력이 영향을 받음

④ 결과: 통일 정부 수립을 두고 좌·우 진영의 대립이 격화됨

> 여운형

> 신탁 통치

제2차 세계 대전이 끝난 후, 국제 연합(UN)의 위임을 받은 나라가 다른 나라의 일정한 지역을 대신 통치하는 제도를 말합니다.

② 통일 정부 수립 노력

(1) 제1차 미·소 공동 위원회(1946. 3.~5.)

① 모스크바 3국 외상 회의의 결정에 따라 한반도에 임시 정부를 수립하기 위해 개최됨

② 임시 정부 수립 참가 단체를 둘러싼 대립으로 무기 휴회됨

└→ 소련은 외상 회의 결정을 지지하는 단체로 한정할 것을 주장했고, 미국은 이에 반대함

(2) 이승만의 정읍 발언(1946. 6.): 제1차 미·소 공동 위원회가 결렬되자, 이승만이 정읍에서 38도선 이북의 소련 철퇴 및 남한만의 단독 정부 수립을 주장

> **시험에 나오는 사료** 정읍 발언(이승만)
>
> └→ 나라 사이에 서로 물품을 사고파는 행위
> 이제 우리는 무기 휴회된 공위가 재개될 기색도 보이지 않으며 통일 정부를 고대하나 여의케 되지 않으니, 우리는 남방만이라도 임시 정부 혹은 위원회 같은 것을 조직하여 38도선 이북에서 소련이 철퇴하도록 세계 공론에 호소하여야 될 것이니, 여러분도 결심하여야 될 것이다.

★(3) 좌우 합작 운동(1946~1947)

① 배경: 신탁 통치 문제로 좌·우익의 대립이 심화, 이승만 등 우익 측에서 단독 정부 수립 움직임을 보임

② 주도: 여운형과 김규식 등 중도 세력을 중심으로 좌우 합작 위원회를 결성 → 이를 미군정이 지원함

③ 좌우 합작 7원칙 발표(1946. 10.): 모스크바 3국 외상 회의 결정 지지, 토지 개혁 실시, 친일파 처리 등이 포함됨

    └→ 제2차 세계 대전 이후 사회주의 진영과 자본주의 진영 간의 양극적인 대결 양상

④ 결과: 친일파 처벌과 토지 개혁을 둘러싼 좌·우익의 대립, 여운형 암살, 냉전 체제 심화로 인한 미군정의 지원 철회 → 중단

(4) 제2차 미·소 공동 위원회(1947. 5.~10.): 미국과 소련의 대립이 해소되지 않아 결렬

(5) 한국 문제의 유엔 상정

① 배경: 제2차 미·소 공동 위원회 결렬 → 미국이 한반도 문제를 유엔에 이관

② 과정: 유엔 총회에서 인구 비례에 따라 총선거를 실시하기로 결정(1947. 11.) → 소련은 유엔 한국 임시 위원단의 입북 거부 → 유엔 소총회에서 '위원단이 접근 가능한 지역의 총선거'를 결정(1948. 2.)

    └→ 사실상 남한 지역만의 총선거 결의

★(6) 남북 협상(1948. 4.)

① 배경: 남한만의 단독 선거 움직임이 보이자 김구·김규식 등이 단독 정부 수립에 반대하면서 남북 협상 추진

② 과정: 김구와 김규식이 평양에서 북측 지도자들과 만나 회의 개최(1948. 4.) → 외국 군대 즉시 철수, 남한 단독 선거 반대, 남북한 총선거 추진 등의 내용을 포함한 공동 성명 발표

③ 결과: 특별한 성과로 이어지지 못하였고, 김구는 5·10 총선거에 불참한 이후 암살됨

> **시험에 나오는 사료** '3천만 동포에게 읍고함'(김구)
>
> 삼천만 형제자매여! …… 마음속의 38도선이 무너지고야 땅 위의 38도선도 철폐될 수 있다. …… 나는 통일된 조국을 건설하려다가 38도선을 베고 쓰러질지언정 일신에 구차한 안일을 취하여 단독 정부를 세우는 데는 협력하지 아니하겠다.

기출로 보는 키워드

• 제1차 미·소 공동 위원회가 무기 휴회되자 이승만은 정읍에서 남한만의 단독 정부 수립을 주장하였다.

• 여운형과 김규식 등 중도 세력은 미군정의 후원을 받아 좌우 합작 운동을 전개하였다.

• 좌우 합작 위원회는 토지 개혁 등을 포함한 좌우 합작 7원칙을 발표하였다.

• 제2차 미·소 공동 위원회가 결렬되자 미국은 한반도 문제를 유엔에 상정하였다.

• 유엔 총회에서 한반도에서 인구 비례에 의한 총선거 실시를 결의하였다.

• 김구와 김규식 등은 통일 정부 수립을 위해 남북 협상을 추진하였다.

▶ 미·소 공동 위원회

▶ 김규식

호는 우사로, 일제 강점기인 1919년 파리 강화 회의에 대표로 파견되었어요. 광복 이후에는 좌우 합작 운동, 남북 협상을 이끌었답니다.

▶ 남북 협상을 위해 38도선에 선 김구 일행

02 대한민국 정부 수립과 6·25 전쟁

VIII. 현대 사회

1 대한민국 정부 수립과 제헌 국회

(1) 정부 수립 과정의 갈등
제주 4·3 사건 진상 규명 및 희생자 명예 회복에 관한 특별법 제정(2000)

① 제주 4·3 사건(1948. 4.): 제주의 좌익 세력이 남한 단독 선거에 반대하며 무장봉기를 일으킴 → 무장대와 토벌대 간의 무력 충돌과 토벌대의 강경 진압으로 수많은 주민이 희생됨

② 여수·순천 10·19 사건(1948. 10.): 제주 4·3 사건 진압을 위해 여수에 주둔해 있던 군대에 제주도 파견 명령을 내림 → 군대 내 좌익 세력이 출동에 반대하고 통일 정부 수립 등의 구호를 내세우며 반란을 일으킴 → 진압 과정에서 희생자 발생

★ (2) 대한민국 정부의 수립

① 5·10 총선거(1948. 5. 10.)
- 우리나라 역사상 최초의 민주 보통 선거
- 임기 2년의 제헌 국회 의원 선출
- 38도선 이남 지역에서만 실시
- 김구 등 남북 협상파들은 대거 불참

▲ 5·10 총선거

② 제헌 헌법 공포(1948. 7. 17.): 국호 '대한민국', 대통령 중심제, 삼권 분립, 국회 간접 선거로 정·부통령 선출, 대통령 임기 4년

③ 대한민국 정부 수립(1948. 8. 15.): 초대 대통령 이승만, 부통령 이시영

④ 유엔의 승인(1948. 12.): 유엔에서 대한민국을 한반도의 유일한 합법 정부로 승인함

(3) 제헌 국회의 활동

① 반민족 행위 처벌법 제정(1948. 9.)

배경	다수의 국민이 친일 반민족 행위자 처단 요구
내용	• 일제 강점기의 반민족 행위 처벌, 재산 몰수 등의 조항 마련 • 반민족 행위 처벌법에 근거하여 반민족 행위 특별 조사 위원회(반민 특위) 설치
활동 과정	친일 혐의자 체포·조사 → 이승만 정부의 소극적 태도와 활동 방해(반민 특위 습격 사건 등) → 반민 특위의 활동 기간 축소로 약 1년 만에 해체되며 친일파 청산이 좌절됨

② 농지 개혁법 제정(1949. 6.)

배경	지주 중심의 토지 제도가 고착화되어 토지 개혁에 대한 필요성이 대두
과정	1949년 농지 개혁법 통과 → 6·25 전쟁으로 중단 → 전쟁 이후 재개
방식	• '유상 매수, 유상 분배' 방식 • 경자유전의 원칙에 따라 분배, 1가구당 3정보 이내로 토지 소유 제한
결과	토지 소유 구조가 자영농 중심으로 변화 → 지주 계급 소멸, 자작농 증가, 영세 농민 몰락

└ 농사짓는 사람이 땅을 소유

기출로 보는 키워드

- 남한만의 단독 선거 결정에 반발하여 일어난 봉기를 진압하는 과정에서 제주 4·3 사건이 일어났다.
- 1948년에 우리나라 최초의 보통 선거인 5·10 총선거가 실시되었다.
- 5·10 총선거에 따라 제헌 국회가 구성되었다.
- 제헌 국회의원의 임기는 2년이었고, 제헌 헌법을 제정하였다.
- 제헌 국회의 간접 선거를 통해 초대 대통령으로 이승만이 선출되었다.
- 제헌 국회는 친일파를 청산하기 위해 반민족 행위 처벌법을 제정하였다.
- 제헌 국회는 유상 매수·유상 분배 원칙의 농지 개혁법을 제정하였다.

▶ 광복과 대한민국 정부 수립 과정

8·15 광복(1945)
↓
모스크바 3국 외상 회의(1945. 12.)
↓
제1차 미·소 공동 위원회 개최(1946. 3.)
↓
이승만의 정읍 발언(1946. 6.)
↓
좌우 합작 7원칙 발표(1946. 10.)
↓
제2차 미·소 공동 위원회 개최(1947. 5.)
↓
남북한 총선거 결정(1947. 11.)
↓
남한 단독 선거 결정(1948. 2.)
↓
남북 협상(1948. 4.)
↓
5·10 총선거(1948. 5.)
↓
대한민국 정부 수립(1948. 8.)

2 6 · 25 전쟁

(1) 배경

한반도의 상황	• 남과 북에 이념과 체제가 다른 정권 수립 • 남한은 좌익 세력과 이승만 정부에 불만을 가진 세력들로 인해 정치적 혼란이 발생함 • 38도선 근처에서는 지속적으로 남한과 북한의 크고 작은 교전이 발생함 • 소련과 중국의 북한 지원 → 북한의 군사력이 증강됨 ┌→ 북한이 소련과 군사 비밀 협정을 체결하여 비밀리에 전쟁을 준비
대외 정세	• 미국과 소련을 중심으로 냉전 체제가 격화됨 • 대한민국 정부가 수립된 이후 남한에서 미군이 철수하기 시작함 • 애치슨 선언 발표(1950. 1.): 미국이 태평양 지역의 방위선에서 한반도를 제외한다는 내용

★ (2) 전개 과정

① 북한군 기습 남침(1950. 6. 25.): 3일 만에 서울이 함락되고 국군은 낙동강 전선까지 밀려 내려감 → 수도를 임시로 부산으로 옮김

② 유엔군 참전
  • 인천 상륙 작전(1950. 9. 15.): 유엔군이 파견되어 국군과 유엔군이 낙동강 방어선을 구축 → 인천 상륙 작전을 감행함 └→ 학도병의 활약
  • 서울 수복(1950. 9. 28.): 인천 상륙 작전의 성공으로 서울을 수복함
  • 압록강 유역 진격: 국군과 유엔군이 38도선을 돌파하고 압록강 유역까지 진출함

③ 중국군 개입(1950. 10.): 중국이 군대를 보내 북한을 지원함

④ 흥남 철수(1950. 12. 15.): 전세가 불리해지자 흥남에서 국군과 유엔군, 피란민이 해상으로 철수함

⑤ 1 · 4 후퇴(1951. 1. 4.): 중국군의 공세에 밀려 서울이 다시 함락되자 정부가 서울에서 철수함

⑥ 휴전 성립
  • 서울을 다시 수복한 뒤 38도선을 중심으로 전선이 고착됨 → 소련의 제의로 정전 회담이 시작 → 휴전선 설정과 포로 교환 방식으로 대립
  • 정전 회담에 불만을 품은 이승만 정부가 반공 포로를 일방적으로 석방함
  • 회담이 시작된 지 2년여 만에 정전 협정 체결(1953. 7. 27.)

⑦ 한 · 미 상호 방위 조약 체결(1953. 10.): 한반도에 무력 충돌이 발생하는 경우 미국이 즉각 개입한다는 내용을 담은 조약이 체결됨

  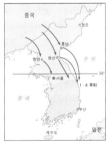 

▲ 북한군의 남침　　▲ 국군과 유엔군의 반격　　▲ 중국군의 참전과 국군 · 유엔군의 후퇴　　▲ 전선의 고착

(3) 영향

┌→ 남북 대치 상황을 이용하여
 남북한 각각 독재 체제를 강화함

① 많은 인명 피해, 이산가족과 전쟁고아 발생, 각종 사회 기반 시설 파괴, 토지 황폐화
② 서로에 대한 적개심으로 인해 분단이 고착화되고, 반공 체제가 강화됨

기출로 보는 키워드

• 애치슨 선언이 발표되었다.
• 흥남 철수 작전이 전개되었다.
• 국군과 유엔군은 인천 상륙 작전을 전개하여 서울을 수복하였다.
• 한 · 미 상호 방위 조약이 체결되었다.

❯ 인천 상륙 작전

❯ 중국군 참전

❯ 1 · 4 후퇴

❯ 정전 협정 체결

03 이승만 정부~장면 내각

1 이승만 정부 시기의 정치와 경제

(1) 발췌 개헌(1952. 7.)
┌→ 제1차 개헌

배경	제2대 국회 의원 선거에서 이승만 정부에 비판적인 무소속 출마자 대거 당선 → 간접 선거를 통한 이승만의 재선이 어려워짐
과정	• 자유당을 창당한 후 집권 연장을 위해 대통령 직선제 개헌 추진 • 6·25 전쟁 중 임시 수도인 부산 일대에 계엄령 선포 → 야당 국회 의원을 연행한 후 헌법 개정안 상정(여당의 대통령 직선제 안과 야당의 내각 책임제 안을 발췌·절충) → 공포 분위기를 조성한 후 국회에서 기립 표결로 개헌안 통과
결과	직선제 선거를 통해 이승만이 제2대 대통령으로 당선

> **시험에 나오는 사료** 발췌 개헌
>
> 제31조 입법권은 국회가 행한다. 국회는 민의원과 참의원으로써 구성한다. → 국회 양원제
> 제53조 대통령과 부통령은 국민의 보통, 평등, 직접, 비밀 투표에 의하여 각각 선거한다. → 대통령 직선제

★ (2) 사사오입 개헌(1954. 11.)
┌→ 제2차 개헌

배경	제3대 국회 의원 선거(1954)에서 자유당이 압승하면서 이승만이 장기 집권을 시도
과정	초대 대통령에 한정한 중임 제한 철폐 등의 내용이 담긴 헌법 개정안을 상정 → 개헌 통과 정족수에 1표가 부족해 부결됨 → 자유당이 사사오입의 논리를 내세워 개헌안 통과를 선언
결과	이승만이 제3대 대통령으로 당선

> **시험에 나오는 사료** 사사오입 개헌
>
> 제55조 대통령과 부통령의 임기는 4년으로 한다. 단, 재선에 의하여 1차 중임할 수 있다. 대통령이 궐위된 때에는 부통령이 대통령이 되고 잔임 기간 중 재임한다.
> 부   칙 이 헌법 공포 당시의 대통령에 대하여는 제55조 제1항 단서의 제한을 적용하지 아니한다.
> └→ 이승만

(3) 이승만 정부의 전후 복구와 원조 경제 체제

① 전후 경제 상황: 산업 시설 파괴로 생필품이 부족해지고 실업자가 증가하였으며, 화폐 가치가 폭락하고 물가가 폭등함

② 미국의 원조: 한·미 원조 협정 체결(1948. 12.)
┌→ 제분·제당·면방직

내용	주로 농산물과 소비재 물품(밀가루·설탕·면화)을 원조받아 이를 가공하는 삼백 산업 발달
문제점	• 농업 기반 약화로 농산물 가격이 폭락하고, 국내의 밀·면화 생산이 위축 • 원료의 국외 의존도 상승, 생산재 산업 성장 저조
변화	1950년대 후반부터 미국의 원조 감소, 무상 원조에서 유상 차관 방식으로 전환 → 경제 위기

기출로 보는 키워드

• 발췌 개헌은 6·25 전쟁 중에 임시 수도 부산에서 통과되었다.

• 사사오입 개헌으로 개헌 당시 대통령, 즉 초대 대통령에 한해 중임 제한이 철폐되었다.

• 이승만 정부는 평화 통일론을 주장한 진보당의 조봉암을 제거하였다.

• 이승만 정부 때 미국의 원조 물자를 기반으로 제분·제당·면방직의 삼백 산업이 발달하였다.

▶ **직선제와 간선제**

국민이 직접 선거하여 대표를 선출하는 제도를 직선제(직접 선거 제도)라고 하고, 일반 선거인(국민)이 중간 선거인(국회 의원)을 대표로 뽑아 그들로 하여금 대신 선거를 하도록 하는 제도를 간선제(간접 선거 제도)라고 합니다.

▶ **사사오입 개헌**

개헌안이 국회에서 재적 인원의 3분의 2인 136표에서 1표가 모자란 135표의 찬성으로 부결되었어요. 하지만 이틀 후에 자유당은 203석의 3분의 2는 135.3333…인데, 이를 사사오입하면 135석이 된다는 논리를 내세워 개헌안을 통과시켰습니다.

2 4·19 혁명과 장면 내각의 수립

★ (1) 4·19 혁명(1960)

① 배경
- 미국의 원조 축소로 경기 침체, 이승만 정부의 부정부패로 사회·경제적 불안감 증폭
- 2·28 민주 운동 등 이승만 정부의 부정부패에 저항하는 운동이 전국적으로 발생함
- 3·15 부정 선거: 자유당 정권은 1960년 정·부통령 선거에서 부통령 후보인 이기붕을 당선시키기 위해 부정 선거를 자행함(4·19 혁명의 직접적인 도화선)

② 전개: 부정 선거 규탄 시위 발생 → 경찰이 무력으로 진압하는 과정에서 **김주열 학생의 시신 발견(마산)** → 전국으로 시위 확산 → 정부의 계엄령 선포 → 대학교수단이 시국 선언을 하고 시위에 동참(4. 25.) → **이승만 대통령이 하야를 발표**하고 미국으로 망명함(4. 26.)
  └▸ '학생의 피에 보답하라'는 현수막을 들고 가두시위 전개

③ 결과
    ┌▸ 한 정치 체제에서 다른 정치 체제로 넘어가는 과정에서 임시로 구성된 정부
- 허정 과도 정부가 수립되고 이승만 정권의 각료와 자유당 간부는 구속됨
- 내각 책임제와 국회 양원제(참의원, 민의원) 등을 내용으로 한 개헌 단행(제3차 개헌, 1960)

(2) 장면 내각의 수립
    ┌▸ 제3차 개헌(내각 책임제, 국회 양원제)에 의거한 총선거
① 수립: 국회 의원 선거(1960)에서 민주당이 승리 → 내각 책임제에 따라 국회에서 대통령에 윤보선, 국무총리에 장면을 선출함
② 제4차 개헌(1960): 장면 내각이 3·15 부정 선거 주모자 처벌 등을 위해 소급 법을 마련함
③ 민주주의 운동의 확산: 노동 운동, 교원 노조 운동, 청년 운동 등이 활발하게 전개됨
④ 통일 논의 활성화: 국민의 요구가 있었지만 장면 내각은 '선건설 후통일' 정책을 내세우며 통일 논의에 소극적인 태도를 취함
⑤ 경제 개발 노력: 대규모 국토 건설 사업을 추진함, 경제 개발 5개년 계획을 수립하였으나 실행되지는 못함

기출로 보는 키워드
- 4·19 혁명 당시 대학 교수단이 대통령 퇴진을 요구하며 시위행진을 벌였다.
- 4·19 혁명으로 이승만 대통령이 하야하고 허정 과도 정부가 구성되었다.
- 4·19 혁명은 양원제 국회와 장면 내각이 출범하는 배경이 되었다.

▶ **김주열**

▶ **4·25 교수단 시위 (학생의 피에 보답하라)**

박정희 정부

1 박정희 정부 시기의 정치

(1) 5·16 군사 정변(1961): 박정희를 비롯한 군인 세력이 정변을 일으켜 정권을 장악하고 장면 내각을 붕괴시킴 → 국가 재건 최고 회의를 조직하고 이후 군정을 실시함

(2) 박정희 정부의 수립 → 제5차 개헌(대통령 중심제와 직선제, 국회 단원제) 이후 대통령 당선

① 박정희 정부 출범(1963): 제5대 대통령 선거에서 박정희 당선

② 한·일 국교 정상화(1965)

배경	경제 개발에 필요한 자본을 마련하고, 한·미·일 안보 체제를 강화하고자 함
6·3 시위 (1964)	식민 통치에 대한 사과나 배상은 제쳐 두고 차관 도입에만 집중한 굴욕적인 한·일 회담 및 대일 정책에 반대하며 시위가 일어남 → 구호로 '민족적 민주주의 장례식'을 내세움
결과	정부는 계엄령을 선포해 시위를 탄압하고, 한·일 협정을 체결(1965) → 한·일 국교를 정상화함 └ 한·일 기본 조약

③ 베트남(월남) 파병(1964~1973)

배경	우리나라는 경제 개발에 필요한 자본을 마련하고자 하였고, 미국은 반공 전선을 확고히 하려는 의도를 가지고 있었음
파병	미국의 파병 요청에 따라 경제·군사적 지원을 약속받은 후 군대를 베트남 전선에 보냄
영향	베트남 특수로 경제 성장을 위한 발판이 마련되었으나, 수많은 전사자와 희생자가 발생함

④ 3선 개헌(제6차 개헌, 1969): 집권 연장을 위해 대통령의 3회 연임이 가능하도록 헌법을 바꿈 → 대통령 선거에서 박정희가 야당(신민당)의 김대중을 근소한 차이로 누르고 당선됨(1971)

★**(3) 유신 체제의 성립(1972)**

① 배경
- 냉전 체제가 완화되면서 반공을 앞세운 정권 기반이 약화됨
- 장기 집권과 경제 침체에 대한 국민의 불만이 커짐

② 과정: 10월 유신 단행(비상계엄령 선포, 국회 해산, 정치 활동 금지) → 유신 헌법을 국민 투표로 확정 → 통일 주체 국민 회의에서 박정희를 대통령으로 선출

③ 유신 헌법(제7차 개정 헌법) 내용 ┌ 대통령 간선제
- 통일 주체 국민 회의에서 대통령을 선출하도록 함(임기 6년, 중임 제한 없음)
- 국회 의원 3분의 1 추천권, 긴급 조치권, 국회 해산권 등 대통령의 권한을 비정상적으로 강화하여 영구 집권 체제를 가능하게 함

④ 유신 체제에 대한 저항과 탄압
- 저항: 3·1 민주 구국 선언(1976) 등 재야인사를 중심으로 유신 철폐를 요구함
- 탄압: 박정희 정부는 긴급 조치를 발표하여 반대 세력을 억압하고, 인민 혁명당 재건 위원회 사건 등을 조작하여 학생 운동을 탄압함

▶ **3선 개헌 반대 시위**

▶ **유신 헌법 선포**

▶ **긴급 조치권**

유신 헌법에 근거한 대통령의 권한으로, 헌법에 규정되어 있는 국민의 자유와 권리를 제한할 수 있었어요.

⑤ 유신 체제의 붕괴
- 배경: 1978년 국회 의원 선거에서 야당의 득표율이 여당의 득표율을 앞질렀고, 제2차 석유 파동 등으로 인한 경제 불황이 지속됨
- YH 무역 사건(1979): 회사의 폐업에 항의하던 YH 무역의 노동자 중 한 명이 경찰의 강제 진압 과정에서 사망함
  └ 가발 공장
- 김영삼의 의원직 제명: 야당이 YH 무역 사건을 계기로 정부를 강력하게 비판함 → 여당은 정권 비판에 앞장선 신민당 총재 김영삼을 국회 의원직에서 제명함
- 부·마 민주 항쟁(1979): 김영삼의 정치적 근거지였던 부산·마산 지역에서 유신 체제 반대 시위가 벌어짐 → 정부는 군대를 동원해 진압에 나섰지만 시위는 급속도로 확산됨
  └ 유신 체제 붕괴의 결정적 계기
- 10·26 사태(1979): 박정희가 김재규에게 피살당하면서 박정희 유신 체제가 붕괴됨
  └ 중앙정보부장

> **YH 무역 사건**

2 박정희 정부 시기의 경제와 사회

⭐ **(1) 경제 개발 5개년 계획** → 정부 주도의 성장 중심 경제 정책

① 1960년대: 제1, 2차 경제 개발 5개년 계획

배경	장면 내각의 5개년 계획을 보완하여 5·16 군사 정변 이후 군사 정부에서 실시(1962)
특징	• 경공업 위주의 정책 추진, 소비재 수출 산업 육성(의류·가발 산업 등) • 경부 고속 국도 개통(1970) 등 사회 간접 자본 확충
결과	• 의의: 소득과 수출 증대, 지속적인 경제 성장 달성 • 한계: 대외 의존도 심화, 외채 증가 → 1960년대 말 경제 위기 도래

② 1970년대: 제3, 4차 경제 개발 5개년 계획

배경	1960년대 말 경제 위기를 타개하기 위해 추진됨
특징	• 경공업에서 중화학 공업(철강·화학·기계·조선 등) 중심으로 전환됨 • 조선·자동차·정유 등 대규모 공업 단지 조성: 포항 제철 준공(1973) • 제1차 석유 파동(1973)은 건설업의 중동 진출로 극복함 • 2차 산업(제조업) 비중이 1차 산업(농업, 어업 등)을 초월하는 구조가 됨
결과	• 의의: 수출액 100억 달러 달성(1977), 산업 구조가 고부가 가치 산업 위주로 개편 → '한강의 기적' • 한계: 정경 유착·빈부 격차 심화, 노동 운동 탄압, 제2차 석유 파동(1978)을 극복하지 못해 경제 위기 가중

(2) 새마을 운동 → 관련 기록물이 유네스코 세계 기록 유산에 등재됨

① 배경: 농촌과 도시 간 격차가 벌어짐에 따라 농촌 인구가 감소하고 고령화되기 시작함
② 추진: 정부가 1970년부터 근면·자조·협동을 바탕으로 한 지역 사회 개발 운동을 추진함
③ 내용: 농촌 소득 증대 사업 및 생활 환경 개선 → 전국적인 의식 개혁 운동으로 확산됨
④ 한계: 농촌의 외형 변화에 치중하였고, 체제를 유지하는 데 이용되었다는 평가가 있음

(3) 노동자 해외 파견: 서독에 광부와 간호사를 파견하여 외화 획득
→ 제2차 세계 대전 당시 독일이 동서로 나누어지면서 독일의 서부 지역에 있었던 연방 공화국

(4) 미니스커트·장발 단속: 1970년대의 사회 풍조를 풍기 문란이라는 이유로 단속

> **경부 고속 국도 준공**

> **수출 100억 달러 달성**

05 전두환 정부~현재

1 전두환 정부 시기의 정치와 경제

⭐ (1) 5·18 민주화 운동(1980) → 5·18 민주화 운동 기록물이 유네스코 세계 기록 유산으로 등재됨(2011)

배경	• 12·12 사태(1979): 전두환이 이끈 일부 군인 세력이 정변을 일으켜 정권을 장악 → 신군부가 민주화 운동을 탄압함 └ 신군부 • 서울에서 대규모 민주화 요구 시위 전개 → 5월 17일 계엄령이 전국으로 확대됨
전개	전남 광주에서 비상계엄 철폐 요구 시위가 일어남(5. 18.) → 계엄군이 투입되어 무차별적으로 시위를 진압하며 많은 사상자가 발생함 → 시민들이 이에 대항하여 무장하고, 시민군을 편성하여 계엄군에 맞섬 → 시민군이 전남 도청에서 끝까지 저항하였으나, 계엄군이 무자비하게 전남 도청을 장악하며 진압됨

(2) 전두환 정부의 수립

집권 과정		• 5·18 민주화 운동을 진압한 뒤 국가 보위 비상 대책 위원회를 설치하여 권력을 장악함 • 통일 주체 국민 회의에서 전두환이 제11대 대통령으로 선출됨(1980) • 제8차 개헌 단행(1980): 대통령 간접 선거, 대통령 임기 7년 단임을 규정 • 대통령 선거인단을 통한 간접 선거로 전두환이 제12대 대통령으로 선출됨(1981)
정책	강압 정책	민주화 운동과 인권 탄압, 정치 활동 금지, 언론사 통폐합, 언론인 강제 해직, 삼청 교육대 운영 → '사회악 일소'를 명분으로 시민과 학생을 군대식 기관에 수용하여 폭력적 교육 실시
	유화 정책	교복과 두발 자율화, 야간 통행금지 해제, 해외여행 자유화, 프로 스포츠 육성(프로 야구 출범, 88 서울 올림픽 대회 유치)

⭐ (3) 6월 민주 항쟁(1987)

배경	• 민주화를 이루기 위해서는 국민의 손으로 대통령을 선출해야 한다는 인식이 확산됨 → 1985년 국회 의원 선거에서 야당 의원이 다수 당선되며 이후 대통령 직선제 개헌 운동이 적극적으로 추진됨 → 헌법을 보호하여 지킴 • 박종철 고문치사 사건(1987) 등 전두환 정부의 인권 유린에 대한 국민 불만이 고조됨 • 4·13 호헌 조치 발표: 전두환 정부는 대통령 직선제 개헌을 거부함(1987. 4.) • 박종철 고문치사 사건의 진상이 밝혀져 국민의 분노가 폭발하고, 민주화 시위가 확산됨
전개	• 개헌 요구 시위 중 대학생 이한열이 경찰이 쏜 최루탄에 맞아 의식 불명 상태에 빠짐 • 시민과 학생이 6·10 국민 대회 선언문을 발표하고, 전국 주요 도시에서 대규모 시위를 전개('호헌 철폐, 독재 타도, 민주 헌법 쟁취' 등을 구호로 외침)
결과	• 6·29 민주화 선언(1987): 민주 정의당(여당) 대표이자 대통령 후보였던 노태우가 대통령 직선제 개헌 요구를 수용하는 시국 수습 방안을 발표함 • 제9차 개헌(1987): 여야 합의를 통해 5년 단임의 대통령 직선제로 헌법이 개정됨(현행 헌법) • 개헌에 따른 대통령 선거(1987)에서 여당의 노태우 후보가 당선됨

▲ 개헌 요구 시위

▲ 최루탄을 맞고 쓰러지는 이한열

▲ 이한열 열사 영결식

238 한국사능력검정시험 기본

기출로 보는 키워드

• 5·18 민주화 운동 관련 기록물은 유네스코 세계 기록 유산으로 등재되었다.

• 전두환 정부는 언론 통폐합, 언론 기본법 제정, 삼청 교육대 설치 등의 정책을 펼쳤다.

• 6월 민주 항쟁 당시 시위에 참여한 사람들은 '호헌 철폐, 독재 타도' 등의 구호를 내세웠다.

• 6월 민주 항쟁의 결과 대통령 직선제 개헌을 수용한다는 6·29 민주화 선언이 발표되었다.

• 전두환 정부 때 3저 호황으로 물가가 안정되고 수출이 증가하였다.

▶ 5·18 민주화 운동

▶ 박종철 고문치사 사건

1987년 1월에 서울대학교 학생인 박종철이 경찰에 연행되어 고문을 받다가 숨진 사건입니다. 정부는 이를 은폐하려고 하였으나, 결국 사실이 세상에 드러나게 되면서 정부에 대한 국민들의 불신이 크게 증폭되었지요.

(4) 1980년대 경제 성장

① 위기: 1970년대 말 중화학 공업의 과잉 투자, 제2차 석유 파동(1978), 국내 정치 불안 등이 원인이 되어 경제 위기가 옴

② 극복: 중화학 공업 구조 조정, 1980년대 중반 이후 3저 호황(저유가·저금리·저달러)으로 수출이 늘어나고 경제가 호황을 누림
└ 10% 이상 높은 성장률 기록

2 노태우 정부 이후의 정치와 경제

(1) 노태우 정부

① 북방 외교(소련·중국 등 사회주의 국가와 수교)를 추진함

② 제24회 서울 올림픽 대회를 개최함(1988)

(2) 김영삼 정부

① 개혁 정책: 지방 자치제 전면 실시, 고위 공직자 재산 등록, 역사 바로 세우기 운동, 금융 실명제 실시(1993) 등을 추진함 → 투명한 금융 거래를 위해 모든 금융 거래에서 실제 거래자 이름을 사용하는 제도

② 시장 개방: 세계 경제의 시장 개방 가속화에 따라 경제 협력 개발 기구(OECD) 가입 (1996)
└ 세계 무역 기구(WTO) 출범 등

③ 외환 위기(1997): 김영삼 정부 말기에 외국 자본이 급속히 빠져나가면서 경제 위기 상황에 봉착함 → 국제 통화 기금(IMF)의 금융 지원·관리를 받음

★ (3) 김대중 정부

① 선거를 통한 평화적인 여야 정권 교체를 통해 선출된 최초의 대통령

② 외환 위기 극복: 금융 기관과 대기업 구조 조정, 금 모으기 운동 등을 통해 국제 통화 기금의 지원 자금을 조기 상환함(2001)

③ 노벨 평화상 수상: 민주주의와 인권을 향한 투쟁과 6·15 남북 공동 선언을 이끌어 내어 한반도 긴장 완화에 기여한 공로를 인정받아 김대중 대통령이 노벨 평화상을 수상함

④ 2002년 한·일 월드컵 축구 대회, 부산 아시아 경기 대회 개최

⑤ 한·칠레 자유 무역 협정(FTA)을 체결함

(4) 노무현 정부

① 권위주의 청산을 위해 노력하고 과거사 정리 사업을 추진함

② 경부 고속 철도(KTX)를 개통하고, 질병 관리 본부를 설치함

③ 한·칠레 자유 무역 협정(FTA) 발효, 한·미 자유 무역 협정(FTA)을 체결함

④ 아시아·태평양 경제 협력체(APEC)를 개최함(2005)

(5) 이명박 정부

① 서울에서 G20 정상 회의를 개최함(2010)

② 한·미 자유 무역 협정(FTA)이 발효됨
└ 노무현 정부 때 국회 비준에 실패한 후 재협상하여, 이명박 정부 때 양국 국회에서 통과되었고 2012년에 발효됨

기출로 보는 키워드

• 김영삼 정부 때 대통령 긴급 명령으로 금융 실명제가 시행되었다.

• 김영삼 정부 때 경제 협력 개발 기구(OECD)에 가입하였다.

• 김영삼 정부는 외환 위기를 맞아 국제 통화 기금(IMF)에 구제 금융 지원을 요청하였다.

• 김대중 정부 때 대통령 직속 자문 기구인 노사정 위원회가 구성되었다.

• 노무현 정부 때 한·미 자유 무역 협정(FTA)이 체결되었고, 이명박 정부 때 발효되었다.

▶ 역사 바로 세우기 운동

김영삼 정부는 과거 독재 정권이 저지른 잘못이나 친일 반민족 행위에 대한 진상 규명을 추진하였어요. 이 과정에서 전두환, 노태우 전 대통령이 재판에 회부되어 실형을 선고 받았지만 이후에 사면되었습니다.

▶ 금 모으기 운동

06 통일을 위한 노력과 사회 변화

VIII. 현대 사회

1 남북 관계와 통일을 위한 노력

(1) 이승만 정부: 북한 정권을 부정하고 철저한 반공 정책(북진 통일)을 추진함

(2) 박정희 정부

① 1960년대에는 북한의 군사 도발로 반공 정책이 강화되고 남북 간 긴장이 고조됨

② 7·4 남북 공동 성명(1972)

배경	냉전이 완화됨에 따라 이산가족 상봉을 위한 남북 적십자 회담(1971)이 개최됨
내용	• 3대 통일 원칙(자주, 평화, 민족적 대단결)에 합의 • 평화 통일 실무 협의를 위한 남북 조절 위원회를 구성함
한계	통일을 위한 선언이 남북한 양측에서 독재 체제 강화에 이용됨

(3) 전두환 정부: 이산가족 고향 방문(최초)과 예술 공연단의 교환 방문 성사(1985)

⭐ **(4) 노태우 정부**

① 남북한 유엔 동시 가입(1991)

② 남북 기본 합의서 채택(1991): 남북한이 상호 체제를 인정하고, 상호 불가침에 합의한 남북한 정부 최초의 공식 합의서

> **시험에 나오는 사료** 남북 기본 합의서
>
> 제1조 남과 북은 서로 상대방의 체제를 인정하고 존중한다.
> 제9조 남과 북은 상대방에 대하여 무력을 사용하지 않으며 상대방을 무력으로 침략하지 아니한다.

③ '한반도 비핵화에 관한 공동 선언' 합의(1991): 남북한이 핵무기의 실험, 제조, 생산 금지를 약속한 공동 선언을 발표함

⭐ **(5) 김대중 정부** ┌ 햇볕 정책

① 대북 화해 협력 정책: 정주영의 소 떼 방북, 해로를 통한 금강산 관광 사업(1998)이 시작

② 제1차 남북 정상 회담(2000)

• 분단 이후 최초로 남북 정상 회담을 개최하여 6·15 남북 공동 선언을 발표함

• 경의선 복구 사업, 개성 공단 건설, 이산가족 상봉, 금강산 육로 관광 등을 추진함
  └ 착공식: 노무현 정부   └ 2003년에 시작

> **시험에 나오는 사료** 6·15 남북 공동 선언
>
> 1. 남과 북은 나라의 통일 문제를 그 주인인 우리 민족끼리 서로 힘을 합쳐 자주적으로 해결해 나가기로 하였다.
> 2. 남과 북은 나라의 통일을 위한 남측의 연합제 안과 북측의 낮은 단계의 연방제 안이 서로 공통성이 있다고 인정하고 앞으로 이 방향에서 통일을 지향시켜 나가기로 하였다.

기출로 보는 키워드

• 박정희 정부 때 7·4 남북 공동 성명이 발표되었다.

• 박정희 정부 때 남북 조절 위원회가 구성되었다.

• 전두환 정부 때 최초로 이산가족 고향 방문과 예술 공연단 교환이 이루어졌다.

• 노태우 정부 때 남북한이 유엔에 동시 가입하였다.

• 노태우 정부 때 남북 기본 합의서와 한반도 비핵화 공동 선언을 채택하였다.

• 김대중 정부 때 최초로 남북 회담을 개최하고, 6·15 남북 공동 선언을 채택하였다.

• 김대중 정부 때 개성 공단 조성 사업을 추진하기로 하였다.

▶ **소 떼 방북**

남북 화해의 분위기가 조성되던 1998년 김대중 정부 시기에 기업가 정주영이 500마리의 소 떼를 이끌고 판문점을 통해 북한을 방문했어요.

▶ **제1차 남북 정상 회담**

(6) 노무현 정부

① 대북 화해 협력 정책 계승: 개성 공단 사업을 시작하고 교류를 더욱 확대함

② 제2차 남북 정상 회담(2007): 평양에서 제2차 남북 정상 회담이 개최된 후 10·4 남북 공동 선언을 발표함(군사적 긴장 완화, 경제 협력 사업 활성화 등)

③ 북한의 핵 문제 해결을 위한 6자 회담을 개최하였으나 성과를 거두지는 못함

2 사회 변화

(1) 도시화

① 산업화의 진전으로 농촌 인구가 대거 도시로 이주하며 도시 문제(주택, 교통, 빈곤, 실업, 빈민 문제 등)가 발생함

② 광주 대단지 사건(1971): 도시 개발 과정에서 쫓겨난 빈민의 생존권 문제가 대두됨

★ (2) 노동 운동

→ 노동 운동에 대한 관심이 높아짐

① 급속한 산업화로 인하여 저임금과 장시간 노동 등 열악한 노동 환경 문제가 대두됨

② 전태일 분신 사건(1970)과 YH 무역 사건이 발생함

③ 6월 민주 항쟁(1987) 이후 노동 운동이 활발해지면서 노동조합 결성이 확산되었음

(3) 사회 제도 변화

① 노태우 정부: 남녀 고용 평등법 제정(1987)

② 노무현 정부: 호주제 폐지(2005), 가족 관계 등록법 시행(2008)

└→ 호주를 중심으로 가족 구성원들의 신분 변동을 기록하는 제도

(4) 사회 보장 정책

① 전두환 정부: 최저 임금법 제정(1986)

② 노태우 정부: 국민연금 제도 시행(1988)

③ 김영삼 정부: 고용 보험 제도 시행(1995)

④ 김대중 정부: 국민 기초 생활 보장법 제정(1999)

(5) 교육 제도

① 박정희 정부: 국민 교육 헌장 선포(1968), 중학교 무시험 진학 제도(1969), 고교 평준화 제도(1974), 학도 호국단 부활(군사 교육 실시) 등

② 전두환 정부: 과외 전면 금지 및 본고사 폐지(1980), 대학 졸업 정원제 실시, 중학교 의무 교육 최초 실시, 학도 호국단 폐지

③ 김영삼 정부: 대학 수학 능력 시험 도입

④ 김대중 정부: 중학교 의무 교육 전면 실시

기출로 보는 키워드

• 박정희 정부 때 국민 교육 헌장이 발표되었다.

• 박정희 정부 시기인 1970년에 전태일이 근로 기준법 준수를 요구하며 분신하였다.

• 전두환 정부 때 저임금 근로자의 생활 보호를 위한 최저 임금법이 제정되었다.

▶ **광주 대단지 사건**

1971년 서울시가 빈민가 정비 사업의 일환으로 약 10만여 명에 이르는 사람들을 경기도 광주군에 지정된 광주 대단지로 이주시키자, 주민들이 정부의 무계획적 도시 정책에 반발하여 저항한 사건입니다.

▶ **전태일**

박정희 정부 시기인 1970년에 서울 평화 시장 노동자 전태일이 근로 기준법 준수를 요구하며 분신하였습니다.

▶ **호주제 폐지**

헌법 재판소의 호주제 헌법 불합치 결정과 여성계를 중심으로 한 거센 폐지 요구에 따라 2005년 폐지되었으며, 현재는 가족 관계 등록부 제도가 시행되고 있어요.

01 8·15 광복과 통일 정부 수립 노력

대표 기출문제

01 (가)에 들어갈 단체로 옳은 것은? [기본 67회]

> 1946년 7월, 미군정의 지원 아래 여운형, 김규식 등이 중심이 되어 결성한 단체입니다. 정치 세력의 대립을 넘어 민주주의 임시 정부 수립을 위해 노력한 이 단체의 이름은 무엇일까요?

① 권업회
② 대한인 국민회
③ 좌우 합작 위원회
④ 남북 조절 위원회

02 밑줄 그은 '위원회'로 옳은 것은? [기본 48회]

> 이곳 덕수궁 석조전에서는 모스크바 3국 외상 회의에서 결정된 한반도의 임시 민주 정부 수립 문제를 협의하기 위해 위원회가 열렸습니다.

① 남북 조절 위원회
② 미·소 공동 위원회
③ 조선 건국 준비 위원회
④ 반민족 행위 특별 조사 위원회

03 다음 발언 이후에 전개된 사실로 옳은 것은? [기본 51회]

> 미·소 공동 위원회가 결렬된 이후 다시 열릴 기미가 보이지 않습니다. 통일 정부가 수립되길 원했으나 뜻대로 되지 않으니, 남방만이라도 임시 정부 혹은 위원회를 조직하고, 38도선 이북에서 소련이 물러가도록 세계에 호소해야 합니다.

이승만

① 한국광복군이 창설되었다.
② 김구가 남북 협상을 추진하였다.
③ 모스크바 삼국 외상 회의가 개최되었다.
④ 여운형이 조선 건국 준비 위원회를 결성하였다.

04 (가)에 들어갈 내용으로 가장 적절한 것은? [기본 50회]

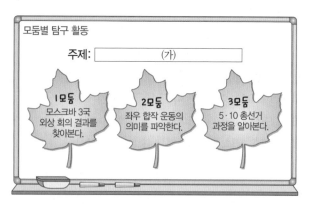

> 모둠별 탐구 활동
> 주제: (가)
> 1모둠 모스크바 3국 외상 회의 결과를 찾아본다.
> 2모둠 좌우 합작 운동의 의미를 파악한다.
> 3모둠 5·10 총선거 과정을 알아본다.

① 헤이그 특사 파견 배경
② 대한민국 정부 수립 과정
③ 국민대표 회의 개최 원인
④ 한·일 기본 조약 체결 결과

01 8·15 광복과 정치 상황   답 ③

1945년 광복 후 열린 모스크바 3국 외상 회의로 인해 좌우익의 대립이 심화되었고, 제1차 미·소 공동 위원회가 결렬된 후 이승만의 정읍 발언으로 한반도에 분단 위기가 커졌다. 이에 1946년 7월에 여운형은 김규식 등과 함께 좌우 합작 위원회를 구성하고 통일 정부 수립을 위한 좌우 합작 운동을 펼쳤다.

🔍 선지분석

① 권업회
- ➡ 1910년대 연해주에서는 권업회가 조직되어 권업신문을 발간하였으며, 이상설 등이 대한 광복군 정부를 결성하였다.

② 대한인 국민회
- ➡ 1910년에 미국 내의 여러 독립운동 단체들이 통합된 대한인 국민회가 조직되었다.

✓ 좌우 합작 위원회
- ➡ 1946년 7월에 여운형과 김규식 등은 좌우 합작 위원회를 조직하고 좌우 합작 7원칙을 발표하였다.

④ 남북 조절 위원회
- ➡ 1972년 박정희 정부 시기에 남북한은 자주·평화·민족 대단결의 3대 원칙을 포함한 7·4 남북 공동 성명을 발표하였고, 그 실천을 위해 남북 조절 위원회를 구성하였다.

⏰ 3초공식
여운형, 김규식 등이 중심이 되어 결성함 = 좌우 합작 위원회

02 8·15 광복과 정치 상황   답 ②

자료에서 한반도의 임시 민주 정부 수립 문제를 협의하기 위해 덕수궁 석조전에서 위원회가 열렸다는 점을 통해 밑줄 그은 '위원회'가 미·소 공동 위원회임을 알 수 있다.

🔍 선지분석

① 남북 조절 위원회
- ➡ 박정희 정부 때 발표된 7·4 남북 공동 성명(1972)을 계기로 설치되었다.

✓ 미·소 공동 위원회
- ➡ 모스크바 3국 외상 회의의 결정에 따라 1946년과 1947년에 두 차례의 미·소 공동 위원회가 개최되었다.

③ 조선 건국 준비 위원회
- ➡ 1945년에 여운형을 중심으로 조직되었다.

④ 반민족 행위 특별 조사 위원회
- ➡ 1948년에 출범한 제헌 국회는 반민족 행위 특별 조사 위원회를 구성하여 친일 문제를 청산하고자 하였다.

⏰ 3초공식
덕수궁 석조전 + 한반도 문제 협의 = 미·소 공동 위원회

03 통일 정부 수립 노력   답 ②

자료에서 이승만이 미·소 공동 위원회가 결렬된 이후 남방만이라도 임시 정부 혹은 위원회를 조직해야 한다고 한 점을 통해 이승만의 정읍 발언임을 알 수 있다. 제1차 미·소 공동 위원회가 결렬되자 이승만은 1946년 정읍에서 남한만이라도 임시 정부를 조직해야 한다는 내용의 발언을 하였다.

🔍 선지분석

① 한국광복군이 창설되었다.
- ➡ 대한민국 임시 정부가 1940년에 창설한 정규군이다.

✓ 김구가 남북 협상을 추진하였다.
- ➡ 남한만의 단독 선거 움직임이 보이자 1948년 김구·김규식이 통일 정부 수립을 위해 북측 지도자들과 남북 협상을 진행했다.

③ 모스크바 삼국 외상 회의가 개최되었다.
- ➡ 1945년 12월에 개최되었다.

④ 여운형이 조선 건국 준비 위원회를 결성하였다.
- ➡ 광복 직후인 1945년 8월에 정부 수립을 위해 조직하였다.

⏰ 3초공식
이승만 + 남한 단독 정부 수립 주장 = 정읍 발언(1946)

04 통일 정부 수립 노력   답 ②

자료에서 모스크바 3국 외상 회의, 좌우 합작 운동, 5·10 총선거가 제시된 점을 통해 (가)에 들어갈 내용이 대한민국 정부 수립 과정임을 알 수 있다.

🔍 선지분석

① 헤이그 특사 파견 배경
- ➡ 고종은 을사늑약 체결의 부당함을 알리기 위해 네덜란드 헤이그에서 열리는 만국 평화 회의에 특사를 보냈다.

✓ 대한민국 정부 수립 과정
- ➡ 광복 이후 모스크바 3국 외상 회의의 결정에 따라 미·소 공동 위원회가 설치되었다. 위원회가 결렬되자 좌우 합작 운동이 전개되었으나 성과를 거두지 못하였다. 결국 한반도 문제가 유엔으로 이관된 후 1948년 5·10 총선거가 실시되고, 같은 해 8월 15일 대한민국 정부가 수립되었다.

③ 국민대표 회의 개최 원인
- ➡ 대한민국 임시 정부의 활동 방향을 논의하기 위해 개최되었다.

④ 한·일 기본 조약 체결 결과
- ➡ 박정희 정부 때 체결되어 일본과의 국교를 정상화하였다.

⏰ 3초공식
모스크바 3국 외상 회의 → 좌우 합작 운동 → 5·10 총선거 → 대한민국 정부 수립

02 대한민국 정부 수립과 6·25 전쟁

01 (가)에 들어갈 사건으로 옳은 것은? [기본 67회]

영상 속 역사

학생들이 제작한 영상의 배경이 된 (가) 은/는 미군정기에 시작되어 이승만 정부 수립 이후까지 지속되었습니다. 당시 남한만의 단독 정부 수립에 반대하는 무장대와 토벌대 간의 무력 충돌과 그 진압 과정에서 많은 주민이 희생되었습니다.

제작: ○○ 역사 동아리

① 6·3 시위
② 제주 4·3 사건
③ 2·28 민주 운동
④ 5·16 군사 정변

02 밑줄 그은 '국회'의 활동으로 적절하지 않은 것은?

[기본 66회]

이 자료는 유엔 결의에 따라 치러진 총선거로 출범한 국회의 개회식 광경을 담은 화보입니다.

① 제헌 헌법을 제정하였다.
② 반민족 행위 처벌법을 가결하였다.
③ 한·미 상호 방위 조약을 비준하였다.
④ 이승만을 초대 대통령으로 선출하였다.

03 (가) 정부 시기에 있었던 사실로 옳은 것은? [기본 50회]

반민족 행위 특별 조사 위원회가 발족되었습니다. 이 위원회에서는 반민족 행위자를 제보하는 투서함을 설치하는 등 친일파 청산을 위해 많은 노력을 하였습니다. 그러나 당시 (가) 정부는 이 위원회의 활동에 대해 비협조적인 태도를 보였습니다.

역사 돋보기

반민 특위, 반민족 행위자 제보 투서함 설치

① 금융 실명제를 실시하였다.
② 중국, 소련 등과 수교하였다.
③ 사사오입 개헌안을 가결하였다.
④ 개성 공단 건설 사업을 실현하였다.

04 밑줄 그은 '전쟁'에 대한 설명으로 옳은 것은? [기본 50회]

1950년에 일어난 전쟁 때 폭탄을 맞아 생겨난 흔적이란다. 이 전쟁으로 많은 이산가족이 아픔을 겪고 있지.

경의선 장단역 증기 기관차

이 기관차에는 왜 구멍이 많은 거예요?

① 인천 상륙 작전을 전개하였다.
② 김원봉이 의열단을 조직하였다.
③ 미·소 공동 위원회를 개최하였다.
④ 쌍성보에서 한·중 연합 작전을 펼쳤다.

01 제주 4·3 사건　　　답 ②

1948년 4월 3일에 제주도에서 좌익 세력이 남한만의 단독 정부 수립에 반대하는 무장봉기를 일으켰다. 이에 미군정이 극우 청년들과 경찰 등을 동원하여 무차별 폭력을 휘둘러 진압하였고, 이러한 상황은 정부 수립 후까지 계속되었다. 그 과정에서 무장봉기를 일으킨 세력뿐만 아니라 수많은 무고한 제주도민이 희생되었다.

🔍 선지분석

① 6·3 시위
➡ 1964년 박정희 정부 시기에 굴욕적인 한·일 국교 정상화에 반대하는 6·3 시위가 전개되었다.

✔ 제주 4·3 사건
➡ 1948년에 일어난 제주 4·3 사건에 대해 2000년에 제주 4·3 사건 진상 규명 및 희생자 명예 회복에 관한 특별법이 제정되었다.

③ 2·28 민주 운동
➡ 1960년 2월 28일에 이승만 정부가 대구 학생들이 야당 부통령 후보 장면의 선거 유세장에 가지 못하도록 일요일에도 등교할 것을 지시하자 대구 시내 고등학생들이 시위를 벌였는데, 이 사건을 2·28 민주 운동이라고 한다.

④ 5·16 군사 정변
➡ 1961년에 박정희 등 군인 세력은 5·16 군사 정변을 일으켜 권력을 장악한 후 국가 재건 최고 회의를 설치하였다.

02 대한민국 정부 수립과 제헌 국회　　　답 ③

1948년 2월 유엔 소총회에서 선거가 가능한 지역에서의 총선거 실시를 결정하면서 1948년에 우리나라의 첫 번째 민주 선거인 5·10 총선거가 실시되었다. 이렇게 뽑힌 제헌 국회의원들로 구성된 우리나라 초대 국회에서 헌법을 제정·공포하였는데, 이 헌법을 제헌 헌법이라고 하고, 초대 국회를 '헌법을 제정한 국회'라는 뜻의 제헌 국회라고 한다.

🔍 선지분석

① 제헌 헌법을 제정하였다.
➡ 제헌 국회에서 헌법을 제정·공포하였는데, 이 헌법을 제헌 헌법이라고 한다.

② 반민족 행위 처벌법을 가결하였다.
➡ 제헌 국회는 반민족 행위 처벌법을 제정하고 반민족 행위 특별 조사 위원회(반민특위)를 설치하여 친일파 청산에 나섰다.

③ 한·미 상호 방위 조약을 비준하였다.
➡ 이승만 정부 시기인 1953년에 6·25 전쟁의 정전 협정이 체결된 이후 한·미 상호 방위 조약이 체결되었다.

④ 이승만을 초대 대통령으로 선출하였다.
➡ 제헌 국회에서 제정한 제헌 헌법에 따라 초대 대통령으로 선출된 이승만은 행정부를 조직하여 1948년 8월 15일에 대한민국 정부의 수립을 선포하였다.

03 대한민국 정부 수립과 제헌 국회　　　답 ③

자료에서 반민족 행위 특별 조사 위원회가 발족되었다는 점, 친일파 청산을 위한 단체였으나 당시 정부가 위원회의 활동에 비협조적인 태도를 보였다는 점 등을 통해 (가) 정부가 이승만 정부임을 알 수 있다.

🔍 선지분석

① 금융 실명제를 실시하였다.
➡ 김영삼 정부 때 전면 실시되었다.

② 중국, 소련 등과 수교하였다.
➡ 사회주의 국가와 국교를 맺는 북방 외교 정책을 추진한 시기는 노태우 정부 때이다.

✔ 사사오입 개헌안을 가결하였다.
➡ 이승만 정부는 1954년 사사오입 개헌안을 가결하여 초대 대통령에 한하여 중임 제한을 철폐하였다.

④ 개성 공단 건설 사업을 실현하였다.
➡ 개성 공단 착공식은 노무현 정부 때 열렸다.

⏱ 3초공식

반민족 행위 특별 조사 위원회 + 활동에 비협조 = 이승만 정부

04 6·25 전쟁　　　답 ①

자료에서 1950년에 일어난 전쟁이라고 한 점, 이 전쟁으로 이산가족이 아픔을 겪고 있다고 한 점 등을 통해 밑줄 그은 '전쟁'이 6·25 전쟁임을 알 수 있다.

🔍 선지분석

✔ 인천 상륙 작전을 전개하였다.
➡ 6·25 전쟁 당시 국군과 유엔군은 인천 상륙 작전을 통해 전세를 역전시켜 서울을 탈환하고 압록강까지 진출하였다.

② 김원봉이 의열단을 조직하였다.
➡ 김원봉이 의열단을 조직한 시기는 일제강점기인 1919년이다.

③ 미·소 공동 위원회를 개최하였다.
➡ 미·소 공동 위원회는 대한민국 정부가 수립되기 이전인 1946년과 1947년에 걸쳐 개최되었다.

④ 쌍성보에서 한·중 연합 작전을 펼쳤다.
➡ 한·중 연합 작전이 전개된 시기는 만주 사변 이후인 1930년대 초이다.

⏱ 3초공식

1950년 + 전쟁 + 이산가족 = 6·25 전쟁

03 이승만 정부~장면 내각

01 다음 사건이 있었던 정부 시기의 사실로 옳은 것은?

[중급 43회]

역사 속 오늘

임시 수도 부산에서 계엄령 선포

▲ 계엄령 이후 국회 의원들이 통근 버스에 탑승한 채로 강제 연행되는 모습

1952년 5월 25일 0시를 기하여 부산을 포함한 경상남도와 전라남·북도 일부 지역에 공비(共匪) 소탕을 구실로 비상계엄이 선포되었다. 이는 '발췌 개헌'으로 불리는 제1차 개정 헌법이 공포되기까지 부산에서 있었던 일련의 정치적 소요의 시작이었다.

① 경부 고속 도로가 개통되었다.
② 서울 올림픽 대회가 개최되었다.
③ 좌우 합작 위원회가 결성되었다.
④ 7·4 남북 공동 성명이 발표되었다.
⑤ 반민족 행위 특별 조사 위원회가 구성되었다.

02 밑줄 그은 '정부' 시기에 있었던 사실로 옳은 것은?

[중급 39회]

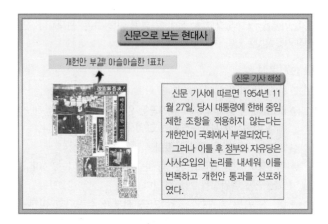

신문으로 보는 현대사

개헌안 부결! 아슬아슬한 1표차

신문 기사 해설

신문 기사에 따르면 1954년 11월 27일, 당시 대통령에 한해 중임 제한 조항을 적용하지 않는다는 개헌안이 국회에서 부결되었다. 그러나 이틀 후 정부와 자유당은 사사오입의 논리를 내세워 이를 번복하고 개헌안 통과를 선포하였다.

① 삼청 교육대를 운영하였다.
② 한·일 간의 국교 정상화가 이루어졌다.
③ 장면을 국무총리로 하는 내각이 수립되었다.
④ 반민족 행위 특별 조사 위원회가 해체되었다.
⑤ 통일 주체 국민 회의에서 대통령이 선출되었다.

03 (가) 민주화 운동에 대한 설명으로 옳은 것은? [기본 55회]

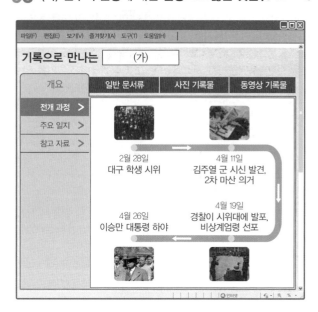

기록으로 만나는 (가)

파일(F) 편집(E) 보기(V) 즐겨찾기(A) 도구(T) 도움말(H)

| 개요 | 일반 문서류 | 사진 기록물 | 동영상 기록물 |

전개 과정 >
주요 일지 >
참고 자료 >

2월 28일 대구 학생 시위
4월 11일 김주열 군 시신 발견, 2차 마산 의거
4월 26일 이승만 대통령 하야
4월 19일 경찰이 시위대에 발포, 비상계엄령 선포

① 3·15 부정 선거에 항의하였다.
② 4·13 호헌 조치 철폐를 요구하였다.
③ 유신 체제가 붕괴되는 계기가 되었다.
④ 신군부의 비상계엄 확대에 반대하였다.

04 다음 상황 이후에 전개된 사실로 옳은 것은? [중급 38회]

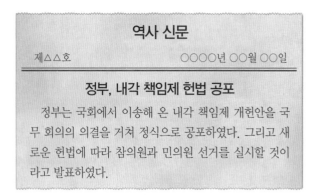

역사 신문

제△△호　　　　　　　　○○○○년 ○○월 ○○일

정부, 내각 책임제 헌법 공포

정부는 국회에서 이송해 온 내각 책임제 개헌안을 국무 회의의 의결을 거쳐 정식으로 공포하였다. 그리고 새로운 헌법에 따라 참의원과 민의원 선거를 실시할 것이라고 발표하였다.

① 5·10 총선거가 실시되었다.
② 이승만 대통령이 하야하였다.
③ 장면이 국무총리에 인준되었다.
④ 좌우 합작 위원회가 결성되었다.
⑤ 신탁 통치 반대 운동이 전개되었다.

01 이승만 정부 시기의 정치와 경제　　답 ⑤

자료에서 1952년이라는 시기가 제시된 점, 발췌 개헌이 이루어졌다는 점 등을 통해 자료의 시기가 이승만 정부 때임을 알 수 있다. 이승만 정부는 6·25 전쟁이던 1952년에 임시 수도 부산에서 대통령 직선제를 주요 내용으로 하는 이른바 '발췌 개헌'을 통과시켰다.

◎ 선지분석

① 경부 고속 도로가 개통되었다.
➡ 박정희 정부 때인 1970년에 개통되었다.

② 서울 올림픽 대회가 개최되었다.
➡ 노태우 정부 때인 1988년에 개최되었다.

③ 좌우 합작 위원회가 결성되었다.
➡ 미군정 시기인 1946년 제1차 미·소 공동 위원회가 결렬된 이후 결성되었다.

④ 7·4 남북 공동 성명이 발표되었다.
➡ 박정희 정부 때인 1972년에 발표되었다.

✓⑤ 반민족 행위 특별 조사 위원회가 구성되었다.
➡ 이승만 정부 때인 1948년 10월 제헌 국회에서 친일파 처단을 위한 반민족 행위 특별 조사 위원회가 구성되었다.

⏱ 3초공식

1952년 + 발췌 개헌 = 이승만 정부

02 이승만 정부 시기의 정치　　답 ④

자료에서 1954년이라는 시기가 제시되었고, 당시 대통령에 한해 중임 제한 조항을 적용하지 않는다는 개헌안이 부결되었다는 점, 정부가 사사오입의 논리를 내세워 개헌안을 통과시켰다는 점 등을 통해 밑줄 그은 '정부'가 이승만 정부임을 알 수 있다.

◎ 선지분석

① 삼청 교육대를 운영하였다.
➡ 전두환 정부 시기의 대표적인 인권 탄압 정책이다.

② 한·일 간의 국교 정상화가 이루어졌다.
➡ 박정희 정부 때 한·일 협정이 체결되어 이루어졌다.

③ 장면을 국무총리로 하는 내각이 수립되었다.
➡ 장면 내각은 4·19 혁명 이후 수립되었다.

✓④ 반민족 행위 특별 조사 위원회가 해체되었다.
➡ 반민족 행위 특별 조사 위원회는 이승만 정부의 방해로 활동 기간이 단축되어 1년여 만에 해체되었다.

⑤ 통일 주체 국민 회의에서 대통령이 선출되었다.
➡ 유신 헌법이 적용된 박정희 정부부터 전두환 정부 초기까지이다.

⏱ 3초공식

1954년 + 사사오입 개헌안 + 반민 특위 해체 = 이승만 정부

03 4·19 혁명과 장면 내각의 수립　　답 ①

자료에서 2·28 대구 학생 시위, 김주열 군 시신 발견, 이승만 대통령 하야 등이 언급된 점을 통해 (가) 민주화 운동이 4·19 혁명임을 알 수 있다. 1960년 3·15 부정 선거에 반발한 시민들이 4·19 혁명을 일으켰고, 그 결과 이승만 대통령이 하야하였다.

◎ 선지분석

✓① 3·15 부정 선거에 항의하였다.
➡ 3·15 부정 선거에 항의한 것은 4·19 혁명이다.

② 4·13 호헌 조치 철폐를 요구하였다.
➡ 전두환 정부의 4·13 호헌 조치 철폐를 요구한 것은 1987년에 전개된 6월 민주 항쟁이다.

③ 유신 체제가 붕괴되는 계기가 되었다.
➡ 박정희 정부 때인 1979년에 일어난 부·마 민주 항쟁 등이 해당한다.

④ 신군부의 비상계엄 확대에 반대하였다.
➡ 1980년 광주 일대에서 일어난 5·18 민주화 운동에 대한 설명이다.

⏱ 3초공식

김주열 + 이승만 대통령 하야 = 4·19 혁명

04 4·19 혁명과 장면 내각의 수립　　답 ③

자료에서 정부가 내각 책임제 헌법을 공포하였다는 점, 참의원과 민의원 선거를 실시할 것이라는 점 등을 통해 제시된 내용이 1960년에 이루어진 제3차 개헌에 대한 것임을 알 수 있다.

◎ 선지분석

① 5·10 총선거가 실시되었다.
➡ 우리나라 최초의 민주 보통 선거로 1948년 5월에 실시되었다.

② 이승만 대통령이 하야하였다.
➡ 이승만 대통령은 4·19 혁명으로 인해 1960년 4월 26일에 하야하였다.

✓③ 장면이 국무총리에 인준되었다.
➡ 제3차 개헌에 따른 총선거의 결과 장면 내각이 수립되었다.

④ 좌우 합작 위원회가 결성되었다.
➡ 제1차 미·소 공동 위원회가 결렬되자 1946년 7월에 여운형, 김규식의 주도로 결성되었다.

⑤ 신탁 통치 반대 운동이 전개되었다.
➡ 1945년 12월 모스크바 3국 외상 회의에서 신탁 통치가 결정되자, 국내에서 신탁 통치 반대 운동이 전개되었다.

⏱ 3초공식

내각 책임제 개헌(제3차 개헌) → 장면 내각 수립

04 박정희 정부

01 밑줄 그은 '정부' 시기의 사실로 옳지 않은 것은?

[기본 51회]

우리 정부가 일본의 사과와 반성 없이 한·일 국교 정상화를 추진한다는 사실이 알려지면서 대학생과 시민들을 중심으로 굴욕적 대일 외교에 반대하는 시위가 확산하고 있습니다.

한일 회담 반대 시위 확산

① 3선 개헌안이 통과되었다.
② 베트남에 국군이 파병되었다.
③ 경제 개발 5개년 계획이 추진되었다.
④ 한·일 월드컵 축구 대회가 개최되었다.

02 다음 대화에 나타난 민주화 운동으로 옳은 것은?

[기본 50회]

이것은 1979년 야당 총재의 국회 의원직 제명으로 촉발되어 유신 독재에 저항한 민주화 운동을 기념한 조형물입니다.

2019년 정부는 이 운동을 민주화에 기여한 점을 인정하여 시위가 시작된 날을 국가 기념일로 지정하였습니다.

① 4·19 혁명
② 6월 민주 항쟁
③ 부·마 민주 항쟁
④ 5·18 민주화 운동

03 (가) 정부 시기에 있었던 사실로 옳은 것은?

[기본 49회]

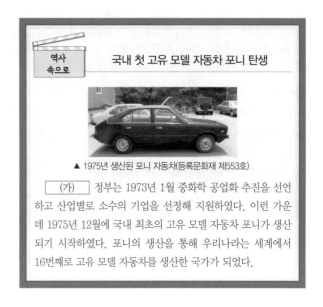

역사 속으로

국내 첫 고유 모델 자동차 포니 탄생

▲ 1975년 생산된 포니 자동차(등록문화재 제553호)

(가) 정부는 1973년 1월 중화학 공업화 추진을 선언하고 산업별로 소수의 기업을 선정해 지원하였다. 이런 가운데 1975년 12월에 국내 최초의 고유 모델 자동차 포니가 생산되기 시작하였다. 포니의 생산을 통해 우리나라는 세계에서 16번째로 고유 모델 자동차를 생산한 국가가 되었다.

① 금융 실명제를 실시하였다.
② 농지 개혁법을 제정하였다.
③ 수출 100억 달러를 달성하였다.
④ 한·미 자유 무역 협정(FTA)을 체결하였다.

04 (가) 정부 시기에 있었던 사실로 옳은 것은?

[기본 64회]

사진으로 보는 (가) 정부

새마을 운동 | 광주 대단지 사건 | 100억 달러 수출 달성

① 농지 개혁법이 제정되었다.
② 경부 고속 도로를 준공하였다.
③ 금융 실명제를 전면 실시하였다.
④ 경제 협력 개발 기구(OECD)에 가입하였다.

01 박정희 정부 시기의 정치　　　답 ④

자료에서 일본의 사과와 반성 없이 한·일 국교 정상화를 추진한다는 점, 그에 저항하는 시위가 확산하고 있다는 점 등을 통해 밑줄 그은 '정부'가 박정희 정부임을 알 수 있다. 박정희 정부가 한·일 국교 정상화를 추진하자, 1964년에 굴욕적 한·일 회담에 반대하는 6·3 시위가 전개되었으나 1965년 한·일 협정이 체결되며 한·일 국교가 정상화되었다.

🔍 선지분석

① 3선 개헌안이 통과되었다.
➡ 박정희 정부는 1969년에 대통령 3회 연임을 허용하는 3선 개헌안을 국회에 상정하여 국민 투표로 이를 확정하였다.

② 베트남에 국군이 파병되었다.
➡ 박정희 정부는 경제 개발에 필요한 자금을 마련하기 위해 1964년부터 베트남 전선에 국군을 파병하였다.

③ 경제 개발 5개년 계획이 추진되었다.
➡ 박정희 정부는 총 4차례에 걸친 경제 개발 5개년 계획을 추진하였다.

✔ 한·일 월드컵 축구 대회가 개최되었다.
➡ 김대중 정부 시기인 2002년에 개최되었다.

⏱ 3초공식

한·일 국교 정상화 + 베트남 파병 + 3선 개헌안 = 박정희 정부

02 박정희 정부 시기의 정치　　　답 ③

자료에서 1979년 야당 총재의 국회 의원직 제명으로 촉발되었다는 점, 유신 독재에 저항한 민주화 운동이라는 점 등을 통해 해당 민주화 운동이 부·마 민주 항쟁임을 알 수 있다.

🔍 선지분석

① 4·19 혁명
➡ 이승만 정부 때인 1960년에 3·15 부정 선거에 반발하여 일어났다.

② 6월 민주 항쟁
➡ 전두환 정부 때인 1987년에 대통령 직선제 개헌을 요구하며 전개되었다.

✔ 부·마 민주 항쟁
➡ 박정희 정부 시기에 일어난 YH 무역 사건(1979) 이후 야당인 신민당 총재 김영삼이 국회 의원직에서 제명되는 일이 발생하였다. 이에 반발하여 부산과 마산에서 유신 체제에 저항하는 시위가 일어났다.

④ 5·18 민주화 운동
➡ 1980년 신군부의 비상계엄 철폐와 민주화를 요구하여 일어났다.

03 박정희 정부 시기의 경제와 사회　　　답 ③

자료에서 정부가 1973년에 중화학 공업화 추진을 선언하였다는 점, 1975년에 포니 자동차가 생산되기 시작하였다는 점 등을 통해 (가) 정부가 박정희 정부임을 알 수 있다. 박정희 정부는 1970년대에 중화학 공업과 전자 공업 육성에 중점을 둔 제3, 4차 경제 개발 5개년 계획을 추진하였다.

🔍 선지분석

① 금융 실명제를 실시하였다.
➡ 김영삼 정부 때인 1993년에 전격 실시되었다.

② 농지 개혁법을 제정하였다.
➡ 이승만 정부 때인 1949년에 제헌 국회에서 제정하였다.

✔ 수출 100억 달러를 달성하였다.
➡ 박정희 정부 때인 1977년에 수출 100억 달러를 달성하였다.

④ 한·미 자유 무역 협정(FTA)을 체결하였다.
➡ 노무현 정부 때 체결되어 이명박 정부 때 발효되었다.

⏱ 3초공식

중화학 공업화 추진 + 1970년대 = 박정희 정부

04 박정희 정부 시기의 경제 정책　　　답 ②

박정희 정부 시기인 1970년대에 정부 주도로 도시와 농촌 간의 균형 있는 발전을 목표로 하여 근면·자조·협동을 강조한 새마을 운동이 전개되었다. 한편, 박정희 정부는 1970년대에 들어서 제3·4차 경제 개발 5개년 계획을 실시하여 철강, 조선 등 중화학 공업 위주의 경제 정책을 추진하였다. 이러한 경제 정책으로 우리나라는 1977년에 수출 100억 달러를 달성하는 등 급격한 경제 발전을 이루었다.

🔍 선지분석

① 농지 개혁법이 제정되었다.
➡ 이승만 정부 시기에 제헌 국회에서 유상 매수, 유상 분배 원칙의 농지 개혁법을 제정하였다.

✔ 경부 고속 도로를 준공하였다.
➡ 박정희 정부 시기에 경부 고속 도로가 준공되었다.

③ 금융 실명제를 전면 실시하였다.
➡ 김영삼 정부 시기에 금융 거래의 투명성을 확보하기 위해 대통령 긴급 명령으로 금융 실명제가 실시되었다.

④ 경제 협력 개발 기구(OECD)에 가입하였다.
➡ 김영삼 정부 시기에 우리나라는 경제 협력 개발 기구(OECD)에 가입하여 회원국이 되었다.

⏱ 3초공식

새마을 운동 + 100억 달러 수출 달성 = 박정희 정부

05 전두환 정부~현재

01 (가)에 들어갈 민주화 운동으로 옳은 것은? [기본 54회]

다른 나라의 민주화 운동에서도 불리는 이 노래에 대해 설명해 주시겠습니까?

이 노래는 들불야학 설립자 박기순과 (가) 당시 전남 도청에서 계엄군에 의해 희생된 시민군 대변인 윤상원의 영혼결혼식에 헌정되었던 곡입니다. 노래에 담긴 민주주의에 대한 열망이 다른 나라 사람들에게도 공감을 얻고 있는 것으로 보입니다.

① 4·19 혁명
② 6월 민주 항쟁
③ 5·18 민주화 운동
④ 3선 개헌 반대 운동

02 밑줄 그은 '이 민주화 운동'에 대한 설명으로 옳은 것은? [기본 64회]

'고바우'가 바라본 우리 현대사

이 만화는 김성환이 그린 '고바우 영감'으로 1987년 7월 1일자 신문에 게재되었다.

호헌 철폐, 독재 타도를 외친 이 민주화 운동으로 대통령 직선제 개헌을 약속하는 발표가 나자, 기뻐하는 국민들의 모습을 작가가 네 컷 만화로 표현하였다.

① 유신 체제가 붕괴되는 계기가 되었다.
② 양원제 국회가 출현하는 결과를 가져왔다.
③ 박종철과 이한열 등의 희생으로 확산되었다.
④ 전개 과정에서 시민군이 자발적으로 조직되었다.

03 다음 연설이 있었던 정부 시기의 경제 상황으로 옳은 것은? [기본 66회]

국민 여러분, 금융 실명제 실시를 위한 대통령 긴급 명령은 깨끗한 사회로 가기 위해 필수적인 제도 개혁입니다. 지하 경제가 사라질 것입니다. 검은 돈이 없어질 것입니다.

① 경부 고속 도로를 준공하였다.
② 3저 호황으로 수출이 증가하였다.
③ 제1차 경제 개발 5개년 계획을 추진하였다.
④ 경제 협력 개발 기구(OECD)에 가입하였다.

04 (가) 정부 시기의 경제 상황으로 옳은 것은? [기본 63회]

2023년 △△월 △△일 ○○ 신문

정치 경제 사회 문화 스포츠

스포츠>축구

프로 축구 출범 40주년 맞아

프로 축구가 올해로 출범 40주년을 맞게 된다. '슈퍼 리그'라는 이름 아래 다섯 팀으로 시작하였던 프로 축구는 현재 팀 수가 크게 늘어나 승강제가 시행될 정도로 규모가 확대되었다.

슈퍼 리그 개막 행사

5·18 민주화 운동이 진압된 이후 집권한 (가) 정부는 프로 야구 출범 이듬해인 1983년에 프로 축구를 출범시켰다. 이로써 프로 스포츠 시대가 본격화하였지만, 정치에 대한 국민의 관심을 돌리기 위한 조치였다는 비판을 받기도 한다.

① 제1차 경제 개발 5개년 계획이 수립되었다.
② 경제 협력 개발 기구(OECD)에 가입하였다.
③ 저금리·저유가·저달러의 3저 호황이 있었다.
④ 미국과의 자유 무역 협정(FTA)이 체결되었다.

01 전두환 정부 시기의 정치와 경제   답 ③

자료에서 임을 위한 행진곡이 제시된 점, 전남 도청에서 계엄군에 의해 시민군이 희생되었다고 한 점 등을 통해 (가) 민주화 운동이 1980년에 일어난 5·18 민주화 운동임을 알 수 있다.

🔍 선지분석

① 4·19 혁명
➡ 이승만 정부 시기인 1960년 3·15 부정 선거에 항거하여 일어난 민주화 운동이다.

② 6월 민주 항쟁
➡ 전두환 정부 시기인 1987년 대통령 직선제 개헌을 요구하며 전개된 민주화 운동이다.

✓ 5·18 민주화 운동
➡ 신군부 집권 시기인 1980년 전남 광주 일대에서 비상계엄 철폐, 민주주의 회복을 요구한 민주화 운동이다.

④ 3선 개헌 반대 운동
➡ 1969년 대통령의 3선 연임을 가능하게 하려는 박정희 정부의 헌법 개정 추진에 맞서 전개되었다.

⏰ 3초공식
임을 위한 행진곡 + 계엄군, 시민군 = 5·18 민주화 운동

02 6월 민주 항쟁   답 ③

전두환 정부 시기인 1987년에 6월 민주 항쟁이 일어났고, 그 결과 전두환 정부는 여당의 차기 대통령 후보인 노태우를 내세워 국민들의 대통령 직선제 개헌 요구를 수용하는 6·29 민주화 선언을 발표하였고 이후 5년 단임의 대통령 직선제를 골자로 한 9차 개헌이 단행되었다.

🔍 선지분석

① 유신 체제가 붕괴되는 계기가 되었다.
➡ 1979년에 YH 무역 사건과 부·마 민주 항쟁이 일어났고, 10·26 사태로 박정희 대통령이 사망하면서 유신 체제는 붕괴되었다.

② 양원제 국회가 출현하는 결과를 가져왔다.
➡ 1960년 4·19 혁명 이후 3차 개헌을 통해 국회가 참의원과 민의원의 양원제 국회로 구성되었다.

✓ 박종철과 이한열 등의 희생으로 확산되었다.
➡ 1987년에 일어난 6월 민주 항쟁은 박종철과 이한열 등의 희생으로 전국으로 확산되었다.

④ 전개 과정에서 시민군이 자발적으로 조직되었다.
➡ 1980년에 5·18 민주화 운동이 일어나자 신군부는 공수 부대를 동원하여 시위대를 무자비하게 진압하였어요. 이에 맞서 일부 광주 시민들은 시민군을 조직하여 대항하였는데, 이 과정에서 수많은 광주 시민들이 희생되었다.

03 김영삼 정부 시기의 경제 상황   답 ④

김영삼 정부는 가명이나 차명을 이용한 금융 거래로 많은 부정부패가 일어나자, 본인의 실제 이름으로만 금융 거래를 하도록 한 금융 실명제를 1993년에 대통령 긴급 명령 형식으로 전격 실시하였다.

🔍 선지분석

① 경부 고속 도로를 준공하였다.
➡ 박정희 정부 시기인 1970년에 경부 고속 도로를 준공하였다.

② 3저 호황으로 수출이 증가하였다.
➡ 전두환 정부 시기인 1980년대 중반에 우리나라의 경제는 3저 호황을 누렸다.

③ 제1차 경제 개발 5개년 계획을 추진하였다.
➡ 박정희 정부 시기에 제1차 경제 개발 5개년 계획이 추진되면서 경공업이 발전하였다.

✓ 경제 협력 개발 기구(OECD)에 가입하였다.
➡ 김영삼 정부 시기에 우리나라는 경제 협력 개발 기구(OECD)에 가입하였다.

⏰ 3초공식
금융 실명제 실시 = 김영삼 정부

04 전두환 정부 시기의 경제 상황   답 ③

1980년 5월 18일 광주에서 신군부 퇴진과 비상계엄 철폐를 요구하는 시위가 일어나자 전두환을 중심으로 한 신군부는 공수 부대까지 동원하여 시위대를 무자비하게 진압하였는데, 이 사건을 5·18 민주화 운동이라고 한다. 5·18 민주화 운동 이후 들어선 전두환 정부는 강압적인 정책에 대한 불만을 무마하기 위해 야간 통행금지 해제, 두발과 교복 자율화, 해외여행 자유화, 프로 야구와 프로 축구 출범 등 유화 정책을 추진하였다.

🔍 선지분석

① 제1차 경제 개발 5개년 계획이 수립되었다.
➡ 박정희 정부는 1960년대 제1·2차 경제 개발 5개년 계획에 이어 1970년대 제3·4차 경제 개발 5개년 계획을 추진하였다.

② 경제 협력 개발 기구(OECD)에 가입하였다.
➡ 김영삼 정부는 자유 무역 추세가 확대되자 시장 개방 정책을 추진하고 경제 협력 개발 기구(OECD)에 가입하였다.

✓ 저금리·저유가·저달러의 3저 호황이 있었다.
➡ 전두환 정부 시기에 3저 호황으로 물가가 안정되고 수출이 증가하였다.

④ 미국과의 자유 무역 협정(FTA)이 체결되었다.
➡ 노무현 정부 시기에 미국과의 자유 무역 협정(FTA)이 체결되었고, 이명박 정부 시기에 국회에서 비준되어 발효되었다.

⏰ 3초공식
프로 축구 출범 + 5·18 민주화 운동 이후 집권 = 전두환 정부

06 통일을 위한 노력과 사회 변화

01 (가)에 들어갈 내용으로 옳은 것은? [기본 67회]

제24회 서울 올림픽 대회 개최 / (가) / 노태우 정부 / 남북한 유엔 동시 가입 / 한중 국교 수립 / UNITED NATIONS

① 개성 공단 조성
② 남북 기본 합의서 채택
③ 7·4 남북 공동 성명 발표
④ 6·15 남북 공동 선언 합의

02 다음 뉴스가 보도된 정부 시기의 통일 노력으로 옳은 것은? [기본 66회]

분단 26년 만에 처음으로 남측 자유의 집과 북측 판문각을 연결하는 직통 전화가 개설되었습니다. 이로써 남북 적십자 회담을 열기 위한 대화의 통로가 마련되었습니다.

남북 직통 전화 개설

① 금강산 관광 사업을 시작하였다.
② 남북한이 유엔에 동시 가입하였다.
③ 7·4 남북 공동 성명을 발표하였다.
④ 최초로 남북 정상 회담을 개최하였다.

03 밑줄 그은 '정부'의 통일 노력으로 옳은 것은? [기본 64회]

역사 토크 / IMF 구제 금융을 조기 상환한 이 정부 시기에 또 어떤 일들이 있었나요? / 정주영이 소 떼를 몰고 북한을 방문하였어요. / 한일 월드컵 축구 대회가 개최되었지요.

① 남북 기본 합의서를 채택하였다.
② 남북한이 유엔에 동시 가입하였다.
③ 6·15 남북 공동 선언을 발표하였다.
④ 최초로 남북 간 이산가족 상봉을 성사시켰다.

04 (가)에 들어갈 인물로 옳은 것은? [기본 67회]

내가 그린 (가) 은/는 서울 평화 시장에서 재단사로 일하셨어. 바보회를 조직하고 1970년 노동자들의 인권을 위해 자신을 희생하셨어. / 근로 기준법을 준수하라! 우리는 기계가 아니다!

① 윤동주   ② 이한열   ③ 장준하   ④ 전태일

01 노태우 정부 시기의 통일 정책　답 ②

서울 올림픽은 전두환 정부 시기에 유치하여 1988년 노태우 정부 시기에 개최되었다. 노태우 정부 시기에 남북한은 유엔에 동시 가입하고, 화해와 불가침 및 교류·협력에 관해 합의한 '남북 기본 합의서'를 채택하였으며, 북방 외교가 추진되면서 우리나라는 소련, 중국 및 동유럽의 사회주의 국가와 수교하였다.

🔍 선지분석

① 개성 공단 조성
- ➡ 김대중 정부 시기인 2000년에 최초로 남북 정상 회담을 개최하고, 6·15 남북 공동 선언을 채택하였다. 이에 따라 이산가족 상봉, 경의선 복원, 개성 공단 조성에 대한 합의 등이 추진되었다. 개성 공단 조성은 노무현 정부 때 이루어졌다.

☑ 남북 기본 합의서 채택
- ➡ 노태우 정부 시기인 1991년에 '남북한 사이의 화해와 불가침 및 교류·협력에 관한 합의서(남북 기본 합의서)'가 채택되었다.

③ 7·4 남북 공동 성명 발표
- ➡ 박정희 정부 시기인 1972년에 남북한은 7·4 남북 공동 성명을 발표하였고, 이에 따라 남북 조절 위원회가 구성되었다.

④ 6·15 남북 공동 선언 합의
- ➡ 김대중 정부 시기에 남북한은 제1차 남북 정상 회담을 개최하고, 6·15 남북 공동 선언에 합의하였다.

02 박정희 정부 시기의 통일 노력　답 ③

박정희 정부는 1971년에 이산가족 상봉을 위한 남북 적십자 회담을 개최하였다. 이듬해 남북한은 '자주, 평화, 민족 대단결'이라는 평화 통일의 3대 원칙에 합의한 7·4 남북 공동 성명을 서울과 평양에서 동시에 발표하였다. 이에 따라 남북 조절 위원회가 설치되어 실무자 회의가 전개되기도 하였지만 성과를 거두지는 못하였다.

🔍 선지분석

① 금강산 관광 사업을 시작하였다.
- ➡ 김대중 정부 시기에 금강산 해로 관광이 시작되었고, 금강산 육로 관광은 시범 운영되었다. 노무현 정부 시기에 금강산 육로 관광이 정식으로 시작되었다.

② 남북한이 유엔에 동시 가입하였다.
- ➡ 노태우 정부 시기에 남북한이 유엔에 동시 가입하였다.

☑ 7·4 남북 공동 성명을 발표하였다.
- ➡ 박정희 정부 시기에 남북한은 7·4 남북 공동 성명에 따라 남북 조절 위원회를 구성하여 통일 방안을 논의하였다.

④ 최초로 남북 정상 회담을 개최하였다.
- ➡ 김대중 정부는 최초로 남북 정상 회담을 개최하고, 6·15 남북 공동 선언을 채택하였다.

03 김대중 정부 시기의 통일 노력　답 ③

김대중 정부 시기에 외환 위기를 극복하기 위해 국민들이 자발적으로 금 모으기 운동을 전개하였고, 이러한 국민들의 노력으로 우리나라는 외환 위기를 조기에 극복할 수 있었다. 한편, 김대중 정부는 '햇볕 정책'이라고 불리는 대북 화해 협력 정책을 추진하였다. 이러한 분위기 속에서 기업인 정주영이 소 떼를 몰고 북한을 방문하였고, 해로를 통한 금강산 관광이 시작되었다.

🔍 선지분석

① 남북 기본 합의서를 채택하였다.
- ➡ 노태우 정부 시기에 남북한은 남북 기본 합의서(남북 사이의 화해와 불가침 및 교류·협력에 관한 합의서)를 채택하고 북한과 교환하였다.

② 남북한이 유엔에 동시 가입하였다.
- ➡ 노태우 정부 시기에 남북한은 유엔에 동시 가입하였다.

☑ 6·15 남북 공동 선언을 발표하였다.
- ➡ 김대중 정부 시기에 최초의 남북 정상 회담이 개최되었고, 남북한은 6·15 남북 공동 선언을 발표하였다.

④ 최초로 남북 간 이산가족 상봉을 성사시켰다.
- ➡ 전두환 정부 시기에 최초로 남북 간 이산가족 상봉과 예술 공연단 교환이 이루어졌다.

04 전태일의 활동　답 ④

박정희 정부 시기에 수출 경쟁력 확보를 위해 저임금 정책이 실시되면서 노동자의 희생이 강요되었다. 이러한 노동자의 처우에 저항하여 평화 시장에서 재단사로 일하던 전태일은 동료들과 바보회를 결성하여 근로 기준법의 내용을 알렸고, 1970년에 근무 환경 개선과 근로 기준법 준수를 요구하며 분신하였다.

🔍 선지분석

① 윤동주
- ➡ 윤동주는 일제 강점기에 〈서시〉, 〈별 헤는 밤〉 등의 시를 남겼고, 그가 죽은 뒤에 《하늘과 바람과 별과 시》라는 유고 시집이 발간되었다.

② 이한열
- ➡ 이한열은 전두환 정부 시기인 1987년에 일어난 6월 민주 항쟁 과정에서 경찰이 쏜 최루탄에 맞아 희생되었다.

③ 장준하
- ➡ 장준하는 박정희 정부 시기인 1973년에 유신 헌법 개정을 요구하는 개헌 청원 100만인 서명 운동을 벌였다.

☑ 전태일
- ➡ 전태일은 박정희 정부 시기인 1970년에 노동자의 근무 환경 개선과 근로 기준법 준수를 요구하며 분신하였다.

| 통일 정부 수립 노력

제1차 미·소 공동 위원회	한반도 임시 정부 수립을 위해 개최 → 회의 참가 단체를 둘러싼 미·소 간의 대립으로 무기 휴회
좌우 합작 운동	• 배경: 신탁 통치 문제로 좌·우익의 대립 심화, 이승만의 정읍 발언(남한만의 단독 정부 수립 주장) • 주도: 여운형·김규식 중심의 좌우 합작 위원회 결성 → 좌우 합작 7원칙 발표
한국 문제의 유엔 상정	제2차 미·소 공동 위원회 결렬 → 유엔 총회에서 인구 비례에 따라 총선거 실시 결의 → 소련이 유엔 임시 한국 위원단의 입북 거부 → 유엔 소총회에서 남한 지역만의 총선거 결의
남북 협상	김구·김규식이 북측 지도자와 만남 → 남북한 총선거 추진 등의 내용을 담은 공동 성명 발표 → 남북한이 각각의 정부를 수립하며 통일 정부 수립 좌절

| 6·25 전쟁

배경	• 미국과 소련의 긴장 격화 • 미국의 애치슨 선언 발표(1950. 1.) • 북한의 남침 준비 • 38도선 일대 크고 작은 교전 발생
전개 과정	북한의 남침(1950. 6. 25.) → 서울 함락(6. 28.) → 국군·유엔군의 낙동강 방어선 구축 → 인천 상륙 작전(9. 15.) → 서울 수복(9. 28.) → 국군·유엔군의 압록강 유역 진출 → 중국군 개입 → 흥남 철수(12. 15.) → 1·4 후퇴(1951. 1. 4.) → 서울 재함락 → 38도선 중심으로 전선 교착 → 정전 협정 체결(1953. 7. 27.)

| 4·19 혁명

배경	• 미국의 원조 축소로 인한 경제 침체 및 실업 증가, 이승만 정부의 부정부패 → 사회·경제적 불안감 증폭 • 3·15 부정 선거 발생
전개 과정	부정 선거 규탄 시위 발생 → 김주열 학생의 시신 발견(마산), 시위 전국 확산 → 대학 교수단의 시국 선언문 발표 → 이승만 대통령 하야 발표(1960. 4. 26.)
결과	• 허정 과도 정부 수립 • 제3차 개헌: 내각 책임제, 국회 양원제

| 박정희 유신 체제

유신 체제의 성립	• 10월 유신 단행(유신 헌법 선포, 1972) • 통일 주체 국민 회의에서 대통령 선출(임기 6년, 중임 제한 없음) • 대통령에게 초헌법적 권한 부여: 국회 의원 3분의 1 추천권, 긴급 조치권, 국회 해산권 등
유신 체제의 붕괴	YH 무역 사건 → 부·마 민주 항쟁(1979) → 박정희 피살(10·26 사태)

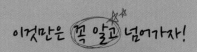

5·18 민주화 운동

배경	• 신군부의 민주화 운동 탄압 • 비상계엄령 전국 확대(1980. 5. 17.)
전개 과정	전남 광주에서 비상계엄 확대 저항 시위 전개 → 계엄군의 무차별적 시위 진압 → 시민군을 편성하여 저항 → 다수의 사상자 발생
의의	5·18 민주화 운동 기록물이 유네스코 세계 기록 유산에 등재

6월 민주 항쟁

배경	• 박종철 고문치사 사건 • 4·13 호헌 조치(직선제 요구 거부)
전개 과정	이한열 의식 불명 → 대대적 시위('호헌 철폐, 독재 타도, 민주 헌법 쟁취' 구호) → 6·29 민주화 선언(직선제 개헌 요구 수용) → 제9차 개헌(대통령 직선제, 5년 단임제)

노태우 정부 이후의 정치와 경제

노태우 정부	북방 외교(사회주의 국가와 수교), 서울 올림픽 대회 개최(1988)
김영삼 정부	• 금융 실명제 실시(1993), 지방 자치제 전면 실시, 경제 협력 개발 기구(OECD) 가입 (1996) • 외환 위기(1997) → 국제 통화 기금(IMF)의 금융 지원·관리
김대중 정부	국민 기초 생활 보장 제도 실시, 외환 위기 극복(금 모으기 운동 등), 한·일 월드컵 대회 개최(2002)
노무현 정부	한·미 자유 무역 협정(FTA) 체결, 호주제 폐지

역대 정부의 통일을 위한 노력

박정희 정부	• 남북 적십자 회담 개최(1971) • 7·4 남북 공동 성명 발표(1972) → 자주, 평화, 민족적 대단결의 3대 통일 원칙 합의 → 남북 조절 위원회 설치
전두환 정부	최초로 이산가족 고향 방문 및 예술 공연단 교환(1985)
노태우 정부	• 남북한 유엔 동시 가입(1991) • 남북 기본 합의서 채택(1991) • 한반도 비핵화에 관한 공동 선언 발표(1991)
김대중 정부	• 제1차 남북 정상 회담(2000) → 6·15 남북 공동 선언 • 대북 화해 협력 정책 추진(금강산 관광 사업 시작) • 남북 교류 및 협력 활성화(경의선 철도 복원 및 개성 공단 건설 추진)
노무현 정부	• 김대중 정부의 대북 화해 협력 정책 계승(개성 공단 건설 사업 착공) • 제2차 남북 정상 회담(2007) → 10·4 남북 공동 선언

테마 한국사

01 독도와 간도, 지역사

02 세시 풍속, 민속놀이, 조선의 궁궐

03 유네스코 등재 세계 유산

512
우산국 복속

7세기
첨성대 건립

774
석굴암 완공

1270
삼별초, 진도 항쟁

1377
직지심체요절 간행

1610
허준, 동의보감 완성

기출로 보는 키워드

1위 | 독도

2위 | 부산

3위 | 직지심체요절

4위 | 강화도

5위 | 조선왕조실록

3개년 평균 출제 비중

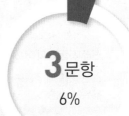

3 문항

6%

1712
백두산정계비 건립

1885
거문도 사건

1929
원산 총파업

1796
정조, 화성 완공

1907
국채 보상 운동 시작

1950~1953
6·25 전쟁

01 독도와 간도, 지역사

개념⁺ 테마 한국사

1 독도와 간도

기출로 보는 키워드

1위 우산국
2위 이사부
3위 안용복

⭐ **(1) 독도** → 동도와 서도라는 2개의 큰 섬과 부속 섬으로 이루어져 있음

① 위치: 우리나라의 가장 동쪽에 위치한 섬으로, 울릉도로부터 87.4km 떨어져 있음

② 역사

	지금의 울릉도에 있던 소국
신라	신라 지증왕 때 이사부의 우산국 정복(512) 후 울릉도(독도)가 신라에 귀속
조선	조선 숙종 때 울릉도 근처 바다에서 일본인이 무단으로 어업 활동을 하자 동래 어부 **안용복**이 일본으로 가서 항의 → 일본 에도 막부가 일본인의 울릉도와 독도 불법 출항을 금지하겠다는 문서를 보냄
대한 제국	• '대한 제국 칙령 제41호' 공포(1900) → 어느 국가의 영토로도 되어 있지 않은 땅 1. 울릉도를 울도로 고쳐 부르고, 강원도 울진현에 속해 있던 울릉도와 그 부속 도서를 고쳐서 하나의 독립된 군으로 설치한다. 2. 군청의 위치는 태하동으로 정하고, 구역은 울릉 전도와 죽도 및 석도를 관할한다. ┌ 독도 • 러·일 전쟁 중에 일본이 독도를 무주지라며 '시마네현 고시 제40호'를 통해 독도를 '다케시마'로 개칭하고 시마네현에 편입(1905) → 1906년에 일방적으로 통보함 • 울릉도 군수 심흥택의 보고서에 독도가 우리 땅인 기록 존재
광복 후	• '인접 해양에 대한 주권에 관한 대통령 선언'을 통해 독도가 우리 영토임을 분명히 함 • 연합국 최고 사령관 각서(SCAPIN)에서 독도가 한국 영토임을 명시

③ 기록: 『세종실록지리지』, 『동국문헌비고』 등의 한국 측 사료 외에도 일본 측 기록인 삼국접양지도, 태정관 지령문 등에도 독도가 한국 영토임을 언급하고 있음

▶ **연합국 최고 사령관 각서 부속 지도**

(2) 간도

① 위치: 압록강 북쪽 쑹화강과 토문강의 동쪽 지역

② 간도를 둘러싼 영토 분쟁

백두산정계비 건립 (숙종, 1712)	조선과 청 사이에 국경 문제가 발생하자 백두산정계비를 세워 양국의 경계를 정함 → 서쪽은 압록강, 동쪽은 토문강을 경계로 함 ┌ 토문강의 위치에 대한 해석 문제
간도 관리사 임명 (고종, 1903)	간도를 두고 청과 영유권 문제가 생기자, 대한 제국은 1903년 간도 관리사로 이범윤을 임명(간도를 함경도 행정 구역에 편입)
간도 협약(1909)	일본이 남만주 철도 부설권 획득 대가로 **간도를 청의 영토로 인정함** └ 을사늑약(1905)으로 외교권을 일제에 빼앗긴 상태였음

▶ **백두산정계비의 위치**

시험에 나오는 사료 백두산정계비

청의 오라총관 목극등 등과 조선 관원들이 백두산 일대를 현지 답사한 후에 세워졌다. 비석의 내용은 다음과 같다.

"오라총관 목극등이 황제의 뜻을 받들어 변경을 답사해 이곳에 와서 살펴보니 서쪽은 압록이 되고 동쪽은 토문(土門)이 되므로 분수령 위에 돌에 새겨 기록한다."

강릉	오죽헌(율곡 이이, 신사임당)
강진	백련사(요세가 백련 결사 운동을 전개한 곳), 고려청자 도요지, 정약용의 다산 초당
강화도	참성단(단군에게 제사를 지낸 곳), 고인돌 유적(세계 유산), 몽골 침략 때 강화로 천도(고려 궁지), **삼별초의 항쟁**(강화도에서 시작), 정족산 사고(『조선왕조실록』 보관), 강화학파(정제두), **병인양요(양헌수, 프랑스군의 외규장각 약탈)**, 신미양요(어재연), **강화도 조약 체결**
개성	고려의 도읍지(개경), 만적의 난, **선죽교**(고려 시대의 돌다리), **정몽주 피살**, 송상, 개성 공단
거문도	거문도 사건(1885~1887년 영국이 거문도를 불법으로 점령)
경주	신라의 도읍지(금성), 황룡사 9층 목탑 소실(몽골의 침입), 경주 역사 유적 지구(세계 유산)
고령	대가야(후기 가야 연맹의 중심), 고령 지산동 고분군(대가야의 고분군)
공주	**공주 석장리 유적(구석기 시대)**, 백제의 도읍지(웅진 천도), 공주 무령왕릉, 김헌창의 난(신라 헌덕왕 때 일어난 반란), 망이·망소이의 난(공주 명학소에서 발생), 우금치 전투(동학 농민 운동)
광주	광주 학생 항일 운동(일제 강점기), 5·18 민주화 운동
논산	**황산벌 전투**(계백의 백제군과 신라군이 벌인 전투), 논산 관촉사 석조 미륵보살 입상(고려)
대구	공산 전투, 국채 보상 운동 시작
부산	왜관 설치, 부산진에 일본군 상륙(임진왜란), 개항장(강화도 조약), 러시아의 절영도(영도) 조차 요구, 경부선 부설, 임시 수도(6·25 전쟁), 부·마 민주 항쟁
부여	백제의 도읍지(성왕이 사비로 천도), 백제 금동 대향로 출토, **부여 정림사지 5층 석탑**
안동	공민왕의 피란(홍건적의 침입), 안동 봉정사 극락전, 도산 서원(이황), 하회 마을(세계 유산)
영주	영주 부석사 무량수전(주심포 양식, 배흘림기둥), 백운동 서원(소수 서원, 최초의 사액 서원)
완도	청해진(장보고)
용인	처인성 전투(몽골의 침입 때 김윤후가 적장 살리타 사살)
울산	반구대 바위그림(선사 시대의 암각화 유적), 통일 신라 국제 무역항
원산	개항장(강화도 조약), **원산 학사(최초의 근대 교육 기관)**, 원산 총파업(일제 강점기)
의주	강동 6주 획득(거란의 제1차 침입 때 서희의 외교 담판), 위화도 회군(이성계), 선조 피란(임진왜란), 대청 무역(만상의 근거지), 경의선 부설(신의주)
익산	익산 미륵사지 석탑(백제), 백제 역사 유적 지구(왕궁리 유적, 미륵사지 유적)
인천	개항장(강화도 조약), 제물포 조약(임오군란의 결과), 인천 상륙 작전(6·25 전쟁)
전주	후백제의 도읍지(당시 완산주), 전주 화약(동학 농민 운동)
제주	제주 고산리 유적(신석기 시대), **삼별초의 항쟁(김통정 주도)**, 탐라총관부(원 간섭기), 하멜 일행의 표류, 김정희의 유배지, 상인 김만덕(조선 후기의 거상, 백성 구휼), 제주 4·3 사건
진도	삼별초 항쟁(배중손 주도, 용장산성)
진주	진주 대첩(임진왜란), 진주 농민 봉기, 조선 형평사 창립(형평 운동)
철원	후고구려의 도읍지(궁예)
청주	청주(청원) 두루봉 동굴, 청주 흥덕사지(『직지심체요절』 간행)
충주	**충주 고구려비**, 충주성 전투(김윤후, 몽골의 침략 격퇴), 신립의 탄금대 전투(임진왜란)
평양	고구려의 도읍지(장수왕의 평양 천도), 안동도호부 설치(고구려 멸망 후 당이 설치), 묘청의 서경 천도 운동, 조·명 연합군의 평양성 탈환(임진왜란), **제너럴셔먼호 사건**, 대성 학교(안창호 설립), **물산 장려 운동 시작(조만식 주도)**, 강주룡의 고공 농성, 남북 정상 회담
평창	평창 월정사 8각 9층 석탑(고려)
흑산도	『자산어보』(정약전이 귀양지에서 저술)

→ 토기나 도자기를 구워내던 가마의 유적

> **논산 관촉사 석조 미륵보살 입상**

> **영주 부석사 무량수전**

> **익산 미륵사지 석탑**

02

개념⁺ 테마 한국사

세시 풍속, 민속놀이, 조선의 궁궐

⭐ 1 세시 풍속

일 년을 주기로 계절에 맞추어 해마다 일정한 시기에 관습적으로 행해지는 행사를 말하며,
대개 큰 명절이나 절기를 중심으로 전해져 내려옴

1위 한식
1위 추석
3위 단오

월·일(음력)		명칭	주요 풍속
1월 (정월)	1일	설날	• 이른 아침에 '조리'를 사서 벽에 걸어 '복조리'라고 함 • 세찬(歲饌)과 세주(歲酒)를 마련하여 차례를 지내고 세배를 함 • 윷놀이, 널뛰기, 연날리기 등을 하고 떡국을 먹음
	15일	정월 대보름	• 밤, 호두, 잣 등을 깨무는 부럼 깨기를 하며, 귀가 밝아지며 좋은 소식만 듣게 된다는 귀밝이술을 마시고, 오곡밥을 지어 먹음 • 줄다리기, 지신밟기, 달맞이 놀이, 달집태우기, 쥐불놀이 등을 함
2월 └→ 2월 또는 3월	–	한식	• 동지에서 105일째 되는 날(양력 4월 5일경)로 불을 사용하지 않고 찬 음식을 먹음 • 조상의 산소에서 제사를 지낼 때 묘가 헐었으면 떼를 다시 입힘
3월	3일	삼짇날	• 강남 갔던 제비가 돌아와 새봄을 알린다는 날로 답청절(踏靑節)이라고도 함 • 이날 머리를 감으면 머리카락이 아름다워진다고 하여 부녀자들이 머리를 감음 • 노랑나비 날리기, 진달래꽃으로 전을 부쳐 먹는 화전(花煎)놀이를 함
4월	8일	초파일	석가모니가 탄생한 날로, '부처님 오신 날'이라 하여 불교 신자들은 절에서 큰 재를 올리고 각 전각에 등불을 킴
5월	5일	단오	• 수리·천중절·중오절·수릿날이라고도 함 • 부녀자들은 창포 삶은 물로 머리와 얼굴을 씻고 그네뛰기와 널뛰기를 하였으며, 남자들은 씨름을 즐겼음 • 임금이 신하들에게 부채를 나누어 주었으며, 수리취떡을 만들어 먹었음 • 강릉 단오제가 유네스코 무형 문화유산에 등재됨
6월	15일	유두	• 더운 날씨에 맑은 냇물을 찾아 목욕을 하고 머리를 감음 • 햇밀가루로 국수·떡을 마련하고 참외·수박으로 차례를 지냄
7월	7일	칠석	• 견우와 직녀가 만나는 날로 알려져 있음 • 부녀자들은 직녀성을 보며 바느질 솜씨가 좋아지기를 빌었고, 청년들은 학문 연마를 위해 밤하늘의 별을 보며 소원을 빌었음 • 여름옷을 빨아 챙겨 두고 책을 널어 말리는 풍속도 있음
	15일	백중	농민들의 여름철 축제로 음식과 술을 나누어 먹으며 백중놀이를 즐겼으며, 힘든 농사일을 앞두고 머슴들을 쉬게 함
8월	15일	추석	• 가배·가위·한가위 또는 중추절이라고도 함 • 새로 수확한 곡식이나 과실로 차례를 지내고 성묘를 가서 벌초를 함 • 송편, 시루떡, 토란단자, 밤단자를 만들어 먹고 저녁에 달맞이를 함 • 신라 유리왕 때 길쌈 시합을 한 뒤 잔치를 연 것에서 기원했다고 전해짐
9월	9일	중양일 (중양절)	국화를 따서 술을 빚은 국화주를 마시고 국화 꽃잎을 따서 찹쌀가루와 반죽하여 국화전을 만들어 먹음

▶ 달집태우기

생솔가지나 나뭇더미를 쌓아 달집을 짓고 달이 떠오르면 불을 놓아 액을 멀리하고 복을 기원하는 풍속입니다.

▶ 진달래꽃전

▶ 송편

→ 양력 11월 7일 또는 8일 무렵

10월	–	입동	• 24절기 중 열아홉 번째 절기, **겨울이 시작된다는 의미** • 김장을 담그거나, 노인들을 위로하기 위해 음식을 대접함(치계미)
11월 (동짓달)	–	동지	• 양력 12월 22~23일경으로, **일 년 중 낮의 길이가 가장 짧고 밤의 길이가 가장 긴 날** • 팥죽을 쑤어 먹음
12월 (섣달)	–	–	• 연말이 가까워지면 세찬(歲饌)이라 하여 마른 생선, 육포, 곶감, 사과, 배 등을 친척 또는 친지들 사이에 주고받음 • 그믐날(12월 31일) 밤에는 해 지킴이라 하여 집 안팎에 불을 밝히고, 새벽이 될 때까지 자지 않고 밤을 새웠음

시험에 나오는 자료 | **동지**

일 년 중 밤이 가장 길고 낮이 가장 짧은 날로 알려져 있습니다. 이날에는 팥죽을 쑤어 함께 나누어 먹었어요. 팥죽에는 찹쌀로 된 단자를 넣었는데, 이 단자는 새알만한 크기로 만들었기 때문에 새알심이라 부릅니다.

2 민속놀이

옛날부터 민간에 전승되어 오는 여러 가지 놀이로서 향토색을 지니며, 전통적으로 해마다 행하여 오는 놀이를 말함

명칭	특징
윷놀이	• 대개 정월 초하루부터 보름날까지 즐김 • 도·개·걸·윷·모는 각각 돼지·개·양·소·말 등의 동물을 가리킴, 이는 부여의 마가(말), 우가(소), 저가(돼지), 구가(개)에서 유래한 것으로 추측하기도 함
연날리기	• 바람을 이용해 연을 하늘에 띄우는 놀이 • 주로 초겨울에 시작되어 이듬해 추위가 가시기 전까지 행해짐, 본격적인 놀이 시기는 음력 정월 초부터 대보름 사이임
지신밟기	• 정월 보름날 마을의 풍물패가 주축이 되어 집집마다 돌면서 행하는 집터 닦기 • 마을과 주민 집의 지신(地神)을 밟아서 진정시키고 잡귀를 쫓아서 연중 무사와 만복이 깃들기를 빎
안동 차전놀이	• 정월 대보름을 전후하여 안동 지방에서 행해지던 민속놀이로 동채싸움이라고도 함 • 후백제의 견훤과 고려 태조 왕건의 싸움(고창 전투)에서 비롯되었다는 설이 전해짐
쥐불놀이	정월 들어 첫 번째 드는 쥐날, 즉 상자일이나 대보름날 밤 농촌에서 논두렁이나 밭두렁에 불을 놓는 놀이
그네뛰기	• 남성의 씨름과 더불어 단오의 가장 대중적인 놀이 • 중국에서 들어와 고려 시대에 궁중이나 상류층에서 즐김, 조선 시대에는 민중 사이에 크게 유행함
승경도놀이	벼슬 이름을 종이에 도표로 그려 놓고 주사위를 굴려 누가 먼저 가장 높은 관직에 올라 퇴관하는가를 겨루는 놀이
씨름	• 각저·각력·각희·상박이라고도 함 • 단오, 추석 등에 행해짐 • 삼국 시대 이전부터 실시된 것으로 추측됨, 고구려 고분 각저총과 장천 1호 무덤에는 씨름을 하는 모습을 묘사한 벽화가 있음

기출로 보는 키워드

1위 씨름
1위 강강술래

▶ **차전놀이**

▶ **씨름**

투호	병을 놓고 일정한 거리에서 병 속에 화살을 던져 넣는 놀이
밀양 백중놀이	바쁜 농사일을 끝내고 고된 일을 해 오던 머슴들이 음력 7월 15일경 지주들로부터 하루 휴가를 얻어 흥겹게 노는 놀이
놋다리밟기	• 단장한 젊은 여자들이 공주를 뽑아 자신들의 허리를 굽혀 그 위로 걸어가게 하는 놀이 • 고려 공민왕이 홍건적의 난을 피해 노국 공주와 안동 지방으로 피란을 가던 중 개울을 건널 때 마을의 소녀들이 나와 등을 굽히고 그 위로 공주를 건너게 한 데서부터 시작되었다고 함
강강술래	• 주로 진도를 비롯해 전라남도 해안 일대에서 성행하던 민속놀이 • 노래와 무용, 놀이가 혼합된 부녀자들만의 집단 가무 • 추석이나 정월 대보름, 백중 같은 명절날 밤에 마을의 넓은 마당에서 서로 손을 잡고 둥글게 돌며 춤을 추는 원무가 기본 형태임

▶ 투호

시험에 나오는 자료 　강강술래

임진왜란 때 이순신 장군의 전술에서 유래되었다고 전해 오는 강강술래 행사를 개최합니다. 이웃과 손잡고 둥글게 돌며 노래 부르면서 풍성한 한가위를 보내세요. 유네스코 인류 무형 문화유산인 이 민속놀이에 관심 있는 분들의 많은 참여 바랍니다.

★ 3 조선의 궁궐

기출로 보는 키워드

1위 경복궁
1위 덕수궁
3위 창덕궁

북궐 ── 경복궁	• 조선 태조 때 한양으로 천도하면서 처음 지어진 조선의 법궁 • 광화문(정문), 근정전(정전), 경회루(연회를 연 누각), 향원정(후원의 정자) 등으로 구성 • 임진왜란 당시 불에 탐 → 고종 때 흥선 대원군이 왕실의 권위를 세우고자 중건 • 명성 황후가 시해된 을미사변이 일어남
창덕궁	• 조선 태종 때에 경복궁 동쪽에 지은 이궐 • 돈화문(정문), 인정전(정전), 후원 등으로 구성 • 1997년 유네스코 세계 유산에 등재
창경궁	• 조선 성종 때에 수강궁을 수리하여 지은 이궐 • 일제에 의해 동물원, 식물원이 설치되고 창경원으로 격하 → 1980년대에 복원
덕수궁 (경운궁)	• 고종이 아관 파천 이후 환궁 • 고종이 강제 퇴위된 후 경운궁에서 덕수궁으로 개칭 • 을사늑약이 체결된 중명전이 있음 • 미·소 공동 위원회가 개최된 석조전이 있음
경희궁	• 조선 광해군 때 지은 이궐 • 경복궁의 서쪽에 위치하여 서궐이라고도 불림

▶ 덕수궁 중명전

▲ 경복궁(근정전)

▲ 창경궁

▲ 덕수궁

03 유네스코 등재 세계 유산

★ 1 세계 유산

해인사 장경판전(1995)

- 조선 초기에 합천 해인사에 건립되어 **팔만대장경을 보관**하고 있는 건물
- 대장경을 보존하기 위해 환기, 온도, 습도 조절에 탁월하도록 설계된 과학적인 건축물

종묘(1995)

죽은 사람의 이름 등을 적은 나무패
- **조선 왕조의 역대 국왕과 왕비의 신주를 모신 사당**
- 태조가 한양으로 천도한 이후 곧바로 착공했으며, 임진왜란 때 불타 버렸으나 광해군 때 복원함

석굴암과 불국사(1995)

- 통일 신라 경덕왕 때 김대성이 창건하여 혜공왕 때 완성
- 당대의 수학적, 과학적 기술이 접목된 고도의 건축 기술과 뛰어난 조형 감각을 보여 주는 불교 예술

창덕궁(1997)

- 조선 태종에 의해 세워져 임진왜란 이후 흥선 대원군이 경복궁을 복원하기까지 가장 오랜 기간 동안 정궁으로 사용됨
- 자연환경과 건축물이 완벽하게 조화를 이루고 있다고 평가됨

화성(1997)

- 조선 정조가 개혁 정치의 중심지로서 건설함
- 정약용이 제작한 거중기를 사용하여 축조함

고창 · 화순 · 강화의 고인돌 유적(2000)

- 청동기 시대에 만들어진 무덤과 장례 의식의 기념물
- 우리나라는 고인돌이 고창, 화순, 강화 세 지역에 집중 분포되어 있음

경주 역사 유적 지구(2000)

- 신라의 천 년 도읍지인 경주에 위치한 역사 유적으로, 신라의 역사를 살펴볼 수 있는 조각, 탑, 궁궐지 등 여러 유적들이 집중적으로 분포함
- 대표적인 유적으로는 대릉원, 월성, 황룡사지, 동궁과 월지 등이 있음

기출로 보는 키워드

1위 종묘
2위 창덕궁

❯ **팔만대장경**

❯ **동궁과 월지**

제주 화산섬과 용암 동굴 (2007)

- 제주도는 지구의 화산 생성 과정 연구에 학술적 가치를 지니고 있고, 다양한 희귀 생물이나 멸종 위기종의 서식지가 분포하고 있어 생태계 연구에 중요한 가치를 지님
- 한라산, 거문오름, 성산일출봉 3개 구역으로 구성됨

조선 왕릉(2009)

- 조선 시대의 능으로, 유교의 예법을 충실히 구현하여 공간 및 구조물을 배치함
- 북한에 있는 2기를 제외한 40기가 유네스코 세계 유산에 등재됨

한국의 역사 마을: 하회와 양동(2010)

- 14~15세기에 조성된 대표적인 씨족 마을
- 안동 하회 마을(풍산 류씨의 집성촌)은 양반 주거 문화의 원형을 그대로 보존하고 있고, 경주 양동 마을(월성 손씨·여강 이씨 종가)은 서백당과 무첨당 및 관가정이 있음

남한산성(2014)

- 경기 광주·성남·하남 일대에 걸쳐 있는 산성
- 삼국 시대부터 백제와 신라의 군사적 요충지였으며, 조선 시대의 행궁과 사찰 등 산성 마을의 형태가 역사적 기록과 함께 남아 있음
- 병자호란 때 인조가 청에 저항한 곳으로 잘 알려져 있음

백제 역사 유적 지구(2015)

- 백제의 옛 수도인 충남 공주·부여, 전북 익산에 위치한 역사 유적
- 공주 공산성(웅진 시기 백제의 도성), 무령왕릉을 포함한 공주 송산리 고분군, 부여 관북리 유적, 부소산성(사비 시기 수도의 방어성), 부여 왕릉원, 부여 정림사지, 부여 나성, 익산 왕궁리 유적, 익산 미륵사지 등으로 구성됨

산사, 한국의 산지 승원 (2018)

- 오늘날에 이르기까지 유형과 무형의 문화적 전통을 지속하고 있는 살아 있는 불교 유산
- 양산 통도사, 영주 부석사, 안동 봉정사, 보은 법주사, 공주 마곡사, 순천 선암사, 해남 대흥사로 구성됨
- 7개 사찰은 모두 불교 신앙을 바탕으로 하여 종교 활동, 의례, 강학, 수행을 지속적으로 이어왔으며 다양한 토착 신앙을 포용하고 있음

한국의 서원(2019)

- 서원은 조선 시대 성리학 교육 시설의 한 유형으로, 16세기 중반부터 향촌 지식인인 사림에 의해 건립됨
- 총 9개의 서원(영주 소수 서원, 함양 남계 서원, 경주 옥산 서원, 안동 도산 서원, 장성 필암 서원, 대구 도동 서원, 안동 병산 서원, 정읍 무성 서원, 논산 돈암 서원)이 함께 등재됨

한국의 갯벌(2021)

- 멸종 위기종 등 희귀종 생물 2,000여 종 이상이 서식하고 있어 높은 보존 가치를 지닌 습지 보호 지역
- 서천 갯벌, 고창 갯벌, 신안 갯벌, 보성–순천 갯벌이 이에 속함

◉ **공주 공산성**

◉ **안동 도산 서원**

2 세계 기록 유산

기출로 보는 키워드

1위 현존하는 가장 오래된 금속 활자본

2위 시정기와 사초를 바탕으로 제작

훈민정음 해례본(1997)	세종의 반포문을 포함하여 훈민정음의 해설과 용례를 덧붙여 쓴 해설서 ┌→ 서술 방식: 편년체
조선왕조실록(1997)	• 조선 태조~철종까지의 25명의 왕, 470여 년간을 기록한 역사서 • 사초, 시정기 등을 바탕으로 실록청에서 편찬
직지심체요절(2001)	1377년 청주 흥덕사에서 인쇄한 현존하는 세계 최초의 금속 활자본
승정원일기(2001)	승정원에서 국왕의 일상을 기록한 것
조선 왕조 의궤(2007)	• 조선 왕실 의례를 글과 그림으로 기록 • 외규장각 의궤는 병인양요 때 프랑스군에게 약탈당했다가 2011년 임대 형식으로 반환
고려대장경판 및 제경판(2007)	13세기 몽골의 침입을 막기 위해 총 81,258판의 목판에 새긴 대장경(팔만대장경)
동의보감(2009)	1610년 허준이 편찬한 백과사전식 의서
일성록(2011)	정조가 왕위에 오르기 전부터 쓴 일기에서 유래, 즉위 후 규장각에서 집필
5·18 민주화 운동 기록물(2011)	5·18 민주화 운동과 관련한 문서·사진·영상 등의 기록물
난중일기(2013)	이순신이 임진왜란 중 기록한 친필 일기
새마을 운동 기록물(2013)	1970~1979년까지 전개된 새마을 운동에 대한 문서·사진·영상 등의 기록물
한국의 유교책판(2015)	조선 시대에 718종의 서책을 간행하기 위해 판각한 책판
KBS 특별 생방송 '이산가족을 찾습니다' 기록물(2015)	KBS의 1983년 '이산가족을 찾습니다'라는 방송에 사용된 문서·사진·영상 등의 기록물
조선 왕실 어보와 어책(2017)	왕의 정통성과 권위를 나타내는 어보(금·은·옥), 옥책·죽책·금책 등 왕실의 보물
조선 통신사에 관한 기록(2017)	조선에서 일본으로 파견되었던 외교 사절단에 관한 자료(1607~1811)
국채 보상 운동 기록물(2017)	나라의 빚을 갚기 위한 국채 보상 운동의 모든 과정을 보여 주는 기록물(1907~1910)

> **직지심체요절**

> **5·18 민주화 운동 기록물**

> **KBS 특별 생방송 '이산가족을 찾습니다' 기록물**

01 독도와 간도, 지역사

01 (가)에 들어갈 섬으로 옳은 것은? [기본 52회]

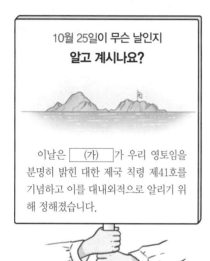

① 독도　　② 완도　　③ 거문도　　④ 흑산도

02 교사의 질문에 대한 학생의 답변으로 옳지 <u>않은</u> 것은? [기본 50회]

03 학생들이 공통으로 이야기하고 있는 지역을 지도에서 옳게 찾은 것은? [기본 49회]

① (가)　　② (나)　　③ (다)　　④ (라)

04 다음 퀴즈의 정답으로 옳은 것은? [기본 54회]

① 원산　　② 서울　　③ 파주　　④ 평양

01 독도와 간도   답 ①

자료에서 독도의 날인 10월 25일이 언급된 점, 독도가 우리 영토임을 분명히 밝힌 대한 제국 칙령 제41호를 기념한다는 점을 통해 (가)에 들어갈 섬이 독도임을 알 수 있다.

🔍 선지분석

✓ **독도**
➡ 대한 제국은 1900년 칙령 제41호를 공포하여 울릉도를 하나의 독립된 군으로 설치하고, 독도도 포함하여 관할할 것을 발표하였다.

② 완도
➡ 통일 신라 시기 장보고가 청해진을 설치한 지역이다.

③ 거문도
➡ 영국이 러시아의 남하를 저지한다는 구실로 불법 점령한 거문도 사건(1885~1887)이 일어난 지역이다.

④ 흑산도
➡ 정약용의 형 정약전이 신유박해에 연루되어 유배된 곳으로, 『자산어보』를 편찬한 지역이다.

 3초공식

대한 제국 칙령 제41호 + 10월 25일 = 독도

02 지역사   답 ④

지도에서 전주가 제시되었으므로 전주 지역의 역사와 관련이 없는 내용을 골라야 한다.

🔍 선지분석

① 견훤이 세운 후백제의 도읍이 있던 곳이에요.
➡ 견훤은 후백제를 세우면서 완산주(전주)를 도읍으로 정하였다.

② 동학 농민군이 정부와 화약을 맺은 곳이에요.
➡ 동학 농민 운동 당시 동학 농민군은 전주성을 점령한 후 정부와 전주 화약을 체결하였다.

③ 태조 이성계의 어진이 있는 경기전이 있어요.
➡ 경기전이 위치한 곳은 전주이다.

✓ 국보 제9호인 정림사지 오층 석탑이 있어요.
➡ 백제의 문화유산인 정림사지 5층 석탑은 충남 부여에 있다.

 3초공식

후백제의 도읍 + 동학 농민군이 정부와 화약 체결 = 전주

03 지역사   답 ③

자료에서 송상현이 동래성에서 순절했다는 점, 내상의 근거지였다는 점, 초량 왜관이 있었다는 점, 2002년 아시아 경기 대회가 개최되었다는 점을 통해 학생들이 공통적으로 이야기하고 있는 지역은 부산임을 알 수 있다.

🔍 선지분석

① (가)

② (나)

✓ (다)
➡ 송상현은 임진왜란 당시 일본군에 맞서 부산의 동래성을 지키며 방어하다가 전사하였다. 내상은 부산을 근거지로 활동했던 조선 후기의 상인이고, 초량 왜관은 조선 후기 일본인과의 교류를 위하여 부산 초량에 설치되었던 왜관이다. 또한 부산에서는 2002년에 아시아 경기 대회가 개최되었다.

④ (라)

 3초공식

동래성 + 내상 + 초량 왜관 = 부산

04 지역사   답 ④

자료에서 장수왕이 새로운 도읍으로 삼은 곳이자 물산 장려 운동이 시작된 곳이라는 점, 남북 정상 회담이 최초로 개최된 곳이라는 점을 통해 해당 지역이 평양임을 알 수 있다.

🔍 선지분석

① 원산
➡ 강화도 조약으로 개항한 곳이며, 최초의 근대 학교인 원산 학사가 설립되었다. 일제 강점기에는 원산 총파업이 일어났다.

② 서울
➡ 조선 왕조와 대한민국 정부의 수도로, 조선 시대와 근현대의 여러 사건이 일어났다.

③ 파주
➡ 고려 시대의 불상인 용미리 마애이불 입상과 조선 시대 유학자 이이를 모신 자운 서원이 남아 있다.

✓ 평양
➡ 고구려 장수왕은 남진 정책을 추진하기 위해 수도를 국내성에서 평양으로 옮겼으며, 1920년대에 전개된 물산 장려 운동은 평양에서부터 시작되었다. 남북 정상 회담은 2000년 평양에서 처음으로 개최되었다.

 3초공식

장수왕의 천도 + 물산 장려 운동 = 평양

02 세시 풍속, 민속놀이, 조선의 궁궐

대표 기출문제

01 (가)에 들어갈 명절로 옳은 것은? [기본 50회]

세시 풍속 체험 행사
음력 8월 15일 명절, (가)

보름달 소원 쓰기

송편 만들기

① 단오 ② 동지 ③ 추석 ④ 한식

02 다음 일기에 나타난 세시 풍속을 행하는 명절로 옳은 것은? [기본 49회]

○○월 ○○일 ○요일   날씨: ☃

오늘은 1년 중 밤이 가장 길고 낮이 가장 짧은 날이라고 한다. 아침부터 아빠와 함께 팥죽을 만들었다. 나는 찹쌀로 새알심을 만들었다. 팥죽을 먹어야 진짜 나이를 한 살 더 먹는다고 하는데, 오늘 만들어 먹었으니까 나도 이제 진짜로 열 살이 된 것 같아 기쁘다.

① 단오 ② 동지 ③ 추석 ④ 한식

03 다음에 해당하는 문화유산으로 옳은 것은? [기본 52회]

세계유산 세계기록유산 무형문화유산

기본 정보   상세 설명

두 사람이 상대방의 샅바나 바지의 허리춤을 잡고 상대를 바닥에 넘어뜨리는 민속놀이이다. 이 놀이는 남북한이 공동으로 등재를 신청하여 2018년에 유네스코 무형 문화유산이 되었다.

① 씨름 ② 택견
③ 강강술래 ④ 남사당놀이

04 (가)에 들어갈 문화유산으로 옳은 것은? [기본 51회]

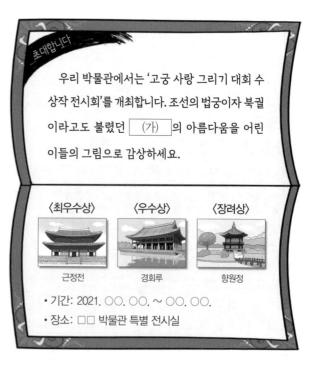

초대합니다

우리 박물관에서는 '고궁 사랑 그리기 대회 수상작 전시회'를 개최합니다. 조선의 법궁이자 북궐이라고도 불렸던 (가) 의 아름다움을 어린이들의 그림으로 감상하세요.

〈최우수상〉 〈우수상〉 〈장려상〉

근정전 경회루 향원정

• 기간: 2021. ○○. ○○. ~ ○○. ○○.
• 장소: □□ 박물관 특별 전시실

① 경복궁 ② 덕수궁 ③ 창경궁 ④ 창덕궁

01 세시 풍속 답 ③

자료에서 음력 8월 15일이라고 한 점, 송편 만들기 등의 행사가 제시된 점을 통해 (가)에 들어갈 명절이 추석임을 알 수 있다.

선지분석

① 단오
➡ 음력 5월 5일로 수릿날이라고도 불린다. 이날에는 그네뛰기와 씨름 등을 즐겼으며, 부녀자들은 창포 삶은 물로 머리를 감고 얼굴을 씻었다.

② 동지
➡ 양력 12월 22~23일경으로 일 년 중 밤의 길이가 가장 긴 날이다. 이날에는 팥죽을 쑤어 먹는다.

✓ ③ 추석
➡ 음력 8월 15일로 한가위 또는 중추절이라고도 불린다. 이날에는 새로 수확한 곡식이나 과실로 차례를 지내고 성묘를 가서 벌초를 한다.

④ 한식
➡ 동지로부터 105일째 되는 날(양력 4월 5일경)이다. 이날에는 불을 사용하지 않은 찬 음식을 먹었다.

⏱ 3초공식
음력 8월 15일 + 보름달 + 송편 = 추석

02 세시 풍속 답 ②

자료에서 1년 중 밤이 가장 긴 날이라고 한 점, 팥죽을 먹었다는 점 등을 통해 일기에 나타난 명절이 동지임을 알 수 있다.

🔍 선지분석

① 단오
➡ 음력 5월 5일로 수릿날이라고도 한다. 부녀자들은 창포 삶은 물로 머리를 감고 얼굴을 씻었고, 마을 사람들은 그네뛰기와 씨름 등을 즐겼으며, 수리취떡을 만들어 먹었다.

✓ ② 동지
➡ 양력 12월 22일~23일경으로 일 년 중 낮의 길이가 가장 짧고, 밤의 길이가 가장 긴 날이다. 동지에는 팥죽을 쑤어 먹는다.

③ 추석
➡ 음력 8월 15일로 한가위 또는 중추절이라고도 한다. 햇곡식과 햇과일로 차례를 지내고 송편을 만들어 먹는다.

④ 한식
➡ 동지에서 105일째 되는 날로 불을 사용하지 않은 찬 음식을 먹었다.

⏱ 3초공식
1년 중 밤이 가장 긴 날 + 팥죽 = 동지

03 민속놀이 답 ①

자료에서 상대방의 샅바나 바지의 허리춤을 잡고 상대를 바닥에 넘어뜨리는 민속놀이라는 점, 2018년에 유네스코 무형 문화유산이 되었다는 점을 통해 해당 문화유산이 씨름임을 알 수 있다.

🔍 선지분석

✓ ① 씨름
➡ 단오절이나 중추절 등에 행해진 민속놀이이다. 고구려 고분인 각저총에 씨름을 하는 모습을 묘사한 벽화가 남아 있다.

② 택견
➡ 독창적인 보법을 중심으로 상대를 발로 차거나 넘기는 기술을 사용하는 전통 무예이다.

③ 강강술래
➡ 추석이나 정월 대보름 등 명절날 밤에 마을의 마당에서 서로 손을 잡고 둥글게 돌며 춤을 추는 민속놀이이다.

④ 남사당놀이
➡ 남자들로 구성된 유랑 광대극으로, 대개 농어촌이나 성곽 밖의 서민층 마을을 대상으로 하여 이루어진 공연이다.

⏱ 3초공식
샅바 + 민속놀이 = 씨름

04 조선의 궁궐 답 ①

자료에서 조선의 법궁이자 북궐이라고 불렸다는 점, 근정전·경회루·향원정이 제시된 점을 통해 (가)에 들어갈 문화유산이 경복궁임을 알 수 있다.

🔍 선지분석

✓ ① 경복궁
➡ 정전인 근정전, 외국 사신 등에게 연회를 베푼 경회루, 누각인 향원정은 경복궁에 있다.

② 덕수궁
➡ 본래 경운궁으로 불렸던 곳으로, 조선 고종이 일본에 의해 강제 퇴위된 이후 머물게 되면서 이름이 덕수궁으로 바뀌었다.

③ 창경궁
➡ 조선 성종 때 지은 궁궐로, 일제에 의해 동물원과 식물원이 설치되고 창경원으로 격하되기도 하였다.

④ 창덕궁
➡ 조선 태종 때 경복궁 동쪽에 지은 궁궐로, 1997년에 유네스코 세계 유산에 등재되었다.

⏱ 3초공식
조선의 법궁 + 근정전 + 경회루 = 경복궁

03 유네스코 등재 세계 유산

01 (가)에 들어갈 문화유산 스탬프로 옳은 것은? [초급 46회]

서울을 거닐며 조선을 만나다

* 다음 설명에 해당하는 문화유산 스탬프를 찍으세요.

첫 번째	두 번째	세 번째
근정전, 강녕전 등이 있는 조선의 궁궐	역대 왕과 왕비의 신주를 모신 곳	반달 모양의 옹성을 갖춘 한양 동쪽의 성문
경복궁	(가)	흥인지문

① 종묘
② 사직단
③ 성균관
④ 명동 성당

02 (가)에 해당하는 문화유산으로 옳은 것은? [기본 55회]

문화유산 답사 보고서

답사 목적	한국의 산성 알아보기
답사 장소	(가)
답사 날짜	2021년 ○○월 ○○일
새롭게 알게된 점	백제가 웅진에 수도를 두었을 당시 웅진성이라 불렸어. 산성 안에는 쌍수정, 연지 등의 유적이 있어. 2015년에 유네스코 세계 유산으로 등재되었어.

① 공산성
② 삼랑성
③ 삼년산성
④ 오녀산성

01 세계 유산

자료에서 조선 시대 역대 왕과 왕비의 신주를 모신 곳이라고 한 점을 통해 (가)에 들어갈 문화유산이 종묘임을 알 수 있다.

🔍 선지분석

☑ **종묘**

➡ 조선 왕조 국왕과 왕비의 신주를 모신 사당이다. 이곳에서 나라의 안녕을 기원하기 위한 제사를 지냈다.

② 사직단

➡ 조선 시대에 국왕이 땅의 신과 곡식의 신에게 제사를 지내던 장소이다.

③ 성균관

➡ 고려와 조선의 최고 교육 기관이다. 조선 시대에는 한양에 설치되었다.

④ 명동 성당

➡ 1890년대에 서양 건축 양식으로 지어진 성당이다.

⏰ 3초공식

역대 왕과 왕비의 신주를 모신 곳 = 종묘

02 세계 유산

자료에서 백제가 웅진에 수도를 두었을 당시 웅진성이라고 불렸다는 점, 2015년에 유네스코 세계 유산으로 등재되었다는 점 등을 통해 (가)에 해당하는 문화유산이 충남 공주의 공산성임을 알 수 있다. 고구려 장수왕의 공격으로 인해 한성이 함락당한 백제는 수도를 한성에서 웅진으로 옮겼고, 공산성을 그 근거지로 삼았다. 2015년에 공주 공산성, 공주 송산리 고분군을 비롯한 부여·익산의 백제 유적이 '백제 역사 유적 지구'로 유네스코 세계 유산에 등재되었다.

🔍 선지분석

☑ **공산성**

➡ 웅진에 위치하고 있는 백제의 성이라는 점을 통해 공산성에 대한 것임을 알 수 있다.

② 삼랑성

➡ 인천 강화에 위치한 성으로, 정족산성이라 불리기도 한다. 병인양요 당시 양헌수가 이곳에서 프랑스군을 물리쳤다.

③ 삼년산성

➡ 충북 보은에 위치한 신라의 산성이다.

④ 오녀산성

➡ 중국 랴오닝성에 위치한 고구려의 산성이다.

⏰ 3초공식

백제 + 웅진성 = 공주 공산성

여러분의 작은 소리
에듀윌은 크게 듣겠습니다.

본 교재에 대한 여러분의 목소리를 들려주세요.
공부하시면서 어려웠던 점, 궁금한 점,
칭찬하고 싶은 점, 개선할 점, 어떤 것이라도 좋습니다.

에듀윌은 여러분께서 나누어 주신 의견을
통해 끊임없이 발전하고 있습니다.

에듀윌 도서몰 book.eduwill.net
• 부가학습자료 및 정오표: 에듀윌 도서몰 → 도서자료실
• 교재 문의: 에듀윌 도서몰 → 문의하기 → 교재(내용, 출간) / 주문 및 배송

2025 에듀윌 한국사능력검정시험 한권끝장 기본

발 행 일	2025년 1월 5일 초판
편 저 자	에듀윌 한국사연구소
펴 낸 이	양형남
개 발	정상욱, 김민서
펴 낸 곳	(주)에듀윌
등록번호	제25100-2002-000052호
주 소	08378 서울특별시 구로구 디지털로34길 55 코오롱싸이언스밸리 2차 3층
I S B N	979-11-360-3486-1(13910)

* 이 책의 무단 인용 · 전재 · 복제를 금합니다.

www.eduwill.net
대표전화 1600-6700

한능검 원패스 단기합격은
에듀윌 한국사 유튜브와 함께

한능검 물불가리기

"이제, 다음 시험 준비해야지?"

지피지기면 백전백승! 난이도를 예측해 줄게요.

한능검 오예! 모음집

"한능검 공부 시작해 보자"

5분 동안 최빈출만 짧고 굵게 예언해 줄게요.

전범위 싹! 훑기

"늦지 않았어, 한번에 정리하자!"

한 달 동안 공부할 분량을 한방에 정리해 드려요.

D-2 마무리 적중예언

"우리만 믿어~ 다 찍어 줄게!"

시험에 반드시 나오는 것만 쏙쏙 골라 드려요.

에듀윌
한국사
유튜브

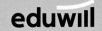

2025 최신판

에듀윌 한국사능력검정시험
기본 한권끝장+모의고사 3회분

80점을
뛰어넘는 해설

2025 최신판

에듀윌 한국사능력검정시험
기본 한권끝장+모의고사 3회분

2025 최신판

에듀윌 한국사능력검정시험
기본 한권끝장+모의고사 3회분

80점을
뛰어넘는 해설

정답 빠르게 보기

나의 점수 : _____ 점

번호	정답	배점	번호	정답	배점	번호	정답	배점	번호	정답	배점	번호	정답	배점
1	③	1	11	③	2	21	②	3	31	③	2	41	④	3
2	④	2	12	①	2	22	①	2	32	④	1	42	③	2
3	①	2	13	①	2	23	②	1	33	①	2	43	①	1
4	①	2	14	④	2	24	④	3	34	③	3	44	④	2
5	④	1	15	①	2	25	①	2	35	④	2	45	④	3
6	④	1	16	④	2	26	①	3	36	④	3	46	①	1
7	①	2	17	②	2	27	④	2	37	①	1	47	③	3
8	③	2	18	③	2	28	③	2	38	①	3	48	④	3
9	②	1	19	③	2	29	①	2	39	②	2	49	③	2
10	④	2	20	①	1	30	④	2	40	④	2	50	①	2

키워드 한눈에 보기

번호	키워드	번호	키워드	번호	키워드	번호	키워드
1	구석기 시대	14	문벌 사회의 동요	27	조선 후기 서민 문화	40	의열단
2	고조선	15	전시과	28	조선 후기의 경제	41	3·1 운동
3	부여	16	의천	29	안용복	42	조소앙
4	고구려 소수림왕	17	서원	30	홍경래의 난	43	조선 총독부
5	백제 금동 대향로	18	조광조	31	경복궁 중건	44	광주 학생 항일 운동
6	진대법	19	칠정산	32	통리기무아문	45	1930년대 이후 식민 통치
7	신라 지증왕	20	비변사	33	동학 농민 운동	46	4·19 혁명
8	고구려의 대외 항쟁	21	예송	34	조사 시찰단	47	박정희 정부
9	이불병좌상	22	인조반정	35	장인환, 전명운	48	6월 민주 항쟁
10	견훤, 궁예	23	단오	36	조·청 상민 수륙 무역 장정	49	6·25 전쟁
11	고려 태조 왕건	24	갑술환국	37	신민회	50	노태우 정부
12	고려 광종	25	균역법	38	독립 협회, 대한 제국		
13	개성	26	유형원	39	이봉창(한인 애국단)		

1. 밑줄 그은 '이 시대'의 생활 모습으로 옳은 것은?

> 이 유물은 돌을 깨뜨려 만든 것으로, 이 시대 사람들이 처음으로 제작하였습니다. 사냥을 하거나 동물의 가죽을 벗기는 용도 등으로 사용되었습니다.

— 뗀석기 / 구석기 시대

주먹도끼 찍개

구석기 시대의 유물

① 철제 농기구로 농사를 지었다.
　철기 시대
② 토기를 만들어 식량을 저장하였다.
　신석기 시대
✔ 주로 동굴이나 막집에서 거주하였다.
　구석기 시대
④ 거푸집을 사용하여 청동기를 제작하였다.
　청동기 시대

2. 다음 퀴즈의 정답으로 옳은 것은?

고조선
1단계 청동기 문화를 바탕으로 성립하였다.
2단계 평양성을 도읍으로 삼았다.
3단계 범금 8조가 있었다. ── 고조선의 법
4단계 한 무제의 공격으로 멸망하였다.
　　　── 고조선의 멸망

고조선 ──
> 제시된 단계별 힌트를 종합하여 알 수 있는 국가는 어디일까요?

한국사 310 300 퀴즈왕

① 동예　　② 부여　　③ 고구려　　✔ 고조선
책화, 족외혼 등　사출도, 영고 등　제가 회의,　범금 8조 등
　　　　　　　　　　　　서옥제 등

▶ 정답 분석

자료에서 주먹도끼와 찍개 사진이 등장한 점, 돌을 깨뜨려 만든 것이라고 한 점 등을 통해 밑줄 그은 '이 시대'가 구석기 시대임을 알 수 있다.
구석기 시대에는 돌을 깨뜨려 만든 뗀석기를 도구로 사용하였으며, 무리를 이루고 이동하며 생활하였다.
③ 구석기 시대에는 사냥과 채집을 통해 식량을 확보하였고, 동굴이나 바위 그늘 혹은 막집에서 생활하였다.

▶ 선택지 분석

① 쟁기·쇠스랑 등 철제 농기구로 농사를 지은 시기는 철기 시대이다.
② 토기는 신석기 시대부터 만들어지기 시작하였다.
④ 거푸집을 사용하여 청동기를 제작하기 시작한 시기는 청동기 시대이다.

▶ 십중팔구 나온다! 구석기 시대와 신석기 시대

구분	구석기 시대	신석기 시대
시작	약 70만 년 전	기원전 8000년경
도구	뗀석기: 주먹도끼, 찍개 등	• 간석기: 갈돌·갈판, 가락바퀴 등 • 토기: 빗살무늬 토기 등
경제	사냥, 물고기잡이, 채집 → 이동 생활	농경·목축 시작 → 정착 생활
주거	동굴, 바위 그늘, 막집	움집(강가·바닷가)
사회	평등 사회, 무리 지어 생활	평등 사회, 부족 사회

▶ 정답 분석

자료에서 청동기 문화를 바탕으로 성립하였다는 점, 평양성을 도읍으로 삼았다는 점, 범금 8조가 있었다는 점, 한 무제의 공격으로 멸망하였다는 점 등을 통해 퀴즈의 정답이 고조선임을 알 수 있다.
④ 고조선은 우리 역사상 최초의 국가로, 청동기 문화를 바탕으로 성립하였다. 위만의 집권 이후에는 본격적인 철기 문화의 수용과 중계 무역으로 발전하였으나, 한의 침략으로 멸망하였다. 고조선에는 사회 질서를 유지하기 위한 범금 8조가 있었다.

▶ 선택지 분석

① 동예는 강원도 북부 동해안 지방에 위치하였던 나라로, 책화와 족외혼 등의 풍습이 존재하였다.
② 부여에는 독립적 행정 구역인 사출도가 있었고, 영고라는 제천 행사가 열렸다. 부여는 고구려의 공격으로 멸망하였다.
③ 고구려는 제가 회의와 서옥제 등의 풍습이 있었던 나라로, 나·당 연합군의 공격으로 멸망하였다.

▶ 십중팔구 나온다! 범금 8조

사람을 죽인 자는 즉시 죽이고, 남에게 상처를 입힌 자는 곡식으로 갚는다. 도둑질을 한 자는 노비로 삼는다. 용서받고자 하는 자는 한 사람마다 50만 전을 내야 한다.

— 『한서』 지리지 —

3. (가) 나라의 사회 모습으로 옳은 것은?

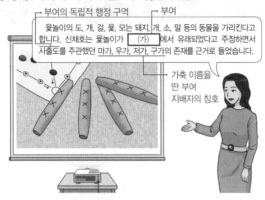

윷놀이의 도, 개, 걸, 윷, 모는 돼지, 개, 소, 말 등의 동물을 가리킨다고 합니다. 신채호는 윷놀이가 (가) 에서 유래되었다고 주장하면서 사출도를 주관했던 마가, 우가, 저가, 구가의 존재를 근거로 들었습니다.

─ 부여의 독립적 행정 구역 ─ 부여
─ 가축 이름을 딴 부여 지배자의 칭호

✔ 12월에 영고라는 제천 행사를 열었다.
　　　부여
② 골품에 따른 신분 차별이 엄격하였다.
　　신라
③ 읍락 간의 경계를 중시하는 책화가 있었다.
　　　동예
④ 제사장인 천군과 신성 지역인 소도가 존재하였다.
　　삼한

4. 밑줄 그은 '왕'의 업적으로 옳은 것은?

○ 372년 전진 왕 부견이 사신과 승려 순도를 보내 불상과 경문(經文)을 주었다. 왕이 사신을 보내 사례하고 토산물을 바쳤다.
　　└ 소수림왕　　└ 전진으로부터 불교 수용
○ 373년 처음으로 율령을 반포하였다.
　　└ 소수림왕의 업적 ─『삼국사기』─

✔ 태학을 설립하였다.
　　고구려 소수림왕
② 평양으로 천도하였다.
　　고구려 장수왕
③ 우산국을 정벌하였다.
　　신라 지증왕
④ 영락이라는 연호를 사용하였다.
　　고구려 광개토 대왕

▶ 정답 분석

자료에서 윷놀이가 (가) 나라에서 유래된 이유로 사출도를 주관했던 마가, 우가, 저가, 구가의 존재를 제시하고 있는 점을 통해 (가) 나라가 부여임을 알 수 있다.

사출도는 왕 아래 마가, 우가, 저가, 구가 등의 대가들이 다스리던 부여의 독립적인 행정 구역이다. 부여는 왕권이 미약하여 대가들이 왕을 추대하기도 하고, 흉년이 들면 왕을 죽이거나 내쫓기도 하였다.

① 부여는 12월에 영고라는 제천 행사를 개최하였다.

▶ 선택지 분석

② 골품제는 신라의 폐쇄적인 신분제이다.
③ 책화는 다른 읍락의 경계를 침범하면 노비나 소, 말 등으로 배상하게 하는 동예의 풍속이다.
④ 제사장인 천군과 신성 지역인 소도가 존재하였던 국가는 삼한이다.

▶ 십중팔구 나온다!　부여의 풍속

제천 행사	12월에 영고 개최
순장	왕이 죽으면 많은 사람들을 껴묻거리와 함께 묻음
1책 12법	남의 물건을 훔치면 12배로 배상

▶ 정답 분석

자료에서 전진의 왕이 승려 순도를 통해 불상과 경문을 주었다는 점, 처음으로 율령을 반포하였다는 점 등을 통해 밑줄 그은 '왕'이 고구려의 소수림왕임을 알 수 있다.

소수림왕은 백제 근초고왕과의 전투에서 전사한 고국원왕의 뒤를 이어 즉위하였다. 그는 국가의 위기를 극복하기 위해 체제 정비에 힘썼다. 율령을 반포하여 국가 운영의 기준을 마련하고, 불교를 수용하여 다양한 사상과 신앙을 통합하고자 하였다.

① 고구려 소수림왕은 국립 교육 기관인 태학을 설립하여 유능한 인재를 양성하였다.

▶ 선택지 분석

② 평양으로 천도한 왕은 고구려 장수왕이다.
③ 우산국을 정벌하여 독도를 우리 영토로 귀속시킨 왕은 신라 지증왕이다.
④ '영락'이라는 독자적 연호를 사용한 왕은 고구려 광개토 대왕이다.

▶ 십중팔구 나온다!　삼국의 율령 반포와 불교 수용

구분	율령 반포	불교 수용
고구려	소수림왕(4세기)	소수림왕(4세기)
백제	–	침류왕(4세기)
신라	법흥왕(6세기)	법흥왕(6세기)

5. (가)에 들어갈 문화유산으로 옳은 것은?

① 고령 지산동 32호분 출토 금동관(대가야)

② 공주 무령왕릉 출토 진묘수(백제)

③ 도기 바퀴 장식 뿔잔(가야)

✔ 백제 금동 대향로

6. 밑줄 그은 '제도'로 옳은 것은?

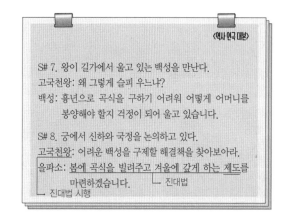

〈역사 연극 대본〉

S# 7. 왕이 길가에서 울고 있는 백성을 만난다.
고국천왕: 왜 그렇게 슬피 우느냐?
백성: 흉년으로 곡식을 구하기 어려워 어떻게 어머니를
봉양해야 할지 걱정이 되어 울고 있습니다.

S# 8. 궁에서 신하와 국정을 논의하고 있다.
고국천왕: 어려운 백성을 구제할 해결책을 찾아보아라.
을파소: 봄에 곡식을 빌려주고 겨울에 갚게 하는 제도를
마련하겠습니다. └ 진대법
└ 진대법 시행

① 의창
고려, 조선의
빈민 구제 기관

② 환곡
조선의
구휼 제도

③ 사창제
조선의 민간
구휼 제도

✔ 진대법
고구려의
구휼 제도

▶ 정답 분석

자료에서 부여 능산리 고분군 근처의 절터에서 출토되었다고 한 점, 도교와 불교 사상이 함께 반영된 백제의 문화유산이라고 한 점을 통해 (가)에 들어갈 문화유산이 백제 금동 대향로임을 알 수 있다.
④ 백제 금동 대향로는 도교와 불교 사상이 반영된 백제의 뛰어난 문화유산 이다.

▶ 선택지 분석

① 대가야의 유물인 고령 지산동 32호분 출토 금동관이다.
② 백제의 유물인 공주 무령왕릉에서 출토된 진묘수이다.
③ 가야의 유물인 도기 바퀴 장식 뿔잔이다.

▶ 정답 분석

자료에서 고구려의 고국천왕과 재상인 을파소가 제시된 점, 이들이 어려운 백성을 위해 봄에 곡식을 빌려주고 겨울에 갚게 하는 제도를 마련하겠다는 점 등을 통해 밑줄 그은 '제도'가 진대법임을 알 수 있다.
④ 진대법은 고구려 고국천왕 때 재상 을파소의 건의로 시행되었다. 흉년기에 국가가 농민에게 곡식을 대여해 주고 수확기에 갚도록 한 빈민 구제 제도이다.

▶ 선택지 분석

① 의창은 고려와 조선 시대에 빈민 구제를 위해 설치했던 기구이다.
② 환곡은 식량이 모자란 봄에 관청에서 곡식을 빌려준 뒤 추수 후 이자를 쳐서 갚도록 한 조선 시대의 진휼 제도이다.
③ 사창제는 기존의 환곡제를 대신해 마을 단위로 운영한 제도로, 조선 후기 흥선 대원군의 집권기에 실시되었다.

7. 다음 대화를 나눈 왕의 재위 기간에 있었던 사실로 옳은 것은?

신들의 생각으로는 국호를 '신라'로 확정하고 왕'의 칭호를 사용하는 것이 합당합니다. 이에 '신라 국왕'의 칭호를 올립니다.

그대들의 말을 따르겠소.

신라 지증왕의 업적

✓① 이사부를 보내 우산국을 정벌하였다.
  신라 지증왕
② 관료전을 지급하고 녹읍을 폐지하였다.
  신라 신문왕
③ 화랑도를 국가적 조직으로 개편하였다.
  신라 진흥왕
④ 이차돈의 순교를 계기로 불교를 공인하였다.
  신라 법흥왕

8. (가)에 들어갈 제목으로 가장 적절한 것은?

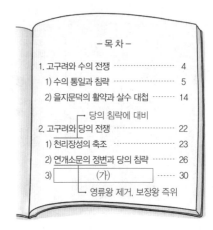

─ 목 차 ─

1. 고구려와 수의 전쟁 ·········· 4
 1) 수의 통일과 침략 ·········· 5
 2) 을지문덕의 활약과 살수 대첩 ·········· 14
  └ 당의 침략에 대비
2. 고구려와 당의 전쟁 ·········· 22
 1) 천리장성의 축조 ·········· 23
 2) 연개소문의 정변과 당의 침략 ·········· 26
 3) [(가)   ] ·········· 30
  └ 영류왕 제거, 보장왕 즉위

① 백강 전투의 영향
  나 · 당 연합군 vs 백제 · 왜
② 기벌포 전투의 결과
  신라 vs 당
✓③ 안시성 전투의 승리
  고구려 vs 당
④ 황산벌 전투의 과정
  백제 vs 신라

자료에서 국호를 '신라'로 정하고 '왕'의 칭호를 사용하자는 건의를 수용한 점을 통해 대화 속 왕이 신라 지증왕임을 알 수 있다.
6세기 초 지증왕은 국호를 '신라'로 확정하고 왕호를 중국식인 '왕'으로 바꾸었다.
① 지증왕 때 이사부는 우산국(오늘날의 울릉도)을 정복하였고, 이때 독도도 우리 영토에 포함되었다.

▶ 선택지 분석

② 신라 신문왕은 왕권을 강화하기 위해 관료전을 지급하고 녹읍을 폐지하였다.
③ 신라 진흥왕은 화랑도를 국가적 조직으로 개편하였다.
④ 신라 법흥왕 때 이차돈의 순교를 계기로 불교를 공인하였다(527).

▶ 십중팔구 나온다! 6세기 신라의 주요 왕

지증왕	국호 '신라', '왕' 칭호 사용, 우산국 복속, 우경 장려, 동시전 설치
법흥왕	병부 설치, 율령 반포, 불교 공인, 금관가야 병합, 연호 '건원' 사용
진흥왕	• 한강 유역 점령, 대가야 정복, 함흥평야 진출 → 순수비 건립 • 화랑도를 국가 조직으로 개편, 거칠부가 『국사』 편찬

▶ 정답 분석

자료에서 (가)가 제시된 부분의 단원 제목으로 고구려와 당의 전쟁이 제시되었으므로 (가)에는 고구려와 당의 전쟁과 관련된 사실이 들어가야 한다.
중국이 수·당으로 통일된 이후 고구려와 중국의 통일 왕조가 충돌하였다. 고구려가 수·당의 침입을 막아 낸 대표적인 사례로는 수의 침입 때 을지문덕이 승리를 거둔 살수 대첩이 있고, 안시성 성주와 백성들이 당의 대군을 막아 낸 안시성 전투가 있다.
③ 안시성 전투(645)는 고구려가 당의 침입을 막아 낸 대표적인 전투이다.

▶ 선택지 분석

① 백강 전투(663)는 백제의 멸망 이후 백제 부흥군과 왜의 연합군이 나·당 연합군에 맞서 싸운 전투이다.
② 기벌포 전투(676)는 나·당 전쟁 중에 신라군이 당을 물리친 해전이다.
④ 황산벌 전투(660)는 나·당 연합군이 백제 공격을 단행하자 계백이 이끄는 백제 결사대가 김유신이 이끄는 신라군에 맞서 싸운 전투이다.

▶ 십중팔구 나온다! 수·당의 침입에 맞선 고구려

고구려 VS 수	살수 대첩(을지문덕)
고구려 VS 당	안시성 전투

9. (가) 국가의 문화유산으로 옳은 것은?

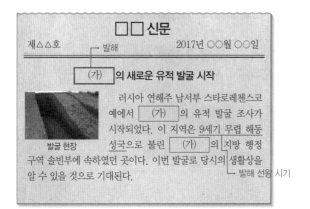

□□신문

제△△호 — 발해   2017년 ○○월 ○○일

(가) 의 새로운 유적 발굴 시작

발굴 현장

러시아 연해주 남서부 스타로레첸스코예에서 (가) 의 유적 발굴 조사가 시작되었다. 이 지역은 9세기 무렵 해동성국으로 불린 (가) 의 지방 행정 구역 솔빈부에 속하였던 곳이다. 이번 발굴로 당시의 생활상을 알 수 있을 것으로 기대된다. — 발해 선왕 시기

① 금동 연가 7년명
여래 입상(고구려)

✔ 이불병좌상
(발해)

③ 금동 미륵보살
반가 사유상
(삼국 시대)

④ 경주 석굴암 본존불상
(통일 신라)

▶ 정답 분석

자료에서 러시아 연해주의 유적지이고, 9세기 무렵 해동성국으로 불렸다는 점, 지방 행정 구역인 솔빈부에 속하였던 곳이라는 점 등을 통해 (가) 국가는 발해임을 알 수 있다.
발해의 대표적인 문화유산으로는 정혜 공주 묘, 정효 공주 묘, 발해 석등, 발해 영광탑, 이불병좌상, 돌사자상 등이 있다.
② 발해의 문화유산인 이불병좌상이다.

▶ 선택지 분석

① 고구려의 문화유산인 금동 연가 7년명 여래 입상이다.
③ 삼국 시대에 만들어진 금동 미륵보살 반가 사유상이다.
④ 신라 경덕왕 때 김대성이 만들었다고 전해지는 경주 석굴암 본존불상이다.

▶ 십중팔구 나온다!   발해의 문화유산

▲ 발해 석등

▲ 발해 돌사자상

▲ 이불병좌상

10. (가), (나) 인물에 대한 설명으로 옳은 것은?

견훤 — 후백제의 수도(오늘날의 전주)

○ 서쪽으로 순행하여 완산주에 이르니 주(州)의 백성들이 환영하였다. (가) 은/는 인심을 얻은 것에 기뻐하며 주위의 사람들에게 말하기를, "…… 이제 어찌 내가 완산에 도읍을 세워 의자왕의 쌓인 울분을 갚지 않겠는가?"라고 하였다.

— 궁예   — 백제 계승   — 『삼국사기』 —

○ (나) 이/가 스스로 왕이라 일컫고 사람들에게 말하기를, "지난날 신라가 당나라에 군사를 요청하여 고구려를 깨뜨렸다. …… 내가 반드시 그 원수를 갚겠다."고 하였다. …… 스스로 미륵불이라 칭하고 머리에는 금고깔을 쓰고 몸에는 가사를 둘렀다. — 고구려 계승

— 『삼국사기』 —

① (가) – 훈요 10조를 남겼다.
 　　　　고려 태조(왕건)
② (가) – 귀주에서 거란의 침입을 물리쳤다.
 　　　　　　고려 강감찬(귀주 대첩)
③ (나) – 청해진을 설치하였다.
 　　　　통일 신라 장보고
✔ (나) – 후고구려를 건국하였다.
 　　　　궁예

▶ 정답 분석

(가) 인물은 완산주에 이르러 도읍을 세웠다는 점, 의자왕의 쌓인 울분을 갚겠다고 한 점을 통해 후백제를 세운 견훤임을 알 수 있다.
(나) 인물은 고구려의 원수를 갚겠다는 점, 스스로를 미륵불이라고 칭한 점을 통해 후고구려를 세운 궁예임을 알 수 있다.
④ 후고구려를 건국한 인물은 (나) 궁예이다.

▶ 선택지 분석

① 고려 태조는 후대 왕들이 지켜야 할 사항으로 훈요 10조를 남겼다.
② 고려의 강감찬은 거란의 제3차 침입 때 귀주에서 거란군을 크게 물리쳤다 (귀주 대첩).
③ 통일 신라의 장보고는 청해진을 설치하여 해적들을 소탕하고, 당 – 신라 – 일본을 잇는 해상 무역을 전개하였다.

▶ 십중팔구 나온다!   후고구려

건국	궁예가 송악(개성)에 도읍(901)
발전	• 왕건을 파견해 금성(나주) 지역 점령 • 국호를 마진으로 변경(904)하고 수도를 철원으로 이전(905) • 국호를 태봉으로 변경(911)
멸망	지나친 수취, 미륵 신앙을 이용한 전제 정치 → 신망을 잃은 궁예 축출, 왕건의 고려 건국(918)

11. (가)에 들어갈 내용으로 옳은 것은?

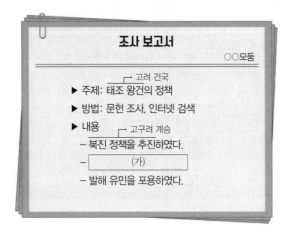

조사 보고서

○○모둠

▶ 주제: 태조 왕건의 정책 ┌ 고려 건국
▶ 방법: 문헌 조사, 인터넷 검색
▶ 내용 ┌ 고구려 계승
  - 북진 정책을 추진하였다.
  - [(가)]
  - 발해 유민을 포용하였다.

① 만권당을 설치하였다.
　　고려 충선왕
② 4군 6진을 개척하였다.
　　조선 세종
✓ 기인 제도를 실시하였다.
　　고려 태조
④ 12목에 지방관을 파견하였다.
　　고려 성종

12. 다음 역사 다큐멘터리의 제목으로 가장 적절한 것은?

노비를 안검하고 조사하여, 불법적으로 노비가 된 자가 있으면 양민으로 돌려놓도록 하시오.
┌ 노비안검법
고려 광종

✓ 광종, 왕권 강화를 도모하다.
　　노비안검법, 과거제 실시 등
② 인종, 서경 천도를 계획하다.
　　왕권 강화 도모
③ 태조, 북진 정책을 추진하다.
　　고구려 계승 의식 표방
④ 현종, 지방 제도를 정비하다.
　　경기, 5도, 양계 확립

▶ 정답 분석

자료에서 (가)에는 고려 태조(왕건)의 정책이 들어가야 한다.

고려를 건국한 태조는 신라와 후백제의 항복을 받아 내어 후삼국 통일을 이루었다(936). 태조는 백성의 조세 부담을 가볍게 해 주고, 흑창을 설치하여 빈민 구제에 힘썼다. 또한 「정계」, 「계백료서」, 훈요 10조를 남겼으며, 평양을 서경으로 삼아 북진 정책을 추진하였다. 한편 발해 멸망 이후 발해의 왕자 대광현 등 발해 유민들을 적극적으로 포용하였다.

③ 고려 태조는 호족 세력을 통제하기 위해 지방 호족의 자제를 수도에 파견하게 한 기인 제도를 시행하였다.

▶ 선택지 분석

① 고려 충선왕은 왕의 자리에서 물러난 후 원의 수도인 대도에 일종의 독서당인 만권당을 설치하였다. 이곳에서 이제현 등 고려의 유학자와 조맹부 등 원의 유학자들이 교류하였다.
② 조선 세종 때 최윤덕, 김종서의 활약으로 4군 6진이 개척되었다.
④ 고려 성종은 최승로의 건의를 받아들여 지방에 12목을 설치하고 지방관을 파견하였다.

▶ 십중팔구 나온다! 고려 태조(왕건)의 업적

호족 통제	• 사심관 제도: 중앙의 고위 관리에게 출신 지역의 호족을 관리하게 함 • 기인 제도: 지방 호족의 자제를 중앙에 파견하게 함
호족 회유	혼인 정책, 사성 정책(왕씨 성 하사), 역분전 지급
북진 정책	• 서경 중시, 국경선 확장(청천강~영흥만) • 반거란 정책: 만부교 사건

▶ 정답 분석

자료에서 불법적으로 노비가 된 자를 양민으로 돌려놓으라고 한 점을 통해 자료 속의 왕이 고려 광종임을 알 수 있다.

광종은 여러 정책을 통해 왕권을 강화하고 호족 세력을 약화시키고자 하였다. 노비안검법을 시행하여 본래 양민이었으나 불법으로 노비가 된 자를 다시 양민으로 돌아가게 하였다. 이를 통해 호족 세력의 경제적·군사적 기반을 약화시키고 국가 재정과 왕권을 안정시켰다. 또한 쌍기의 건의를 받아들여 과거제를 시행하였는데, 이를 통해 신진 인사를 등용함으로써 왕에게 충성하는 새로운 세력을 키우려고 하였다.

① 고려 광종은 노비안검법을 실시하였다.

▶ 선택지 분석

② 고려 인종은 서경으로 천도하여 왕권을 강화하고자 하였다.
③ 고려 태조는 고구려 계승 의식을 표방하며 옛 고구려의 영토를 회복하기 위해 북진 정책을 추진하였다.
④ 고려 현종은 지방 제도를 경기, 5도, 양계로 정비하였다.

▶ 십중팔구 나온다! 고려 광종의 정책

노비안검법	억울하게 노비가 된 자들의 신분 회복
과거제	시험을 통해 능력 있는 사람을 관리로 선발
칭제 건원	황제 칭호 사용, '광덕·준풍' 등의 독자적 연호 사용
제위보	빈민의 구호 및 질병 치료를 위해 설치한 구호 재단

13. 다음 퀴즈의 정답으로 옳은 것은?

수업 마무리 퀴즈

만월대   선죽교   고려 첨성대

이 문화유산들이 있는 지역은 어디일까요? └ 개성

①
개성
고려의 수도

②
공주
백제의 수도

③
전주
후백제의 수도

④
철원
후고구려의 수도

14. 다음 상황 이후에 전개된 사실로 옳은 것은?

내시지후 김찬과 내시녹사 안보린이 동지추밀원사 지
녹연, 상장군 최탁, 오탁, 대장군 권수, 장군 고석 등과
함께 이자겸과 척준경을 암살하려고 시도하였으나 이루
지 못하였다. 이자겸과 척준경이 군사를 동원하여 궁궐을
침범하였다. └ 이자겸의 난(1126)
– 『고려사』 –

① 전시과가 제정되었다.
　고려 경종(976)
② 독서삼품과가 실시되었다.
　신라 원성왕(788)
③ 원종과 애노가 봉기하였다.
　통일 신라 진성 여왕(889)
✔ 묘청이 서경에서 난을 일으켰다.
　고려 인종(1135)

> **정답 분석**

자료에서 만월대, 선죽교, 고려(개성) 첨성대가 제시된 점을 통해 퀴즈의 정답
이 개성임을 알 수 있다.
만월대는 고려 태조가 창건하여 거처하던 궁궐 터로, 개성 송악산 아래에 위치
해 있다. 선죽교는 개성의 돌다리로, 고려 말 정몽주가 이방원이 보낸 자객에
게 죽임을 당한 곳으로 유명하다. 고려(개성) 첨성대는 고려의 석조물로, 개성
에 위치하고 있다.
① 개성은 고려의 수도(개경)였던 곳으로 만월대, 선죽교 등 고려의 많은 문화
　유산이 남아 있는 지역이다.

> **선택지 분석**

② 공주는 백제 문주왕이 수도를 옮긴 웅진에 해당하는 곳이다.
③ 전주는 견훤이 후백제를 세웠던 완산주에 해당하는 곳이다.
④ 철원은 후고구려를 세운 궁예가 수도로 삼았던 곳이다.

> **정답 분석**

자료에서 이자겸과 척준경이 군사를 동원하여 궁궐을 침범하였다는 점을 통해
자료의 상황이 고려 시대인 1126년에 일어난 이자겸의 난임을 알 수 있다.
이자겸의 난은 실패로 끝났지만 고려 사회는 혼란이 계속되었다. 고려 인종은
서경 세력의 주장을 받아들여 서경으로 천도하려 하였으나 개경 세력의 반대에
부딪혀 계획을 포기하였다.
④ 서경으로 천도하려는 시도가 실패로 끝나자 묘청은 1135년에 서경에서 난
　을 일으켰다.

> **선택지 분석**

① 전시과는 고려의 토지 제도로, 경종 때인 976년에 처음 제정되었다.
② 독서삼품과는 유학적 소양에 따라 관리를 등용한 신라의 제도로, 원성왕 때
　인 788년에 실시되었다.
③ 원종과 애노는 신라 진성 여왕 때인 889년에 봉기하였다.

15. 다음 대화에 나타난 제도가 시행된 국가의 경제 상황으로 옳은 것은?

- 전시과

✔ ① 벽란도가 국제 무역항으로 번성하였다.
　　고려
② 담배, 고추 등의 상품 작물이 재배되었다.
　　조선 후기
③ 청해진을 중심으로 해상 무역이 전개되었다.
　　통일 신라
④ 시장을 감독하기 위해 동시전을 설치하였다.
　　신라(지증왕)

16. 다음 인물에 대한 설명으로 옳은 것은?

의천

① 세속 5계를 지었다.
　원광(신라)
② 돈오점수를 강조하였다.
　지눌(고려)
③ 화엄일승법계도를 남겼다.
　의상(통일 신라)
✔ ④ 해동 천태종을 창시하였다.
　의천(고려)

> **정답 분석**

자료에서 관직 복무 등에 대한 대가로 전지와 시지를 구분하여 준다는 점을 통해 전시과에 대한 설명임을 알 수 있다.

전시과는 고려 시대에 실시된 토지 제도이다. 고려 경종 때 처음으로 관직의 높고 낮음과 인품을 기준으로 하여 전·현직 관료에게 전지와 시지를 지급하는 전시과가 시행되었다. 이후 목종 때에는 지급량을 조정하여 관직만을 기준으로 하는 것으로 변경하였고, 문종 때에는 현직 관료에게만 지급하는 것으로 개편되었다.

① 고려 시대에는 예성강 하구의 벽란도가 국제 무역항으로 번성하였다.

> **선택지 분석**

② 담배, 고추 등의 상품 작물이 재배된 것은 양 난 이후인 조선 후기의 사실이다.

③ 장보고가 청해진을 중심으로 해상 무역을 전개한 것은 통일 신라 때의 사실이다.

④ 시장 감독 기관인 동시전은 신라 지증왕 때 설치되었다.

> **정답 분석**

자료에서 대각국사라고 하였고, 교종과 선종의 통합에 힘썼다는 점, 화폐를 주조할 것을 주장하였다는 점 등을 통해 제시된 인물이 의천임을 알 수 있다.

고려 시대의 승려인 의천은 문종의 아들로 교종과 선종의 통합을 위해 노력한 대표적인 인물이다. 그는 교종을 중심으로 선종을 통합하려 하였으며, 국청사를 창건하고 해동 천태종을 창시하였다. 수행 방법으로는 교관겸수를 강조하였다. 또한 숙종에게 화폐를 만들어 유통할 것을 건의하였는데, 이를 계기로 해동통보 등의 화폐가 발행되었다.

④ 의천은 교종과 선종의 통합을 위해 노력하였고, 해동 천태종을 창시하였다.

> **선택지 분석**

① 화랑도의 규범인 세속 5계를 지은 인물은 신라의 원광이다.

② 돈오점수를 강조한 인물은 고려의 보조국사 지눌이다.

③ 「화엄일승법계도」를 남긴 인물은 통일 신라의 의상이다.

> **십중팔구 나온다!**　고려의 토지 제도

역분전	후삼국 통일 과정의 공신에게 지급
시정 전시과	관직의 고하와 인품을 고려하여 전·현직 관료에게 지급
개정 전시과	관직만을 기준으로 전·현직 관료에게 지급
경정 전시과	현직 관료에게만 지급

> **십중팔구 나온다!**　고려의 승려

의천	• 해동 천태종 창시, 교관겸수 주장 • 화폐 주조 및 유통 건의
지눌	수선사 결사(정혜결사) 제창, 정혜쌍수·돈오점수 주장
혜심	유불 일치설 주장

17. 밑줄 그은 '이것'에 대한 설명으로 옳은 것은?

서원

최근 이것이 유네스코 세계 유산으로 등재되었다고 합니다. 자세한 소식 전해 주시기 바랍니다.

흥선 대원군의 서원 철폐

이것은 조선 시대에 주세붕이 설립한 것을 시초로 지방 곳곳에 세워졌습니다. 이후 흥선 대원군에 의해 정리되고 47곳이 남았었는데, 이 중 대표적인 9곳이 유네스코 세계 유산으로 선정되었습니다.

한국의 서원

① 중앙에서 훈도가 파견되었다.
　　　　　　　　　　　향교
✔ 선현의 제사와 성리학 교육을 담당하였다.
　　　　　　　　　　　　　　서원
③ 유학부와 기술학부를 편성하여 교육하였다.
　　　　　　　　　　　국자감(고려)
④ 외국어 통역관 양성을 주된 목적으로 삼았다.
　　　　　　　　　사역원

18. 다음 인물에 대한 설명으로 옳은 것은?

조광조

○○○ 연보

조광조의 개혁 정치

• 1482년 한성에서 출생
• 1515년 문과에 급제
• 1518년 현량과 실시를 건의 ─┐
　　　　 대사헌에 임명됨
• 1519년 위훈 삭제를 건의 ─┘
　　　　 기묘사화로 사약을 받음

① 거중기를 설계하였다.
　　　정약용
② 조선경국전을 저술하였다.
　　　　　　　　　정도전
✔ 소격서 폐지를 주장하였다.
　　　　　　　　조광조
④ 만권당에서 원의 학자들과 교류하였다.
　　　　　　　　　　　　이제현

▶ 정답 분석

자료에서 최근 대표적인 9곳이 유네스코 세계 유산으로 등재되었다고 한 점, 주세붕이 설립한 것이 시초라고 한 점, 흥선 대원군에 의해 47곳을 제외한 곳이 정리되었다고 한 점 등을 통해 밑줄 그은 '이것'이 서원임을 알 수 있다.
조선 중종 때 주세붕이 세운 백운동 서원을 시작으로 각 지방에는 많은 서원들이 설립되어 선현에 대한 제사와 성리학 교육을 담당하였다. 또한 서원은 사림 세력의 근거지이자 붕당을 결속시키는 구심점이기도 하였다.
② 서원은 지방 사림들이 선현에 대한 제사를 지내고 성리학을 가르친 교육 기관인 동시에 향촌 자치 기구이다.

▶ 선택지 분석

① 중앙에서 교수와 훈도가 파견된 곳은 향교이다. 향교는 조선 시대에 전국의 부·목·군·현에 하나씩 설립되어 지방의 중등 교육을 담당하였다.
③ 유학부와 기술학부를 편성하여 교육한 곳은 고려 시대의 최고 교육 기관인 국자감이다.
④ 외국어 통역관을 양성한 기관은 조선 시대의 사역원이다.

▶ 십중팔구 나온다!　한국의 서원

조선 시대 성리학 이념으로 설립된 교육 기관인 서원 중 9곳이 2019년 유네스코 세계 문화유산에 등재되었다(한국의 서원). '한국의 서원'에는 영주 소수 서원, 함양 남계 서원, 경주 옥산 서원, 안동 도산 서원, 장성 필암 서원, 대구 도동 서원, 안동 병산 서원, 정읍 무성 서원, 논산 돈암 서원의 9곳이 포함된다.

▶ 정답 분석

자료에서 16세기의 인물로 현량과 실시와 위훈 삭제를 건의하였다는 점, 기묘사화로 사약을 받았다는 점 등을 통해 해당 인물이 조광조임을 알 수 있다.
반정으로 즉위한 중종은 훈구 세력을 견제하기 위해 조광조를 비롯한 사림 세력을 등용하였다. 조광조는 일종의 천거제인 현량과 실시와 도교 행사 기구인 소격서의 폐지 등을 주장하였고, 중종반정과 관련된 위훈(거짓된 공훈)을 삭제할 것을 건의하였다. 조광조의 급진적인 개혁 정치는 훈구 세력의 반발을 샀고, 결국 기묘사화로 인해 조광조 등 사림 세력이 제거되었다.
③ 조광조는 하늘에 제사를 지내는 일을 담당하던 도교 행사 기구인 소격서 폐지를 주장하였다.

▶ 선택지 분석

① 수원 화성 축조에 활용된 거중기를 설계한 인물은 정약용이다.
② 『조선경국전』을 저술한 인물은 정도전이다.
④ 고려 충선왕이 원의 수도에 세운 만권당에서 원의 학자들과 교류한 대표적 인물로는 이제현이 있다.

19. (가)에 들어갈 책으로 옳은 것은?

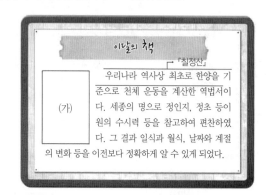

이달의 책

『칠정산』

(가) 우리나라 역사상 최초로 한양을 기준으로 천체 운동을 계산한 역법서이다. 세종의 명으로 정인지, 정초 등이 원의 수시력 등을 참고하여 편찬하였다. 그 결과 일식과 월식, 날짜와 계절의 변화 등을 이전보다 정확하게 알 수 있게 되었다.

① 농사직설 / 농업 서적
② 동의보감 / 의학 서적
③ 칠정산 내편 / 역법서
④ 직지심체요절 / 불경

20. 다음 퀴즈의 정답으로 옳은 것은?

비변사

이 기구는 외적의 침입에 대응하기 위해 설치되었다가 임진왜란을 거치면서 기능이 확대되어 국정 전반을 총괄하게 되었습니다. 비국, 주사라고도 불린 이 기구는 무엇일까요?
비변사의 다른 이름

① 비변사 / 조선 시대 3포 왜란을 계기로 설치된 임시 회의 기구
② 의정부 / 조선 시대 최고 정무 기구
③ 교정도감 / 고려 무신 집권기의 최고 정치 기구
④ 군국기무처 / 조선 시대 제1차 갑오개혁 추진 기구

> **정답 분석**

자료에서 외적의 침입에 대응하기 위해 설치되었다는 점, 임진왜란 이후 국정 전반을 총괄하였다는 점, 비국·주사라고도 불렸다는 점 등을 통해 자료의 기구가 비변사임을 알 수 있다.
① 비변사는 외적의 침입에 대응하기 위해 설치된 임시 기구였으나, 양 난을 거치면서 국정 전반을 총괄하는 상설 기구가 되었다.

> **선택지 분석**

② 의정부는 조선 시대에 삼정승의 합의 체제로 운영되었던 국정 총괄 기구이다.
③ 교정도감은 고려 무신 집권기에 최충헌이 설치한 최고 정치 기구이다.
④ 군국기무처는 조선 고종 때 제1차 갑오개혁을 주도한 개혁 기구이다.

> **집중팔구 나온다!** 비변사의 기능 확대

비변사는 …… 오늘에 와서는 큰 일이건 작은 일이건 모두 취급하여 …… 의정부는 그저 이름만 있을 뿐이며 6조는 할 일이 없어졌습니다. 명칭은 변방의 방비를 담당한다면서 과거 합격의 판정이나 왕비와 후궁을 선택하는 일까지도 모두 여기에서 처리하고 있습니다.
- 『효종실록』 -

> **정답 분석**

자료에서 우리나라 역사상 최초로 한양을 기준으로 천체 운동을 계산한 역법서라는 점, 세종 때 정인지, 정초 등이 원의 수시력을 참고하여 편찬하였다는 점 등을 통해 (가)에 들어갈 책이 『칠정산』임을 알 수 있다.
③ 조선 세종 때 편찬된 『칠정산』은 한양을 기준으로 천체 운동을 정리한 우리나라 최초의 역법서이다.

> **선택지 분석**

① 『농사직설』은 조선 세종 때 전국 농부들의 경험담을 모아 편찬한 농서이다.
② 『동의보감』은 조선 광해군 때 허준이 완성한 의학 서적으로, 당대의 의학 기술을 집대성했다는 평가를 받고 있다.
④ 『직지심체요절』은 고려 시대에 편찬한 불경으로, 현존하는 도서 중 가장 오래된 금속 활자 인쇄본이다.

21. 다음 논쟁이 전개된 이후의 사실로 옳은 것은?

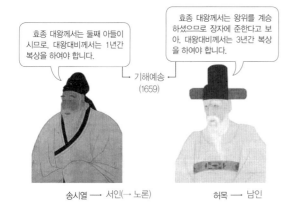

효종 대왕께서는 둘째 아들이시므로, 대왕대비께서는 1년간 복상을 하여야 합니다.

효종 대왕께서는 왕위를 계승하셨으므로 장자에 준한다고 보아, 대왕대비께서는 3년간 복상을 하여야 합니다.

└ 기해예송 (1659)

송시열 → 서인(→ 노론)　　　허목 → 남인

① 정여립 모반 사건이 일어났다.
　　조선 선조
✔ 경신환국으로 서인이 집권하였다.
　　조선 숙종
③ 친원 세력인 기철 등이 숙청되었다.
　　　고려 공민왕
④ 외척 간의 다툼으로 을사사화가 발생하였다.
　　　조선 명종

22. (가), (나) 사이의 시기에 있었던 사실로 옳은 것은?

┌ 광해군
(가) 왕이 도원수 강홍립에게 지시하였다. "원정군 가운데 1만은 평안도와 함경도의 정예병만을 훈련하여 이제 장수와 병사들이 서로 익숙하니 지금에 와서 경솔히 바꾸기는 곤란하다. 그대는 명나라 장수들의 명령을 그대로 따르지만 말고 오직 스스로 판단하여 패하지 않도록 노력하라." └ 중립 외교

┌ 인조
(나) 용골대 등이 왕을 인도하여 들어가 단 아래에 북쪽을 향해 자리를 마련하였다. 또한 왕에게 자리로 나아가기를 청하고 청나라 사람을 시켜 황제에게 아뢰게 하였다. 왕이 세 번 절하고 아홉 번 머리를 조아리는 예를 행하였다.
└ 삼전도의 굴욕(병자호란의 결과)

✔ 인조반정이 일어났다.
　 1623년
② 기묘사화가 발생하였다.
　 조선 중종(1519)
③ 나선 정벌이 추진되었다.
　 조선 효종(1654, 1658)
④ 백두산정계비가 세워졌다.
　 조선 숙종(1712)

▶ **정답 분석**

자료에서 송시열이 효종은 둘째 아들이므로 대왕대비께서 1년간 복상해야 한다고 주장하는 점, 허목이 효종은 왕위를 계승하였으므로 대왕대비께서 3년간 복상해야 한다고 주장하는 점을 통해 제시된 논쟁이 1차 예송인 기해예송(1659)임을 알 수 있다.

현종 때 효종과 효종비가 죽자 인조의 두 번째 왕비인 자의 대비가 상복을 입는 기간을 두고 서인과 남인 사이에 두 차례의 논쟁이 일어났는데, 이를 예송이라고 한다. 송시열 등 서인은 효종은 인조의 둘째 아들이며 왕과 사대부를 똑같이 취급해야 한다고 주장하였고, 허목 등 남인은 그럴 수 없다고 주장하였다. 그 결과 1차 예송(기해예송, 1659)에서는 서인이 승리하였고, 2차 예송(갑인예송, 1674)에서는 남인이 승리하였다.

② 경신환국은 갑인예송 이후 정권을 장악한 남인을 서인이 역모로 몰아 축출한 사건으로, 조선 숙종 때에 발생하였다.

▶ **선택지 분석**

① 정여립 모반 사건은 조선 선조 때에 발생하였다.
③ 친원 세력인 기철 등이 숙청된 것은 고려 공민왕 때이다.
④ 외척 세력인 대윤과 소윤이 대립하였던 을사사화는 조선 명종 때에 발생하였다.

▶ **십중팔구 나온다!** 예송

구분	서인	남인	결과
1차 예송	기년복(1년)	3년복	서인 승리
2차 예송	대공복(9개월)	기년복(1년)	남인 승리

▶ **정답 분석**

(가) 왕이 도원수 강홍립에게 스스로 판단하여 패하지 않도록 노력하라고 지시한 점을 통해 자료의 내용이 광해군 때의 중립 외교에 대한 것임을 알 수 있다.

(나) 용골대 등이 왕을 인도하여 들어간 점, 왕이 청나라 황제에게 세 번 절하고 아홉 번 머리를 조아리는 예를 행하였다는 점을 통해 자료의 내용이 병자호란의 패배로 인조가 삼전도에서 항복 의식(1637)을 행하는 것임을 알 수 있다.

① 광해군은 쇠퇴하는 명과 강성해진 후금 사이에서 어느 한 나라에 치우치지 않고 실리를 추구하는 중립 외교를 펼쳤다. 이는 폐모살제(계모인 인목 대비를 폐위하고 이복동생인 영창 대군을 살해한 일)와 함께 인조반정(1623)의 빌미가 되었다. 인조반정으로 정권을 장악한 인조와 서인은 명분을 강조하며 친명배금 정책을 추진하였는데, 이에 불만을 품은 후금이 조선을 공격하였다(정묘호란, 1627). 정묘호란 이후 후금은 나라 이름을 청으로 바꾸고 조선에 군신 관계를 요구하였는데, 조선이 거부하자 재차 조선을 공격하였다(병자호란, 1636). 병자호란이 발생하면서 인조는 남한산성으로 피신하여 청군에 항전했지만 결국 삼전도에서 청에 항복하였다.

▶ **선택지 분석**

② 기묘사화는 조선 중종 때인 1519년 조광조의 급진적인 개혁에 훈구 세력이 반발하여 발생하였다.
③ 조선 효종 때 청의 요청을 받아 러시아군과의 전투에 조총 부대를 보냈다(나선 정벌).
④ 백두산정계비는 조선 시대에 청과의 국경선을 표시한 비석으로, 숙종 때인 1712년에 세워졌다.

23. 다음 행사에 해당하는 세시 풍속으로 옳은 것은?

① 설날
음력 1월 1일

✓ ② 단오
음력 5월 5일

③ 추석
음력 8월 15일

④ 한식
동지에서
105일째 되는 날

24. 다음 대화의 상황이 나타난 시기를 연표에서 옳게 고른 것은?

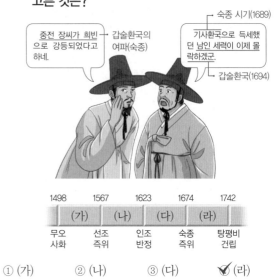

① (가)　　② (나)　　③ (다)　　✓ ④ (라)

▶ 정답 분석

자료에서 음력 5월 5일이라고 제시된 점, 수릿날이라고 불리는 점, 창포물에 머리 감기와 수리취떡 만들기 행사를 한다는 점 등을 통해 해당 세시 풍속이 단오임을 알 수 있다.
② 단오는 음력 5월 5일로 수릿날, 천중절 등으로도 불린다. 부녀자들은 창포 삶은 물에 머리를 감고 그네뛰기와 널뛰기를 했으며, 남자들은 씨름을 즐겼다.

▶ 선택지 분석

① 설날은 음력 1월 1일로 차례를 지내고 세배를 하며, 윷놀이, 널뛰기 등을 하였다.
③ 추석은 음력 8월 15일로 가배, 가위, 한가위 또는 중추절이라고도 불리며, 송편, 시루떡 등을 만들어 먹었다.
④ 한식은 동지에서 105일째 되는 날로, 불을 사용하지 않고 찬 음식을 만들어 먹었다.

▶ 정답 분석

자료에서 중전 장씨가 희빈으로 강등되었다는 점, 기사환국으로 득세했던 남인 세력이 몰락하겠다는 점 등을 통해 조선 숙종 때인 1694년 갑술환국 시기임을 유추할 수 있다.
갑술환국은 남인 계열 대신들이 인현 왕후의 복위를 반대하자 숙종이 남인 대신들의 관직을 삭탈하고 서인들을 대거 등용한 사건이다. 이후 폐위되었던 인현 왕후가 복위되면서 남인 세력이 몰락하고 서인이 정국을 주도하였다.
④ 조선 숙종 때 일어난 갑술환국은 1694년의 사실로, (라)에 해당한다.

▶ 십중팔구 나온다! **환국의 발생**

경신환국 (1680)	• 배경: 허적의 기름 장막 사용 등 • 전개: 숙종이 남인 세력 축출, 서인 중용 • 결과: 남인 몰락, 서인이 노론과 소론으로 분화
기사환국 (1689)	• 배경: 희빈 장씨 소생의 원자 책봉 • 전개: 숙종의 원자 책봉 → 서인 반대, 인현 왕후 폐위 • 결과: 송시열 등 서인 몰락, 남인 집권
갑술환국 (1694)	• 배경: 인현 왕후의 복위 문제 • 전개: 숙종의 남인 견제, 서인의 인현 왕후 복위 운동 • 결과: 인현 왕후 복위, 남인 몰락, 서인(노론과 소론) 집권

25. (가) 제도에 대한 설명으로 옳은 것은?

영조 시기 수취 제도 개편
균역법 시행 후 재정 부족분 충당

> 죽은 남편과 이 갓난아이도 세금을 내라고 하다니 우리는 어찌 살란 말입니까.

> 논의를 잘 들었다. 양역의 폐단을 시정하기 위해 (가) 을/를 시행하라.
> └ 균역법

> 1결당 쌀 2두를 부과하는 결작이 추가로 생겼어. 우리 지주들의 부담이 늘어나는군.

✔ 군포 납부액을 1필로 정하였다.
　　균역법(조선 영조)
② 전세를 토지 1결당 4~6두로 고정하였다.
　　영정법(조선 인조)
③ 지계아문을 설치하여 지계를 발급하였다.
　　양전 사업(대한 제국)
④ 토지를 비옥도에 따라 6등급으로 나누었다.
　　전분 6등법(조선 세종)

26. 밑줄 그은 '개혁안'의 내용으로 옳은 것은?

> ┌ 중농학파 실학자
> 이곳은 유형원이 학문 연구와 저술에 힘썼던 전라북도 부안군 우반동의 반계 서당입니다. 그는 이곳에 머물면서 다양한 개혁안 을 담은 반계수록을 저술하였습니다.
> └ 유형원의 저서 └ 균전제

✔ 균전제 실시
　　유형원
② 정혜결사 제창
　　지눌
③ 훈련도감 창설
　　유성룡
④ 전민변정도감 설치
　　고려 공민왕 등

▶ 정답 분석

자료에서 영조 시기 수취 제도 개편이라고 한 점, 양역의 폐단을 시정하기 위해 시행하였다고 한 점, 1결당 쌀 2두를 부과하는 결작이 추가로 생겼다는 점 등을 통해 (가) 제도가 균역법임을 알 수 있다.
① 조선 영조는 1년에 2필씩 내던 군포를 1필로 줄인 균역법을 시행하였는데, 그로 인한 재정 부족분은 지주에게 결작을 부담하게 하여 충당하였다.

▶ 선택지 분석

② 조선 인조 때 영정법이 시행되면서 전세(토지세)가 1결당 쌀 4~6두로 고정되었다.
③ 대한 제국의 광무개혁 과정에서 양전 사업이 실시되고, 토지 소유 문건인 지계가 발급되었다.
④ 조선 세종 때 토지를 비옥도에 따라 6등급으로 나누어 세금을 차등 징수하는 전분 6등법을 시행하였다.

▶ 십중팔구 나온다! 균역법

배경	군포 부담의 증가
내용	• 군포 부담 감소: 1년에 2필 →1필 • 재정 보완책: 일부 상류층에 선무군관포 부과, 토지 1결당 쌀 2두씩 결작 부과, 어장세·염세·선박세 등을 국고로 전환
결과	농민 부담 감소
한계	결작의 소작농 전가, 군적의 문란 심화

▶ 정답 분석

자료에서 유형원이 제시되었고, 유형원의 저서인 『반계수록』이 언급된 점을 통해 밑줄 그은 '개혁안'이 유형원의 토지 개혁론인 균전제임을 알 수 있다.
조선 후기의 중농학파 실학자인 유형원은 저서인 『반계수록』에서 사농공상의 신분에 따라 토지를 차등 분배하는 균전제의 시행을 주장하였다.
① 유형원은 『반계수록』에서 균전제의 시행을 주장하였다.

▶ 선택지 분석

② 정혜결사(수선사 결사)는 고려의 승려인 지눌이 전개한 불교 개혁 운동이다.
③ 훈련도감은 임진왜란 중 유성룡의 건의에 의해 설치되었다.
④ 전민변정도감은 고려 후기 권세가에게 빼앗긴 토지나 농민을 되찾기 위해 설치된 기관이다. 공민왕 때 설치된 것이 대표적이다.

▶ 십중팔구 나온다! 중농학파 실학자

유형원	• 『반계수록』 저술 • 균전론(신분에 따른 토지의 차등 분배) 주장
이익	• 『성호사설』 저술 • 한전론(매매를 금지한 영업전 설정) 주장
정약용	• 『목민심서』, 『경세유표』 등 저술 • 여전론(토지의 공동 경작 후 노동량에 따른 분배), 정전제 주장 • 배다리 및 거중기 설계

27. 다음 대화가 이루어진 시기의 상황으로 옳지 않은 것은?

① 중인층의 시사 활동이 활발하였다.
　　　조선 후기
② 춘향가 등의 판소리가 성행하였다.
　　　조선 후기
③ 기존 형식에서 벗어난 사설시조가 유행하였다.
　　　조선 후기
✔ 단군의 건국 이야기를 담은 제왕운기가 저술되었다.
　　　고려

28. 다음 자료에 나타난 시기의 경제 모습으로 옳은 것은?

> ┌ 조선 숙종
>
> 허적, 권대운 등의 대신들이 동전을 만들어 통용할 것을 청하였다. 왕이 여러 신하에게 물으니, 신하들이 모두 그 편리함을 말하였다. 왕이 그 말에 따라 호조 등에 명하여 상평통보를 주조하고, 동백 4백 문(文)을 은 1냥 값으로 정하여 시중에 유통하게 하였다.
>
> └ 조선 후기의 화폐

① 벽란도에서 송의 상인과 교역하였다.
　　　고려 시대
② 활구라고도 불리는 은병이 제작되었다.
　　　고려 숙종
✔ 관청에 물품을 조달하는 공인이 활동하였다.
　　　조선 후기
④ 현직 관리에게만 토지의 수조권을 지급하였다.
　　　조선 세조

> **정답 분석**

자료에서 돈을 받고 소설을 읽어 주는 전기수가 등장한 점, 상평통보를 주라고 제시되어 있는 점 등을 통해 대화가 이루어진 시기가 조선 후기임을 알 수 있다.
조선 후기에는 상품 화폐 경제의 발달과 서당 교육의 확산 등으로 서민 의식이 성장하면서 서민 문화가 발달하였다. 『춘향전』, 『홍길동전』 등의 한글 소설이 유행하였고, 기존 형식에서 벗어난 사설시조가 유행하였다. 또한 중인층에서는 시사 활동이 활발해졌다.
④ 단군의 건국 이야기가 담긴 『제왕운기』는 고려 시대에 이승휴가 편찬하였다.

> **십중팔구 나온다!**　조선 후기 서민 문화의 발달

판소리	춘향가, 심청가, 흥보가 등
탈놀이	양반과 승려들의 위선 풍자
산대놀이	가면극, 민중 오락
한글 소설	『홍길동전』, 『춘향전』, 『별주부전』 등 → 전기수 등장
사설시조	격식에 구애받지 않고 감정을 표현

> **정답 분석**

자료에서 신하들이 동전의 통용을 청하였다는 점, 왕이 허락하여 상평통보를 주조하였다고 한 점 등을 통해 자료의 시기는 상평통보가 유통된 조선 후기임을 알 수 있다.
③ 조선 후기에는 대동법의 실시에 따라 관청에 물품을 조달하는 상인인 공인이 등장하였다.

> **선택지 분석**

① 벽란도에서 송의 상인이 교역을 한 시기는 고려 시대이다.
② 은병(활구)은 고려 숙종 때 제작되었다.
④ 현직 관리에게만 토지의 수조권을 지급한 직전법은 조선 세조 때 실시되었다.

> **십중팔구 나온다!**　각 시기별 화폐

고려 시대	건원중보(성종), 삼한통보·해동통보·은병 등(숙종)
조선 전기	저화(태종), 조선통보(세종)
조선 후기	상평통보(숙종), 당백전(고종)

29. (가)에 들어갈 인물로 옳은 것은?

└─ 안용복

이 자료는 1696년 일본에서 작성된 문서로 ┌─(가)─┐이/가 가져간 조선의 지도 내용을 일본 측이 옮겨 적은 것입니다. 여기에는 울릉도와 독도가 강원도에 속한 섬이라고 기록되어 있습니다.

강원도, 이 도(道) 안에 죽도(울릉도), 송도(독도)가 있다.

✔ ① 안용복
일본에 건너가 독도가 조선 땅임을 확인

② 이범윤
대한 제국 때 간도 관리사

③ 이사부
신라 지증왕 때 우산국 정복

④ 이종무
조선 세종 때 쓰시마섬 정벌

〉정답 분석

자료에서 17세기 일본에서 작성된 문서에 울릉도와 독도가 강원도에 속한 섬이라고 기록되어 있다는 점을 통해 (가)에 들어갈 인물이 안용복임을 알 수 있다.
① 조선 숙종 때 동래 지역의 어부였던 안용복은 일본인 어부들이 독도에 무단으로 들어와 조업을 하자 일본으로 건너가 항의하였고, 그 결과 에도 막부는 일본 어부들의 울릉도와 독도 출항을 금지하겠다고 하였다.

〉선택지 분석

② 이범윤은 대한 제국 시기에 간도 관리사로 임명되었던 인물이다.
③ 이사부는 신라 지증왕 때 우산국을 정복하는 데 앞장섰던 인물이다.
④ 이종무는 조선 세종 때 쓰시마섬(대마도)을 정벌한 인물이다.

30. 다음 격문이 작성된 시기의 상황으로 옳은 것은?

┌─ 홍경래   ┌─ 평안도

평서대원수는 급히 격문을 띄우노니 관서 지역의 모든 사람들은 들으라. …… 조정에서는 관서 지역을 썩은 흙과 같이 버렸다. 심지어 권세가의 노비들도 관서 사람을 보면 반드시 '평안도 놈'이라고 한다. 어찌 억울하고 원통하지 않겠는가.

└─ 평안도 지역에 대한 차별

① 무신들이 정권을 장악하였다.
    고려 무신 집권기
② 신식 군대인 별기군이 창설되었다.
              개항기
③ 최치원이 시무 10여 조를 건의하였다.
          신라 말
✔ 수령과 향리의 수탈로 삼정이 문란하였다.
              세도 정치기

〉정답 분석

자료에서 '평서대원수'가 격문을 띄웠다는 점, 관서 지역 사람들을 차별한다는 점 등을 통해 해당 자료가 홍경래의 난 당시에 발표된 격문임을 알 수 있다.
홍경래의 난(1811)은 세도 정치기에 일어난 대표적인 봉기 중 하나로, 지배층의 수탈과 평안도(서북인)에 대한 차별 대우 등을 배경으로 발생하였다. 한때 정주성까지 점령하기도 하였으나 결국 관군에 의해 진압되었다.
④ 세도 정치기에는 수령과 향리의 수탈로 인해 전정, 군정, 환곡의 삼정이 문란해졌고, 이로 인해 농민 봉기가 확산되었다.

〉선택지 분석

① 무신들이 정권을 장악한 것은 고려 무신 집권기의 사실이다.
② 신식 군대인 별기군이 창설된 것은 1881년으로, 개항기의 사실이다.
③ 최치원이 진성 여왕에게 시무 10여 조를 건의한 것은 신라 말의 사실이다.

〉십중팔구 나온다!   홍경래의 난

반란군이 청천강 이북 지역을 거의 장악

정주성에서 관군에 패함

■ 반란군이 점령한 마을
● 반란군이 점령한 지역
→ 관군의 토벌 진격로

31. 밑줄 그은 ⑦에 대한 탐구 활동으로 가장 적절한 것은?

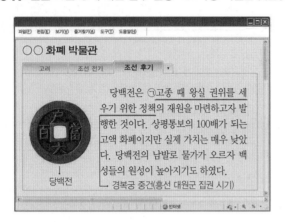

○○ 화폐 박물관

고려 | 조선 전기 | **조선 후기**

당백전은 ⑦고종 때 왕실 권위를 세우기 위한 정책의 재원을 마련하고자 발행한 것이다. 상평통보의 100배가 되는 고액 화폐이지만 실제 가치는 매우 낮았다. 당백전의 남발로 물가가 오르자 백성들의 원성이 높아지기도 하였다.
└ 경복궁 중건(흥선 대원군 집권 시기)

↓
당백전

① 속대전의 편찬 배경을 알아본다.
　　조선 영조
② 삼정이정청이 설치된 이유를 파악한다.
　　조선 철종(임술 농민 봉기의 결과)
✔ 경복궁 중건 사업의 추진 과정을 조사한다.
　　조선 고종(흥선 대원군 집권 시기)
④ 수신전과 흉양전이 폐지된 원인을 분석한다.
　　조선 세조(직전법 실시)

32. (가)에 들어갈 기구로 옳은 것은?

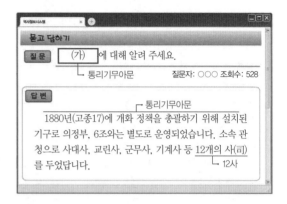

역사정보시스템 × ⊕

묻고 답하기

질문 | (가) 에 대해 알려 주세요.
└ 통리기무아문　　질문자: ○○○ 조회수: 528

답변
└ 통리기무아문
1880년(고종17)에 개화 정책을 총괄하기 위해 설치된 기구로 의정부, 6조와는 별도로 운영되었습니다. 소속 관청으로 사대사, 교린사, 군무사, 기계사 등 12개의 사(司)를 두었답니다.
　　　　　　└ 12사

① 박문국
　한성순보 발행
② 원수부
　황제 직속의 군 통수 기관
③ 탁지아문
　재정 담당 기구(제1차 갑오개혁)
✔ 통리기무아문
　개화 정책 총괄

자료에서 당백전이 제시된 점, 당백전이 고종 때 왕실 권위를 세우기 위한 정책의 일환으로 발행하였다는 점 등을 통해 흥선 대원군 집권 시기에 시행된 경복궁의 중건과 관련된 활동이 제시되어야 함을 알 수 있다.
당백전은 경복궁 중건으로 인해 필요한 자금을 마련하기 위하여 발행한 것으로, 상평통보의 100배의 가치를 갖는 화폐였다. 그러나 실질적으로는 그렇지 못하였으며 당백전의 남발은 물가가 오르는 결과를 가져왔다.
③ 당백전은 경복궁 중건 사업으로 인한 필요 자금을 마련하기 위해 발행되었다.

▶ 선택지 분석
① 『속대전』은 조선 영조 때 편찬된 법전이다.
② 삼정이정청은 조선 철종 때 임술 농민 봉기가 일어나자 세도 정치기 삼정의 문란을 바로잡기 위해 설치되었다.
④ 수신전과 흉양전은 과전법 체제하에서 지급된 세습 토지이다. 수신전과 흉양전 모두 조선 세조 때 직전법이 실시되며 폐지되었다.

▶ 정답 분석
자료에서 1880년에 개화 정책을 총괄하기 위해서 만들어진 기구라고 한 점, 소속 관청으로 12사를 두었다는 점 등을 통해 (가)에 들어갈 기구가 통리기무아문임을 알 수 있다.
④ 통리기무아문은 조선 고종 때 개화 정책의 추진을 총괄하기 위해 설치되었다.

▶ 선택지 분석
① 박문국은 개항기 인쇄 업무를 담당한 관청으로, 한성순보 등을 발행하였다.
② 원수부는 대한 제국 시기 황제 직속의 군 통수 기관이다.
③ 탁지아문은 갑오개혁 시기 만들어진 재정 담당 기구이다.

33. 다음 연극에서 볼 수 있는 장면으로 적절하지 <u>않은</u> 것은?

〈연극 제작 기획안〉

제목 : 새야 새야 파랑새야

1. 기획 의도
 탐관오리의 폭정에서 백성을 구하고 외세의 간섭으로부터 나라를 지키고자 했던 동학 농민군의 열망과 노력을 연극으로 재구성하여 대중에게 알린다.
 └ 동학 농민 운동

2. 장면
 #1. 고부에서 봉기를 이끄는 전봉준
 ...... └ 고부 농민 봉기

✔ ① 정주성을 점령하는 홍경래
 홍경래의 난
② 농민 봉기의 진상을 조사하는 안핵사
 동학 농민 운동
③ 집강소에서 폐정 개혁을 추진하는 농민군
 동학 농민 운동
④ 농민군과 전주 화약을 체결하는 정부 관리
 동학 농민 운동

34. 다음 시나리오의 상황 이후에 전개된 사실로 옳은 것은?

S#15. 한성의 궁궐 안 ── 1881년
 일본에 조사 시찰단으로 파견되었다가 약 4개월 만에 돌아온 홍영식이 고종과 대화를 나누고 있다.

고 종: 일본의 제도가 장대하고 정치가 부강하다고 하는데 시찰해 보니 과연 그러하더냐?
홍영식: 그렇습니다. 일본의 부강은 모두 밤낮을 가리지 않고 부지런히 노력한 결과입니다. 일본이 이룬 것을 볼 때 우리도 노력하면 충분히 가능할 것입니다.

① 삼정이정청이 설치되었다.
 임술 농민 봉기(1862) 수습 목적
② 어재연 부대가 미군에 맞서 싸웠다.
 신미양요(1871)
✔ ③ 구식 군인들이 임오군란을 일으켰다.
 1882년
④ 평양 관민이 제너럴셔먼호를 불태웠다.
 제너럴셔먼호 사건(1866)

> **정답 분석**

자료에서 동학 농민군의 열망과 노력을 연극으로 재구성한다는 점을 통해 연극의 주제가 동학 농민 운동임을 알 수 있다.
동학 농민 운동은 1894년 1월 고부 군수 조병갑의 학정에 반발하여 일어난 고부 농민 봉기로부터 시작되었다. 농민군은 후임 군수의 회유로 자진 해산하였다가 안핵사 이용태가 농민군을 탄압하자 이에 맞서 다시 봉기하였다(제1차 봉기). 이후 농민군은 황토현 전투, 황룡촌 전투에서 정부군에 승리하였고, 전주성까지 점령하였다. 이에 조선의 요청으로 청의 군대가 파병되었고, 톈진 조약에 따라 일본의 군대도 파병되었다. 정부와 농민군은 전주 화약을 체결하였고, 농민군은 집강소를, 정부는 교정청을 설치하여 개혁을 시도하였다. 그러나 일본군이 경복궁을 무력으로 점령하고 청·일 전쟁이 발발하자, 농민군은 다시 봉기하였다. 농민군은 우금치 전투에서 진압군에 패배하였고, 지도부가 체포되며 동학 농민 운동은 끝이 났다.
① '정주성을 점령하는 홍경래'는 1811년에 일어난 홍경래의 난과 관련된 장면이다.

> **선택지 분석**

② 고부 농민 봉기 이후 파견된 안핵사 이용태는 봉기의 진상을 조사하며 농민군을 탄압하였고, 이에 농민군이 다시 봉기하였다.
③ 전주 화약 체결 이후 농민군은 자치 기구인 집강소를 설치하고 폐정 개혁안을 추진하였다.
④ 동학 농민군은 전주성 점령 이후 정부와 전주 화약을 체결하였다.

> **정답 분석**

자료에서 일본에 조사 시찰단이 파견되었다는 점을 통해 시나리오의 상황이 1881년의 상황임을 알 수 있다.
조선 고종은 일본의 근대 문물을 시찰하기 위해 박정양, 홍영식 등을 비밀리에 파견하였다.
③ 구식 군대의 군인들이 일으킨 임오군란은 1882년의 사실이다.

> **선택지 분석**

① 삼정이정청은 임술 농민 봉기의 대책으로 1862년에 설치되었다.
② 어재연 부대가 미군에 맞서 싸운 신미양요는 1871년에 발생하였다.
④ 박규수와 평양 관민이 합심하여 제너럴셔먼호를 불태운 제너럴셔먼호 사건은 1866년에 발생하였다.

> **십중팔구 나온다!** 해외 시찰단

수신사	• 강화도 조약 이후 일본에 파견된 공식 사절 • 제2차 수신사로 파견된 김홍집이 『조선책략』을 가지고 귀국
조사 시찰단	일본의 발전상을 파악하기 위해 비밀리에 파견
영선사	• 청의 기기국에서 근대식 무기 제조법과 군사 훈련 습득 • 영선사 귀국 후 국내에 근대식 무기 제조 공장인 기기창 설치
보빙사	조·미 수호 통상 조약 체결 직후 미국 공사 내한에 대한 답방

35. 밑줄 그은 '의거'의 내용으로 옳은 것은?

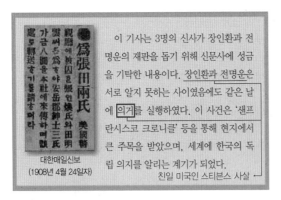

이 기사는 3명의 신사가 장인환과 전명운의 재판을 돕기 위해 신문사에 성금을 기탁한 내용이다. 장인환과 전명운은 서로 알지 못하는 사이였음에도 같은 날에 의거를 실행하였다. 이 사건은 '샌프란시스코 크로니클' 등을 통해 현지에서 큰 주목을 받았으며, 세계에 한국의 독립 의지를 알리는 계기가 되었다.
— 친일 미국인 스티븐스 사살

대한매일신보
(1908년 4월 24일자)

① 일왕을 향해 폭탄을 던졌다.
  이봉창(한인 애국단)
② 이토 히로부미를 처단하였다.
  안중근
③ 이완용을 습격하여 중상을 입혔다.
  이재명
✓ 친일 인사 스티븐스를 사살하였다.
  장인환, 전명운

36. 다음 조약이 체결된 이후의 사실로 옳은 것은?

┌── 조 · 청 상민 수륙 무역 장정(1882)

이번에 제정한 수륙 무역 장정은 중국이 속방을 우대하는 뜻이며, …… 이제 각 조항을 아래와 같이 정한다.
└── 청

제2조 중국 상인이 조선 항구에서 만일 개별적으로 고소를 제기할 일이 있을 경우 중국 상무위원에게 넘겨 심의 판결한다. ── 영사 재판권(치외 법권)

제8조 이후 증손(增損)할 일이 있을 경우 수시로 북양 대신과 조선 국왕이 협의하여 적절하게 처리한다.

① 병인양요가 일어났다.
  1866년
② 운요호 사건이 발생하였다.
  1875년
③ 통리기무아문이 설치되었다.
  1880년
✓ 김옥균 등이 갑신정변을 일으켰다.
  1884년

▶ 정답 분석

자료에서 장인환과 전명운이 서로 같은 날에 의거를 실행하였다는 점을 통해 밑줄 그은 '의거'가 친일 인사인 스티븐스를 사살한 것임을 알 수 있다.

미국인 스티븐스는 친일 인사로, 제1차 한·일 협약에 따라 한국에 외교 고문으로 파견되었던 인물이다. 이후 1908년 미국으로 돌아간 뒤에는 을사늑약의 정당성을 설파하였을 뿐 아니라 일본인들이 한국인을 보호하고 있다는 연설을 하기도 하였다. 이에 전명운은 스티븐스를 사살하기 위해 권총으로 쏘았으나 불발되었고, 권총을 가지고 격투를 벌였다. 이때 스티븐스를 사살하기 위해 있던 장인환이 스티븐스를 권총으로 쏘아 사살하였다. 장인환과 전명운은 서로 전혀 모르는 사이였음에도 스티븐스를 사살하기 위해 같은 날 의거를 실행하였던 것이다.

④ 장인환과 전명운은 미국 샌프란시스코에서 친일 인사였던 스티븐스를 사살하였다.

▶ 선택지 분석

① 한인 애국단원인 이봉창은 일본 도쿄에서 일왕을 향해 폭탄을 던졌다.
② 안중근은 만주 하얼빈역에서 이토 히로부미를 사살하였다.
③ 이재명은 명동 성당 앞에서 이완용을 습격하여 중상을 입혔다.

▶ 십중팔구 나온다! 을사늑약의 체결에 저항한 의열 투쟁

오적 암살단(자신회)	나철, 오기호 등이 을사오적을 처단하기 위해 조직
이재명	이완용 처단 시도
장인환·전명운	친일 미국인 스티븐스 사살
안중근	초대 통감 이토 히로부미 사살

▶ 정답 분석

자료에서 중국이 언급된 점, 이번에 제정한 수륙 무역 장정이라고 한 점 등을 통해 자료의 조약이 조·청 상민 수륙 무역 장정(1882)임을 알 수 있다.

1882년 청은 군대를 파견하여 임오군란을 진압한 후 조선에 대한 영향력을 높이기 위해 조·청 상민 수륙 무역 장정을 체결하였다. 이는 청 상인이 내륙으로 진출할 수 있는 권한 등을 포함한 여러 특권을 인정하여 청의 경제적 침투를 강화시키는 결과를 가져왔다.

④ 갑신정변은 1884년에 일어난 사건으로, 조·청 상민 수륙 무역 장정 체결 이후에 일어났다.

▶ 선택지 분석

① 병인박해를 구실로 프랑스가 침략한 사건인 병인양요는 1866년에 발생하였다.
② 강화도 조약 체결의 배경인 운요호 사건은 1875년에 일어났다.
③ 개화 정책 추진을 위한 통리기무아문은 1880년에 설치되었다.

37. (가)에 해당하는 단체로 옳은 것은?

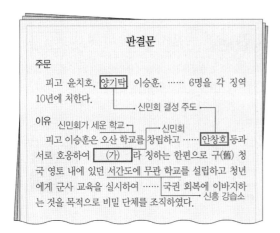

판결문

주문

피고 윤치호, 양기탁 이승훈, …… 6명을 각 징역 10년에 처한다.

신민회 결성 주도

이유 신민회가 세운 학교 → 신민회
피고 이승훈은 오산 학교를 창립하고 …… 안창호 등과 서로 호응하여 (가) 라 칭하는 한편으로 구(舊) 청국 영토 내에 있던 서간도에 무관 학교를 설립하고 청년에게 군사 교육을 실시하여 …… 국권 회복에 이바지하는 것을 목적으로 비밀 단체를 조직하였다.
신흥 강습소

✔ 신민회
　항일 비밀 결사
② 헌정 연구회
　애국 계몽 운동 단체
③ 북로 군정서
　무장 독립운동 단체
④ 대한 광복군 정부
　연해주 지역 독립운동 단체

> **정답 분석**

자료에서 윤치호·양기탁·이승훈·안창호가 제시된 점, 오산 학교를 창립하였다는 점, 서간도에 무관 학교를 설립하였다는 점, 비밀 단체라는 점 등을 통해 (가)에 해당하는 단체가 신민회임을 알 수 있다.
① 신민회는 1907년 안창호와 양기탁 등이 주도하여 설립한 항일 비밀 결사이다. 신민회는 국권의 회복과 공화 정체의 근대 국민 국가 건설을 목표로 삼고 민족 교육과 자립 경제를 위한 애국 계몽 운동을 전개해 나갔다. 또한 무장 독립 투쟁을 위해 서간도에 삼원보를 건설하고 무관 학교인 신흥 강습소를 세우기도 하였다.

> **선택지 분석**

② 헌정 연구회는 국민의 정치의식 고취와 입헌 군주제 수립을 추진하였던 애국 계몽 운동 단체이다.
③ 북로 군정서는 대종교도 중심의 중광단이 발전한 부대로, 만주에서 무장 독립운동을 전개하였다. 북로 군정서는 1920년 청산리 전투에서 크게 활약하였다.
④ 대한 광복군 정부는 연해주에서 독립운동을 전개하였던 정부 형태의 독립군 단체이다.

> **십중팔구 나온다!**　신민회

조직	항일 비밀 결사(안창호, 양기탁 주도)
목표	국권 회복, 공화 정체의 근대 국민 국가 건설
활동	• 경제적·문화적 실력 양성 추구: 태극 서관·자기 회사 운영, 대성 학교·오산 학교 설립 • 국외 독립군 기지 건설: 서간도에 삼원보를 개척, 신흥 강습소(신흥 무관 학교) 설립
해체	105인 사건으로 와해(1911)

38. (가)~(다) 학생이 발표한 내용을 일어난 순서대로 옳게 나열한 것은?

주제: 자주 독립 수호를 위한 노력

(가) 서재필이 귀국하여 독립신문을 창간하였습니다. → 1896년
(나) 고종이 대한 제국의 수립을 선포하였습니다. → 1897년
(다) 관민 공동회에서 헌의 6조를 결의하였습니다. → 1898년

✔ (가) – (나) – (다)　② (가) – (다) – (나)
③ (나) – (가) – (다)　④ (다) – (나) – (가)

> **정답 분석**

자료에서 (가)는 서재필이 귀국하여 독립신문을 창간하였다는 점을 통해 1896년의 사실임을 알 수 있다. (나)는 고종이 대한 제국의 수립을 선포하였다는 점을 통해 1897년의 사실임을 알 수 있다. (다)는 관민 공동회에서 헌의 6조를 결의하였다고 한 점을 통해 독립 협회의 주도로 관민 공동회가 개최된 1898년의 사실임을 알 수 있다.
① 제시된 내용들을 순서대로 배열하면 (가)-(나)-(다)이다.

> **십중팔구 나온다!**　헌의 6조

1. 외국인에게 의지하지 말고 관민이 한마음으로 협력하여 전제 황권을 공고히 할 것
2. 외국과의 이권에 관한 계약과 조약은 각 부 대신과 중추원 의장이 합동 날인하여 시행할 것
3. 국가 재정을 탁지부에서 전관하고 예산과 결산을 국민에게 공포할 것
4. 중대한 범죄는 반드시 재판하되, 피고에게 철저히 설명하여 자백을 한 이후 시행할 것
5. 칙임관은 황제께서 정부에 그 뜻을 물어 과반수가 동의하면 임명할 것
6. 정해진 규정을 실천할 것

39. 다음 가상 시나리오의 피고인에 해당하는 인물로 옳은 것은?

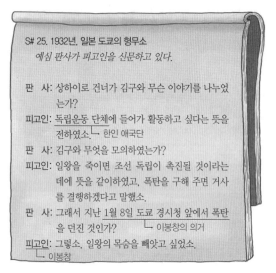

S# 25. 1932년, 일본 도쿄의 형무소
예심 판사가 피고인을 신문하고 있다.

판 사: 상하이로 건너가 김구와 무슨 이야기를 나누었는가?
피고인: 독립운동 단체에 들어가 활동하고 싶다는 뜻을 전하였소. └ 한인 애국단
판 사: 김구와 무엇을 모의하였는가?
피고인: 일왕을 죽이면 조선 독립이 촉진될 것이라는 데에 뜻을 같이하였고, 폭탄을 구해 주면 거사를 결행하겠다고 말했소.
판 사: 그래서 지난 1월 8일 도쿄 경시청 앞에서 폭탄을 던진 것인가? └ 이봉창의 의거
피고인: 그렇소. 일왕의 목숨을 빼앗고 싶었소.
└ 이봉창

① 윤봉길
홍커우
공원 의거

✔ 이봉창
일본 국왕의
마차에
폭탄 투척

③ 강우규
조선 총독의
마차에
폭탄 투척

④ 나석주
동양 척식
주식회사에
폭탄 투척

40. (가) 단체의 활동으로 옳은 것은?

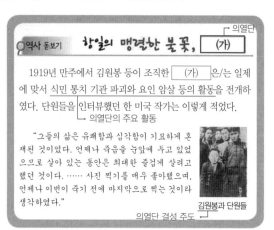

역사 돋보기   **항일의 맹렬한 불꽃,** (가) ┌ 의열단

1919년 만주에서 김원봉 등이 조직한 (가) 은/는 일제에 맞서 식민 통치 기관 파괴와 요인 암살 등의 활동을 전개하였다. 단원들을 인터뷰했던 한 미국 작가는 이렇게 적었다. └ 의열단의 주요 활동

"그들의 삶은 유쾌함과 심각함이 기묘하게 혼재된 것이었다. 언제나 죽음을 눈앞에 두고 있었으므로 살아 있는 동안은 최대한 즐겁게 살려고 했던 것이다. …… 사진 찍기를 매우 좋아했으며, 언제나 이번이 죽기 전에 마지막으로 찍는 것이라 생각하였다."

김원봉과 단원들
└ 의열단 결성 주도

① 독립 공채를 발행하였다.
대한민국 임시 정부
② 신흥 무관 학교를 설립하였다.
신민회 출신 인사들
③ 우금치에서 일본군과 전투를 벌였다.
동학 농민군
✔ 조선 혁명 선언을 활동 강령으로 삼았다.
의열단

▶ 정답 분석

자료에서 상하이에서 김구와 의논한 뒤 독립운동 단체에 가입하고자 했다는 점, 일왕을 죽여 독립을 촉진시키고자 도쿄 경시청 앞에서 폭탄을 투척했다는 점 등을 통해 피고인에 해당하는 인물이 한인 애국단의 단원인 이봉창임을 알 수 있다.
한인 애국단은 1931년 대한민국 임시 정부의 침체를 극복하기 위해 김구가 상하이에서 조직한 단체로, 이봉창과 윤봉길의 활동이 대표적이다.
② 이봉창은 1932년 1월 도쿄에서 일본 국왕의 마차에 폭탄을 투척하였다.

▶ 선택지 분석

① 한인 애국단 단원인 윤봉길은 상하이 홍커우 공원에서 폭탄을 투척해 일본인 고관 등을 살상하였다.
③ 강우규는 제3대 조선 총독으로 부임하는 사이토 마코토의 마차에 폭탄을 투척하였다.
④ 의열단 단원인 나석주는 조선 식산 은행과 동양 척식 주식회사에 폭탄을 투척하였다.

▶ 십중팔구 나온다! 한인 애국단

조직	대한민국 임시 정부의 침체 극복을 위해 김구가 상하이에서 조직 (1931)
활동	• 이봉창: 도쿄에서 일본 국왕의 마차를 향해 폭탄 투척(1932) • 윤봉길: 상하이 홍커우 공원에서 의거(1932)
의의	• 한국 독립운동의 대외 여론 환기 • 중국 국민당 정부가 대한민국 임시 정부를 지원하는 계기 마련

▶ 정답 분석

자료에서 1919년 만주에서 김원봉 등이 조직한 단체라고 한 점, 일제에 맞서 식민 통치 기관 파괴와 요인 암살 등의 활동을 전개하였다는 점 등을 통해 (가) 단체가 의열단임을 알 수 있다.
의열단은 만주 지린성에서 김원봉 등이 조직한 무장 독립 단체로, 식민 통치 기관 파괴와 일제 요인 암살 등을 목표로 하였다.
④ 의열단은 신채호가 작성한 '조선 혁명 선언'을 활동 강령으로 삼았다.

▶ 선택지 분석

① 대한민국 임시 정부는 활동 자금 마련을 위해 독립 공채를 발행하였다.
② 이동녕, 이회영 등 신민회 출신 인사들은 만주 삼원보에 신흥 강습소를 설립해 독립군을 양성하고자 하였다. 신흥 강습소는 신흥 무관 학교로 개편되었다.
③ 우금치에서 일본군과 전투를 벌인 것은 동학 농민 운동 과정 중 동학 농민군의 활동에 대한 설명이다.

▶ 십중팔구 나온다! 의열단

조직	만주 지린성에서 김원봉 등이 조직(1919)
지침	신채호의 '조선 혁명 선언', 민중의 직접 혁명 추구
활동	박재혁(부산 경찰서), 김익상(조선 총독부), 김상옥(종로 경찰서), 나석주(동양 척식 주식회사 등) 등이 폭탄 투척 의거

41. (가) 민족 운동에 대한 설명으로 옳은 것은?

① 대한매일신보의 후원으로 확산되었다.
　　　국채 보상 운동(1907)
② 순종의 인산일을 기회로 삼아 일어났다.
　　　6·10 만세 운동(1926)
③ 신간회가 조사단을 파견하여 지원하였다.
　　　광주 학생 항일 운동(1929)
✓ 일제가 이른바 문화 통치를 실시하는 계기가 되었다.
　　　3·1 운동(1919)

42. 교사의 질문에 대한 답변으로 옳은 것은?

▶ 정답 분석

자료에서 유관순이 천안에서 군중을 모으고 만세 운동을 주도하였다고 한 점, 박애순이 광주에서 학생들을 규합하여 만세 운동에 참여하였다는 점 등을 통해 (가) 민족 운동이 1919년에 일어난 3·1 운동임을 알 수 있다.

④ 3·1 운동은 1919년 종교계 인사와 학생들이 연합하여 준비한 거족적인 독립 시위이다. 전국 주요 도시에서 농촌, 국외로 확대되어 전 국민이 일제의 지배에 저항하였다는 점에서 큰 의미를 지닌다. 또한 일제가 통치 방식을 기존의 무단 통치에서 이른바 '문화 통치'로 전환하고 대한민국 임시 정부가 수립되는 계기가 되었다.

▶ 선택지 분석

① 대한매일신보의 후원으로 확산된 민족 운동은 1907년 대구에서 시작된 국채 보상 운동이다.
② 순종의 인산일을 기회로 삼아 일어났던 민족 운동은 1926년 6·10 만세 운동이다.
③ 신간회가 진상 조사단을 파견하여 지원했던 민족 운동은 1929년 광주 학생 항일 운동이다.

▶ 정답 분석

자료에서 삼균주의를 제창한 인물이라는 점을 통해 제시된 질문의 답변은 조소앙임을 알 수 있다.

조소앙은 대한민국 임시 정부 국무 위원 등을 역임한 독립운동가이다. 대한민국 임시 정부 수립에 참여하였으며, 김구 등과 함께 한국 독립당을 창당하였다. 조소앙이 제창한 삼균주의는 임시 정부 국무 회의에서 대한민국 임시 정부 건국 강령으로 채택되었다.

③ 조소앙은 정치·경제·교육의 균등을 골자로 하는 삼균주의를 제창하였다.

▶ 선택지 분석

① 박은식은 민족주의 역사학자이자 독립운동가로, 「한국통사」, 「한국독립운동지혈사」 등을 저술하였다.
② 신채호는 민족주의 역사학자이자 독립운동가로, 「독사신론」, 「조선상고사」 등을 저술하였다.
④ 한용운은 「조선 불교 유신론」을 통해 불교계의 개혁을 꾀하였다.

43. (가)에 들어갈 기구로 옳은 것은?

조선 총독부

저는 지금 일제 식민 통치의 최고 기구였던 (가) 청사 철거 현장에 나와 있습니다. 정부는 광복 50주년을 맞아 '역사 바로 세우기' 사업의 일환으로 이번 철거를 진행한다고 밝혔습니다.
└ 김영삼 정부

✔ 조선 총독부
일제 식민 통치의 최고 기구

② 종로 경찰서
일제 강점기 경찰 관서

③ 서대문 형무소
독립운동가들이 주로 수감

④ 동양 척식 주식회사
토지 수탈 목적

44. (가)에 들어갈 내용으로 옳은 것은?

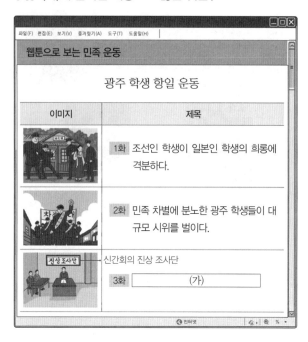

파일(F) 편집(E) 보기(V) 즐겨찾기(A) 도구(T) 도움말(H)

웹툰으로 보는 민족 운동

광주 학생 항일 운동

이미지	제목
1화	조선인 학생이 일본인 학생의 희롱에 격분하다.
2화	민족 차별에 분노한 광주 학생들이 대규모 시위를 벌이다.
3화	(가)

└ 신간회의 진상 조사단

① 통감부가 설치되다.
을사늑약

② 2·8 독립 선언서를 작성하다.
3·1 운동의 배경

③ 일제가 치안 유지법을 공포하다.
1925년

✔ 신간회 등이 지원하여 전국으로 확산되다.
광주 학생 항일 운동

> **정답 분석**

자료에서 일제 식민 통치의 최고 기구였다는 점, 광복 50주년을 맞아 '역사 바로 세우기' 사업의 일환으로 철거가 되었다는 점 등을 통해 (가)에 들어갈 기구가 조선 총독부임을 알 수 있다.

조선 총독부는 일제가 식민 통치를 위해 설치한 최고 기구로, 경복궁 안에 세워졌으나, 김영삼 정부 시기 '역사 바로 세우기' 사업의 일환으로 철거되었다.

① 조선 총독부는 일제 식민 통치의 최고 기구였다.

> **선택지 분석**

② 종로 경찰서는 일제 강점기에 많은 독립운동가들이 탄압을 받았던 경찰 관서 중 하나이다.

③ 서대문 형무소는 근대적 시설을 갖춘 한국 최초의 감옥으로, 많은 독립운동가들이 수감되어 탄압을 받았다.

④ 동양 척식 주식회사는 일제가 한반도의 토지와 자원을 약탈하기 위해 설치한 기구이다.

> **정답 분석**

자료에서 광주 학생 항일 운동이 제목으로 제시된 점, 조선인 학생이 일본인 학생의 희롱에 격분하였다는 점, 민족 차별에 분노한 광주 학생들이 대규모 시위를 벌였다는 점 등을 통해 (가)에는 광주 학생 항일 운동과 관련된 내용이 들어가야 함을 알 수 있다.

④ 1929년 광주에서 시작된 학생 항일 운동은 전국으로 확산되어 3·1 운동 이후 최대 규모의 항일 민족 운동으로 발전하였다. 신간회는 진상 조사단을 파견하고, 민중 대회를 준비하여 운동을 지원하였다.

> **선택지 분석**

① 통감부는 1905년 체결된 을사늑약에 따라 1906년에 설치되었다.

② 2·8 독립 선언서는 1919년에 작성되어 이후 3·1 운동이 발발하는 데 영향을 주었다.

③ 치안 유지법은 일제가 사회주의자들의 활동을 제한하기 위해 1925년에 공포한 것이다.

45. 교사의 질문에 대한 학생의 답변으로 옳은 것은?

1937년 이후

이것은 중·일 전쟁 발발 이후 일제가 본격적인 전시 체제 구축을 위해 제정한 법령입니다. 이 법령이 시행된 시기에 있었던 사실에 대해 말해 볼까요?

제1조 본 법에서 국가 총동원이란 전시에 국방 목적 달성을 위해 국가의 전력을 가장 유효하게 발휘하도록 인적, 물적 자원을 통제 운용하는 것을 가리킨다.
: 국가 총동원법(1938)
제8조 정부는 전시에 국가 총동원상 필요한 경우에는 칙령이 정하는 바에 따라 물자의 생산, 수리, 배급, 양도 기타 처분, 사용, 소비, 소지 및 이동에 관하여 필요한 명령을 할 수 있다.

① 헌병 경찰제가 실시되었어요.
　　1910년대
② 경성 제국 대학이 설립되었어요.
　　1924년
③ 국채 보상 운동이 전개되었어요.
　　1907년
✔ 황국 신민 서사의 암송이 강요되었어요.
　　1937~1945년

> **정답 분석**

자료에서 중·일 전쟁 발발 이후 전시 체제 구축을 위해 제정하였다는 점, 법령의 내용에 국가 총동원의 정의가 내려져 있고 국가 총동원상 필요한 경우 배급 등이 언급된 점을 통해 제시된 법령이 1938년에 제정된 국가 총동원법임을 알 수 있다.
국가 총동원법은 전시 수탈 체제 강화를 위해 일제가 본국과 식민지에 적용한 법령으로, 전쟁에 필요한 인적·물적 자원의 수탈을 위해 제정되었다.
④ 일제는 1930년대 이후 황국 신민화 정책의 하나로 황국 신민 서사의 암송을 강요하였다.

> **선택지 분석**

① 헌병 경찰제는 1910년대 무단 통치 시기 일제의 대표적인 식민 통치 정책이다.
② 경성 제국 대학이 설립된 것은 1924년의 사실이다.
③ 국채 보상 운동이 전개된 것은 1907년의 사실이다.

46. 다음 일기를 통해 알 수 있는 민주화 운동으로 옳은 것은?

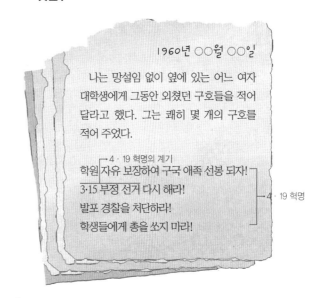

1960년 ○○월 ○○일

나는 망설임 없이 옆에 있는 어느 여자 대학생에게 그동안 외쳤던 구호들을 적어 달라고 했다. 그는 쾌히 몇 개의 구호를 적어 주었다.

4·19 혁명의 계기
학원 자유 보장하여 구국 애족 선봉 되자!
3·15 부정 선거 다시 해라!
발포 경찰을 처단하라!
학생들에게 총을 쏘지 마라!

4·19 혁명

✔ ① 4·19 혁명
　　3·15 부정 선거에 반발
② 6월 민주 항쟁
　　대통령 직선제 요구
③ 부·마 민주 항쟁
　　유신 독재에 저항
④ 5·18 민주화 운동
　　신군부 퇴진 요구

> **정답 분석**

사료에서 3·15 부정 선거를 다시 하라고 요구하고 있는 점, 일기의 시기가 1960년이라는 점 등을 통해 해당 일기가 1960년에 일어난 4·19 혁명과 관련된 것임을 알 수 있다.
① 4·19 혁명은 1960년 3·15 부정 선거에 저항하여 일어난 민주화 운동이다. 4·19 혁명의 결과 이승만 대통령이 하야하였으며, 이후 장면 내각이 수립되었다.

> **선택지 분석**

② 6월 민주 항쟁은 1987년 대통령 직선제 개헌을 요구하며 전개된 민주화 운동이다.
③ 부·마 민주 항쟁은 1979년에 일어난 민주화 운동으로, 유신 독재가 붕괴되는 데 영향을 끼쳤다.
④ 5·18 민주화 운동은 1980년 광주 일대에서 신군부의 퇴진과 계엄령의 해제를 요구하며 전개되었다.

> **십중팔구 나온다!**　　4·19 혁명

배경	• 이승만 정부의 부정부패, 경기 침체 및 실업 증가 • 3·15 부정 선거
과정	부정 선거 규탄 시위 → 경찰의 무력 진압 → 김주열 학생의 시신 발견(마산) → 시위의 전국 확산 → 대규모 시위, 비상계엄령 선포 (4. 19.) → 대학교수단의 시국 선언 및 시위 → 이승만 대통령의 하야 발표
결과	허정 과도 정부 수립 → 제3차 개헌(내각 책임제와 국회 양원제)

47. 다음 연설문을 발표한 정부 시기의 경제 상황으로 옳은 것은?

→ 경부 고속 도로 개통(1970)

우리 민족의 숙원이던 경부 간 고속 도로의 완전 개통을 보게 된 것을 국민 여러분들과 더불어 경축해 마지않는 바입니다. 이 길은 총 연장 428km로 우리나라의 리(里) 수로 따지면 천 리 하고도 약 칠십 리가 더 되는데, 장장 천릿길을 이제부터는 자동차로 4시간 반이면 달릴 수 있게 됐습니다. …… 이 고속 도로가 앞으로 우리나라 국민 경제의 발전과 산업 근대화에 여러 가지 큰 공헌을 하리라고 믿습니다.

① 서울에서 G20 정상 회의가 개최되었다.
　　　이명박 정부
② 한·미 자유 무역 협정(FTA)이 체결되었다.
　　　노무현 정부
✔ 제2차 경제 개발 5개년 계획이 추진되었다.
　　　박정희 정부
④ 경제 협력 개발 기구(OECD)에 가입하였다.
　　　김영삼 정부

> **정답 분석**

자료에서 경부 간 고속 도로의 완전 개통을 축하한다는 점을 통해 해당 연설문이 박정희 정부 시기에 발표된 것임을 알 수 있다.
경부 고속 도로는 1970년에 완전히 개통되었다.
③ 박정희 정부는 정부 주도의 경제 개발을 추진하면서 총 4차례의 경제 개발 5개년 계획을 추진하였다.

> **선택지 분석**

① 서울에서 G20 정상 회의를 개최한 것은 이명박 정부 때의 사실이다.
② 미국과 자유 무역 협정(FTA)을 체결한 것은 노무현 정부 때의 사실이다. 국회 비준에 실패하여 이명박 정부 때 발효되었다.
④ 우리나라가 경제 협력 개발 기구(OECD)에 가입한 것은 김영삼 정부 때의 사실이다.

> **십중팔구 나온다!**　박정희 정부 시기의 경제

경제 개발 5개년 계획	• 제1, 2차: 경공업 중심, 경부 고속 국도 개통 • 제3, 4차: 중화학 공업 중심, 수출액 100억 달러 달성
새마을 운동	1970년에 시작된 농촌 사회 개발 운동
노동자 해외 파견	서독에 광부와 간호사 파견

48. 다음 자료에 나타난 민주화 운동에 대한 설명으로 옳은 것은?

→ 6월 민주 항쟁(1987)

6.10. 국민 대회 행동 요강

(1) 오후 6시 국기 하강식을 기하여 전 국민은 있는 자리에서 애국가를 제창하고,
(2) 애국가가 끝난 후 자동차는 경적을 울리고,
(3) 전국 사찰, 성당, 교회는 타종을 하고,
(4) 국민들은 형편에 따라 만세 삼창(민주 헌법 쟁취 만세, 민주주의 만세, 대한민국 만세)을 하든지 제자리에서 1분간 묵념을 함으로써 민주 쟁취의 결의를 다진다.

① 신군부의 계엄령 전국 확대에 항거하였다.
　　　5·18 민주화 운동(1980)
② 굴욕적인 한일 국교 정상화에 반대하였다.
　　　6·3 시위(1964)
③ 이승만 대통령이 하야하는 결과를 가져왔다.
　　　4·19 혁명(1960)
✔ 대통령 직선제 개헌이 이루어지는 계기가 되었다.
　　　6월 민주 항쟁(1987)

> **정답 분석**

자료에서 6·10 국민 대회 행동 요강이 제시된 점, 행동 요강에서 민주 헌법 쟁취를 구호로 한다는 점 등을 통해 제시된 민주화 운동이 1987년에 있었던 6월 민주 항쟁임을 알 수 있다.
④ 전두환 정부의 강압적인 통치와 박종철 고문치사 사건 등으로 국민의 불만이 고조되어 있는 상황 속에서 직선제 개헌 요구를 거부하는 4·13 호헌 조치가 발표되자, 대통령 직선제를 요구하며 6월 민주 항쟁이 일어났다. 개헌 요구 시위 중 이한열이 최루탄에 맞아 의식 불명이 되자, 시민과 학생들은 6·10 국민 대회 선언문을 발표하고 대대적인 시위를 전개하였다. 6월 민주 항쟁의 결과, 당시 대통령 후보였던 노태우가 대통령 직선제 개헌 요구를 수용한다는 6·29 민주화 선언을 발표하였고, 이후 5년 단임의 대통령 직선제 개헌이 이루어졌다.

> **선택지 분석**

① 신군부의 계엄령 확대에 맞선 것은 1980년에 일어난 5·18 민주화 운동이다.
② 굴욕적인 한·일 국교 정상화에 반대한 것은 1964년에 일어난 6·3 시위이다.
③ 이승만 대통령이 하야하는 결과를 가져온 것은 1960년에 일어난 4·19 혁명이다.

> **십중팔구 나온다!**　6·29 민주화 선언

첫째, 여·야 합의하에 조속히 대통령 직선제 개헌을 하고 새 헌법에 의한 대통령 선거를 통해 88년 2월 평화적 정부 이양을 실현토록 해야 하겠습니다. …… 오늘의 이 시점에서 저는, 사회적 혼란을 극복하고, 국민적 화해를 이룩하기 위하여 대통령 직선제를 택하지 않을 수 없다는 결론에 이르게 되었습니다. 국민은 나라의 주인이며, 국민의 뜻은 모든 것에 우선하는 것입니다.

49. 밑줄 그은 '이 전쟁' 중에 있었던 사실로 옳은 것은?

┌─ 6 · 25 전쟁

이것은 이우근의 편지를 새긴 조형물입니다. 그는 이 전쟁 당시 학도의용군으로 포항여중 전투에서 북한군과 싸우다 전사하였습니다. 그가 쓴 편지에는 동족상잔의 비극, 어머니에 대한 그리움이 담겨져 있습니다.

① 미국이 애치슨 선언을 발표하였다.
　　　6 · 25 전쟁 이전(1950년)
② 조선 건국 준비 위원회가 결성되었다.
　　　1945년
✔ 16개국으로 구성된 유엔군이 참전하였다.
　　　1950년
④ 13도 창의군이 서울 진공 작전을 전개하였다.
　　　1908년

▶ 정답 분석

자료에서 학도의용군이 포항여중 전투에서 북한군과 싸웠다는 점, 동족상잔의 비극이었다는 점 등을 통해 밑줄 그은 '이 전쟁'이 1950년에 발발한 6 · 25 전쟁임을 알 수 있다.

③ 1950년 6월 25일 북한이 남한을 침입하자, 유엔은 안전 보장 이사회를 소집하고 북한군의 철수를 요구하는 결의안을 채택하였다. 하지만 북한이 결의안을 무시하고 계속 공격을 하자, 유엔은 16개국으로 구성된 유엔군을 남한에 지원하였다.

▶ 선택지 분석

① 미국이 애치슨 선언을 발표한 시기는 1950년 1월로, 6 · 25 전쟁이 발발하기 이전이다.
② 조선 건국 준비 위원회가 결성된 시기는 1945년 8월로, 6 · 25 전쟁이 발발하기 이전이다.
④ 13도 창의군이 서울 진공 작전을 전개한 시기는 1908년이다.

50. (가) 정부의 통일 노력으로 옳은 것은?

┌─ 노태우

(가) 대통령과 고르바초프 대통령은 이번 정상 회담에서 한국과 소련의 상호 협력을 약속하고, 한반도의 안정이 동북아시아는 물론 세계 평화에 매우 중요하다는 데 인식을 같이 하였습니다.

북방 외교의 성과, 한국·소련 정상 회담 열려

노태우 정부의 ─┘
외교 정책

✔ 남북 기본 합의서를 채택하였다.
　　　노태우 정부
② 7 · 4 남북 공동 성명을 발표하였다.
　　　박정희 정부
③ 남북 정상 회담을 처음으로 개최하였다.
　　　김대중 정부
④ 이산가족 고향 방문을 최초로 성사시켰다.
　　　전두환 정부

▶ 정답 분석

자료에서 소련 고르바초프 대통령과 정상 회담을 개최하였다는 점, 북방 외교의 성과로 한국 · 소련 정상 회담이 열렸다고 한 점 등을 통해 (가) 정부가 노태우 정부임을 알 수 있다.

① 노태우 정부 때인 1991년 남북 기본 합의서가 채택되며 남북한 상호 체제를 인정하고, 상호 불가침에 합의하였다.

▶ 선택지 분석

② 7 · 4 남북 공동 성명은 박정희 정부 때 발표되었다.
③ 김대중 정부 때 남북 정상 회담이 역사상 처음으로 개최되었다.
④ 전두환 정부 때 이산가족 고향 방문이 최초로 성사되었다.

▶ 십중팔구 나온다! 각 정부별 통일 노력

박정희 정부	7 · 4 남북 공동 성명
전두환 정부	이산가족 최초 상봉
노태우 정부	• 남북 기본 합의서 채택 • 남북한 유엔 동시 가입
김대중 정부	제1차 남북 정상 회담 → 6 · 15 남북 공동 선언
노무현 정부	제2차 남북 정상 회담 → 10 · 4 남북 공동 선언

⊘ 정답 빠르게 보기

나의 점수 : _____ 점

번호	정답	배점	번호	정답	배점	번호	정답	배점	번호	정답	배점	번호	정답	배점
1	②	1	11	③	2	21	②	2	31	①	2	41	②	2
2	①	2	12	④	1	22	②	1	32	①	3	42	③	2
3	①	2	13	①	1	23	④	3	33	④	2	43	③	3
4	②	1	14	③	2	24	④	2	34	③	2	44	④	2
5	③	2	15	①	2	25	②	2	35	④	2	45	④	2
6	③	3	16	④	2	26	④	2	36	②	3	46	④	3
7	③	2	17	②	2	27	①	1	37	④	2	47	①	3
8	①	3	18	③	2	28	②	2	38	③	2	48	④	2
9	②	2	19	④	1	29	②	2	39	②	2	49	①	2
10	②	2	20	②	2	30	①	2	40	②	2	50	②	2

⊘ 키워드 한눈에 보기

번호	키워드	번호	키워드	번호	키워드	번호	키워드
1	신석기 시대	14	윤관	27	동학	40	명동 학교
2	삼한	15	삼국사기	28	세한도	41	일제의 경제 수탈
3	백제 무령왕	16	창덕궁	29	조선 정조	42	물산 장려 운동
4	신라 법흥왕	17	조선 세종	30	조선 후기 경제	43	6·10 만세 운동
5	고구려의 유적	18	조선 세조	31	병인양요	44	1930년대 이후 식민 통치
6	백제의 문화유산	19	홍문관	32	일제의 국권 침탈	45	프랭크 스코필드
7	신라 무열왕	20	임진왜란	33	조선책략	46	대한민국 정부 수립 과정
8	살수 대첩	21	유성룡	34	경제적 구국 운동	47	6·25 전쟁
9	발해의 대외 무역	22	한식	35	을사늑약	48	박정희 정부
10	신라 말의 혼란	23	서인	36	아관 파천	49	박정희 정부
11	고려 광종	24	조선 효종	37	덕수궁 석조전	50	김대중 정부
12	도병마사	25	대동여지도	38	대한민국 임시 정부		
13	강화도	26	박제가	39	1920년대 무장 독립 전쟁		

80점을 뛰어넘는 해설

1. (가) 시대에 처음 제작된 유물로 옳은 것은?

선사 문화 축제
농경과 정착 생활이 시작된 (가) 시대로 떠나요!
└─ 신석기
• 일시: 2020년 ○○월 ○○일~○○일
• 주최: △△ 문화 재단

신석기 시대의 주거지
움집 생활 체험하기

갈돌과 갈판으로 곡식 갈기

신석기 시대의 유물

가락바퀴로 실 뽑기

주먹도끼(구석기 시대)

 ✔

빗살무늬 토기(신석기 시대)

③

청동 방울(청동기 시대)

④

판갑옷과 투구(가야)

▶ 정답 분석

자료에서 농경과 정착 생활이 시작되었다고 한 점, 체험 프로그램으로 움집 생활 체험, 가락바퀴로 실 뽑기, 갈돌과 갈판으로 곡식 갈기 등이 제시된 점 등을 통해 (가) 시대가 신석기 시대임을 알 수 있다.
신석기 시대에는 농경과 목축 생활이 시작되었고, 곡물을 저장하고 조리하기 위해 토기가 제작되었다.
② 빗살무늬 토기는 신석기 시대의 가장 대표적인 토기이다.

▶ 선택지 분석

① 구석기 시대의 대표적인 유물인 주먹도끼이다.
③ 청동기 시대의 유물인 청동 방울이다.
④ 가야의 문화유산인 판갑옷과 투구이다.

▶ 십중팔구 나온다! 신석기 시대의 유물

▲ 빗살무늬 토기   ▲ 가락바퀴   ▲ 갈돌과 갈판

2. 다음 대화에 해당하는 나라에 대한 설명으로 옳은 것은?

┌─ 삼한의 정치적 지도자
흉년이 계속되어 진지께서 걱정을 많이 하신다고 합니다.

┌─ 삼한의 제사장
천군께서 조만간 하늘에 제사를 지내신다니 기다려 보세.

✔ 신성 지역인 소도가 있었다.
    └─ 삼한
② 서옥제라는 혼인 풍습이 있었다.
    └─ 고구려
③ 읍락 간의 경계를 중시한 책화가 있었다.
    └─ 동예
④ 여러 가(加)들이 별도로 사출도를 다스렸다.
    └─ 부여

▶ 정답 분석

자료에서 신지가 흉년을 걱정한다는 점, 천군이 하늘에 제사를 지낸다는 점 등을 통해 대화에 해당하는 나라가 삼한임을 알 수 있다.
삼한은 신지·읍차와 천군으로 정치적 지도자와 종교적 지배자가 나뉘어 있는 제정 분리 사회였다. 신지·읍차와 천군은 삼한 지배층의 명칭이다.
① 제사장인 천군은 별도의 신성 지역인 소도를 다스렸다.

▶ 선택지 분석

② 서옥제는 고구려의 혼인 풍습이다.
③ 책화는 읍락 간의 경계를 중시한 동예의 풍습이다.
④ 여러 가들이 별도로 사출도를 다스린 것은 부여의 특징이다.

▶ 십중팔구 나온다! 고조선 이후 여러 나라의 풍습

구분	정치적 특징	풍습
부여	사출도	순장, 영고(제천 행사)
고구려	제가 회의	서옥제, 동맹(제천 행사)
옥저	읍군, 삼로(군장 국가)	민며느리제, 가족 공동 무덤
동예		책화, 족외혼, 무천(제천 행사)
삼한	• 군장: 신지, 읍차 등 • 제사장: 천군(소도 지배) ➡ 제정 분리 사회	계절제(5월, 10월)

3. 밑줄 그은 '이 나라'에 대한 설명으로 옳은 것은?

백제

호암사에는 정사암이 있다. 이 나라에서 장차 재상을 의논할 때에 뽑을 만한 사람 서너 명의 이름을 써서 상자에 넣고 봉하여 바위 위에 두었다가, 얼마 후에 열어 보아 이름 위에 도장이 찍힌 자국이 있는 사람을 재상으로 삼았기 때문에 정사암이라고 하였다.

└ 백제가 재상을 뽑았던 방법

– 『삼국유사』 –

✓ ① 22담로를 두었다.
　　백제
② 국학을 설립하였다.
　　신라
③ 진대법을 실시하였다.
　　고구려
④ 골품제라는 신분제가 있었다.
　　신라

4. (가)에 들어갈 내용으로 옳은 것은?

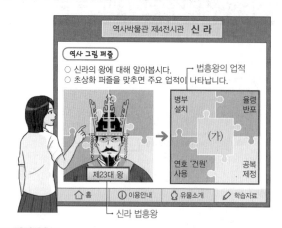

신라 법흥왕

① 평양 천도
　　고구려 장수왕
✓ ② 금관가야 병합
　　신라 법흥왕
③ 독서삼품과 실시
　　신라 원성왕
④ 황룡사 9층 목탑 건립
　　신라 선덕 여왕

▶ 정답 분석

자료에서 정사암에 대한 내용이 나와 있는 점을 통해 밑줄 그은 '이 나라'는 백제임을 알 수 있다.
백제에서는 재상들이 정사암에 모여 국가의 중대사를 결정하였다.
① 백제는 지방을 효율적으로 다스리기 위해 22개의 담로를 두었다.

▶ 선택지 분석

② 국학은 인재를 양성하기 위해 설치한 신라의 교육 기관이다.
③ 진대법은 고구려가 실시한 빈민 구제책이다.
④ 골품제는 신라의 신분 제도로, 올라갈 수 있는 관직의 품계가 정해져 있고 일상생활까지 제한하였다.

▶ 십중팔구 나온다!　백제의 건국과 발전

건국	부여·고구려계 유이민에 의해 위례성에서 건국 → 한강 유역에 자리하였다는 이점을 이용해 빠르게 발전
3세기	고이왕: 한강 유역 장악, 관등제 정비
4세기	• 근초고왕: 마한 정복, 평양성 공격, 왕위의 부자 상속 확립 • 침류왕: 불교 수용
5세기	• 비유왕: 나·제 동맹 체결(433) • 개로왕: 고구려 장수왕에게 한강 유역 상실(475) • 문주왕: 웅진(공주) 천도 → 왕권 약화
6세기	• 무령왕: 22담로에 왕족 파견, 중국 남조와 교류 • 성왕: 사비(부여) 천도, 국호를 남부여로 바꿈, 신라 진흥왕과 연합하여 일시적으로 한강 유역 회복 → 관산성 전투에서 전사

▶ 정답 분석

자료에서 신라의 제23대 왕이라고 제시하였고, 병부 설치, 율령 반포, '건원'이라는 연호 사용, 공복 제정 등의 업적으로 보아 해당하는 신라의 왕은 법흥왕임을 알 수 있다.
② 신라 법흥왕 때 금관가야가 신라에 항복하여 병합되었다.

▶ 선택지 분석

① 수도를 평양으로 옮긴 왕은 고구려의 장수왕이다.
③ 독서삼품과는 유교 경전의 이해 능력에 따라 관리를 선발하기 위해 신라 원성왕이 실시하였다.
④ 황룡사 9층 목탑은 신라 선덕 여왕 때 자장 법사의 건의에 따라 건립되었다.

▶ 십중팔구 나온다!　신라 법흥왕의 업적

• 율령 반포	• 불교 공인(이차돈의 순교)
• 공복 제정	• 금관가야 병합
• 병부 설치	• 연호 '건원' 사용

5. (가)~(라)에 대한 탐구 활동으로 적절한 것을 〈보기〉에서 고른 것은?

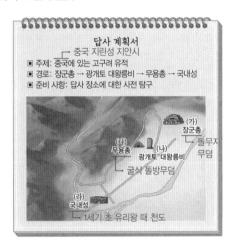

답사 계획서
└ 중국 지린성 지안시
■ 주제: 중국에 있는 고구려 유적
■ 경로: 장군총 → 광개토 대왕릉비 → 무용총 → 국내성
■ 준비 사항: 답사 장소에 대한 사전 탐구

(가) 장군총 — 돌무지 무덤
(다) 무용총
(나) 광개토 대왕릉비
굴식 돌방무덤
(라) 국내성
└ 1세기 초 유리왕 때 천도

── 〈보기〉 ──
ㄱ. (가) – 벽돌무덤의 양식을 조사한다.
  백제 무령왕릉
ㄴ. (나) – 신라에 침입한 왜를 격퇴한 내용을 찾아본다.
  고구려 광개토 대왕릉비
ㄷ. (다) – 고분 벽화에 나타난 당시의 생활상을 알아본다.
  무용도와 수렵도가 그려진 무용총(굴식 돌방무덤)이 대표적
ㄹ. (라) – 성왕이 새로운 수도로 선정한 이유를 확인한다.
  백제 성왕의 사비(부여) 천도

① ㄱ, ㄴ   ② ㄱ, ㄷ
✓③ ㄴ, ㄷ   ④ ㄷ, ㄹ

6. (가) 국가에 대한 설명으로 옳은 것은?

파일(F) 편집(E) 보기(V) 즐겨찾기(A) 도구(T) 도움말(H)

우리역사넷   소개 | 이용안내 | 공지사항 | 오류신고 ENG
검색 🔍

교과서 속 우리 역사 | 교양 우리 역사 | 영상·이미지 속 우리 역사 | 우리 역사 나침반 | ■ 콘텐츠 내 검색   🔍

시대별 유형별

(가) 의 문화유산
└ 백제

● 삼국 이전
● 삼국 시대
삼국 시대의 성립과 발전
삼국 시대의 사회
삼국 시대의 문화
● 통일 신라와 발해
● 고려 시대

정림사지 5층 석탑 | 금동 대향로 | 산수무늬 벽돌
└ 목탑 양식 계승 | └ 불교, 도교 사상의 영향 | └ 도교 사상의 영향

① 진대법을 시행하였다.
  고구려
② 상수리 제도를 두었다.
  신라
✓③ 지방에 22담로를 설치하였다.
  백제
④ 골품제라는 신분 제도가 있었다.
  신라

---

7. 밑줄 그은 '선왕'에 대한 설명으로 옳은 것은?

┌─ 무열왕(김춘추)

> 선왕(先王)께서는 백성의 참상을 불쌍히 여겨 …… 바다 건너 당의 조정에 들어가서 군사를 요청하셨다. …… 백제는 평정하셨지만 고구려는 미처 멸망시키지 못하셨다. 선왕의 평정하시려던 뜻을 과인이 이어받아 마침내 이루게 되었다.
>
> ┌─ 백제 멸망
> └─ 나·당 연합 결성   ─「삼국사기」─
> └─ 문무왕

① 사비로 천도하였다.
   백제 성왕
② 우산국을 정벌하였다.
   신라 지증왕
✓ 진골 출신으로 왕위에 올랐다.
   신라 무열왕
④ 화랑도를 국가적인 조직으로 개편하였다.
   신라 진흥왕

8. 다음 대화에 나타난 사건이 일어난 시기를 연표에서 옳게 고른 것은?

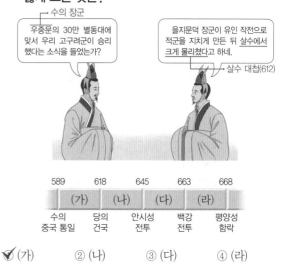

┌─ 수의 장군
우중문의 30만 별동대에 맞서 우리 고구려군이 승리했다는 소식을 들었는가?

을지문덕 장군이 유인 작전으로 적군을 지치게 만든 뒤 살수에서 크게 물리쳤다고 하네.
└─ 살수 대첩(612)

589	618	645	663	668
(가)	(나)	(다)	(라)	
수의 중국 통일	당의 건국	안시성 전투	백강 전투	평양성 함락

✓ (가)   ② (나)   ③ (다)   ④ (라)

▶ 정답 분석

자료에서 선왕이 당의 조정에 들어가서 군사를 요청했다는 사실 등을 통해 김춘추임을 알 수 있다.

김춘추는 신라에서 진골 출신으로는 최초의 왕(무열왕)이 되었다. 무열왕은 당과 연합하여 백제를 멸망시켰으며, 그의 아들인 문무왕은 고구려를 멸망시키고 삼국 통일을 이루었다.

③ 김춘추는 신라에서 진골 출신으로는 처음으로 왕위에 오른 인물이다.

▶ 선택지 분석

① 사비로 천도한 왕은 백제 성왕이다.
② 우산국을 정벌한 왕은 신라 지증왕이다.
④ 화랑도를 국가적인 조직으로 개편한 왕은 신라 진흥왕이다.

▶ 정답 분석

자료에서 수의 장군인 우중문이 제시된 점, 을지문덕 장군이 살수에서 적을 크게 물리쳤다는 점 등을 통해 대화에 나타난 사건이 612년에 있었던 살수 대첩임을 알 수 있다.

① 수가 중국을 통일하자 이에 위협을 느낀 고구려는 요서 지방을 선제공격하여 수의 침략을 막고자 하였다. 고구려의 공격으로 두 나라 간의 전쟁이 시작되었고 수는 네 차례에 걸쳐 고구려를 침입하였다. 그중에서 두 번째 침입 때인 612년에 살수 대첩이 일어났다. 살수 대첩은 고구려에 침입해 온 지휘관 우중문과 30만의 수 군대를 을지문덕이 살수에서 크게 물리친 전투이다. 전쟁의 결과, 무리한 원정으로 국력을 소진한 수는 반란이 일어나 멸망하였고, 뒤를 이어 당이 건국되었다.

▶ 십중팔구 나온다!   수·당의 고구려 원정

수 문제의 침입	수 문제가 30만 대군으로 고구려 침략 → 실패
수 양제의 침입	수 양제가 113만의 대군을 이끌고 고구려의 요동성 공격 → 30만의 별동대가 평양성 공격 → 고구려 을지문덕 장군이 살수에서 수의 군대를 유인하여 큰 승리를 거둠(살수 대첩)
당 태종의 침입	당 태종이 연개소문의 정변을 구실로 고구려 침략 → 요동성, 비사성 등이 함락됨 → 안시성 싸움에서 당 격퇴

9. 다음 사신을 파견한 국가의 대외 교류에 대한 설명으로 옳은 것은?

① 개시와 후시를 통해 무역을 하였다.
  조선 후기
✓ 일본도를 경유하여 일본과 교역하였다.
  발해
③ 청해진을 설치하여 해상 무역을 전개하였다.
  통일 신라(장보고)
④ 벽란도를 통해 아라비아 상인들과 교역하였다.
  고려

▶정답 분석

자료에서 사신이 상경성을 떠나 중경, 서경을 거쳐 중국의 등주에 가고 있고, 등주에서 사신이 묵을 숙소가 있다고 하였으므로, 발해에 대한 설명임을 알 수 있다.
상경은 발해의 수도였으며, 등주에 위치한 숙소는 발해관을 말한다.
② 발해는 신라도, 일본도 등의 교통로를 통해 주변국과 교류하였다.

▶선택지 분석

① 개시와 후시를 통한 무역은 조선 후기에 이루어졌다.
③ 청해진은 통일 신라 때 장보고가 완도에 설치한 해상 기지이다.
④ 벽란도는 고려 시대의 국제 무역항이다.

10. (가)에 들어갈 내용으로 적절하지 않은 것은?

▶정답 분석

자료에서 '신라 말', '혜공왕 이후 신라 멸망까지의 상황'이라고 제시되어 있으므로 (가)에는 신라 하대의 상황이 제시되어야 한다.
신라 하대에는 귀족 세력 간의 치열한 왕위 다툼이 펼쳐지면서 왕권이 약화되고 귀족 세력이 강해졌다. 그 결과 녹읍이 부활하였고, 지방에서는 스스로 성을 쌓고 해당 지역을 지배하는 세력으로 호족이 등장하였는데, 6두품은 이러한 호족과 함께 반신라적인 경향을 띠게 되었다.
② 김흠돌의 난을 진압한 것은 신라 중대의 신문왕이다. 신문왕은 녹읍을 폐지하고 관료전을 지급하였으며, 국학을 설치하는 등 왕권 강화를 위해 노력하였다.

▶선택지 분석

① '나라 이름을 후백제로 하겠노라.'라는 문구를 통해 신라 하대의 대표적인 호족인 견훤이 후백제를 건국하는 모습임을 알 수 있다.
③ 원종과 애노의 난은 신라 하대의 대표적인 농민 봉기이다.
④ 신라 하대 때는 호족 세력의 성장에 따라 호족이 후원하는 선종이 유행하였다.

▶십중팔구 나온다! 신라 하대의 특징

- 왕위 다툼 → 귀족 세력의 강화(녹읍 부활)+중앙의 지방 통제력 약화
- 호족 세력의 성장: 궁예, 견훤, 왕건 등
- 6두품의 중앙 진출 제한 → 호족과 결탁+반신라적인 경향을 띰
- 선종과 풍수지리설의 발달: 호족의 지원

11. (가) 왕의 업적으로 옳은 것은?

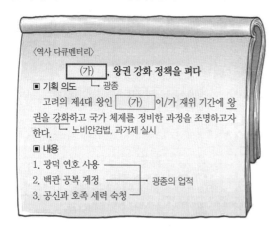

〈역사 다큐멘터리〉

(가), 왕권 강화 정책을 펴다
└ 광종

■ 기획 의도
고려의 제4대 왕인 **(가)** 이/가 재위 기간에 왕권을 강화하고 국가 체제를 정비한 과정을 조명하고자 한다. └ 노비안검법, 과거제 실시

■ 내용
1. 광덕 연호 사용
2. 백관 공복 제정 ─ 광종의 업적
3. 공신과 호족 세력 숙청

① 만권당을 설립하였다.
　고려 충선왕
② 전시과를 제정하였다.
　고려 경종
✔ 노비안검법을 실시하였다.
　고려 광종
④ 전민변정도감을 설치하였다.
　고려 공민왕 등

> **정답 분석**

자료에서 '광덕 연호 사용', '백관 공복 제정', '공신과 호족 세력 숙청' 등을 통해 (가) 왕은 고려 광종임을 알 수 있다.
③ 광종은 불법적으로 노비가 된 사람들을 양인으로 해방시키는 노비안검법을 실시하여 호족 세력의 약화와 왕권 강화를 동시에 도모하고자 하였다.

> **선택지 분석**

① 고려 충선왕은 왕위에서 물러난 후 원의 수도에 만권당을 세워 원과 고려의 유학자(대표적 인물: 이제현)가 교류하도록 하였다.
② 고려 경종이 전시과를 처음으로 제정하였다(시정 전시과).
④ 고려 공민왕은 신돈을 등용하여 전민변정도감을 설치하였다. 전민변정도감은 권문세족이 불법적으로 빼앗은 토지를 원래 주인에게 돌려주고, 불법적으로 노비가 된 자를 양인으로 해방시키기 위해 설치한 기구이다.

> **십중팔구 나온다!** **고려 광종의 업적**

왕권 강화	• 후주 출신 쌍기를 영입 → 과거제 실시 • '광덕', '준풍' 등 독자적 연호 사용 • 노비안검법 실시
국가 안정	• 주·현 단위로 세금을 부과하는 주현공부법 실시 • 빈민 구제 기관인 제위보 설치

12. (가)에 들어갈 정치 기구로 옳은 것은?

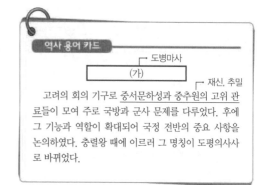

역사 용어 카드
　　　┌ 도병마사
(가)
　　　　┌ 재신, 추밀
고려의 회의 기구로 중서문하성과 중추원의 고위 관료들이 모여 주로 국방과 군사 문제를 다루었다. 후에 그 기능과 역할이 확대되어 국정 전반의 중요 사항을 논의하였다. 충렬왕 때에 이르러 그 명칭이 도평의사사로 바뀌었다.

① 삼사
　회계 담당(고려)
③ 상서성
　정책 집행(고려)
② 비변사
　국방 담당(조선) → 국정 총괄
✔ 도병마사
　국방 담당(고려) → 국정 총괄

> **정답 분석**

자료에서 중서문하성과 중추원의 고위 관료들이 모여 국방과 군사 문제를 다루었다는 점, 명칭이 도평의사사로 바뀌었다는 점 등을 통해 (가)에 들어갈 정치 기구가 도병마사임을 알 수 있다.
④ 고려 시대 도병마사는 국방 문제를 담당하는 임시 기구였다. 도병마사는 재신과 추밀이 합의하여 의사를 결정하였고, 원 간섭기인 충렬왕 때 도평의사사(도당)로 개편되면서 최고 정무 기구로 발전하였다.

> **선택지 분석**

① 고려 시대 삼사는 화폐와 곡식의 출납을 담당하는 회계 기구였다.
② 조선 시대 비변사는 3포 왜란이 계기가 되어 임시 기구로 처음 설치되었고, 을묘왜변을 계기로 상설 기구가 되었다. 임진왜란 이후에는 기능이 강화되어 최고 기구화 되었다.
③ 고려 시대 상서성은 산하에 6부를 두고, 중서문하성에서 결정된 정책을 시행하는 기구였다.

> **십중팔구 나온다!** **고려의 중앙 정치 조직**

중서문하성	고려의 최고 관서, 국정 총괄, 재신과 낭사로 구성
상서성	중서문하성에서 결정된 사항 집행, 6부 통솔
6부	이·병·호·형·예·공부, 행정 실무 담당
중추원	군사 기밀을 담당하는 추밀과 왕명을 출납하는 승선으로 구성
삼사	화폐와 곡식의 출납 담당, 회계 기구
어사대	관리들의 비리 감찰
도병마사	• 대외적인 국방·군사 문제를 관장하는 임시 기구 • 중서문하성의 재신과 중추원의 추밀이 모여 국가 중대사 결정 • 고려 후기에 도평의사사(도당)로 개칭 → 모든 정무 관장
식목도감	• 대내적인 법의 제정·격식을 관장하는 임시 기구 • 중서문하성의 재신과 중추원의 추밀이 모여 국가 중대사 결정

13. 다음 답사가 이루어진 지역을 지도에서 옳게 찾은 것은?

■우리 고장 문화유산 답사 안내■

우리 문화원에서는 문화유산을 통해 우리 고장의 역사를 알아보는 답사를 마련하였습니다. 학생 여러분의 많은 참여 바랍니다.

• 일자: 2019년 ○○월 ○○일
• 답사 일정

시간	장소	유적 안내	
10:30~12:00	홍릉	고려 시대 몽골의 침입을 피해 옮긴 도읍에서 생을 마감한 고종의 능	← 강화도
14:00~15:30	외규장각	조선 시대 왕실의 서적을 보관하기 위해 정조가 설치한 서고	
16:00~17:30	용흥궁	조선 시대 철종이 왕위에 오르기 전까지 살던 곳	'강화 도령'

• 주최: □□문화원 ← 강화도에 있던 서고

(가) 강화도 (라) 안동 (나) 목포 (다) 거제도

✔ (가) ② (나) ③ (다) ④ (라)

14. 다음 자료에 해당하는 인물의 활동으로 옳은 것은?

위인 메달 시리즈 제○○호 출시

앞면에는 표준 영정과 함께 별무반을 이끌고 여진을 정벌한 업적을, 뒷면에는 경기도 파주시에 있는 사당 '여충사'를 새겼습니다.

└ 윤관(고려)

① 4군 6진을 개척하였다.
　최윤덕, 김종서(조선 세종 때)
② 강동 6주를 획득하였다.
　서희(고려 성종 때)
✔ 동북 9성을 축조하였다.
　윤관(고려 예종 때)
④ 쓰시마섬을 토벌하였다.
　박위(고려 말), 이종무(조선 세종 때)

> **정답 분석**

자료에서 고려 시대에 몽골의 침입으로 옮긴 도읍이라고 한 점, 외규장각이 위치한 점, 조선 철종이 왕위에 오르기 전까지 살던 곳이라고 한 점 등을 통해 해당 지역이 강화도임을 알 수 있다.
① 고려는 고종 때 대몽 항쟁을 위해 강화도로 천도하였고, 조선 정조 때에는 왕실 서적의 보관을 위해 강화도에 외규장각을 설치하였다. 조선 철종은 왕위에 오르기 전 강화도에 살아 '강화 도령'이라는 별명으로 불리기도 하였다.

> **십중팔구 나온다!**　강화도의 역사

• 고인돌 유적(유네스코 세계 유산)
• 몽골 침략으로 고려 왕조 천도(1232)
• 병인양요(1866), 신미양요(1871) 발생
• 강화도 조약 체결(1876)

> **정답 분석**

자료에서 별무반을 이끌고 여진을 정벌하였다는 점, 경기도 파주의 '여충사'가 제시된 점을 통해 자료의 인물이 윤관임을 알 수 있다.
고려 시대의 관리인 윤관은 여진의 부대를 상대하기 위해 별무반 편성을 건의하였다. 이후 고려 예종 때 천리장성을 넘어 여진을 북방으로 몰아내고 동북 지방 일대에 9성을 축조하였다.
③ 동북 9성은 윤관이 별무반을 이끌고 여진을 몰아낸 뒤 여진의 근거지에 쌓은 성이다.

> **선택지 분석**

① 4군 6진은 조선 세종 때 최윤덕, 김종서 등에 의해 개척되었다.
② 강동 6주는 고려 성종 시기인 거란의 1차 침입 때 서희가 외교 담판을 통해 획득한 지역이다.
④ 쓰시마섬은 고려 말 박위, 조선 세종 때 이종무 등에 의해 토벌되었다.

> **십중팔구 나온다!**　윤관의 별무반 편성

목적	여진의 침입에 대비
구성	신기군(기병), 신보군(보병), 항마군(승병)
활동	여진을 북방으로 몰아내고 여진의 근거지에 동북 9성 축조

15. 밑줄 그은 '이 책'에 대한 설명으로 옳은 것은?

- 『삼국사기』의 저자
- 이 책은 고려 시대에 김부식 등이 왕명을 받아 편찬한 역사서입니다. 현존하는 우리나라 역사서 중 가장 오래전에 편찬되었습니다.
- 오늘 소개해 주실 책은 무엇인가요?
- 『삼국사기』

✔ ① 기전체 형식으로 서술되었다.
　　『삼국사기』 등
② 신라와 발해를 남북국이라 칭하였다.
　　『발해고』
③ 사초와 시정기를 바탕으로 제작되었다.
　　『조선왕조실록』
④ 단군의 고조선 건국 이야기가 수록되었다.
　　『삼국유사』, 『제왕운기』 등

16. (가)에 들어갈 문화유산으로 옳은 것은?

2020 달빛 야행

태종 때 이궁으로 세워진 (가) 으로 초대합니다. 조선의 정원 조경이 잘 보존된 후원까지 관람할 수 있는 이번 행사에 많은 참여 바랍니다.
└ 창덕궁

◆ 달빛 따라 걷는 길
돈화문 ▶ 인정전 ▶ 낙선재
연경당 ▶ 후원 숲길 ▶ 돈화문
◆ 일시: ○○월 ○○일~○○월
○○일 매주 목요일
20시~22시
◆ 주관: △△ 문화재단

① 경복궁
　조선의 법궁
② 경희궁
　광해군 때 지어짐
③ 덕수궁
　경운궁에서 개칭
✔ ④ 창덕궁
　태종 때 지어짐

▶ 정답 분석

자료에서 고려 시대에 김부식이 왕명을 받아 편찬하였다는 점, 현존하는 우리나라 역사서 중 가장 오래전에 편찬되었다는 점 등을 통해 밑줄 그은 '이 책'이 『삼국사기』임을 알 수 있다.
『삼국사기』는 고려 시대에 김부식이 편찬한 역사서이다.
① 『삼국사기』는 역사 사실을 본기와 열전 등으로 구분하여 편찬하는 기전체 형식으로 서술되었다.

▶ 선택지 분석

② 유득공은 『발해고』에서 발해를 우리 역사로 다루며 신라와 함께 남북국이라 칭하였다.
③ 『조선왕조실록』은 사초와 시정기 등을 바탕으로 제작되었고, 조선 태조부터 철종까지의 사실을 정리하였다.
④ 『삼국유사』, 『제왕운기』 등에 단군의 고조선 건국 이야기가 수록되었다.

▶ 십중팔구 나온다!　고려 시대의 역사서

중기	『삼국사기』(김부식): 유교적 합리주의 사관, 기전체, 현존하는 우리나라에서 가장 오래된 역사서
후기	• 『동명왕편』(이규보): 고구려 계승 의식 • 『삼국유사』(일연): 불교사 중심, 고대 민간 설화 및 단군 이야기 수록 • 『제왕운기』(이승휴): 단군부터 충렬왕까지의 역사를 서사시로 정리
말기	『사략』(이제현): 성리학적 유교 사관

▶ 정답 분석

자료에서 태종 때 이궁으로 지어졌다는 점, 조선의 정원 조경이 잘 보존되어 있다는 점, 돈화문·인정전 등이 제시된 점 등을 통해 (가)에 들어갈 문화유산이 창덕궁임을 알 수 있다.
④ 조선 태종 때 지어진 창덕궁은 창경궁과 함께 동궐로 불리기도 하였으며 조선 시대 많은 국왕이 머물렀던 대표적인 궁궐이다. 현재 유네스코 세계 문화유산으로 등재되어 있다.

▶ 선택지 분석

① 경복궁은 조선 시대의 법궁으로, 임진왜란 때 불탔다가 고종 때 흥선 대원군에 의해 중건되었다.
② 경희궁은 조선 광해군 때 지어진 궁궐이다.
③ 덕수궁은 본래 경운궁으로 불렸던 곳으로, 조선 고종이 머물면서 덕수궁으로 개칭되었다.

▶ 십중팔구 나온다!　조선의 궁궐

경복궁	• 조선 태조 때 지어진 조선의 법궁 • 임진왜란 때 불에 탐 → 조선 고종 때 흥선 대원군이 중건
창덕궁	• 조선 태종 때에 경복궁 동쪽에 지은 이궐 • 유네스코 세계 문화유산에 등재
창경궁	• 조선 성종 때 창덕궁을 확장하여 지은 이궐 • 일제에 의해 동물원, 식물원이 설치됨
덕수궁	• 본래 경운궁으로 불림 • 을사늑약이 체결된 중명전이 있음

17. 밑줄 그은 '왕'의 업적으로 옳은 것은?

□□ 신문

제△△호   ○○○○년 ○○월 ○○일

[특집 기획] 조선 과학 기술의 보고(寶庫), 흠경각

                                         ┌─ 세종
흠경각은 장영실이 왕의 명을 받아
제작한 옥루(玉漏)가 설치되었던 전각
이다. 옥루는 물의 흐름을 통해 각종
기계 장치가 자동으로 작동되면서 시

경복궁 흠경각

각을 알려 주도록 고안되었다. 이와 함께 흠경각에는 천문 관측
기구인 혼의와 해시계인 앙부일구 등도 보관되었다고 한다.

└─ 세종 때 만들어진 과학 기구

① 한양으로 천도하였다.
　　조선 태조 · 태종
✔ 훈민정음을 창제하였다.
　　조선 세종
③ 나선 정벌을 단행하였다.
　　조선 효종
④ 초계문신제를 시행하였다.
　　조선 정조

18. (가) 인물의 업적으로 옳은 것은?

그림과 함께 보는 압구정 옛 이야기

경교명승첩 중 '압구정'(정선)

이 작품은 조선 시대 압구정의 모습을 그린 것이다. 압
구정은 계유정난으로 정권을 잡고 단종을 몰아낸 (가)
을/를 도와 공신이 된 한명회가 지은 정자이다.
　　　　　　　　　　　　　　　　　└─ 조선 세조

└─ 수양 대군(세조)이 단종을 지키던 세력을
　　몰아내고 정권을 차지한 사건

① 정방을 폐지하였다.
　　고려 공민왕
② 집현전을 설립하였다.
　　조선 세종
✔ 직전법을 실시하였다.
　　조선 세조
④ 대전회통을 편찬하였다.
　　흥선 대원군(조선 고종)

> **정답 분석**

자료에서 장영실이 왕의 명을 받아 옥루를 제작하였다는 점, 혼의와 앙부일구
등도 보관되었다는 점 등을 통해 밑줄 그은 '왕'이 조선 세종임을 알 수 있다.
세종 때에는 혼천의(혼의) 등 천체 관측 기구와 함께 앙부일구, 자격루, 측우
기 등 다양한 과학 기구들이 만들어졌다.
② 세종은 훈민정음을 창제 및 반포하였다.

> **선택지 분석**

① 태조와 태종은 수도를 한양으로 옮겼다.
③ 효종은 두 차례에 걸쳐 나선 정벌을 단행하였다.
④ 정조는 관리들의 재교육을 위해 초계문신제를 실시하였다.

> **심중팔구 나온다!**　조선 세종 때의 민족 문화 발달

훈민정음 창제	세종의 주도로 집현전 학자들과 함께 연구하여 창제·반포
과학 기구 발명	• 혼천의(천체 관측) • 앙부일구(해시계), 자격루(물시계), 측우기(강우량 측정)
편찬 사업	•『삼강행실도』: 유교 윤리 보급 •『칠정산』 내·외편: 한양을 기준으로 천체 운동 계산 •『농사직설』: 우리 풍토에 맞는 농사법 소개 •『향약집성방』: 우리 풍토에 맞는 약재와 치료법

> **정답 분석**

자료에서 계유정난으로 정권을 잡았고, 단종을 몰아내었다는 점 등을 통해
(가) 인물이 조선 세조임을 알 수 있다.
계유정난은 수양 대군(세조)이 단종으로부터 왕위를 빼앗기 위해 일으킨 사
건으로, 이를 통해 권력을 잡은 수양 대군은 어린 단종을 폐위하고 왕으로 즉
위하였다. 세조는 왕권 강화를 위해 6조 직계제를 실시하였으며, 집현전과 경
연을 폐지하였다. 또한 현직 관리에게만 수조권을 지급하는 직전법을 실시하
였다.
③ 현직 관리에게만 수조권을 지급하는 직전법을 실시한 왕은 세조이다.

> **선택지 분석**

① 정방은 고려 무신 집권기에 최우가 설치한 인사 기구로 공민왕 때 폐지되
었다.
② 집현전은 세종이 설치한 학문 연구 기관이다.
④『대전회통』은 흥선 대원군 집권 시기에 편찬한 법전이다.

> **심중팔구 나온다!**　조선 세조의 업적

• 6조 직계제 실시	• 집현전 폐지
• 직전법 실시	•『경국대전』 편찬 시작

19. 다음 퀴즈의 정답으로 옳은 것은?

1단계 옥당, 옥서라는 별칭이 있음

2단계 대제학, 부제학 등의 관직을 두었음
└ 홍문관의 수장

3단계 왕의 자문에 응하고 경연에 참여하였음
└ 홍문관

① 사헌부
관리 비리 감찰

② 승정원
왕명 출납

③ 춘추관
역사서 편찬 · 보관

홍문관 ✓
국왕의 자문 역할, 경연 주관

▶ 정답 분석

자료에서 옥당·옥서라는 별칭이 있다는 점, 대제학·부제학 등의 관직을 두었다는 점, 왕의 자문에 응하고 경연에 참여하였다는 점을 통해 자료의 기구가 홍문관임을 알 수 있다.
조선 시대에는 사헌부, 사간원, 홍문관을 합쳐 3사라고 불렀다. 3사는 언론 기능을 담당하며 권력의 독점과 부정을 방지하는 역할을 수행하였다.
④ 홍문관은 조선 시대에 경연을 주관하고 왕의 자문 역할을 한 기관으로, 수장을 대제학이라고 하였다.

▶ 선택지 분석

① 사헌부는 조선 시대 관리의 비리를 감찰하던 기구로, 수장을 대사헌이라고 하였다.
② 승정원은 조선 시대 국왕의 비서 기관으로, 왕명 출납을 담당하였다.
③ 춘추관은 조선 시대 역사서의 편찬과 보관을 담당하던 기관이다.

▶ 십중팔구 나온다! 조선 시대의 3사

사헌부	관리의 비리 감찰, 수장 대사헌
사간원	국왕의 잘못을 비판, 수장 대사간
홍문관	경연 주관·왕의 자문 역할, 수장 대제학

20. (가) 전쟁 중에 있었던 사실로 옳은 것은?

진주 대첩

진주성에서 진주 목사 김시민의 지휘 아래 관군과 백성들이 일본군에 맞서 싸우고 있습니다. 곽재우 등이 이끄는 의병 부대도 성 밖에서 이를 지원하고 있는데요. 이 전투가 일본의 침략으로 시작된 (가) 의 흐름에 어떤 영향을 미칠지 관심이 모아지고 있습니다.

임진왜란 ─ 임진왜란 때 대표적 의병장

진주성에서 치열한 전투 중

① 천리장성이 축조되었다.
고구려, 고려
✓ 권율이 행주산성에서 승리하였다.
임진왜란(조선)
③ 황룡사 9층 목탑이 불타 없어졌다.
고려
④ 윤관이 별무반 편성을 건의하였다.
고려

▶ 정답 분석

자료에서 진주성과 김시민이 등장한 점, 곽재우와 의병 부대가 제시된 점, 일본의 침략으로 시작된 전쟁이라는 점 등을 통해 (가) 전쟁은 임진왜란임을 알 수 있다.
도요토미 히데요시는 일본 전국 시대의 혼란을 수습하고 통일을 달성한 후, 조선을 침략하였다(임진왜란, 1592). 일본군의 침략으로 부산진과 동래성이 함락되었고, 신립이 충주의 탄금대에서 항전하였지만 패배하였다. 그러나 이순신이 이끈 조선 수군이 옥포에서 첫 승리를 거둔 이후 당포, 한산도에서도 승리를 거두었고, 육지에서는 의병이 활약하였다. 또한 조·명 연합군이 평양성을 탈환하였고, 행주산성에서는 권율이 적을 물리쳤다.
② 임진왜란 중인 1593년 권율은 행주산성에서 일본군을 물리쳤다(행주 대첩).

▶ 선택지 분석

① 고구려와 고려는 천리장성을 축조하여 외적의 침입에 대비하였다.
③ 고려 때 몽골의 침략으로 황룡사 9층 목탑이 불타 없어졌다.
④ 윤관은 여진 정벌을 위해 고려 숙종에게 별무반 편성을 건의하였다.

▶ 십중팔구 나온다! 임진왜란의 전개

21. (가)에 해당하는 인물로 옳은 것은?

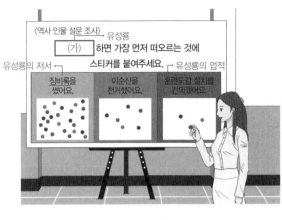

①
박지원
『양반전』 저술

✓
유성룡
『징비록』 저술

③
임경업
백마산성 항전(병자호란)

④
정약용
『목민심서』 저술

22. (가)에 들어갈 세시 풍속으로 옳은 것은?

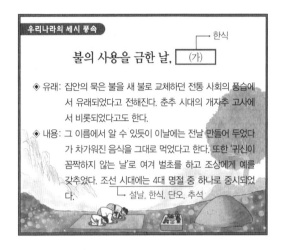

① 단오
음력 5월 5일

✓ 한식
동지에서
105일째 되는 날

③ 대보름
음력 1월 15일

④ 삼짇날
음력 3월 3일

23. (가)에 들어갈 내용으로 옳은 것을 〈보기〉에서 고른 것은?

〈봉당 정치의 전개〉

조선 시대의 붕당 중 서인에 대해 말해 보자.

(가)

환국을 거치면서 노론과 소론으로 분화하였어.

정국을 주도하는 정당이 급격하게 바뀌는 정치

― 〈보기〉 ―

ㄱ. 인조반정으로 몰락하였어.
　　　　　북인
ㄴ. 이이와 성혼의 문인을 중심으로 형성되었어.
　　　　　　　　　　　서인
ㄷ. 위훈 삭제를 주장한 조광조 일파를 축출하였어.
　　　　　　　　　　　　훈구
ㄹ. 예송 논쟁에서 남인과 대립하였어.
　　　　　　　　　서인

① ㄱ, ㄴ　　　　　　② ㄱ, ㄷ

③ ㄴ, ㄷ　　　　　　✔ ㄴ, ㄹ

24. 다음 왕의 재위 기간에 있었던 사실로 옳은 것은?

효종과 함께 북벌을 추진함

이조 판서 송시열이 추위에 고생할까 염려되어 담비 가죽옷을 하사하니, 이를 전하여 그를 지극히 아끼는 나의 뜻을 사양하지 말게 하라.

효종

북벌 정책을 추진하였던 왕

① 사병 혁파
　　조선 태종
② 4군 6진 개척
　　조선 세종
③ 수원 화성 건설
　　조선 정조
✔ 북벌 정책 추진
　　조선 효종

> **정답 분석**

자료에서 조선 효종이 제시된 점을 통해 효종의 주요 정책이 제시되어야 함을 알 수 있다.
④ 인조의 둘째 아들인 효종은 병자호란의 치욕을 갚자는 의미를 담아 송시열 등과 함께 북벌 정책을 추진하였다.

> **선택지 분석**

① 사병을 혁파한 왕은 조선 태종이다.
② 4군 6진을 개척한 왕은 조선 세종이다.
③ 수원 화성을 건설한 왕은 조선 정조이다.

> **십중팔구 나온다!**　송시열

- 서인의 대표적 인물
- 효종과 함께 북벌을 추진, 명에 대한 의리 강조
- 희빈 장씨의 소생을 원자로 정한 것을 비판

> **정답 분석**

자료에서 서인에 대해 말해 보자고 하면서 노론과 소론으로 분화한 사실이 제시되어 있다. 따라서 (가)에는 서인에 대한 다른 설명이 들어가야 한다.
ㄴ. 서인은 이이와 성혼의 문인을 중심으로 형성되었다.
ㄹ. 서인은 조선 현종 때 예송으로 남인과 대립하였다.

> **선택지 분석**

ㄱ. 인조반정으로 몰락한 세력은 광해군 재위기에 집권한 북인이다.
ㄷ. 위훈 삭제를 주장한 조광조 일파를 축출한 세력은 훈구이다.

25. 밑줄 그은 '이 지도'에 대한 설명으로 옳은 것은?

이것은 김정호가 제작한 이 지도의 일부분입니다. 그는 이 지도에 10리마다 눈금을 표시하여 거리를 알 수 있게 하였고, 역참, 봉수 등 주요 시설물을 기호로 표기하여 다양한 지리 정보를 전달하였습니다.

└ 대동여지도

└ 대동여지도의 특징

① 최초로 100리 척이 적용되었다.
　　동국지도(정상기)

✔ 총 22첩의 목판본으로 제작되었다.
　　대동여지도(김정호)

③ 유네스코 세계 기록 유산으로 등재되었다.
　　『조선왕조실록』, 『직지심체요절』 등

④ 각 지방의 산천, 인물, 풍속 등이 담겨 있다.
　　『택리지』(이중환)

26. (가) 인물에 대한 설명으로 옳은 것은?

이 책은 　(가)　 이/가 청나라의 풍속과 제도를 살펴보고 돌아와서 저술한 것입니다. 여기에는 적극적인 청 문물 도입, 소비 촉진을 통한 생산력 증대 등의 주장이 담겨 있습니다.

└ 박제가

오늘 알아볼 책에 대해서 말씀해 주세요.

소비를 우물에 비유

북학의

└ 박제가의 저서

① 기기도설을 참고하여 거중기를 설계하였다.
　　정약용

② 사람의 체질을 연구하여 사상 의학을 정립하였다.
　　이제마

③ 발해고에서 신라와 발해를 남북국이라고 칭하였다.
　　유득공

✔ 서얼 출신으로 규장각 검서관에 등용되어 활동하였다.
　　박제가, 유득공, 이덕무 등

▷ 정답 분석

자료에서 김정호가 제작한 지도라고 한 점, 10리마다 눈금을 표시하여 거리를 알 수 있게 하였다는 점 등을 통해 밑줄 그은 '이 지도'가 김정호의 '대동여지도'임을 알 수 있다.

② 조선 후기 김정호가 제작한 '대동여지도'는 총 22첩으로 구성된 목판본 지도이다. 10리마다 눈금을 표시하여 거리를 쉽게 알 수 있게 하였고, 산맥·하천·포구·도로망 등을 정밀하게 표시하여 지리 정보 전달의 효율성을 높였다.

▷ 선택지 분석

① 최초로 100리 척을 사용한 지도는 정상기의 '동국지도'이다.

③ 유네스코 세계 기록 유산에 등재된 우리나라 기록물로는 『훈민정음(해례본)』, 『조선왕조실록』, 『직지심체요절』, 『승정원일기』 등이 있다.

④ 각 지방의 산천, 인물, 풍속 등이 담긴 지리서는 이중환의 『택리지』가 대표적이다.

▷ 정답 분석

자료에서 『북학의』가 제시된 점, 청의 풍속과 제도를 보고 기록하였다는 점, 적극적인 청 문물의 도입과 소비 촉진을 통한 생산력 증대를 주장하였다는 점 등을 통해 (가) 인물이 조선 후기 중상학파 실학자인 박제가임을 알 수 있다.

박제가는 청에 사신으로 다녀온 경험을 토대로 『북학의』를 저술하였다. 그는 이 책에서 청 문물의 도입, 수레나 선박의 사용, 소비 권장 등을 주장하였다.

④ 박제가는 조선 정조 때 유득공, 이덕무 등과 함께 서얼 출신으로 규장각 검서관에 등용되어 활동하였다.

▷ 선택지 분석

① 정약용은 『기기도설』을 참고하여 거중기를 설계하였다.

② 이제마는 사상 의학을 정립하였고, 『동의수세보원』을 편찬하였다.

③ 유득공은 『발해고』에서 신라와 발해를 남북국이라고 칭하였다.

▷ 십중팔구 나온다! 　중상학파 실학자

유수원	『우서』 저술, 사농공상의 직업적 평등 주장
홍대용	• 『임하경륜』, 『의산문답』 저술 • 혼천의 제작, 지전설 주장
박지원	• 『열하일기』, 「양반전」, 「허생전」 등 저술 • 수레와 선박의 이용 주장
박제가	• 『북학의』 저술, 청의 문물 수용 주장 • 절약보다 소비 권장(생산과 소비의 관계를 우물에 비유)

27. (가)에 들어갈 종교로 옳은 것은?

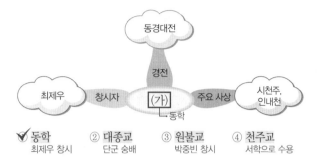

✔① 동학
최제우 창시
② 대종교
단군 숭배
③ 원불교
박중빈 창시
④ 천주교
서학으로 수용

28. (가)에 해당하는 작품으로 옳은 것은?

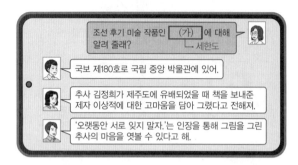

①
몽유도원도
안견, 조선 전기

✔
세한도
김정희, 조선 후기

③
인왕제색도
정선, 조선 후기

④
고사관수도
강희안, 조선 전기

> **정답 분석**

자료에서 창시자로 최제우가 제시된 점, 경전으로 『동경대전』이 제시된 점, 주요 사상으로 마음 속에 있는 하늘을 모시라는 시천주와 사람이 곧 하늘이라는 인내천이 제시된 점을 통해 (가)에 들어갈 종교가 동학임을 알 수 있다.
경주 출신의 몰락 양반인 최제우가 창시한 동학은 유교·불교·도교·민간 신앙의 요소가 결합되어 있는 것이 특징이다.
① 동학은 최제우가 창시했으며 인내천을 주요 사상으로 내세웠다.

> **선택지 분석**

② 대종교는 1909년 나철과 오기호 등이 창시한 종교로, 단군을 섬기는 민족 종교이다.
③ 원불교는 1916년 박중빈이 창시한 종교로, 일제 강점기에 새생활 운동을 전개하였다.
④ 천주교는 조선 후기 서학이라는 학문의 형태로 수용되었다가 일부 남인 계열 학자에 의해 종교로 받아들여졌다.

> **정답 분석**

추사 김정희가 제주도에 유배되었을 때 그렸다는 점 등을 통해 (가)에 해당하는 작품이 김정희의 '세한도'임을 알 수 있다.
'세한도'는 김정희가 제주도에서 유배 생활을 하던 중 제자인 이상적에게 그려 준 그림이다.
② 조선 후기 김정희가 그린 문인화인 '세한도'이다.

> **선택지 분석**

① 조선 전기에 안견이 그린 '몽유도원도'이다.
③ 조선 후기에 정선이 그린 '인왕제색도'이다.
④ 조선 전기에 강희안이 그린 '고사관수도'이다.

> **십중팔구 나온다!** 동학

창시	경주 출신 최제우가 창시(1860)
내용	• 인내천, 보국안민, 후천개벽, 시천주 강조 • 인간 평등, 외세의 침략 배격 주장
서적	『동경대전』, 『용담유사』
탄압	혹세무민을 이유로 최제우 처형

> **십중팔구 나온다!** 추사 김정희

• 호: 추사, 완당 등
• 추사체 완성
• 『금석과안록』 저술: 북한산비가 진흥왕 순수비임을 고증함
• '세한도', '모질도', '부작란도' 등 다양한 작품을 남김

29. 밑줄 그은 '이 왕'의 업적으로 옳은 것은?

① 집현전을 설립하였다.
　　　조선 세종
✔ 대전통편을 편찬하였다.
　　　조선 정조
③ 훈민정음을 창제하였다.
　　　조선 세종
④ 백두산정계비를 세웠다.
　　　조선 숙종

30. 선생님의 질문에 대한 학생의 대답으로 옳지 않은 것은?

> **정답 분석**

자료에서 초계문신에 선발된 관리들이 규장각에서 교육받는 모습을 연출한다는 점과 수원 화성의 축조를 명한다는 점 등으로 보아 밑줄 그은 '이 왕'이 조선 정조임을 알 수 있다.
영조의 뒤를 이어 즉위한 정조는 노론을 견제하기 위해 소론과 남인 계열을 중용하는 등 탕평 정치를 실시하였다. 정조는 왕권을 강화하기 위해 규장각을 설치하고, 초계문신제를 실시하였으며 서얼에 대한 차별을 완화하여 규장각 검서관에 박제가, 유득공 등을 등용하였다. 또한 왕의 친위 부대인 장용영을 설치하고, 수원 화성을 건설하였다.
② 정조는 기존의 법전들을 정비해 『대전통편』을 편찬하였다.

> **선택지 분석**

① 집현전을 설립한 왕은 조선 세종이다.
③ 훈민정음을 창제한 왕은 조선 세종이다.
④ 백두산정계비를 세운 왕은 조선 숙종이다.

> **십중팔구 나온다!**　　조선 정조의 업적

왕권 강화책	• 초계문신제 실시 　• 규장각 설치 • 장용영 설치 　 • 수원 화성 건립
개혁 정치	• 신해통공 단행 • 서얼 출신을 규장각 검서관에 등용 • 『대전통편』 편찬

> **정답 분석**

자료에서 교사가 조선 후기의 경제 상황에 대해 말해 보라고 했으므로 학생들은 모내기법의 확산, 상평통보의 유통, 장시의 확산 등을 언급해야 한다.
① 과전법은 고려 말 공양왕 때부터 조선 세조 때까지 실시된 토지 제도이다.

> **선택지 분석**

② 모내기법은 고려 말 삼남 지방(충청도, 전라도, 경상도)을 중심으로 시작되어 조선 후기에 전국으로 확산되었다.
③ 상평통보는 조선 시대의 화폐로, 조선 후기 숙종 때부터 널리 유통되었다.
④ 16세기 이후 조선에서는 전국적으로 장시가 열렸다.

31. 밑줄 그은 '이 사건'의 배경으로 옳은 것은?

지금 보고 있는 것은 양헌수 장군이 이 사건 당시 정족산성에서 프랑스군과 벌인 전투를 기록한 문헌입니다.

병인양요 때 활약

병인양요

정족산성 접전 사실

강화도에 위치한 산성

① 병인박해가 일어났다. ✔
　병인양요의 배경
② 영국이 거문도를 점령하였다.
　거문도 사건
③ 오페르트가 남연군 묘를 도굴하려 하였다.
　오페르트 도굴 사건
④ 서인 정권이 친명배금 정책을 추진하였다.
　정묘호란의 배경

32. (가) 시기에 있었던 사실로 옳은 것은?

일제가 이완용 등 일부 대신들을 앞세워서 조약 체결을 강요하고 있다네.

을사늑약(1905)

결국 외교권을 빼앗기겠군.

(가)

자네 무슨 일 있는가?

일하다 더워서 웃통을 벗었는데 일본 헌병대에 끌려가 태형까지 당했다네.

1910년대 무단 통치

① 대한 제국의 군대가 해산되었다. ✔
　1907년
② 관민 공동회에서 헌의 6조가 결의되었다.
　1898년
③ 고종이 러시아 공사관으로 거처를 옮겼다.
　아관 파천(1896)
④ 황준헌이 지은 조선책략이 국내에 처음 소개되었다.
　1880년

▶ 정답 분석

자료에서 양헌수 장군이 정족산성에서 프랑스군과 전투를 벌였다는 점에서 밑줄 그은 '이 사건'이 병인양요임을 알 수 있다.
조선 후기 흥선 대원군은 프랑스를 이용하여 러시아의 남하를 저지하려 하였지만 결국 무산되고 말았다. 때마침 양반들의 천주교 금지 요구가 거세지자, 흥선 대원군은 1866년 9명의 프랑스 선교사를 포함한 천주교도들을 탄압하였다(병인박해). 이에 프랑스는 선교사의 처형을 구실로 조선을 침략하였다(병인양요). 그러나 한성근이 문수산성에서, 양헌수가 정족산성에서 프랑스군을 격퇴하였다.
① 프랑스는 병인박해를 구실로 조선을 침략하였다(병인양요).

▶ 선택지 분석

② 영국이 거문도를 점령한 거문도 사건은 조선에 접근하는 러시아를 영국이 견제하면서 발생하였다.
③ 오페르트는 조선과의 통상을 목적으로 흥선 대원군의 아버지 남연군의 묘를 도굴하려고 하였다.
④ 서인 정권은 인조반정으로 정권을 장악하고 친명배금 정책을 추진하였다.

▶ 십중팔구 나온다! 병인양요와 신미양요

병인양요 (1866)	프랑스를 이용한 러시아 견제 실패 → 병인박해 → 프랑스의 강화도 침략 → 한성근·양헌수의 활약(문수산성, 정족산성) → 프랑스군 퇴각, 외규장각 도서 약탈
신미양요 (1871)	제너럴셔먼호 사건(1866) → 미국의 강화도 침략 → 어재연의 항전(광성보) → 미군 철수 → 척화비 건립

▶ 정답 분석

왼쪽 자료에서 일제가 이완용 등을 앞세워 조약 체결을 강요했다는 점, 외교권을 빼앗기게 된다는 점을 통해 해당 시기가 을사늑약의 체결이 강요된 1905년임을 알 수 있다. 오른쪽 자료에서 일본 헌병대에게 끌려가 태형을 당했다는 점을 통해 해당 시기가 1910년대 무단 통치 시기인 1912년(조선 태형령 제정) 이후임을 알 수 있다. 따라서 (가) 시기는 1905년과 1912년 사이의 사실이 들어가야 함을 알 수 있다.
① 일제는 1907년 한·일 신협약을 강요하면서 부수 각서를 통해 대한 제국의 군대를 강제로 해산시켰다.

▶ 선택지 분석

② 관민 공동회에서 헌의 6조가 결의된 시기는 1898년이다.
③ 고종이 러시아 공사관으로 거처를 옮긴 아관 파천은 1896년에 일어났다.
④ 황준헌(황쭌셴)이 지은 『조선책략』이 국내에 처음 소개된 시기는 1880년으로, 수신사로 파견되었던 김홍집이 들여왔다.

▶ 십중팔구 나온다! 일제의 국권 침탈 과정

한·일 의정서(1904)	군사적 요지와 시설 점령
제1차 한·일 협약(1904)	고문 정치(메가타, 스티븐스 등)
을사늑약(1905)	외교권 박탈, 통감부 설치
한·일 신협약(1907)	차관 정치, 군대 해산
국권 피탈(1910)	강제 한·일 병합

33. (가)에 해당하는 책에 대한 설명으로 옳은 것은?

> ┌ 영남 만인소
> 영남의 유생 이만손 등 만 명이 올린 연명 상소의 대략에,
> "방금 수신사 김홍집이 가지고 온 황준헌의 ☐(가)☐이/가
> 유포된 것을 보니, 저도 모르게 머리털이 곤두서고 가슴이 떨
> 렸으며 이어서 통곡하면서 눈물을 흘렸습니다."라고 하였다.
> └ 『조선책략』
>
> - 『고종실록』 -

① 식민 사관에 의해 편찬되었다.
　　『조선사』(조선사 편수회)
② 양반의 무능과 허례를 비판하였다.
　　『양반전』(박지원)
③ 동물들의 입을 빌려 인간 사회를 풍자하였다.
　　『금수회의록』(안국선)
✔ 조선이 미국과 외교 관계를 맺어야 한다고 제안하였다.
　　『조선책략』(황준헌)

34. (가)~(라)에 대한 설명으로 옳지 <u>않은</u> 것은?

> ### 개항 이후 경제적 구국 운동
>
> 우리 학회에서는 열강의 경제 침탈에 맞서 일어난
> 저항 활동을 재조명하는 자리를 마련하였습니다. 관심
> 있는 분들의 많은 참여 바랍니다.
>
> ⊙ 강의 주제 ⊙
>
> 제1강 독립 협회의 활동 ·················(가)
> 제2강 황국 중앙 총상회의 활동·················(나)
> 제3강 보안회의 활동 ·················(다)
> 제4강 국채 보상 운동의 전개·················(라)
> 　　└ 황무지 개간권 요구 저지 운동
> • 일시: 2019년 ○○월 ○○일 10:00~17:00
> • 장소: □□대학교 소강당
> • 주최: △△학회

① (가) - 러시아의 절영도 조차 요구를 저지하였다.
　　　　　독립 협회
② (나) - 상권 수호 운동을 전개하였다.
　　　　　황국 중앙 총상회
✔ (다) - 태극 서관, 자기 회사를 설립하였다.
　　　　　신민회
④ (라) - 대한매일신보의 후원을 받았다.
　　　　　국채 보상 운동

▶ **정답 분석**

자료에서 영남의 유생 이만손 등이 만인소를 올렸다고 한 점, 수신사 김홍집
이 가지고 온 황준헌의 책이라는 점 등을 통해 (가)에 해당하는 책이 『조선책
략』임을 알 수 있다.
제2차 수신사로 일본에 다녀온 김홍집은 청의 외교관인 황준헌을 만나 조선
이 취해야 할 방향에 대해 이야기를 들었는데, 러시아를 견제하기 위해 중국
과 친교를 맺고, 일본과 결속을 다지며, 미국과 연합해야 한다는 주장이었다.
이후 청의 중재하에 조선은 미국과 조·미 수호 통상 조약을 체결하였다.
④ 『조선책략』에서는 조선이 미국과 수교를 해야 한다는 내용이 담겨 있다.

▶ **선택지 분석**

① 식민 사관에 의해 편찬된 것은 조선사 편수회가 편찬한 『조선사』 등이 있다.
② 양반의 무능과 허례를 비판한 것은 박지원의 「양반전」 등이 있다.
③ 동물들의 입을 빌려 인간 사회를 풍자한 것은 안국선이 지은 『금수회의록』
　등이 있다.

▶ **십중팔구 나온다!** 『조선책략』

> 조선이라는 땅덩어리는 실로 아시아의 요충을 차지하고 있어 그 형세가 반
> 드시 다툼을 불러올 것이다. …… 러시아를 막을 수 있는 조선의 책략은 무
> 엇인가? 오직 중국과 친하며, 일본과 결속하고, 미국과 연합하여 자강을 도
> 모할 따름이다.

▶ **정답 분석**

자료에서 개항 이후의 경제적 구국 운동이 제시되었으므로 해당 단체들의 활
동이 적절하게 연결되어야 한다.
③ 보안회는 일본의 황무지 개간권 요구를 저지하는 데 앞장선 단체이다. 태
　극 서관, 자기 회사를 설립한 단체는 신민회이다.

▶ **선택지 분석**

① 독립 협회는 러시아의 절영도 조차 요구를 저지시키고, 한·러 은행을 폐쇄
　시키는 등 우리나라의 이권 수호를 위해 노력하였다.
② 시전 상인들이 결성한 황국 중앙 총상회는 청과 일본 상인의 상권 침탈에
　맞서 상권 수호 운동을 전개하였다.
④ 국채 보상 운동은 대한매일신보의 후원을 받아 전국으로 확산되었다.

35. 밑줄 그은 '조약'에 대한 저항으로 옳지 <u>않은</u> 것은?

┌─ 을사늑약
이토 히로부미 후작의 강압으로 대궐에서 회의가 소집되었다. 대신들은 조약에 찬성할 것을 강요당하였고, 그런 다음에 가장 강하게 반대하던 세 명의 대신이 일본 장교들에 의해 한 명씩 끌려 나갔다. …… 일본이 세계에 공표한 것과는 달리, 이 조약은 황제가 결코 서명하지 않았고 합법적으로 조인되지도 않았다.
└─ 조약 체결의 부당성

① 민영환, 조병세 등이 자결하였다.
　　　　　을사늑약에 대한 저항
② 고종이 헤이그에 특사를 파견하였다.
　　　　　을사늑약에 대한 저항
③ 최익현, 신돌석 등이 의병을 일으켰다.
　　을사늑약에 대한 저항(을사의병)
✔️ 이만손이 주도하여 영남 만인소를 올렸다.
　　『조선책략』 유포에 대한 저항(위정척사 운동)

36. (가) 시기에 있었던 사실로 옳은 것은?

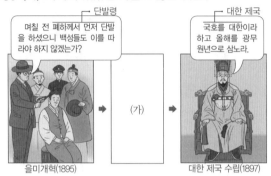

을미개혁(1895)　　→　　(가)　　→　　대한 제국 수립(1897)

① 수어청이 설치되었다.
　조선 인조
✔️ 아관 파천이 단행되었다.
　　　1896년
③ 운요호 사건이 발생하였다.
　　　1875년
④ 오페르트 도굴 사건이 일어났다.
　　　　1868년

▶ 정답 분석

자료에서 이토 히로부미의 강압으로 회의가 소집되었다는 점, 대신들이 조약에 찬성할 것을 강요당하였다는 점, 일본이 세계에 공표한 것과 달리 황제가 결코 서명하지 않았고 합법적으로 조인되지도 않았다는 점 등을 통해 밑줄 그은 '조약'이 을사늑약임을 알 수 있다.
을사늑약은 1905년 일본이 덕수궁 중명전에서 강제로 체결한 조약으로, 외교권 박탈과 통감부 설치 등이 주요 내용이다. 을사늑약에 대한 반발로 고종은 1907년 헤이그 특사를 파견하였으나 실패하였고, 이후 이를 구실로 강제 퇴위당하였다.
④ 제2차 수신사 김홍집이 들여온 『조선책략』이 국내에 유포되면서 위정척사 운동이 거세게 일어났는데, 그 대표적인 것이 이만손이 중심이 되어 영남 유생들이 집단적으로 올린 영남 만인소였다.

▶ 선택지 분석

① 을사늑약의 부당함에 맞서 민영환, 조병세 등이 자결하였다.
② 고종은 을사늑약의 부당함을 세계에 알리기 위해 네덜란드 헤이그에서 열리는 만국 평화 회의에 이상설, 이준, 이위종을 특사로 파견하였다.
③ 최익현, 신돌석 등은 을사늑약의 부당함에 맞서 을사의병을 결성하였다.

▶ 십중팔구 나온다!　을사늑약

제2조　일본국 정부는 한국과 타국 사이에 현존하는 조약의 실행을 완수할 임무가 있으며, 한국 정부는 금후 일본국 정부의 중개를 거치지 않고는 국제적 성질을 가진 어떤 조약이나 약속도 하지 않는다.
제3조　일본국 정부는 그 대표자로 하여금 한국 황제 폐하의 궐하에 1명의 통감(統監)을 두게 하며, 통감은 전적으로 외교에 관한 사항을 관리하기 위하여 경성에 주재하고 한국 황제 폐하를 친히 내알(內謁)할 권리를 가진다.

▶ 정답 분석

왼쪽 자료는 폐하께서 단발을 하셨다는 것으로 보아 단발령이 내려진 을미개혁(1895)의 상황임을 알 수 있고, 오른쪽 자료는 황제가 국호를 대한이라 하고 올해를 광무 원년으로 삼는다고 한 점으로 보아 대한 제국이 수립된 1897년의 상황임을 알 수 있다.
을미사변 이후 일본의 영향하에 김홍집 내각이 구성되어 을미개혁이 추진되었다. 을미개혁에서는 단발령 실시, 태양력 사용, '건양' 연호 제정 등의 조치가 이루어졌다. 이후 고종은 러시아 공사관으로 처소를 옮기는 아관 파천을 단행하였다. 아관 파천 이후 고종은 대내외의 여론에 힘입어 경운궁으로 돌아와 국호를 대한 제국, 연호를 광무라 정하며 자주독립 국가임을 선포하였다.
② 을미개혁 이후인 1896년 고종은 러시아 공사관으로 처소를 옮기는 아관 파천을 단행하였고, 이후 경운궁으로 돌아와 대한 제국을 수립하였다.

▶ 선택지 분석

① 조선 후기 군사 조직인 5군영 중 하나인 수어청은 인조 때 설치되었다.
③ 운요호 사건은 1875년에 발생하였다.
④ 오페르트 도굴 사건은 1868년에 발생하였다.

37. (가)에 들어갈 문화유산으로 옳은 것은?

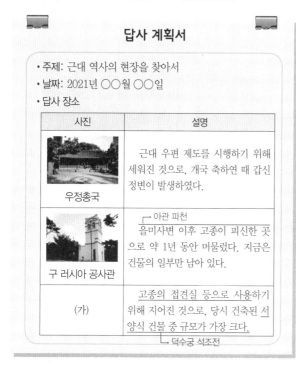

답사 계획서

- 주제: 근대 역사의 현장을 찾아서
- 날짜: 2021년 ○○월 ○○일
- 답사 장소

사진	설명
우정총국	근대 우편 제도를 시행하기 위해 세워진 것으로, 개국 축하연 때 갑신정변이 발생하였다.
구 러시아 공사관	┌ 아관 파천 을미사변 이후 고종이 피신한 곳으로 약 1년 동안 머물렀다. 지금은 건물의 일부만 남아 있다.
(가)	고종의 접견실 등으로 사용하기 위해 지어진 것으로, 당시 건축된 서양식 건물 중 규모가 가장 크다. └ 덕수궁 석조전

①
황궁우
고종 황제 즉위식을 거행한 환구단의 부속 건물

②
명동 성당
1898년 서양 고딕 건축 양식으로 지어진 건물

③
운현궁 양관
흥선 대원군의 사가인 운현궁의 서양식 건물

✔
덕수궁 석조전
광복 후 미·소 공동 위원회 개최

▶ **정답 분석**

자료에서 고종의 접견실 등으로 사용하기 위해 지어졌다는 점, 당시 건축된 서양식 건축물 중 규모가 가장 크다는 점을 통해 (가)에 들어갈 문화유산이 덕수궁 석조전임을 알 수 있다.
④ 덕수궁 석조전은 20세기 초 만들어진 서양식 건축물로 1층에는 접견실을 갖추었다. 광복 후에는 이곳에서 미·소 공동 위원회가 개최되었다.

▶ **선택지 분석**

① 황궁우는 고종이 황제로 즉위할 때 하늘에 제사를 지낸 환구단의 부속 건물로 하늘과 땅의 여러 신령들의 위패를 모신 공간이다.
② 명동 성당은 1898년 준공된 종교 시설이다.
③ 운현궁 양관은 흥선 대원군의 사가인 운현궁에 만들어진 서양식 건축물이다.

---

38. (가)의 활동으로 옳지 않은 것은?

┌ 대한민국 임시 정부
이것은 1919년 (가) 직원들이 청사 앞에서 찍은 사진입니다. (가) 은/는 3·1 운동을 계기로 상하이에서 수립되어 독립을 위한 다양한 활동을 전개하였습니다.
└ 연통제, 독립 공채 발행, 『한일 관계 자료집』 발간 등

① 연통제를 실시하였다.
　대한민국 임시 정부
② 독립 공채를 발행하였다.
　대한민국 임시 정부
✔ ③ 신흥 강습소를 설립하였다.
　신민회
④ 한일 관계 사료집을 발간하였다.
　대한민국 임시 정부

▶ **정답 분석**

자료에서 3·1 운동을 계기로 상하이에서 수립되었다는 점, 독립을 위한 다양한 활동을 전개하였다는 점을 통해 (가)는 대한민국 임시 정부임을 알 수 있다. 3·1 운동을 계기로 국내외 민족 운동이 활성화되고, 독립운동의 통일적 지도부에 대한 필요성이 제기되면서 대한민국 임시 정부가 상하이에서 탄생하였다.
③ 신민회 회원들을 중심으로 서간도에 신흥 강습소가 설립되었다.

▶ **선택지 분석**

① 연통제는 대한민국 임시 정부가 국내에 설치한 비밀 행정 조직이다.
② 대한민국 임시 정부는 독립 공채를 발행하여 독립운동 자금을 마련하였다.
④ 『한일 관계 사료집』은 대한민국 임시 정부가 국제 연맹 회의에 우리 민족의 독립을 요청하기 위해 편찬한 것이다.

▶ **십중팔구 나온다!** 대한민국 임시 정부의 수립과 활동

배경	3·1 운동 이후 독립운동의 역량을 결집할 필요성 증대
정치 체제	민주 공화정 채택, 삼권 분립 원칙, 초기에는 대통령제(초대 대통령 – 이승만, 부통령 – 이동휘)였으나 이후 주석·부주석 체제로 개편
활동	연통제와 교통국 설치, 독립 공채 발행, 구미 위원부 설치, 『한일 관계 사료집』 간행, 독립신문 발간 등

39. (가)에 들어갈 내용으로 옳은 것은?

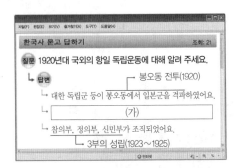

한국사 묻고 답하기   조회: 21

질문 1920년대 국외의 항일 독립운동에 대해 알려 주세요.

┗ 답변   ┏ 봉오동 전투(1920)

┗ 대한 독립군 등이 봉오동에서 일본군을 격파하였어요.

┗   (가)

┗ 참의부, 정의부, 신민부가 조직되었어요.

┗ 3부의 성립(1923~1925)

① 박용만이 대조선 국민 군단을 결성하였어요.
1914년

✔ 독립군 연합 부대가 청산리 전투에서 승리하였어요.
1920년

③ 안중근이 하얼빈에서 이토 히로부미를 저격하였어요.
1909년

④ 한국 독립군이 대전자령 전투에서 일본군을 격퇴하였어요.
1933년

40. 밑줄 그은 '이 학교'로 옳은 것은?

┏ 명동 학교

이 건물은 간도 지역의 민족 교육을 위해 설립되었던 이 학교를 복원한 것입니다. 이 학교 출신 인물로는 윤동주와 나운규 등이 있습니다.

┗ 명동 학교 졸업생

① 동문학
관립 외국어 교육 기관

✔ 명동 학교
간도에 설립된 민족 교육 기관

③ 배재 학당
1885년 아펜젤러가 설립

④ 육영 공원
1886년 설립된 관립 교육 기관

> 정답 분석

자료에서 간도 지역의 민족 교육을 위해 설립되었다고 한 점, 이 학교 출신으로 윤동주와 나운규가 있다는 점을 통해 밑줄 그은 '이 학교'가 명동 학교임을 알 수 있다.

② 명동 학교는 서전서숙을 계승하여 1908년 만주 북간도에 세워진 민족 교육 기관이다. 일제의 탄압과 재정난으로 인해 1925년 폐교되었지만 개교 이래 17년 동안 윤동주, 나운규 등 1,000여 명의 애국 청년들이 명동 학교를 졸업하였다.

> 선택지 분석

① 동문학은 1883년 통역관 양성을 위해 설립된 관립 외국어 교육 기관이다.
③ 배재 학당은 1885년 개신교 선교사인 아펜젤러에 의해 설립된 사립 학교이다.
④ 육영 공원은 1886년 상류층 자제들에게 근대 학문을 가르치기 위해 설립된 최초의 근대식 관립 교육 기관이다. 헐버트·길모어 등 외국인 교사를 초빙해 학생들을 교육하였다.

> 정답 분석

자료에서 1920년대 국외의 항일 독립운동을 질문으로 제시하였고, 이에 대한 답변으로 봉오동 전투, 참의부·정의부·신민부 등의 3부 조직이 제시되어 있는 점 등을 통해 (가)에는 1920년대의 국외 항일 독립운동이 제시되어야 함을 알 수 있다.

② 김좌진의 북로 군정서 등 독립군 연합 부대가 일본군을 물리친 청산리 전투는 1920년대의 대표적인 국외 무장 독립 전쟁이다.

> 선택지 분석

① 박용만이 하와이에서 대조선 국민 군단을 결성한 시기는 1914년이다.
③ 안중근이 만주 하얼빈에서 이토 히로부미를 저격한 시기는 1909년이다.
④ 한국 독립군이 대전자령 전투에서 일본군을 격퇴한 시기는 1933년이다.

41. (가)~(다)를 일어난 순서대로 옳게 나열한 것은?

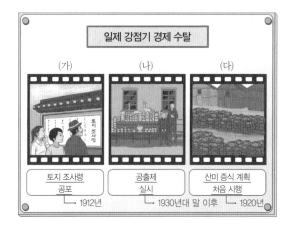

① (가) – (나) – (다)
✓② (가) – (다) – (나)
③ (나) – (가) – (다)
④ (다) – (나) – (가)

42. 밑줄 그은 '이 운동'으로 옳은 것은?

① 브나로드 운동
　　동아일보 주도의 농촌 계몽 운동
② 문자 보급 운동
　　조선일보 주도의 문맹 퇴치 운동
✓ 물산 장려 운동
　　국산품 애용 운동
④ 민립 대학 설립 운동
　　대학 설립을 통한 민족 실력 양성 도모

> **정답 분석**

자료에서 제시된 '내 살림 내 것으로'는 물산 장려 운동 당시의 표어이다. 이를 통해 밑줄 그은 '이 운동'이 '물산 장려 운동'임을 알 수 있고, 동상의 주인공이 물산 장려 운동을 주도했던 조만식임을 알 수 있다.
1920년대 들어 일제의 회사령 폐지(1920)와 문화 통치 표방으로 민족 기업이 생겨나기 시작하였다. 하지만 한·일 간 관세 폐지 움직임이 나타나고, 일본 기업의 한반도 진출이 늘어나면서 민족 기업은 어려운 상황에 놓이게 되었다. 이에 민족 기업의 육성과 토산품 애용을 목표로 물산 장려 운동이 일어났다.
③ 조만식은 1920년 평양에서 조선 물산 장려회를 조직하고 물산 장려 운동을 전개하였다.

> **선택지 분석**

① 브나로드 운동은 동아일보가 추진하였던 농촌 계몽 운동이다.
② 문자 보급 운동은 조선일보가 추진하였던 문맹 퇴치 운동이다.
④ 민립 대학 설립 운동은 1920년대 초 우리의 손으로 대학을 설립하고자 일어난 운동이다.

> **십중팔구 나온다!**　물산 장려 운동

목적	토산품 애용 등을 통해 민족 기업 및 상업 자본을 육성하고자 함
주장	'조선 사람 조선 것으로', '내 살림 내 것으로' 등 주장
결과	확산 미흡, 사회주의 계열 등의 비판(자본가의 이익만을 위한 것이라는 비판)

> **정답 분석**

(가) 토지 조사령은 1912년에 공포되었고, (나) 공출제는 1930년대 말 이후에 시행되었다. (다) 산미 증식 계획은 1920년부터 시행되었다.
② (가)~(다)를 일어난 순서대로 나열하면 (가) – (다) – (나)이다.

43. 다음 대화가 이루어진 시기를 연표에서 옳게 고른 것은?

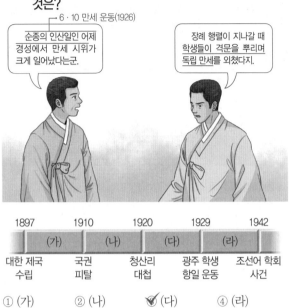

— 6·10 만세 운동(1926)

순종의 인산일인 어제 경성에서 만세 시위가 크게 일어났다는군.

장례 행렬이 지나갈 때 학생들이 격문을 뿌리며 독립 만세를 외쳤다지.

1897	1910	1920	1929	1942
(가)	(나)	(다)	(라)	
대한 제국 수립	국권 피탈	청산리 대첩	광주 학생 항일 운동	조선어 학회 사건

① (가) 　② (나) 　✔(다) 　④ (라)

44. 밑줄 그은 '이 시기'에 볼 수 있는 모습으로 적절한 것은?

— 전시 수탈 체제

이것은 홋카이도의 우류 댐 공사 등에서 죽어 간 강제 노동 희생자를 기리기 위해 세워진 조각상입니다. 일제는 중·일 전쟁 이후 침략 전쟁을 확대한 이 시기에 조선인을 포함한 많은 사람들을 전쟁에 동원하였습니다. — 1937년 중·일 전쟁 이후

① 원각사에서 은세계를 관람하는 청년
　1908년 설립
② 교조 신원 운동에 참석하는 동학 교도
　1892~1893년
③ 국채 보상 기성회에 성금을 내는 여성
　1907년 결성
✔ 황국 신민 서사 암송을 강요받는 학생
　1937~1945년

> **정답 분석**

자료에서 강제 노동 희생자가 제시되었고, 중·일 전쟁 이후 침략 전쟁을 확대한 시기라고 한 점을 통해 밑줄 그은 '이 시기'가 중·일 전쟁이 발발한 1937년 이후임을 알 수 있다.
④ 일제는 1930년대에 들어서면서 침략 전쟁을 확대하였고, 이에 따라 한국인을 침략 전쟁에 동원하기 위한 황국 신민화 정책을 펼쳤다. 황국 신민 서사는 황국 신민화 정책의 일환으로 1937년부터 암송이 강요되었다.

> **선택지 분석**

① 원각사는 1908년 만들어진 최초의 서양식 극장으로, 은세계 등이 공연되었다.
② 교조 신원 운동은 동학 농민 운동이 일어나기 전인 1892~1893년에 일어났다.
③ 국채 보상 기성회는 1907년 일본에게 진 빚을 갚기 위해 대구에서 서상돈을 중심으로 결성된 단체로, 국채 보상 운동을 주도하였다.

> **정답 분석**

자료에서 순종의 인산일에 만세 시위가 일어났다는 점, 학생들이 격문을 뿌리며 독립 만세를 외쳤다는 점을 통해 1926년에 있었던 6·10 만세 운동 당시의 대화임을 알 수 있다.
6·10 만세 운동은 민족주의 계열과 사회주의 계열의 연대 가능성을 보여주었고 신간회의 창립으로 이어졌다.
③ 6·10 만세 운동은 1926년에 일어난 민족 운동이다.

> **십중팔구 나온다!** 6·10 만세 운동

배경	일제의 식민지 수탈과 차별 교육, 사회주의 세력의 성장, 순종의 서거
내용	사회주의 진영, 민족주의 진영, 학생 단체가 만세 시위 준비 → 사회주의 계열 인사 등이 대거 검거됨 → 6월 10일 순종 인산일에 학생들의 주도로 만세 시위 전개
의의	민족주의 계열과 사회주의 계열의 연대 가능성 제시 → 신간회 창립에 영향

> **십중팔구 나온다!** 1930년대 이후 민족 말살 통치

황국 신민화 정책	• 황국 신민 서사 암송 강요 • 궁성 요배·신사 참배 강요 • 소학교를 국민학교로 개칭
민족 말살 정책	• 내선일체·일선 동조론 주장 • 일본식 성명 강요(창씨개명) • 조선어 사용 금지

45. (가)에 들어갈 인물로 옳은 것은?

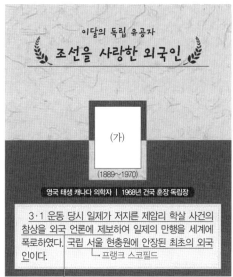

이달의 독립 유공자
조선을 사랑한 외국인

(가)

(1889~1970)

영국 태생 캐나다 의학자 | 1968년 건국 훈장 독립장

3·1 운동 당시 일제가 저지른 제암리 학살 사건의 참상을 외국 언론에 제보하여 일제의 만행을 세계에 폭로하였다. 국립 서울 현충원에 안장된 최초의 외국인이다.
└ 프랭크 스코필드
└ 프랭크 스코필드가 한 일

①
호머 헐버트
육영 공원 교사

②
메리 스크랜튼
이화 학당 설립

③
어니스트 베델
대한매일신보 창간

✔
프랭크 스코필드
제암리 학살 사건 제보

> **정답 분석**

자료에서 3·1 운동 당시 일제가 저지른 제암리 학살 사건의 참상을 외국 언론에 제보하였다는 점, 국립 서울 현충원에 안장된 최초의 외국인이라는 점 등을 통해 (가)에 들어갈 인물이 프랭크 스코필드임을 알 수 있다.
④ 프랭크 스코필드는 영국 태생의 캐나다인으로, 한국에 들어와 세브란스 의학 전문학교에서 세균학을 가르쳤다. 3·1 운동이 일어났을 때 3·1 운동에 대한 기록을 남겼으며, 제암리 학살 사건의 진상을 해외에 알렸다.

> **선택지 분석**

① 호머 헐버트는 육영 공원의 교사로 조선에 온 뒤, 고종의 밀사로 미국에 건너가 을사늑약의 부당함을 알리고자 하였다.
② 메리 스크랜튼은 이화 학당의 설립자이자 한국에 온 최초의 여성 선교사였다.
③ 어니스트 베델은 영국인 신문 기자로, 한국에 온 후 양기탁과 함께 대한매일신보를 창간하여 항일 운동에 기여하였다.

46. (가)에 들어갈 사진으로 옳은 것은?

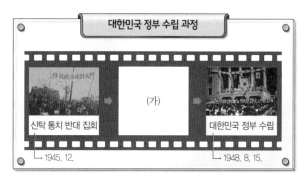

대한민국 정부 수립 과정

신탁 통치 반대 집회 ➡ (가) ➡ 대한민국 정부 수립
└ 1945. 12.　　　　　　　　└ 1948. 8. 15.

①
경부 고속 도로 개통
1970년

②
4·19 혁명
1960년

③
유신 헌법 공포
1972년

✔
5·10 총선거
1948년

> **정답 분석**

자료에서 신탁 통치 반대 집회 장면과 대한민국 정부 수립 장면이 제시되어 있으므로 (가)에는 1945년 12월부터 1948년 8월 15일 사이의 사실이 들어가야 한다는 것을 알 수 있다.
1945년 12월 모스크바에서 미국·영국·소련의 3개국이 제2차 세계 대전의 전후 문제 처리를 위해 회의를 소집하였다. 회의의 결과 한국에 대해서 4개국에 의한 최고 5년 기한의 신탁 통치가 결정되었는데 이 사실이 전해지면서 한반도에서는 신탁 통치를 둘러싼 좌우익의 갈등이 벌어졌다. 이후 1948년 한반도에 임시 정부를 수립하는 과정에서 5·10 총선거가 실시되어 제헌 국회가 구성되고, 8월 15일에 대한민국 정부가 수립되었다.
④ 1948년 5월 10일 총선거가 실시되었고, 그 결과 제헌 국회가 구성되었다. 이후 1948년 8월 15일 대한민국 정부가 수립되었다.

> **선택지 분석**

① 경부 고속 도로는 1970년에 개통되었다.
② 4·19 혁명은 1960년에 일어났다.
③ 유신 헌법은 1972년에 공포되었다.

> **십중팔구 나온다!** 대한민국 정부 수립 과정

8·15 광복 → 모스크바 3국 외상 회의 → 미·소 공동 위원회 → 한반도 문제의 유엔 상정 → 5·10 총선거 → 제헌 헌법 공포 → 대한민국 정부 수립

47. (가) 전쟁 중에 있었던 사실로 옳은 것은?

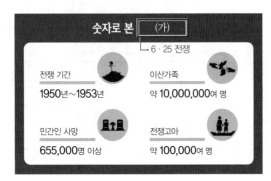

숫자로 본 (가)
└ 6 · 25 전쟁

전쟁 기간
1950년 ~ 1953년

이산가족
약 10,000,000여 명

민간인 사망
655,000명 이상

전쟁고아
약 100,000여 명

✓ 인천 상륙 작전이 전개되었다.
　6 · 25 전쟁
② 모스크바 3상 회의가 개최되었다.
　광복 이후
③ 미국이 애치슨 선언을 발표하였다.
　6 · 25 전쟁 이전(미국의 극동 방위선에서 한국 제외)
④ 반민족 행위 처벌법이 제정되었다.
　제헌 국회 수립 직후

▶ 정답 분석

자료에서 전쟁 기간이 1950년~1953년인 점을 통해 (가) 전쟁은 6·25 전쟁임을 알 수 있다.
북한의 김일성과 박헌영은 모스크바를 방문하여 소련에 남침 계획을 밝히고 이를 승인받았다. 한편, 당시 미국의 외무 장관이었던 애치슨은 미국의 방위선에서 한반도를 제외하는 내용의 애치슨 선언을 발표하였는데, 북한은 이러한 정세를 이용하여 1950년 6월 25일에 남한을 침략하였다. 전쟁이 시작되자 유엔은 참전을 결의하고 유엔군을 구성하여 남한을 지원하였고, 9월 15일에는 인천 상륙 작전을 통해 빼앗겼던 서울을 수복하였다.
① 국군과 유엔군은 인천 상륙 작전을 전개하여 서울을 수복하고 전세를 역전시켰다.

▶ 선택지 분석

② 모스크바 3국 외상 회의는 1945년 12월에 개최되었다.
③ 애치슨 선언은 1950년 1월에 발표되었다.
④ 반민족 행위 처벌법은 제헌 국회가 수립된 직후인 1948년 9월에 제정되었다.

▶ 십중팔구 나온다!　6 · 25 전쟁의 전개 과정

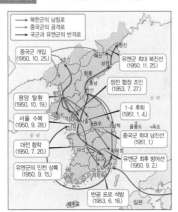

→ 북한군의 남침로
→ 중국군의 공격로
→ 국군과 유엔군의 반격로

중국군 개입
(1950. 10. 25.)
유엔군 최대 북진선
(1950. 11. 25.)
평양 탈환
(1950. 10. 19.)
정전 협정 조인
(1953. 7. 27.)
서울 수복
(1950. 9. 28.)
1·4 후퇴
(1951. 1. 4.)
대전 함락
(1950. 7. 20.)
중국군 최대 남진선
(1951. 1.)
유엔군의 인천 상륙
(1950. 9. 15.)
유엔군 최후 방어선
(1950. 9. 2.)
반공 포로 석방
(1953. 6. 18.)

48. 다음 성명서가 발표된 이후에 일어난 사건으로 옳은 것은?

성 명 서
┌ 유신 헌법의 내용 중 하나
먼저 긴급 조치의 해제와 구속 인사 전원에 대한 즉각적인 무조건 석방이 이루어져야 합니다. …… 석방되어야 할 사람들은 첫째, 긴급 조치 9호 위반자 전원, 둘째, 긴급 조치 1호, 4호 위반자로 현재까지 구속 중에 있는 인사 전원, 셋째, 반공법의 인혁당 등 조작된 사건에 연루된 인사들입니다.
　　　　　　　　　　　　┌ 박정희 정부 시기
1977. 7. 18.
양심범 가족 협의회

① 4 · 19 혁명
　1960년
② 5 · 10 총선거
　1948년
③ 5 · 16 군사 정변
　1961년
✓ 5 · 18 민주화 운동
　1980년

▶ 정답 분석

자료에서 긴급 조치가 언급된 점, 성명서 발표 날짜가 1977년인 점을 통해 제시된 성명서가 발표된 시기는 박정희 유신 정부 시기임을 알 수 있다.
박정희 정부는 1972년 10월 전국에 비상계엄을 선포하고 국회를 해산한 후, 비상 국무 회의가 마련한 유신 개헌안을 국민 투표를 거쳐 확정하였다. 유신 헌법은 대통령 임기를 6년으로 하였으며 중임 제한 규정을 두지 않았다. 또한 통일 주체 국민 회의에서 대통령을 선출하도록 했으며, 대통령에게 국회 의원 정원의 3분의 1을 뽑을 수 있는 권한과 긴급 조치권 등을 부여하였다. 긴급 조치는 국회 해산권을 비롯하여 법관의 영장 없이 국민을 체포, 구금할 수 있는 권한을 포함하고 있었다.
④ 5 · 18 민주화 운동은 박정희 유신 정부 이후인 1980년에 일어났다.

▶ 선택지 분석

① 4 · 19 혁명은 1960년에 일어났다.
② 5 · 10 총선거는 1948년 5월 10일에 실시된 우리 역사상 최초의 보통 선거이다.
③ 박정희는 1961년 5 · 16 군사 정변을 통해 정권을 장악하였다.

▶ 십중팔구 나온다!　유신 체제의 붕괴(1979)

배경	야당의 성장, 제2차 석유 파동에 따른 경제 위기
경과	YH 무역 사건 → 신민당 총재인 김영삼이 국회 의원직에서 제명 → 부·마 민주 항쟁 → 박정희 피살(10·26 사태) → 통일 주체 국민 회의에서 최규하를 대통령으로 선출 → 12·12 사태(1979. 12. 12.)

49. 다음 문서를 작성한 정부 시기의 사실로 옳은 것은?

장발 단속 계획 보고
└ 박정희 정부

1. 보고 주문
   국민의 주체 의식을 확립하고 건전한 사회 기풍을 정착화하기 위하여 별첨과 같이 장발 단속 계획을 수립 실천키로 하였기에 보고합니다.

2. 보고 이유
   가. 장발 단속은 그동안 경찰에서 지도 단속과 아울러 자율적인 각성을 촉구하여 왔으나 일부 사회 지도층을 비롯하여 국민의 무관심과 이해 부족으로 그 실효를 거두지 못하고 있는 실정으로서
   나. 앞으로 행정부 산하 각급 공무원이 솔선수범함은 물론 …… 도시 새마을 운동으로 발전시켜 점차 범국민 운동으로 추진하고자 함.

✔ 긴급 조치가 발표되었다.
　　　　박정희 정부
② 서울 올림픽 대회가 열렸다.
　　　　노태우 정부
③ 가족 관계 등록법이 시행되었다.
　　　　노무현 정부
④ 금융 실명제가 전격 실시되었다.
　　　　김영삼 정부

> **정답 분석**

자료에서 장발 단속을 계획한다는 점을 통해 제시된 자료가 작성된 시기가 1970년대의 박정희 정부 시기임을 알 수 있다.
① 박정희 정부 시기인 1972년 유신 헌법이 제정되었고, 유신 헌법 체제하에서 긴급 조치가 발표되었다.

> **선택지 분석**

② 서울 올림픽 대회는 노태우 정부 시기인 1988년에 개최되었다.
③ 가족 관계 등록법은 노무현 정부 시기인 2008년에 시행되었다.
④ 금융 실명제는 김영삼 정부 시기인 1993년에 시행되었다.

---

50. 밑줄 그은 '이 정부' 시기의 경제 상황으로 옳은 것은?

① 3저 호황으로 수출이 증가하였다.
　　　전두환 정부
✔ 남북한이 개성 공단 조성에 합의하였다.
　　　　김대중 정부
③ 제1차 경제 개발 5개년 계획이 추진되었다.
　　　　박정희 정부
④ 미국의 원조 물자를 기반으로 삼백 산업이 성장하였다.
　　　　　　　이승만 정부

> **정답 분석**

자료에서 분단 이후 처음으로 남북 정상 회담을 개최하였다는 점, 여·야 간의 평화적 정권 교체가 이루어졌다는 점, 국민 기초 생활 보장법을 제정하였다는 점 등을 통해 밑줄 그은 '이 정부'가 김대중 정부임을 알 수 있다.
② 김대중 정부는 대북 화해 협력 정책인 햇볕 정책을 펼쳤다. 제1차 남북 정상 회담으로 6·15 남북 공동 선언이 발표된 이후 남북한이 개성 공단 조성에 합의하였다.

> **선택지 분석**

① 3저 호황으로 수출이 증가한 시기는 전두환 정부 시기인 1980년대 중후반이다.
③ 제1차 경제 개발 5개년 계획은 박정희 정부 시기인 1960년대 초중반에 추진되었다.
④ 미국의 원조 물자를 기반으로 삼백 산업이 성장한 시기는 이승만 정부 시기이다.

> **십중팔구 나온다!**　　6·15 남북 공동 선언(2000)

1. 남과 북은 나라의 통일 문제를 그 주인인 우리 민족끼리 서로 힘을 합쳐 자주적으로 해결해 나가기로 하였다.
2. 남과 북은 나라의 통일을 위한 남측의 연합제 안과 북측의 낮은 단계의 연방제 안이 서로 공통성이 있다고 인정하고 앞으로 이 방향에서 통일을 지향시켜 나가기로 하였다.

스스로 자신을 존경하면
다른 사람도 그대를 존경할 것이다.

– 공자

✅ 정답 빠르게 보기

나의 점수 : _____ 점

번호	정답	배점	번호	정답	배점	번호	정답	배점	번호	정답	배점	번호	정답	배점
1	②	1	11	③	3	21	④	3	31	③	2	41	④	3
2	④	2	12	①	1	22	④	1	32	③	2	42	④	3
3	④	3	13	④	2	23	②	1	33	①	1	43	①	2
4	④	2	14	④	2	24	①	2	34	①	1	44	④	1
5	④	2	15	④	2	25	③	2	35	①	2	45	②	2
6	④	2	16	①	2	26	③	2	36	③	2	46	④	2
7	③	3	17	②	1	27	①	2	37	①	2	47	④	2
8	③	2	18	④	3	28	④	3	38	④	2	48	①	3
9	②	2	19	①	1	29	①	2	39	①	2	49	③	3
10	④	2	20	②	2	30	③	1	40	②	2	50	①	2

✅ 키워드 한눈에 보기

번호	키워드	번호	키워드	번호	키워드	번호	키워드
1	청동기 시대	14	고려의 대몽 항쟁	27	조선 영조	40	신간회
2	부여	15	고려 공민왕	28	공노비 해방	41	1930년대 무장 독립 전쟁
3	금관가야	16	지눌	29	보은 법주사 팔상전	42	조선 의용대
4	백제 무령왕	17	직지심체요절	30	신윤복	43	소년 운동
5	경주 배동 석조 여래 삼존입상	18	무신 집권기의 사회 모습	31	임술 농민 봉기	44	윤봉길
6	골품제	19	조선 태종	32	최시형	45	1930년대 이후 식민 통치
7	고구려의 멸망	20	임진왜란	33	갑신정변	46	1930년대 이후 식민 통치
8	제주도	21	조선 광해군	34	독도	47	모스크바 3국 외상 회의
9	신라의 삼국 통일	22	훈련도감	35	갑오개혁	48	전두환 정부
10	발해	23	추석	36	강우규	49	김영삼 정부
11	신라 말의 사회 모습	24	대동법	37	대성 학교	50	5 · 18 민주화 운동
12	경당	25	송상	38	물산 장려 운동		
13	고려 태조	26	박제가	39	1910년대 식민 통치		

제**3**회 | 80점을 뛰어넘는 해설

기출모의고사

1. (가) 시대의 생활 모습으로 옳은 것은?

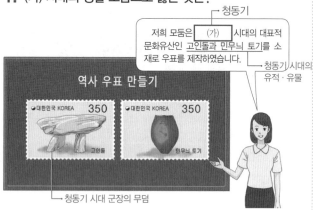

┌ 청동기

저희 모둠은 (가) 시대의 대표적
문화유산인 고인돌과 민무늬 토기를 소
재로 우표를 제작하였습니다.

└ 청동기 시대의
유적·유물

역사 우표 만들기

┌ 청동기 시대 군장의 무덤

① 우경이 널리 보급되었다.
　신라 지증왕이 장려, 고려 시대에 일반화
✓ 비파형 동검을 제작하였다.
　청동기 시대
③ 철제 농기구를 사용하였다.
　철기 시대
④ 주로 동굴과 막집에서 거주하였다.
　구석기 시대

▶ 정답 분석

자료에서 대표적인 문화유산으로 고인돌과 민무늬 토기가 제시된 점을 통해
(가) 시대가 청동기 시대임을 알 수 있다.
고인돌은 청동기 시대의 무덤으로 받침돌을 세우고 덮개돌을 올려 만들었는데,
만드는 과정에서 많은 노동력이 요구되어 군장의 권위를 상징하기도 하였다.
민무늬 토기는 청동기 시대에 주로 사용된 토기이다.
② 청동기 시대에 요동과 한반도 지역에서는 칼날 모양이 비파라는 중국 악기
를 닮은 비파형 동검이 제작되었다.

▶ 선택지 분석

① 우경이 역사서에 처음 기록된 시기는 신라 지증왕 때이지만, 널리 보급된 시
기는 고려 시대이다.
③ 철제 쇠스랑, 쟁기 등의 철제 농기구가 사용되기 시작한 시기는 철기 시대
이다.
④ 사람들이 동굴과 막집에서 주로 거주하였던 시기는 구석기 시대이다.

▶ 십중팔구 나온다!　청동기 시대

시기	기원전 2000년~기원전 1500년경부터 시작
도구	• 청동기: 비파형 동검, 거친무늬 거울 • 간석기: 반달 돌칼 • 토기: 민무늬 토기, 미송리식 토기
경제	농경·목축(벼농사 시작) → 생산력 증가
주거	움집(구릉·야산에 위치, 직사각형 모양의 바닥, 지상 가옥화)
사회	• 생산력 증대 → 사유 재산·빈부 격차 발생 → 계급 발생, 국가 출현(고조선) • 군장 출현: 제사·정치 주관, 천손 사상을 내세움, 고인돌 축조

2. (가)에 들어갈 내용으로 옳은 것은?

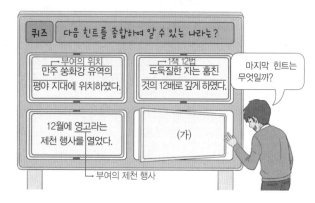

퀴즈 다음 힌트를 종합하여 알 수 있는 나라는?

┌ 부여의 위치
만주 쑹화강 유역의
평야 지대에 위치하였다.

┌ 1책 12법
도둑질한 자는 훔친
것의 12배로 갚게 하였다.

마지막 힌트는
무엇일까?

12월에 영고라는
제천 행사를 열었다.

 (가)

└ 부여의 제천 행사

① 소도라고 불리는 신성 지역이 있었다.
　삼한
② 읍락 간의 경계를 중시한 책화가 있었다.
　동예
③ 범금 8조를 통해 사회 질서를 유지하였다.
　고조선
✓ 여러 가(加)들이 별도로 사출도를 주관하였다.
　부여

▶ 정답 분석

자료에서 만주 쑹화강 유역에 위치하였다는 점, 도둑질한 자는 훔친 것의 12배
로 갚는 1책 12법이 있었다는 점, 12월에 영고라는 제천 행사를 열었다는 점 등
을 통해 해당 국가는 부여임을 알 수 있다. 따라서 (가)에는 부여와 관련된 힌트
가 들어가야 한다.
④ 부여는 여러 부족이 연합한 형태의 국가로, 왕 아래의 마가, 우가, 저가, 구
가 등 여러 가들이 각자 사출도를 다스렸다.

▶ 선택지 분석

① 소도라 불리는 신성 지역이 있었던 나라는 삼한이다.
② 읍락 간의 경계를 중시한 책화는 동예의 풍습이다.
③ 범금 8조를 통해 사회 질서를 유지하였던 나라는 고조선이다.

▶ 십중팔구 나온다!　여러 나라의 제천 행사

부여	영고(12월)
고구려	동맹(10월)
동예	무천(10월)
삼한	계절제(5월, 10월)

3. (가) 나라에 대한 탐구 활동으로 가장 적절한 것은?

① 사비로 천도한 이유를 파악한다.
　백제 성왕
② 우산국을 복속한 과정을 살펴본다.
　신라 지증왕
③ 청해진을 설치한 목적을 조사한다.
　통일 신라 장보고(흥덕왕 때)
✔ 구지가가 나오는 건국 신화를 분석한다.
　가야

4. 밑줄 그은 '왕'의 업적으로 옳은 것은?

이것은 충청남도 공주에 있는 백제 왕의 무덤으로, 중국 남조의 영향을 받아 벽돌로 만들어졌습니다. 출토된 묘지석을 통해 무덤의 주인을 알 수 있습니다.

① 역사서인 서기를 편찬하였다.
　백제 근초고왕(고흥)
② 김씨의 왕위 세습을 확립하였다.
　신라 내물왕
③ 동진으로부터 불교를 수용하였다.
　백제 침류왕
✔ 지방의 22담로에 왕족을 파견하였다.
　백제 무령왕

정답 분석

자료에서 김수로가 세웠다고 한 점, 김해 대성동 고분군과 박물관을 답사한다는 점 등을 통해 (가) 국가가 금관가야임을 알 수 있다.
김수로왕이 건국한 금관가야는 전기 가야 연맹을 이끈 국가로 우수한 철기 문화를 바탕으로 번영하였으며, 낙랑과 왜 등에 덩이쇠를 수출하기도 하였다.
④ 구지가는 가야의 건국 설화에 등장하는 고대 가요이다. 가야에는 김해의 구지봉 위 하늘에서 황금알이 내려와 김수로왕 등 여섯 명의 가야국 시조가 탄생하였다는 설화가 전해진다.

선택지 분석

① 사비로 천도한 것은 백제 성왕의 정책이다. 성왕은 백제의 중흥을 위해 웅진을 떠나 사비로 천도하였다.
② 이사부로 하여금 우산국을 복속하게 한 것은 신라 지증왕의 업적이다.
③ 청해진은 통일 신라의 장보고가 완도에 설치한 해상 무역·군사 기지이다.

십중팔구 나온다! 　가야의 문화유산

▲ 김해 대성동 고분군 출토 판갑옷

▲ 도기 바퀴 장식 뿔잔

정답 분석

자료에 제시된 왕릉은 공주 무령왕릉이다. 무령왕릉은 중국 남조의 영향을 받아 벽돌로 무덤 내부를 쌓은 벽돌무덤의 형태를 갖추었으며, 무덤의 주인공과 조성 시점을 알려 주는 묘지석 등 다양한 유물이 출토되었다.
④ 백제 무령왕은 지방의 거점에 설치된 22담로에 왕족을 파견하여 지방 통제를 강화하였다.

선택지 분석

① 백제 근초고왕 때 고흥이 역사서인 『서기』를 편찬하였다.
② 신라 내물왕은 종래에 왕권이 미약하여 세 성씨가 돌아가며 왕위에 오르던 것에서 벗어나 김씨의 독점적 왕위 세습을 확립하였다.
③ 백제 침류왕 때 동진으로부터 불교를 수용하였다(384).

5. (가)에 들어갈 문화유산으로 옳은 것은?

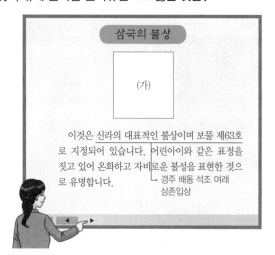

삼국의 불상

(가)

이것은 신라의 대표적인 불상이며 보물 제63호로 지정되어 있습니다. 어린아이와 같은 표정을 짓고 있어 온화하고 자비로운 불성을 표현한 것으로 유명합니다.
└ 경주 배동 석조 여래 삼존입상

①
이불병좌상
(발해)

②
금동 연가 7년명
여래 입상(고구려)

③
논산 관촉사 석조
미륵보살 입상(고려)

④ ✔
경주 배동 석조 여래
삼존입상(신라)

6. (가) 제도에 대한 설명으로 옳은 것은?

┌ 6두품 출신의 당나라 장수   ┌ 골품제

설계두는 신라 귀족 가문의 자손이다. 일찍이 가까운 친구 4명과 함께 모여 술을 마시면서 각자 자신의 뜻을 말하였다. 설계두가 이르기를, "신라에서는 사람을 등용하는 데   (가)   을/를 따져서 진실로 그 족속이 아니면 비록 큰 재주와 뛰어난 공이 있더라도 [그 한도를] 넘을 수가 없다. 나는 원컨대, 중국으로 가서 세상에서 보기 드문 지략을 떨쳐서 특별한 공을 세우고 싶다. 그리고 영광스러운 관직에 올라 고관대작의 옷을 갖추어 입고 천자의 곁에 출입하면 만족하겠다."라고 하였다.

① 원성왕이 인재 등용 제도로 제정하였다.
    독서삼품과(통일 신라)
② 후주 출신인 쌍기의 건의로 실시되었다.
      과거제(고려 광종 때)
③ 권문세족에 대한 견제를 목적으로 시행되었다.
    과전법 등(고려 후기)
✔ 집과 수레의 크기 등 일상생활까지 규제하였다.
    골품제(신라)

▶ 정답 분석

자료에서 신라의 대표적인 불상으로 어린아이와 같은 표정을 짓고 있다고 한 점 등을 통해 (가)에 들어갈 문화유산은 경주 배동 석조 여래 삼존입상임을 알 수 있다.
④ 경주 배동 석조 여래 삼존입상은 신라의 대표적인 불상으로, 푸근한 자태와 은은한 미소가 인상적인 불상이다.

▶ 선택지 분석

① 발해의 이불병좌상이다.
② 고구려의 금동 연가 7년명 여래 입상이다.
③ 고려의 논산 관촉사 석조 미륵보살 입상이다.

▶ 십중팔구 나온다! 삼국의 대표적인 불상

고구려	금동 연가 7년명 여래 입상
백제	서산 용현리 마애여래 삼존상
신라	경주 배동 석조 여래 삼존상

▶ 정답 분석

자료에서 설계두가 신라에서는 사람을 등용하는 데 (가)를 따진다고 하였고, 큰 재주 등이 있어도 그 한도를 넘기 어렵다고 한 것으로 보아 (가) 제도는 신라의 신분제인 골품제임을 알 수 있다.
④ 신라는 골품에 따라 승진할 수 있는 관등의 상한선이 정해져 있었다. 골품제는 관등 승진뿐 아니라 집과 수레의 크기 등 일상생활까지 규제하는 폐쇄적인 제도였다.

▶ 선택지 분석

① 통일 신라 원성왕이 제정한 인재 등용 제도는 독서삼품과이다. 독서삼품과는 유교 경전의 이해 수준을 평가하는 시험이었다.
② 고려 광종 때 후주 출신인 쌍기의 건의로 과거제가 실시되었다.
③ 권문세족을 견제하기 위해 실시된 대표적인 제도는 과전법이다.

7. 다음 대화가 있었던 시기를 연표에서 옳게 고른 것은?

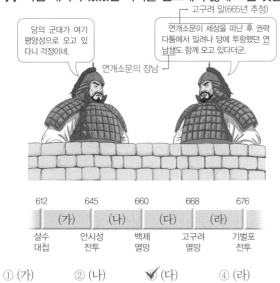

① (가)　　② (나)　　✔ (다)　　④ (라)

8. 밑줄 그은 '유적'으로 옳은 것은?

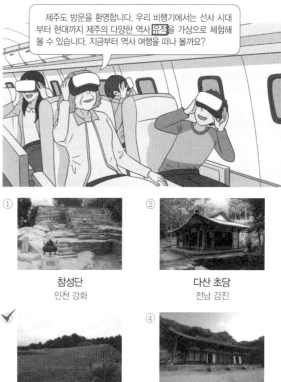

① 참성단
인천 강화

② 다산 초당
전남 강진

✔ 항파두리성
제주도

④ 부석사 무량수전
경북 영주

9. 다음 자료를 활용한 탐구 주제로 가장 적절한 것은?

┌─ 문무왕
○ 유인원, 김법민 등이 육군과 수군을 거느리고 백강 어귀에서 왜의 군사를 상대로 네 번 싸워서 모두 이기고 그들의 배 4백 척을 불살랐다. └─ 백강 전투

○ 사찬 시득이 수군을 거느리고 소부리주 기벌포에서 설인귀가 이끄는 군대와 싸웠다. 처음에는 패하였지만 다시 나아가 스물 두 번의 전투에서 승리하였다. └─ 기벌포 전투

① 백제의 평양성 공격
　　백제 근초고왕
✔ 신라의 삼국 통일 과정
　　백제·고구려의 멸망과 부흥 운동, 나·당 전쟁
③ 수의 고구려 침략 배경
　　고구려의 선제공격
④ 고구려의 남진 정책 추진
　　고구려 장수왕

> **정답 분석**

첫 번째 자료에서 김법민 등이 백강 어귀에서 왜의 군대와 싸웠다는 내용으로 보아 백제 멸망 이후 백제 부흥군과 왜의 지원군이 신라와 당의 연합군에 맞서 싸운 백강 전투(663)임을 알 수 있다. 두 번째 자료에서는 기벌포에서 설인귀가 이끄는 군대와 싸웠다는 내용으로 보아 나·당 전쟁 중 일어난 기벌포 전투(676)임을 알 수 있다.
② 백강 전투와 기벌포 전투는 신라가 삼국을 통일하는 과정에서 있었던 대표적인 사건들이다.

> **십중팔구 나온다!**　신라의 삼국 통일 과정

나·당 동맹 → 백제 멸망(660) → 백제 부흥 운동 → 백강 전투(663) → 고구려 멸망(668) → 고구려 부흥 운동 → 나·당 전쟁(매소성 전투, 기벌포 전투) → 삼국 통일(676)

10. (가) 국가에 대한 설명으로 옳은 것은?

┌─ 발해
○ (가) 의 세자 대광현이 무리 수만을 거느리고 투항하자, 성과 이름을 하사하여 왕계라 하고 종실의 족보에 넣었다.
－「고려사」－

○ 거란 동경의 장군 대연림이 대부승 고길덕을 보내 나라를 세웠음을 알리고 아울러 원조를 요구하였다. 대연림은 (가) 의 시조 대조영의 7대손으로 거란을 배반하여 국호를 흥요, 연호를 천흥이라 하였다. └─ 발해 건국
－「고려사」－

① 교육 기관으로 성균관을 설립하였다.
　　고려, 조선
② 국방력 강화를 위해 5군영을 설치하였다.
　　조선
③ 특수 행정 구역인 향, 부곡, 소를 두었다.
　　고려
✔ 5경 15부 62주의 지방 행정 제도를 갖추었다.
　　발해

> **정답 분석**

첫 번째 자료에서 (가) 국가의 세자 대광현이 고려에 투항하였다는 점, 두 번째 자료에서 대조영이 (가) 국가의 시조라고 한 점 등을 통해 (가) 국가가 발해임을 알 수 있다.
④ 발해는 지방을 5경 15부 62주로 나누어 다스렸다.

> **선택지 분석**

① 교육 기관인 성균관은 고려 말부터 조선까지 이어졌다.
② 국방력 강화를 위해 5군영을 설치한 나라는 조선이다. 조선 후기에 중앙군을 5군영으로 개편하였다.
③ 특수 행정 구역으로 향·부곡·소를 두었던 나라는 고려이다.

> **십중팔구 나온다!**　나라별 지방 행정 조직

통일 신라	9주 5소경
발해	5경 15부 62주
고려	5도 양계
조선	8도

11. (가) 시기에 볼 수 있는 모습으로 옳은 것은?

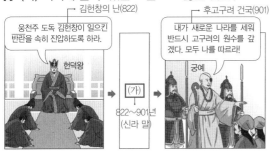

① 감은사 창건을 명하는 왕
   통일 신라 신문왕
② 성균관에서 공부하는 학생
   고려 말과 조선 시대의 최고 교육 기관
✔ 청해진에서 훈련을 받는 병사
   신라 말 장보고가 완도에 세운 해군·무역 기지
④ 벽란도에서 교역을 하는 송 상인
   고려 시대 국제 무역항

12. (가)에 들어갈 교육 기관으로 옳은 것은?

> [고구려] 사람들은 배우기를 좋아하여 가난한 마을이나 미천한 집안에 이르기까지 서로 힘써 배우므로, 길거리마다 큰지막한 집을 짓고 **(가)** (이)라고 부른다. 결혼하지 않은 자제들을 이곳에 머물게 하여 글을 읽고 활쏘기를 익히게 한다.
> — 『신당서』 —
> └ 경당

✔ ① 경당   ② 서원   ③ 향교   ④ 국자감
   고구려   조선   고려, 조선   고려

▶정답 분석

왼쪽 자료에서 헌덕왕 때 김헌창이 일으킨 반란이라고 제시되었고, 오른쪽 자료에서는 궁예가 새로운 나라를 세워 고구려의 원수를 갚겠다고 하였으므로 신라 말의 상황임을 알 수 있다. 따라서 (가)에는 김헌창의 난이 일어난 822년부터 후고구려가 건국된 901년 사이의 사건이 들어가야 한다.
전제 왕권이 강화되었던 신라 중대와는 달리 신라 하대(신라 말)에는 귀족 세력 간의 치열한 왕위 다툼이 펼쳐지면서 지방에 대한 통제력이 약화되었다. 이러한 상황 속에서 지방에 성을 쌓고 스스로 성주라 부르며, 해당 지역을 실질적으로 지배하는 세력인 호족이 등장하였는데 궁예, 견훤, 장보고, 왕건 등이 대표적이다.
③ 청해진은 장보고가 완도에 세운 해상 기지로, 828년에 설치되었다.

▶선택지 분석

① 감은사는 통일 신라 신문왕의 명에 따라 창건되었다.
② 성균관은 고려 말과 조선 시대의 최고 교육 기관이다.
④ 벽란도는 고려 시대의 대표적인 국제 무역항이다.

▶십중팔구 나온다!   호족의 성장

특징	신라 말 지방의 힘 있는 세력이 성주나 장군을 칭하면서 지방에서 세금을 거두고 행정권·군사권 등의 실질적인 지배권을 행사함
출신	촌주 세력, 중앙 귀족, 해상 세력(장보고, 왕건), 군진 세력(견훤), 초적 세력(양길, 궁예)
성장	6두품 및 선종 세력과 손잡고 신라에 대항함

▶정답 분석

자료에서 고구려 사람들이 배우기를 좋아하여 길거리마다 (가)를 지어 글을 읽고 활쏘기를 익히게 하였다고 한 점을 통해 (가)에 들어갈 교육 기관이 고구려의 지방 교육 기관인 경당임을 알 수 있다.
① 경당은 한학과 무술을 교육했던 고구려의 지방 교육 기관이다.

▶선택지 분석

② 서원은 조선 시대의 사설 교육 기관으로, 붕당의 근거지가 되었다.
③ 향교는 고려 시대와 조선 시대에 지방에 설치되어 유학을 교육했던 관립 중등 교육 기관이다.
④ 국자감은 고려 시대의 최고 교육 기관이다. 유학부와 기술학부를 두어 인재를 양성하였다.

▶십중팔구 나온다!   나라별 주요 교육 기관

고구려	태학·경당
통일 신라	국학
발해	주자감
고려	국자감(고려 말 성균관으로 개칭), 향교
조선	서당, 4부 학당, 향교, 성균관 등

13. 밑줄 그은 '나'에 대한 설명으로 옳은 것은?

─ 고려 태조
나는 왕으로 즉위해 나라 이름을 고려라 정하였습니다. 이후 신라의 항복을 받고 후백제를 격파하여 후삼국을 통일하였습니다.

─ 태조의 업적

① 전국을 8도로 나누었다.
　　조선 태종
② 천리장성을 축조하였다.
　　고구려 영류왕~보장왕, 고려 덕종~정종
③ 화통도감을 설치하였다.
　　고려 우왕(최무선이 건의)
✔ 사심관 제도를 시행하였다.
　　고려 태조

14. (가) 국가의 침입에 대한 고려의 대응으로 옳은 것은?

─ 몽골의 침입에 대한 저항
최우가 강화 천도를 주장하고 자기 집 재물도 강화도로 보냈다는군.

─ 몽골
또한 백성들에게는 (가) 의 공격에 대비하기 위해 속히 개경을 떠나라는 명령을 내렸다네.

① 동북 9성을 축조하였다.
　　여진의 침입에 대한 대응
② 화통도감을 설치하였다.
　　왜구의 침입에 대한 대응
③ 초조대장경을 조판하였다.
　　거란의 침입에 대한 대응
✔ 처인성에서 적장 살리타를 사살하였다.
　　몽골의 침입에 대한 대응

▶ 정답 분석

자료에서 나라 이름을 고려라 정하였다는 점, 후삼국을 통일하였다는 점 등을 통해 밑줄 그은 '나'가 고려 태조 왕건임을 알 수 있다.
고려 태조 왕건은 혼인 정책과 사성 정책 등을 통해 호족을 회유하는 한편, 사심관 제도와 기인 제도를 실시하여 호족을 통제하기도 하였다.
④ 사심관 제도는 중앙의 고위 관리를 출신 지역의 사심관으로 삼아 해당 지역의 호족을 관리하게 한 제도이다. 고려에 항복한 신라 경순왕 김부를 경주의 사심관으로 삼은 데에서 비롯되었다.

▶ 선택지 분석

① 전국을 8도로 나눈 왕은 조선 태종이다.
② 천리장성은 고구려 영류왕~보장왕과 고려 덕종~정종 때 축조되었다.
③ 화통도감은 고려 말 우왕 때 최무선의 건의로 설치되었다.

▶ 십중팔구 나온다!　고려 태조 왕건의 정책

호족 회유 및 통제	• 회유 정책: 혼인 정책, 사성 정책, 역분전 지급 • 통제 정책: 사심관 제도, 기인 제도
민생 안정	조세 감면, 흑창 설치
북진 정책	서경 중시, 청천강~영흥만까지의 국경선 확보
왕권 안정책	• 훈요 10조 제시 • 『정계』와 『계백료서』 편찬

▶ 정답 분석

자료에서 최우가 강화 천도를 주장하였다는 점, 백성들에게 (가)의 공격에 대비하기 위해 개경을 떠나라는 명령을 내렸다고 한 점을 통해 (가) 국가가 몽골임을 알 수 있다.
④ 몽골이 고려를 침략하였을 때 김윤후는 처인성 전투에서 몽골군 장수 살리타를 사살하였고, 충주성 전투에서도 몽골군에 승리하였다.

▶ 선택지 분석

① 고려 시대 윤관은 별무반을 이끌고 여진의 근거지를 공격한 후 동북 9성을 축조하였다.
② 고려 말 최무선은 화약 무기를 제조하는 관청인 화통도감을 설치하고, 화포를 제작해 진포 대첩(1380)에서 왜구를 격퇴하였다.
③ 고려는 거란의 침입 당시 부처의 힘을 빌려 거란을 물리치기 위해 초조대장경을 조판하였다. 초조대장경은 이후 몽골의 침입으로 소실되었다.

▶ 십중팔구 나온다!　김윤후의 충주성 전투

몽골군이 쳐들어와 70여 일간 충주성을 포위하니 군량이 거의 바닥났다. 김윤후가 군사들을 북돋우며 말하기를, "너희들이 힘을 다해 싸운다면 귀천을 가리지 않고 모두 관작을 제수할 것이다."라고 하였다. 그러고는 관노(官奴) 문서를 불사르고, 소와 말도 나누어 주었다. 이에 모두 죽음을 무릅쓰고 싸워 몽골군을 물리쳤다.

15. 밑줄 그은 '왕'의 업적으로 옳은 것은?

① 교정도감을 설치하였다.
　　최충헌
② 천리장성을 축조하였다.
　　고구려 영류왕~보장왕, 고려 덕종~정종
③ 쓰시마섬을 정벌하였다.
　　조선 세종 등
✔ 쌍성총관부를 공격하였다.
　　고려 공민왕

16. (가) 인물에 대한 설명으로 옳은 것은?

✔ 돈오점수를 강조하였다.
　　지눌
② 화엄일승법계도를 남겼다.
　　의상
③ 유불 일치설을 주장하였다.
　　혜심
④ 해동 천태종을 창시하였다.
　　의천

> **정답 분석**

자료에서 고려 제31대 왕이라고 한 점, 정동행성 이문소를 폐지하는 등 원의 간섭을 물리치기 위해 노력하였다는 점을 통해 밑줄 그은 '왕'이 고려 공민왕임을 알 수 있다.
④ 고려 공민왕은 원·명 교체기에 반원 자주 정책을 펼쳤다. 쌍성총관부를 공격하여 철령 이북의 영토를 회복하였고, 몽골풍을 금지하고 관제를 복구하였다.

> **선택지 분석**

① 교정도감을 설치한 인물은 고려 무신 집권기의 최충헌이다.
② 천리장성 축조는 고구려의 영류왕~보장왕 때와 고려 덕종~정종 때 이루어졌다.
③ 쓰시마섬 정벌은 고려와 조선에 걸쳐 여러 차례 이루어졌다. 그 중 대표적인 것은 조선 세종이 이종무로 하여금 쓰시마섬을 정벌하도록 한 것이다.

> **십중팔구 나온다!**　　고려 공민왕의 주요 정책

반원 자주 정책	• 기철 등 친원 세력 숙청 • 몽골풍 금지 • 정동행성 이문소 폐지 • 쌍성총관부 수복
왕권 강화 정책	• 신진 사대부 등용 • 전민변정도감 설치(신돈) • 성균관 정비

> **정답 분석**

자료에서 보조국사라고 알려졌다고 한 점, 「권수정혜결사문」을 지었다는 점, 수선사 결사를 조직하였다는 점 등을 통해 (가) 인물이 고려의 승려인 지눌임을 알 수 있다.
① 지눌은 깨달음을 얻기 위한 수행 방법으로 정혜쌍수와 돈오점수를 강조하였다.

> **선택지 분석**

② 화엄 사상을 그림 시로 정리한 「화엄일승법계도」를 남긴 인물은 통일 신라의 의상이다.
③ 유불 일치설을 주장한 인물은 지눌의 제자인 혜심이다. 그의 주장은 후대에 성리학을 수용하는 토대가 되었다.
④ 해동 천태종을 창시한 인물은 고려의 의천이다.

> **십중팔구 나온다!**　　의천과 지눌

의천(대각국사)	지눌(보조국사)
• 고려 중기에 활동 • 교종 중심의 선종 통합 • 해동 천태종 창시(국청사) • 교관겸수 제창	• 고려 후기(무신 집권기)에 활동 • 선종 중심의 교종 통합 • 수선사 결사 제창(순천 송광사) • 정혜쌍수와 돈오점수 주장

17. (가)에 해당하는 문화유산으로 옳은 것은?

이달의 뮤지컬

등불처럼 불꽃처럼

『직지심체요절』

청주 흥덕사에서 간행된 금속 활자본인 (가) 을
프랑스 국립 도서관에서 발견하여 알린 그녀!
조선 왕실의 행사를 기록한 외규장각 의궤의
국내 반환을 위해 애쓴 그녀!
박병선 박사의 꿈과 열정이
춤과 노래로 펼쳐집니다.

• 일시: 2020년 ○○월 ○○일
   오후 7시
• 장소: ◇◇ 문화 센터 대강당

①
신증동국여지승람
조선의 인문 지리서

✓
직지심체요절
세계에서 가장 오래된 금속 활자본

③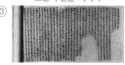
왕오천축국전
신라 승려 혜초의 인도 여행기

④
무구정광대다라니경
세계에서 가장 오래된 목판 인쇄물

▷ 정답 분석

자료에서 청주 흥덕사에서 간행된 금속 활자본이라고 한 점, 프랑스 국립 도서관에서 박병선 박사가 발견하였다는 점 등을 통해 (가)에 해당하는 문화유산이 『직지심체요절』임을 알 수 있다.
② 『직지심체요절』은 현재 전해지는 것 중 세계에서 가장 오래된 금속 활자 인쇄본이다.

▷ 선택지 분석

① 『신증동국여지승람』은 조선 중기에 편찬된 인문 지리서이다.
③ 『왕오천축국전』은 신라의 승려인 혜초가 인도와 중앙아시아 등을 순례하고 기록한 서적이다.
④ 『무구정광대다라니경』은 신라의 경주 불국사 3층 석탑(석가탑)에서 발견된 것으로, 현재 전해지는 것 중 세계에서 가장 오래된 목판 인쇄물이다.

18. 밑줄 그은 '왕'의 재위 기간에 있었던 사실로 옳은 것은?

김사미와 효심의 봉기

남쪽 지방에서 적도들이 벌 떼처럼 일어났다. 그중 심한 것은 운문에 웅거한 김사미와 초전에 자리 잡은 효심인데, 이들은 유랑하는 무리들을 불러 모아 각 고을을 노략질하였다. 왕이 이를 근심하여 대장군 전존걸을 파견해 장군 이지순 ...... 등을 이끌고 가서 토벌하게 하였다.

– 『고려사』 –

고려 명종

① 최승로가 지방관 파견을 건의하였다.
    고려 성종
② 이자겸이 금의 사대 요구를 받아들였다.
    고려 인종
③ 김윤후가 처인성에서 몽골군을 물리쳤다.
    고려 고종
✓ 최충헌이 봉사 10조의 개혁안을 제시하였다.
    고려 명종

▷ 정답 분석

자료에서 운문의 김사미와 초전의 효심이 봉기하였다는 점을 통해 밑줄 그은 '왕'이 고려 명종임을 알 수 있다.
명종은 무신 정변이 일어난 1170년에 즉위하였다. 명종 대에는 무신들 간의 갈등이 치열해져 무신 집권자가 계속 바뀌었고, 그로 인한 사회 혼란이 가중되자 전국 각지에서 반란이 일어났다. 김사미와 효심의 난은 명종 대에 일어난 대표적인 하층민의 봉기였다.
④ 최충헌이 봉사 10조의 국정 개혁안을 올린 것은 고려 명종 때의 일이다.

▷ 선택지 분석

① 최승로가 지방관의 파견을 건의한 것은 무신 집권기 이전인 고려 성종 때이다.
② 이자겸이 금의 사대 요구를 수용한 것은 무신 집권기 이전인 고려 인종 때이다.
③ 김윤후가 처인성에서 몽골군을 격퇴한 것은 고려가 강화도로 천도한 고종 때이다. 당시의 무신 집권자는 최충헌의 아들인 최우였다.

▷ 십중팔구 나온다! 무신 집권기 농민과 하층민의 봉기

• 망이 · 망소이의 난(공주 명학소): 소(所)의 차별에 반발
• 김사미 · 효심의 난(운문, 초전): 신라 부흥 표방
• 만적의 난(개경): 신분 해방 운동

19. (가)에 들어갈 내용으로 옳은 것은?

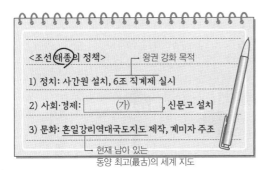

<조선 태종의 정책> ← 왕권 강화 목적

1) 정치: 사간원 설치, 6조 직계제 실시

2) 사회·경제: __(가)__ , 신문고 설치

3) 문화: 혼일강리역대국도지도 제작, 계미자 주조
   └ 현재 남아 있는
   동양 최고(最古)의 세계 지도

✓ 호패법 실시
   조선 태종
② 경국대전 반포
   조선 성종
③ 동의보감 간행
   조선 광해군
④ 상평통보 발행
   조선 숙종

20. (가) 전쟁 중에 있었던 사실로 옳은 것은?

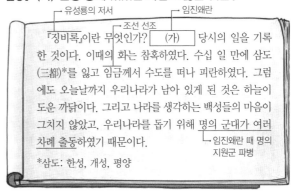

유성룡의 저서 ┐   ┌ 임진왜란
          ┌ 조선 선조
『징비록』이란 무엇인가? __(가)__ 당시의 일을 기록한 것이다. 이때의 화는 참혹하였다. 수십 일 만에 삼도(三都)*를 잃고 임금께서 수도를 떠나 피란하였다. 그럼에도 오늘날까지 우리나라가 남아 있게 된 것은 하늘이 도운 까닭이다. 그리고 나라를 생각하는 백성들의 마음이 그치지 않았고, 우리나라를 돕기 위해 명의 군대가 여러 차례 출동하였기 때문이다.
                                          └ 임진왜란 때 명의
                                            지원군 파병
*삼도: 한성, 개성, 평양

① 이종무가 쓰시마섬을 토벌하였다.
   조선 세종 때
✓ 정문부가 의병을 모아 왜군을 격퇴하였다.
   임진왜란
③ 배중손이 삼별초를 이끌고 몽골군과 싸웠다.
   고려 대몽 항쟁기
④ 최영이 군대를 지휘하여 홍건적을 물리쳤다.
   고려 말

21. (가) 왕의 재위 기간에 있었던 사실로 옳은 것은?

광해군을 폐위시키고 인조를 왕으로 옹립

조선 광해군

(가) 은/는 이곳 덕수궁 석어당에 인목 대비를 유폐하였습니다. 이 사건은 서인 세력이 인조반정을 일으키는 명분이 되기도 하였습니다.

① 과전법이 시행되었다.
   고려 말~조선 초
② 탕평비가 건립되었다.
   조선 영조
③ 장용영이 설치되었다.
   조선 정조
✔ 동의보감이 편찬되었다.
   조선 광해군

22. 다음 대화에서 공통으로 다루고 있는 군사 조직으로 옳은 것은?

조선 선조 때 처음 설치된 군사 조직이야.

척계광의 기효신서를 참고하여 포수, 살수, 사수의 삼수병으로 편제되었지.

대부분 급료를 지급받는 직업 군인으로 구성되어 상비군의 성격을 띠고 있었어.

훈련도감

훈련도감의 구성

① 금위영
   조선 숙종
② 별기군
   조선 고종
③ 장용영
   조선 정조
✔ 훈련도감
   조선 선조

> **정답 분석**

자료에서 인목 대비를 유폐하였다는 점, 이 사건을 명분으로 서인 세력이 인조반정을 일으켰다는 점을 통해 (가) 왕이 조선 광해군임을 알 수 있다. 임진왜란 이후 즉위한 광해군은 전후 복구를 위한 다양한 정책을 실시하였으나 인조반정(1623)으로 왕위에서 축출당하였다.
④ 광해군의 재위 기간 중에 허준이 전통 한의학을 체계적으로 정리한 『동의보감』을 편찬하였다.

> **선택지 분석**

① 고려 말 공양왕 때 조준의 건의로 신진 사대부의 경제적 기반을 마련하기 위한 과전법이 제정되었다. 과전법은 조선 세조 때 직전법을 실시할 때까지 시행되었다.
② 탕평비는 탕평책의 일환으로 조선 영조 때 건립되었다.
③ 장용영은 조선 정조가 설치한 국왕 친위 부대이다.

> **십중팔구 나온다!**   조선 광해군의 정치

- 토지 대장, 호적 대장 정리
- 대동법 실시(경기도)
- 성곽 수리, 사고 재건
- 허준이 『동의보감』 완성
- 명과 후금 사이에서 중립 외교 추진

> **정답 분석**

자료에서 조선 선조 때 처음 설치된 군사 조직이라고 한 점, 포수·살수·사수의 삼수병으로 편제되었다고 한 점, 대부분이 직업 군인으로 구성되었다고 한 점 등을 통해 자료의 군사 조직이 훈련도감임을 알 수 있다.
④ 훈련도감은 임진왜란 중 유성룡의 건의에 따라 설치된 군영이다. 급료를 받는 상비군이 주축을 이루었으며 포수·살수·사수의 삼수병으로 편제되었다.

> **선택지 분석**

① 조선 숙종은 국왕 호위와 수도 방어를 위한 금위영을 설치하여 조선 후기의 중앙군 체제인 5군영 체제를 완성하였다.
② 조선 정부의 개화 정책에 따라 1881년에 신식 군대인 별기군이 창설되었다.
③ 장용영은 조선 정조가 설치한 국왕 친위 부대이다.

> **십중팔구 나온다!**   조선 후기의 중앙 군사 조직, 5군영

훈련도감	임진왜란 중 설치, 삼수병으로 구성
어영청	수도 방어, 북벌 준비
총융청	북한산성에 위치, 경기 일대 방어
수어청	남한산성에 위치, 수도 남부 방어
금위영	숙종 때 설치, 왕실의 호위 강화

23. (가)에 들어갈 세시 풍속으로 옳은 것은?

우리나라의 큰 명절인 음력 8월 15일 ┌추석┐ (가) 을/를 맞이하여 특별한 요리를 준비하셨다고요?

네, 이 명절에는 햅쌀로 송편┐추석 때 먹는 음식 을 빚어 차례를 지내고 성묘하잖아요. 오늘은 송편을 맛있게 만드는 비법을 알려 드릴게요.

① 단오
음력 5월 5일
③ 한식
동지로부터 105일째 되는 날
☑ 추석
음력 8월 15일
④ 정월 대보름
음력 1월 15일

> **정답 분석**

자료에서 우리나라의 큰 명절로 음력 8월 15일이라고 한 점, 햅쌀로 송편을 빚는다는 점 등을 통해 (가)에 들어갈 명절이 추석임을 알 수 있다.

② 음력 8월 15일인 추석은 한가위 또는 중추절 등이라고도 불린다. 이날에는 새로 수확한 곡식이나 과실로 차례를 지내고 성묘를 가서 벌초를 하며, 송편이나 시루떡, 토란 단자 등을 만들어 먹고 저녁에는 달맞이를 한다.

> **선택지 분석**

① 단오는 음력 5월 5일에 해당하는 명절로, 중오절·수릿날이라고도 불린다. 이때에는 창포 삶은 물로 머리를 감거나 그네뛰기, 씨름 등을 즐겼다.
③ 한식은 동지로부터 105일째 되는 날로, 양력 4월 5일경에 해당한다. 이날에는 불을 사용하지 않고 찬 음식을 먹었다.
④ 정월 대보름은 음력 1월 15일에 해당하는 명절로 밤, 호두, 잣 등으로 부럼 깨기를 하고 오곡밥을 지어 먹는다.

24. (가) 제도에 대한 설명으로 옳은 것은?

이 그림은 ┌대동법┐ (가) 의 시행을 관장한 선혜청을 그린 것입니다. (가) 은/는 토지 결수를 기준으로 공납을 부과하여 특산물 대신 쌀, 베, 동전 등으로 납부하게 한 제도입니다.

대동법의 특징┐

☑ 방납의 폐단을 해결하고자 실시하였다.
└대동법
② 1결당 쌀 4~6두로 납부액을 고정하였다.
└영정법
③ 비옥도에 따라 토지를 6등급으로 나누었다.
└전분 6등법
④ 부족한 재정을 보충하기 위해 결작을 부과하였다.
└균역법

> **정답 분석**

자료에서 시행을 관장한 관청이 선혜청이라고 한 점, 토지 결수를 기준으로 공납을 부과하였다는 점, 공납을 특산물 대신 쌀·베·동전 등으로 납부하게 하였다는 점 등을 통해 (가) 제도가 대동법임을 알 수 있다.
① 대동법은 방납의 폐단으로 농민의 조세 부담이 증가하자 이를 해결하고자 광해군 때 경기도에 한해 처음 실시되었고, 숙종 대에 이르러 잉류 지역을 제외한 전국으로 확대되었다.

> **선택지 분석**

② 조선 인조는 풍흉에 관계없이 토지 1결당 쌀 4~6두로 전세액을 고정한 영정법을 실시하였다.
③ 조선 세종은 토지를 비옥도에 따라 6등급으로 나눈 전분 6등법과 그해의 풍흉에 따라 세금에 차등을 둔 연분 9등법을 실시하였다.
④ 조선 영조는 백성들의 군포 부담을 1년에 2필에서 1필로 줄여 주는 균역법을 실시하였다. 균역법의 시행으로 인해 재정이 부족해지자, 이를 보충하기 위해 지주에게 결작을 부과하는 등 각종 재정 보완책을 시행하였다.

> **십중팔구 나온다!** 대동법

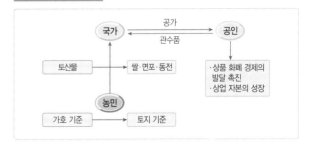

25. (가)에 들어갈 내용으로 옳은 것은?

① 황국 중앙 총상회 설립을 주도했어요.
　　　시전 상인
② 선혜청의 대동미 징수 업무를 담당했어요.
　　대동법 관리
✓ 전국 각지에 송방이라는 지점을 설치했어요.
　　　　　　　　　송상
④ 개항장 10리 이내에서만 상거래를 할 수 있었어요.
　　　개항 초기 외국 상인들

26. (가)에 들어갈 인물로 옳은 것은?

① 이익　　　② 김정희　　✓ 박제가　　④ 유성룡
중농학파 실학자　추사체 창안　『북학의』 저술　훈련도감 설치 건의

---

27. 밑줄 그은 '왕'의 업적으로 옳은 것은?

영조

이것은 조선 제21대 왕의 어진입니다. 조선에서 가장 오래 재위한 그는 탕평책으로 정국을 안정시키려고 노력했습니다.

✔ ① 균역법을 실시하였다.
　　조선 영조
② 농사직설을 편찬하였다.
　　조선 세종
③ 신해통공을 시행하였다.
　　조선 정조
④ 백두산정계비를 세웠다.
　　조선 숙종

> **정답 분석**

자료에서 조선의 제21대 국왕이라고 한 점, 조선에서 가장 오래 재위하였다는 점, 탕평책을 펼쳤다는 점 등을 통해 밑줄 그은 '왕'이 영조임을 알 수 있다.
① 영조는 백성들이 내야 하는 군포를 1년에 2필에서 1필로 줄인 균역법을 실시하였다.

> **선택지 분석**

② 우리나라 풍토에 맞는 농법을 정리한 『농사직설』은 조선 세종 때 편찬되었다.
③ 육의전을 제외한 시전의 금난전권을 폐지하고 자유로운 상행위를 보장한 신해통공(1791)은 조선 정조 때 실시되었다.
④ 청과의 경계를 정한 백두산정계비는 조선 숙종 때 건립되었다(1712).

> **십중팔구 나온다!** 　조선 영조의 정책

탕평책	• 탕평파 육성, 탕평비 건립 • 서원 정리, 산림의 존재 부정 • 이조 전랑의 권한 약화
개혁책	• 균역법 시행 • 가혹한 형벌 폐지, 신문고 부활 • 『속대전』·『동국문헌비고』 편찬

28. 다음 가상 뉴스에서 보도하고 있는 사건이 일어난 시기를 연표에서 옳게 고른 것은?

내수사 및 각 궁방, 중앙 관서의 노비안을 소각하여 공노비 6만여 명을 양민으로 삼으라는 전하의 명이 있었습니다.

공노비 해방(1801)

[속보] 공노비 혁파 결정

1623	1674	1746	1800	1862
(가)	(나)	(다)	(라)	
인조 반정	숙종 즉위	속대전 반포	순조 즉위	임술 농민 봉기

① (가)　　② (나)　　③ (다)　　✔ ④ (라)

> **정답 분석**

자료에서 공노비 6만여 명을 양민으로 삼으라는 전하의 명이 있었다는 점을 통해 가상 뉴스에서 보도하고 있는 사건이 조선 순조 때 이루어진 공노비 해방(1801)임을 알 수 있다.
④ 조선 후기에 양반 중심의 신분 체제가 동요되면서 상민의 수가 감소하자 국가 재정이 부족해졌다. 그러자 정부는 공노비를 해방하여 상민의 수를 늘리고 조세 징수의 증가를 도모해 국가 재정을 확충하고자 하였다. 이에 따라 순조 때인 1801년에 중앙 관서의 노비 6만 6천여 명을 해방하였다.

> **십중팔구 나온다!** 　조선 후기 신분제의 동요

• 옷차림은 신분의 귀천을 나타내는 것이다. 그런데 어찌된 까닭인지 근래 이것이 문란해져 상민·천민들이 갓을 쓰고 도포를 입는 것을 마치 조정의 관리나 선비와 같이한다. 진실로 한심스럽기 짝이 없다. 심지어 시전 상인들이나 군역을 지는 상민들까지도 서로 양반이라 부른다.
－ 『일성록』 －

• 근래 아전의 풍속이 나날이 변하여 하찮은 아전이 길에서 양반을 만나도 절을 하지 않으려 한다. 아전의 아들·손자로서 아전의 역을 맡지 않은 자가 고을 안의 양반을 대할 때 맞먹듯이 너, 나 하며, 자(字)를 부르고 예의를 차리지 않는다.
－ 『목민심서』 －

29. (가)에 해당하는 문화유산으로 옳은 것은?

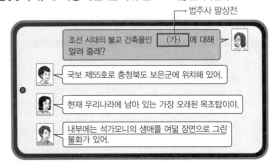

법주사 팔상전

조선 시대의 불교 건축물인 (가) 에 대해 알려 줄래?

국보 제55호로 충청북도 보은군에 위치해 있어.

현재 우리나라에 남아 있는 가장 오래된 목조탑이야.

내부에는 석가모니의 생애를 여덟 장면으로 그린 불화가 있어.

①

법주사 팔상전
충북 보은

②

화엄사 각황전
전남 구례

③

무량사 극락전
충남 부여

④

마곡사 대웅보전
충남 공주

30. (가) 인물의 작품으로 옳은 것은?

주제: 조선 후기 풍속화

신윤복

조선 후기 풍속화가에 대해 말해 보자.

단원 김홍도는 서민들의 일상생활 모습을 많이 그렸어.

혜원 (가) 은/는 양반들의 풍류와 남녀 간의 애정을 소재로 삼기도 했지.

①

김홍도의 '씨름'

②

강희안의 '고사관수도'

③

신윤복의 '월하정인'

④

김득신의 '노상알현도'

▶ 정답 분석

자료에서 충북 보은에 위치한다는 점, 우리나라에 남아 있는 가장 오래된 목조탑이라는 점, 석가모니의 생애를 여덟 장면으로 그린 불화가 있다는 점 등을 통해 (가)에 해당하는 문화유산이 보은 법주사 팔상전임을 알 수 있다.
① 보은 법주사 팔상전은 우리나라에 현존하는 가장 오래된 목조탑으로, 석가모니(부처)의 생애를 그린 팔상도가 남아 있다.

▶ 선택지 분석

② 전남 구례의 화엄사 각황전이다.
③ 충남 부여의 무량사 극락전이다.
④ 충남 공주의 마곡사 대웅보전이다.

▶ 정답 분석

자료에서 조선 후기 풍속화가 주제로 제시된 점, 혜원이라는 호가 제시된 점, 양반들의 풍류와 남녀 간의 애정을 소재로 삼았다는 점 등을 통해 (가) 인물이 신윤복임을 알 수 있다.
③ 신윤복의 대표적인 작품 중 하나인 '월하정인'이다.

▶ 선택지 분석

① 조선 후기의 대표적 작품인 김홍도의 '씨름'이다.
② 조선 전기의 대표적 작품인 강희안의 '고사관수도'이다.
④ 조선 후기의 대표적 작품인 김득신의 '노상알현도'이다.

31. 밑줄 그은 '봉기' 이후 정부의 대책으로 옳은 것은?

□□시립극단 뮤지컬

타오르는 횃불

• 일시: 2020년 ○○월 ○○일 오후 6시
• 장소: △△문화센터 대강당

■ 주요 출연진

유계춘 역 / □□□
└ 임술 농민 봉기 주도

백낙신 역 / △△△
└ 탐관오리

박규수 역 / ○○○

■ 줄거리
임술 농민 봉기의 원인
탐관오리가 판치던 세도 정치 시기, 진주 지역에서는 백낙신의 수탈이 극에 달한다. 참다못한 농민들은 몰락 양반 유계춘을 중심으로 봉기를 일으키는데 ……
└ 임술 농민 봉기

① 흑창을 두었다.
   고려 태조
② 신해통공을 실시하였다.
   조선 정조
✔③ 삼정이정청을 설치하였다.
   임술 농민 봉기 결과
④ 전민변정도감을 운영하였다.
   고려 공민왕 등

> **정답 분석**

자료에서 주요 출연진이 유계춘, 백낙신 등인 점, 세도 정치 시기에 대한 이야기인 점, 농민들이 유계춘을 중심으로 봉기를 일으켰다는 점 등을 통해 밑줄 그은 '봉기'가 임술 농민 봉기임을 알 수 있다.
임술 농민 봉기는 1862년, 세도 정치에 기인한 관료들의 부정부패와 삼정의 문란이 극에 달한 시점에서 발생하였다. 진주에서 시작된 봉기는 이후 삼남 지방과 중·북부 지방까지 확산되었다.
③ 정부는 임술 농민 봉기가 발생하자 박규수를 안핵사로 파견하고, 삼정이정청을 설치하여 사태를 수습하고자 하였다.

> **선택지 분석**

① 흑창을 설치하여 빈민을 구제한 왕은 고려 태조이다.
② 신해통공으로 사상의 자유로운 상업 활동을 보장한 왕은 조선 정조이다.
④ 전민변정도감을 운영하여 권문세족의 힘을 억제하고자 한 대표적인 왕은 고려 공민왕이다.

> **십중팔구 나온다!**   세도 정치

배경	정조 사후 어린 순조가 즉위 → 외척의 정권 독점
전개	안동 김씨 등 몇몇 가문이 비변사의 고위 관직과 5군영 등 권력 독점
폐단	• 왕권 무력화, 의정부·6조의 기능 약화 • 정치 기강 문란 → 매관매직, 과거제 문란 • 백성에 대한 수탈 심화 → 삼정의 문란 심화
결과	전국적인 농민 봉기의 발생: 홍경래의 난(1811), 임술 농민 봉기 (1862)

32. (가)에 들어갈 인물로 옳은 것은?

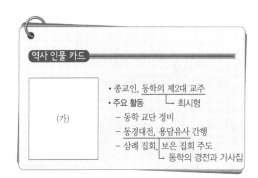

역사 인물 카드

(가)

• 종교인, 동학의 제2대 교주
• 주요 활동 └ 최시형
  – 동학 교단 정비
  – 동경대전, 용담유사 간행
  – 삼례 집회, 보은 집회 주도
     └ 동학의 경전과 가사집

①
나철
대종교 창시

②
박은식
『한국통사』 등 집필

✔③
최시형
동학의 제2대 교주

④
한용운
『조선 불교 유신론』 집필

> **정답 분석**

자료에서 동학의 제2대 교주라고 한 점, 『동경대전』과 『용담유사』를 간행하였다는 점, 삼례 집회와 보은 집회를 주도하였다는 점 등을 통해 (가)에 들어갈 인물이 최시형임을 알 수 있다.
③ 최시형은 동학의 제2대 교주로, 동학 교단을 정비하여 교세 확장에 힘을 쏟았다.

> **선택지 분석**

① 나철은 단군 신앙을 바탕으로 대종교를 창시한 인물이다. 대종교는 중광단을 조직하는 등 무장 독립 투쟁에 활발히 참여하였다.
② 박은식은 유학자이자 민족주의 사학자로, '혼'이 담긴 민족사를 강조하였다. 대표적인 저서로 『유교 구신론』, 『한국통사』, 『한국독립운동지혈사』 등이 있다.
④ 한용운은 3·1 운동 당시 민족 대표 33인 중 불교계의 대표로 참여하였다. 또한 불교계의 개혁을 촉구하며 『조선 불교 유신론』을 집필하였고, 저항 시집 『님의 침묵』을 발표하였다.

33. 밑줄 그은 '거사'로 옳은 것은?

김옥균 등 급진 개화파

□□는 개화 정책을 강력하게 추진하기 위해 1884년 이곳 우정총국의 개국 축하연을 이용해서 거사를 감행하였습니다. 이후 새로운 정부를 구성하였으나 청군의 개입으로 3일 만에 실패로 끝이 났습니다.

증강 현실 역사 여행

✓ ① 갑신정변
1884년

② 을미사변
1895년

③ 임오군란
1882년

④ 아관 파천
1896년

> **정답 분석**

자료에서 1884년 우정총국의 개국 축하연을 이용하여 거사를 감행하였다는 점, 청군의 개입으로 3일 만에 실패로 끝이 났다는 점 등을 통해 밑줄 그은 '거사'가 갑신정변임을 알 수 있다.

임오군란 이후 청의 내정 간섭이 심해지는 상황 속에서 김옥균 등 급진 개화파는 우정총국 개국 축하연을 이용하여 정변을 일으키고 개화당 정부를 수립하였다(갑신정변). 개화당 정부는 14개조 개혁 정강을 마련하고 근대적 개혁을 시도하였으나 청군의 개입으로 3일 만에 실패로 끝나고 말았다.

① 갑신정변은 1884년에 급진 개화파가 우정총국 개국 축하연에서 반대파 인사들을 제거하고, 개화당 정부를 수립한 사건이다.

> **선택지 분석**

② 을미사변은 1895년 일본이 명성 황후를 시해한 사건이다.
③ 임오군란은 1882년 구식 군대의 군인과 하층민들이 봉기한 사건이다.
④ 아관 파천은 1896년 고종이 러시아 공사관으로 처소를 옮긴 사건이다.

34. 밑줄 그은 '이 섬'으로 옳은 것은?

우리나라의 가장 동쪽에 위치한 이 섬의 모형이야. 이곳에 대해 알고 있니?

물론이지. 숙종 때 안용복이 일본에 가서 울릉도와 이 섬이 우리 영토임을 확실하게 밝혔지.

독도

✓ ① 독도
우리나라의 가장 동쪽 섬

② 진도
삼별초의 항쟁 지역 중 하나

③ 거문도
거문도 사건 발생지

④ 제주도
제주 4·3 사건 발생지

> **정답 분석**

자료에서 우리나라의 가장 동쪽에 위치하고 있다고 한 점, 숙종 때 안용복이 일본에 가서 울릉도와 함께 우리 영토임을 확실하게 밝혔다는 점 등을 통해 밑줄 그은 '이 섬'이 독도임을 알 수 있다.

① 독도는 우리나라 동쪽 끝에 있는 섬으로, 조선 숙종 때 안용복이 일본에 건너가 우리 영토임을 확인받기도 하였다.

> **선택지 분석**

② 진도는 삼별초가 항쟁을 벌였던 지역 중 하나로, 대몽 항쟁의 근거지였던 용장성이 남아 있다.
③ 거문도는 영국이 러시아의 남하를 견제한다는 명목하에 불법적으로 점령했던 지역이다.
④ 제주도는 삼별초의 항쟁, 제주 4·3 사건 등이 일어났던 지역이다.

> **십중팔구 나온다!** 독도 관련 주요 사실

• 신라 지증왕 때 이사부로 하여금 우산국을 정벌하도록 함
• 조선 숙종 때 안용복이 일본에 건너가 울릉도와 독도가 우리 영토임을 확인받음
• 대한 제국 시기인 1900년 「칙령 제41호」를 통해 독도가 우리 영토임을 공포함

35. 밑줄 그은 '개혁'의 내용으로 옳은 것은?

✔ ① 신분제를 폐지하였다.
제1차 갑오개혁
② 단발령을 시행하였다.
을미개혁
③ 당백전을 발행하였다.
흥선 대원군
④ 원수부를 설치하였다.
광무개혁

36. 밑줄 그은 '그'에 해당하는 인물로 옳은 것은?

① 안중근
이토 히로부미
사살
② 나석주
동양 척식
주식회사에
폭탄 투척
✔ 강우규
사이토 총독에게
폭탄 투척
④ 이봉창
일왕 마차에
폭탄 투척

> **정답 분석**

군국기무처에서 과거제 폐지를 의결하였다는 점, 조혼 금지와 과부 재가 허용 등의 개혁을 추진해 왔다는 점 등을 통해 밑줄 그은 '개혁'이 제1차 갑오개혁임을 알 수 있다.

① 제1차 갑오개혁(1894)은 청·일 전쟁의 발발로 일본의 간섭이 약한 틈을 타서 군국기무처를 중심으로 진행되었다. 제1차 갑오개혁으로 신분제 철폐, 조혼 금지, 과부 재가 허용 등이 이루어졌다.

> **선택지 분석**

② 을미개혁의 대표적인 내용은 연호 제정(건양), 단발령 실시, 태양력 사용 등이다.

③ 흥선 대원군은 왕권 강화를 위해 경복궁을 중건하는 과정에서 당백전을 발행하였다.

④ 조선 고종은 대한 제국 수립을 선포한 후 광무개혁을 실시하였다. 광무개혁의 대표적인 내용은 대한국 국제 제정, 원수부 설치, 지계 발급 등이다.

> **십중팔구 나온다!** 제1차 갑오개혁의 주요 내용

정치	개국 기년 사용, 왕실 사무와 정부 사무 분리, 6조를 80아문으로 개편, 과거제 폐지 등
경제	탁지아문으로 재정 일원화, 은본위 화폐 제도 실시, 조세 금납제, 도량형 통일 등
사회	신분제 철폐(공·사 노비제 폐지), 조혼 금지, 과부 재가 허용, 연좌제 폐지 등

> **정답 분석**

자료에서 서울역과 관련 있는 인물이라는 점, 신임 총독 사이토에게 폭탄을 던졌다고 한 점, 당시 65세의 노(老) 독립운동가였다는 점 등을 통해 밑줄 그은 '그'가 강우규임을 알 수 있다.

③ 강우규는 1919년 9월 2일 서울에서 사이토 마코토 조선 총독에게 폭탄을 투척하였다.

> **선택지 분석**

① 안중근은 1909년 하얼빈역에서 이토 히로부미를 사살하였다.

② 나석주는 의열단원으로, 1926년 조선 식산 은행과 동양 척식 주식회사에 폭탄을 투척하였다.

④ 이봉창은 한인 애국단원으로, 1932년 1월 도쿄에서 일본 국왕의 마차를 향해 폭탄을 투척하였다.

37. (가)에 들어갈 내용으로 옳은 것은?

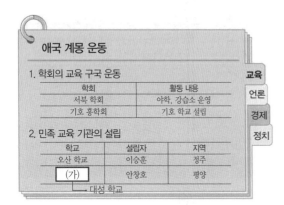

애국 계몽 운동

교육 · 언론 · 경제 · 정치

1. 학회의 교육 구국 운동

학회	활동 내용
서북 학회	야학, 강습소 운영
기호 흥학회	기호 학교 설립

2. 민족 교육 기관의 설립

학교	설립자	지역
오산 학교	이승훈	정주
(가)	안창호	평양

└ 대성 학교

✔ ① 대성 학교
  안창호, 평양
② 이화 학당
  스크랜튼, 서울
③ 배재 학당
  아펜젤러, 서울
④ 육영 공원
  근대식 관립 학교, 서울

> **정답 분석**

자료에서 애국 계몽 운동이라는 주제가 제시된 점, 민족 교육 기관의 설립이라는 소주제가 제시된 점, 안창호가 평양에 설립한 학교라는 점을 통해 (가)에 들어갈 학교가 대성 학교임을 알 수 있다.
① 안창호는 민족 교육의 진흥을 위해 평양에 대성 학교를 설립하였다.

> **선택지 분석**

② 이화 학당은 개신교 선교사인 스크랜튼 여사가 서울에 설립한 우리나라 최초의 여성 교육 기관이다.
③ 배재 학당은 개신교 선교사인 아펜젤러가 서울에 설립한 학교로, 학생들에게 성경과 영어를 비롯한 근대 학문을 가르쳤다.
④ 육영 공원은 정부에서 설립한 최초의 근대식 관립 학교로, 헐버트·길모어 등 외국인 교사를 초빙하여 상류층 자제들에게 영어를 비롯한 각종 근대 학문을 가르쳤다.

38. (가)에 들어갈 민족 운동으로 가장 적절한 것은?

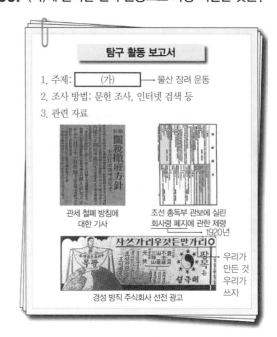

탐구 활동 보고서

1. 주제: (가) → 물산 장려 운동
2. 조사 방법: 문헌 조사, 인터넷 검색 등
3. 관련 자료

관세 철폐 방침에 대한 기사

조선 총독부 관보에 실린 회사령 폐지에 관한 제령 1920년

우리가 만든 것 우리가 쓰자

경성 방직 주식회사 선전 광고

① 형평 운동
  백정의 사회적 차별 철폐 운동
② 조선학 운동
  1930년대 정인보 등이 전개한 국학 운동
③ 국채 보상 운동
  국채를 갚아 국권을 되찾고자 한 운동
✔ ④ 물산 장려 운동
  민족 산업 육성을 위해 1920년대에 전개된 운동

> **정답 분석**

자료에서 관련 자료로 관세 철폐 방침에 대한 기사와 조선 총독부의 회사령 폐지에 관한 기사가 나와 있는 점, '우리가 만든 것 우리가 쓰자'라는 구호의 경성 방직 주식회사 선전 광고가 나와 있는 점을 통해 (가)에 들어갈 민족 운동이 물산 장려 운동임을 알 수 있다.
④ 1920년대에 전개된 물산 장려 운동은 일제의 경제적 침탈에 맞서 국산품을 애용하자는 운동이었다. 조만식 등이 평양에서 조선 물산 장려회를 조직하면서 시작되었다.

> **선택지 분석**

① 형평 운동은 1920년대 진주에서 시작된 백정의 사회적 차별 철폐 운동이다.
② 조선학 운동은 1930년대 정인보 등이 주도하였다.
③ 국채 보상 운동은 일본에 진 빚을 갚아 국권을 되찾고자 한 운동으로, 1907년에 일어났다.

> **십중팔구 나온다!** 물산 장려 운동

배경	일제의 회사령 폐지, 일본 상품에 대한 관세 철폐 움직임
목적	토산품 애용 등을 통한 민족 기업 및 상업 자본 육성
단체	평양에서 조만식 등이 조선 물산 장려회 설립 → 서울에서 조직 확대
활동	• '조선 사람 조선 것', '내 살림 내 것으로' 등의 구호 사용 • 일본 상품 배척, 토산품 애용 등 주장

39. 밑줄 그은 '시기'에 볼 수 있는 모습으로 가장 적절한 것은?

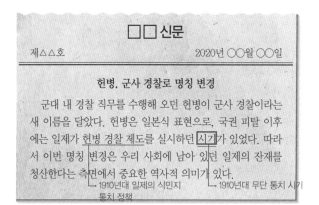

□□신문

제△△호   2020년 ○○월 ○○일

헌병, 군사 경찰로 명칭 변경

군대 내 경찰 직무를 수행해 오던 헌병이 군사 경찰이라는 새 이름을 달았다. 헌병은 일본식 표현으로, 국권 피탈 이후에는 일제가 헌병 경찰 제도를 실시하던 시기가 있었다. 따라서 이번 명칭 변경은 우리 사회에 남아 있던 일제의 잔재를 청산한다는 측면에서 중요한 역사적 의미가 있다.
┗ 1910년대 일제의 식민지 통치 정책   ┗ 1910년대 무단 통치 시기

✔ 제복을 입고 칼을 찬 교사
　1910년대
② 브나로드 운동에 참여하는 학생
　1931~1934년
③ 조선책략 유포에 반발하는 유생
　1880년대 초
④ 치안 유지법 위반으로 구속된 독립운동가
　1925년 제정

> **정답 분석**

자료에서 헌병 경찰 제도를 실시하던 시기라고 하였으므로 밑줄 그은 '시기'가 1910년대 무단 통치 시기임을 알 수 있다.
1910년대 무단 통치 시기에는 현역 군인인 헌병이 경찰을 지휘하며 일반 경찰 업무는 물론 일반 행정 업무까지 담당하였고, 이들에게는 정식 재판 없이 한국인을 처벌할 수 있는 즉결 처분권이 부여되었다.
① 일제는 1910년대에 관리나 교원도 제복을 착용하고 칼을 차게 하였다.

> **선택지 분석**

② 동아일보가 주도한 브나로드 운동은 1931년부터 1934년까지 진행되었다.
③ 『조선책략』은 제2차 수신사(1880)로 일본에 다녀온 김홍집이 가져온 책이다. 이에 이만손을 중심으로 한 영남 유생들은 김홍집의 탄핵을 요구하는 만인소를 지어 올렸다(1881).
④ 치안 유지법은 1925년에 제정된 법으로, 사회주의와 독립운동을 탄압하기 위한 것이다.

> **십중팔구 나온다!**　1910년대 무단 통치 시기의 모습

▲ 제복을 입고 칼을 찬 교원

40. 다음 가상 뉴스의 (가)에 들어갈 단체로 옳은 것은?

┌ 신간회 강령
이상재 선생의 장례가 사회장으로 거행되었습니다. 선생은 '일제의 기회주의를 부인함' 등을 강령으로 내세운 ［ (가) ］의 초대 회장으로 민족 유일당 운동에 앞장섰습니다. 마지막까지 민족 운동에 헌신하였던 선생의 죽음을 많은 사람이 애도하였습니다.┘ 신간회

이상재 선생 사회장 거행

① 보안회
　일제의 황무지 개간권 요구 저지
③ 진단 학회
　실증주의 사학(한국사 연구)
✔ 신간회
　민족 유일당 운동의 일환으로 조직
④ 조선 형평사
　백정에 대한 사회적 차별 반대

> **정답 분석**

자료에서 이상재 선생이 제시되었고, '일제의 기회주의를 부인함' 등을 강령으로 내세웠다는 점, 민족 유일당 운동에 앞장섰다는 점 등을 통해 (가)에 들어갈 단체가 신간회임을 알 수 있다.
신간회는 민족 유일당 운동의 일환으로 비타협적 민족주의 세력과 사회주의 세력이 연합하여 결성한 단체이다. 신간회는 정치·경제적 각성, 단결의 공고화, 기회주의의 일체 부인을 강령으로 삼고 항일 민족 운동을 지원하였다. 1929년 광주 학생 항일 운동이 일어나자 진상 조사를 위한 조사단을 파견하기도 하였다. 이상재는 신간회의 초대 회장으로 선임된 인물이다.
② 민족 유일당 운동 단체로, '기회주의 부인'을 강령으로 한 단체는 신간회이다.

> **선택지 분석**

① 보안회는 1904년 일제의 황무지 개간권 요구 저지 운동을 벌여 이를 성공시켰다.
③ 진단 학회는 일제 강점기 실증주의 사학에 바탕을 두고 한국사를 연구한 단체이다.
④ 조선 형평사는 백정에 대한 사회적 차별 철폐를 목적으로 하였다.

> **십중팔구 나온다!**　신간회

강령	정치적·경제적 각성 촉진, 단결 공고화, 기회주의(타협적 민족주의) 일체 부인
활동	• 강연회, 연설회 개최 • 소작 쟁의·노동 쟁의와 동맹 휴학 지원 • 청년 운동, 여성 운동 및 형평 운동과 연계 • 광주 학생 항일 운동에 진상 조사단 파견

41. 교사의 질문에 대한 답변으로 옳은 것은?

일제는 만주 사변을 일으키고 지도에 표시된 것과 같이 자신들의 꼭두각시 정권인 만주국을 세웠습니다. 이 지역에서 독립운동을 펼치던 세력은 당시 일제의 만주 침략에 어떻게 대응하였을까요? ┌ 1931년 └ 1932년

① 신간회를 결성하였습니다.
　1927년
② 국민대표 회의를 소집하였습니다.
　1923년
③ 신흥 무관 학교를 설립하였습니다.
　1919년
✔ 한·중 연합 작전을 전개하였습니다.
　1930년대

42. 밑줄 그은 '이 부대'에 대한 설명으로 옳은 것은?

이것은 중국 타이항산에 있는 윤세주, 진광화의 옛 무덤입니다. 두 사람은 이 부대의 화북 지대 소속으로 중국군과 연합하여 항일 운동을 전개하였으며, 일본의 대대적인 공격에 맞선 타이항산 반소탕전에서 큰 공을 세웠습니다. └ 조선 의용대

① 지청천이 총사령관이었다.
　한국 독립군, 한국광복군
② 서울 진공 작전을 전개하였다.
　13도 연합 의병 부대(정미의병)
③ 쌍성보 전투에서 크게 승리하였다.
　한국 독립군
✔ 우한에서 김원봉 등이 조직하였다.
　조선 의용대

▶ 정답 분석

④ 일제가 만주 사변(1931)을 일으키고 괴뢰국인 만주국을 수립하자 한국인과 중국인 간에는 일제의 침략에 대해 한·중 연합 전선을 결성해야 한다는 공감대가 형성되었다. 그리하여 1930년대 초반에서 중반까지 한국 독립군과 조선 혁명군을 중심으로 만주에서 한·중 연합 작전이 전개되었다.

▶ 선택지 분석

① 신간회는 민족 유일당 운동의 일환으로 1927년에 설립된 비타협적 민족주의 세력과 사회주의 세력의 연합 단체이다.
② 국민대표 회의는 대한민국 임시 정부의 독립운동 방략을 논의한 회의로, 1923년에 개최되었다.
③ 신흥 무관 학교는 신민회 계열 인사들이 서간도 삼원보에 세운 신흥 강습소에서 발전한 무관 양성 학교로, 1919년에 설립되었다.

▶ 십중팔구 나온다! 　한국 독립군과 조선 혁명군의 활약

한국 독립군 (지청천)	북만주 지역에서 중국 호로군과 연합, 쌍성보·대전자령·사도하자 전투 등에서 활약
조선 혁명군 (양세봉)	남만주 지역에서 중국 의용군과 연합, 영릉가·흥경성 전투 등에서 활약

▶ 정답 분석

자료에서 윤세주, 진광화가 '이 부대'의 화북 지대 소속으로 중국군과 연합하여 항일 운동을 전개하였다는 사실을 통해 밑줄 그은 '이 부대'가 조선 의용대임을 알 수 있다.
조선 민족 전선 연맹의 군사 조직인 조선 의용대는 1938년 김원봉의 주도로 중국 우한에서 창설되었고, 중국 국민당 부대의 지원을 받아 정보 수집, 후방 교란 등의 활동을 전개하였다. 그러나 1940년대 초반 세력이 나뉘어 일부는 화북 지역으로 이주하여 조선 의용대 화북 지대를 결성하였고, 김원봉 세력은 충칭으로 가서 한국광복군에 편입되었다.
④ 조선 의용대는 김원봉 등의 주도로 조직되었다.

▶ 선택지 분석

① 지청천이 총사령관을 맡은 부대는 한국 독립군, 한국광복군 등이 있다.
② 서울 진공 작전은 정미의병 당시 13도 연합 의병 부대(13도 창의군)가 전개하였다.
③ 쌍성보 전투에서 크게 승리한 부대는 한국 독립군이다.

▶ 십중팔구 나온다! 　조선 의용대

창설	1938년, 조선 민족 전선 연맹의 군사 조직으로 김원봉이 주도하여 창설(중국 관내에서 결성된 최초의 한인 무장 부대)
분화	• 김원봉이 이끄는 조선 의용대 일부 세력은 한국광복군에 편입 (1942) • 화북 지역으로 이동한 조선 의용대 화북 지대는 중국 공산군과 함께 항일 투쟁 전개 → 조선 의용군으로 개편(1942)

43. 다음 자료의 사회 운동에 대한 설명으로 옳은 것은?

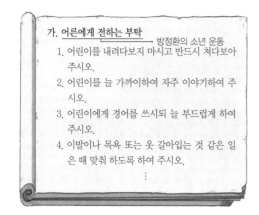

가. 어른에게 전하는 부탁 ─── 방정환의 소년 운동
1. 어린이를 내려다보지 마시고 반드시 쳐다보아 주시오.
2. 어린이를 늘 가까이하여 자주 이야기하여 주시오.
3. 어린이에게 경어를 쓰시되 늘 부드럽게 하여 주시오.
4. 이발이나 목욕 또는 옷 갈아입는 것 같은 일은 때 맞춰 하도록 하여 주시오.
              ⋮

✔ 방정환 등이 주도하였다.
   소년 운동
② 민립 대학 설립을 목표로 하였다.
   민립 대학 설립 운동
③ 대한 자강회를 중심으로 전개되었다.
   고종 강제 퇴위 반대 운동
④ 조선 사람 조선 것이라는 구호를 내세웠다.
   물산 장려 운동

> **정답 분석**

자료에서 어린이를 잘 대우하라는 내용이 제시된 점을 통해 해당 사회 운동이 소년 운동임을 알 수 있다.
① 천도교 세력인 방정환 등이 주도한 소년 운동은 어린이를 인격체로서 대우하자는 운동으로, 1920년대에 활발하게 전개되었다.

> **선택지 분석**

② 민립 대학 설립 운동은 고등 교육을 위한 민립 대학 설립을 목표로 전개되었다.
③ 대한 자강회는 고종 강제 퇴위 반대 운동을 전개하였다.
④ '조선 사람 조선 것'이라는 구호는 물산 장려 운동에서 제시되었다.

> **십중팔구 나온다!** 소년 운동

배경	어린이를 인격체로 대우하자는 의식 형성
단체	천도교 소년회(1921): 방정환 주도
활동	어린이날 제정, 잡지 『어린이』 간행

44. (가)에 들어갈 인물로 옳은 것은?

독립운동가 정보 검색

인물 ▼ (가) 🔍검색

검색결과
[주요 활동]

1932년 상하이 훙커우 공원에서 열린 일왕 생일 및 상하이 사변 승전 축하 기념식 단상에 폭탄을 투척하여 일본군 장성과 고위 관리를 처단함. ─── 윤봉길(한인 애국단)

[관련 사진]

의거 현장 | 현장에서 발견된 도시락 폭탄

① 안창호   ② 이육사   ③ 한용운   ✔ 윤봉길
  신민회, 대성 학교,   저항 시인   3·1 운동 당시   상하이 훙커우
  흥사단 등 설립   민족 대표 33인   공원 의거

> **정답 분석**

자료에서 1932년 상하이 훙커우 공원에서 단상에 폭탄을 투척하였다는 사실을 통해 (가)에 들어갈 인물이 윤봉길임을 알 수 있다.
김구는 대한민국 임시 정부 활동의 침체를 극복하기 위해 한인 애국단을 조직하였다. 한인 애국단의 일원이었던 윤봉길은 1932년 상하이 훙커우 공원에서 단상에 폭탄을 투척하는 의거를 일으켰다.
④ 윤봉길은 상하이 훙커우 공원의 의거를 일으킨 인물이다.

> **선택지 분석**

① 안창호는 신민회와 대성 학교, 흥사단 등의 설립을 주도한 독립운동가이다.
② 이육사는 일제 강점기의 대표적인 저항 시인이자 독립운동가이다.
③ 한용운은 일제 강점기에 불교계에서 민족 운동을 주도한 인물로, 3·1 운동 당시 민족 대표 33인의 한 명으로 참여하였다.

> **십중팔구 나온다!** 한인 애국단

조직	김구가 중국 상하이에서 조직(1931)
활동	• 이봉창이 도쿄에서 일왕을 향해 폭탄 투척(1932) • 윤봉길의 상하이 훙커우 공원 의거(1932)
의의	• 한국의 독립운동에 대한 대외 여론 환기 • 중국 국민당 정부의 한국 독립운동 지원 계기 마련

45. 다음 상황이 나타난 시기에 볼 수 있는 모습으로 옳은 것은?

→ 1930년대 이후 → 1940년대

황국 신민 서사를 외우지 못하는 국민학교 학생은 제국 신민이 될 자격이 없어!

① 대동법 시행에 반대하는 지주
  조선 광해군 때 처음 시행
✓ 신사 참배를 강요당하는 청년
  1930년대 이후 시행
③ 암태도 소작 쟁의에 참여하는 농민
  1923~1924년
④ 박문국에서 한성순보를 발간하는 관리
  1883~1884년

46. 다음 자료가 발행된 시기를 연표에서 옳게 고른 것은?

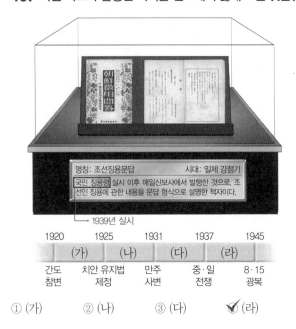

명칭: 조선징용문답   시대: 일제 강점기
국민 징용령 실시 이후 매일신보사에서 발행한 것으로, 조선인 징용에 관한 내용을 문답 형식으로 설명한 책자이다.

↑ 1939년 실시

1920	1925	1931	1937	1945
(가)	(나)	(다)	(라)	
간도 참변	치안 유지법 제정	만주 사변	중·일 전쟁	8·15 광복

① (가)   ② (나)   ③ (다)   ✓ (라)

▶ 정답 분석

자료에서 국민학교에서 이루어지는 상황이라는 점, 황국 신민 서사의 암송을 강요하고 있다는 점을 통해 1930년대 이후 민족 말살 통치 시기의 상황임을 알 수 있다.
일제는 1930년대부터 황국 신민화 정책을 펼쳐 황국 신민 서사의 암송과 궁성 요배 등을 강요하였다. 또한 1941년에 소학교의 명칭을 국민학교로 바꾸었다.
② 1930년대 이후 일제는 황국 신민화 정책의 일환으로 신사 참배를 강요하였다.

▶ 선택지 분석

① 조선 광해군 때 처음 시행된 대동법은 공납을 토지 결수를 기준으로 하여 특산물 대신 쌀·베·동전 등으로 납부하게 한 수취 제도이다.
③ 암태도 소작 쟁의는 친일 지주의 소작료 인상에 항의하여 1923~1924년에 발생하였다.
④ 한성순보는 1883년부터 1884년까지 박문국에서 발행하였던 우리나라 최초의 근대 신문이다.

▶ 십중팔구 나온다! 1930년대 이후 일제의 민족 말살 통치

• 황국 신민 서사 암송·궁성 요배·신사 참배 등 강요
• 소학교 명칭을 국민학교로 개칭
• 내선일체·일선 동조론 주장, 일본식 성명 강요(창씨개명), 조선어 사용 금지 등

▶ 정답 분석

제시된 자료가 일제 강점기 국민 징용령 실시 이후에 발행되었다는 점, 조선인 징용에 관한 내용을 설명한 책자라는 점을 통해 자료 발행 시기가 중·일 전쟁과 8·15 광복 사이임을 유추할 수 있다.
④ 일제는 1937년 중·일 전쟁을 일으키고 침략 전쟁을 확대하기 위해 1938년 국가 총동원법을 제정하였다. 1939년에는 국민 징용령을 내려 탄광과 공장 등에서 강제로 조선인의 노동력을 수탈하였다.

▶ 십중팔구 나온다! 국가 총동원법(1938) 이후 일제의 수탈

인력 수탈	• 군사: 지원병제(1938), 학도 지원병제(1943), 징병제(1944) • 노동: 국민 징용령(1939) • 일본군 '위안부' 강제 동원
물자 수탈	강제 공출(금속 및 쌀), 식량 배급제 실시 등

47. 다음 상황이 일어난 배경으로 가장 적절한 것은?

└ 모스크바 3국
　외상 회의

① 평양에서 남북 협상이 열렸다.
　　김구·김규식(1948. 4.)
② 반민족 행위 처벌법이 제정되었다.
　　제헌 국회(1948. 9.)
③ 유엔의 감시 아래 총선거가 실시되었다.
　　5·10 총선거(1948. 5. 10.)
✔④ 모스크바에서 3국 외상 회의가 개최되었다.
　　신탁 통치 실시 결정(1945. 12.)

48. (가) 정부 시기에 있었던 사실로 옳은 것은?

└ 전두환 정부 때의 사건

✔① 야간 통행금지가 해제되었다.
　　전두환 정부
② 베트남 전쟁에 국군이 파병되었다.
　　박정희 정부
③ 한·미 상호 방위 조약이 체결되었다.
　　이승만 정부
④ 제1차 경제 개발 5개년 계획이 실시되었다.
　　박정희 정부

▶ **정답 분석**

자료에서 삼청 교육대를 운영하였다는 점, 국풍 81이 개최되었다는 점, 교복 자율화가 시행되었다는 점을 통해 (가) 정부가 전두환 정부임을 알 수 있다.
전두환 등의 신군부 세력은 권력을 장악한 후 언론인을 강제 해직하고 삼청 교육대를 운영하는 등 공포 분위기를 조성하였다. 국풍 81은 전두환 정부가 민족 문화의 계승이라는 취지 아래 개최한 관제적 성격의 문화 축제이다. 전두환 정부는 유화 정책의 일환으로 교복과 두발 자율화를 시행하였고, 야간 통행금지를 해제하였다.
① 야간 통행금지가 해제된 것은 전두환 정부 때의 사실이다.

▶ **선택지 분석**

② 베트남 전쟁에 국군이 파병된 것은 박정희 정부 시기의 사실이다.
③ 한·미 상호 방위 조약이 체결된 것은 이승만 정부 때의 사실이다.
④ 제1차 경제 개발 5개년 계획이 시작된 것은 박정희 정부 때의 사실이다.

▶ **십중팔구 나온다!**　전두환 정부의 정책

탄압 정책	민주화 운동·인권 탄압, 언론 통제, 정치 활동 금지 등
유화 정책	• 정권 안정 후 유화 정책 추진 • 제적 학생 복교, 민주화 인사 복권, 교복·두발 자율화, 야간 통행금지 해제, 해외여행 자유화 등 • 프로 야구 출범, 88 서울 올림픽 대회 유치 등

▶ **정답 분석**

자료에서 신탁 통치 결정에 반대하는 집회가 열리고 있다는 말을 통해 1945년 12월 모스크바 3국 외상 회의에서 한반도의 신탁 통치가 결정되자 이에 대해 반발하는 집회가 열린 상황임을 알 수 있다.
④ 모스크바 3국 외상 회의에서 미국·영국·중국·소련 4개국에 의한 최대 5년 기한의 한반도 신탁 통치가 결정되었다.

▶ **선택지 분석**

① 남한만의 단독 선거가 결정되자 1948년 4월 김구와 김규식은 평양을 방문하여 북측 지도자들과 통일 정부 수립을 논의하였다(남북 협상).
② 일제 강점기 친일파를 처벌하기 위한 반민족 행위 처벌법은 제헌 국회에서 1948년 9월에 제정하였다.
③ 유엔의 감시 아래 5·10 총선거가 실시된 것은 1948년 5월 10일이다.

49. 다음 대화가 이루어진 시기를 연표에서 옳게 고른 것은?

① (가)　　② (나)　　✓ (다)　　④ (라)

50. (가) 민주화 운동에 대한 설명으로 옳은 것은?

✓ 진상 규명을 위한 특별법이 제정되었다.
　　5·18 민주화 운동(1980)
② 박종철 고문치사 사건을 계기로 일어났다.
　　6월 민주 항쟁(1987)
③ 이승만 대통령이 하야하는 결과를 가져왔다.
　　4·19 혁명(1960)
④ 호헌 철폐와 독재 타도 등의 구호를 내세웠다.
　　6월 민주 항쟁(1987)

▶ 정답 분석

자료에서 광주에 위치한 전남 대학교에서 시위가 처음 시작되었다고 한 점, 금남로에서 계엄군이 시민을 향해 집단 발포하였다고 한 점 등을 통해 (가) 민주화 운동이 5·18 민주화 운동(1980)임을 알 수 있다.

① 12·12 사태로 권력을 장악한 전두환 등 신군부는 시민과 학생들의 민주화 운동을 탄압하고 비상계엄을 전국으로 확대하였다. 이에 광주 지역에서 비상계엄 철회 및 민주 헌정 체제 회복을 요구하며 시위를 벌였는데, 이것이 5·18 민주화 운동이다. 2018년에는 5·18 민주화 운동 당시 왜곡되거나 은폐된 진실을 규명하고자 '5·18 민주화 운동 진상 규명을 위한 특별법'이 제정되었다.

▶ 선택지 분석

② 1987년 대통령 직선제 개헌 운동이 추진되던 중 박종철 고문치사 사건이 일어났고, 전두환 정부가 대통령 직선제 개헌을 거부하는 4·13 호헌 조치를 발표하며 전국적인 6월 민주 항쟁이 일어났다.

③ 1960년에 치러진 정·부통령 선거에서 부정 선거가 자행되어(3·15 부정 선거) 이에 대한 반발로 4·19 혁명이 일어났다. 4·19 혁명의 결과 이승만 대통령이 하야하고 내각 책임제와 국회 양원제를 골자로 하는 제3차 개헌이 이루어졌다.

④ 1987년 6월 민주 항쟁에서 시민들은 '호헌 철폐, 독재 타도, 민주 헌법 쟁취' 등의 구호를 내세웠다.

▶ 정답 분석

자료에서 김영삼 정부가 금융 실명제를 전격 실시하였다는 사실을 통해 1993년의 사실임을 알 수 있다.

김영삼 정부 시기에는 '역사 바로 세우기' 운동, 금융 실명제 실시, 지방 자치제 전면 실시 등의 정책이 추진되었다. 또한 시장 개방이 가속화되는 국제 분위기에 따라 1996년 경제 협력 개발 기구(OECD)에 가입하였다. 정부 말기인 1997년에는 외환 위기가 발생하여 국제 통화 기금(IMF)의 긴급 구제 금융 지원·관리를 받았다.

③ 금융 실명제는 1993년 김영삼 정부 시기에 실시되었다.